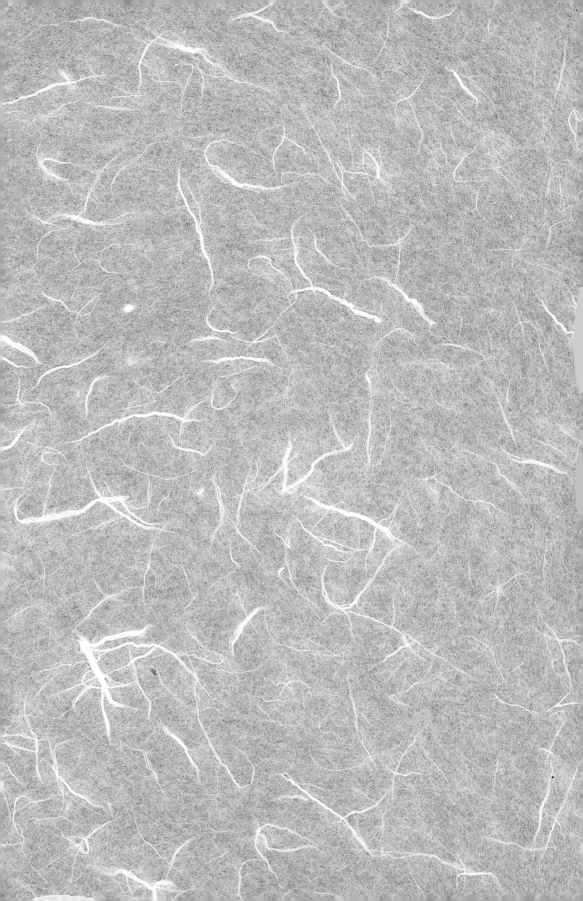

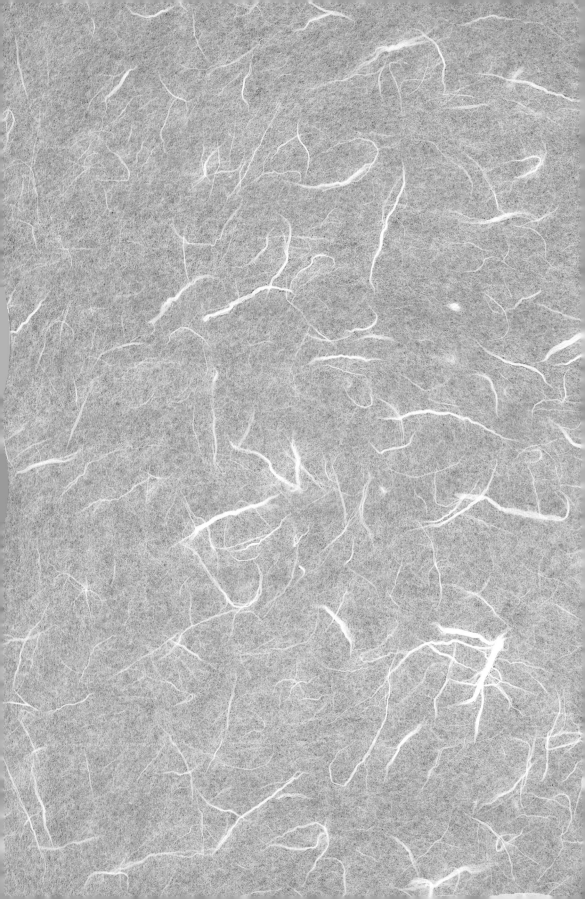

● 作者在故宫博物院办公室，2007年

作者在故宫，2011年

● 作者在故宫清稽查内务府御史衙门旧址，2017年

● 2003年10月18日，作者在南京博物院的演讲中，首次提出"故宫学"的学术概念

● 作者在故宫太和殿大修时的殿顶上，2007年

● 作者在北京大学讲《故宫与故宫学》，2006年4月8日

● 作者在台湾政治大学做《故宫与故宫学》讲座，2009年10月9日

● 作者在故宫宫殿拍摄，2012年

● 作者在天安门广场，1966年

● 作者在陕西韩城司马迁祠，1980年

● 作者在陕西志丹县周河乡蹲点，
1985年10月至1986年10月

● 作者在北京玉泉山，
1995年

● 作者在青海，2000年

● 作者在新藏线上的界山达坂，2005年

● 作者在国家文物局（北大红楼），1999年

● 作者在秦始皇兵马俑博物馆，2008年

● 作者在丝绸之路上的河仓城遗址，2012年

● 作者在耶路撒冷，2000年

● 作者在大英博物馆文物库房观看固定在墙上的我国古代名画——顾恺之《女史箴图》，2004年

● 20世纪80年代，作者在西安家楼外

● 作者参加央视《文明之旅》节目，2012年

● 作者故宫学著作书影

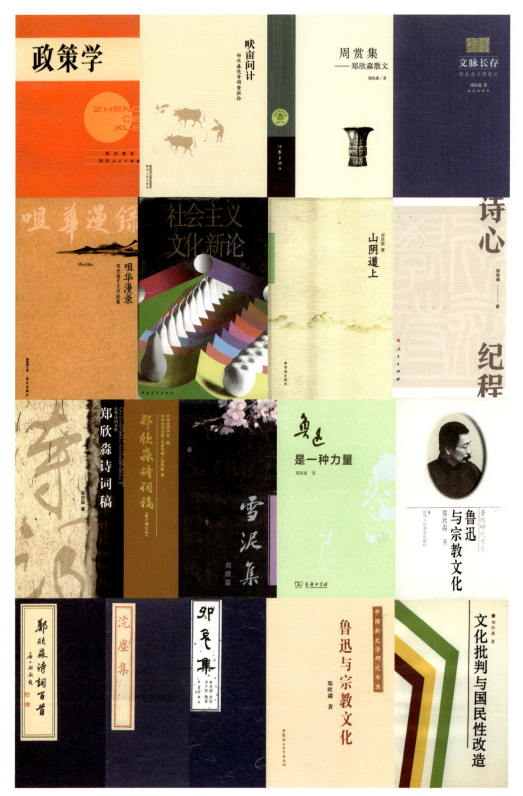

● 作者其他著作书影

郑欣淼文集

故宫学概论

郑欣淼 著

北京出版集团
北京出版社

图书在版编目（CIP）数据

故宫学概论 / 郑欣淼著. — 北京：北京出版社，
2023.5
（郑欣淼文集）
ISBN 978 - 7 - 200 - 17240 - 9

Ⅰ．①故… Ⅱ．①郑… Ⅲ．①故宫—研究 Ⅳ.
①K928.74

中国版本图书馆 CIP 数据核字（2022）第 111552 号

郑欣淼文集

故宫学概论
GUGONGXUE GAILUN

郑欣淼　著

*

北 京 出 版 集 团
　　　　　　　　　　出版
北 京 出 版 社
（北京北三环中路 6 号）
邮政编码：100120

网　　　址：www.bph.com.cn

北 京 出 版 集 团 总 发 行
新 华 书 店 经 销
北京雅昌艺术印刷有限公司印刷

*

170 毫米×240 毫米　　16 开本　　33 印张　　4 插页　　427 千字
2023 年 5 月第 1 版　　2023 年 5 月第 1 次印刷
ISBN 978 - 7 - 200 - 17240 - 9
定价：198.00 元
如有印装质量问题，由本社负责调换
质量监督电话：010 - 58572393
责任编辑电话：010 - 58572383

《郑欣淼文集》出版说明

　　郑欣淼先生，陕西省澄城县人，生于1947年，大专学历。20世纪70年代初参加工作，先后在澄城县财税局、中共澄城县委宣传部，中共渭南市委办公室，中共陕西省委办公厅、陕西省委研究室工作，曾任陕西省委副秘书长、省委政策研究室主任。后调任中共中央政策研究室文化组组长、青海省副省长、国家文物局副局长、文化部副部长、故宫博物院院长等。为政协第十一届全国委员会委员、政协第十一届全国委员会文史和学习委员会副主任。

　　郑欣淼曾任故宫博物院学术委员会主任、故宫研究院院长，先后被聘为华中师范大学、中国艺术研究院研究生院及南开大学博士研究生导师，浙江大学故宫学研究中心名誉主任、南开大学故宫学与明清宫廷研究中心名誉主任等。为中国作家协会会员，曾任中国鲁迅研究学会会长、名誉会长，中国紫禁城学会会长、名誉会长，中华诗词学会会长、名誉会长，以及中国博物馆协会名誉理事长等。

　　五十年来，郑欣淼先生结合工作实践或在工作之余，致力学术研究与文学创作。他长期从事鲁迅思想研究、政策科学研究、文化理论研究，20世纪末以来着力于文物、博物馆研究，2003年首倡"故宫学"。他笔耕不辍，成果颇丰，先后出版著作30余部，在核心报刊发表论文100余篇。

　　郑欣淼先生的学术开端始于鲁迅研究。他自20世纪70年代中期起开始研究鲁迅，后专注于鲁迅思想研究。2001年9月至2009年4月，任中国鲁迅研究学会会长。《文化批判与国民性改造》（1988）是系统探索鲁迅改造国民性思想的第一部专著，受到鲁迅学界的重视。《鲁迅与宗教文化》（1996）全面剖析了鲁迅对宗教文化的研究和扬弃的态度，阐述了马克思主义者如何对待人类文化遗产的问题。收入《鲁迅是一种力量》（2018）中的论文、演讲、访谈，以不同的方式、从不同的角度，发掘了鲁迅人格的魅力、鲁迅精神的感召力及鲁迅思想的穿透力。

郑欣淼先生曾长期在地方与中央政策研究部门工作。他的社会调研和理论研究，始终秉持科学的认识论和正确的政治观，从党的思想路线和群众路线相统一的高度来分析调查地方及社会存在的问题和现象，从而为地方和中央的决策提供参考依据。他的《政策学》（1989）就是理论与实际相结合的产物，是我国第一部系统阐述政策规律的著作。《畎亩问计：郑欣淼陕青调查撷拾》（2015）汇集作者20世纪八九十年代在陕西、青海工作时一线调研所写的调查报告、政策建议以及从理论上对调查研究深入思考的文章，是对改革开放满怀期望并积极参与、努力推进的那个时代的一个侧影。

郑欣淼写于中央政策研究室工作时期的《社会主义文化新论——市场经济与文化建设》（1996），深刻论述了在发展社会主义市场经济前提下我国文化建设的机遇、挑战，地位、作用和要求等方面，对建设社会主义文化理论新体系进行了积极探索，有着强烈的现实意义。

20世纪末，郑欣淼调入我国文物部门工作。《文脉长存：郑欣淼文博笔记》（2017）主要收录作者这数年间有关文化遗产保护、博物馆发展的调研报告及理论探索等文章，是作者文博生涯的一个见证。

21世纪初，郑欣淼任故宫博物院院长，离任后仍在故宫从事研究工作，至今已陪伴故宫20年。在郑欣淼任上，故宫进行百年大修，开展七年文物清理，推动两岸故宫博物院的合作与交流，提出故宫学同时努力探索构建其学术体系，并倡导开放性的学术研究，重视非物质文化遗产保护，在完整保护故宫理念下收复被占用的故宫古建筑物，提高展陈水平，加强与国内外博物馆、科研机构的交流合作等，在文博界乃至全社会都产生了重大影响。

其中，"故宫学"研究无疑是郑欣淼先生开创性的学术探索和重要贡献。自2003年提出故宫学学术概念起，他就坚持不懈地深入研究，为故宫学的理论建构与实践探索不遗余力，在故宫学理论、故宫博物院院史和故宫文物保护研究领域的创见尤为卓著。他的这些论文、讲演等，汇集在从2009年至2019年十年间出版的《故宫与故宫学》（2009）、《故宫与故宫学二集》（2018）、《故宫与故宫学三集》（2019）三本文集中。40万字的《故宫学概论》（2017）是为故宫学提供理论依据、构建学术框架的重要著作，是故宫学由新创学科走向常规学科的标识。《故宫学概论》的问世，是故宫学学科建设的重要奠基。

郑欣淼先生在故宫与故宫学方面还有一些值得重视的成果。《天府永藏——两岸故宫博物院文物藏品概述》（2008）全面论述了故宫文物的渊源及变化过程，首次将两岸故宫博物院的文物藏品分类并列介绍；《故宫纪事》（2013）记载了作者在故宫十年任上的一些有意义的事件的来龙去脉；《故宫识珍》（2014）通过故宫文物的征集收藏、陈列展示、对外交流等具体事件或活动来介绍故宫丰富珍贵的藏品；在访谈录《守望经典》（2008）、《故宫答问》（2014）中，既可见社会对故宫的关注，同时也是故宫博物院十年发展轨迹的另一种真实记录；《太和充满——郑欣淼说故宫》（2022）结合作者自己在故宫的工作实践和研究体会，从物、事、人三部分来叙说故宫，颇多新意；《紫禁城——一部十五世纪以来的中国史》（2022）打破常见的谈文物、讲建筑、话宫史的叙事方式，贯通明清两代，并以世界视野综合考察，着力书写紫禁城的整体史。

对中华诗词的热爱、研究与创作，始终伴随着郑欣淼先生。他从小喜欢古典诗词，20世纪60年代后期开始诗词写作，兼及散文。先生的诗词作品来自民族血脉中的文化情怀和审美体验，洋溢着浓郁的古典芬芳，澎湃着新鲜的时代潮声。他从2010年起担任中华诗词学会会长长达10年，为中华诗词事业从复兴到繁荣做出了贡献。他先后出版诗词集十多部，从《雪泥集》（1994）到《卯兔集》（2011），再到《郑欣淼诗词稿·庚子增订本》（2020），奉献了他创作的1200首诗词。收入《诗心纪程》（2018）的文章，集中表现了郑欣淼先生丰富的诗学观念。他对复兴旧体诗创作、传统吟诵及中华诗教的鼓呼，是作者在中华诗词学会会长任上，对于弘扬中华优秀传统文化不懈努力与担当的体现。《中华诗词之美》（2022）可视为《诗心纪程》的续编。郑欣淼先生的散文自有特色。在《山阴道上》（2011）、《周赏集》（2015）中，特别是那些洋溢着浓浓乡情的故园往事回忆，以及对故宫前辈学人追慕与交往的文字，娓娓道来，备觉亲切感人，也反映了作者丰富的人生阅历和深彻的人生感悟。

郑欣淼先生的艺术评论也很有影响。这主要反映在他的《咀华漫录——郑欣淼艺文序跋集》（2018）一书中，涉书法、绘画、雕塑、戏剧、摄影及文艺论著、散文、小说等多个方面，显示了作者的全面学养和高度概括、捕捉与凝练能力。特别是对饶宗颐、吴冠中等当代艺术大师作品和艺术之路的独到解析，反映了作者宽广的艺术视野、宽容的艺术胸怀以及"外不后世界思潮，内弗失固有血脉"的独立审美。

郑欣淼先生于20世纪70年代初开始在报章发表文章，其中绝大多数已编印出版，《新故杂语》（2022）则是一些未能收集整理文章的补编，主要收录作者从1977年至2022年这四十多年间刊登在报章杂志上的文章，有学术论文、艺术评论及与故乡有关的一些文字，其中20世纪的文章19篇。

半个世纪努力，诸多领域成就，七百余万言大著！正是郑欣淼先生在学术领域的不断开拓和卓越建树，成就了他令人尊敬的学术地位和在整个文化界的广泛影响。

由北京出版社出版的《郑欣淼文集》（以下简称《文集》），是郑欣淼先生数十年学术研究和文艺创作的汇编，是其研究成果和学术思想的一次总结。同时，也是为社会主义文化研究、政策研究、故宫学研究、鲁迅思想研究、诗词研究等留下一份历史信息和参考记录。

本《文集》共21卷22种，包括专著、学术论文、演讲稿以及其他重要的文章、访谈录、序跋等，目的是尽可能系统、完整地展现郑欣淼先生的学术历程以及在各个领域的学术成就。此外，郑欣淼先生喜欢摄影，有多部影集出版，限于《郑欣淼文集》的收录范围，摄影集都没有收入。

《文集》内容多是在原版的基础上重新编排或订正。比如，各卷的初版分属不同的出版社，风格不同，出版时间不同，时间跨度较大，版式、封面和开本等都不相同，这些均需统一。且涉及领域跨度也很大，有些文字的源头可上溯至20世纪70年代，而最新的成果已近至2022年。为了更全面展现作品的时代原貌，让读者读到原汁原味的作品，在编辑本文集时遵循以下原则：

第一，在体例上，尽量保持著作本来面貌，各卷之间不做强制性的统一。不过，对文中的数字用法、引文格式等作了大致统一；确实无法做到整套丛书统一的，个别卷则保持卷内的统一。

第二，所收录的文章写作时间跨度很大，社会背景复杂多样，在整理中尽量保持作品最初发表时的原貌，对一些用语习惯和具有时代特色、地域特色的语汇皆予以保留。

第三，在内容上，不涉及政治性问题一般不作处理，以保留时代特征。比如：故宫博物院典藏文物数量，多卷中包含的大量统计数据及资料不尽相同，这与写作年代及当时的事实有关；计划生育是我国的基本国策，但不同的年代有不同的要求，说法不同。等等。

第四，个别文章初版时在不同分卷中重复出现，收入文集时经作者同意，删除了重复部分。

第五，涉及到具体内容，根据国家现行出版编校规范，对个别字句做了修改；对引用资料中出现的个别错误，在核对内容后做了订正。

第六，一些专访报道因涉及著作权问题，在收入文集时做了删除。

第七，编辑整理过程中涉及的具体问题，在有关卷最后附"编辑后记"加以详尽描述，这里不再赘言。

在《文集》整理出版过程中，编者虽已尽心竭力，但限于水平等原因，疏漏在所难免，还望读者不吝指正。

《郑欣淼文集》编辑组

北京出版社

2022年

《郑欣淼文集》序言

回首寻鸿爪。总难忘、秋风渭水，垄间寻道。幸得迅翁相陪伴，明月心头常照。算大抵、缘分天造。紫阙九重重重秘，二十年、一帜扬精要。几多事、未曾了。　累然卷帙方编好。且存留、鱼书蝶梦，往时沤泡。岂是孜孜名山业？莫敢韶华草草。但惴恐、灾梨祸枣。堪慰今生平仄乐，漫推敲、快意长吟啸。笑此叟、不知老！

贺新郎·《郑欣淼文集》编讫有感

2017年6月，北京出版集团的窦广利、刘路等同志衙门见访，提出拟为我出版文集，接着就开始着手，进行了持续5年的整理、编辑工作；到2022年8月，21卷22种700余万字的《郑欣淼文集》终告编讫。

从1981年我在《人文杂志》发表《略论鲁迅杂文的题目》起，到2022年的《太和充满——郑欣淼说故宫》、2023年的《紫禁城——一部十五世纪以来的中国史》两书，我的问学之旅已跋涉了四十来年。在整理文稿过程中，回顾自己的学术、创作之路，我也生发出不少感想。

一

1966年"文革"爆发时，我在陕西临潼县华清中学读高二。这是陕西的一所重点中学。后来我就成了所谓的"老三届"。1970年我在原籍陕西澄城县参加工作。从1971年到1975年前半年，我在澄城县委从事通讯报道工作。我的第一篇文章发表在1971年4月6日《陕西日报》，是关于一个公社加强经营管理的消息报道。这4年间，《人民日报》《陕西日报》等共刊登我的稿件30篇。比较有影响的是发表在1974年7月17日《人民日报》上的一篇3000余字的通讯，题目是《工人群众有伟大的创造力——记澄城县农机厂工人批"上智下愚"制成半连续井壁管铸管机的事迹》，《人民日报》还配发了署名"公冶平"的题为《充分估计群众的积极性》的评论文章。当然现在看，这篇文章受当时政治环境影响，存在着偏颇的甚至错误的观点。2021年，澄城县党史办与我联系，说县上拟把《人民日报》登过的有关本县的文章汇编起来，要收这篇文章，征求作为作者的我的意见。我当然同意，其实当时报纸的署名是"本报通讯员"。

报纸上署有我名字的第一篇文章，是载于1975年5月7日《陕西日报》的我读鲁迅《习惯与改革》一文的感想，该报8月25日刊登了我学习鲁迅的另一篇文章，约3000字。

1975年我调到中共渭南地委，1977年底又调到陕西省委工作，仍然是机关的文字工作，但从来没有想到此后还会与学术研究有关联。

二

多数人的学术研究都是自己规划设计的，但于我而言，特别是鲁迅研究，从喜欢鲁迅到步入鲁迅研究者行列，则有很大的偶然因素。这与我的经历有关。

20世纪70年代末，西北大学中文系教授、鲁迅研究专家单演义先生招收鲁迅研究的硕士研究生，我拟以同等学力报考。报考研究生的一个目的，是为了解决我的学历问题，因为当时我还是高中文化程度。恢复了高考，我的不少同学上了大学，我也有一种危机感。但是要上大学，我的年龄已经过了，便决定走这一条路。我也认为自己已有一定的应考基础，遂试写了一篇1.5万余字的《论鲁迅关于改造国民性的观点》文稿，向单先生请教，得到他的鼓励。这篇文章我至今还保存着。

1982年，我因研究生报名未获单位批准，失去了这个机会。于是我参加了陕西省统一组织的自学考试，1985年获得了大专文凭。我虽无缘忝列单演义先生门墙，但却有幸能常趋前求教。在单先生的鼓励与指导下，我继续就鲁迅的国民性问题进行研究，写出了《文化批判与国民性改造》一书。1986年10月我在北京参加中国社科院召开的"鲁迅与中外文化"学术讨论会，带着刚完成的书稿，拜见了与会的鲁迅研究奠基者李何林先生，详细汇报了本书思路及要点，请先生赐序，获得慨允。1988年此书出版，张华先生在《中国社会科学》1989年第6期发表了题为《第一本关于鲁迅国民性思想研究的专著》的评论。1990年本书获陕西省社会科学成果二等奖。这些都鼓舞着我继续前进。以后我又有《鲁迅与宗教文化》（1996）一书面世。有关鲁迅的论文、访谈、讲话等，则收录在《鲁迅是一种力量》（2018）中。2001年至2008年，我曾忝任中国鲁迅研究学会会长8年。21世纪初，青岛大学成立了鲁迅研究中心，聘请我为学术委员会主任，同时由我与孙郁、刘增人二位先生主编《鲁迅研究年鉴》。

研究鲁迅是我的业余爱好。但我感觉收获的不仅是文学上的享受与学术研究的成果，而且对我所从事的文博工作也有重要作用。人们一般不大了解，其实鲁迅也是中国文博事业的开拓者、先行者。鲁迅从1912年8月直至1926年，一直在北洋政府教育部社会教育司工作，担任第一科科长，该科主要职责是筹建博物馆、图书馆，管理美术馆及美术展览等。鲁迅参与创建了京师图书馆、京师图书馆分馆、京师通俗图书馆，并参与了历史博物馆的筹设。在他的日记中，就有他到故宫午门的记载，因为午门于1917年便划归历史博物馆作为馆址。

鲁迅的工作实践与其学术研究是同时进行的。在教育部，他一边进行着文物博物馆等中国新文化的建设工作，一边开展着中国古代文化的学术研究。他以世界性的宏阔视野对中国古典文学乃至文化进行了深层次的反思、批判与革新，力图挖掘我们民族固有的民魂，发掘中华民族传统文化中富有创造性的精神特质，探索中国社会文化发展的方向。贯彻其中的精要是"外不后世界思潮，内弗失固有血脉"。这也是鲁迅遗留给我们的宝贵的精神遗产。在文化遗产的保护、研究中，就是既要有优秀传统文化的基础与定力，也要有世界的视野与发展的理念。也许是巧合，在新中国成立后的头40多年间，主持中国文物博物馆事业的郑振铎、王冶秋二位先生，都曾直接受到鲁迅的教诲。他们继承了鲁迅的精神血脉，也像鲁迅一样为文博事业尽职尽责，贡献良多。因此，我到文物局、到故宫后再读鲁迅，就别有一番感受。

三

与鲁迅研究不同，我的政策研究、文化研究与故宫学研究，则是结合工作进行的，也是比较自觉的。

1978年底召开了中共十一届三中全会后，就组建成立了中共陕西省委政策研究室（1983年后改为中共陕西省委研究室），我在这个部门工作了整整15年，后任省委副秘书长、研究室主任。我的工作任务主要是参与省委一些文件、报告、讲话的起草，与此有关的是自己或与他人合作完成有关专题的调查研究，其成果是调研报告。

这个时期，我参与了原中共陕西省委常委、省委副秘书长、省委研究室主任朱平同志主持编写的《调查研究概论》（1984）一书的撰写，全书共12章，我承担了其中7章的撰写任务（这7章收入《畎亩问计：郑欣淼陕青调查摭拾》）。当时全国进入拨乱反正新时期，中国共产党强调恢复实事求是、一切从实际出发的思想路线与工作作风，作为党的优良传统的调查研究，对它的弘扬、发展就尤为必要。《调查研究概论》是对调查研究重要性及其方法等的系统研究与理论探讨，是一本普及性的理论读物，对党政干部的工作也具有指导意义，中共陕西省委组织部曾发文要求各级党组织积极征订此书。参与《调查研究概论》的写作，也为我写作《政策学》打下了基础。

《政策学》一书的写作，与我的政策研究实践结合在一起，两者是相互促进的。中国的改革开放首先是在农村突破、开展的。陕西是个农业省份，推动农业的改革与发展是当时的重要任务。我有幸投身到了这一历史的洪流。1985年10月，我带领陕西省委研究室王同信、吴长龄、王宏斌三人，到志丹县周河乡蹲点一年。他们三人，年轻，受过良好的大学教育，都有着很好的经济学基础，又思想敏锐，勤于研究，我从他们身上学习了不少东西。后来，我与王同信、吴长龄合作，或我们几人又与其他同志合作，承担了陕西省农村发展研究中心的多项科研课题，例如农村私营经济发展、城乡关系协调、中低产田改造、农村剩余劳动力转移等课题，有的还获过奖。这时期我和其他人还对工业、金融进行过一些研究。《畎亩问计：郑欣淼陕青调查摭拾》（2015）一书就收录了这些调研报告。

正是多年的政策调研实践，使我深切认识到，我们工作中一些重大政策失误的原因之一，是没有建立一整套严格的政策制定系统，以及完善的政策咨询系统、评价系统、监督系统和反馈系统，这就使政策制定的科学性无从检验，一旦有失误也难以受到及时有效的监督。《政策学》（1989）一书将政策作为一个动态的系统过程来考察研究，在形成一套适应社会主义政策学发展需要的概念、范畴和方法上，可以说进行了独创性的尝试，初步形成了一个具有特色的政策学知识体系。本书1991年获陕西省社会科学第三次优秀科研成果二等奖。

《社会主义文化新论——市场经济与文化建设》（1996），是我在中共中央政策研究室任文化组（现改为文化局）组长时写的。当时中国青年出版社约请国内著名专家学者撰写一套12种的"社科新论丛书"，选择与当代社会生活关系密切的社会主义政治、经济、文化等重大课题进行阐发。其中的"文化新论"部分约我撰写，我开始推辞过，后来感到课题重要，职责攸关，应该承担。

我于1992年后半年调到北京工作，这一年的重大事件是10月召开的中共十四大，大会明确提出把社会主义市场经济作为我国经济体制改革的目标。这一目标的确立，标志着中国社会进入重大的转轨时期。其实党的十一届三中全会以来，我国大力发展商品经济，积极推进经济体制改革，社会经济生活便一步步在向社会主义市场经济的目标渐进。经济体制改革必将而且已经对社会生活的各个方面产生有力的冲击和影响，其中自然包括文化领域。文化领域中的许多情况和问题，例如市场文化、文化市场、文化产业、雅俗之争等，就是在这个过程中出现的。这个情况我在陕西工作期间就深有感受。于是我把社会主义文化之"新"聚焦在"市场经济与文化建设"上，即探讨市场经济条件下文化领域出现的新问题，并提出解决的思路、方法，对构建社会主义文化理论新体系进行了积极探索。中央政策研究室文化组的"文化"，是包括教科文的大文化，我的"社会主义文化"，也是"大文化"概念。差堪自慰的是，虽然此书出版已26年，但其中的主要观点，仍然是站得住脚的。

四

1995年我调到青海省工作，1998年底因严重的眼疾调回北京，被安排在国家文物局工作。这个调动为我开辟了人生新天地，影响了我的后半生。

在文物局近4年的时间，我有幸参与了中国文物保护法的修订，在反复研讨、争论中对文物工作的法规政策有了较为深入地认识；对于文化遗产保护与博物馆建设的调研，使我在增长专业知识的同时也有了新的探索；走出国门，多样化的世界遗产与国际著名博物馆，使我在借鉴学习中眼界更为开阔，也对中华古老文明有了更为深刻的了解；向文博界老前辈以及许多专业人士的请教，都使我这个半路出家者获益不少。在文物局时的研究文章、调研报告等，收录在《从红楼到故宫——郑欣淼文博文集》（2016）。关于文博方面的其他文章，则收录在《文脉长存：郑欣淼文博笔记》（2017）中。

2002年9月我到故宫博物院工作。在故宫10年，根据党和国家的有关要求，在文化部领导下，在国家文物局的指导下，故宫进行百年大修，开展7年文物清理，推动两岸故宫博物院的合作与交流，在完整保护故宫理念下收复被占用的故宫古建筑物，提高展陈水平，加强与国内外博物馆、科研机构的交流合作等，我与故宫同人在一步步地推动着各项事业的发展。

2003年10月，我提出了"故宫学"的学术概念，结合工作实践建构理论框架。我于2012年初离开工作岗位以后，更是倾力于故宫学的研究。我在故宫学之路上已走过了20年。对于故宫学，我从未动摇过，也从未松懈过。因为我充分认识到故宫学的博大精深，深切体会到故宫学的价值与意义，强烈感受到故宫学的生命力。我坚信"吾道不孤"。故宫学研究队伍在不断扩大。高校的积极参与，使故宫学有了更为广阔的发展空间。故宫学从无到有，从点到面，从文化自省走向文化自觉，这是时代赋予我们的历史使命，也是新时期中国学术界、文化界的担当与自信。

我的故宫学研究，着重在故宫学理论与故宫博物院院史方面。长达3.5万字的《故宫学述略》（2004）是我全面论述故宫学的第一篇文章。从2005年至2015年的10年中，我撰写的关于故宫学文章，有9篇被《新华文摘》转载。《故宫与故宫学》（2009）、《故宫与故宫学二集》（2018）、《故宫与故宫学三集》（2019），汇编了我的论文、讲演等。我出版的第一部故宫著作是《天府永藏——两岸故宫博物院文物藏品概述》（2008），《故宫学概论》（2017）则是我潜心10余年的殚精竭虑之作，《紫禁城——一部十五世纪以来的中国史》（2023）是我对于故宫整体史的书写。此外，还有访谈录及介绍、研究故宫的著作，如《守望经典：郑欣淼谈故宫》（2008）、《故宫纪事》（2013）、《故宫识珍》（2014）、《太和充满——郑欣淼说故宫》（2022）等。《天府永藏——两岸故宫博物院文物藏品概述》《故宫与故宫学》《故宫学概论》在港台出版过繁体版。《天府永藏——两岸故宫博物院文物藏品概述》与《故宫识珍》二书分别入选2008年度、2014年度全国文化遗产十佳图书。

五

伴随我大半生的爱好是旧体诗词创作。1965年，我还是一名高中学生，平时喜欢古典诗词，买了王力先生的《诗词格律十讲》和中华书局上海编辑所出版的《诗韵新编》，开始了学习写作。《郑欣淼诗词稿》中，就收有1965年及"文革"初期的多首诗。十年动乱，此后工作又多次调动，庆幸的是，虽然断断续续，这一爱好还是坚持了下来。我的第一本诗词集是《雪泥集》（1994），还托人请赵朴初先生题了书名，后有《陟高集》（2000）、《郑欣淼诗词百首》（线装，2006）、《郑欣淼诗词稿》（2014）、《卯兔集》（线装，诗画版，2013）、《浣尘集》（雕版，2017）等面世。《郑欣淼诗词稿·庚子修订本》（2020）汇集了我创作的全部诗词曲约1200首。我有关诗词的研究论文、演讲、访谈等，收录在《诗心纪程》（2018）、《中华诗词之美》（2022）二书中。从2010年至2020年，我曾担任中华诗词学会第3、4届会长共10年。在第4届会长任内完成的一件大事，是在2019年制定了新中国语言体系中的第一部新韵书《中华通韵》，并由教育部、国家语委颁布全国试行。

我还出版过《紫禁内外》（2008）、《山阴道上》（2010）、《游艺者言》（2011）等，待作家出版社推出《周赏集——郑欣淼散文》（2015）后，感到这些书原来都可称为散文集。散文作为一种文学体裁，表现形式多种多样，我的这些文章似乎可归入散文行列。但散文毕竟是文学的一种样式，作为语言艺术，对它的创作又有一些要求，我在写作时，只是想把要说的写出来，并没有想到我是在"创作"，是在写"散文"。这样说来，我的这些东西好像又算不上散文。

摄影也是我坚持了四十来年的爱好。20世纪70年代初，因为工作需要，单位配备有照相机，我逐渐懂得了色温的原理，掌握了光圈与快门之间的关系，也学会了冲胶卷及扩印照片。后来工作岗位多变，但我对于摄影的热情却保留了下来。我出版过两本影集。第一本是《高天厚土——印象青藏高原》（2009）。我的大半生是在我国西部度过的，其中又有几年在青海省工作。我两次去西藏，58岁时去了阿里，翻越竖着标有"海拔6700米　区界碑"的界山达坂，并沿着新藏线冒了一次险。四川、云南、甘肃的藏区我也都去过。影集所选照片，试图反映我对青藏高原的审美感受，即天高地迥、境界开阔、豪气充盈、气象万千的"壮美"。

第二本是《紫禁气象：郑欣淼故宫摄影集》（2016）。我所拍的故宫照片，倾注着我对故宫的感情，反映了我的个人视角，以及我的兴趣、关注与认知。《太和充满：郑欣淼故宫印象》（2017）是雅昌文化公司印行的对开影集。

我的政策研究、文化研究与故宫学研究，都不是自己预先规划设计的，而与我的工作有关，是在什么岗位干什么事，是为了搞好工作并结合工作进行的。我的一个特点，是喜欢就自己所从事的工作本身进行研究，并认真学习相关理论与知识，综合分析，努力从感性上升到理性，即琢磨出其中的"道道"，进行创造性的理论探索，从而提出新的认识、思路或方法来。这也可看作是我的独特的学术道路。由于涉及多个领域，从做学问来说，有点"杂"，杂了自然就很难"专"，很难深入。我因此有着清醒的自知之明，知道自己存在的不足。

我有一个体会，知识是相通的，人的素养是需要全面培育与发展的。我们固然要有专业知识，要搞好业务工作，但同时有一些兴趣爱好，"游于艺"也很有必要。对我来说，鲁迅的热烈与冷峻、清醒与深刻，使我学到了怎样观察社会、认识人生以及把握自己。我也在诗词的欣赏与创作中，感受到精神的超越、灵魂的飞扬以及生活中诗意的愉悦。同样，摄影也是一件乐事，用镜头把自己的审美变成永恒的记忆，就是充满无穷魅力的艺术创造。人们不仅需要有道德上的修养，心智上的开发，还应有审美能力的培育、精神情感的陶冶，这样才能促进人性的全面提升，使人生变得丰富多彩。

六

除过摄影集，《郑欣淼文集》收录了我的全部已出版的作品，并且整理新编了《今故杂语》《中华诗词之美》两书。

窦广利、刘路等同志对于我的已出版过的著作，不是简单汇编，而是按照新的体例要求，重新统一编排。特别是三集《故宫与故宫学》的编辑更是费了心力。为了使内容编排更为科学，他们便把原来的目录做了大的调整；又在每编前加了适当的按语，让读者可借此了解本编内容，在版式上也显得更为美观。但对编者而言，不仅增大了工作量，而且还要认真阅读全书，掌握其要点，并要用心拟写按语等，无异于自找苦吃。这种为人作嫁、严谨认真的精神，令我十分感动。《咀华漫录——郑欣淼艺文序跋集》与《太和充满——郑欣淼说故宫》两书，配有大量彩色图片，采用四色印刷，其工作量之大以及成本的增加，都是可想而知的。他们的目标只有一个：精益求精，出套好书！这也是北京出版集团优良出版传统的体现。我也衷心感谢北京出版集团领导对《郑欣淼文集》的支持。

《郑欣淼文集》为我四十来年的学术研究与文艺创作做了个总结。这不应该是终点。只要一息尚存，我还会继续前行！

郑欣淼

2022年8月10日

于故宫清稽查内务府御史衙门旧址

11

自序

　　2003 年，"故宫学"学术概念正式提出；10 年之后"故宫史与故宫学研究"被《2013 年度国家社会科学基金项目课题指南》列入课题申报的研究方向；又过了两年，一部比较全面系统地论述故宫学的《故宫学概论》才得以问世。这自是与我的不敏有关，但也反映了学科建设的规律和特点。

　　我深知，理论的产生与实践的发展有密切关系。故宫学学科的构建，不能拔苗助长，不能提出不切实际的要求。它需要历史的积淀，需要现实的探索，一步一个脚印，实实在在地推进。从《故宫学述略》（2004）到《故宫学纲要》（2010）再到《多维视域中的故宫学——范畴、理念与方法》（2014）等数十篇文章以及《天府永藏——两岸故宫博物院文物藏品概述》（2008）一书，作为构建故宫学学术大厦的一砖一石，既是我对于故宫学学术基础及学科体系架构的持续探索，也是对于故宫博物院事业发展所积累的经验和智慧的阶段总结。

　　对于宏大而精妙的故宫学建设来说，任何个人的力量都是有限的。故宫学从提出伊始，就日益显示出它的开放性，吸引着多方面学术力量的介入和参与。多年来，故宫博物院着力拓展与国内外知名博物馆、高等院校、科研院所以及其他学术机构的交流与合作，收到显著的效果。

特别是与高校的合作极大地发挥了故宫博物院和高等院校在学术资源和学术人才方面的优势互补作用，而故宫学作为学术研究方向和人才培养方向被纳入研究生教育体系，对于故宫学的学术研究和学科建设更具有重要意义。这些弥足珍贵的成果，丰富着故宫学，促进着故宫学的发展，也使我不断地受到启发，获得新知。

故宫学与故宫保护、故宫博物院发展联系在一起。故宫博物院从2005年至2013年召开的4次关于故宫学的座谈会和研讨会，每次都有非同寻常的意义，对于提高故宫学的认识、推动故宫学研究稳步深入地发展起了十分重要的作用，实践经验不断地上升到理性认识。故宫学关于将故宫作为一个文化整体来研究的学术理念，有力地指导着故宫保护与博物院的发展实际。2013年以创建"学术故宫"为宗旨、以服务"平安故宫"为指针的故宫研究院的成立，是故宫博物院立足于"文化自觉"，从自身肩负的文化使命与博物院事业发展的大格局着眼而做出的重大决策，其目标就是努力发展成为国家级重大科研课题项目学术基地和故宫学研究的中心。故宫研究院成立以来，以其开放的学术胸襟、创新的机制接纳国内外学术界热心于故宫学术研究的人才，且与院内的专家学者共同构建高端学术研究平台，已取得了一系列研究成果。故宫学正是在这种难得的机遇、良好的氛围中发展着，按照自身的规律成长着。

这部姗姗来迟的《故宫学概论》既有个人的探索，也汲取了10多年来众多的其他研究成果，总结了大量鲜活生动的实践经验，在写作过程中也得到不少人的帮助。

《故宫学概论》分上、下编。上编七章，第一、二、三章论述故宫学的基本理论；第四章略述学科建设状况；第五至七章阐述故宫学研究对象，即明清宫廷建筑、文物藏品与博物院三大方面。下编为上述三大方面研究对象及其研究状况的具体阐述，亦分为七章：第八至十一章为故宫文物（古代艺术珍品、宫廷历史文物、图书典籍、明清档案）的存藏及研究状况；第十二章为故宫与明清宫廷建筑的保护研究状况；故宫学强调故宫文物、故宫建筑及宫廷历史文化的联系性，重视宫廷史研究，第十三章就梳理了这方面的研究状况；第十四章是对于故宫博物院的研究。可以说，上编是纲，是结构，是框架；下编是目，是对象，是内容。

关于这部书稿的撰写，有几点需要说明：

一是秉持"大故宫"理念。"大故宫"不只是个空间概念，其中也包括时间内容，因此在重点论述紫禁城宫殿时，还述及与其有密切关系的沈阳故宫以及明清坛庙、陵寝、园囿、行宫等，甚至包括今人对这些遗产的保护、研究等。其目的是体现这个无与伦比的文化遗产的完整性、真实性，同时充分反映遗产的生命力。

二是介绍清宫文物存藏状况时，以两岸故宫博物院的收藏为主，同时兼述流散于国内外其他机构的重要藏品。

三是在综述故宫学专题研究状况时，以两岸故宫博物院的研究为主，同时适当介绍国内外的一些研究现状与成果。

四是论述故宫文物的存藏与研究时，有详有略。清宫古代艺术珍品收藏，以铜、瓷、书画为大宗，此数项在中国传统艺术中最具代表性，亦为两岸故宫博物院藏品的重点，因此在第八章专用三小节进行论述，每节均在万字左右。由于全书篇幅的限制，玉器、珐琅器、漆器等13项，列为两节简说。关于众多的宫廷历史文物，则分类简述。

五是故宫博物院部分南迁文物运台，形成"一个故宫，两个博物院"的局面。本书在有关两个博物院的情况介绍时，为了读者易于区分以及行文的方便，以"两岸故宫博物院"统称北京和台北两个故宫博物院，或以"北京故宫博物院"与"台北故宫博物院"分别指代之，又以"北京故宫"与"台北故宫"分别简称之。

作为第一部全面系统探讨故宫学理论的著作，本书带有探索性质，在体例结构以及资料掌握、具体论述等方面，自知尚有诸多不足之处，诚恳地祈望得到方家的批评指正，以期进一步修改提高。

从当代学术发展史的角度看，故宫学是一门新兴的、独特的学科。正因如此，对当代学者来说才特别具有挑战性，具有无穷的魅力。故宫学一直倡导"故宫在北京，故宫学在中国、在世界"的学术理念。它从提出以来，越来越受到学界的广泛关注和重视。我们有理由相信，在各界专家学者的共同努力下，故宫学学科建设会得到持续的推进，故宫学的发展有着令人鼓舞的前景。

郑欣淼

2016 年 10 月

CONTENTS

下编

第一章

故宫学的概念与对象

第一节　故宫学的学术概念

所谓"故宫"，指的是旧时宫殿，康熙皇帝就曾把盛京（沈阳）宫殿称为"旧宫"①，乾隆皇帝②、嘉庆皇帝③在东巡盛京宫殿的诗中，都用过"故宫"一词。现在的"故宫"称谓，通常专指北京故宫，即明清两代皇宫紫禁城。紫禁城由帝制时期的皇宫转化为公共博物馆，其中包含了"国体变更"的革命意义。今天人们说到"故宫"，既指紫禁城建筑，也指故宫博物院。

什么是故宫学？概言之，故宫学是以故宫及其历史文化内涵为研究对象，集整理、研究、保护与展示为一体的综合性学问和学科。换言之，故宫学既是人文社会科学的一门独立学科，也是一门知识或学问的集合。

"故宫学"是笔者担任故宫博物院院长时于 2003 年 10 月 18 日

---

① ［清］玄烨：《盛京旧宫》《告祀礼成宴诸臣于旧宫》，《清圣祖御制文集第一集》卷三十八。

② ［清］弘历：《故宫咏烛》《故宫侍皇太后宴》《故宫览章奏》，《清高宗御制诗初集》卷十八。

③ ［清］颙琰："瞻依旧里悲成鼎，临莅故宫俨在庭"（《清宁宫有感》）、"题额初开竹素园，故宫两院建堂轩"（《嘉荫堂》），《清仁宗御制诗二集》卷十五、《清仁宗御制诗三集》卷五十五。

在南京博物院为庆祝建院 70 周年举办的博物馆论坛上正式提出的。[①]
在此次论坛上，笔者做了题为"确立'故宫学'学科地位 开启故宫
研究新局面"的讲演，首次正式提出"故宫学"，并从"故宫学研究
的对象""故宫学研究已有良好基础""确立故宫学学科地位的目的
和意义"3 个方面做了详细论述。

故宫学的提出，有其重要的理论基础、学术积累。21 世纪以来，
故宫博物院的学术研究又面临新的发展环境与难得的机遇。

中华传统文化亦即第三次国学思潮兴起，为故宫学的发展创造了
良好的文化环境。按照学界的一般说法，近代国学的兴起至今已有百
余年历史，大致出现过 3 次重要思潮：第一次发生在辛亥革命前的晚清，
这时期的"国学"包含强烈的政治诉求；第二次发生在 20 世纪 20 年
代，即"整理国故"运动；第三次兴起于 20 世纪 90 年代，至今方兴
未艾。与此前不同的是，第三次国学思潮是在中国经济快速发展，全
球化步伐加快，中国人对身份认同及民族自信心、自豪感逐渐加强的
大背景下兴起的。这次国学热在国学的定义上，不但为其赋予了更广
的外延，还注意到了历史文化的流动性，即把国学视为广义的传统文化。
第三次国学热虽然兴起于 20 世纪 90 年代，但 80 年代对传统历史文
化已引起重视，不少地方在着力于经济发展的同时，努力挖掘本地区
的历史文化内涵，梳理传统文化资源，并把历史文化与当代社会发展
联系起来，从而形成了一些极具特色的学科或学问。同时，中国近现
代兴起的学术文化研究也得到发展。其中有研究少数民族文化的学问
如龟兹学、吐鲁番学、回鹘学、西夏学等，地域性学问如徽学、藏学
等，属于因文化遗产保护而兴起的学问如长城学、运河学、丝路学等。
有学者将这些称为"新国学"。[②] 这些学问或学科有的提出较早，有的
则是 20 世纪 80 年代以来才逐渐形成的。

---

① 南京博物院是在 1933 年成立的"国立中央博物院筹备处"基础上发展而来，1950
年曾被命名为"国立南京博物院"。

② 卞孝萱等主编：《新国学三十讲》代序，凤凰出版社，2011 年。

社会与学界对于清代历史文化的空前重视成为故宫学的发展机遇。宫廷历史文化是一个王朝历史的重要组成部分。故宫最大特色是反映皇宫、皇帝、皇权的皇家文化,是历史上皇权的缩影。它生动真实地保存着皇帝和皇家衣、食、住、行及宗教、教育、医疗、婚姻、休憩、丧葬的场所、遗物和制度记载,成为皇家生活方式的标本。它还保存了一些满族习俗,如建筑的"支窗",外糊窗户纸,曲尺形炕和灶,萨满教祭祀遗存,等,也可以说是满族贵族生活习俗的标本。由于清代距今不远,清代的历史为今人所格外重视,争相上映的反映清代政治及社会生活的影视剧铺天盖地,皇帝怎么上朝,军机处是什么样,这都引起人们的兴趣。在"戏说"之风盛行的情况下,故宫博物院有责任也完全能够向人们提供准确的、真实的有关场所、实物,有助于人们以历史唯物主义的态度了解当时的典章制度。故宫博物院增加原状陈列展览,就是为了满足人们的这种需要。故宫博物院多年来在国内外举办的文物展览中,表现皇宫生活及典章制度的文物深受欢迎,已成为一个突出的优势。宫廷历史文化的资源十分丰厚,需要认真挖掘、整理、利用。这个挖掘、整理、利用工作,就是故宫学的重要内容。

国家清史编纂工程为故宫学发展起到了直接的促进作用。清统治中国长达 268 年之久,其前期在发展经济文化、巩固国家统一、加强民族团结等方面有重大功绩,其政策措施,值得认真研究。清中叶以后,内外矛盾尖锐,实行闭关锁国政策,拒绝进行改革,政治日益腐败,其失误和教训,亦足发人深省。且清朝灭亡至今仅百余年,和今天的政治、经济、军事、文化各个领域有着深刻联系。因此,要了解和掌握中国的国情,建设中国特色社会主义,就要对清代历史进行全面、深入的研究,编纂出一部高质量、高水平的清史。中央决定编写清史,要求在专家学者的共同努力下,动员各方力量,用 10 年左右完成这个任务。故宫博物院由于具有特殊地位,与清史编纂有着密切关系。2001 年 4 月,季羡林教授领衔的 13 位专家学者关于纂修大型清史致李岚清副总理的信,其中有两位是故宫博物院的专家。在清史编纂中,学术界、文博界、档案界、科技界、出版界将协同配合，这是清史研究不断深入的过程。2003 年正式启动的国家清史编纂是一项规模宏大的文化工程。故宫博物院不仅将在清史编纂中发挥自己的特殊作用，而且也视之为故宫学形成并发展的一个大好机会。

总而言之，故宫学的提出并确立已是水到渠成，同时标志着故宫博物院的学术研究由自发进入自觉阶段。

第二节　故宫学的研究对象

从故宫学的概念出发，其研究对象主要包括故宫（紫禁城）、故宫文物、故宫博物院 3 个方面。

一、故宫（紫禁城）

古代皇宫是禁地，又有紫微垣为天帝所居的神话，故称宫城为"紫禁城"。[①] 紫禁城位于北京城内中部，从明永乐十九年（1421）至清宣统三年（1911）一直是明清两朝的皇宫，先后有明代 14 位和清代 10 位皇帝在此执政，诸多中国重大历史事件与这一空间紧密联系，是见证明清之际中华文明发展的重要历史场所。1912 年末代皇帝溥仪退位后，"故宫"一词逐渐代替"紫禁城"，专指明清时期的旧宫殿遗址。1925 年故宫博物院建院后，"故宫"成为紫禁城宫殿遗址和故宫博物院的简称。故宫城墙以内的面积达到 72 万平方米，现存建筑面积 16.7 万平方米。目前，故宫是中国现存规模最大、保存最完整的古建筑群。

[①] 明初营建中都、南京和北京宫阙时，将宫城称皇城，并将宫城外的禁垣包括在皇城范围内。至明万历时，将皇城改称宫城或紫禁城，将禁垣改称皇城。万历《大明会典》卷一八一载："自午门至玄武门，俱宫城门"，承天、大明等"六门俱皇城门"。卷一八七又载："内，紫禁城起午门，历东华、西华、玄武三门。"（中华书局，1989 年）《明史·地理志一》亦称宫城为紫禁城："宫城周六里一十六步，亦曰紫禁城"，"宫城之外为皇城"。（中华书局，1999 年）

　　建筑是实用艺术的典范，从一个侧面展示着人类文明的发展轨迹。伟大的建筑往往成为一个城市、一个民族乃至一个国家的象征物。中国建筑与其文明一样悠久而辉煌。人们普遍认为，中国古代建筑是"皇宫本位"的建筑体系，宫殿建筑是最能代表中国建筑风格和成就的类型。故宫则是中国古代宫殿发展的集大成者，是我国古代宫城发展史上现存的唯一实例和最高典范，是中国古代建筑史上最辉煌的篇章。

　　紫禁城蕴含着深刻的政治、文化意义，体现了"皇权至上"的伦理思想。它的规划设计是附会封建宗法礼制的，继承了传统的宫城、内城、外城的三重城制度，居都城中央。总体规划布局仍可见"五门三朝""前朝后寝""左祖（太庙）右社（社稷坛）"，体现儒家的理想和封建礼制。故宫宏大壮丽，鲜明地反映了中国传统文化中注重巩固人间社会政治秩序的特点，特别是体现统治者的权威与财富，也象征着封建王朝的强大。

　　故宫庞大的建筑群体，明清时期既是帝王统治国家、日理万机的政治中心，也是其与皇室人员居住生活的地方，因此，紫禁城内就有一系列满足各种使用需要的建筑和设施：有处理朝端大政及举行大典的殿堂，有为朝政服务机构的官署，有供皇帝及其家人及为他们直接服务人群居住和活动的处所，有皇帝、皇族进行文化活动的书房、戏台、花园、佛堂、道场，并有宫中日常使用的各种什物的制造场地，等。对于这些复杂多样的建筑和设施，紫禁城采用严格对称的院落式布局，按使用功能分区，依用途和重要程度有等差、有节奏地安排建筑群的体量和空间形式，代表中国古代建筑组群布局的最高水平。故宫建成以后，虽然新建改建工程很多，但紫禁城内建筑的总体布局仍然保持着明初始建时的格局。现在的紫禁城实际上是明清两朝文化的结晶。

　　故宫在历史上还具有重要的政治意义。它既是至高无上的皇帝威权的反映，也是中国古代中央集权和国家统一的重要象征，是一个政治符号。在中国历史上，坚持传统的宫殿制度又与政权的继承性、正统性联系在一起。因而少数民族建立的全国政权，为求争取汉族上层分子的支持与合作并减少汉族民众的反抗，在所建政权的形式和宫殿及都城、礼仪等典章制度方面，都不同程度地比附、效法汉族传统，尊崇儒家，以表明自己的正统地位。元新建的大都及宫殿就是如此，而清人则完全使用了明朝的宫殿。当然，历代在宫殿建设上也会有其自身的一些特色，但基本格局则是逐渐形成并不断完善的。

"北京故宫是中国古代宫城发展史上的最高典范。它为中国古代社会的后期发展，特别是礼制文化和宫廷文化提供了独特的见证。在建筑群体布局、空间序列设计上，它传承和凝练了轴线布局、中心对称、前朝后寝等中国古代城市规划和宫城建设传统特征，成为中国古代建筑制度的典范。其宫殿建筑技术与艺术反映了中国古代官式建筑的最高成就，对清朝 300 年间的中国官式建筑产生了广泛的影响。宫内的宗教建筑，特别是一系列的皇家佛堂建筑汲取了丰富的民族文化特色，见证了 14 世纪之后满、汉、蒙古、藏等民族在建筑艺术上的融会与交流。同时，它所拥有的上百万件的珍贵皇家藏品、皇家生活用具以及大量古代工程技术的文字、图纸、烫样等档案载体，见证了中国明清时期的宫廷文化和典章制度。"① 这是自 1987 年故宫被列入《世界遗产名录》后，世界遗产委员会对故宫遗产突出的普遍价值的全面评述。

从故宫学的角度来看，要全面认识故宫宫殿的内涵和价值，还必须树立"大故宫"概念。"大故宫"概念是近年来故宫学研究中所形成的一个共识，即从整体上理解紫禁城建筑与相关宫廷建筑之间的联系。由于中国封建社会"家国同构"的政治特征，宫廷具有宫室和朝廷双重含义。宫廷的地理范围，并不局限于宫城之内。完整的宫廷建筑，既要有宫殿，又必须有坛庙、陵寝以及供王室使用的园囿、行宫等。这种源远流长的礼制观念充分体现在中国传统政治文化中。

在中华文明史上，商周继夏代成为礼制高度发达的社会。商周礼

---

① 第 36 届世界遗产委员会会议文件 WHC-12/36.COM/8E。

制在考古学中反映最突出的是祭祀之礼，如《国语·鲁语上》所载："夫祀，国之大节也。而节，政之所成也。故慎制祀以为国典。"对祖先的庙祭以及对天地诸神的社祭是其主要表现。据考古发掘，殷墟内用于祭祀的宗庙性建筑是相当庞大的，这与殷墟卜辞记有大量祭祖的内容可以相互印证。陕西岐山周原发现的周天子宗庙，其建筑遗址与文献记载的宗庙布局比较一致，是寝、庙相连的祭祀建筑。除对祖先的庙祭外，比较重要的当数对天地诸神的社祭。社又谓社稷，是祭祀土、谷神的地方，宗庙、社稷象征整个国家。商周的丧葬之礼在考古学中也有充分的反映。商王室贵族祭祖除了庙祭外，王陵区也成了举行祭祖之礼的重要场所。周代的丧葬制度更加体现了贵族之间的宗法关系和等级关系。[①]

明清两代宫廷建筑的主体，是以皇帝居住和理政的紫禁城为核心，还包括以祖社与天坛为代表的礼制建筑和陵寝，以及其他从属性宫廷建筑。作为明清宫城的故宫面积虽然只有近 100 万平方米（包括护城河），但作为完整的明清时期的宫廷建筑文化遗产，其范围则十分宽广。宫城以外的一些宫廷建筑和设施与紫禁城有着直接的或密切的联系，它们或因传统王朝的营建及宫廷礼制的规定而建，或因王朝处理政务的需要而设。中国历朝几乎都在中央政权机构内设立管理皇家宫室、坛庙、陵寝以及城郭等工程的设计、施工部门，即所谓工官制度。明朝工部所属有营缮司，清朝也设有工部，但宫室、园囿的修造属内务府。因此，以紫禁城为主体的明清宫廷建筑是一个整体，宫室、坛庙、陵寝、园囿、寺观、行宫等，是一个有统一规划、统一规制、统一管理的庞大体系。从建筑布局上来说，北京皇城就是以紫禁城为中心展开规划设计的，太庙、社稷坛、西苑三海、景山、大高玄殿、皇史宬、中央衙署等在其四周分布，天坛、地坛、日坛、月坛、先农坛等坛庙在其四围散设。西郊的三山五园、散布京城的皇家寺观以及皇家陵寝、各地行宫等，无不与紫禁城关系密切（见图一）。

---

① 袁行霈等主编：《中华文明史》第一卷第三章第三节，北京大学出版社，2006 年。

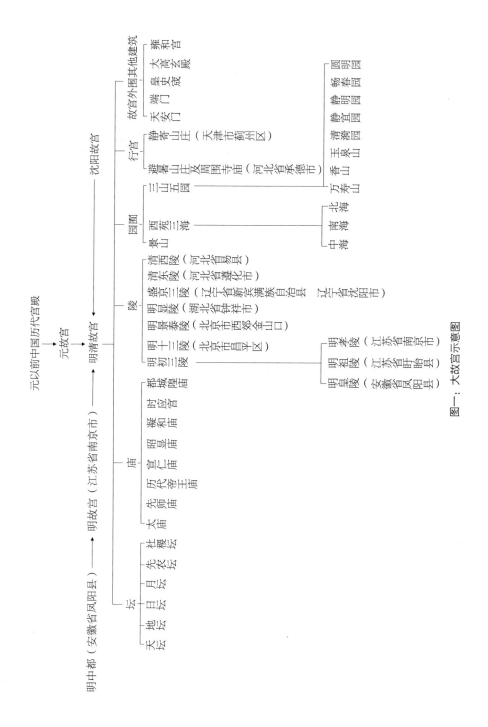

图一：大故宫示意图

二、故宫文物

如前所述，紫禁城是宫廷建筑的核心代表，与其相关的明清皇家建筑形成一个文化整体。因此，宫廷的范围有狭、广二义：狭义的宫廷即指紫禁城建筑群，广义的宫廷则指以紫禁城为主体的整个明清皇家建筑群。这些建筑空间内所藏文物皆与宫廷有关，例如沈阳故宫博物院的文物，大多是从紫禁城移运过去的。尤其是乾隆年间，大量宫廷珍品由北京向盛京运送，乾隆四十四年（1779）拨送康、雍、乾年款各色瓷器 10 万件，乾隆五十二年（1787）又拨送御制书画、历代名家书画数百件等。[①] 在乾隆帝下令编纂的"西清四鉴"中，收录了盛京故宫（即沈阳故宫）的 900 件青铜器。又如圆明园所藏部分书画（后被英法联军劫掠或损毁）为《石渠宝笈》所著录，最初存放于紫禁城内。因此，与紫禁城关系密切的皇家建筑，例如沈阳故宫、承德避暑山庄、圆明园、颐和园等处都曾有过丰富的文物收藏，构成宫廷文物的一部分。其中，宫廷文物收藏最集中、最丰富、最重要的地点是紫禁城，紫禁城文物收藏又集中于内廷，由清廷内务府总管。本书中所述"故宫文物"，以紫禁城文物藏品为主，也涉及其他宫廷建筑收藏的文物。故宫文物包含两类：一类是传统的文物，如铜、瓷、书画、文玩及其他工艺品等，它们一直是作为艺术品而庋藏的；另一类是反映宫廷典章制度以及日常文化生活、衣食住行的物品，大多是当时的实用之物，因其具有重要的历史文化价值，在今天也成为珍贵的文物。我们这里把前一类称为"古代艺术珍品"，后一类称为"宫廷历史文物"。再加上图书典籍和明清档案，统称为"故宫文物"，都是可移动文物。

（一）古代艺术珍品

收藏作为一种活动，贯穿于人类社会发展的始终。现代重大考古发现证明了史前人类收藏行为的存在。从商代起，王室就重视文物的搜集

[①] 武斌主编：《清沈阳故宫研究》，辽宁大学出版社，2006 年，第 209 页。

和保存。殷商的文物多集中于宗庙。周代王室文物、珍品收藏之处名曰"天府""玉府",并有专职官员负责管理。汉朝的"天禄""石渠""兰台",则是汉宫贮藏珍贵文物及图书之所。到宋徽宗时,收藏尤为丰富,《宣和书谱》《宣和画谱》《宣和博古图》就是记载宋朝宣和内府收藏的书画鼎彝等珍品的目录。清代帝王重视文物收藏,特别是乾隆皇帝更使宫廷收藏达到了极盛。后来,随着国势日衰,外患频仍,宫廷收藏屡遭厄运,大量珍贵文物遭遇劫掠、毁损和流失,但仍留存下相当丰富的文物藏品,成为中华历史文化的实物见证与中华文明的重要载体。

清宫古代艺术珍品收藏,以书画、青铜器、陶瓷为大宗。

1. 清宫书画

中国书画是中华民族文明史所产生的艺术结晶之一,也是中华民族文明史的一种物化见证。中国宫廷书画收藏始自汉代,历经魏晋、唐宋、元明,在乾隆年间进行的有史以来最大规模的艺术品搜集活动中,存世的唐、宋、元、明名画,几乎收罗殆尽。这是继宋徽宗宣和内府后的最大一次集中。乾隆皇帝在自己处理日常政务的养心殿居所中,辟"三希堂"专室存放王珣的《伯远帖》、王羲之的《快雪时晴帖》和王献之的《中秋帖》这3件晋人名迹。他为此写有《三希堂记》,认为这3件书迹不仅是中国书法的"希世之珍",而且是分别经过宋、金、元诸代皇室收藏的"内府秘笈",三帖的重聚因此就有着非凡的意义:"今其墨迹经数千百年治乱兴衰存亡离合之余,适然荟萃于一堂,虽丰城之剑、合浦之珠无以逾此。"他又在建福宫花园静怡轩辟出专室存放晋顾恺之《女史箴图》和传为宋李公麟的《潇湘卧游图》《蜀川胜概图》《九歌图》,并命名曰"四美具",在御题《"四美具"赞》中,一再强调"剑合珠还"之意,亦足见乾隆皇帝的志得意满及其收藏的千古之盛。清内府所藏的书画作品,在乾隆朝进行了全面的整理与分类编目,历经74年之久,编纂成《秘殿珠林》与《石渠宝笈》两部巨著,共收录上起魏晋,下至清代中期近2000年的书画作品1万余件。

清宫珍藏书画虽然有所散佚,有所损毁,但仍留下了相当重要的部分，并比较集中地保存在北京和台北两座故宫博物院中。可以说，两院荟萃了中国法书墨迹及绘画作品的精华，从中可见清宫书画收藏的基本风貌。其中有相当多的名迹巨品，比较完整地反映了中国书法史、绘画史的发展历程，是中国古代书画史不可分割的一个整体。

2. 清宫青铜器

中国是世界上较早进入青铜时代的文明古国之一，其青铜时代从公元前 2000 年左右形成，经夏、商、西周和春秋时期，大约经历了 15 个世纪。中国青铜器的制造和发展，历代绵延不断，但其对社会生活产生较大影响的是在先秦时期。中国古代青铜器艺术的鲜明民族特色，突出表现在它所具有的意识形态性质上。早期青铜器曾作为王权的象征物而存于世。传说夏禹铸九鼎，历商至周，以为传国之宝，鼎移则王朝易主。鼎彝或列于宗庙，或随葬于墓室，称为"礼器"，是先秦贵族等级身份的标志。用青铜器标识王权及贵族身份，并在青铜器上铸刻铭文记录历史，是早期中华民族所独创的文化成果，它是人类青铜时代文明达到鼎盛的伟大标志物。此后，中国历代王朝都十分重视收集保存祖先这一光辉遗迹。自汉代以来，青铜礼乐器时有出土，其上威严的纹饰，雄伟的气度，深得帝王之心，被视为国之祥瑞。汉武帝因得到一个古鼎遂改元为元鼎。于是官民贡献于上，皇室搜求于下，逐渐成为皇家的重要典藏。北宋曾集宫中所藏编成《宣和博古图》，收器凡 839 件。

清代乾隆年间，宫廷青铜器收藏相当丰富。乾隆十四年（1749），乾隆皇帝命将宫廷收藏的鼎、尊、彝、罍等古青铜器，仿宋代《宣和博古图》样式，编成《西清古鉴》40 卷，收铜器 1529 件，其中有铭铜器 586 件，绘制器形、款识，并援经据典，一一考证，十六年（1751）成书，收入《四库全书》。乾隆十六年至四十六年（1751—1781 年）间又编有《宁寿鉴古》，收铜器 701 件，其中有铭者 144 件。乾隆四十六年至五十八年（1781—1793 年）间编纂《西清续鉴甲编》《西清续鉴乙编》。《西清续鉴甲编》所收为内府续得诸器，共 944 件（另附录唐以后杂器 31 件），其中有铭铜器 257 件；《西清续鉴乙编》

收盛京铜器 900 件，其中有铭铜器 192 件。"西清四鉴"（又称"乾隆四鉴"）共收录铜器 4074 件（另附录 31 件），其中有铭铜器没有发现重出者，共计 1179 件，此外有铭铜镜 114 件。清宫所藏铜器当然不只这些，嘉庆以后所收的未再著录，热河行宫、颐和园等也有不少存藏。"西清四鉴"虽然在辨伪、断代、释文、考证等方面尚未达到宋代人的水平，但仍有相当的学术价值，不仅在当时推动了金石学的发展，其中保存的珍贵资料，时至今日仍是十分难得、无可替代的。

3. 清宫陶瓷

陶瓷是陶器和瓷器的总称。中国有长达 20000 多年的陶瓷发展史。始烧于夏商之际的原始青瓷，成熟于东汉时期的瓷器是中国古代先民的伟大发明，是对世界文明的重大贡献。此后，中国的瓷器经历了唐宋时期的蓬勃发展和元、明、清的鼎盛时期，同时向东西方传输，影响世界瓷器制造业的发展。宫廷使用和收藏陶瓷器至迟可上溯至唐朝。唐、五代时，朝廷曾旨令一些制瓷质地优良的窑场烧造贡瓷。宋代，朝廷先是令一些制瓷质量较好的窑场如定窑、耀州窑等烧造贡瓷，而后设立汝窑、钧窑、修内司官窑、郊坛下官窑等官府瓷窑场，专门烧造宫廷用瓷。至明代初期，皇室已收藏了数量可观的宋代名窑瓷器。明清两代朝廷均在景德镇设御窑厂，并选派督陶官驻厂专理或命地方监造，不惜工本，大量烧造宫廷用瓷。清代的帝王，特别是康、雍、乾三帝都比较爱好瓷器。康熙本人重视西洋的科学技术，著名的珐琅彩品种，就是在康熙时引进国外彩料创制的，它为粉彩的大发展奠定了基础。雍正十分重视瓷器的质量，他采用重奖制瓷工人的办法，促使制瓷质量的提高。乾隆酷爱各类工艺品，几乎达到了狂热的程度。这些都使官窑瓷器的生产得以迅速发展。[①]

清宫收藏除书画、铜器、陶瓷外，尚有其他众多的艺术品珍藏，主要有玉器、珐琅器、漆器、竹木牙角匏器、金银器、玻璃器、石鼓

---

① 冯先铭主编：《中国陶瓷》，上海古籍出版社，2001 年，第 540 页。

与石器、织绣、书画、照片以及文房用具、鼻烟壶、珠宝盆景、成扇、古建筑文物等，可以说包括了中国古代文化艺术的各个主要门类，而且有的是宫中所特有。这些艺术品虽然也有很多流散，但其主要的部分仍然留存在北京故宫博物院以及台北故宫博物院。

紫禁城是世界上最丰富、最重要的中国古代艺术品的宝库。清宫收藏无比丰富精美，具有品级上、品类上、数量上的优势。论时代，上自新石器时代，下至宋、元、明、清；论范围，囊括了古代中国各个地域的文明精华，包容了汉族和古代许多少数民族的艺术精粹；论类别，包含了中国古代文化艺术品的所有门类。它们都是世所公认的国宝，是文化艺术的至珍；其历史文化内涵更涉及建筑、园林、历史、地理、文献、文物、考古、美术、宗教、民族、礼俗等诸多学科，在我国历史文化遗产中具有突出的历史、科学和艺术价值。故宫博物院庋藏的各主要类别文物，其本身就完整地记录了该类文物从萌生、发展到辉煌的文化链。以书法为例，故宫博物院的藏品涵盖了从契刻到书写进而发展成为一门独立的书法艺术的历程，藏品从甲骨文（后来北京故宫博物院收藏甲骨 22463 片，属于世界第三大甲骨收藏单位）、钟鼎文，直至晋朝开始形成书法艺术，此后历朝历代的名家流派，几乎一应俱全。再以陶瓷为例，从新石器时代的黑陶、彩陶，直到两宋的五大名窑，元代青花瓷，明代白瓷、釉里红、斗彩等，清代的粉彩和珐琅彩，等。其他如玉器、铜器和许多工艺品等，也是如此。因此，故宫是一部浓缩的中华 5000 年文明史。中华民族绵延不断的历史文化在故宫博物院的各类文物藏品里均得到了充分的体现。

（二）宫廷历史文物

宫廷是封建社会国家的中枢，是朝廷的中心。故宫在 491 年中一直是明清两代的国家政治中心和 24 位皇帝的居所，在这些宫殿里曾发生过无数惊心动魄的军国大事、扑朔迷离的宫闱秘辛以及权力斗争的刀光剑影，有着数不清的历史故事。遗存至今的大量宫廷历史文物，过去都是实用之物，如卤簿仪仗、乐器舞具、宫廷冠服、八旗盔甲、武备器具、宗教文物、戏衣道具、药材药具、家具地毯以及外国文物等等，品类繁多，作为宫廷历史文化的见证和载体，不仅是研究明清史的重要资料，而且是了解宫廷历史文化的珍贵实物，同样是具有相当价值的文物。

这些有关日常政务活动、文化生活、衣食住行的物品，也都与宫廷典章制度有关。典章制度是中国古代历代王朝用以设官分职、敷政治民及协调统治集团内部关系、规范统治方法的准则和法规，与一代王朝的治乱兴衰关系极大。其核心是王权的至高无上，是尊卑贵贱的等级关系。清代统治者特别重视典章制度的制定和执行，因此有清代会典、会典事例、各种则例、通典、通志、通考等典制专书（包括《皇朝礼器图式》）的官修并一再续修或重修。清宫遗存的大量藏品，即如日常的生活用品，都是典章制度的具体反映或与典制有关，涉及宗教、民族、印信、文书档案、采捕朝贡、礼制、乐制、服饰、车舆、仪卫、燕宴、科举、书籍与作品、天文历法、医疗、八旗制度、军需、宫殿、坛庙、陵寝、工程、建筑、作坊、帝后与宫廷、行宫园囿等各项制度。制度文化是文化的定型表现形态，它使文化具有外观的凝聚性、结构的稳定性和时间的连续性。[①] 通过对制度文化的深入研究，往往能够抓住文化中最为本质的内容，而故宫博物院这些丰富的文物藏品，有助于对清代典章制度的深入研究。

例如，在国宝、官印、册封宝册、徽号宝册、谥号宝册 5 类清代典制玺册中，帝后玺印是皇权的象征。清代最重要的是代表皇权的清帝"二十五宝"，它是中国历代王朝所遗存的唯一代表皇权的御宝，具有极高的历史价值。乾隆十一年（1746），乾隆皇帝对当时所有皇帝宝玺加以整理和完善，确立了有清一代的皇帝宝玺制度：考定为"二十五宝玺"；确定了各玺的名称、尺寸、纽式和用途；统一篆刻，除第四方"皇帝之宝"为满文外，其余均用满汉两种文字篆刻，左为清篆，右为汉篆；固定二十五宝收藏于交泰殿。重新排定后的二十五宝，每一方御宝的用途都有明确规定，各有所用，集合起来，便代表和囊括

---

① 彭安玉：《典章制度》，南京大学出版社，2009 年，第 1 页。

了皇帝行使国家最高权力的各个方面。清代皇帝依靠这些御宝，得以发布各种文告，指令王朝的各个机构有效地运转，维系封建国家的延续。故宫博物院藏有明清帝后玺印5000余件，占已知全部帝后玺印庋藏量的90%以上。其中典制玺册约占1/10。

再如，乾隆时期在宫中遍设佛堂，故宫至今仍完整地保留着一批清代藏传佛教殿堂。故宫原有独立佛堂35处、暖阁佛堂10处，其中雨花阁、宝华殿、宝相楼、吉云楼、佛日楼、梵华楼等20多处至今保存比较完好，不仅建筑完整，而且室内保留的清代匾联、供案、神佛造像、佛塔、供器、法器、唐卡、壁画等基本维持原样。现存清宫佛堂的建造年代，除少数为明代遗留的佛殿如英华殿和清初顺治康熙所建的慈宁宫后殿外，几乎全部为乾隆时期新建，或在旧建筑基础上改建的。每座佛堂供奉的主神不同，均有宗教崇拜的不同功用，其内的陈设布局依据格鲁派（黄教）教义，模拟西藏寺庙神殿，所以清宫佛堂内几乎包括了西藏神殿中各类神像、神器。故宫博物院还存藏包括造像、唐卡、法器、法衣、经籍等在内的藏传佛教文物5万多件，是中国内地保存最完好、收藏最宏富的藏传佛教文物宝库。来自藏族地区的佛教艺术品，是明清以来蒙藏等地区进献朝廷的礼品。大量的西藏佛教艺术精品荟萃紫禁城，这是元朝以来700年的历史积淀，具有多民族文化融合的特色。由于皇宫的至尊地位，文物的特殊来源，故宫的藏传佛教文物大多豪华精美，历史价值、艺术价值极高，每件文物进入皇宫的过程都凝固了一段历史，数万件文物组合成一幅多姿多彩的历史图景，连接着中原文化与西藏文化，连接着中华民族共荣共存的血脉。

对宫廷历史文物价值的认识，既是一个文物保护理念问题，也牵涉到对于故宫价值、故宫博物院性质的认识问题。故宫是491年间明清两代24位皇帝在此生活过的皇宫，是封建时代国家的中枢，保存至今的各种宫廷收藏和遗物都是皇帝及皇室生活、活动的见证。这是故宫的最大特色，也是故宫的特殊价值，而保护好一座完整的故宫则是故宫博物院的使命。

过去，不少宫廷历史文物长期未被视为文物，或仅被列为"文物资料"，其原因主要是这些遗物存在所谓缺乏艺术性、不完整性、大量重复性、时代晚近性、材质普通性等问题。例如故宫博物院藏有 2 万多件清代帝后的书画，数千件绘画包括了顺治、乾隆、嘉庆、道光、光绪、宣统等皇帝和慈禧、端康、隆裕等后妃的作品，又以乾隆、慈禧为最多，仅乾隆皇帝的就有 1600 余件。万余件书法包括了自顺治帝到宣统帝的 10 位清代皇帝的书迹，乃至慈禧、隆裕的墨迹，其中乾隆皇帝的书法多达 1 万多件。这些作品有一部分是从避暑山庄、圆明园以及玉泉山等地行宫殿堂内揭下的贴落，以殿座为单位卷成一包运抵紫禁城。此部分帝后书画大多都有黄条纸注明何时何地"请下"的字样，保存非常完整。但是，受观念限制，过去未将其视为文物，甚至未纳入"文物资料"之列，而现在它们的重要史料价值逐步受到关注。书画本身就是艺术品，帝后的审美取向比文人的趣味更能影响当时的文艺潮流。同时，它们又是重要的历史资料，尤其是对于皇帝和后妃们艺术、文化、思想的深入研究具有重要的价值。由于这些作者身份的特殊性，社会上流传量小，现在收藏界对此也颇为关注。

宫廷遗存中有的重复品多。一般来说，文物的存量与价值成反比，某类文物的存量越少，其中每件文物的价值就会相对提高。但是，故宫藏品的这个"多"，是就皇宫而言，相对于全国来说，则还是相当少的。例如，当时有大量八旗盔甲，现在保存很少，人们以为保存大量的重复品对个体的认知并无意义。今天来看，有了大量的重复品，才能体现出八旗军的军威和气势。

文物不只是经济价值大的或者稀有的宝物，还包括一切反映人类历史文化的遗存。这些故宫宫廷文物是典章制度和宫廷生活的载体及反映，有着独特的历史文化内涵和认识作用，不能简单用"古董""古玩"的眼光去看待。故宫不只是"国宝""精品"的荟萃之所，其一砖一瓦、一物一件都有其自身的价值与生命。因此在故宫保护上必须树立"大文物"观念，即凡是能够反映宫廷历史文化的遗迹、遗物，都是故宫遗产的一个部分，都要重视，都要保护；或者说，清宫的所有遗存，没有不是文物的。故宫作为一个巨大的稀世之珍宝库，囊括了古建筑、可移动文物以及非物质文化遗产。

在"大文物"理念指导下，故宫博物院在 2004—2010 年的文物清理工作中，对这些帝后书画及 13 万件清代钱币等进行了系统整理，将 18 万件资料藏品提升为文物，20 余万件武英殿书版、"样式雷"烫样以及大量建筑构件等也纳入文物账进行管理。许多宫廷历史文物还与非物质文化遗产有着密切关系，对其展开研究更具有抢救性意义。例如，故宫博物院收藏的乐器不仅有明代以前的，还有完整的清代宫廷朝政和生活中频繁使用的典制乐器、民族乐器和戏曲乐器等 2300 余件，其中以坛庙祭祀和殿陛朝会使用的典制乐器规格最高、数量最多，代表了先秦以来中国历代王朝宫廷雅乐所用乐器的各种类型和形制，如祭祀和朝会中所用的中和韶乐，依"八音克谐"的传统，有编钟、编磬、琴、瑟、箫、笛、排箫、篪、埙、笙、搏拊、柷、敔等 16 种乐器，指挥器为麾，同时用乐舞生、歌生、执节掌麾者达数百人。"丹陛大乐"有大鼓、方响、云锣、杖鼓、拍板、管、笙、笛、箫等，指挥器为戏竹。其中如镈钟、编钟、建鼓、方响、柷、敔等，后世已十分罕见。皇帝 4 种卤簿所用的"卤簿乐"乐器也为数可观，有大铜角、小铜角、金口角、金锣、铜鼓、花腔鼓、得胜鼓、铙、小钹、海笛等。虽然乐器保存完好，音乐却已消失。因此，如何研究、整理和抢救这些中国宫廷音乐，就是一个重要的学术课题。[①]

① 韩国、越南的宫廷音乐则保护传承至今。2001 年，韩国首尔宗庙祭礼和宗庙祭礼乐被联合国教科文组织列入《人类非物质文化遗产代表作名录》。宗庙制度在朝鲜半岛最早由新罗从中国引进。韩国首尔宗庙每年在 5 月份的第一个星期天举行祭祀朝鲜王朝君主和王妃的儒教仪式——宗庙祭礼。宗庙祭礼的音乐是朝鲜宫廷音乐的一种，被称为宗庙祭礼乐。2003 年，雅乐——越南宫廷音乐被联合国教科文组织列入《人类非物质文化遗产代表作名录》。宫廷雅乐诞生于后黎朝（1428—1789），在阮朝（1802—1945）形成体系和程式，定为王室音乐，作为王权和永恒的象征。越南从黎朝时就有组织地输入中国明朝的宫廷音乐，对其初期宫廷乐的形成产生了十分重要的影响。

（三）图书典籍

清朝统治者以"稽古右文"自命，对图书典籍非常重视。清宫藏书是以明代皇室遗存为基础，经过二百余年的访求、编刻、缮写，收藏了大量的珍贵图籍，超越以前各代。主要有以下4个方面：

第一，以"天禄琳琅"藏书、"宛委别藏"丛书、内阁大库藏书为代表的宋、元、明善本的珍藏。清宫藏书除前代皇室遗存外，还大力搜索购求天下遗书。纂修《明史》，搜采了大量明朝史志。开四库馆，共采访得书13781种。内外大臣、群儒进献自著或收藏的珍贵善本亦为数不少。皇宫荟萃了许多极其罕见的宋、元、明各代的珍本。《天禄琳琅书目》尽毁于火后，又编成《天禄琳琅书目续编》，收宋至明各代刻本、影宋本、明抄本共664部，12258册，为200余年前清代藏书的精华，其中不少珍稀宝籍经历了自宋迄清4个朝代的诸多藏书家之手，更有许多是留传有绪极为罕见的古籍。《天禄琳琅书目》为我国第一部官修善本目录，在版本著录体例方面多有创见。"宛委别藏"共收书165种，多珍稀秘籍，罕见于公私著录，可补《四库全书》之缺。

第二，以明抄本《永乐大典》及清抄本《四库全书》《四库全书荟要》为代表的抄本书。《永乐大典》是中国古代最大的一部类书，共22937卷（含目录、凡例60卷），分装11095册，约3.7亿字。全书收罗宏富，包括宋元前各类书达七八千种，元以前佚文秘籍多赖以保存，对辑佚或校勘古籍有重要价值。乾隆年间编纂的《四库全书》收书3500多种，7.9万余卷，基本上包括了乾隆以前中国古籍的精品，在一定程度上起到了保存、整理和传播中国古代文献的作用。通过《四库全书》，可以大致了解中国的历史和思想文化。《四库全书》先后缮写7部，分藏内廷即故宫文渊阁、承德避暑山庄文津阁、盛京文溯阁、圆明园文源阁、扬州文汇阁、镇江文宗阁、杭州文澜阁，南三阁允许士子阅览，发挥了"嘉惠士林"的作用。

第三，以《古今图书集成》为代表的清代历朝内府纂修刊刻的图书，包括武英殿刻本，扬州诗局、扬州书局刻本和六部、院、监刊印的各种图书。清前期，清内务府主持编纂、刊刻和抄写了许多大部头的图书。康熙时把武英殿作为清代内府专门的修书、刻书机构。康熙一朝内府刻书 50 多种，5000 多卷，在内容上门类齐全。修成多达万卷的《古今图书集成》并于雍正时略事修订后以铜活字排印，堪称壮举。特别是《御制律历渊源》一书，不仅系统收集整理了明末清初传入我国的西方数学、天文学和音律学知识，也汇集了中国古代传统的历算、音律方面的精华，并通过反复校算、实地测验而得出的数据，是一部反映当时中国这些领域的最高学术水平的科学巨著。刊行之后广为流传，对中西方科学文化的交流贯通，促进中国自然科学的发展产生了重大影响。康熙帝在编纂这部著作过程中付出了不少心力。他不但亲加改正，还自己动手编制各种数表，自称"数表一项，求之甚久，此一项算出后，经缮竣看得，较先前所修之表用之更易，更精致简练"①。此外还编刻有《佩文韵府》《渊鉴类函》《子史精华》《全唐诗》等动辄上百乃至数百卷的大型典籍，特别是中国第一部带有经纬度的全国地图——《皇舆全览图》，虽于乾隆二十五年（1760）才由内务府用铜版印刷，但其编绘乃在康熙一朝。雍正帝在位时间较短，也编刊了几十种书，著名的有《朱批谕旨》360 卷、《骈字类编》240卷（成书于康熙末）等。乾隆朝武英殿刻书亦臻高峰，内府大约刻了150 种大小不等的书，不算《清文翻译全藏经》，仍镌有 18000 余卷，如《十三经注疏》、"二十四史"及先后敕修的"三通"续作（《续文献通考》《续通典》《续通志》）与"清三通"（《清通典》《清通志》《清文献通考》）。"武英殿聚珍版丛书"是中国历史上规模最大的一次木活字印书活动。目前存藏于中国大陆和台湾两地的清内务府刻书多达 1400 余种。

第四，以藏文《甘珠尔经》《清文翻译全藏经》为代表的满、蒙

① 《康熙朝满文朱批奏折全译》，康熙五十二年（1713）十二月十七日，《允祉奏发回之新表数使用有益等情形折》，中国社会科学出版社，1996 年。

古、藏等少数民族文字图书。清政权是中国东北少数民族满族所建立的全国性统一政权。清代官方，不仅用汉文字编纂各种文献，而且满语和满文作为清朝"国语""国文"，也留下数量庞大的满文文献。此外，出于当时政治、经济、军事、文化、教育等需要，还用蒙古（包括维吾尔体蒙古文和托忒蒙古文）、回、藏等边疆民族语言文字编纂了不少图书。清内府编译的满、蒙古文图书，既有以满文直接编纂的满文书，也有用满文翻译的汉文典籍或西洋图书，还有各种文字互译或转译，如先以藏文译梵文，再以蒙古文译藏文，而后用满文译蒙古文。为了适应这种需要，清代编纂了系列化的大型满语词典《御制清文鉴》，这是语言文字划时代的成就。从康熙十二年（1673）始修《御制清文鉴》（用满文注释满洲语义）到康熙五十六年（1717）的《清文合蒙古鉴》（满蒙合璧，清代第一部蒙古文词典），从乾隆八年（1743）的《御制满蒙文鉴》（满蒙合璧，进一步规范蒙古文音韵）到乾隆三十六年（1771）的《御制增订清文鉴》（第一部敕修的大型满汉合璧词典），再到乾隆四十五年（1780）的《御制满珠蒙古汉字三合切音清文鉴》（满蒙汉三体合璧），又到乾隆五十九年（1794）增补为满汉蒙藏合璧的《御制四体清文鉴》，而补入维吾尔文的《御制五体清文鉴》[①][成书于乾隆五十六年（1791）]则是一部 5 种文字对照的分类辞书，内容丰富，有历史价值，更有其实用价值。延续 120 余年的 6 部辞书的编纂，经历了一个从单语到多语的转变过程，既反映了清代社会发展到顶峰，统一多民族国家业已确立，民族交往日增，编修以满语为主的双语乃至多语辞书成为新的必要，也反映了清朝统治者对民族语言的重视，及编修大臣对多种民族语言有相当深入的研究，综合造就了乾隆一朝编修多部辞书的文化繁盛局面。[②]属于词典类的书还有《清文汇书》《清文补汇》《三合便览》《六部成语》等。北京故宫现藏有 50 多种清代民族语文词典。

---

① 《御制五体清文鉴》流传不广，仅有 3 部精写本分别收藏在北京故宫、雍和宫和沈阳故宫。引自春花：《清代满蒙文词典研究》，辽宁民族出版社，2008 年，第 149 页。

② 霍艳芳：《中国图书官修史》，武汉大学出版社，2014 年，第 480 页。

（四）明清档案

明清档案是清宫留下的珍贵文献，与殷墟甲骨、敦煌写卷被誉为中国近代文化史上的三大发现。清代末期，存于紫禁城内的内阁大库档案流入社会，这些长期以来秘藏宫中的档案典籍，始为社会发现，引起国内外广大学者的极大关注。这些档案除少量明代档案外，绝大多数为清代档案，包括内阁档案、军机处档案、宫中各处档案、国史馆档案，管理皇族及宫廷事务机关如宗人府、内务府、銮仪卫等的档案，以及各种舆图等，内容涉及清代政治、经济、军事、文化、外交、民族、宗教、礼仪、典章制度、天文、地理等诸方面。这些档案也是珍贵的文物，主要因其本身的文献价值，同时它的规范整肃的外形、精美的装潢、优质的纸墨等，反映了当时的文书制度和文化用品的工艺水平，特别是各种字体有很高的艺术水平和鉴赏价值。

在明清档案中，当年主要存藏于紫禁城内的清廷中枢国家机关档案有着特殊的价值。例如研究宫廷史，内务府档案就相当重要。内务府是管理宫廷事务的机构，其职务是"掌上三旗包衣之政令与宫禁之治。凡府属吏、户、礼、兵、刑、工之事皆掌焉"①，俗称"皇帝的大管家"。凡皇帝、后妃的衣、食、住、行及巡幸、游乐、礼仪等各种事务，都由内务府来承办。内务府设有总管内务府大臣，都是由皇帝特简的亲信大臣充任。其办事机构庞大，主要有七司、三院，即广储司、会计司、掌仪司、都虞司、慎刑司、营造司、庆丰司及上驷院、武备院、奉宸院。此外，还先后设有附属机构40多个，以分别办理各种事务。内务府的档案大致可分4类：一是内务府上奏的文书，主要有题本和奏折两种；二是内务府汇抄存查的档册，如《红本档》《奏销档》《上谕档》（按：此为内务府逐日抄录的有关内务府事务的上谕档册，与军机处的《上谕档》内容不同）、《来文档》等；三是内务府日常公事档案，如呈稿、咨文、月折、事简及造办处的《活计档》、各宫殿的《陈设册》

---

① 《光绪会典》卷八九，线装书局，2006年。

等；四是造办处舆图房所存的舆图，分天文、舆地、江海等 13 类。内务府档案起于顺治十一年（1654），迄于宣统三年（1911），共有 180 多万件。再加上清帝退位，溥仪小朝廷时期（1912—1924 年）的内务府档案 39 万多件，共计 220 多万件，排架长度 2782 米。一个宫廷机构的档案如此大量、完整地保存下来，这和它产生于故宫、典藏于故宫、从未发生过档案流出故宫遭遇损失的历史机缘有关。即便是 1933 年文物档案南迁和 1959 年明清档案并入中央档案馆管理的两次大的档案迁动中，内务府档案（除舆图外）也一直存于故宫博物院。①

　　这些档案的大多数本来就存在紫禁城内，与宫中建筑物及各个机构连在一起，而且与宫中发生的重大事件有关，是了解宫廷历史文化的重要依据。宗人府、内务府、銮仪卫等管理皇族及宫廷王府事务机关的档案，对了解清宫典章制度及历史文化有重要价值。内务府所属机构的文件，如南府升平署所藏的剧本、曲本、戏单，御茶房的脉案、配方，敬事房的宫廷陈设账，御膳房的帝后膳单，等，都是研究宫廷历史文化极其珍贵的资料。故宫藏品中明清两代工艺美术品占很大比重，要考证这些器物的制作，内务府活计档就是一个重要依据。活计档是清代内务府造办处承办宫中各项活计档册的总称，现存雍正元年（1723）至宣统三年（1911）的这类档册 1500 余卷册。这些档册是清代工艺美术品和画院画家作品最集中的文字史料，其中有某些作品的作者姓名、设计者的姓名、管理人员的姓名、承做活计的品名、皇帝对于器物制作的具体要求和意见等。它对查考清代文物，研究各类活计制作工艺特点及其历史地位、宫中文化艺术的发展、一些文人的艺术风格和成就，都有重要的历史价值。故宫博物院所藏清代工艺美术品有许多件可以在档册中找到作者是某人，是某日开始设计画样、做模型，某日完成，以及陈设地点，等。对有的不知其朝代年份和来

---

① 中国第一历史档案馆编著：《中国第一历史档案馆馆藏档案概述》，档案出版社，1985 年。

源的文物，通过活计档，将文字记载与实物对照，进行综合分析，也可考证文物的朝代年份与来源。例如朱家溍先生在《清雍正年的漆器制造考》中，根据活计档有雍正十年（1732）曾制作洋漆包袱式盒的记载，现存故宫藏品中；再如档案中多次提到雍正十年（1732）谕年希尧所做镶竹漆器、雍正七年（1729）江宁织造随赫德进呈的黑漆描金填香炕倚靠背等，而在以往的文物鉴定中，却误将这些漆器定为乾隆年造的。通过档案证实，上述漆器中有的具有较明显的雍正年制的特点，在乾隆年造办处档案上未再有记录，所以可以肯定这些漆器是雍正年制。[1]

清宫档案类别丰富，例如一批由官方绘制、收集并存放宫中各处的地图、战图、山水图、名胜图等，就很有特色。其中中国第一历史档案馆现存各种清宫舆图即达 7000 多件册。这些图和社会上一般画图最大的区别在于，它不仅是融天文学、地理学、测绘学、美术学等多种学科文化艺术为一体的综合性文化产品，而且作为官方特意存留下来的档案，它首先具有强烈的政治的、历史的属性和特点，它的形成与当时社会的发展密切相连，是当时社会历史发展变迁的直接记录和见证。万余件的清宫舆图，清晰勾画出清朝历史兴衰的印迹。康雍乾时期的 2800 余件清宫舆图，是一个国家主权和领土的主要凭证，其中最具有典型意义的是康雍乾三朝分别绘制的《皇舆全览图》《雍正十三排》《乾隆十三排》。治水救灾是有清一代的主要政务之一，这个时期的江河水源图也相当突出，仅中国第一历史档案馆就存有大大小小的江河湖渠等水利工程图 350 多件，长 360 厘米、宽 147.5 厘米的《星宿海河源图》与长 7280 厘米、宽 51 厘米的《金沙江上下两游图》就是其中的代表作。与康乾二帝频繁的巡行活动相联系，同时形成了大量的行宫图、水陆路程图及部分名胜图、寺庙图等，80%以上为工笔彩色画图，既是记事图，又是风景图，既具有较高的历史

---

① 朱家溍选编：《养心殿造办处史料辑览·前言》，紫禁城出版社，2003 年。《清雍正年的漆器制造考》，载朱家溍《故宫退食录》，紫禁城出版社，2009 年。

价值，又具有相当的艺术欣赏价值。康熙平定"三藩"的《大军平定吴应麟图》、施琅统一台湾的《平定台湾战图》、乾隆平定新疆的《平定西域战图》等对西北、西南等边疆用兵的战事图，也显示了清盛世帝王的宏伟气魄。[①]

又如"样式雷"图档。"样式雷"是清代200多年间主持皇家建筑设计的雷姓世家的誉称，作为我国古代科技史上成就卓然的杰出代表，其建筑创作涵盖了都城、宫殿、园林、坛庙、陵寝、府邸、工场、学堂等皇家建筑。迄今传世的"样式雷"图档近2万件。这些图档涉及相关建筑选址、规划设计和施工等多方面的详情细节，对清史、古代科技史尤其是建筑史（包括图学史、建筑设计思想、理论和方法、施工技术和管理制度等），以及相关文物建筑保护和研究，均具有巨大价值与意义。

1992年，联合国教科文组织发起"世界记忆工程"，关注文献遗产的抢救与保护，这是世界遗产项目的延续。1999年，中国第一历史档案馆所藏"清代内阁秘本档中有关17世纪在华西洋传教士活动的档案"被列入《世界记忆名录》。这部分24件约27万字的满文档案，主要记载了17世纪东西方文化的交流与冲突，其核心内容是曾在当时引起轰动且后来一直为史学界所关注的康熙年间"汤若望案"，还有历史上称"历法之争"的有关档案。这部分档案还保持了17世纪中国古典纸墨式满文文书的原始风貌，对于研究满文的发展历史及东方古代文书均有裨益。2005年，中国第一历史档案馆所藏"清代金榜"又列入《世界记忆名录》。存在千年之久的科举制度是中国封建社会选拔和储备官员的主要途径。金榜是科举考试的最高级别——殿试的成绩榜，也是皇帝颁发的诏令文书之一。中国第一历史档案馆现存清代大小金榜100多件，都是当年清宫存留下来的珍贵档案文献。2007年，"中国清代样式雷建筑图档"被联合国教科文组织列入《世界记忆名录》。

---

① 邹爱莲：《关于清宫舆图》，载中国第一历史档案馆编《明清档案与历史研究文选1994.10—2004.10》，新华出版社，2005年。

2000 年，我国实施"中国档案文献遗产工程"。2002 年，中国第一历史档案馆所藏"清代玉牒""清代秘密立储档案"作为首批档案文献，列入《中国档案文献遗产名录》。

三、故宫博物院

成立于 1925 年 10 月 10 日的故宫博物院，是在明清两代皇宫（紫禁城）和宫廷旧藏文物的基础上建立起来的，以宫殿建筑群、古代艺术品及宫廷文化史迹为主要展示内容的大型综合性国家级博物馆。故宫博物院的成立具有重要意义，是中国文化艺术史上的一个伟大业绩。驱逐溥仪出宫，使皇权最重要的象征紫禁城内廷向普通民众开放，对于强化民主共和观念、彻底粉碎当时国内复辟帝制思潮有着标志性意义。成立故宫博物院，使象征皇权统治继承性、合法性的清宫旧藏成为人民共有共享的文化财产，并赋予而且不断强化着其民族文化血脉的新意义，对于促进中华民族的文化认同具有重要作用。

故宫博物院成立后，经历了艰难的岁月，本身有着不平凡的历程，与中国现代革命史、文化史有着密切的关系。1933 年初，山海关沦陷。为避日寇劫毁，13427 箱又 64 包故宫文物分 5 批迁存上海，当时随其南运的还包括古物陈列所、颐和园、国子监的文物珍品 6065 箱又 8 包 8 件，合计达 19492 箱 72 包 8 件。1936 年 12 月，国立北平故宫博物院南京分院成立，存沪文物全部转运南京朝天宫保存库。1937 年 7 月，抗日战争全面爆发。为避免战火，故宫文物自南京疏散至长沙、宝鸡、贵阳、重庆、汉中、成都、安顺、乐山、峨眉山、巴县等地。抗战胜利后，存西南诸省文物陆续集中重庆，并于 1947 年 6 月全部东归南京。故宫文物南迁创造了第二次世界大战中保护人类文化遗产的奇迹，时延十年，地迤万里，辗转颠沛，备尝苦辛。中华人民共和国成立前夕，故宫博物院南迁文物中的一部分被运往中国台湾，1965 年在台北近郊外双溪建立了另一个故宫博物院。

从博物院的发展历史或从文物的收藏及流转历程来看，创设于

1914 年的古物陈列所，不仅是故宫博物院史的重要组成部分，且与两岸两个故宫博物院的藏品渊源密切。1914 年，古物陈列所以紫禁城前朝部分的文华殿和武英殿等处为收藏、保管和展览文物的建筑空间，以沈阳故宫和承德避暑山庄的皇室收藏品为基础，成为中国第一座以宫廷建筑为主体、以皇家收藏为基础的近代博物馆。1948 年 3 月，古物陈列所管辖的紫禁城前朝宫殿及其文物藏品并入故宫博物院。同年 4 月，随同故宫文物一并南迁的古物陈列所文物正式划归国立中央博物院筹备处保管，其中部分文物于 1948 年底迁往中国台湾，日后与故宫迁台文物共同构成台北故宫博物院的基本藏品。

"宫"与"院"的合一，是故宫博物院与生俱来的身份，北京故宫博物院因此成为一座同时兼具宫廷史迹、古代建筑、古代艺术和清宫藏书档案几大特性的博物馆，是世界上极少数同时具备艺术博物馆、建筑博物馆、历史博物馆、宫廷文化博物馆等特色且符合国际公认的"原址保护""原状陈列"基本原则的博物院和文化遗产。

因日本帝国主义的侵略，故宫文物南迁，其中部分文物后被运至中国台湾。平常所说的"一宫两院"的格局是历史形成的，海峡两岸两个故宫博物院同时存在，这是世界博物馆发展史上极为特殊的事实。两岸故宫博物院的文物藏品同根同源，有着很强的互补性。故宫及其藏品，是中华民族文化的根；它的建筑，它的文物珍品，是中华民族历史文化的结晶。基于虽有两个故宫博物院但故宫只有一个的中华民族文化认同感，以及两个博物院的收藏都是中华民族文化遗产的事实，努力保护好这笔丰厚的文化遗产，并为弘扬中华传统文化、使中华文明赓续不断而努力，就是两个故宫博物院庄严而神圣的历史使命。

第三节　故宫学研究对象的关系

故宫学研究对象有故宫、故宫文物与故宫博物院 3 个方面，又可分 3 个层次：最外面的层次为所有 3 个方面及与其相关的丰富内涵；中间的层次是故宫与故宫文物；最核心的层次是故宫。（图二）

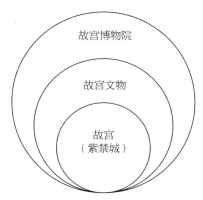

图二：故宫学研究对象关系示意图

为什么故宫（紫禁城）是故宫学的核心呢？因为故宫学与敦煌学一样，它的研究首先是从文化遗产的研究开始的。紫禁城从 1420 年建成至今，虽经多次维修、重建、改建，但仍保持了始建时的基本格局并遗存了许多不同时代的建筑物。它作为我国古代宫殿建筑发展的集大成者，在建筑技术和建筑艺术上代表了中国古代官式建筑的最高水平。雄伟壮丽、千门万户的古老皇宫，每天吸引着数万中外游客驻足观赏，又以其深邃的文化底蕴和巨大的多方面价值成为人们深入研究的对象。如故宫与中国传统文化的关系，故宫与中国历代宫殿的关系，故宫与满洲建筑的关系，故宫与北京城市规划和其他明清皇家建筑的关系，故宫与明清陵寝的关系，等等。

故宫与故宫文物同属第二个层次，它们之间有着密切的关系：

其一，宫中旧藏文物即古代艺术珍品，原藏置各处宫殿，例如书画，在《秘殿珠林》《石渠宝笈》中都有原藏宫殿的记载，"三希堂"就是珍藏 3 件法书名迹的场所。把建筑与文物结合起来，更能加深对皇帝收藏、珍赏的趣味及其他特点的认识。

其二，宫廷历史文物与故宫关系尤为密切，如几座戏台与数千件戏衣、道具,可见宫廷娱乐活动;钦安殿、坤宁宫、雨花阁、大佛堂、城隍庙等,可见宫中宗教和习俗的遗存;"二十五宝"就存放在交泰殿,数千件明清家具及地毯摆放陈设在各个宫殿。

其三,大量的明清档案,本来就存在紫禁城内,与宫中建筑物及各个机构连在一起。这些档案中又有大量的不同时期对故宫及皇家园囿、寺观、陵寝等修建或维修的记载,成为今天修缮所依据的宝贵的资料。

其四,清宫丰富的典籍收藏在有关建筑物中,如专建文渊阁存贮《四库全书》,武英殿作为专门的修书处并存贮殿本书,昭仁殿集中宫中的善本,匾额为"天禄琳琅",五经萃室专藏岳氏校刻五经,摛藻堂专贮《四库全书荟要》,养心殿专贮《四库全书》未收之书《宛委别藏》,乾清宫是内廷政务性藏书处所之一,皇史宬、内阁大库、国史馆、实录馆、方略馆、会典馆等都收藏有各自的图书,还有大量图书陈设在各处殿堂以供阅览。

故宫、故宫文物与故宫博物院同为第三个层次:故宫博物院以明清两朝皇宫故宫为依托、为院址,承继了宫廷的遗物与收藏。这一渊源,决定了它是一座兼具古代建筑、宫廷史迹、古代艺术、图书典籍与明清档案几大特性,而这几大特性又相互交融难以割裂的博物馆。1928年国民政府公布的《故宫博物院组织法》,明确规定故宫博物院"掌理故宫及所属各处之建筑物、古物、图书、档案之保管、开放及传布事宜"[1]。1950年国立北平故宫博物院更名为"国立北京故宫博物院",6月13日文化部颁发了《国立北京故宫博物院暂行组织条例》,规定国立北京故宫博物院"掌理故宫及所属大高玄殿、景山、皇史宬、皇堂子等处建筑物与古物、图书、文献之整理保管、研究、展览等事宜"[2]。

---

[1] 《故宫博物院组织法》,引自《故宫博物院档案汇编·工作报告(一九二八至一九四五)一》,故宫出版社,2015年,第15页。

[2] 《国立北京故宫博物院暂行组织条例》,1950年,故宫博物院档案室藏。

第二章
故宫学的理论基础

第一节　故宫学的思想渊源

中国历史上，皇室收藏不仅丰富精美，而且一般都重视藏品的整理、著录工作，有的还进行过认真的研究、考订，并与当时的社会学术思潮互动，影响深远，在中国文化、学术史上占有重要地位。尤其是宋代与清代的宫廷，在文物藏品研究与整理上留下了重要成果。这些遗产与故宫文物的收藏、研究有关，自然也成为故宫学学术源流的重要部分。

"华夏民族之文化，历数千载之演进，造极于赵宋之世。"[①]宋代是继唐之后中国文化的又一座高峰。宋朝自太祖平服唐末五代之乱一统天下后，实行偃武修文、革新图治、奖励文艺的政策，国内长时期处于政治安定、经济繁荣的时期，特别是城市经济的发达冠前朝各代，史学、文学、艺术和科学技术都得到较快的复兴和发展。接连几代皇帝无不喜好鉴藏文物，多方搜求，宋徽宗赵佶在位期间又频遣使臣四出搜访，内府收藏非常富足。宋代宫廷还对藏品进行了卓有成效的整理研究。其收藏之盛与研究之丰，集中反映在北宋徽宗宣和年间（1119—

---

① 陈寅恪：《邓广铭宋史职官志考证序》，《金明馆丛稿二编》，生活·读书·新知三联书店，2001年，第277页。

1125 年）由官方主持编撰的《宣和博古图》《宣和画谱》《宣和书谱》
3 部著作中。

《宣和博古图》由宋徽宗下令，王瀚主持编修。始修于大观元年
（1107），成书于宣和五年（1123），著录当时皇室在宣和殿所藏的
自商至唐的铜器 839 件，集中记述了宋代所藏青铜器的精华。全书 30
卷，细分为鼎、尊等 20 类。不仅比较准确地摹录所收器物的图像，勾
勒铭文，记录各器的尺寸、容量、重量等，进行一定的考证，而且尽
可能注明器物的收藏地和出土地，还在图旁标注"依元样制"或"减
小样制"，以明图像的大概比例（明代缩刻本始删去比例）。本书在
著录铜器方法上比吕大临《考古图》有明显提高，在铜器的分类与名
称的考订以及据实物订正《三礼图》的错误上都取得了很大成就。其
所定器名，如鼎、尊、罍、爵等，多沿用至今。对铭文考释、考证虽
多有疏漏之处，但亦有允当者，仍不失为宋代铜器著录中最大的也是
较好的一部。书中所著录的铜器，靖康之乱时为金人辇载北上，但其
中十之一二曾流散江南，见于张抡《绍兴内府古器评》中。《宣和博
古图》与约此前 30 年成书的吕大临所撰《考古图》，反映了宋代古器
物研究的水平。《宣和博古图》既是宫廷所藏青铜器的著录，也是宋
代金石学的重要著作。金石学是考古学的前身，是宋朝史学领域新开
辟的园地。

《宣和画谱》是徽宗宣和年间由官方主持编撰的宫廷所藏绘画作
品的著录著作。宋朝始建，在广收天下图书的同时，即重视开展古书
画搜访工作，为求得古画真迹，倾尽人力，不惮劳费。徽宗时，内府
收藏日趋丰富，于是将宫廷所藏历代著名画家的作品目录编撰成《宣
和画谱》，以备查考。《宣和画谱》和《宣和书谱》是姊妹篇，作者
不详，学术界有人认为是宋徽宗赵佶所作，也有人认为是由蔡京、米
芾所编。然就书中内容和文风考察，似应是在宋徽宗的授意和参与下，
由官方组织人力，集体编写而成。《宣和画谱》20 卷，其卷帙之大，
收藏作品之多，分类之细，内容之丰富，都是前所未有的。共收魏晋

至北宋画家 231 人，作品 6396 件。全书体例严整，按画科分为道释、人物、宫室、番族、龙鱼、山水、畜兽、花鸟、墨竹、蔬果 10 门，每门俱有叙论 1 篇，先叙述该门类的画理及源流，再评论历代画家的承传及优劣，然后依朝代分列画家，先做评传，传后则详列御府所藏作品件数及画目。《宣和画谱》虽然属于著录性质之书，但从每门的叙论和每位画家的评传来看，已大大超出了著录的范围，具有绘画史论的性质。《宣和画谱》不仅使人们看到内府藏品的洋洋大观，了解宋代绘画的流传过程，还可一睹这个时期绘画领域中的学术观点和学术风貌，对于研究绘画专科目录学以及中国绘画发展史都是珍贵的文献。

《宣和书谱》著录宣和时御府所收藏的法书墨迹，共 20 卷，宋徽宗赵佶命文臣辑成。其书首列诸帝王书 1 卷，以下依次为篆书隶书 1 卷、正书 4 卷、行书 6 卷、草书 7 卷、分书 1 卷，并附诏制诰命于后。著录历代书家 197 人、作品 1344 件。每种书体前都有叙论，叙述各种书体的渊源、发展情况；次为书法家小传，记载作者生平、遗闻逸事，评论其书法的特点、优劣；最后列御府所藏的作品目录。此书体例精善，评论书法亦精审详尽，于书史、书论、版本都有一定的参考意义。该书强调书法字体的演变是出于历史发展的原因，绝非个人力量所致，这种书法史观值得重视。《宣和书谱》作为徽宗时期官方书法著述，比较全面地反映了北宋主流书法观念，同样也凸显了其多角度的审美价值判断。《宣和书谱》还具有重要的书法史料价值，有很多资料依靠此书得以保存，是很有价值的书法著作。清代帝王更是重视文物收藏，特别是乾隆皇帝，使宫廷收藏达到了极盛，并对宫廷收藏进行了全面的整理与编目，对后世学术产生深远影响。乾隆皇帝下令纂修《四库全书》，开设四库全书馆，参与者都是各门学问的饱学之士，开有清一代重实证戒空谈的考据学风气。乾隆皇帝数次组织书画名家和鉴赏家对内府所藏书画进行鉴定和品评，区别上等、次等，并分详简著录，整理编纂《秘殿珠林》初续三编和《石渠宝笈》初续三编。此外，乾隆年间著录宫廷青铜器的"西清四鉴"的编纂，推动了青铜器的收藏，促进了金石学的发展。

一、《四库全书》和《四部提要》

《四库全书》是清高宗弘历下令纂修的一部大型丛书,按经、史、子、集四部分类,故名。乾隆三十八年（1773）正式开设四库全书馆进行编纂工作,乾隆四十六年（1781）十二月修成,乾隆五十二年（1787）完成缮写工作。共收书 3503 种 79337 卷。《四库全书》其书源分别采自《水乐大典》辑佚本、内府藏本、各省采进本、藏书家进献本、书坊流通本、敕撰本等,版本较为复杂。馆臣经过鉴别后,择其善本、足本著录。又历代多伪书,馆臣逐一考证,辨别真伪。每部书前,均附有提要,介绍作者生平事迹,记述著述缘起,考镜学术源流,罗列版本情况,钩玄提要,品评得失。

在编纂《四库全书》的同时,产生了一部《四库全书总目》（亦称《四部全书总目提要》）,这是对收入四库各种图书所撰提要的总汇,由总纂官纪昀整理修改定稿。总目共收各省献呈书籍 10254 种 172860卷。包括收入《四库全书》的"应抄"书籍 3461 种 79309 卷,"存目"书籍 6793 种 93551 卷,基本上包括了先秦至清初尚传世的重要书籍,元代以前的书籍收录尤为齐全。因总目卷帙浩繁,翻检不便,后又辑成《四库全书简明目录》20 卷。《四库全书总目》在目录编撰体例、文献分类、提要撰写和文献考订等方面均有独特成就,是中国古典书目的集大成之作、四部分类法的典范之作,它为后人了解和查考中国古代典籍提供了方便,一些学者把阅读该书视为读书治学的门径。

乾隆帝在《重刻十三经序》中记载:"朕披览《十三经注疏》,念其岁月经久,梨枣日就漫漶,爰敕词臣重加校正,其余经文误字,以及传注笺疏之未协者,参互以求其是,各为考证,附于卷后,不紊旧观,刊成善本,匪徒备金匮石室之藏而已。"[①] 四库全书馆就网罗各

[①]《清高宗御制文初集》卷十一。

门学问的专家学者 300 多人，其中参与纂修和编写的戴震、邵晋涵、周永年、姚鼐等多为朴学之士，专以考据为能事。他们对于所著录的古籍，严谨认真，实事求是，一一通过辨伪、校勘等实证方法，以求最大限度地恢复古书的原始面貌和内容的真实性，并且做了提要，在古典文献的考证整理方面做出了出色的成绩。《四库全书》对清代考据学、校勘学、目录学及辑佚、丛书辑刻等各方面都产生了巨大影响。当时乾嘉朴学之风自此兴起。

二、《秘殿珠林》和《石渠宝笈》

乾隆朝对内府藏品进行大规模整理，始于所藏书画作品的全面整理与分类编目。数次组织书画名家和鉴赏家对藏品进行鉴定和品评，区别上等、次等，并分详简著录。参加鉴别、编纂者，如乾嘉时的张照、梁诗正、董邦达、励宗万、阮元、胡敬等，皆为精于鉴赏之人。《秘殿珠林》取唐代佛教典籍《法苑珠林》之名，专记内府各宫殿所藏属于佛道经典的书画等。《石渠宝笈》取汉代宫廷秘籍典藏讲学之所"石渠阁"典故名之，专记内府藏非宗教题材书画。以贮藏殿阁地点编次，又按照书法、绘画与书画兼有者按册、卷、轴等不同装裱形式著录，不但详记作品名称、尺寸、质地、书体、题材内容、本人款识、印记、他人题跋等项，还集中了上述张照、梁诗正等一批饱学之士与书画名家的研究、考证、鉴定等语。全书的编纂过程，前后长达 74 年之久，共收录上起魏晋，下至清代中期近 2000 年书画作品万件左右，其中仅唐、宋、元三代法书名画近 2000 件，明代作品也达 2000 件左右。这是继宋《宣和画谱》《宣和书谱》之后的又一部大型内府秘藏书画目录专著。不但反映了清宫书画收藏的宏富精美，也反映了参与鉴定的内廷翰林的鉴赏水平。该书尽管存在诸如真赝错谬、体例欠妥、难于检索等弊端，但仍不失为一部可资了解和研究清宫庋藏历代书画作品的重要参考书。

三、"西清四鉴"

"西清四鉴"的意义主要在 3 个方面：一是推动了清代金石学的研究。元明两代，金石学几乎处于停滞状态。清代在乾隆以前金石学尚不发达，研究偏重于石刻。"西清四鉴"的编纂与公之于世，这在当时极大地推动了青铜器的收藏并促进了金石学的研究。同时由于训诂学的发展，青铜器铭文成为古文字研究的重要对象。青铜器的收藏和青铜器铭文释读之风大为盛行，青铜器图像和文字考订的著作也逐渐多了起来，使清代成为金石学发展的鼎盛时期。二是保存了大量的不可替代的珍贵资料。在"西清四鉴"1179 件有铭铜器中，现知器物下落者仅 189 件，而器已不存或不知下落者达 990 件之多，这 900 多件中各家著录者仅 179 件，器已不存、各家均未著录而铭文、形制赖"西清四鉴"得以保存至今者总计 780 件，约占总数的 2/3，因此"西清四鉴"保存资料之功是不可低估的。三是"西清四鉴"在体例上基本上继承了宋以来铜器图录的优良传统，诸如详记器物尺寸、重量、容量，器形由画院供奉精描细绘，尤其是从中国社科院考古研究所存藏残本彩绘本看，锈斑、颜色均毕肖原物，较准确地保存了这批数量可观的铜器的真实面貌。"四鉴"的铭文摹本基本是可靠的，比如班簋的摹本与新收集到的班簋拓片对照，就出入不大。这些摹本虽不如拓本之真实可靠，但比之宋代的《考古图》《博古图》等书几经后世翻刻的摹本还是要准确得多的。[①]

可以看到，清宫不仅收藏了宋代宫廷的大量文物藏品，还借鉴了宋代宫廷整理文物的一些做法并有所发展，从《宣和博古图》到《宁寿鉴古》等，从《宣和书谱》《宣和画谱》到《秘殿珠林》《石渠宝笈》，从《淳化阁帖》到《重刻淳化阁帖》《三希堂法帖》《兰亭八柱》，从《册府元龟》《太平广记》《太平御览》《文苑英华》到《佩文韵府》

---

① 刘雨编纂：《乾隆四鉴综理表》，中华书局，1989 年，第 7—10 页。

《渊鉴类函》《古今图书集成》，以及从《宣和博古图》与金石学到《四库全书》与考据学等，我们都可以看到其中的一些关系，可以看到学术演进与发展的轨迹。以上所列收录清宫藏品的书籍也说明，乾隆皇帝通过对内府收藏的全面整理与编目，企图从知识基础上对艺术作品重新解读，建构了关于皇室典藏的知识体系，起到了知识传承的作用。这也是清宫旧藏的重要意义。

第二节　故宫学的学术理念

故宫的价值就是故宫学的价值。对故宫价值的不断探索就是对故宫学价值深入认识的过程，这是故宫学得以建立的重要理论基础。价值是人类评判事物的一种尺度。故宫的价值在于它自身所蕴含的历史文化信息。对于故宫价值的认识，从故宫博物院成立前夕直到 21 世纪初经历过多次争论或曲折，取得了比较深入、全面的认识，这是一个反复的、不断提高的探索过程。

一、私产还是公产

辛亥革命爆发，清帝逊位，"暂居"紫禁城宫殿，围绕这些清宫旧藏的所有权问题展开了一场旷日持久的争论和斗争，争论和斗争的过程，也是对这些藏品的性质的认识以及赋予新意义的过程，其所有权的最终解决，也就促成了故宫博物院的诞生。

对于清宫旧藏是否为皇室财产的争论，开始于 20 世纪 20 年代初，这与当时清宫所藏的文物珍宝的流失有关。逊清皇室由于入不敷出，只好靠借债抵押维持开支。为了还债，筹款的办法之一就是大量拍卖宫中的金银、珍宝、古玩等。拍卖珍宝仍满足不了所需，还经常拿出一些金银珍宝抵押和变价。对于清室拍卖抵押珍宝一事，北京大学研究所国学门委员会 1923 年 9 月 26 日发布公函，表示坚决反对，并认为这些珍宝应由民国收回并保管："据理而言，故宫所有之古物，多系历代相传之宝器，国体变更以来，早应由民国收回，公开陈列，决非私家什物得以任意售卖者可比。"[①]湖北省教育会 1923 年 11 月 12 日致电内务部，坚决要求制止清室出售古物："窃我国与埃及、希腊、印度同为数千年前古国，其文明久为中西所慕。清室之古物，尤为历代帝室递嬗相传之珍秘，并非一代一人所得私有。合全国五千年之文物，集于首都之清室，一涉疏忽，不徒散佚堪虞，即立国精神且将无从取证。清室以经费短绌，转售东邻，不啻将五千年立国精神捐弃一朝，念及此，能勿痛心。"[②]1923 年 6 月 27 日，紫禁城建福宫花园大火，此处许多殿堂库房都装满珍宝玩物，火灾的损失是巨大的。已有舆论指出，所烧毁的是国家的财产，与民族历史有关。[③]

对于清室珍藏的所有权争论，是与其所具有的特殊价值的认识联系在一起的。教育界、知识界有关机构呼吁这些清宫珍藏关乎中国历史文化，是历代相传之物，应属国有。清室的行径，也引起北洋政府的关注和干预。1924 年 5 月 3 日，总统曹锟派冯玉祥、颜惠庆、程克等 10 人为保存国有古物委员，会同清室所派会员 10 人，共筹保管办法："其所决定者，为凡系我国历代相传之物，皆应属于国有，其无历史可言者之金银宝石等物件，则可作为私有。属国有者，即由保管人员议定保管条例，呈由政府批准颁布，即日实行。其属于私有者，则准其自由变卖。此项保管条例已在起草中，大约明后日即可提出讨论，俟通过后，即呈由政府颁布。"[④]

1924 年 11 月，冯玉祥将军发动北京政变，修正清室优待条件，

---

① 北京大学研究所国学门委员会：《北大请禁清室盗卖古物》，《申报》1923 年 9 月 26 日。

② 中国第二历史档案馆编：《中华民国史档案资料汇编（第三辑）·文化》，江苏古籍出版社，1991 年，第 222—223 页。

③ 《亡清故宫失火之责任问题》，《京报》1923 年 6 月 28 日。

④ 《清室古物仍难自由拍卖》，《申报》1924 年 5 月 8 日。

驱赶溥仪出宫，组织清室善后委员会，就顺应了时代需要，受到普遍拥护。《修正清室优待条件》第五款规定："清室私产归清室完全享有，民国政府当为特别保护，其一切公产应归民国政府所有。"1924年11月，国立八校联席会议接连专门召开会议集中讨论清室古物保管问题，再次讨论决议："清室古物，于文化上有极大关系，……希望其成立一完全美满之图书馆与博物馆，由国家直接管理，并邀集各机关参加监视，期在公开保存，俾垂久远。"①

这一争论的过程，使社会在清宫珍藏上有了共识：其一，在价值上，这些珍藏反映着中华数千年文明，关乎中国历史文化，为立国精神的寄托；其二，在所有权上，这些珍藏为历代帝室递嬗相传，并非一代一人所得私有，因此是国家的财产；其三，在保护方式上，应该设图书馆与博物馆，集中保护。故宫博物院于是应运而生。

二、逆产还是遗产

故宫博物院的成立，使清宫旧藏的身份、性质发生了根本的变化，它们已成为人民共享的文化财产。但故宫又曾是封建皇宫，在许多反对封建、推翻帝制的革命者头脑中，总有一个阴影挥之不去：如此看重故宫对不对？保护故宫与反封建宗旨是否相一致？1928年6月，国民政府委员经亨颐提出"废除故宫博物院，分别拍卖或移置故宫一切物品"的议案，就是这种思想认识的集中反映。为了保存故宫博物院，故宫同人遂拟写传单，向社会散发，将建院经过、建院的必要性及经亨颐提案之不当等情况，陈述于国人面前。后来经氏提案被否决，故宫博物院保存了下来。对经亨颐批驳最有力的，是张继以大学院古物保管委员会主席名义驳斥经亨颐错误言论中的一段话，对故宫价值、特别是"世界价值"做了至今看来仍然是十分深刻的论述，对故宫博

---

① 《教育界与清室古物无非希望公开保管尚未达到具体办法之机会》，《顺天时报》1924年11月23日。

物院"大可列入世界博物院之数"的崇高地位做了充分的肯定。张继说："现欧洲各国，为供历史之参考，对于以前皇权王政时代物品，莫不收罗保存，唯恐落后。即苏俄在共产主义之下，亦知保护旧物，供学者之研究。……一代文化，每有一代之背景，背景之遗留，除文字以外，皆寄于残余文物之中。大者至于建筑，小者至于陈设，虽一物之微，莫不足供后人研究之价值。明清两代，海航初兴，西化传来，东风不变，结五千年之旧史，开未来之新局，故其文化，实有世界价值，而其所托者，除文字外，实结晶于故宫及其所藏品。近来欧美人士，来游北平，莫不叹为大可列入世界博物院之数。即使我人不自惜文物，亦应为世界惜之。还观海外，彼人之保惜历史物品如彼，吾人宜如何努力？岂宜更加摧残？"①

三、古董还是国宝

1931年日本发动"九一八"事变，第二年秋天故宫博物院即着手进行文物的南迁准备工作。"北平政务会议"却于1932年8月3日做出决定："呈请中央拍卖故宫文物，购飞机500架。"②经故宫同人多方努力，劝阻拍卖行动，终于制止了这一荒唐决定。1933年故宫文物南迁消息见诸报端后，舆论哗然，形成反对和支持两种声音。反对的一个主要原因，是认为大敌当前，政府应首先保护土地和人民，现在政府却如此重视故宫古物，因为故宫古物是古董，值钱，才要搬迁。

故宫文物该不该南迁，争论虽然激烈，但其实质是如何看待故宫文物，即这些文物是一般所谓值钱的"古物""古董"，还是其有特殊的不可代替的价值？故宫文物虽然来自清宫，曾为皇帝个人所有，但"为我国数千年文化艺术之结晶，尤于学术方面关系匪浅，即在世

---

① 吴瀛：《故宫博物院创始五年记》卷二，故宫博物院，1932年，第36—37页。

② 《俞同奎致易培基密电》："今早政会召集讨论保存故宫古物办法……议决，各委员签字，呈请中央拍卖故宫古物购飞机。"1932年，故宫博物院档案室藏。

界文化上亦占重要之地位"①，"夫故宫博物院、古物陈列所，所藏古物，咸为希世之珍。为本国之文化计，为世界文化计，均宜早为之所，妥为保存"②。故宫文物不是一般的"古物""古董"，而是国宝，是民族的历史文化遗产，它的价值是不可用币值衡量的，这已成为许多人的共识。故宫文物南迁是基于敌强我弱、抗日战争将是一个持久长期过程所做出的决策。政府方面认为，敌人入侵，失掉土地还有收复的可能，唯有文物留在原地不动，只有受毁损的危险，于是不顾一些人的反对，仍然坚持进行迁运。

8 年之中，这批文物万里间关，多次险遭灭顶之灾，又多次化险为夷，人们都认为是"国家的福命"，是"古物有灵"，这就是把故宫文物与中华民族的命运连在了一起，与民族独立、民族尊严连在了一起，其中倾注了深沉的民族感情。故宫文物的保护过程，对于抗战精神的形成、民族认同感的增强起到了积极的作用。在整个文物辗转播迁中，故宫同人能够发扬视国宝为生命的典守精神，就是源于对自己所保护的珍贵文物的重大意义以及自己所担当的神圣责任的深刻认识。正如马衡院长所说："本院西迁以来，对于文物安危原无时不在慎微戒惧、悉力保护之中，诚以此仅存劫后之文献，俱为吾国五千年先民贻留之珍品、历史之渊源，秘籍艺事，莫不尽粹于是，故未止视为方物珍异而已矣。"③

四、改造还是保持

因受时代背景以及政治文化等因素影响，对于故宫价值的认识在中华人民共和国建立初期也曾出现过反复。20 世纪 50 年代末，受极左思潮的干扰，故宫古建筑保护曾一度面临严峻的危机。

1958 年 10 月 13 日，根据中共北京市委主要领导和市委要求故

①《北平学生抗日救国会致故宫博物院函》，1932 年 8 月 16 日，故宫博物院档案室藏。
②《多齐云致故宫博物院、古物保管委员会函》，1932 年 8 月 8 日，故宫博物院档案室藏。
③ 参阅《国立北平故宫博物院理事会 1940 年度会议记录》，中国第二历史档案馆藏。

宫博物院在国庆 10 周年前完成大革命的指示，北京市文化局党组提出了一个对故宫"进行革命性改造"的报告。报告对故宫的现状和问题进行了分析，认为"过去由于清规戒律的限制，不准动原状，不准用灯光，各次陈列迁就主要宫殿，分散零乱，多而不精，参观极不便利。而且对封建落后的陈迹不能大力铲除，保留得过多。房屋及环境的清除整理，阻力更大，至今未能脱出残败零乱的现状。库房虽然积极清除了一百多万件非文物，但尚远不彻底"，因此需要"坚决克服'地广物稀，封建落后'的现状，根本改变故宫博物院的面貌"。报告随后提出两个改革方案，第一个方案："是将紫禁城内前后两部分划分为二，后半部从乾清门后由故宫博物院办陈列，前半部分交园林局建设成为公园。这样博物院的陈列成一线，可以大大精干，在紫禁城东西后部开辟两个便门后，故宫可以四通八达，参观便利。"第二个方案："是按第一方案多保留从太和门起三大殿及两庑中间主要宫殿，此外交园林局管理。"①

1959 年 6 月 22 日，中宣部部长办公会议否定了这些方案，中宣部部长陆定一在会上说："故宫改革方案文件的精神要整个考虑一下。……我们就是要保留一些封建皇帝的东西。不然的话不能古为今用。解放后几年以来，人们对故宫的兴趣越来越少，恐怕是因为故宫改的多了，应该再恢复一些。""什么是精华？什么是糟粕？文件中的提法值得考虑，我看冷宫应算精华，而不是糟粕。""我们对故宫应采取谨慎的方针，原状不应该轻易动，改了的还应恢复一部分。""故宫的性质，主要应该表现宫廷生活，附带可搞些古代文化艺术的陈列，以保持宫廷史迹。""讲解说明要实事求是地讲清这些史迹即可，少说一些标语口号。""关于故宫藏品的清理，不要忙于进行，外面向故宫来要东西的先压一压，不必有求必应，大量外调。仓库不够可另

---

① 《关于故宫博物院进行革命性改造问题的请示报告》，1958 年 10 月 13 日，故宫博物院档案室藏。

搞一些，仓库要现代化，以免藏品受损失。关于房子改造问题，小房、小墙可以拆一些，但要谨慎。马路可以宽一些，这是为了消防的需要，不是为了机动车进去。故宫就是要封建落后，古色古香。""故宫的方针，第一条是保持宫廷史迹，使人能详细地、具体地了解宫廷生活；第二条才是古代文化艺术的陈列。"① 改造方案没有获得批准，故宫避免了一场灾难。陆定一部长的指示，表明在这一狂热思潮面前，在关键时刻，中国共产党的有关领导对于故宫价值和故宫保护的认识是深刻的，态度是鲜明的，从而坚决有力地制止了可能出现的错误。此后也还出现过类似的改造故宫的设想，也都没有产生多大影响。

以上四次争论，前三次发生在 20 世纪二三十年代，第四次发生在 50 年代末。围绕故宫、故宫文物、故宫博物院的这些争论，表现方式不同，其实质仍是如何对待我国的历史和传统。长期以来，皇宫、皇帝以及与"封建"的联系像梦魇一样曾使许多人困惑不已。要真正了解故宫，就需要正确认识故宫文化。皇帝是历史的产物。在漫长的中国封建社会里，皇帝是国家的象征，是专制主义中央集权的核心；同样，以皇帝为核心的宫廷是国家的中心，宫廷同时也构成了一个独特的文化空间或文化层面。国运的兴衰、帝王个人的爱好以及典章制度的变化，都可从宫廷文化的嬗递中探求出带有规律性的东西来。故宫是明清两代长达 491 年的皇宫。因此，明清两代的宫廷文化也可称作故宫文化；故宫文化是以皇帝、皇宫、皇权为核心的帝王文化、皇家文化。经过 90 年的曲折反复，人们对于故宫文化有了比较深刻的认识。根据美国人类学家罗伯特·雷德菲尔德（Robert Redfield）所提出的二元分析框架，在中国的文化谱系中，在中国的大文化传统中，故宫文化属于大传统。这种文化的生成既有对更为久远的中国封建社会皇家文化的

---

① 《陆定一同志对故宫博物院改革方案的意见》，1959 年 6 月 22 日。故宫博物院档案室藏。

传承，又有其新的发展特点。它延续近500年，虽然其间有变异，并且反映了皇权衰落的历史，但相对来说有着一定的稳定性，充分体现了中华传统的主流文化，同时也带有多民族文化融合的一些特征。故宫从物质层面看只是一座古建筑群，但它是一座皇宫。中国历来讲究器以载道，故宫及其皇家收藏是中国几千年的器用典章、国家制度、文化艺术、科学技术等积累的结晶，是中国传统文化最有代表性的象征物之一，就像金字塔之于古埃及、雅典卫城神庙之于古希腊一样。

封建专制时代随历史潮流结束了，但故宫仍有重要的研究价值和象征意义。它代表了中国的过去，新的政权就是在这个历史基础上建立起来的。故宫不等于封建主义，它是中国传统文化精神的物质载体。人们只有在扬弃传统文化的基础上，才能创造新的文化。故宫博物院的成立，使故宫被赋予了维系中华民族文化和传续中华文明血脉的新内涵。保护故宫及其藏品，就是保持我们与祖先联系的渠道，就是保护中华民族的文化根基。故宫文化是有生命的活的文化，故宫是民族的，也是世界的；是传统的，也是现代的；是历史的，也是未来的。这就是故宫的无与伦比的价值，也使故宫学具有了"深不可测"的内涵与"独一无二"的属性。

五、碎片还是整体

正是在长期的多次的争论中，人们对故宫价值的认识才逐步深入与全面，认识到故宫不只是一个藏宝之所，故宫文物也不是单纯的"古物"，它们各自有着丰富的内涵，二者之间又有着密切的联系，是一个博大精深的文化整体。看不到这种整体性，简单地、孤立地对待故宫的建筑与文物，就难免在故宫价值认识与故宫研究中走向"碎片化"倾向。故宫作为一个文化整体的价值，使它与民族文化血脉的传承联系在一起，并为人们所普遍接受。故宫学正是以故宫文化的整体性为基础而提出来的。所谓故宫是个文化整体，就是说故宫的价值是完整的。文化遗产的完整性，不只是空间范围上的完整以及保持自身组成部分和结构的完整，还包括文化概念和文化精神的完整。故宫的古建筑、文物藏品、历史遗存以及在此发生过的人和事，有着深刻的内在关系，是不可分割的。故宫作为文化整体的价值，使故宫成为中国传统文化精神的物质载体，体现了中华文明的精华，也成为中国传统文化最有代表性的象征物。故宫的地位是历史形成的。故宫文物藏品过去具有国宝意义，在 20 世纪民族危难时期，这些文物又与中华民族共命运，其中倾注了民族的深沉的感情。故宫学所秉持的"文化整体"观是"完整故宫"理念的发展，与世界遗产视野中"故宫真实性和完整性的结合"的理念也是相互启发、补充甚至有所交融的关系。

第三节　故宫学的研究基础

故宫博物院的学术研究成果是产生故宫学的重要基础。故宫学作为学术概念是 2003 年才提出来的，但是它的萌蘖则始自故宫博物院的成立，而后随着以故宫博物院为主体的研究队伍的不断扩大，研究成果的不断涌现，为这门学科的形成打下了良好的基础。在故宫学正式提出之前的故宫博物院近 80 年的学术研究，经历了一个由自发到自省再到自觉的过程，大体可分为 3 个时期。

第一个时期：1925—1949 年。

故宫及其珍藏是一个巨大的文化宝库，也是一片有待开发研究的学术沃土。故宫博物院的创始者敏锐地认识到了这一点。李煜瀛在主持组建"办理清室善后委员会"时，就主张"多延揽学者专家，为学术公开张本"，又提出故宫"学术之发展，当与北平各文化机关协力进行"。[1] 故宫博物院从一开始，就定位为一个学术机构。故宫博物院的学术研究，与北京大学国学门有很大关系。北京大学国学门的一批

---

[1] 李煜瀛：《故宫博物院记略》，《故宫周刊》1929 年总第 2 期。

学人不仅参与了故宫博物院的创建工作，而且把北京大学的学术风气、研究经验带到了故宫。尤为难得的是，故宫博物院为他们提供了更为广阔的发挥学术研究能力的舞台。

依照《故宫博物院组织法》，故宫博物院 1929 年开始聘任以学术为职志的专门委员，后又成立了书画、陶瓷、铜器、美术品、图书、史料、戏曲乐器、宗教经像法器、建筑物保存设计等 9 个专门委员会。专门委员除本院人员外，还有社会上颇有名望的众多专家学者参加。专门委员会大致历经了初建、1934 年的调整及 1947 年的重建 3 个阶段，聚集了一大批中国当时最著名的文史及古物研究方面的专家学者。1934 年被聘任为通信专门委员共 43 人：朱启钤、汪申、梁思成、容庚、沈尹默、王褆、钢和泰、邓以蛰、俞家骥、金绍基、柯昌泗、钱葆青、狄平子、凌文渊、严智开、吴湖帆、叶恭绰、陈寅恪、卢弼、陶湘、洪有丰、江瀚、马裕藻、蒋毅孙、钱玄同、蒋复璁、刘国钧、朱希祖、徐炳昶、吴承仕、朱师辙、傅斯年、罗家伦、周明泰、齐如山、顾颉刚、蒋廷黻、郑颖孙、吴廷燮、姚士鳌、溥侗、张珩、徐骏烈等；特约专门委员 12 人：朱文钧、郭葆昌、福开森、陈汉第、唐兰、张允亮、余嘉锡、赵万里、陈垣、孟森、胡鸣盛、马廉。他们参与故宫文物的审查鉴定、明清档案的整理刊布、清宫典籍的清点出版、文物展览的策划筹备以及古建库房的修缮营建等工作，为推进故宫博物院的文物保护及学术研究做出突出贡献。

专门委员会的设立与发展，坚持了新生故宫博物院的社会性、开放性，即"公"字精神，既是"学术为天下公器"理念的反映，也是社会各界共同参与管理"公共财产"原则的体现。专门委员会的工作成果与有益探索，不仅积累了从故宫实际出发的学术研究的特点与方法，丰富了故宫学术的内涵，而且以专门委员会为主导的故宫学术成果成为学术故宫的一个重要标志。

20 世纪 30 年代是故宫博物院发展的黄金时期。这一阶段前期，主要是清点宫藏文物、文献，出版公布文物、文献档案资料，进行简单陈列。后期则是保管南迁文物。1925 年开始出版《故宫物品点查报告》，接着有"清代文字狱档""天禄琳琅丛书""太平天国文书"等数十种文献出版。除介绍院藏各类文物及古建筑并刊登专著、考据、史料等，共出刊 510 期的《故宫周刊》外，学术性刊物有《掌故丛编》《故宫旬刊》《故宫月刊》《文献丛编》《史料旬刊》《故宫书画集》等。北平沦陷期间，故宫博物院仍编写了《档案辞解》《清代典章词汇》《故宫书录》《故宫方志续编》《故宫清钱谱》等书籍，遗憾的是绝大多数未能出版。朱启钤发起的中国营造学社对故宫部分古建筑勘测制档，并成就了梁思成、刘敦桢、张镈等一代建筑大师。据不完全统计，1949 年之前，故宫博物院共编辑出版各类档案史料丛刊 50 多种 350 多册约 1200 万字，发表研究文章 80 余篇。这在当时学术界和社会上影响都非常大。明清档案的整理研究，是当时"整理国故"的重要组成部分，不仅对推动明清史研究起了重要作用，而且成为确立现代学术的一个契机，在中国传统学术向现代学术转变过程中有着重要意义。

第二个时期：1949—1966 年。

从 20 世纪 50 年代开始，故宫博物院先后调进了一批文物研究、鉴定和修复方面的专家学者，其中一些人在社会上已有相当影响，有的则是某一行业享有盛誉的大家，如沈士远、唐兰、王以坤、徐邦达、刘九庵、孙瀛洲、耿宝昌、罗福颐、王璞子、顾铁符、于倬云等，加上参与故宫博物院创建以及早期进入故宫的单士元、欧阳道达、单士魁、张德泽等，以及 20 世纪 40 年代后期进入故宫的朱家溍、王世襄、郑珉中、马子云、冯先铭、陈万里等，一时名家汇集，不仅有力地推进着故宫的整体工作，而且为故宫博物院的学术发展、人才培养创造了良好条件。

这阶段的重点工作是文物清理、鉴定等基础建设，其学术的研究方向也体现在这一方面。如唐兰亲自动手，对院藏青铜器进行编目制档，有着很高的学术含量。罗福颐于 1957 年到故宫博物院工作，负责筹建青铜器馆。陈万里、孙瀛洲、冯先铭等系统、全面地对院藏 30 余万件清宫藏瓷进行整理、鉴定、定级，做出了重大贡献。陈万里运用考古学的方法对古窑址进行实地考察，为现代陶瓷学奠定了基础。孙瀛洲运用类型学对明清瓷器进行排比研究，使清宫旧藏的一些被错划时代的瓷器得到纠正，尤其是对明清带年款的官窑瓷器的研究取得突破性进展。他发表的一些论述瓷器鉴定与辨伪的文章，为明清瓷器的科学鉴定奠定了基础。徐邦达与王以坤、刘九庵等一起，对院藏书画鉴别整理，发现了许多问题，并进行认真细致的考证，《古书画伪讹考辨》一书就是他们这一时期的收获。朱家溍等人在恢复宫廷原状上做出了重大贡献。结合故宫古建筑修缮的实践，王璞子的《工程做法》注释补图体现了当时古建筑维修的成果与古建筑研究的水平。这一时期成就了一批文物鉴定专家。社会上从不同方面对故宫进行研究的成果也不少，如中央美术学院、中央工艺美术学院以及一些博物馆对故宫艺术品的研究。

第三个时期：1978 年改革开放至 20 世纪末。

20 世纪 80 年代初，故宫博物院学术委员会成立，并诞生了全国博物馆系统唯一的出版社——紫禁城出版社（2010 年改为故宫出版社），出版有关故宫的书籍数百种，后陆续编辑出版"故宫博物院学术文库"。在办好《故宫博物院院刊》的同时，又创办了面向社会大众的普及性刊物《紫禁城》杂志。这一阶段故宫博物院的老一辈专家出了一批学术硕果，如唐兰对马王堆帛书的整理、罗福颐的古玺印调研、徐邦达的古书画鉴定、单士元的《故宫札记》、顾铁符的《夕阳刍稿》、冯先铭主编的《中国陶瓷史》、于倬云主编的《紫禁城宫殿》、耿宝昌撰写的《明清瓷器鉴定》以及刘九庵、杨伯达等先生出版的相关著作，出现了学术著作集中出版的小高潮。一批经过长期培养与实际工作锻炼的专业人才成长起来，一些人担任了"中国美术全集""中国大百科全书""当代中国"等丛书中的主编、副主编、编委等。这一时期，许多中青年研究人员也在崛起。特别是故宫被列入《世界遗产名录》后，中国紫禁城学会及清宫史学会的成立，使社会上更多力量参与故宫研究。故宫研究出现了一个新的局面。

成立于 1965 年的台北故宫博物院也是故宫学研究的重镇。该院办有《故宫学术季刊》《故宫文物月刊》等刊物，并先后出版了多种专书、目录，以及书画、器物、善本古籍等书册和裱装画轴、手卷等。20 多年来，已出版那志良、庄吉发、李霖灿、江兆申、廖宝秀、索予明、吴哲夫、嵇若昕等人的学术著作数十部。在明清史研究方面，有关于明清帝王及典制的研究；典籍文献方面，有关于《四库全书》及清宫档案的研究；古器物及工艺研究方面，有关于陶瓷、珐琅器、漆器、玉器、青铜器等的研究；古书画研究方面，有关于绘画史、绘画技法等的研究，以及王原祁、蓝瑛、文徵明、戴进、唐寅、吴镇等画家的专题研究。对于故宫博物院的历程、文物南迁以及台北故宫博物院近40 年的经过，也有一些书籍问世。除了举办规模比较大的专题学术研讨会外，台北故宫博物院还经常举办一些小型的学术研讨会以及专题演讲。台北故宫博物院还注意与其他机构合作，如 1971 年起协助中国台湾大学历史研究所增设中国艺术史组，这是台大艺术史研究所的前身，培养出许多艺术史研究人才；1978 年与"国史馆"合作校注《清史稿》，后由"国史馆"整理出版为《清史稿校注》。

国外有关故宫的研究也值得重视。法国、美国、英国、德国、俄罗斯、日本等国，长期以来都有一批研究中国的"汉学家"，且取得了令人瞩目的成果。其中关于明清史的研究以及对中国古代书画、陶瓷、玉器等艺术的研究，许多都与故宫研究有关系。

回顾近 80 年来的故宫学研究，第一个时期应是发轫阶段，以清理文物资料并向社会公布为主，也出现一些有影响的研究成果，发展势头很好，但因战争而停了下来；第二个时期可看作以个案研究为主的阶段，重点是博物院的各项基础业务建设，有一些专著也产生了较大影响，深入研究有了较好基础，一场"文化大革命"则使研究工作停滞了 10 多年；第三个时期是专题研究蓬勃开展并向综合研究转变的阶段。总的来说，以故宫博物院专家学者为主体的研究队伍不断扩大，学术研究的领域逐渐扩展，有分量的研究成果不断涌现。但是，故宫学术研究还有一些不足之处与薄弱环节，还需要改进、提升、创新、突破，因此有必要提出加强故宫学的建设，即明确故宫学是一门学科。80年来，故宫博物院学术研究无疑多属故宫学研究，但尚处于自发阶段。一门学科的建立，不仅要有深广的研究领域，还必须以一定的研究成果为基础，这是学科形成、发展的必要过程。故宫博物院成立80年后明确提出故宫学学科建设问题，符合学科发展的规律。显然，没有长达80年的故宫研究的实践和成果，就不可能明确提出故宫学概念；而提出并确立故宫学，就使故宫学研究进入了自觉阶段，将从整体上提高研究水平。

故宫学的提出既有其客观基础，也是故宫博物院学术研究进一步深入的需要。故宫博物院的研究材料十分丰富，但以前的许多研究多重在某个领域中进行，往往就文物研究文物、就建筑研究建筑，而没有注意把文物、古建筑、文献档案等看作一个不可分割的整体，没有从更为广阔的视域挖掘、认识所研究的具体对象的价值与意义，出现了学术研究的"碎片化"倾向。故宫学则要求打通这些领域，把这些基础研究整合起来，统一起来。

提出故宫学，对故宫博物院的专家学者来说具有学术转型的意义。长期以来，故宫博物院的专家学者一般比较注重实践性和应用性，在此基础上培养了一大批具有实际操作能力的文物工作者，如文物鉴定决定该文物是否入藏，文物排序决定陈列的基本结构，这是由博物馆工作性质所决定的。故宫博物院的学术研究虽然已有了相当的基础，但随着时代发展，其他学科都在其发展中努力打破学科界限，产生新的研究成果。故宫博物院的科研工作也要求重视对实践工作从理论上进行探索和总结，要求站在一定的学术高度来审视自己所从事的具体工作。但实际存在的学术视野不够宽阔、知识结构仍有欠缺、研究方法比较单一、必要的相关理论素养不足等问题，从整体上影响着故宫研究的继续深入和重大成果的出现。故宫学也是针对上述情况提出来的。这就要求整合研究力量、规划研究方向和重点、消除薄弱环节、提高研究水平，加强故宫学学科建设，构建故宫学学科体系。因此，这种转型，是在继承与发扬故宫博物院 80 年来形成的良好的学术传统等基础上的转型，是向更高层次、更高境界的提升。

第三章
故宫学的学科体系

第一节　故宫学的知识体系

一、故宫学是一种知识体系

　　故宫学作为一门学科,有着独立的、明确的研究对象。在故宫学的概念中,故宫被视为宫殿、文物藏品、宫廷历史文化相互融合的文化群系。从根本上说,故宫学是一种知识体系。故宫学之所以可以自成一种知识体系,是由故宫学研究对象之间所具备的内在逻辑统一性所决定的。故宫学以故宫古建筑、故宫文物以及故宫博物院为主要研究对象,可细分为古遗址、古建筑、古器物、文献档案与图书典籍等方面,又涉及宗教学、民族学、文学、艺术学、考古学、历史学、建筑学、管理学、图书馆学、档案学、博物馆学等学科领域。

　　在故宫学框架体系内,围绕着故宫(紫禁城)、故宫文物及故宫博物院的研究因新的视角、途径、方法而构成新的研究课题,获得新的研究结论和成果,也形成了新的知识体系和学科架构。例如,作为故宫学的知识体系的重要组成部分,历代书画研究将侧重于明清宫廷书画的搜集、鉴赏、著录及留传等,而并不涵盖艺术学学科的全部研究。换言之,故宫学知识体系的建构是紧紧围绕着故宫学研究对象而展开的。

二、故宫学知识体系的构成

故宫学是一个学科的总称，在这一总称或母学科之下，还包含了学术体系的各个分支或子学科，分支学科的研究对象就是母学科研究对象的一个方面或者一个层次。从故宫学的研究对象出发，故宫学的分支学科至少有以下 22 个：

1. 故宫建筑学

2. 故宫古器物学

3. 故宫古书画

4. 故宫青铜器

5. 故宫古陶瓷

6. 故宫考古学

7. 故宫历史学

8. 故宫文化遗产学

9. 故宫文物学

10. 故宫音乐学

11. 故宫文学

12. 故宫戏曲学

13. 故宫宗教学

14. 故宫民族学

15. 故宫语言文字学

16. 故宫辞书学

17. 故宫科学技术

18. 故宫图书馆学

19. 故宫出版学

20. 故宫明清档案学

21. 故宫文物保护学

22. 故宫博物馆学

这22个分支共同构建了故宫学的学科大厦，也共同构成了故宫学的知识体系。

在故宫学每个分支学科之内，又有若干个系列，每个系列一般都有若干项目。限于篇幅，本书在分支学科下仅分列若干系列或重点项目，不再另列支项目。关于故宫学分支学科亦即知识体系的构成，有5点需要说明：

一是所有分支学科及其下设的研究系列与项目，都是依据现存的故宫古建筑与故宫文物藏品而提出的，而且在同类藏品中具有一定的代表性或特殊性。

二是在按照现代学科概念分类时，还注意吸取相关的传统学问。中国历史上在建筑、文物研究等方面，积累了一些具有中国特色的方法与成果，体现了中华传统文化的特色，有些至今仍然有着相当的价值，有的已赋予了新的内涵，例如古器物学，还有新形成的文物学、文化遗产学等，也作为故宫学学科体系的组成部分，或与现代学科结合起来。

三是对一些文物研究的学科分类来说，具有一定的相对性。故宫文物的分类，或是按材质，或是按用途，或是根据贮放地而分；但文物的价值却并非如此简单。例如佛造像，从使用上是宗教文物，但本身又是艺术品。因此，文物的分类一般是相对的。佛造像既可从宗教学研究，也可从艺术学研究，还可从古器物学的角度研究。或者可以说，故宫文物只有从多个学科、多个角度、多个方面研究，才能比较全面深刻地认识它的价值与作用。

四是本知识体系只是大致反映了故宫学的对象和内容，还有一些代表故宫特色的文物应该单列为分支学科而没有单列。例如故宫藏品中的古书画、古陶瓷、青铜器，因影响巨大而列为分支学科。但限于篇幅，藏品丰富且为世所瞩目的玉器、珐琅器、钟表等仅列为古器物学下的重点研究项目。

五是在简述故宫学各个分支学科时，除了对传统学科及新兴学科略做介绍外，其他不再做学科释义。各学科都有丰富的内容，下编部分已有专章论述，如书画、陶瓷、青铜器、图书、出版、档案、博物院等，此章不再赘述。有些学科内容，虽有专章论述，但作为分支学科，仍嫌不足，需做适当补充，例如故宫宗教学，其藏传佛教、道教、萨满教等已有较多介绍，"民俗宗教"则未提及，但其在宫廷社会生活中有相当的影响，遂对此内容做专门介绍。同样的，清宫演戏虽广为知晓，明宫演戏则鲜为人知，故而在故宫戏曲学中专门介绍明宫戏曲状况。有些学科内容，着重对某件或某些文物予以详细介绍，是基于文物本身的独特性和重要性，例如故宫民族学、故宫语言文字学等。还有一些学科内容，在故宫学中占有重要地位，并有许多珍贵文物存世，但囿于章节布局，在本书中介绍很少甚至未提及，故在本章中做较多介绍，例如故宫音乐学、故宫科学技术、故宫文学等。如此一来，有的学科介绍未着一字，有的则长达数千言，体例上略显参差。

（一）故宫建筑学

建筑学是故宫学的一个重要分支。中国早在商代开始，重大的建筑活动就是由官方进行管理的，形成了官式建筑与地方和民间建筑并行发展的格局。北宋官修《营造法式》和清代雍正时期颁布的《清工部工程做法》分别代表了宋代和清代官式建筑的规则。中国古代官式建筑是由官式建筑技艺、建造、保存和延续的。20世纪30年代，以中国营造学社为代表的一批学术带头人开始了解读中国古代建筑天书的伟大学术实践。他们采访古建筑从业的著名匠师，"沟通儒匠"，对照故宫和北平的其他重要皇家建筑、匠师语言和宋、清这两部专书，读懂了中国古代建筑的基本结构法则和技术做法。中国营造学社所开创的古建筑法式和文献研究、古建筑实地调查测绘和古建筑修缮保护的方法及原则，对今天故宫的保护修缮仍然有着深远的影响。

——故宫与中国历代宫城、宫殿研究

——故宫与历代宫廷建筑研究

——故宫营造史

——故宫营造文献学

——故宫建筑技术研究

——故宫建筑艺术研究

——故宫建筑工程研究

——故宫园林研究

——故宫建筑文化研究（古代建筑制度、规划思想、风水学说等）

——清代"样式雷"图档及烫样研究

——故宫古建筑文物研究

——中国营造学社的故宫研究

——故宫建筑实测与研究

——故宫官式古建营造技艺传承研究

——单士元与故宫保护研究

（二）故宫古器物学

中国古代器物学从北宋中期计算，已有将近千年的历史。但是古器物学虽有其学却无其名，长期依附于金石学，因而二者在概念、分类方面总是纠缠不清。1918年罗振玉在《古器物学研究议》[①]中指出，对于古器物的研究应成体系，并作为专门的学问，提出古器物学应分为15类目：礼器、乐器、车器马饰、古兵、度量衡诸器、泉币、符契玺印、服御诸器、明器、古玉、古陶、瓦当砖甓、古器模范、图画刻石及梵像。张舜徽随后又增加了"甲骨、碑刻、竹木石简、帛书帛画、

---

① 《北京大学日刊》第215号，1918年9月28日；后收入《永丰乡人稿》甲编《云窗漫稿》，改题为《与友人论古器物学书》。

历代书画、雕刻、刺绣、瓷器、料器、文具之类"①。中国传统的金石学、古代器物学有其优良的传统,例如讲究器物名称,记录器物信息,比照历史文献,以物证史,以史明物,自成体系,富有民族文化特色。当然,古代器物学发展到今天,其内容和方法已得到很大拓展和丰富,是一门新兴的学科。②

——故宫礼用器具与祭器研究

——故宫玺印研究

——故宫卤簿仪仗研究

——故宫服饰织绣品研究

——故宫武备兵器研究

——故宫玉器研究

——故宫珐琅器研究

——故宫雕塑研究

——故宫金银器研究

——故宫漆器研究

——故宫玻璃器研究

——故宫钟表科技仪器研究

——故宫文房用具研究

——故宫竹木牙角匏器研究

——故宫明清家具研究

——故宫鼻烟壶研究

——故宫盆景研究

——故宫成扇研究

---

① 张舜徽:《爱晚庐随笔》,华中师范大学出版社,2005 年,第 327 页。

② 陆锡兴:《从金石学、考古学到古代器物学——代〈南方文物〉"名物新证"专栏主持辞》,《南方文物》2007 年第 1 期。

——故宫如意研究

——故宫药材、药具研究

——故宫地毯研究

——故宫其他器物研究

（三）故宫古书画

——中国历代宫廷书画收藏研究

——中国古代书画的宫廷收藏与私家收藏及其聚散流转关系研究

——中国历代宫廷绘画机构研究

——宋代宫廷书画鉴藏与著述研究

——明清皇室的书画活动

——故宫藏明清帝后书画研究

——乾隆皇帝书画鉴评研究

——清宫外国画家与西洋画风研究

——《秘殿珠林》《石渠宝笈》编纂研究

——清代帝王行乐图、南巡图及战图研究

——清宫缂丝书画研究

——清宫铜版画、木版画研究

——《快雪时晴帖》《平复帖》《中秋帖》等法书名迹研究

——《韩熙载夜宴图》《清明上河图》《富春山居图》等绘画巨品研究

——清宫碑帖研究

——《三希堂法帖》《敬胜斋法帖》《钦定重刻淳化阁帖》《兰亭八柱帖》等法帖刻石研究

——清宫书画散佚研究

——清宫书画国内外存藏状况研究

——故宫书画整理鉴定研究

——徐邦达与中国古代书画研究

（四）故宫青铜器

——中国历代王室青铜器收藏研究

——宋代宫廷青铜器收藏与《宣和博古图》编纂研究

——清宫青铜器收藏与"西清四鉴"（《西清古鉴》《宁寿鉴古》《西清续鉴》甲、乙编）编纂研究

——"西清四鉴"的散佚与存藏研究

——故宫藏清内府原存从康熙至光绪各朝未曾流通钱币研究

——故宫藏历代铜镜及清内府造铜镜研究

——故宫藏秦汉青铜器研究

——故宫藏唐宋以来仿先秦青铜礼器研究

——古物陈列所收藏的沈阳故宫与承德避暑山庄青铜器研究

——故宫博物院青铜器陈列展览与整理研究

——两岸故宫博物院所藏青铜器的渊源与联系

——两岸故宫博物院藏青铜器的比较研究

——故宫藏有铭青铜器研究

——容庚与故宫青铜器研究

（五）故宫古陶瓷

——中国历代皇室收藏瓷器研究

——宋代官窑与官窑制度研究

——元代枢府瓷与官窑制度研究

——明代御窑瓷器与御窑制度研究

——清代御窑瓷器与御窑制度研究

——明清宫廷与景德镇御窑厂研究

——康雍乾三帝与珐琅彩瓷器研究

——乾隆皇帝与十八世纪的瓷器鉴藏研究

——明清宫廷陶瓷史

——明清民窑生产与民窑瓷器及其与宫廷的关系研究

——五大名窑（汝、官、哥、定、钧）瓷器研究

——清宫瓷质礼祭器、供器和宗教造像以及仿古瓷研究

——清代瓷器生产的图像学资料和瓷器实物研究

——瓷器与明清宫廷文化研究

——宫廷紫砂研究

——故宫藏外国瓷器研究

——清宫瓷器散佚研究

——故宫藏明清传世官民窑瓷片与古代窑址资料研究

——故宫藏瓷的整理、编目与研究

——陈万里与古代窑址调查研究

——英国大维德爵士与中国瓷器收藏研究

（六）故宫考古学

——配合紫禁城内有关施工建设对古建遗址的考古发掘

——明清宫廷建筑考古

——中国历代都城、宫殿、园囿、陵墓遗址及官式寺、观遗址考古

——古代皇家作坊遗址考古

——故宫藏青铜器、玉石器的考古学研究

——古陶瓷窑址考古

——故宫藏佛教文物与石窟寺调查与考古

——故宫藏藏传佛教文物与汉藏文化交流的文物调查、田野

考察、考古发掘

（七）故宫历史学

——故宫与历代宫廷史

——明清宫廷政治史

——明清宫廷典制史

——明清宫廷生活史

——明清宫廷艺术史

——明清宫廷其他专门史

——明清宫廷人物研究

——故宫与明清中外文化交流史

——故宫与清代外国使团研究

——故宫与明清藩属国研究

——中外宫廷史对比研究

（八）故宫文化遗产学

文化遗产学是随着 20 世纪下半叶以来世界范围内持续升温的文化遗产保护与利用热潮而产生的一门学问，也是正在创建着的新兴学科，主要研究文化遗产的基本概念和总体构成、综合价值，文化遗产保护与利用的原则、机制、方式，等等。文化遗产学具有理论与应用实践并重的特色，研究既涉及观念层面，也具有明确实践性的内涵。故宫是源远流长的中华文明最有代表性的载体之一，是世界文化遗产。从文化遗产学的视野研究故宫的价值与保护，对于开阔视野，提高保护的科学性，无疑是很有意义的。

——故宫遗产在中华文明史中的价值与地位研究

——故宫作为世界文化遗产的突出普遍价值研究

——故宫遗产的真实性与完整性研究

——故宫与"大故宫"研究

——故宫 90 年修缮保护史

——故宫百年大修与遗产保护理论研究

——故宫保护修缮项目的个案报告、研究与经验总结

——故宫保护法规的制定与实施研究

——故宫世界文化遗产监测中心与故宫保护研究

——故宫保护与北京城市建设发展研究

（九）故宫文物学

"文物"一词在我国源远流长，把物质文化遗产称为文物，是对我国传统文化的继承和发展。文物是重要的历史文化遗产，中国是文明古国，文物丰富多彩。自古以来中国就十分重视对文物的研究。从这个意义上说，文物学在中国是一门古老的学科。然而，现在所说的文物学，又被赋予了新的内涵，进行了科学的梳理和概括，因此又是一门新兴的学科。文物学研究文物的基本要素以及文物的分类、鉴定，文物的价值与作用，文物的保护管理，并且研究具体的遗物与遗迹等。[①]文物学有助于对清宫文物的全面研究与认识。

——中国历代皇室文物收藏研究

——清宫文物收藏史

——清宫文物分类、整理与编目研究

——清宫文物藏品意义研究

——英法联军对圆明园劫掠和焚毁研究

——八国联军对皇室财宝抢劫与破坏研究

——逊帝溥仪暂居宫禁时清宫文物损毁、流失研究

---

① 参阅李晓东：《文物学》，学苑出版社，2005 年。

——清宫文物国内外散佚研究

——清宫散佚文物征集、追索研究

——清宫文物存藏与管理研究

（十）故宫音乐学

宫廷礼乐文化是中国古代宫廷生活、政治文化的一个重要组成部分。宫廷音乐始于西周制礼作乐，此后各代相承不替。我国帝制时代的"正史"，皆有《律历志》《乐志》等名目不一的宴乐典志，《清史稿》也有专门的《乐志》[1]。宫廷音乐就使用性质而言，分为雅、燕二乐。雅乐，泛指宫廷祭祀和朝会活动中的礼仪音乐；燕乐，也称"宴乐"，后世兼表各种宴饮、游乐音乐。

明代迁都北京后的宫廷音乐，皆沿袭洪武旧制，历朝虽略有增删，终无较大改动。明代宫廷音乐，从性质划分，有雅乐、军乐、俗乐三类。从功能划分有祭祀用乐、朝会用乐、宴飨用乐等数种。其中祭祀、朝会用雅乐，卤簿用军乐，宴飨则雅俗并用。明代宫廷音乐所用箫、笛、笙、头管、琵琶、箜篌、方响等当时所谓细乐，亦称俗乐，曾受到了元代宫廷音乐的影响。经查考，明宫各种宴乐中，标有曲牌名的（不含重出）不少于70首，其中至少有30余首是元代散曲和杂剧中的曲牌，有些还是元曲沿用唐宋时期的词牌。明代宗室中，通晓音律、戏曲的人很多。出身于明宗室（郑恭王朱厚烷之子）的朱载堉，是我国古代非常有名的声学家、乐律学家、音乐家。在其多达百万字的著述中，尤以《乐律全书》最为著名，其主要价值即在于十二平均律理论的首创。明宁献王朱权善古琴，编有古琴曲集《神奇秘谱》《北曲谱十二卷》《太和正音谱》等。其《太和正音谱》是中国现存最早的北杂剧曲谱（清代《新定九宫大成南北词宫谱》以此为基础扩编而成），其制作的飞瀑连珠琴，是历史上有所记载的旷世宝琴，被誉为"明代第一琴"。

---

① 参阅陈万鼐：《〈清史稿·乐志〉研究》，人民出版社，2010年。

清代宫廷用乐制度，开始大都沿用明制，只改撰乐章，更定了乐章名称。康熙五十二年（1713），康熙帝经多年研习乐律，诏修乐律书籍《律吕正义》5卷，分上、下、续3编。上编"正律审音"，论述历代有关十二律损益相生之说，总以复古为归宿；下编"和声定乐"，论述乐器的制造理论，并附有图解；续编"均协度曲"，讲述耶稣会士葡萄牙人徐日昇和意大利人德礼格把五线谱和音阶唱名传入中国，并证以经史所载律吕宫调诸法。各编之中，均考记古今之异同。此书制定了清宫律吕制度，并据以改造乐器，对清宫音乐做了一次大的整顿。乾隆朝敕编《律吕正义后编》120卷，以补前书之不足。主要记载清代初年的宫廷典制音乐。分祭祀乐、朝会乐、宴飨乐、导迎乐、行幸乐及乐器考、乐制考、乐章考、度量衡考、乐问等10类。书中记载了大量的清代宫廷中的乐谱、舞谱和乐器图，包括丹陛大乐、清乐、铙歌大乐、蒙古族的笳吹乐、番部合奏诸乐之乐谱及回部、瓦尔喀部和朝鲜诸族之乐器，均为珍贵的史料。这是历史上唯一载有乐谱的宫廷音乐书籍，由此我们可以大体了解宫廷音乐的面貌。这也使我们得知宫廷音乐与民间音乐是有联系的，一种是把民间音乐收入宫廷，同时也可能有宫廷音乐传入民间。如宫廷音乐中的《导迎乐》和寺庙中、京剧中的《朝天子》以及宫中曲牌《银钮丝》与民间音乐《探亲家》就同出一辙。宫中曲牌的《海青》竟在承德寺庙音乐中出现，这是以往所不了解的。[①] 有关资料还记载了西洋音乐传入康熙、乾隆时宫廷的状况。[②]

故宫博物院珍藏的清乾隆六十一年（嘉庆元年，1796）内府泥金精写本《笳吹番部合奏乐章满洲蒙古汉文合谱》共辑蒙古、藏少数民族音乐辞章和廓尔喀（今尼泊尔）、缅甸、安南（今越南）等国乐章

[①] 万依、王树卿、刘潞：《清代宫廷史》，辽宁人民出版社，1990年，第316—320页；万依主编：《故宫志》，北京出版社，2005年，第503—505页。

[②] 方豪：《中西交通史》下册，上海人民出版社，2008年，第624—627、629—631页。

百余首，是一部清代宫廷宴乐专著。[①] 此外，故宫博物院珍藏的《塞宴四事图》描绘了乾隆帝在木兰围场开筵设宴时蒙古族音乐"什榜"的演奏情况，真实记录了蒙古乐在清宫的使用情况。[②] 清乾隆年间，和硕庄亲王允禄奉敕编纂《新定九宫大成南北词宫谱》，征调乐工周祥钰、邹金生、徐兴华、王文禄、徐应龙等人主管，并调集大量通晓宫谱的民间艺人参加。全书82卷，上溯唐宋，下迄明清，收录南北曲牌2094个，加上各种变体2372个，共有4466曲。这些曲牌内容包括唐宋词、大曲、南戏、杂剧、金元诸宫调、元明散曲、明清传奇、宫廷宴乐及不同格律的韵文乐谱等。故宫博物院珍藏有该曲谱的清乾隆十一年（1746）殿刊朱墨套印本。

故宫博物院存藏大量清宫乐器，例如铜镀金镈钟，就是清代宫廷最重要的乐器。铜质镀金，整套十二圜，以应十二律。整套钟以钟体大小顺序排列：黄钟、大吕、太簇、夹钟、姑洗、中吕、蕤宾、林钟、夷则、南吕、亡射、应钟。钟体阳面镌乾隆皇帝御制铭，记载了钟铸造缘由，并阐发了统治者对儒家礼乐治国的理解。背铸钟名，周围均布乳钉36个。十二圜钟各有钟架，非常壮观。皆涂金，上左右雕刻龙首，脊树金鸾，鸾与龙首均衔五彩流苏。中悬钟，左右两虡插入五彩伏狮。十二圜钟用时不同时摆放，仅设当月之律钟，如十一月设黄钟，十二月设大吕，正月设太簇，以此类推。朝会之时列于太和殿檐下东侧，位居编钟之东。

——中国历代宫廷音乐史
——朱载堉《乐律全书》研究
——故宫藏唐宋名琴研究
——《律吕正义》与康熙皇帝的音乐研究

---

① 齐秀梅、杨玉良等：《清宫藏书》，紫禁城出版社，2005年，第278—280页。
② 袁荃猷：《一幅难得的清代蒙古族作乐图》，《故宫博物院院刊》1981年第3期。

      ——《律吕正义后编》与乾隆皇帝整理宫廷音乐的研究

      ——故宫藏乐器与乾隆时期的乐器制造研究

      ——清圜丘大祀音乐与舞蹈研究

      ——清宫乐队组织与乐器研究

      ——《笳吹番部合奏乐章满洲蒙古汉文合谱》研究

      ——乾隆朝《新定九宫大成南北词宫谱》研究

      ——清代藩属地区所献乐器、乐舞研究

      ——故宫藏满族特色乐器研究

      ——康熙、乾隆时期西洋音乐在宫廷流传研究

      ——故宫藏铜镀金镈钟研究

（十一）故宫文学

宫廷文学是中国传统文学的一种重要类型，作者主要是帝王本人及其御用文人和一些朝廷大臣，其活动场所是帝王的宫廷。帝王的文学思想与文学创作，对一个时代的文学创作和文学的历史发展都会产生重大影响。汉代以后，帝王好文，几成风气。汉武帝有《秋风辞》千古流传，并且促进了汉代辞赋的发展。三国曹氏父子更是杰出的代表。朱元璋有《明太祖文集》，今人纂《全明诗》，收太祖诗 211 首。北京故宫藏有明内府精写本《大明太宗御制集》残存 2 卷，为永乐皇帝御制集的第三、四两卷。[①]明宣宗朱瞻基不仅擅绘画、书法、弹琴，且诗文亦很有名。明代宗室的诗文创作成就非常突出，据清代陈田《明诗纪事》统计，明代宗室传世诗文集共 86 人 102 种，其中秦简王朱诚泳诗名最盛。

至清代，拥有深厚文化功底的帝王更是多有文集传世。顺治帝诗作不多，未编御集。康熙存有《圣祖仁皇帝御制文集》176 卷，囊括了饬谕、奏书、表、辨、序、古今体诗等多种文体，其中古今体诗

---

① 齐秀梅、杨玉良等：《清宫藏书》，紫禁城出版社，2005 年，第 243—244 页。

1135 首，词 12 首，赋 18 篇。雍正有《世宗宪皇帝御制文集》30 卷，其中文集 20 卷 185 篇，诗集 10 卷 540 余首。乾隆有《御制乐善堂全集定本》及《御制诗》初集、二集、三集、四集、五集、余集，现存诗歌总数为 43630 首。乾隆又有《御制文》初集、二集、三集、余集，共著文 1041 篇，有论、说、序、记、跋、杂著、表、颂、赞、箴、铭、赋等 10 多个门类。故宫博物院还藏有《乾隆御稿》约 45000 页，为乾隆帝从康熙六十一年（1722）至嘉庆三年（1798）长达 76 年间诗文创作的手稿（大部分为诗稿，小部分是文稿）与词臣的清抄稿。嘉庆帝有《味余书室全集》，《御制诗》初集、二集、三集，《嗣统述圣诗》及《全史诗》，诗作共 11760 余首。道光帝有《养正书屋诗文全集》，《御制诗》初集、余集及《巡幸盛京诗》。咸丰、同治、光绪皆有诗作流传。[①] 清代极端重视文治，统治者非常关注文风建设，常通过帝王训饬与御选总集的方式来引导文坛创作方向。古文总集《御选古文渊鉴》，由康熙亲自选录始自《左传》、终于南宋谢枋得《交信录》的各种文章 1386 篇，御批 1391 节，并命徐乾学等人编注。康雍乾诸帝又通过各种文艺政策、文学活动以及与文人的交往来左右文人心态，影响当时文坛的走向。[②] 清代宗室贵族的诗歌创作也相当有成就。康熙年间玛尔浑辑《宸襟集》、文昭辑《宸萼集》，是两种专收清朝宗室作家作品的诗歌总集，但两书都久已失传。嘉庆初年有《钦定熙朝雅颂集》，是山东巡抚铁保编订的一部旗人诗歌总集，全书共 138 卷，作者 600 余人。此书当年曾由著名学者纪昀、朱珪、彭元瑞等参加校阅，嘉庆皇帝亲自作序、赐名，刊刻之后颁赐群臣。从中可见清朝宗室诗风之盛。

清代宫廷文学活动最有影响力的形式是君臣联欢的宴饮赋诗。康熙年间，宫中的宴饮活动就很多，这样的活动大多包含着君臣诗歌唱

---

① 参阅徐世昌著，傅卜棠编校：《晚晴簃诗话》卷一至卷三，华东师范大学出版社，2009 年。《故宫珍本丛刊》（故宫博物院编，海南出版社，2000 年）也收入了咸丰、同治、光绪三位帝王的诗文集：《清文宗御制诗文》《清穆宗御制诗文》《清德宗御制诗文》。

② 黄建军：《康熙与清初文坛》，中华书局，2011 年。

和的风雅内容，乾隆时期，这种宴饮赋诗活动更加频繁。著名的重华宫新正联句活动，持续时间长达半个世纪以上，参与联句的人数后来确定为 18 人，取"十八学士登瀛洲"之意。而康、乾两朝宫中的 4 次千叟宴，又是古往今来规模最大的宫廷文学活动。第一次千叟宴于康熙五十二年（1713）在畅春园举行，参加者 4240 人，年龄皆在 65 岁以上，故名千叟宴。康熙六十一年（1722），在第二次千叟宴上，康熙帝分两次，赐宴年 65 岁以上的文武大臣以及致仕退斥人员共 1020 人。其间，康熙帝席上赋七律一首，诸大臣和者 13 人，其他千余人各赋七绝一首，后编成《御定千叟宴诗》4 卷，共 1030 首。这些作品的基本内容和风格，正如《四库全书总目提要》所称："化国之日舒以长，治世之音安以乐，具见于斯。"乾隆五十年（1785），千叟宴第三次举行，参加人数超过了 3000 人。乾隆帝席上御制七律一首，大臣酬和者 23 人。乾隆帝又与群臣赋柏梁体联句诗一百韵，其他与宴者皆自由赋诗一首或数首。后编成《钦定千叟宴诗》36 卷，共 3429 首。第四次千叟宴在嘉庆元年（1796），坐上宴席与列名邀赏者超过 8000 人。太上皇乾隆帝依康熙帝当年的千叟宴诗原韵赋诗，新登基的嘉庆帝率诸大臣恭和，与宴者也各有诗。这次未汇编成册，否则其部头当远在前两部《千叟宴诗》之上。

    ——中国历代宫廷文学史

    ——中国历代帝王诗文研究

    ——明代"台阁体"诗研究

    ——明代朱氏皇族诗文创作研究

    ——明代宦官与宫廷文学研究 ①

    ——康雍乾时期的文化政策与文学发展研究

    ——康熙帝《御选古文渊鉴》与清代文坛发展研究

---

  ① 参阅高志忠：《明代宦官文学与宫廷文艺》，商务印书馆，2012 年。

——康熙帝与王士禛的诗文交往及对文坛影响的研究

——雍正帝与张廷玉的文笔交往及对文坛影响的研究

——乾隆帝与沈德潜等文人学士的交往研究

——《御选唐宋文醇序》《御选唐宋诗醇序》等与乾隆文学
思想研究

——乾隆帝诗歌的艺术学、历史学、文化学研究

——乾隆帝唱和、联句活动研究

——清代词臣恭和、应制类诗歌研究

——《御定佩文斋咏物诗选》《御定历代赋汇》《御制历代诗
余》《御定全唐诗》《钦定全唐文》等清代钦定选本研究

——《佩文韵府》《康熙词谱》《康熙曲谱》研究

——《熙朝雅颂集》与清代爱新觉罗皇族宗室诗人群研究

——故宫藏《乾隆御稿》研究

——故宫楹联匾额研究

（十二）故宫戏曲学

人们熟知清宫演戏，其实明宫演戏也十分频繁。宫廷戏剧为明宫
礼乐文化的一个组成部分。明代宫廷里的钟鼓司设有戏班子，为帝后
御前演出。戏班子的演员由太监充任。教坊司的乐工乐妇有时也承应
御前演唱。所演剧目，据《明宫史》载，有过锦之戏、杂剧故事、水
傀儡戏等。明朝宫中规定，每年秋收季节，钟鼓司要演打稻戏。皇帝
驾幸西苑旋磨台、无逸殿等处，钟鼓司学艺人扮农夫馌妇及田畯官吏，
征租、交纳、词讼等事表现稼穑艰难之意。钟鼓司所演杂剧大多沿用
金元时期的院本，一般不做整场演出，只演一部戏中的几出。钟鼓司
承应太监经常奉命清唱。由钟鼓司太监及教坊司乐工乐妇在御前所演
唱的杂剧主要是一些吉庆戏，如《三星下界》《天官赐福》等。到万
历时期，神宗特设四斋近侍200余员，专习宫戏、外戏，为皇太后演
出外边新编戏文。又自设玉熙宫近侍300余人习宫戏、外戏，凡皇帝

升座，皆由玉熙宫戏班承应。所习宫外戏有弋阳、海盐、昆山诸腔，不再属于钟鼓司。后来，发展为以昆山腔为主的戏曲流派，一直被宫廷采用。遇有重大庆典时，有时还召宫外戏班入宫献艺。崇祯时期，皇后生日，沉香班伶人曾入宫演出《西厢记》《玉簪记》等戏。[1]

  ——明清宫廷戏曲史

  ——故宫藏明代宫廷戏衣研究

  ——清代帝后与宫廷演戏研究

  ——清宫戏曲与中国戏曲发展史研究

  ——清宫音乐与戏曲管理机构南府、升平署研究

  ——清宫戏曲档案文献研究

  ——清代宫廷承应戏研究

  ——故宫藏戏曲服装研究

  ——故宫藏戏曲盔头靴鞋研究

  ——故宫藏戏曲道具研究

  ——故宫藏清人画戏剧图册研究

  ——故宫藏戏曲乐器研究

  ——故宫藏清南府、升平署戏本研究

  ——故宫藏戏曲、曲艺唱片研究

  ——宫廷戏台研究

  ——清宫戏曲舞台美术研究

  ——《穿戴提纲》与清宫演戏研究

  ——朱家溍与宫廷戏曲研究

（十三）故宫宗教学

  明清皇宫除了佛教、道教、萨满教等宗教活动外，还有一类可以

---

[1] 段柄仁、万依主编：《故宫志》，北京出版社，2005年，第505—506页。

称为"民俗宗教"①的活动广泛地存在于宫廷之中，成为宫廷文化的一个重要组成部分。宫中有诸多民间俗神的祭祀，城内西北角有城隍庙，奉紫禁城城隍之神；城隍庙东为祀马神之所，乾隆皇帝下谕旨："朕所乘之马，祭祀甚属紧要"；宗人府北廊下供奉土地神；御花园中有祭祀青龙、白虎、朱雀、玄武四神之祠；此外还有关帝（清代在钦安殿、景山万春亭等处供奉）、药王（在御药房内供奉）、灶神（今坤宁宫神厨东墙上尚供有"东厨司命灶君之位"木牌一面）、井神（传心殿前有大庖井，清代每年十月祭井神于此）、门神等等。在建房时上梁、安吻等都有祭神的习俗。

宫中还有较多节令活动。这些活动许多是沿袭明宫以及更古老的旧习，有的也是清宫所独有。节令中活动最多的莫过于新年前后，主要有悬挂椒屏、岁轴；开笔书福；腊八粥；放爆竹；挂春联；挂门神；张挂宫训图；祭灶；安天灯；设贡品；掸尘；除夕，皇帝除受朝拜、赐宴等典礼活动外，还要到处拈香、礼佛、敬祖，以求神灵保佑在新的一年里国泰民安，吉祥如意；元旦，乾隆帝还必抄写《心经》一册，并有御制元旦诗，书为屏幅，挂于养心殿；等等。

此外，月令也有很多讲究，多和民间习俗相连，又有宫廷特色。正月十五日为上元节，宫内及北京市肆，均悬灯相庆，故亦称灯节。每年二月初一日，养心殿院内要摆太阳供以祭日。档案记乾隆时太阳糕 1 个重 54 斤，1 桌共重 350 斤 8 两。当时民间亦有此俗，相传自唐代开始。五月五日端午节，清初皇帝和大臣多于西苑乘舟欢宴，乾隆时多在圆明园福海奉太后于蓬岛瑶台观竞渡。七月七日传说为牵牛、织女聚会之夜，清宫中规定七夕祭牛女星君，设供献 49 种，帝、后率内廷各拈香行礼，

① "民俗宗教"是民众基于其生活的惯例性行为和信条而成立的宗教，它通常并不是由教祖、经典及教义来规范，有关的宗教仪式也多不统一，并且多不依托教会组织而主要是依托地域社会中现存的各种生活组织，其信仰与其说是基于某种抽象的宇宙观，倒不如说是基于对现世利益（诸如迎福、禳灾、转运等）的祈愿。参阅［日］渡边欣雄著，周星译：《汉族的民俗宗教》，天津人民出版社，1998 年，第 3 页、第 18 页等。

地点多见在御园。是日并献节令承应戏《七襄报章》《仕女乞巧》。中秋节是中国传统的大节日，宫中亦设供祭月。九月九日登高，传说是为了避灾。清宫亦沿此俗，在京时多登香山。冬至，宫中列为三大节之一，除皇帝亲至天坛举行最高级的祭天典礼并庆成以外，因从这天开始，进入最冷的"数九"天气，故在各宫内均挂起《九九消寒图》。[①]

——中国历代宫廷宗教史

——明清宫廷宗教信仰研究

——明清帝后宗教信仰研究

——故宫藏传佛教造像研究

——故宫藏传佛教法器与供器研究

——故宫唐卡研究

——故宫藏传佛教佛堂与"六品佛楼"研究

——故宫与藏传佛教高僧研究

——故宫与西藏历代达赖、班禅研究

——故宫汉传佛教文物研究

——故宫道教与道教殿堂研究

——故宫萨满教与坤宁宫研究

——故宫与天主教研究

——故宫传教士研究

——康熙帝与法籍传教士研究

——故宫传教士的历史文献研究

——故宫与民俗宗教研究

（十四）故宫民族学

《职贡图》是中国古代记载各民族与中央王朝纳贡关系的画卷。

---

① 万依、王树卿、刘潞：《清代宫廷史》，辽宁人民出版社，1990 年，第 325—329 页。

最早有南朝梁萧绎所绘《职贡图》[①]，原藏清宫，收入《石渠宝笈》卷三十二，现藏南京博物院。据《石渠宝笈》所载，现存《职贡图》在当时尚存25段，卷后有"赞"。现在仅残存列国使者12人。这12人是滑国、波斯国、百济国、龟兹、倭国、狼牙修国、邓至国、周古柯国、呵跋檀国、胡蜜丹国、白题国、末国的使者。在每一个使者的后面有简短的题记，记述这个国家的情况与历来交往的史实。由于它是当时外族使者的写真，并且有着各地历史、土俗的翔实记载，对我们研究当时各族历史、服饰等提供了重要的记载与形象资料。图上的文字记载和《梁书·诸夷传》所记大体相同，但是有的地方却更为翔实，能补充和校正《梁书·诸夷传》。图上很多国王的名字以及所有使者的名字在《梁书·诸夷传》都无记载，有些国名或人名则可校正《梁书·诸夷传》。其后各代相沿，有唐阎立本《职贡图》、唐周昉《蛮夷职贡图》、宋李公麟《万国职贡图》、元钱选《西旅贡獒图》、元赵孟頫《贡獒图》等。

清代则有大型民族图志《皇清职贡图》，由乾隆皇帝亲自主持编绘，并钦命傅恒等人撰制，丁观鹏、金廷标、姚文瀚、程梁4人绘图。全书9卷，由画像和满汉合璧图说文字组成。它以清朝盛世时期藩属国、海外交往诸国以及国内各少数民族人物为对象，绘制彩图，描摹人物样貌、服饰、生产生活方式等。卷一为清藩属与海外交往诸国，如朝鲜、英国、法国、日本、荷兰、俄国、泰国、老挝、缅甸、文莱、柬埔寨等20余国。卷二以下均为国内各少数民族，包括西藏、新疆、关东、福建、湖南、广东、广西、甘肃、四川、云南、贵州等地区各民族。全书共绘制内外300种民族和地区的官、民人物，每种又各绘男女图

---

① 此画相传是唐代画家阎立德或阎立本所绘，据金维诺先生考证，应是梁元帝萧绎在大同六年（540）前后所作的《职贡图》，也是最早的一张《职贡图》。金先生认为，这张画虽然是宋熙宁间摹本，由于临摹的忠实，并不因此降低了它的价值，它仍然是我们得以了解南朝绘画，特别是萧绎风格的重要依据。参阅金维诺：《"职贡图"的时代与作者——读画札记》，《文物》1960年第7期。

像一幅，共制图 600 幅，每图皆附说明，简要说明其分布地区、历史沿革、生活习俗、社会生产以及向清政府贡赋数额的情况。《皇清职贡图》向人们提供了许多珍贵的文字和图像资料，对研究清代各民族的风俗、历史、文化及绘画等具有一定的参考价值。当时除彩绘正本外，还复制了 3 个副本。目前北京故宫博物院保存一套完整的副本，台北故宫博物院藏有一部完整的谢遂摹绘本，其他散落各地的画卷皆不成套。

  ——故宫与满族研究

  ——故宫与藏族研究

  ——故宫与蒙古族研究

  ——故宫与维吾尔族研究

  ——故宫编译少数民族典籍研究

  ——历代《职贡图》研究

  ——《皇清职贡图》研究

（十五）故宫语言文字学

在故宫语言文字学中，故宫博物院所藏《华夷译语》是一部重要的研究资料。该书为清乾隆年内府抄本。无总书名，亦无序跋，原有种数、册数不详，现有 42 种 71 册，大致可分以下数种：其一，藏族译语，有西番馆译缮的"西番译语" 1 种 5 册与四川奉敕采集的"川番译语" 9 种 9 册，收录四川省所辖之漳腊、龙安、茂州、汶川、松潘、保县、雅州、宁远、打箭炉、冕宁、盐源等厅、州、县藏语。其二，彝族译语 5 种 5 册，包括四川省东川府属等地的"猓猡译语"，"猓猡"亦作"倮罗""落落""罗罗"等写法，即今彝族之旧称。其三，云南永昌府、普洱府、顺宁府及镇沅府所属各地译语 13 种 13 册。其四，广西庆远、太平、镇安三府所属土州县司译语 3 种 3 册。其五，西洋馆译缮西欧、南亚诸国（洲）语共计 11 种 36 册，有伊达礼雅（意大利）、弗安喇西雅（法兰西）、额呼马尼雅（德国）、播都噶礼雅（葡萄牙）、拉氏诺（拉丁）、英吉利国（英国）等西欧诸国（洲）译语6种27册。亚洲地区诸国译语共5种9册，计有缅甸译语、西天真实名经（古印度梵文）译语、苏禄（菲律宾）译语、暹罗（泰国）译语及琉球土语。根据史料研究，乾隆十三年（1748）九月乾隆帝曾命集西洋、缅甸、暹罗及海外诸国、西北边疆藏、彝等族用语，依类编辑成书，并交由傅恒、陈大受、那延泰3人主其事。此书当为傅恒、陈大受等奉敕编纂的。故宫博物院所藏《华夷译语》虽系残本，仍是我国传世诸种版本《华夷译语》中，收录语种最多的一部，并是尚未刊刻的孤本。对研究清代西欧、南亚诸国语言和我国西南边陲藏、彝、傣、土等少数民族语言文字乃至翻译史，都是极具参考价值的。同时，在现存清代内府编纂的抄本书中，也是颇具特色的一种。①

——故宫满族语言文字研究

——故宫蒙古族语言文字研究

——故宫藏族语言文字研究

——《华夷译语》研究

——清代敕修韵书《音韵阐微》研究

——故宫甲骨文研究

——故宫石鼓文研究

——故宫藏陶文、玺印文字、钱币文字研究

——唐兰的文字学研究

——罗福颐的文字学研究

（十六）故宫辞书学

清代重视词典特别是民族语文词典的编纂，是语言文字划时代的成就。《康熙字典》收字47035个，是康熙帝敕纂的集历代字书之大

---

① 参阅齐秀梅、杨玉良等：《清宫藏书》，紫禁城出版社，2005年，第281—283页。

成的一部官修字典，也是我国第一部以"字典"命名的大型工具书。《康熙字典》的告成具有重要意义和深远影响。它的部首排列方式和检字方法，已为此后新编的大型汉语字典所广泛沿用。编得最多的还是民族语文词典。清统一全国后，为适应各民族文化交流的需要，同时也为便于八旗子弟学习满文，由官方组织人力编纂了大量的满文工具书。一些学者也撰写了不少著作。如康熙帝敕修《清文鉴》25卷，后经乾隆年的不断增补、发展，"清文鉴"系列发展为《御制五体清文鉴》。这是一部辑满、藏、蒙古、维吾尔和汉5种不同语言文字的对照分类辞书。全书编译告成均经乾隆帝审订。共收词目18600余条，内容极其丰富，包括了政治、经济、文化、历史、军事、风土、人情等等。不仅对当时这些民族间的文化交流起到了积极的桥梁作用，而且对于今天的专业人员了解200多年前满、藏、蒙古、维吾尔和汉族5种语言的词汇面貌，提供了宝贵资料。

乾隆时期，为了解决满文著述和翻译中使用词语混乱的现象，曾对满语进行了一次大规模的整理，后来称整理前的满语为"旧清语"，称整理后的满语为"新清语"，同时编纂了大量满语规范化的工具书，如《钦定清汉对音字式》《实录内摘出旧清语》《新旧清语汇书》等。清朝末期，统治者曾在满文的推广上下了一番苦功，授意编辑刊刻或重刻了大量的有关满文语法、词汇等方面的书籍，以加强在语言文字和文化上的控制。仅光绪一朝就刊刻或重新刊刻了《清文接字》《清文虚字指南编》《初学必读》《清文补汇》《清文典要》《清文总汇》《满蒙汉合璧教科书》《满汉合璧四十条》《清语摘抄》等书。这些书在语言学上也占有相当重要的地位。

故宫博物院现藏清宫民族语文词典50余种，有些具有重要的价值。例如《钦定西域同文志》，24卷，是专门搜集西北地区人名、地名、官名的满、汉、蒙古、藏、维吾尔、托忒文合璧官修注解词典，也是一部标音词典，乾隆帝敕令傅恒等撰，是清代唯一6种文字合璧的词典。该词典流传不广，有乾隆二十八年（1763）武英殿刻本、抄本、影印本、晒印本等留传于世。2001年被收于故宫博物院编、海南出版社出版的《故宫珍本丛刊》中。全书共738页，收719条地名、572条山名、538条水名、1373条人名，合计3202条满、汉、蒙古、藏、维吾尔、托忒文对照词语。该词典虽词汇量不多，但语种多，是翻译这6种文字的最重要的工具书，对研究清代西北地区地理、历史和各民族语言、文化具有很高的价值。其中的托忒文，又称卫拉特文，是清代卫拉特蒙古使用的一种文字。卫拉特是蒙古的重要组成部分，由于在清朝初年时主要分布在蒙古高原的西部，故又称为"漠西蒙古"。17世纪末至19世纪托忒文在卫拉特蒙古历史上发挥了重要的作用。卫拉特蒙古的几个政权以及中亚诸多民族在与清朝的交往中曾把托忒文作为外交文字使用。这些使得清政府在对外事务当中不得不重视发挥着重要作用的托忒文。从《钦定西域同文志》内容及形式看，也可以说它是一部辞典类的史籍，它用包括托忒文在内的6种文字对卫拉特等部世系进行了详尽的叙述。①

《钦定辽金元三史语解》，为满汉合璧辞典，是选录辽、金、元三朝史书中人名、地名、官名等，并加注音、注解而成。因编纂该三朝史书的臣僚们不懂这些民族语言，因此书中用汉字来转写的专有名词在不同卷册中并不完全统一，为此乾隆帝特谕校正这些词语，敕修此书。书中以索伦语正《辽史》中契丹语音韵借词，以满语正《金史》中女真语音韵借词，以蒙古语正《元史》中蒙古语音韵借词，收6689条词语，对研究辽、金、元3朝历史以及契丹族、女真族、蒙古族等语言文化均有重要价值。

《御制翻译名义集正讹》是乾隆帝为庆贺皇太后八秩圣寿节的敬书，是一部满汉蒙藏合璧的分类词典。全书共312页，收1015组汉藏蒙满文对照词语条目。是一部专门修改、考证宋朝释法云所编《翻

---

① M. 乌兰：《卫拉特蒙古文献及史学——以托忒文历史文献研究为中心》，社会科学文献出版社，2012年，第120页。

译名义集》中出现的汉文误译词的小型官修分类词典，词汇量虽少，却是翻译佛教经典、研究佛教文化的珍贵资料。此外，该词典还是一部标音词典，是清代唯一由藏文阿礼噶利字、蒙古文阿礼噶利字、满文阿礼噶利字等转写梵语词语的汉藏蒙满合璧词典，可为研究清代藏蒙满汉语语音学提供珍贵的语音资料，也是佛教名词及印度古地名研究的重要资料，其中还保存了一些有关翻译的理论知识。①

——康熙帝的辞书编纂及《康熙字典》研究

——乾隆皇帝的语言学造诣及敕修词典研究

——故宫藏清内府满蒙文词典稿本价值研究

——清代官修词典与坊刻词典、私人家刻词典研究

——清宫词典编纂对于中国辞书学的继承与发展研究

——清代民族语文词典编纂对于促进民族文化教育发展的研究

——清嘉庆朝以后民族语言词典编纂研究

——"清文鉴"系列在清代满蒙文词典中地位及特点研究

——《御制五体清文鉴》研究

——《钦定西域同文志》研究

——《钦定辽金元三史语解》研究

——《御制翻译名义集正讹》研究

（十七）故宫科学技术

西洋科技仪器是故宫科学技术研究的重要对象。明清易代，需重颁历法、确立正朔，于是诸种天文仪器就进入宫廷。测量绘制全国地图，地学测量仪器就十分必要。《皇舆全览图》为康熙年间绘制，是中国第一部带有经纬度的全国地图，并在测绘中多有创新。如康熙帝关于

① 以上关于清民族语文词典的简介，主要引自春花：《清代满蒙文词典研究》（辽宁民族出版社，2008 年）以及故宫博物院编《同文之盛——清宫藏民族语文辞典》（紫禁城出版社，2009 年）。

里之长度的规定，即以工部营造尺为标准，1800 尺（即 180 丈）为一里。这一规定对于距离的测定关系重大。而经线一度等于 200 华里，每尺等于经线千分之一秒，这种以地球形体定度制较欧洲法国米突制的订立要早许多年。还有康熙时采用三角测量法使地图所示各地的位置比较精确。在测量北纬 41 度至北纬 47 度时，发现各度所得的里数因纬度之高低而不同，因而首次发现地球不是近乎圆形而是椭圆形，使得牛顿的地球椭圆说在中国首先得到实证。北京故宫仍保存有康熙朝测绘的《皇舆全览图》的 3 种版本。[①] 李约瑟认为，这一地图"不仅是当时亚洲所有的地图中最好的一幅，而且比当时欧洲的任何一张地图都更好、更精确"[②]。雍正朝又曾绘制《皇舆十排全图》。乾隆年平定准噶尔部后又派何国琮、明安图等人前往新疆伊犁等地测绘，在康熙舆图基础上补绘而成《皇舆十三排全图》铜版刊行。

法国国王路易十四向中国皇帝派遣了 6 位精通数学的耶稣会士，又授予他们法国皇家科学院通信院士的头衔，这就是著名的"国王数学家"。其中 1 位后来留在暹罗，其余 5 位于 1688 年进入北京。康熙皇帝对这些数学家礼遇有加，并留白晋和张诚在内廷服务，其他 3 位传教士也得到允许，可在帝国境内任何地方居住并传教。张诚和白晋在科学教育、地图测绘、外交谈判和中西文化交流方面做出了重大贡献。[③]

康熙皇帝本人对西洋科技有着强烈的兴趣。故宫博物院藏清康熙年内府满文精写本《几何原本》，就见证了他的学习过程。该书 7 卷，古希腊数学家欧几里得著，法国传教士张诚、白晋编译，是传世的唯

① 齐秀梅、杨玉良等：《清宫藏书》，紫禁城出版社，2005 年，第 291—292 页。

② ［英］李约瑟原著，［英］柯林·罗南改编，江晓原主持、上海交通大学科学史系译：《中华科学文明史》上册，上海人民出版社，2014 年，第 452 页。

③ ［法］伊夫斯·德·托玛斯·德·博西耶尔夫人著，辛岩译，陈志雄、郭强、古伟瀛、刘益民审校：《耶稣会士张诚——路易十四派往中国的五位数学家之一》，大象出版社，2009 年；［德］柯兰霓著，李岩译，张西平、雷立柏审校：《耶稣会士白晋的生平与著作》，大象出版社，2009 年。

一由满文编译的西洋数学专著。康熙曾向南怀仁、安多学习天文仪器的用法和算学知识，进而又向法国传教士张诚、白晋学习欧几里得和阿基米德几何学。由于张诚、白晋在宫中任职后，曾学过9个月的满文，故能以满语觐讲，康熙经过四五个月的学习，不但掌握了几何学的基本原理及其运算方法，甚至对更为复杂难解的球体、圆柱体、圆锥体、楔形的比例或体积，亦能潜心精算。而这本满文《几何原本》，就是张诚、白晋在康熙二十九年（1690）奉敕依据他们的满文讲稿编辑而成的。故宫博物院还收藏有经康熙审订编译的《几何原本》12卷本和7卷本两种汉文抄本。[①] 陈寅恪先生对此满文译本的价值与意义评价甚高："然则此七卷之满文译本者，盖景陵（指康熙帝）当日几暇格物之书，西海畴人重译颖门之业，迄乎兹世，犹在人间，即此一段姻缘已足特加珍护。况复借以得知欧几里得前六卷之书，赤县神州自万历至康熙六百年之间，已一译再译，则其事之关系于我国近世学术史及中西交通史者至大，尤不可以寻常满文译籍等视之矣。"[②]

故宫博物院还藏有一部《西洋药书》，为西方医药书籍的满文译本，康熙年译，2函4册。原书作者亦为法国人白晋、张诚。因当时康熙帝患心悸、唇瘤、疟疾病，被西方医生用药治愈，因此康熙对西药产生了浓厚的兴趣。曾传旨白晋讲述西方药学知识。张诚在宫内设立化学药剂室，用西法制药，并多次翻译有关知识。后奉康熙帝之命，二人合作，在较短的时间内，写出18—23篇各种西药讲稿。在此基础上又充实了一些内容，汇编成《西洋药书》。[③] 康熙帝对数学情有独钟，曾根据数学工作者要求而核准编撰了《御制数理精蕴》一书。这部数学著作共53卷，既有传入的西方数学知识，包括几何学、三角学、代数以及算术的知识，又有清代初期一些学人的研究成果，涉及当时数

---

① 齐秀梅、杨玉良等：《清宫藏书》，紫禁城出版社，2005年，第406—407页。

② 陈寅恪：《几何原本满文译本跋》，《金明馆丛稿初编》，生活·读书·新知三联书店，2001年，第245页。

③ 齐秀梅、杨玉良等：《清宫藏书》，紫禁城出版社，2005年，第392页。

学的多个分支，是一部数学百科全书，流行广泛，影响深远。

康熙帝勤于思考，还著有《康熙几暇格物编》，内容主要是对天文、地理、古生物、动物、植物、医药、哲学等学科文化现象的调查、实验。有些是对于自然现象的记述，如在"定南针"条中对同一地区不同年代磁偏角有变化的记载，在"达发哈鱼"条中对黑龙江达发哈鱼（即大马哈鱼）洄游现象的记载。属于科学实验和验证的，如在"蒙气"条中，通过观察，证实蒙气差的形成，做法正确；在"御稻米"条中，记载了单穗选择而获得优良稻种的实验经过；在"风随地殊"和"风无正方"条中都讲了验证风向的问题，特别是"风随地殊"条中，验证是不连续风向，非常重要。书中还有一些有价值的见解，如在"泰山山脉自长白山"条中，认为山东的泰山是长白山脉通过辽东半岛和渤海进入山东而形成的，这是非常可贵的见解。[①]《康熙几暇格物编》所有短文最初收在雍正十年（1732）出版的《康熙御制文》中。

清初朝中与耶稣会士的互动创造了几位杰出的数学家，康熙帝也重视本土数学家的培养，以减少清廷对西方传教士精确的天文知识的依赖。梅文鼎就是其中一位杰出的代表。梅文鼎等接受了从西方传来的科学知识，又重视中国传统数学的成就，通过自己的研究整理，使明代以来传统数学和天文学重获生机，使新移植过来的西方数学和天文学在中国取得了重要的成果。[②]

清宫还刻印过一些反映清代科技成就的著作。例如《工程做法》，原刻本封面题签为《工程做法则例》，但版口中缝上只刻"工程做法"4字，故有的称它为《工程做法》；又因本书由工部颁发，有的称它为《工部工程做法则例》。此书刊行于雍正十三年（1735），成为当时

① 参阅 [清] 爱新觉罗·玄烨著，李迪译注：《康熙几暇格物编译注·前言》，上海古籍出版社，2007 年。

② [美] 本杰明·艾尔曼（Benjamin A. Elman）著，原祖杰等译：《科学在中国（1550—1900）》第四章，中国人民大学出版社，2015 年；杜石然主编：《中国科学技术史·通史卷》第九章第五节，科学出版社，2003 年。

管理京师内外官方营建工程的重要依据。其中包括工程做法、用工、用料、匠作以及建筑构件名称、价格等多项内容，有的还附图示意，是一部反映清代工程技术的专著。又如《医宗金鉴》，90卷，太医院院判吴谦等人校理古医书和私传验方，编成刊于乾隆七年（1742）。该书于中医学理论和治疗经验论述详尽，至今仍是学习中医学的必读书。还有《钦定授衣广训》，嘉庆十三年（1808）武英殿刻本，此书是一部专论棉花作物的农书，图文结合，翔实记录和系统总结了清代中期棉花栽培和纺织的基本经验，成为迄今已知国内外最早的棉作学图谱。

——故宫西洋科技仪器（天文类、数学类、地学测量类、钟表类）研究

——故宫西医医疗器械（人体解剖模型、制药器具和诊疗器具）研究

——清宫制造科技仪器研究

——故宫科学技术与法国传教士张诚、白晋研究

——故宫藏满文译本《几何原理》研究

——故宫藏满文译本《西洋药书》研究

——康熙朝《御制数理精蕴》研究

——《康熙几暇格物编》中的科学史料研究

——《皇舆全览图》《皇舆十排全图》《皇舆十三排全图》测绘研究

——雍正朝《清工部工程做法》研究

——乾隆朝《医宗金鉴》研究

——嘉庆朝《钦定授衣广训》研究

——清宫造办处各作技术研究

——清宫造办处与苏州研究

——清代宫廷与地方工艺技术交流研究

——清宫江南三织造研究

（十八）故宫图书馆学

——历代宫廷藏书研究

——明清宫廷藏书史

——明清宫廷藏书楼建筑研究

——故宫刻本研究

——故宫写本研究

——故宫稿抄校本研究

——故宫善本研究

——故宫丛书、类书研究

——故宫藏书版研究

——《永乐大典》研究

——《古今图书集成》研究

——《四库全书》研究

——《宛委别藏丛书》研究

——《清文翻译全藏经》研究

——清内府泥金藏文《甘珠尔经》研究

——武英殿聚珍本研究

——故宫满、蒙古、藏、汉大藏经研究

——故宫道教典籍研究

——故宫藏满、蒙古、藏等少数民族文字图书研究

——故宫典籍保护与利用研究

——故宫图书馆史

（十九）故宫出版学

——中国历代宫廷出版研究

——故宫明清出版史

——清宫内府刻书研究

——故宫武英殿修书处研究

——故宫清代书目编纂史

——清宫出版印刷史研究

——《武英殿聚珍版程式》与中国古代活字印刷技术研究

——清内府书籍装帧艺术研究

——殿版版画插图研究

——故宫博物院民国时期出版史

——故宫博物院 1949 年以来出版业研究

（二十）故宫明清档案学

——明清王朝文书档案制度研究

——明清档案存藏研究

——明清档案整理、管理研究

——清内务府档案与清代宫廷史研究

——《清内务府陈设档》与故宫文物、故宫陈设研究

——《清内务府奏销档》与故宫文物、宫廷建筑研究

——《清内务府活计档》与清宫物品制作研究

——故宫藏清代帝后服饰图样研究

——清宫老照片研究

——清宫舆图研究

——清逊帝溥仪档案与故宫研究

（二十一）故宫文物保护学

——故宫文物传统修复技艺与现代科学技术相结合研究

——故宫有机质文物的修护研究（古书画、纺织品、唐卡、象牙、油画、壁画、地毯、木器、漆器等）

——故宫无机质文物的修护研究（青铜器、金银器、陶器、瓷器、石质文物、钟表、宝玉石镶嵌等）

——故宫文物的预防性保护研究（温湿度监测、光环境监测、空气中有害物质监测、防震与隔震技术、病虫害防治、微生物病害的预防等）

——故宫非物质文化遗产传承与保护（古字画装裱修复技艺、青铜器修复及复制技艺、古书画临摹复制技艺、古代钟表修复技艺、金石传拓技艺、古代木器家具修复技艺、文物囊匣制作技艺、漆器修复及复制技艺、镶嵌修复技艺等）

（二十二）故宫博物馆学

——故宫遗址博物馆学

——古物陈列所史

——故宫博物院史

——故宫博物院理事会研究

——故宫博物院专门委员会研究

——故宫博物院文物南迁研究

——"一个故宫，两个博物院"研究

——故宫博物院人物研究

——故宫博物院文物收藏与管理研究

——故宫博物院文物鉴定研究

——故宫博物院陈列展览研究

——故宫博物院学术史

——故宫博物院对外交流史

——故宫博物院安全保卫研究

——故宫博物院与信息化研究

——故宫博物院与传播学研究

——故宫博物院与旅游学研究

——故宫博物院与管理学研究

——故宫博物院与文化创意产业研究

第二节　故宫学的学科特点

一、整体性

故宫学的基础是故宫文化的整体性。把故宫古建筑、文物藏品及宫廷历史文化联系起来，故宫就是一个文化整体。这是在故宫认识上思维方式的重大转换。故宫的文化整体性是故宫学的最重要特点。

所谓故宫是一个文化整体，也就是说故宫的遗产价值是完整的，不可分割的。对此，可从空间和时间两个方面来认识。从空间来看，紫禁城的千门万户，所藏的各种文物，以及宫殿与文物藏品后面曾发生过的人和事，种种秘辛内幕，宫廷的文化生活，是一个立体的、鲜活的、生动的统一体。很显然，离开了宫阙往事，没有了附着其中的历史内涵，那些宫廷旧藏的意义和价值势必受到影响。同样的，要保护完整的故宫，不只是保护 72 万平方米以内的紫禁城，还要保护与它有密切关系的其他一些明清宫廷建筑。从时间来看，故宫藏品虽为清宫旧藏，但其中的文物则包括了中国古代文化与艺术的各主要门类，而且反映了 500 年的中华文明史。正是基于对故宫是一个文化整体的认识，故宫学的学术概念才得以形成并提出。

二、综合性

故宫的建筑、文物藏品与历史文化的整体性，以及故宫学的研究对象与范围，决定了故宫学是一门新兴的综合性学科，具有多学科交叉或者说跨学科的特点。

故宫学的综合性特点，在故宫学研究中表现得很突出：

一是需要把院藏文物、古建筑和宫廷史迹这 3 方面作为互相联系的整体来研究。故宫学关于打通学科界限的要求正是帮助研究者总结实践经验、提高理论认识的基本方法，它将开拓人们对单体文物研究的思路进入哲学化的思维方式即强调联系与发展，进入美学化的思维方式即导向审美与评赏，进入历史化的思维方式即注重社会与背景，并且扩展到对其他学科的认识，防止孤立地看待文物，防止文物研究（可移动与不可移动文物）的"碎片化"。这是最能体现故宫特色的研究。

二是一个研究课题往往涉及好几个文物门类，需要多学科协作，全方位展开，才能得出科学的结论。这有利于打破学术研究中的学科界限，进而拓展研究范围和深化研究内容。

三是由于故宫文化的特殊性，文物藏品一般都有相当丰厚的内涵，需要不断地探求，逐步地深入。故宫博物院许多传世的文物藏品，不仅涉及工艺美术，更与宫廷史、文化史、典章制度等有关，且随着资料的挖掘与视野的扩大，这种研究会不断深入。例如，对于清宫收藏的红山文化玉鹰、良渚文化大小玉琮等文物的研究，则需要与这些文物有关的考古研究成果相结合。又如，乾隆年间所编《西清古鉴》收录周代芮国钟、鼎等青铜器 30 余件，可惜上述重器难究出处，研究价值大受影响。2005 年陕西省韩城市梁带村的芮国文化遗址出土青铜器 6177 件，有关专家考证研究认为，《西清古鉴》所载的芮国铜器就出于此。[①]

三、实践性

故宫是个博物馆，故宫学的学术研究方式与研究成果的表现就带有强烈的博物馆特点，即学理性与实践性相结合的特点。

---

① 陕西省考古研究院、上海博物馆编：《金玉华年——陕西韩城出土周代芮国文物珍品》，赵荣《序言》，上海书画出版社，2012 年。

　　故宫学注重有关故宫知识的"内在"性质，即把这一专业领域首先理解为一种实践性的参与和投入，而不是仅仅把故宫作为考察和研究的对象。故宫学的观念价值必将会转化为制度价值，它揭示一种有价值的思维方式以及被连带出来的新的学理阐释方式。这种"新的方式"是故宫的现实需求。故宫学不只是学理概念，而且成为指导故宫博物院实际工作的重要理念。

　　故宫学是以文物（可移动的文物藏品与不可移动的古建筑）作为研究对象，这不同于一般的主要以文献为对象的研究机构。故宫学研究与文物的收藏、保护、展示不可分割。以鉴定来说，要收藏，就要鉴别真伪，就要划分等级，这就需要科学地鉴定，这是硬功夫，也是博物馆工作的基本要求。因此，故宫学研究不是经院式的烦琐论证，也不是从书本到书本，它直接面对故宫的文物、古建筑、档案、文献，对此进行客观分析、比较，解决宫廷历史人物和事件的物证及历代文物的真伪鉴定及其艺术价值、文化联系等诸多问题。总而言之，即以物证史、以物论史，或以物鉴物、以史论物等，都离不开史与物的辩证关系。正因此，故宫学研究的成果除学术论著外，还有大量的成果与业务工作如文物的编目制档、陈列展览结合在一起。例如故宫博物院有一项特殊的陈列，即用宫廷史迹陈列来展示宫廷原状，使人们准确而直观地了解宫廷的有关礼仪活动，澄清"戏说"之风带来的一些错误认识。但这却是一项极为细致和繁难的工作。这个恢复的过程，实际上是一次又一次学科涉及广泛、内容发掘深邃的学术研究活动。可以说，故宫博物院的许多研究人员属于"专家型的学者"或"学者型的专家"。

　　故宫博物院的业务工作还包括故宫与故宫文物的保护，故宫学需要把人文与科技结合起来。所有故宫保护以及文物修复技术不一定都属于故宫学范畴，但故宫官式古建营造技艺以及在故宫形成与传承的文物修复的许多工艺技术，有的已列入国家级非物质文化遗产项目，它们无疑是故宫遗产的组成部分，也是故宫学的重要内容，都需要在研究的基础上更好地传承、弘扬。

　　古建筑研究与故宫保护维修相结合，是故宫学学理性与实践性结合的又一重要体现。例如，历时 18 年的故宫百年大修到 2020 年将全面完成，故宫博物院以养心殿工程为收官之作，鉴于养心殿地位重要、影响巨大以及文物建筑复杂的特点，院领导极为重视，定义为"研究性保护项目"，即突出维修工程中的科学性，加强学术研究，力求使维修的每一个步骤、每一个方面都能有科学的依据，都是扎实可行的。"养心殿研究性保护项目课题"共设置了 35 个分课题，涉及与养心殿工程有关的清宫历史文化、文物陈设、文物保护（包括防震）、古建筑技艺以及工程管理等，基本上包括了维修工程的各个方面。据统计，参与的有器物部、宫廷部、文保科技部、古建部、修缮技艺部、研究室、科研处等 7 个部门，参加课题的研究人员共 234 人次，其中 10 人及 10 人以上参加的课题即达 10 个，最多的一个课题有 14 人，这充分反映了筹划者的用心、周到。这一课题的设计，是从维修工程实际需要提出的，也提供了故宫保护工作与故宫学术研究相互结合的一个范例。过去故宫维修也有类似做法，但像养心殿项目这样涉及学科门类之广、动员力量之多、组织规模之大，还是第一次，因此也具有开创性的意义，对今后故宫学术研究开展（包括课题选定、组织形式、成果评价等），必将产生重大的影响。

　　在故宫学研究中，"故宫学派"已逐渐引起学界关注。90 年来，故宫研究者的研究重点从最初的文物点查、整理、刊布逐步转向文物保管、研究与展示等方面，再逐步转向文化遗产保护与利用等综合方面，并且在研究过程中逐渐形成自成体系、独具特色的"故宫学派"。所谓"故宫学派"，即故宫博物院的研究者在进行故宫学学科理论建设和文物研究过程中所形成的具有一定特色的学术流派，其共性是要求研究者从具体文物入手，以相关的文献档案为依据，利用、借鉴有关研究方法，坚持史与物的结合，力戒空论。如徐邦达等先生在书画研究上创立的"鉴定学派"，陈万里、冯先铭等先生在古陶瓷研究上创建的"窑址调查派"，单士元等先生开辟的"宫廷建筑派"，等。当然，由于各个分支学科条件、机遇等综合因素的差异，有的还处在起步阶段。①

第三节　故宫学的研究方法

　　故宫博物院的学术研究，20世纪40年代以前主要是吸收传统考据学，进入20世纪50年代后逐步融入了历史唯物主义和辩证唯物主义的方法论。长达90年薪火相传的研究历程，故宫博物院形成了良好的学术传统，包括学术成果、学术思想、学术风格、研究的思路和方法，以及不同师承的专家之间的团结和合作等，这也为形成"故宫学派"打下了良好基础。这是一笔宝贵的财富，应在故宫学研究中继续发扬。根据故宫学的学科特点，今天的研究更要强调以下3点。

一、唯物史观

　　历史唯物主义又称唯物史观。历史观是人们对于社会历史的根本见解，历史唯物主义是哲学中关于人类社会发展普遍规律的理论，是科学的历史观。唯物史观指出，社会的存在和发展是由历史发展而来，要承认历史并且尊重历史。有了历史的观点，我们在看待、分析和处理问题时就会更加全面，更加接近事物本身的客观规律。故宫博物院成立90年来，围绕着故宫及其藏品发生过多次重要争论，例如有人提出要废除故宫博物院、拍卖藏品；有的说故宫"封建落后，地广物稀"，要对它进行改造等。在这些人看来，故宫等同于封建主义，故宫文化是需要彻底打倒的。他们不懂得历史唯物主义，不懂得历史本身就是一个不断继承不断发展的连续的动态过程，割断历史去看待和处理问题，不仅是不可能的，也是非常有害的。事实上，故宫作为中国传统

---

① 余辉：《薪火相传——学人的历史与历史的学人》，《紫禁城》2005年第5期（总第132期）。

文化精神的物质载体，代表着我们民族的历史文化，而以博物院形式向公众开放的故宫，被赋予了新的使命和职责，既承接过去，又联系当下，即与今天的文化建设有着深刻的联系，这是割不断的，也是不可能打倒的。当然，还有另外一种倾向值得注意，如盲目颂扬封建帝王，对封建等级制度缺乏分析批判，热衷于宫闱秘闻等，这也是非唯物史观的态度。我们今天对待故宫文化，不能简单化、绝对化，不能全盘否定或一味说好，而应有科学的传承观，应有清醒自觉的反省意识与批判精神，坚持唯物史观，具体问题具体分析，分清其精华与糟粕，在扬弃中发展我们的新文化。

二、整体性思维

文化整体性是故宫学方法论的哲学基础。故宫学所研究的故宫古建筑、文物藏品及宫廷历史文化等，内容相当丰富，涉及许多方面，但这些方面之间不是杂乱的、零碎的、毫无关联的，而是有着紧密的内在联系，是一个文化整体。整体和部分是相互依存的。整体由部分组成，离开部分就不存在整体；而部分同样离不开整体，离开整体的部分也就失去其原来的意义。但整体不是多个部分的简单相加，而是将这些部分有效地组合成一个有机体。所以优化的系统整体大于部分的总和。古希腊哲学家亚里士多德有句名言："整体大于它的各部分的总和。"故宫不是简单的"藏宝"之所，故宫的每一件文物、每一处建筑，都不是互不相干的孤立的存在，其中蕴藏着生动的人物和事件，且有着这样或那样的联系，共同构成了宫廷历史文化多姿多彩的场景与长卷。故宫文化的整体性，主要体现在宫廷历史文化的丰富性、完整性。离开了宫廷历史文化整体性视野的故宫文物研究，就可能出现故宫研究的"碎片化"，对文物意义、故宫价值的认识就会受到影响。因此故宫学倡导将故宫作为一个文化整体来研究，从文化整体的角度去评估故宫的文物价值和文化内涵。同时，故宫学也从文化整体的角度来认识和理解故宫学的各个领域（如古建筑、文物藏品、宫廷历史文化和博物院史）的深刻内涵及各领域之间的紧密联系。

三、多重论据法

考证一直是故宫研究的重要方法之一，借助于文物藏品及历史文献，以物证史，或以史论物，史物结合。史学研究的一项任务就是"复原"历史，确切地说，是"复原"接近真实的历史。为此，学术界曾提出"二重证据法""三重证据法"等研究方法，以推动史学研究方法的发展。故宫不仅拥有保存完整的明清宫殿建筑遗址，还保存有大量珍贵的文物藏品以及档案典籍，甚至还保留有"师徒传承"的传统工艺技术。因此，故宫学研究的证据可谓是多重的、立体的。这也是故宫学生存发展的生命力所在。它可以借鉴相关学科的理论与方法，充分发挥多重证据的优势，以"复原"丰富的、多面的、立体的历史与文化，从而形成独具一格的多重论据法。

第四节　故宫学的学术价值

故宫学的学术价值是由其研究对象的博大精深所决定的，是由故宫文化在中国文化史上的特殊地位所决定的。单士元先生1997年在中国紫禁城学会第二次学术讨论会开幕式致辞中有一段话，高度概括了故宫的地位，从中也可看到故宫研究的重大意义。他说："故宫是一部中国通史，不只是皇宫。从它的建筑布局、空间组合，从匾额楹联里，都能体现出中国五千年的社会发展史、文明史、文化史。其收藏文物是传统。不少文物，除近年田野考古发达以后出土的以外，大都是传世珍品。而传世珍品又多是来自商周及以后的宫殿、堂庙中，最后到明清两代，体现了中国文化传统。因此，它蕴藏的都是历史。"[1]

---

① 《中国紫禁城学会论文集》第二辑，紫禁城出版社，2002年，第386页。

故宫学的内涵很丰富，涉及的范围很广泛，从已发布的研究成果看，许多都是中国文化史、中国艺术史、中国明清史的重大课题。故宫学又包括紫禁城学、明清宫廷史学、明清档案学以及中国古代书画、工艺、金石等古典艺术学。初步梳理，故宫学至少包括如下若干方面：

——故宫学与紫禁城建筑的研究

——故宫学与明清宫廷建筑（坛庙、陵寝、园囿、行宫、寺观、王府等）的研究

——故宫学与中国古代建筑技术与艺术的研究

——故宫学与中国古代艺术（古书画、古青铜器、古陶瓷及各类工艺品）的研究

——故宫学与明清宫廷艺术品收藏与制造的研究

——故宫学与明清时期宫廷修书藏书的研究

——故宫学与明清档案整理利用的研究

——故宫学与明清典章制度的研究

——故宫学与明清民族问题的研究

——故宫学与明清时期中外文化交流的研究

——故宫学与明清宗教政策及宫廷宗教活动的研究

——故宫学与明清重大政治、军事事件的研究

——故宫学与明清皇帝、后妃子嗣、太监宫女的研究

——故宫学与明清朝臣疆吏的研究

——故宫学与中国近现代革命史的研究

——故宫学与中国现当代文化史的研究

——故宫学与中国博物馆事业发展的研究

——故宫学与故宫专家学者及中国现当代学术史的研究

——故宫学与90年来中国文物保护的研究

——故宫学与有关文物修复的非物质文化遗产保护传承的研究

——故宫学与文物科技保护的研究

——故宫学与故宫古建营造技艺传承的研究

以上各个专题研究，可以说是从故宫学的横向联系展开的；而从纵向联系来看，每个专题都可能进行更加深入的研究。而将古建筑、文物藏品与历史文化相结合，就使得故宫学研究有了更为广阔的天地与无穷的魅力。

故宫学重要而独特的学术价值，还与其研究对象故宫建筑与故宫文物所具有的集大成性特点有关。清代文化艺术发展的一个重要特征是总结性，即集传统之大成的潮流。所谓"集大成"，从本质上讲是对于传统的全面整理和总结。如在学术文化方面，《康熙字典》《佩文韵府》《古今图书集成》《四库全书》等的编修；在美术方面，如《营造法式》集历代建筑之大成，园囿离宫集公私、南北园林之大成，景德镇官窑集历代制瓷之大成，造办处诸作集历代特种工艺之大成等。内府庋藏，至乾隆朝而极盛大备[①]。明清为封建社会的末期，也是封建制度最为成熟的阶段，这种集大成性在有关典章制度类文物上的反映尤为明显。例如，故宫宫殿就是中国古代宫殿发展的集大成者。夏商周宫殿的"前堂后室"，朝、祖、社三位一体以及四合院的格局，秦汉宫殿的中轴对称的群体构图方式，隋唐宫殿的左、中、右三路的对称规整格局，宋金元将宫殿区置于城内中央的形制等，都在紫禁城建筑中得到了体现。此外，故宫留存大量有关皇帝衣食住行、礼节仪式等方面所使用的设施和物品，这些都是长时期的礼仪服御制度演变发展的结果。宫廷历史文化的主体是宫廷典制，而封建社会对皇帝来说，国和家是一体的。因此，宫廷典制中许多内容就是王朝典制，即国家典制。这些典制是封建国家机器得以正常运转的根本。

马克思提出了"人体解剖对于猴体解剖是一把钥匙"的方法论，

---

① 王朝闻总主编：《中国美术史·清代卷（上）》，齐鲁书社、明天出版社，2000年，第10—11页。

即"低等动物身上表露的高等动物的征兆，反而只有在高等动物本身已被认识之后才能理解"[①]。正是基于这一认识，马克思研究商品，不是从有商品交换的古希腊开始，而是从商品经济走向成熟形态的资本主义社会开始，所以说"资本主义经济为古代经济等等"提供了钥匙。借鉴马克思这一理论，作为封建典制最为成熟的明清时期，故宫这些宫廷文物及遗存所具有的集大成性特点对于研究封建典制的演变过程是有重要意义的。

第五节　故宫学的实践意义

建构故宫学，总的目的是不断推进故宫的综合研究，努力挖掘故宫文化的深邃内涵。为什么要不断研究、发掘故宫的价值？这是故宫特殊身份所决定的，也是时代的要求。故宫过去是皇宫，皇宫变为博物院具有特殊意义，起着塑造民族国家群体身份的作用。皇室珍藏曾具有政治意义，与王朝统治的合法性、继承性有关，这些珍藏在抗战期间避寇南迁，与中华民族同命运，成为民族文化命脉的象征。故宫又是世界文化遗产，成为海内外了解中华历史文化的一个窗口。另外，随着中国40多年来的改革开放，经济建设高速发展，人们更重视文化的自尊与自信，倡导文化的复兴，寻求本民族发展的精神支柱。故宫作为传统文化重要载体，自然成为关注的对象，人们对故宫寄予新的期望，因此对故宫的意义与价值也需要充分的、新的阐释，以发挥故宫在传承中华优秀传统文化、建设中华民族共有精神家园、扩大中华文明影响力与进行文明对话等方面的独特作用。

故宫学的提出与发展，有如下5方面实践价值：

其一，有利于文物保护观念的转变。过去由于传统的"古董""古

---

① 《马克思恩格斯选集》第2卷，人民出版社，1972年，第108页。

玩"等观念影响,在故宫文物认识上有很大局限性。故宫学的提出,有利于提升故宫保护的理念,拓展对文物的认识,促进对故宫遗产全面、完整的保护。现在从故宫学视野来看,凡是反映宫廷历史文化的遗迹、遗物,都有价值,都是故宫遗产的一个部分。从大文物的观念出发,不仅要加强物质文化遗产的保护,还要重视非物质文化遗产的保护。

其二,有利于故宫学学理性的拓展。故宫学的提出是故宫研究不断深入的结果,是按其自身逻辑发展的产物。故宫学体现了对于学理发展的人性化要求,体现了科学与人文、纯粹理性与实践理性相统一的趋势。它甚至把故宫所固有的特征都体现在现代意识的叙事中。因此有利于学理性的拓展,即故宫知识性认识向学理性认知的深入。同时故宫学将促进故宫社会角色的演进,提升故宫在创新能力日益成为最为关键的社会中的学术地位。

其三,有利于国内外研究力量的广泛参与。故宫学是个综合性学科。学术为天下公器。故宫学研究不只是故宫博物院以及有故宫藏品的机构与个人的事,而是学界的共同事业,需要海内外多种专业机构与研究人员的参与。只有海内外研究力量广泛参与、交流合作、取长补短,才能进一步激发学术研究的活力,取得更大的成果,也才能使故宫学真正发展成一门国际性的显学。因此,故宫学是推进故宫学术交流、科研互助、资源共享的有力举措。

其四,有利于加强清宫流散文物的研究。由于历史的原因,从近代以来,清宫中的不少书画、陶瓷、青铜器、典籍、档案等流散到海内外一些机构或个人手中。清宫文物在海内外的大量散佚,客观上也为更多的机构与个人参与故宫学研究提供了条件。故宫学倡导"故宫在北京,故宫学在中国、在世界"的理念,认为流散在世界各地的清宫旧藏有着内在的联系,它们的文化精神是故宫学的一部分,故宫学是其学术上的归宿。只有在故宫学的视野中看待这些似乎互不相干的一件件孤立的文物,它们才有了生命,有了灵气。特别是近几年来两岸故宫博物院打破60年的隔绝状态而有了良好的交流合作,其深层动力就是两岸故宫静物院文物的不可分割的内在联系。而海内外的广泛参与，把故宫的文物包括流散于世界各地的文物作为一个整体来研究，与故宫古建筑联系起来研究，将会进一步挖掘故宫的丰富内涵，认识故宫的完整价值。

其五，有利于故宫知识的普及。故宫是中华传统文化的重要象征，不是简单的旅游胜地。要让每一个普通游客的故宫之旅成为一次难忘的文化朝圣，要使游客从一般"游览"的心态转为对优秀传统文化的景仰，在很大程度上有赖于故宫知识的普及，需要给游客一个有关故宫的总体知识。故宫学研究的深入，有利于对社会公众普及故宫知识并提高其对故宫的整体认识水平。

第四章

故宫学的实践探索

第一节　故宫学的理论研究

一、故宫学的学理探索

2004 年 4 月 10 日，在中国紫禁城学会举办的"紫禁城文化系列讲座"第十期上，笔者做了题为《紫禁城与故宫学》[①]的演讲，首次对故宫学的研究范围进行了梳理和分析，将故宫学研究范围基本框定在故宫古建筑（紫禁城）、院藏百万件文物、宫廷历史文化遗存、明清档案、清宫典籍以及故宫博物院史 6 个方面，并把紫禁城研究列为故宫学研究的核心。2004 年 7 月，笔者在《故宫学刊》创刊号上发表《故宫学述略》[②]，这是笔者对于故宫学的学术定义以及故宫学学科架构的总结与思考，进一步明确界定了故宫古建筑、院藏百万件文物、宫廷历史文化遗存、明清档案、清宫典籍以及故宫博物院史这 6 个研究领域的层次及其关联，并梳理概括了故宫博物院 80 年的学术史以及故宫博物院在故宫学研究中的责任和举措。可以说，《故宫学述略》既是笔者对于故宫学学术基础及学科体系架构的理论探索的一种概括，也是对于故宫博物院事业发展的实践经验的一个总结。

---

① 载《故宫博物院院刊》2004 年第 5 期。

② 载《故宫学刊》2004 年第 1 辑。

　　2005—2008 年，笔者又陆续发表《清史研究与故宫学》^①《故宫·故宫文化与故宫学》^②《故宫藏传佛教研究的回顾与前瞻》^③《故宫的价值与地位》^④ 等文章，对故宫学的意义和价值进行深入思考和探索。其中《故宫的价值与地位》明确提出故宫学是故宫价值认识的深化，以文化整体观看待故宫的建筑群、文物藏品和宫廷历史遗存，这不仅有助于更全面地看待故宫的价值，也有助于更深入地推进两岸故宫博物院的交流与合作，为流散于海外的清宫旧藏找到了一个学术归宿。^⑤《天府永藏——两岸故宫博物院文物藏品概述》^⑥ 全面论述了故宫文物的渊源及变化过程，首次将两岸故宫博物院的文物藏品分类并列介绍。

　　2009—2014 年，笔者围绕故宫学与海内外高校、科研院所以及博物馆进行交流和探讨，《故宫·故宫博物院·故宫学》^⑦《故宫学与北京故宫博物院》^⑧《故宫学与新国学思潮》^⑨《故宫的宝藏与学问》^⑩《多维视域中的故宫学——范畴、理念与方法》^⑪ 等皆是这一时期发表

---

　　① 载《故宫博物院 80 华诞暨国际清史学术研讨会论文集》，紫禁城出版社，2006 年。

　　② 2006 年 12 月 14 日在香港"学艺兼修·汉学大师——饶宗颐教授九十华诞国际学术研讨会"上的演讲，载《故宫学刊》2006 年第 4 辑。

　　③ 2006 年 10 月 24 日在"汉藏佛教美术研究：第三届西藏考古与艺术国际学术讨论会"上的演讲，载《故宫博物院院刊》2007 年第 5 期，《新华文摘》2008 年第 1 期转载。

　　④ 载《光明日报》2008 年 4 月 24 日"光明讲坛"第 7 期。

　　⑤ 上述论文于 2009 年 2 月结集成《故宫与故宫学》一书，由紫禁城出版社发行。同年 10 月，该书由中国台湾远流出版公司发行繁体字版。

　　⑥《天府永藏——两岸故宫博物院文物藏品概述》，紫禁城出版社，2008 年。该书获 2008 年度"全国文化遗产十佳图书"称号。2009 年 3 月，该书由中国台湾艺术家出版社出版繁体字版。

　　⑦ 2009 年 10 月 9 日在中国台湾政治大学舜文大讲堂的演讲，载《故宫学刊》2009 年第 5 辑。

　　⑧ 2010 年 12 月 6 日在中国台湾清华大学的演讲。

　　⑨ 2011 年 10 月在中国社会科学院研究生院的演讲，载《笃学大讲堂》第 1 辑，社科文献出版社，2013 年。

　　⑩ 2012 年 11 月 26 日在深圳大学的演讲。

　　⑪ 2014 年 6 月 10 日在故宫博物院故宫学术专题系列讲座的第 7 讲，载《华中师范大学学报》2014 年第 5 期，《新华文摘》2014 年第 23 期转载。

的学术讲演主题文章。其中《多维视域中的故宫学——范畴、理念与方法》通过对大文物、大故宫、大传统和大学科 4 个关键概念的界定，概括了故宫学的范畴体系，阐述了故宫学的研究内涵，进而明确了故宫学的学术理念是将故宫作为一个文化整体来研究；指出故宫学不仅是一门学科、一种学问，而且是认识故宫价值的一把钥匙，是指导故宫保护与博物院发展的一个理念。只有从多维视域去考察，才能认识故宫学所具有的多方面的意义与作用。其间，笔者还陆续完成了《故宫学纲要》①《谈谈故宫的学术要素》② 等论文，重申了故宫学的学术概念、研究对象和范围，阐述了故宫学提出的基础、机遇及其学术发展的目的和意义。

作为故宫学的重要组成部分，故宫博物院的研究一直是笔者的另一个重点。2005 年至今，《厥功甚伟 其德永馨——纪念马衡先生逝世 50 周年》③《故宫博物院 80 年》④《故宫文物南迁及其意义》⑤《故宫博物院与辛亥革命》⑥《"完整故宫"保护的理念与实践》⑦《钢和泰与故宫博物院》⑧ 等文章陆续发表，对故宫博物院发展历程中的重大事件、关键问题以及重要人物展开研究，回顾总结了一代又一代故宫人在管理制度、古建修缮、文物保护、开放参观、学术研究等方面所积累的经验和智慧，也进一步阐释了故宫博物院与中国现代化进程的联系与契合。

多年来对故宫学的探索，笔者积累了一些研究体会，并通过媒体

---

① 载《故宫博物院院刊》2010 年第 6 期。

② 在 2012 年第一届故宫学高校教师讲习班上的演讲，刊于《辽宁大学学报》2016 年第 5 期。

③ 载《故宫博物院院刊》2005 年第 2 期，《新华文摘》2005 年第 14 期转载。

④ 载《故宫博物院院刊》2005 年第 6 期，《新华文摘》2006 年第 5 期转载。

⑤ 载《华中师范大学学报》2010 年第 5 期，《新华文摘》2010 年第 22 期转载。

⑥ 载《故宫博物院院刊》2011 年第 5 期。

⑦ 载《故宫博物院院刊》2012 年第 5 期。

⑧ 载《中国文化》2015 年春季号，第 41 期。

访谈、学术讲演和散文笔记等方式加以表达。例如《故宫学：从自发到自觉》①对于故宫学发展阶段的梳理和总结，《故宫在北京，故宫学在世界》②对于故宫学的学术视野和学术追求的阐释，《故宫学：故宫研究的新阶段》③对于现阶段故宫学研究重点的认识，以及《古老的故宫　年轻的故宫学》④《以学术研究推动故宫发展　以开放理念完善公众服务》⑤等。这些文章大多短小，但却是笔者多年研究历程的记录，可提供一定的借鉴。⑥此外，《故宫纪事》《故宫识珍》二书⑦，也有不少属于故宫学的内容。

在笔者提出故宫学的10年中，故宫博物院召开过4次关于故宫学的座谈会和研讨会。这对于提高故宫学的认识、推动故宫学研究稳步深入地发展起了十分重要的作用。

第一次是2005年6月故宫博物院组织召开的"故宫·故宫学·故宫的保护研究与文化传承"学术座谈会。受邀出席的徐苹芳、李学勤、苏东海等考古学、历史学、博物馆学、建筑学等专家学者就"如何发展故宫博物院的学术研究""故宫学是学术研究还是学科建设""故宫博物院的学术研究与故宫遗产的保护管理及文化遗产的传承弘扬具有什么关系"等问题展开了讨论。经讨论形成比较一致的看法是：故宫学的提出有历史的基础和现实的需要；故宫本身是中国传统文化的结晶，是一个文化整体，故宫学的提出可以更好地开发故宫的价值，使故宫更好地为社会所认识；故宫学的核心和灵魂应该是古代中国宫

---

① 载《人民日报》2005年2月25日，《新华文摘》2005年第17期转载。
② 载《中华读书报》2005年8月17日。
③ 载《学术界》2009年第1期。
④ 载《中国社会科学报》2010年2月11日。
⑤ 载《东南文化》2010年第4期。
⑥ 这类文章主要收入《守望经典——郑欣淼谈故宫》（紫禁城出版社，2008年）及《故宫答问——郑欣淼访谈录》（故宫出版社，2014年）二书。
⑦ 《故宫纪事》，故宫出版社，2013年；《故宫识珍》，故宫出版社，2014年，该书获2014年度"全国文化遗产十佳图书"称号。

廷文化和帝王文化。座谈会上，也有学者对故宫学的必要性与可能性提出不同看法。① 这次座谈会距离故宫学提出不到两年，对于故宫学以后的发展起了重要的指导作用。

第二次是 2010 年 4 月故宫博物院组织召开的"故宫学研究现状与未来发展座谈会"。受邀出席的有中国国家博物馆、敦煌研究院、沈阳故宫博物院、南京博物院等文博单位的专家，以及海内外高等院校的学者。会议重点围绕故宫学的学科特征、研究内容及方法等展开深入探讨。关于故宫学的学科特征，朱诚如认为故宫学的特点是唯一性和特殊性，唯一性就是以皇帝为核心进行研究，特殊性在于明清宫廷史与同时期的建筑、器物、文献、档案、书画、宗教、民俗、科技等物质互为表里，互相印证。葛承雍认为故宫学是一门与时俱进的学问，应当扩展学术视野，容纳丰富内涵，承续多元文化，体现时代特征。关于故宫学的内容与范围，曹兵武指出，故宫学的研究内容大致可以分为 3 个层次：一是故宫本体研究，即以明清故宫为载体的关于宫廷建筑、宫廷文物及其所体现的宫廷史和帝王文化的研究；二是关于皇家文化、帝王文化与中国传统文化内在关系的研究；三是关于故宫现象及对故宫作为文化遗产的认识与探索。关于故宫学的研究方法，毛佩琦认为应注重对宫室、文物和文献的整体研究，还应突出故宫学在论据方面的多重性以及学术架构的立体性。余辉则强调对故宫学理论的实践总结，他指出，故宫学派是一个客观存在，已在相关领域产生深远影响。关于故宫学的建设和发展问题，阎崇年建议成立故宫研究院或故宫学研究院，为故宫学的发展建设一个学术基地，创造一个交流平台，培养一支学术队伍。② 此次座谈会就故宫学的诸多理论问题展开研究和讨论，并形成了一些有价值的意见和建议，对于故宫学的

---

① 参阅《故宫·故宫学·故宫的保护研究与文化传承》，《中国文物报》2005 年 7 月 1 日。
② 参阅张露整理：《"故宫学研究现状与未来发展座谈会"纪要》，《故宫博物院院刊》2010 年第 3 期。

理论研究和学科建设起到了重大的推动作用。

第三次是 2011 年 11 月故宫博物院故宫学研究所主办的"故宫学的范畴、体系与方法"学术研讨会。来自国内外 40 余家高等院校和文博机构的 90 余位专家学者提供了 71 篇论文,为故宫学的学科体系建设建言献策。与会学者对"故宫学的学科体系"中的学科界定、体系构建、研究主体、学科载体等具体问题展开了充分的探讨,并一致认为"故宫学"对于打破学科界限、推动跨学科研究具有学术价值和现实意义。关于"故宫学研究范畴",与会学者则从文学、历史学、考古学、文物学、文化学等视野论证故宫学与相关学科之间的联系,并对可以开展交叉研究的方向和领域提出具体建议;关于"故宫学研究方法",与会学者在个案研究的基础上,从目录学、藏书学、史料学、文献学、档案学、考古学以及文化记号学等视角加以讨论,呈现出多元化面向,且涉及方法论的探讨。此次研讨会专门就故宫学的学科建设问题展开研讨,与会学者提供的独到见解和具体建议对故宫学的学科体系架构具有重要参考价值。[①]

第四次是 2013 年 10 月故宫博物院故宫学研究所承办的"故宫学十年"学术研讨会。来自中国大陆及香港、台湾地区与法国、加拿大、日本等国家的专家学者共 100 余名代表参会,围绕故宫学原理、故宫建筑学、故宫文献学、故宫历史学、故宫文物学、故宫博物馆学等开展学术交流,共同关注故宫学研究 10 年的发展历程,挖掘故宫学在发展中承载的学术意义,以彰显故宫学价值,推进故宫学研究的深入开展。这次会议的论文质量普遍较高,主题多且主线明确,有很多新的材料、新的思路、新的观点与新的研究方法,体现了故宫学研究内涵的丰富性,也反映出故宫学整个学科建设、队伍建设、机制建设、结构布局以及理念定位的新发展。学者们认为,故宫的特点决定了故宫学的理论性和实践性的结合。故宫学下一步的发展,应包括学术资源的发掘,

---

① 参阅故宫博物院故宫学研究所编:《故宫学的范畴体系与方法——学术研讨会论文集》,内部资料。

文献档案的整理，学术平台的建设，学术视野的扩展等方面。此次会议，对于推动故宫学的深入发展，加强故宫博物院与国内外高校及科研机构的学术交流与合作，提高文物保护的理念与水平都具有里程碑式的意义。① 近年来，故宫博物院在以故宫学为主体的科研项目的规划设置方面进行了积极的探索和实践，并取得了重要成果。自 1999 年起，故宫博物院开始建立科研项目机制。截至 2014 年，院级课题立项达 313 个。项目研究内容多涉及历代文物、明清宫廷历史、古籍整理、档案研究、文物保护、工艺技术、古建筑保护及博物馆管理等学科领域，绝大多数属于故宫学研究范畴。

自 2005 年以来，故宫博物院十分重视国家级和省部级课题项目的申报工作。截至 2014 年，省部级以上课题立项达 25 项，包括文物文献整理研究方向的《故宫博物院图书馆藏清史图像整理》《故宫博物院藏清宫陈设档案》，院史研究方向的《博物馆与认同之建构——以民国时期故宫博物院为中心》《民国时期故宫博物院院史研究》以及文物保护研究方向的《清代官式建筑琉璃仿制品标准》《文物建筑维修保护材料标准》等。在《2013 年度国家社会科学基金项目课题指南》中，"故宫史与故宫学研究"被列入课题申报的研究方向。

二、故宫学的成果整理

近年来，故宫博物院重视学术成果的整理出版，并以文物藏品、档案文献、学术成果等为基础，有计划地组织编写出版大型的资料丛书或工具书，为海内外故宫学研究提供方便。已出版或正在陆续编写的图书主要有以下几种：

《故宫博物院藏品大系》《故宫博物院藏品总目》

这两部书既是故宫博物院的基本建设项目，也是故宫学研究的重

---

① 参阅周乾编:《"故宫学十年"学术研讨会纪要》，《故宫博物院院刊》2014 年第 2 期。

要基础。《故宫博物院藏品大系》（以下简称《大系》）从故宫博物院 180 万件藏品中精选最具典型和代表性的文物 15 万件左右，按照陶瓷、绘画、法书、碑帖、青铜器、玉、珍宝、漆器、珐琅器、雕塑、铭刻、家具、古籍善本、文房用具、帝后玺册、钟表仪器、武备仪仗、宗教文物等，分为 26 编，总规模预计 500 卷左右，是一项浩大的出版工程，被誉为"纸上故宫"。至 2016 年，《大系》的《雕塑编》9 卷、《玉石编》10 卷、《珐琅器编》5 卷、《善本特藏编》20 卷已出版，另出了《绘画编》13 卷、《书法编》20 卷、《陶瓷编》7 卷。2013 年 1 月，故宫博物院通过网站首次向社会公布第一期《故宫博物院藏品总目》（以下简称《总目》）简目，内容包括藏品编号、名称、时代等，范围涵盖了故宫博物院一、二、三级文物，以及一般文物和陶瓷标本，共 18 大类 66 万件。至 2016 年 1 月，网上公布全部文物。《总目》待条件成熟时将正式出版。《大系》和《总目》的编撰出版和公布为公众更好地了解故宫，满足人们观赏、研究故宫博物院藏品的需要提供便利，也有利于故宫博物院接受社会各界的监督。

《故宫博物院藏文物精品集》（10 卷英文版）

本书是在《故宫博物院藏文物珍品全集》（60 卷）的基础上，根据国外社会公众和学术界需求选编的 10 卷本大型图集，分为书法、绘画、陶瓷、玉器、青铜、家具、织绣、珍宝 8 个门类，收录珍贵文物图片近 3000 幅，20 万文字（汉字）则凝聚了故宫 3 代专家学者的鉴定与研究成果，是故宫博物院首套大型英文版的文物图集，也是国内第一次推出的大型英文版文物图集。全书 2015 年由商务印书馆香港有限公司译成英文版出版并向全球发行。

《明清宫廷建筑大事史料长编》《故宫博物院藏清代样式雷图档》《故宫古建筑保护工程实录》等古建筑类图书

《明清宫廷建筑大事史料长编》是由故宫博物院和中国紫禁城学会

共同编纂的大型工具书。以编年体将有关明清宫殿、坛庙、陵寝、园囿、行宫等皇家建筑的营造、修缮、使用等文献记载汇编成册。总计收录明清宫廷建筑史料 4.19 万条，约计 2000 万字。并相应编制出部分史料长编的《编年目录》《分类目录》《关键词索引》，以便读者从不同的角度检索文献史料。《明代宫廷建筑大事史料长编》，已出版洪武、建文朝卷，永乐、洪熙、宣德朝卷已交出版社，正统、景泰、天顺三朝也已编讫。《清代宫廷建筑大事史料长编》顺治、康熙两朝已编完。要把本院收藏的 4000 余幅（件）清代"样式雷"图档（包括烫样）整理出版，任务十分艰巨。《故宫博物院藏清代样式雷图档》现已完成全部扫描工作。《故宫古建筑保护工程实录》，已出版武英殿、钦安殿维修报告。

《故宫博物院学术文库》

故宫博物院有着良好的学术传统、丰厚的学术积淀，为更好地推进本院的学术研究水平，展示故宫学者的研究成果，2001 年决定编辑出版《故宫博物院学术文库》。现已出版了 14 位专家学者的文集：《中国宫殿建筑论文集》（于倬云著，2002 年）、《中国古代艺术文物论丛》（杨伯达著，2002 年）、《古书画史论集》（单国强著，2002 年）、《管窥集——明清史散论》（朱诚如著，2002 年）、《吉金文字与青铜文化论集》（杜廼松著，2003 年）、《中国考古学——走向与推进文明的过程》（张忠培著，2004 年）、《中国博物馆史论》（吕济民著，2004 年）、《古书画史论鉴定文集》（肖燕翼著，2005 年）、《中国织绣服饰论集》（陈娟娟著，2005 年）、《梓业集》（王璞子著，2007 年）、《金文论集》（刘雨著，2008 年）、《融合——清廷文化的发展轨迹》（刘潞著，2009 年）、《蠡测偶录集——古琴研究及其他》（郑珉中著，2010 年）、《汉唐历史与出土文献》（王素著，2011 年）。

"故宫专家学术全集"系列丛书

故宫博物院有一批海内外享有盛誉的学术大家。为了学术上的薪火相传，从 2005 年以来，院里对一些学术大家的成果进行全面整理，予以出版，其中收集了许多未曾公开发表的论著，有的则带有抢救性质。目前已出与正在出版的有徐邦达、单士元、罗福颐与唐兰 4 位先生的全集。

《徐邦达集》

徐邦达先生是享誉海内外的中国古书画鉴定大家和著名诗人、书画家，是中国艺术史界"鉴定学派"的一代宗师。《徐邦达集》2005 年开始由紫禁城出版社陆续出版，共计 16 卷 600 万字，其中新增从未出版过《古书画过眼要录》之绘画部分、元明清书法部分及《古书画伪讹考辨》增补部分等。

《单士元集》

单士元先生是中国古代建筑史研究，特别是紫禁城宫殿建筑历史研究的开创者之一，是清代历史档案研究的开拓者之一，也是明清历史研究领域中卓有贡献的著名学者。《单士元集》于 2009 年和 2010 年陆续出版 4 卷共 12 册，分别是第一卷《明北京宫苑图考》、第二卷《明代建筑大事年表》（与王璧文先生合作）、第三卷《清代建筑年表》和第四卷《史论丛编卷》，其中第一卷和第三卷是单先生的未刊著作，经多年整理，予以刊布。

《罗福颐集》

罗福颐先生是我国著名的古文字学家和金石学家，早年协助罗振玉先生从事殷墟甲骨的收集刊布、清内阁大库档案的整理编目、金石目录的校订、敦煌文献、西域汉简、少数民族古文字及古印章的研究与文字编纂，受到王国维先生的称许。先生长于古文献与文物的综合研究，1957 年调入故宫博物院工作，曾对故宫很多种类的文物进行过整理鉴定，著述甚丰。《罗福颐集》由罗福颐先生哲嗣罗随祖先生编订，已从 2010 年开始由故宫出版社陆续出版，计 20 卷 600 万字。

《唐兰全集》

唐兰先生是著名文字学家、历史学家、青铜器专家。他终生从事教学及学术研究，论著颇丰，在金文、甲骨文等古文字学、音韵学、训诂学、古代史学等诸多领域都有很深造诣，是中国文字学理论的奠基人。故宫博物院 2006 年决定出版唐兰先生的全部著作，经过 8 年努力，12 册的《唐兰全集》已于 2015 年由上海古籍出版社出版。全书 400 余万字，包括未刊遗稿 60 余篇约 100 万字。

除了上述专家学者学术成果的整理出版外，最近几年故宫博物院研究室专门为返聘留院的老专家配助手，协助整理口述历史，总结治学之道。其中《郑珉中回忆录》已完成初稿，《耿宝昌自述》正在进行，《朱家溍年谱》已列入院级科研项目。

"紫禁书系"

这是故宫学研究的重要成果系列。该系列以学术专题专论为特点，偏重于为中青年业务人员搭建一个学术平台。2004 年首次推出该系列的第一辑，共 5 种 6 本，如朱家溍《明清室内陈设》、杨之水《古诗文名物新证》（一、二）、施安昌《火坛与祭祀鸟神》、宗凤英《清代宫廷服饰》、王光尧《中国古代官窑制度》等，至今已出到第八辑，共 40 本。

"故宫学视野丛书"

该丛书旨在展示故宫学研究的新成果，总结学术历程与经典，关注研究薄弱与空白。这是一套开放性的丛书，作者既包括院内学者，也吸纳院外甚至港台、国外的学者。2017 年陆续出版的第一批 8 种书中，有笔者的《故宫学概论》、李文儒《故宫学释义——兼论以故宫学为核心的学术振兴》、王素《故宫学学科建设初探》、章宏伟《故宫学的视野》、武斌《故宫学与沈阳故宫》、魏奕雄《故宫文物南迁记事》以及春花主编《清代皇帝御赐满文匾额研究》、周乾《紫禁城古建筑：构造与力学》。现简介以下 4 种：

《故宫学释义——兼论以故宫学为核心的学术振兴》

本书由上、下编组成。上编重在阐释故宫学的理论价值。资源的丰富性决定了故宫学含义的丰富，使故宫学具有了鲜明的综合、交叉、跨学科的学术特征。本书从故宫学的历史学含义、文化遗产学含义、考古学含义、艺术学含义、博物馆学含义、研究方法论含义等阐释故宫学的学理意义等。下编重在论证故宫学的实践价值、实践意义。

《故宫学学科建设初探》

本书主要从学科建设必须具有前瞻性亦即可持续发展性出发，从两岸故宫博物院（包括沈阳故宫博物院）的实际情况出发，根据学科建设越来越细化的时代要求，在"故宫学"下分设了历史学、考古学、文物学、文献学、宗教学、出版学、民族学、医药学、图书馆学、博物馆学、古建筑学、文保科学 12 个子学科，划定其内涵与外延，并举例进行解说。最后还附录了摄影学、旅游学 2 个子学科，进行必要概述，以备条件成熟时增补。

《故宫学的视野》

本书既有对故宫学理论的整体思考，又有对故宫学范畴内具体个案的实证研究，涉及绘画、大藏经、清宫刻书、清宫演戏、龙的艺术演变以及故宫博物院史，体现了故宫学综合、交叉、跨学科的特点；作者坚持使用第一手资料，注重文物与文献结合，多重论证，在故宫学整体性思维下展开研究，多有新见。

《故宫学与沈阳故宫》

本书分为 3 个部分。第一部分是对故宫学一般理论的思考，主要涉及故宫学的方法论问题，包括故宫学的现代学术背景、整体性思维的特点、故宫学的学术价值和实践价值等问题，以及对沈阳故宫为什么可以纳入故宫学研究领域的说明。第二部分是在故宫学的学术视野下对沈阳故宫相关问题的一些研究和思考，包括沈阳故宫的价值、沈阳故宫的营建史、沈阳故宫与沈阳城市发展的关系以及沈阳故宫博物院院史等。第三部分主要论述近些年来沈阳故宫博物院在故宫学指导下的实践，即如何在世界遗产的水平上保护、建设和发展，涉及近年来沈阳故宫在文物保护、学术研究、对外文化交流等方面的实际工作。

此外，约 90 万字的《故宫志》已于 2005 年 10 月由北京出版社出版。

该书记述了从故宫的发端到本志的下限 2000 年，时间跨度为 580 年的故宫及故宫博物院的历史等。志书参照大量历史文献，凡宫殿营建、使用、维修及有关人物、官署，作为文化积淀的典制、文物收藏，以及转为博物院的建制沿革、重大事件等均予著录。《故宫博物院学术成果总目（1925 年 10 月至 2010 年 6 月）》也于 2010 年 9 月由紫禁城出版社正式出版。本书是检索故宫博物院人员所著研究文献的专题性工具书，收录了 1925 年 10 月至 2010 年 6 月间故宫博物院相关人员（包括民国时期全职和兼职人员、中华人民共和国成立后人事处登记在册人员，及以故宫博物院或其下属机构为著者）在故宫博物院任职期间出版和发表的学术论著、论文。全面搜集海内外发表的所有有关故宫学的论文和著作，条目约 11000 余个的《故宫研究论著索引（1914—2005 年）》，正在编校之中。

第二节　故宫学的学科平台

一、故宫学研究机构的设置

（一）故宫博物院故宫研究院

故宫研究院成立于 2013 年 10 月 23 日，是故宫博物院设立的学术研究与交流的非建制机构。故宫研究院以创建"学术故宫"为宗旨、以服务"平安故宫"为指针，引领学术发展，制定科研规划，考评学术成果，实现故宫学术研究、人才培养、学术出版和对外交流等事业的可持续发展；以"科研课题项目制"为基点，创新管理模式，努力发展成为国家级重大科研课题项目学术基地和故宫学研究的中心。截至 2015 年 7 月，故宫研究院下设 1 室 14 所，即研究室及故宫学研究所、考古研究所、古文献研究所、明清宫廷历史档案研究所、古建筑研究所、宫廷戏曲研究所、明清宫廷制作技艺研究所、文博法治研究所、书画研究所、陶瓷研究所、藏传佛教文物研究所、中外文化交流研究所、中国画法研究所、宫廷园艺研究所，在故宫博物院初步形成覆盖全面、专业突出和梯次完备的学术团队。其中研究室、故宫学研究所为建制单位，其他 13 个研究所都是非建制单位。

故宫研究院成立以来，以其开放的学术胸襟、创新的机制接纳国内外学术界热心于故宫学术研究的人才，且与院内的专家学者共同构建高端学术研究平台，已取得了一系列研究成果。①

1. 研究室

以辅助专家著书立说为工作核心，提供资讯、资料查询等学术服务；管理故宫博物院博士后科研工作站日常工作，协调非建制机构的业务联系；编辑出版《故宫博物院院刊》《故宫学刊》《明清论丛》，举办高端学术活动，加强对外学术交流。

故宫博物院博士后科研工作站作为首批文博系统博士后工作站之一，使故宫跻身高端学术人才培养基地的行列。目前在站博士后人员 17 名，研究专业方向涵盖了考古、古建筑研究、文献整理、宫廷史、工艺史、文保科技、古代书画鉴藏史研究、古窑址调查、宫廷戏曲研究等方面。2015 年 6 月，全国博士后管理委员会批复，同意故宫博物院提前一年半独立招聘博士后研究人员，博士后管理与发展从此迈上新台阶。

2. 故宫学研究所

规划故宫学学科建设，构建故宫学学科体系；筹划、组织实施故宫学研究项目，不断推出故宫学研究成果；组织各种形式的学术活动，以专题研讨会的形式，探讨故宫学的重要问题；联络院内外、国内外学术团体、研究机构以及从事故宫学研究的专家学者，开展学术交流与合作。故宫学研究所成立于 2010 年 9 月，2013 年故宫研究院成立后，该所划归研究院管理。

---

① 单霁翔、郑欣淼：《新观念、新机制、新举措——创新与发展中的故宫研究院》（载《中国文物报》2015 年 12 月 15 日）一文，从"持续故宫学术传统、契合当今时代发展""创新机制、激活热情""完善学术布局、提供科研保障""吸纳各方人才、培育特色成果"等 4 方面，介绍了故宫研究院的学术创新与初步成果。

故宫学理论是本所研究工作的重点，故宫学理论化和学科化是当前的两个工作方向。通过举办各类专题学术研讨会以及高校教师讲习班，稳步推进故宫学理论探索，组织撰写"故宫学视野丛书"，《故宫学研究通讯》已编辑了《故宫学研究所五年》《故宫学研究报告》《乾隆皇帝的艺术品位》《燕行使进紫禁城》等多个专题，也将相继出版；通过与高校合作，加强故宫学学科体系建设。故宫博物院史也是故宫学研究所的重要研究领域。

3. 考古研究所

以皇家遗存考古、古陶瓷窑址考古及院藏文物研究为基础，在中国古代文明形成、发展与特点的宏观课题下，致力于与考古相关的古陶瓷、青铜器、玉器、建筑、宗教、美术文物等的研究。充分利用院内多部门多学科协作、与海内外诸多学术机构交流合作的平台优势，探索与高校协同培养人才的途径，不断扩充专业考古后备力量，形成具有故宫特色的考古队伍。2014 年 6 月至 2015 年 11 月，考古研究所配合院内施工建设相继对南三所、南大库、宝蕴楼、大高玄殿等古建筑遗址进行了考古勘探及发掘，发现了重要的遗迹现象，并出土了大量的瓷器、玉器、玉石料及宗教用器等，初步揭示了元明清三代紫禁城宫殿建筑群的发展、演进序列，建筑结构、工艺及皇家御用器具的特点及制度等，为重构紫禁城建筑历史、制度渊源等提供了不可替代的第一手资料。慈宁花园东院遗址考古还开创了院内边发掘边展示的考古工作新模式。

故宫研究院考古研究所具备团体领队资质，国内与江西省文物考古研究所、四川省考古研究院、景德镇市陶瓷考古研究所等，国外与印度喀拉拉邦政府、德国考古研究院等联合开展考古项目，显示了故宫考古的学术实力。

4. 古文献研究所

专门从事各类出土文献的整理与研究，包括故宫收藏的甲骨、金文、石刻碑帖、敦煌吐鲁番等文物文献的整理与研究，以及国内外文博科研单位收藏的甲骨、金文、简牍、新出土墓志、敦煌吐鲁番等文物文献的合作整理与研究。以"做项目,促科研"为建所基础,以"走出去,请进来"为发展方向,以项目培养人才,以项目吸纳人才,以项目引领学术新潮流。2012年,故宫博物院主持的"新中国出土墓志整理与研究"第二期工程,成功申报并获批列入国家社科基金重大项目,计划在10年内,继续整理出版墓志类图书10卷20册。2014年,以单霁翔院长为首席专家,由古文献研究所联合院内多个业务部门投标的国家社科基金重大项目"故宫博物院藏殷墟甲骨文整理与研究",正式获批立项。计划在8至10年内,整理出版《故宫博物院藏殷墟甲骨文》60卷。1996年出土的长沙走马楼三国吴简,共计划整理出版图书11卷32册。古文献研究所与长沙简牍博物馆合作,负责整理长沙走马楼三国吴简最后的4卷12册。

5. 明清宫廷历史档案研究所

集中院内外学术力量,致力于明清宫廷图像、图书档案及手稿的收集、整理与研究,为研究清宫历史提供第一手资料,为宫殿原状陈列提供学术服务。该所所长及专家参与新编《清史》纂修工程,为该工程五大部类之一《清史·图录》的主体项目专家。由该所所长主持,沈阳故宫、辽宁社科院、吉林社科院等学者参与撰稿的《清前期全史》5卷本已经交付出版。研究所专注于与故宫学术领域相关的明清宫廷的学术研究,定期组织召开明清宫廷史学术研讨会,展开明清宫廷史的历史沿革性研究,积极吸纳故宫青年学者,并推进国内外学术交流活动。

6. 古建筑研究所

主要从事中国宫廷建筑及其环境的历史、艺术、古代营造技艺的研究与保护传承,其核心任务是以故宫古建筑为研究、保护的对象,包括故宫每一组和每一座古建筑的现状实测和科学数据的记录、整理发布;历史营造活动的文献与档案的整理、发布;故宫古建筑各类材料和各工种(作)工艺的发掘、认知、记录;故宫古建筑保护工程的总结和撰写实录。该所在继续进行《明代宫廷建筑大事史料长编》《清代宫廷建筑大事史料长编》编纂工作的同时，计划整合前人研究成果，在更高的层次上进行探索，构建一部完整、全面、系统的故宫建筑专史。古建所十分重视古建筑精细实测及研究，制订计划，逐年安排技术力量，包括与大专院校的建筑史学科进行合作，常年开展故宫古建筑的实测工作，测量一处，研究一处，向社会发布一处。目前，已经开展的精细测绘项目是大高玄殿项目和景福宫项目（与天津大学合作）、灵沼轩项目和梵宗楼项目（与北京大学合作）、文华殿碑亭项目（与东南大学合作）、雨花阁东西配楼项目（与北京工业大学合作）等。

7. 宫廷戏曲研究所

以调查、征集、整理、保护和研究宫廷戏曲文物、文献为基础，开展对明清宫廷戏曲的研究，加强对优秀传统宫廷戏曲文化的出版和传播。争取在中国戏曲史论界发出故宫人的声音，形成具有故宫特色的研究队伍。2014 年 10 月，故宫研究院宫廷戏曲研究所与中国人民大学国剧研究中心、北京外国语大学艺术研究院签署三方合作研究框架协议，共同推进对宫廷戏曲文物、文献的调查、征集、整理和研究，开展对优秀传统宫廷戏本的创新性转化和对外传播，合作培养年轻研究人才。"让戏曲文物发出声"是该所的重要目标之一。拟运用当代数字技术将老唱片数字化复制与保护，使之播放出原始声音，现已与相关修复公司达成初步合作意向。

8. 明清宫廷制作技艺研究所

明清宫廷制作技艺是当时全国最高技艺的体现，是民间技术的总结。该所以故宫博物院研究人员为基本的学术力量，全面开展宫廷各种制作技艺专项课题研究，充分利用故宫博物院在明清宫廷文物收藏的品种类型和数量上的优势；同时联络相关的学术机构与宫廷特种技艺制作实体，以乾隆花园内檐装修为契机，聘请社会上科研院所的专家学者、相关领域的非遗传承人、工艺大师，深入探索和总结明清宫廷制作技艺的发展历史、各种制作技艺理论与方法，为实现传统技艺的赓续提供学术支持。研究方向主要包括玉器、珐琅器，启动了与台北故宫博物院研究人员的"乾隆御制诗文款识玉器的研究"合作项目、与香港中文大学文物馆、法国法兰西学院、法国里摩日珐琅艺术博物馆等单位合作的"中国珐琅艺术研究"项目。明清家具与乾隆花园也被列入研究方向，2015 年启动了《乾隆花园内檐装修特种技艺恢复实录》的整理和编辑工作。

9. 文博法治研究所

以文物博物馆法治研究为主要方向，以博物馆法治建设为学术研究的中心和重点，并旁及文化文物法治相关内容。研究范围包括故宫保护和文博系统立法、执法、守法的理论与实务，世界文化遗产保护的法律理论与实践等方面。其研究成果可应用于故宫保护实践，为故宫保护和利用提供理论上的依据。该所研究、起草了《故宫文化遗产保护条例（草案）》，推动《故宫文化遗产保护条例》的立法进程；为了提高故宫博物院现代治理水平，与有关单位合作，加紧研究制定《故宫博物院章程（草案）》。

10. 书画研究所

书画研究所前身为古书画研究中心。以故宫博物院藏古代书画为依托，在对库房藏品进行系统梳理的基础上，结合海内外博物馆藏中国古代书画作品，对中国古代书画的真伪鉴定与演变脉络进行研究。在学术研究的基础上，将按计划举办书画主题的展览和国际学术研究会。自建院以来，中国古代书画鉴定一直是故宫博物院的强项，代代传承，出现了一批著名的书画鉴定专家，在中国古代书画鉴定领域一直处于领先地位，中国古代书画鉴定是书画研究所的重要研究领域。

11. 陶瓷研究所

陶瓷研究所前身为古陶瓷研究中心。该所下设古陶瓷资料观摩室、古陶瓷专题陈列室（展室内设触摸屏和等离子显示屏）、古陶瓷检测研究实验室（内设古陶瓷成分分析实验室、工艺研究实验室、结构分析实验室和物理、化学性质检测实验室等，承担古陶瓷的分析检测研究工作）等。研究对象主要是故宫博物院所收藏的数量丰富的古陶瓷类文物、从古陶瓷窑址采集来的大量标本以及世界各地收藏的中国古代陶瓷。其研究内容包括对不同时期、不同产地、不同类型古陶瓷制作原料、工艺、结构及相关性质的科学研究；对古陶瓷年代、窑口、真伪的科学研究；对古陶瓷的科学保管、修复和复制等技术的科学研究等。2010年、2012年、2013年、2015年分别成功举办了"宋代官窑瓷器展""故宫博物院定窑瓷器展""故宫博物院钧窑瓷器展""故宫博物院汝窑瓷器展"并召开了相关学术研讨会。2017年将举办哥窑展及研讨会。陶瓷研究所研究领域还有古陶瓷窑址调查研究以及古陶瓷科技检测。

12. 藏传佛教文物研究所

藏传佛教文物研究所原为藏传佛教文物研究中心。该所以故宫藏传佛教文物为学术研究的中心和重点，积极开展明清宫廷史、汉藏佛教交流史和藏传佛教艺术史等多方面研究，同时扩大研究范围和视野，致力于田野考察与研究工作，在主要藏文化区，包括甘肃、青海、四川以及西藏等地的广大藏区开展对寺庙、洞窟所存文物的调查和研究工作。加强与国内外相关学术机构在藏传佛教文物研究、展览、宣传和出版等多方面的合作，同时本着开放、平等的原则，吸引院内外、国内外知名学者、优秀的中青年学者加入到本所的研究项目中来，不断提升本所的研究能力和研究水平，努力使之成为一个具有影响力的国际化的科研基地。继续与四川省文物考古研究院合作进行"穿越横断山脉考察"项目。藏区文物地处偏远地区，安全保护工作极为重要，2013年以来，该所与多方合作，在藏区推进一系列的文物数字化项目，如对四川阿坝藏族羌族自治州小金县和金川县5座石窟壁画、对西藏拉萨大昭寺寺藏文物、对西藏山南地区（今山南市）贡嘎曲德寺壁画、对西藏日喀则地区（今日喀则市）拉孜县甘丹彭措林寺壁画、铜造像、唐卡等，实施了多个数字化项目，为未来维护与研究保存完整的原始材料。

13. 中外文化交流研究所

探索古代中外宫廷外交、丝绸之路、文学艺术、科学技术等方面的交流历史；系统研究院藏外国文物和明清宫廷有关档案，为此类展览提供学术支持；研究、梳理建院以来开展的中外文化交流活动，为故宫博物院配合国家的外交和文化战略工作提供有价值的参考材料和意见。研究领域主要是中外文化交流史研究，着重研究西方传教士在明清宫廷的科技文化活动，以及中外宫廷史比较研究、中外文化交流史学术领域的论著翻译等。

14. 中国画法研究所

中国画法研究所本着保护、传承非物质文化遗产、提升传播中国画艺术理念、弘扬中国传统文化等多方面需要，开展中国画技法的研究与实践活动。该所依托国内优秀文化资源，在全面继承传统绘画理论体系下，以学术创新、技法创新、理念创新为目标，以全面展现中国绘画技法精髓为宗旨，着眼当代中国画理论与实践前沿，不断开拓创新，探究当代中国画发展的方向，培养优秀学术和创作人才，开展国际交流，促进国际合作，进行文化推广与认知，在国际艺术舞台彰显中国艺术成就，将中国画的学术影响力推向世界，旨在构建中国绘画领域研究、学习、交流、互动的平台。研究领域为中国传统绘画画法研究以及近现代中国画画法与创新研究。

15. 宫廷园艺研究所

以皇家园林中古树名木的养护管理、盆栽花木的栽培为基础，致力于挖掘与研究宫廷园林历史景观及文化内涵、明清宫廷传统花木栽培技艺及古树名木科学保护的相关课题，充分利用与相关专业学术机构的合作平台优势，提高故宫古树名木科学保护方法及对宫廷园林历史文化的研究，带动和指导故宫的庭园管理工作。研究领域主要有古树名木的保护，历史园林景观的保护及规划，宫廷花卉的养植、摆放及历史文化内涵的研究。

需要说明的是，其中的古建筑研究所、书画研究所、陶瓷研究所、藏传佛教文物研究所，系由原来的 4 个研究中心转变而来，原来的明清宫廷史研究中心并入明清档案研究所，并更名为明清宫廷历史档案研究所。这里对几个研究中心略作说明。2005 年 10 月 10 日，故宫博物院古书画研究中心、古陶瓷研究中心成立，同时建立了古陶瓷检测研究实验室。2007 年 4 月 25 日，古建筑保护研究中心成立。2009 年 10 月 20 日，明清宫廷史研究中心成立。2009 年 10 月 16 日，藏传佛教文物研究中心成立。

成立研究中心是从故宫博物院藏品实际、研究力量和研究基础等情况出发的。故宫博物院的古书画、古陶瓷及藏传佛教文物等不仅数量巨大，且精品众多，故宫的古建筑是中国古代官式建筑的集大成者，作为明清两代的皇宫，丰富的宫廷遗存是故宫博物院开展明清宫廷历史文化研究的重要资源。这些得天独厚的条件使得故宫学的文物研究形成了相对突出的五大领域。5 个研究中心的成立，有利于发挥自身优势，突出重点，整合研究力量，以取得比较重大的成果。几年来，古书画、古陶瓷、藏传佛教文物研究中心根据不同的研究对象和范围，采取不同的活动方式，创造必要的条件，并在研究场所、研究设备、文物资源的利用与保护、学术成果的出版与管理等方面形成了比较完整的章程和办法，以保障研究活动的顺利开展，提高学术研究的质量，同时也为国内外专家学者进行课题研究的交流和合作提供了学术平台。

研究中心人员一般由两方面组成：一是院外有关大学、博物馆和科研机构的著名专家学者；二是院内专业部门人员及相关部门的专家。通过院内外专家学者的共同努力，可望在已有的基础上取得更大成果，或攻克一些难点问题。院外尤其是国外专家学者的积极参与，可使故宫及其藏品的诸多内涵更为世人所知，使国际学术界更深入地认知中华民族传统文化的精髓。同时，故宫博物院努力借鉴国内外同行的研究方法和学术成果，对本院的学术研究及各项业务工作起到积极的促进作用，并不断培养学术新秀。多年来的实践说明，虽然研究中心不能囊括丰富的故宫学的多方面研究，但研究中心在重点课题上的突破和研究方法上的创新，对故宫博物院整体学术研究水平的提高，起到了重要的促进作用。

（二）浙江大学故宫学研究中心

2011 年 5 月 9 日，浙江大学故宫学研究中心在杭州成立。该中心聘请浙江大学学者、两岸故宫博物院知名专家以及社会其他学术研究机构专家为中心学术委员会委员。浙江大学认为，在新的时代背景下，加强故宫学研究和参与文化遗产保护，是高校传承中华文明、履行大学使命的必然选择。浙江大学要发挥学科优势，整合学术资源，以建设高水平的文博学科，培养一流文博人才，为推动故宫学研究发展，弘扬博大精深的中华艺术和故宫文化做出应有贡献。2011 年 3 月，故宫博物院与浙江大学签署战略合作框架协议，双方以故宫学研究为契机展开合作，积极推动故宫学的学科建设，联合开展故宫学的人才培养。2012 年，浙江大学开始招收故宫学方向的硕士研究生，截至 2015 年，4 年间共招收了 12 名。其培养方式采取双导师制，即每位研究生有一位浙大教授和一位故宫博物院研究员联合指导。目前，浙江大学故宫学研究中心作为一个科研教学实体，围绕故宫学的故宫古器物、故宫古书画、故宫古建筑、故宫典籍与档案、故宫历史与故宫学术史、文物修复与博物馆陈列等研究方向开展学术研究与推广，全面推进故宫学术研究和人才建设，并以创设世界一流研究中心为发展目标。

（三）南开大学故宫学与明清宫廷研究中心

2012 年 1 月 4 日，南开大学故宫学与明清宫廷研究中心成立。该中心为从事故宫学与明清宫廷史研究和教学的非实体性研究机构，挂靠于南开大学历史学院。目前设名誉中心主任 2 人，学术委员会主任 2 人，中心主任 2 人，专职研究人员 12 人。南开大学的明清史研究成果十分突出，尤其是明清帝王和宫廷史研究的成果最为显著。长期以来，该校从事明清史研究的学者与故宫博物院保持着良好的交流与合作关系，并积极参与故宫博物院的相关学术活动。以此为基础成立的南开大学故宫学与明清宫廷研究中心已具备了坚实的学术基础和良好的交流环境。

南开大学故宫学与明清宫廷研究中心致力于整合该校历史学院、

周恩来政府管理学院、南开学报社等单位明清史研究、博物馆学和世界史研究的学术力量，充分发挥该校明清史等学科的研究优势，并吸纳故宫博物院相关学者为兼职研究人员，加强与故宫博物院的合作，充分利用故宫博物院的文物收藏，发展和提高该校明清史研究水平，形成全新的故宫学特色学科和研究中心。

南开大学故宫学与明清宫廷研究中心成立4年来，积极开展各项教学、科研活动，取得了突出的成绩。教学方面，先后聘请5位故宫博物院专家担任南开大学兼职教授，使中心教学、科研实力大增；2014年在全球首招故宫学方向博士研究生2名，2015年招收1名，使故宫学有了最高学位申请者；开设故宫学与明清宫廷研究课程，采取专题讲座的形式，由南开大学与故宫博物院的专家共同讲授，有力地普及了故宫学；多次举办故宫学讲座；在故宫博物院支持下，设立南开大学故宫学书库；组织教师参加故宫博物院故宫学讲习班，推荐同学参加故宫博物院故宫学会议。科研方面，完成故宫博物院委托研究课题"明清宫廷与政治活动研究"；出版和发表多篇故宫学与明清宫廷研究的论文；2016年8月在南开大学举办故宫学与明清宫廷史学术研讨会，有来自中国大陆、中国台湾以及美国、法国等地区和国家的50余位学者出席会议，交流故宫学研究心得，反映了相关领域的一些最新研究成果。

（四）中国紫禁城学会

1987年，故宫列入《世界遗产名录》。在1990年9月纪念紫禁城建成570周年的学术讨论会上，国内古建筑学界老前辈和专家学者一致倡议设立一个研究紫禁城的群众性学术组织，以弘扬民族文化，推动紫禁城研究的深入，经过5年的认真筹备，中国紫禁城学会于1995年9月18日正式成立并举办首次学术讨论会。学会首届名誉会长、顾问有侯仁之、张镈、罗哲文、郑孝燮、周干峙、傅熹年、李准、徐苹芳、余鸣谦、杜仙洲、常学诗、乔匀等，会长为单士元、于倬云。学会会集了全国古建文博方面的硕彦泰斗及知名人士。现在会员人数

280 人，单位会员 17 个，包括了全国与明清宫廷建筑有关的主要单位，有天坛、太庙、先农坛、颐和园、景山、北海、雍和宫、香山公园、圆明园、明十三陵、清东陵、清西陵、承德避暑山庄、沈阳故宫、武当山、凤阳明中都以及中国第一历史档案馆、清华大学、天津大学等，还有国外的学者参加。学会设有宫殿保护与利用委员会、建筑历史委员会、宫殿建筑艺术委员会、建筑技术委员会等专业委员会。

中国紫禁城学会开始主要以紫禁城古建筑研究为主，逐渐把古建筑与文物藏品及明清宫廷历史文化结合起来，即由"紫禁城学"发展到"故宫学"。2012 年修订了学会章程，明确学会宗旨是：联合国内外中国古建筑及历史、文物、艺术、自然科学等学科研究力量，对故宫及相关的坛庙、园林、陵寝、行宫、衙署、府第等文物保护单位、世界文化遗产和紫禁城文化进行广泛深入研究，逐步建立紫禁城学，促进国内外学术交流，以利于加强对紫禁城（即明清故宫）建筑及其他宫廷建筑的保护利用，使"紫禁城学"这一体现中华民族优秀传统文化的学科，在"故宫学"的视野和框架下，进一步深入发展，在社会进步中发挥作用。其业务范围是承担故宫博物院委托的对紫禁城建筑及相关宫廷建筑历史、艺术、科学价值的研究；开展对紫禁城建筑及相关宫廷建筑保护利用的研究；开展对紫禁城文化包括宫廷典制、人物、经济、文化、习俗、民族、宗教及文献、档案等的研究；对"紫禁城学""故宫学"的研究；进行国外相关内容的比较研究；举办"紫禁城学""故宫学"相关的学术讨论会、学术讲座，并培养专门人才；承担相关部门和组织等委托的科研课题项目，出版书刊；组织学术考察，促进国内外学术交流；承担古建筑保护的咨询等业务工作。

中国紫禁城学会成立以来，坚持每两年召开一次学术研讨会，出版一部约 50 万至 80 万字的《中国紫禁城学会论文集》，现已出版 8 辑。受故宫博物院委托，学会还担负了编纂《明代宫廷建筑大事史料长编》《清代宫廷建筑大事史料长编》工作。

二、故宫学学术期刊的推广

近年来，故宫博物院与台北故宫博物院、沈阳故宫博物院展开了广泛的交流与合作，并积极推进学术期刊的建设，为故宫学的传播和交流提供媒介和平台。

故宫博物院主要有《故宫博物院院刊》《紫禁城》《明清论丛》《故宫学刊》4 种刊物。

《故宫博物院院刊》创刊于 1958 年，开始为不定期刊物，继创刊号后，1960 年出版了第二期。1979 年，《故宫博物院院刊》复刊。自复刊始至 1999 年为季刊。2000 年始至今为双月刊。《故宫博物院院刊》是由故宫博物院主办的学术性刊物，它反映了故宫博物院专家学者学术研究的成果和水平，并致力于以发表国内最高水平的宫廷历史、文物研究成果为己任。本刊本属于社科类刊物，但随着近年来多学科研究的渗透和互动，也发表一部分自然科学或人文与自然科学结合的文章，主要集中于文保科技、古建筑研究。刊物试图将故宫博物院学术研究的触角进一步延伸，促进故宫自身学术研究的深化，加强故宫博物院的学术建设和整体进步。《故宫博物院院刊》目前主要设有《明清历史》、《文物研究》（含古书画、古器物、古文字研究、佛教美术等）、《古建筑》、《考古学研究》、《文保科技》、《博物馆工作》等栏目。《故宫博物院院刊》撰稿人为故宫博物院及国内外各学科的专家学者，刊物内容丰富，资料翔实，在海内外具有广泛的影响。

《紫禁城》杂志创刊于 1980 年，是故宫博物院对外展示和宣传的平台和窗口，开始由香港汉文化发展有限公司出版发行，1995 年改为季刊，由故宫博物院独立出资、紫禁城出版社出版。2004 年由季刊改为双月刊。2006 年改为月刊。《紫禁城》创刊伊始，就坚持知识性、趣味性和普及性的方向，围绕故宫及其相关的历史遗存，包括历史掌故、古建园林和文物知识等，材料翔实，图文并茂。《紫禁城》内容丰富，设置多种专栏，《宫廷与文化》有《人物春秋》《文献辑存》《明清史事》

《宫廷丛谈》《史海觅踪》《感悟皇宫》等。《文物与艺术》有《专家讲坛》《国宝档案》《文物故事》《藏品新说》《典籍漫说》等。《建筑与营缮》有《宫殿范围》《掌故与资讯》等。

《明清论丛》是故宫博物院和北京大学合作创办的大型明清研究集刊，意在繁荣明清政治、社会经济、思想、文化、艺术、科学诸方面的研究，1999 年创办，基本上每年出一辑，至 2014 年已出到第十四辑。《明清论丛》每辑发表论文约二三十篇，六七十万字，明史研究约占 1/3，清史研究约占 2/3。其特色为历史研究与博物考察相结合。以往的历史学、博物馆学研究期刊，刊载的研究领域一般界限分明。北京大学与故宫博物院长期以来有着学术上的交流与支持，双方倾力合作的《明清论丛》，发挥各自优势，熔历史研究和博物探索为一炉，在史学研究中形成鲜明特色。《明清论丛》的大篇幅、高容量给予了史学研究者充分运用史料、阐述真知的文字空间，每辑都有分量比较厚重的作品推出，受到明清史学界的重视。

《故宫学刊》创刊于 2004 年，《发刊词》说：“《故宫学刊》是个大型的学术性刊物，暂拟每年出一期，主要刊登两方面的文章：一是故宫学研究的成果。它鼓励创新，支持探索，重视为中青年学者创造条件，也为一些有见地的篇幅较长的论文提供园地。二是关于故宫学学科建设的研究，包括学科性质、研究领域、研究方法等各个方面，欢迎争鸣和探讨。”至 2015 年，已出 15 辑，每辑约五六十万字，有的多达百万字，发表了 300 多篇故宫学的研究文章。内容包括故宫学学科建设以及明清宫廷历史与文化、考古学、金石学、古陶瓷、古书画、清宫档案和典籍、藏传佛教和文物科技保护等。

台北故宫博物院办有《故宫学术季刊》与《故宫文物月刊》两种期刊，其所刊载内容绝大部分属于故宫学范围。

《故宫季刊》创刊于 1966 年，《发刊词》说：“编辑要旨，在广征诸家之说，转相印证，虽偏执可以混真，而论议则何妨同中见异”；又“其所论述，仍以文物、历史、考古学术研究为范围，旁及博物馆学、文物维护、陈列设计诸有关科学技术，皆所当裒而辑之，庶几可以集众思而广众益，尤将以有裨于中华文化之复兴也"。该刊以整理中国艺术史料、报道故宫学术研究成果、刊载海内外中国艺术文化史论著为出版旨趣。1983年7月，《故宫季刊》改为《故宫学术季刊》发行。《故宫学术季刊》较《故宫季刊》更具学术性。为了配合中国台湾学术期刊资料库的需求，及达到国际资讯机构选录标准，俾借由国际资讯传播管道，以推广中国台湾学术研究成果，提升中国台湾学术研究在国际上的地位，自第十二卷第一期（1994年秋季号）始，增列英文刊名、目次、篇名、内容摘要与关键词。《故宫学术季刊》为中国台湾重要研究性质期刊之一。

《故宫文物月刊》的前身是于1980年开始发行的《故宫简讯》。《故宫简讯》以报道院务最新动态、编辑出版资讯、专题讲演摘要等为主，兼及海内外重要艺术活动。1983年4月，《故宫简讯》改版发行，命名为《故宫文物月刊》。该刊是本普及性刊物，具有历史性、趣味性、可读性，既可增长知识，又富学术价值。《发刊词》说："这一份通俗性刊物的诞生，不仅仅是作为故宫向社会传递文化艺术讯息之媒介，同时也未始不可作为沟通社会与传统艺术心神交往的桥梁。……期望这份包容艺术的、趣味的、知识的，并兼具学术价值的月刊，在未来能走进广大社会的每一个层面，使人人都能从这本刊物上窥知先民伟大的创造才能与经验，进而砥砺自己，透过现代美感的形式，创造出属于现代民族风格的艺术，使中华文化在内涵上，更充实、更光大。"

沈阳故宫博物院办有《沈阳故宫博物院院刊》。2004年，沈阳故宫作为明清皇宫的组成部分，列入《世界遗产名录》，沈阳故宫的保护和博物院的发展也面临新的形势，进入重要的阶段。为适应这种需要，从博物院实际出发，沈阳故宫博物院提出了"建设研究型博物院"的主张。沈阳故宫在"建设研究型博物院"中，十分重视把以故宫学为核心的学术研究放在博物馆工作的核心地位，把包括陈列展览、古建维修、文物保管等项工作都建立在学术研究的基础上，同时重视研究成果向工作成果的转化。

从 2006 年起，沈阳故宫博物院将过去由内部编印的《沈阳故宫博物院院刊》改为公开出版发行。该刊《写在前面》中说："沈阳故宫不仅是一处著名的清代皇家建筑遗存，也是一座有着近 80 年历史的大型博物馆。由于这座皇宫与清入关前历史、陪都盛京历史和满族文化等都有着非常密切的关联，又收藏着大量的明清历史文物和工艺品，因此，自 20 世纪后期以来，一直作为清史和满族文化研究的重要基地，为中外学术界所瞩目。改版后的《沈阳故宫博物院院刊》仍将努力发扬以往的学术传统和沈阳故宫古建筑、文物资源方面的优势，定位为以清前期历史文化、满族文化及相关历史建筑和文物为主要研究对象的学术刊物，同时兼顾有关历史文化遗产保护方面的学术成果和动态。"《沈阳故宫博物院院刊》为文史类学术研究集刊，每半年出版 1 辑，主要收录与沈阳故宫历史、文物、古建筑相关的学术论文及清入关前历史、清代满族文化等方面的研究成果；此外兼收世界文化遗产保护方面的文章。主要栏目有《清宫史事》《文物研究》《古建今析》《满族文学》《盛京春秋》《人物新论》《文保论坛》《史料摘编》《新著评介》《学术动态》等。至 2015 年，《沈阳故宫博物院院刊》已出至第十五辑。

中国第一历史档案馆的《历史档案》，也是故宫学研究的重要期刊。中国第一历史档案馆是专门保管、整理编目、编辑研究、查阅利用、修复复制明清两朝中央政府和皇室档案的中央级国家档案馆，前身是故宫博物院明清档案部，馆址在故宫博物院内。《历史档案》由中国第一历史档案馆主办，创刊于 1981 年，是全国首家以公布历史档案为主，兼顾资料性、学术性、知识性的学术季刊。该刊以公布明清档案史料为主，同时刊载利用档案资料撰写的学术论文。辟有《档案史料》《学术论文》《专家论坛》《史谈》《读档随笔》《档房纪事》《档案介绍》《国外档案》《档案业务》《典章制度》《书刊评介》《珍档撷英》《学术动态》等 10 余个专栏。《历史档案》史学信息丰富，每期约 25 万字。

三、故宫学科研力量的合作

（一）两岸三院的交流

故宫博物院与台北故宫博物院都是故宫学研究的重镇。自故宫学提出以来，两岸故宫博物院的交流与合作得到进一步加强。

台北故宫博物院有着良好的学术传统，与国际博物馆界以及欧美汉学界联系较早，在故宫文物、明清档案、清宫典籍等方面的研究成果显著。故宫学是两岸故宫博物院增进交往的深层动力。自2009年两岸故宫博物院开始正式交往以来，台北故宫博物院先后两任院长都对故宫学表示赞同并积极参与，两院之间的学术交流与课题合作也不断深化，成果明显。

近年来，沈阳故宫博物院重视故宫学研究，取得了重大进展。沈阳故宫博物院建于1926年，是在清入关前努尔哈赤和皇太极建造的皇宫建筑群的基础上设立的。沈阳故宫博物院最初称"东三省博物馆"，日伪政权时期曾改称"奉天故宫博物馆"，抗日战争胜利后改名为"国立沈阳故宫博物院"，1955年命名为"沈阳故宫博物馆"，1986年8月5日定名"沈阳故宫博物院"。沈阳故宫博物院是一座展出清代宫廷建筑和生活历史的艺术性博物院，以古代宫殿建筑群和珍贵收藏著称于世，成为吸引广大旅游者参观游览的古迹胜地。自2004年以来，沈阳故宫博物院院长武斌从对沈阳故宫博物院价值的认识以及沈阳故宫博物院发展需要着眼，提出要把沈阳故宫博物院的学术研究纳入到故宫学范畴，认为沈阳故宫博物院的研究如果没有故宫学为指导，则没有高度和深度；故宫学如果没有包括沈阳故宫博物院在内的实践内容，则不全面、不完整。在这一思想指导下，沈阳故宫博物院的学术研究与故宫学相对接，出现了一系列新成果，学术研究和博物院工作展现了新的局面。

（二）高等院校的合作

故宫学的学科概念，自提出以来逐渐得到学界和教育界的认可和重视，故宫博物院也十分重视与各有关研究机构尤其是高等院校的交流与合作。近年来，故宫博物院先后与中国艺术研究院联合培养硕、博士研究生，协助浙江大学成立故宫学研究中心，与南开大学合作成立故宫学与明清宫廷研究中心，支持中国社会科学院研究生院、东北师范大学等院校招收故宫学研究方向的硕士生，与北京工业大学在文物保护科技方面进行合作等，[①]并在一些高校开设故宫学通识课。与此同时，故宫博物院就陶瓷研究、藏传佛教研究以及文物科技保护研究等方面与美国、法国、日本等国家以及香港地区的一些大学积极展开合作，并取得了显著的成果。

目前与故宫博物院合作的高等院校大都有着先进的教育理念、雄厚的教育资源、严谨的科学态度和优良的学术氛围，而且在学科设置和发展上各具特色，优势突出，并形成各自优良的学术传统。与高校的合作将极大地发挥故宫博物院和高等院校在学术资源和学术人才方面的优势互补作用。故宫博物院的发展将得到强大的理论支持和学术后盾，高等院校也将完善自身的学科建设和与社会的沟通，尤其是故宫学作为学术研究方向和人才培养方向被纳入研究生教育体系，这对于故宫学的学术研究和学科建设具有重要意义。

（三）社会学术团体的参与

专业性的学术团体，有着高度民主的组织程度，其成员之间的平

---

① 例如，故宫博物院与中国社会科学院研究生院文物与博物馆硕士教育中心合作，从2012 年到 2015 年共招收了 4 届故宫学专业研究生，2012 年、2013 年两届已毕业，毕业论文题目除专门的器物研究外，属于宫廷史、故宫博物院史的有 14 篇：《举步维艰——论沦陷时期的北平故宫博物院事业》《从明清火灾看故宫消防安全》《圆明园十二生肖铜兽首中西方 18 世纪的浪漫色彩》《〈康熙朝满文朱批奏折全译〉中内务府奏折析论》《从坤宁宫看清代统治者的满族认同与多元文化态度》《石渠宝笈中的徐渭》《三位帝王与画珐琅艺术——路易十四、康熙与彼得一世画珐琅艺术渊源初探》《〈通志堂经解〉的辑刻问题新探》《〈律历渊源〉的编纂及其对后世的影响》《民国时期故宫博物院财政收支状况研究》《乾隆时紫禁城养心殿装修与原状陈设研究》《朱启钤与故宫研究》《明代宫廷饮食初探》《略论清代公主》。

等身份，形成了自由宽松的学术环境。一般来说，它们具有专业学科人才的荟萃、集聚功能，思想文化交流的平台功能，重大学术研究的组织协调功能，学术成果的评价功能。多年来与故宫博物院及故宫学研究关系较多的是中国紫禁城学会、中国史学会清代宫廷史研究会、中国文物保护技术协会、中国博物馆协会、中国古陶瓷协会、中国玉文化研究会等。这些与故宫博物院保持密切联系的学会和协会在故宫学研究及故宫业务工作中发挥着重要的作用，其共同特点是：故宫博物院的一批专家学者参加了这些学术团体，不少人是其中的主要负责人和学术骨干；故宫博物院重视与这些学术团体的联系，时常就业务或研究中的问题向其咨询，或委托其完成某项研究任务，或聘任某些不同地区和单位的专家学者作为院内某项工作的顾问；这些学术团体的活动比较规范，进行理论研究、学术交流、业务培训及书刊编辑等，故宫博物院的专家学者在这些经常性的学术活动中也受到教益。

（四）国外研究力量的拓展

国外学术力量参与故宫学研究，有多种形式：或是受聘于故宫博物院做特邀研究员或客座研究员；或是对与故宫学有关的课题进行独立的研究；或是受邀来院做学术报告；或是参加有关故宫文物展览或专题研究的学术研讨会，提交学术论文，这是最普遍的一种形式；或与故宫研究人员合作进行某项专题研究。随着交流的深入与视野的开拓，交流合作的方式也会不断扩大。交流是相互的，成效也是多方面的。

2008 年至 2009 年与德国马普学会下属的马普科学史研究所合作的"中国古代宫廷与地方交流史"课题就是一例。马普科学史研究所的学者与故宫博物院的 6 位研究人员在两年的合作中，多次召开讨论会，故宫的人员又到德国进行学术交流，课题的设计、材料的选择和解读以及结论的产生等都经过双方认真的研究与推敲。对故宫研究人员来说，不仅很好地完成了论文写作，而且通过与德国学者的交流、切磋，在研究视角的选择、研究领域的开辟、学术理念的冲击、理论与方法的结合、学术管理的方法与体制等方面都有所启发、有所收获。

2015 年故宫博物院和德国海德堡大学签订协议，决定在明清中西历史、美术、物质文化及文化交流的研究、教学和培训方面进行全面的合作，并共同成立"中西文化及历史研究中心"。这一合作旨在利用故宫博物院和海德堡大学在各自领域的学术优势和合作网络，结合当前学科对跨文化研究及国际协作的需求，为中德两国青年学者提供研究和交流的平台。

第三节 故宫学的发展前景

故宫学从 2003 年正式提出的 10 余年来，故宫博物院与关注故宫学的学者专家共同探讨研究，取得了不少共识。专门研究机构、学术研究人才以及学术研究成果是评判学科发展的几个关键性指标，从这一角度而言，故宫学的基本理论问题已逐步厘清，学科框架体系亦已初步形成。自 2006 年至今，故宫学研究机构在故宫博物院及中国科研院校中相继成立，故宫学方向硕博士研究生陆续招收，尤其是《2013 年度国家社会科学基金项目课题指南》将"故宫史与故宫学研究"列入研究方向，标志着故宫学学术研究和学科发展已进入新阶段。自 2012 年起，故宫博物院故宫学研究所每年举办一届故宫学高校教师讲习班。学员来自国内各高校，多是获得博士学位的教师，半数以上具有高级职称，不少学员具有博士生导师资格或是担任院长、系主任、研究所所长等行政职务，他们的研究涉及多个学科和领域。为期两周的讲习班课程以专题授课、参观考察和交流讨论的形式展开。结合各自的专业知识，学员们从不同的视角对故宫文化展开探索和研究，并撰写了相关的研究文章。讲习班的开办推进了故宫博物院与高校教师之间的学术联系，也加深了高校教师对故宫博物院的了解，从而进一步拓展了故宫学联合高校的学科发展思路。高校教师讲习班至 2016 年已连续举办了 5 届。值得一提的是，中国台湾新竹清华大学 2009 年秋季开设"故宫学概论"选修课程，给予学生正式学分。台湾地区的学生对故宫知识也十分渴求，每学期80位的选课名额，约有2000名学生踊跃申请。为此，校方特增加15位选课名额以满足学生的报名需求。

故宫遗产属于世界，故宫学面向世界。最近几年，故宫博物院深入推进与高等院校及博物馆之间的国际交流与合作，为故宫学的发展创造更大更高的交流平台。2016年9月，故宫博物院联合德国柏林国家博物馆主办"第34届世界艺术大会·中德博物馆论坛"，围绕"回溯传统　面向公众"主题，就当前博物馆界、博物馆学界关心的理论前沿和实践探索，进行了一对一的学术对话。论坛还分别就博物馆学与博物馆历史、文化遗产保护与研究、肖像画观念与技法演变、私立博物馆兴起与艺术收藏、古建筑的保护理念与修复技法、织绣藏品的保护修复与陈设展览、博物馆的公众教育与知识宣传等话题进行了交流。中德博物馆第二轮对话将于2017年9月在柏林国家博物馆成立100周年德方举办的"洪堡论坛"上举办。2016年12月，故宫博物院与英国杜伦大学签署合作谅解备忘录，双方将在中外交流大背景下就中东、欧洲以及印度洋地区的考古研究、该地区出土中国瓷器等文物资料进行合作研究。同时，双方将在博物馆展览与管理、文化经济模式研究方面开展合作，并鼓励学术交流和人员互访，促进双方在考古研究、文物保护、教育培训、展览策划、博物馆管理等领域的共同发展。

"故宫在北京，故宫学在中国、在世界"，这是故宫学一直秉持的学术理念。尽管当下故宫学尚属于初具雏形的新兴学科，其学科概念、理论方法和知识体系尚在不断探讨和完善之中。但故宫建筑的唯一性、故宫文物藏品的丰富性以及故宫博物院的独特性赋予故宫学无穷的魅力和广阔的空间。

第五章

故宫与明清宫廷建筑

第一节　故宫（紫禁城）[①]

　　建筑是实用艺术的典范，从一个侧面展示着人类文明的发展轨迹。伟大的建筑往往成为一个城市、一个民族甚至一个国家的象征物。中国建筑与其文明一样悠久而辉煌。人们普遍认为，中国古代建筑是"皇宫本位"的建筑体系，宫殿建筑是最能代表中国建筑风格和成就的类型；而紫禁城是中国古代宫殿发展的集大成者，也是我国古代宫城发展史上现存的唯一实例和最高典范，是中国古代建筑史中最辉煌的篇章。

　　紫禁城还具有重要的政治意义。它既是至高无上的皇帝威权的反映，也是中国古代中央集权和国家统一的重要象征，是一个政治符号。在中国历史上，坚持传统的宫殿制度又与政权的继承性、正统性联系在一起。因而少数民族建立的全国政权，为求争取汉族上层分子的支持与合作并减少汉族民众的反抗，在所建政权的形式和宫殿及都城、礼仪等典章制度方面，都不同程度地比附、效法汉族传统，尊崇儒家，

---

　　① 潘谷西主编：《中国古代建筑史·第四卷·元明建筑》（第二版），第二章第二节"明代宫殿"，中国建筑工业出版社，2009 年。孙大章主编：《中国古代建筑史·第五卷·清代建筑》（第二版），第三章"宫殿"，中国建筑工业出版社，2009 年。于倬云编：《紫禁城宫殿》，香港商务印书馆，1982 年。北京市地方志编纂委员会编：《北京志·故宫志》，北京出版社，2005 年。孟凡人：《明代宫廷建筑史》，紫禁城出版社，2010 年。

以表明自己的正统地位。元新建的大都及宫殿就是如此，而清朝则完全使用了明朝的宫殿。当然，历代在宫殿建设上也会有其自身的一些特色，但基本格局则是逐渐形成并不断完善的。

一、故宫的肇建与改扩建

紫禁城所在位置是元大都宫殿的前部。明太祖时拆毁元宫。明成祖朱棣登基后，于永乐元年（1403）升北平为北京，永乐四年（1406）决定筹建北京宫殿，随即派出尚书、侍郎等官员分赴四川、湖广、江西、浙江等地采集木材，当时北京城西存木材的仓房就有 3600 间。城墙、宫院墙和砌三台用的城砖产自山东临清，共用 8000 万块以上，每块城砖重约 48 公斤。当时规定，凡是运粮官船经过临清北上，必须装砖 40 块，民船要装 20 块才准通行。铺砌正殿地面用的方砖，产自苏州。这种砖颜色纯青，敲起来铿锵如金属的声音，所以称为"金砖"。金砖烧制非常困难，从取土到出窑需要 2 年，其中光烧制的时间就是 130 天。屋顶用的琉璃瓦，明朝时在北京正阳门西南的琉璃厂烧制，清乾隆年间改到门头沟琉璃渠烧制。烧制黑瓦的窑厂就在今北京南部的陶然亭窑台一带。石料采自北京西南房山大石窝和门头沟青白口，色泽青白相间，称为青白石或艾叶青，也有洁白如玉的大理石（又称"汉白玉"）。其他材料如白灰、室外墙壁抹的红土子、宫殿内墙壁涂的杏黄色"包金土"、彩画用的颜料及金箔等，也都采自全国各地。[1] 经过 10 年筹办，命太宁侯陈珪掌理营建工程，安远侯柳升、成山侯王通副之，主持筹建的匠师有蔡信、陆祥、杨青等，正式开工后，工程由蒯祥主持。征集天下各色工匠到北京。有人估计，当时参与施工的各工种技师约 10 万人，辅助工为 100 万人。[2] 于永乐十五年（1417）六月兴工，经 3 年半的施工到永乐十八年底（1420）宫殿及北京城垣完成，

① 本社编：《宫殿建筑：末代皇都》，中国建筑工业出版社，2010 年，第 63—65 页。
② 单士元：《紫禁城七说》，载《故宫札记》，紫禁城出版社，1990 年，第 211 页。

凡太庙、社稷坛、天地坛（当时天地合祭），宫殿门阙，规制均如南京，而"高敞壮丽过之"，永乐十九年（1421）自南京迁都北京。

紫禁城修成后，三大殿多次遭灾被毁，重修三大殿一直是很艰巨的任务。明代宫城内创建、修建甚少，号称"土木岁兴"的嘉靖年间，较大的新建工程也只有崇光殿、太皇太后宫、太后宫、慈宁宫和养心殿等5项。清代在沿袭明宫殿建置的基础上，又根据使用的需要进行过一些重建和改建。顺治时将原明代皇后所住的坤宁宫，仿照盛京清宁宫规制改为满族萨满祭祀的场所。康熙朝重建被烧毁的太和殿是一项重大工程。雍正时修建城隍庙、斋宫和箭亭。乾隆年间，紫禁城内的改建、添建、修缮工程从未间断，形成了紫禁城宫殿建设的高潮，园林、休闲和宗教建筑或设施不同程度地增加，出现了满汉交融、南北交融的一些特色。仅紫禁城内记载就有55项，其中新建工程重要者计有寿康宫、雨花阁、重华宫、建福宫、建福宫花园、宁寿宫、宁寿宫花园等，工程量都很大。清末慈禧太后又把西路长春、储秀二宫连成四进院落。乾隆在位60年，虽然新建改建工程很多，但紫禁城内建筑的总体布局仍然保持着明初始建时的格局。①现存明代建筑尚有不少，除中和殿与保和殿外，钦安殿、南薰殿、咸若馆、神武门、角楼都是明代建筑，东西六宫主要部分也是明代建筑，唯装修经过清代改动。因此现在的紫禁城实际上是明清两朝文化的结晶。

二、故宫主要建筑设计

紫禁城庞大的建筑群体，明清时期既是帝王统治国家、日理万机的政治中心，也是其与皇室人员居住生活的地方，因此紫禁城内就有一系列满足各种使用需要的建筑和设施：有处理朝端大政及举行大典

---

① 编纂于乾隆年间的《日下旧闻考》记载"我朝开国以来，宫廷制度不过量为修葺，而大概多仍胜朝之旧"（卷二九），"宫殿之制，概从简朴，间有兴葺，或仅改易其名"（卷三三），应该说比较客观地反映了明清两代紫禁城的关系。《日下旧闻考》，北京古籍出版社，2001年，第404、494页，。

的殿堂，有为朝政服务机构的官署，有供皇帝、皇族及为他们直接服务人群居住和活动的处所，有皇帝、皇族进行文化活动的书房、戏台、花园、坛庙、佛堂、道场，并有宫中日常使用的各种什物的制造场地等。对于这些复杂多样的建筑和设施，紫禁城采用严格对称的院落式布局，按使用功能分区，依用途和重要程度有等差、有节奏地安排建筑群的体量和空间形式，代表了中国古代建筑组群布局的最高水平。

紫禁城城墙高 10 米，南北长 961 米，东西宽 753 米，外有宽 52 米、深 6 米的护城河。城每面开一门，四角建角楼。南面正门称午门，建在"凹"字形墩台上，正面下开三门洞，两翼突出部近内转角处各开一门洞。台上正中建重檐庑殿顶的门楼。左右转角和两翼南端各建一重檐攒尖顶方亭，其间连以宽阔的廊庑，俗称"雁翅楼"。明清两代，一些重要典礼仪式在午门举行，举行献俘礼时，皇帝将亲临此地。午门前突出二亭是由古代宫门前建阙的制度演变来的，也是这种制度的唯一遗例。紫禁城东门和西门称东华门和西华门；北门称玄武门，清代因避康熙帝玄烨的名字改称神武门。上面都建重檐庑殿顶门楼。

紫禁城建筑根据朝政活动和日常起居的需要，分为南北两部分，以保和殿后至乾清门前之间的横向广场分隔内外，形成了宫殿建筑外朝、内廷的布局。

外朝在前部，亦称前朝，是颁布大政、举行集会和仪式以及办事的行政区，主要由中轴线上的前三殿及其东西侧对称布置的文华殿、武英殿三组建筑群组成。

前三殿在午门内，与四隅崇楼、左体仁阁、右弘义阁、前后 9 座宫门以及周围廊庑，共同构成了占地 85000 平方米的紫禁城内最大的庭院，也是紫禁城的中心建筑。前三殿范围共有建筑 26 座，按建筑等级的不同，屋顶形式、台基高度、彩绘装饰、御路阶级，以及门窗的装饰形式都不尽相同，等级制度体现分明。前三殿作为紫禁城的主体建筑，其建筑形式保留了更多的古制。前三殿南面开有三门，正门是面阔九间、重檐歇山顶的太和门，明代这里是皇帝"御门听政"的地方。太和门与午门之间形成一横长矩形广场，东西两面有通文华、武英二殿和东华门、西华门的协和、熙和二门。有与城外护城河相连的内金水河横过广场，同自天安门至午门的纵长广场形成对比。太和门内殿庭中建"工"字形的台基，和前面三重高的月台共同形成一个"土"字形石台基座，俗称三台，高 8.13 米，周围绕以石雕栏杆。台上自南而北依次建太和、中和、保和三殿。太和殿自明代建成后屡遭火灾，曾 7 次重修，现存的是康熙三十四年（1695）重修。明代太和殿面阔九间，进深五间，合"九五之数"，四周有一圈深半间的回廊。清康熙初期由冯巧弟子梁九把山墙推到山面下檐柱，使建筑外观呈十一间状。太和殿殿内面积 2370 多平方米，重檐庑殿屋顶，前有宽阔月台，下临广大殿庭，供元旦、冬至大朝会和其他大典使用，是外朝主殿，也是全国现存最大的古建筑。太和殿的装饰与陈设均为中国古建筑中的最高等级。檐宇四角安有仙人走兽 10 个，为现存中国古建筑中的孤例。殿内正中放置须弥座式宝座台，台上金漆龙椅，俗称金銮宝座。太和殿是整个宫殿区乃至整个北京的构图核心，它的巨大的体量和层台形成的金字塔式的立体构图，使它显得非常凝重稳定，象征着皇权的稳固。中和殿在"工"字台基的中部，为面阔五间单檐攒尖顶方殿，殿内有宝座，供皇帝在太和殿行礼时休息之用。保和殿面阔九间，重檐歇山顶，是举行殿试和宴会外宾之处。太和殿前面两侧有体仁、弘义二阁，是面阔九间加腰檐的二层庑殿顶楼阁。

　　文华殿、武英殿两组建筑物都是由门、配殿、廊庑组成的矩形院落，内建面阔五间单檐歇山顶的前殿和后殿。文华殿明清两代是皇帝经筵讲学之地，清朝在文华殿以东建了传心殿，供奉伏羲、神农、轩辕、尧、舜、禹、汤等先师先王及周公、孔子的牌位。乾隆时又在殿北建了藏书的文渊阁，其地为明代的圣济殿旧址。文渊阁周围种植苍松翠柏，湖石叠山。内金水河从阁前流过汇集成池，犹如文庙前的泮池。它参照浙江宁波天一阁的形式，面阔六间，但西侧为楼梯间，面阔仅一步廊深，其余五间仍明间居中，形同五开间建置，阁内藏《四库全书》《古今图书集成》等，分装在楠木书匣内，放置在上、中、下三层的书架上。文华殿区还有内阁公署、国史馆等。武英殿明代是皇帝斋居和召见大臣之所在。明末李自成在这里登极称帝。清初曾为摄政王多尔衮的治事之所，康熙年间在武英殿开设修书处。武英殿区有南薰殿、御书处、内务府、造办处等。

内廷亦称后寝，位于紫禁城北部。在前三殿和内廷之间有一广场，广场东西是景运、隆宗两座侧门，北面即为通入内廷的乾清门和内左门、内右门。内廷以后三宫即乾清宫、交泰殿、坤宁宫为中心，左右有供后妃居住的东西六宫，皇子居住的乾清宫东西五所；供皇太后居住的慈宁宫、寿康宫、寿安宫分布在内廷的西部，太上皇宫殿宁寿宫建在东部；另有花园、戏台、佛楼、道殿以及藏书等文化娱乐、游憩及服务设施。建筑以院落分割，严谨封闭，是皇帝处理日常政务、生活起居和皇室生活居住的主要场所。

内廷主要部分分三路。中路即中轴线上的后三宫。正门是面阔五间单檐歇山顶的乾清门，它连接东、西、北三面的门、庑，围成纵长院落。乾清门在清代兼为处理政务的场所，自康熙年始在此"御门听政"。殿庭正中也建"土"字形石台基座，前端凸出月台，以后依次建乾清宫、交泰殿和坤宁宫。乾清宫和坤宁宫均面阔九间，重檐庑殿顶，是内廷的正殿、正寝。乾清宫是皇帝居住办事的地方。明代的"壬寅宫变""红丸案""移宫案"皆发生于此。宫中"正大光明"匾后，放置着自清雍正后秘密建储的锦匣。交泰殿为面阔三间单檐攒尖顶的方殿。清代在此放有行使各种权力的"二十五宝"。坤宁宫是明朝皇后居住的地方，清顺治时按满族习俗仿沈阳故宫内清宁宫改造为崇奉萨满的祭祀场所，宫前月台上立逾4米高的祭神杆即"索伦杆"，菱花窗改建成吊搭窗，室内东侧改成皇帝结婚的洞房。坤宁宫后的坤宁门通御花园。后三宫一组形制和前三殿基本相同，但占地面积只有后者的1/4。

后三宫东西两侧各有两条南北向过道。每条过道自南至北各建三宫，东西各六宫，宫间隔以东西向过道。每座宫均建在每边长50米的正方形地基上，都是一独立单元，外围高墙，正面建琉璃砖门；门内前为殿，后为室，各有配殿；后室两侧有耳房，形成一正两厢、前后二进三合院的格局。东西六宫布局原本相同，清代晚期将长春门与储秀门拆除，改为过厅式的体和殿与体元殿，成为现在的格局。东西六宫明代是妃嫔的住所。自清雍正帝移居养心殿后，皇后也选择东西六宫中的一宫居住。慈禧叶赫那拉氏曾由秀女封为贵人，后又升为妃、贵妃，直至太后，她就住过储秀宫、长春宫、养心殿、翊坤宫、乐寿堂等处。

东西六宫之北，隔一东西向过道，各建五所并排的院落，每院内各建前后三重殿堂，各有厢房，形成三进院落，是皇子住所。统称为乾东五所、乾西五所。明代至清初，乾东五所为皇子皇孙居所，乾隆三十年（1765）前后，自头所到五所分别改为如意馆、寿药房、敬事房、四执库和古董房。乾隆三十九年（1774）皇帝谕旨将三所、四所的装修拆挪到头所、二所，将两所建筑修缮见新，供皇十五子（即嘉庆皇帝）娶福晋。头所、二所仍作为皇子居所，直至嘉庆年间。乾西五所初为皇子所居，清初沿明制。乾隆帝即位前于雍正五年（1727）成婚居二所。即位后，将二所升为重华宫，头所遂改为漱芳斋，三所改为重华宫厨房等，拆四所、五所改建成建福宫花园。乾西四所、五所遂不存，乾西五所原有规整格局不存。现唯重华宫厨房尚较多保留改建前原制。

内廷西六宫之西为雨花阁区，包括雨花阁、梵宗楼、宝华殿、中正殿，是紫禁城中最大的也是最重要的一处藏传佛教的活动场所。清代于康熙三十六年（1697）设置专门管理宫中藏传佛教的机构称"中正殿念经处"，隶属于内务府掌仪司，主管宫内喇嘛念经与造办佛像。雨花阁是宫中唯一的汉藏形式结合的建筑。清乾隆十四年（1749）依照西藏阿里古格的托林寺坛城殿，在明代原有建筑的基础上改建而成。雨花阁前东西两侧有面阔五间高二层配楼，均为乾隆年建，曾分别供过三世章嘉和六世班禅的影像。

东六宫之南有弘孝、神霄二殿，清代改为斋宫、毓庆宫；西六宫之南有养心殿，遥相对应。养心殿占地东西 80 米、南北 63 米，四周围绕红墙，由东向的遵义门通往西一长街。原是明朝旧有，清雍正帝改建并在此办理庶政，以后清朝各代皇帝沿用。殿内西侧的"三希堂"，有乾隆帝收藏的晋代书法家王羲之《快雪时晴帖》、王献之《中秋帖》和王珣《伯远帖》。东边的东暖阁，清末慈安和慈禧太后曾在这里"垂帘听政"。

乾清门东侧景运门外有奉先殿，前后二殿均九间，是帝王家庙。其东有南北过道，道东有外东裕库和哕鸾宫、喈凤宫等，是前朝妃嫔养老处。乾隆后期，为给自己做太上皇使用，在原哕鸾宫一带修建宁寿宫一区，包括皇极殿、宁寿宫、养性殿、乐寿堂、颐和轩、景祺阁等 6 座中路建筑，是一个缩小的前朝与内廷，后部为内廷部分。中路外又有东路、西路。东路有具备三层台面的畅音阁大戏楼，楼后有书房和三进排房，最后为景福宫及佛日楼、梵华楼两座佛楼。西路是幽深的宁寿宫花园，前后是 4 个以山景为主相通连的景区，占地 6500 平方米，间以轩、亭、楼、阁等各式建筑，共有景点 20 余处，是一处宫殿环抱、别有洞天的"仙境"。据档案记载，这一项工程，修建殿宇、楼台、房屋等共计 1183 间，除官办松木等价银外，耗银 127 万余两。其造园艺术、修建技术均达到封建社会的最高峰，也是乾隆盛世期宫殿的代表作。乾清门西侧隆宗门外有慈宁宫等，是皇太后住地。慈宁宫始建于明嘉靖十五年（1536），为明朝前代皇贵妃等所居。清为皇太后所居之正宫。乾隆年间将慈宁宫正殿由单檐改重檐，将后寝后移并改为佛堂，始定今之形制。慈宁宫前的露台上也陈设有铜鼎、铜龟、铜鹤、日晷、月晷等，后殿供佛又称大佛堂。慈宁宫的左右和后面，还有头所、二所、三所，以及寿安宫、寿康宫，都是太皇太后、皇太后和太妃、太嫔等人居住的地方。清朝每逢盛典，皇太后都在慈宁宫接受贺礼。

内廷后三宫以北是御花园。始建于明永乐十八年（1420），万历年间曾有增修，是宫中规模最大的一座花园，明代称"宫后苑"。东西长 130 米，南北长 90 米，占地面积约 12000 平方米。园内建筑经明代嘉靖、万历，清代雍正、乾隆等时期的改建或添建，已有亭、台、楼、阁、轩、馆、斋、堂 20 余座，占全园面积的 1/3。建筑精巧多变化，以位于中轴线上的钦安殿为中心左右对称布置。殿的东北为堆秀山，山的东侧为摛藻堂、凝香亭，南侧为浮碧亭、万春亭、绛雪轩；殿的西北与堆秀山相对称者为延晖阁，阁西为位育斋、玉翠亭，南为澄瑞亭、千秋亭、养性斋。园中奇石罗列，古树成荫。园内甬路方砖铺砌，两侧以卵石构图 900 余幅，饰以人物、花卉、景物、戏剧、典故等。

钦安殿位于御花园正中、南北中轴线上，始建于明代。钦安殿殿内共设大小神龛 14 座，供奉玄天上帝，伏魔大帝及春、夏、秋、冬四令神牌；众神 32 尊，分列于玄天上帝及伏魔大帝两侧；经书以及各种供器等摆满殿堂。清朝每年元旦于天一门内设斗坛，皇帝在此拈香行礼。

前三殿、后三宫在明代屡遭烧毁。现中和殿、保和殿是明万历四十三年（1615）工匠冯巧主持重建，又经明天启五年至七年（1625—1627）大修的，殿中童柱上尚有明人墨书中极殿、建极殿等明代殿名。

三、故宫建筑的成就和特点

紫禁城在规划设计上，充分体现了儒家的礼制，反映了皇权至上的伦理观念。它继承了传统的宫城、内城、外城的三重城制度，居都城中央。紫禁城的主要建筑，可以看到是附会《周礼·考工记》而布置的。例如，前三殿与后三宫的关系体现了"前朝后寝"的制度；位于宫城前面东侧（左）的太庙与西侧（右）的社稷坛，表现了"左祖右社"的制度。又如，太和殿、中和殿、保和殿，反映了"三朝"之制；太和殿前有大明门、承天门、端门、午门、太和门五重门，以象征"五门"之制。《清宫史续编》又称内廷部分的乾清、坤宁二宫象征天地，以乾清宫东西庑日精门、月华门象征日月，以东西六宫象征十二辰，以乾东、西五所象征天干等。[①] 可见宫殿建筑除具体的使用功能外，更

---

① ［清］庆桂等编著：《国朝宫室续编》（上）卷之五十四，北京古籍出版社，2001 年，第 430 页。

重要的是以建筑形象表现封建皇权的至高无上地位。为了体现等级制度，又通过殿宇的开间、屋顶的形式、屋脊上的走兽和斗拱出跳的数目以及彩绘的形式等建筑语言来加以区分。

以紫禁城为中心的南北中轴线具有重要意义。这条中轴线向南延伸至永定门，长4600米，向北延伸至钟楼北侧城墙，长3000米，构成了北京城长达7.5公里的南北中轴线。南半部从紫禁城正南门午门向南依次建有端门、天安门、外金水桥、千步廊、大明门（大清门），至京城南门正阳门，形成了一条长1500米的天街；沿着南部轴线的两侧，在宫城东西两侧分别设置了祭祖的太庙和祭五谷的社稷坛；在天安门外千步廊两侧，设置了部、院办公的衙署；在正阳门外和永定门之间轴线的东侧建有祭天建筑天坛，西侧设祭祀先农的先农坛等坛庙建筑。这些坛庙、衙署与中轴线组成了宫前区极具特色的空间序列。中轴线最精华的部分在紫禁城，外朝、内廷最主要的建筑前三殿和后三宫布置在中轴线上，其余东西六宫、乾东西五所对称布置在左右，拱卫中轴线上建筑。皇权的神圣地位在都城规划与宫城布局中得以充分体现。这条中轴线也是北京城市的中心。

紫禁城凝聚着丰富的传统文化，例如风水、阴阳、五行等。风水是古人居住价值观的反映，其外在表现是山水，本质是气。阴阳学说是中国古代的一种宇宙观和方法论。五行的金木水火土与阴阳是相辅相成的。阴阳学说又是古代中国风水理论的基础。按照风水理论，北面必须有"镇山"，即"靠山"，又要配以水，只有二者的结合，才是完美的福地。于是便在宫城四周开挖护城河，引护城河水入紫禁城，同时将开挖的大量土方运至宫城北侧，堆砌成山，即今天的景山，它与金水河共同构成紫禁城依山面水的气势，宛如一道天然屏障，守护着紫禁城。金水河命名又来源于五行学说，因河水从皇城和宫内的西方流入，西方属金，金又生水，故名为金水河。阴阳五行对建筑的影响，主要体现在方位的选定、环境的处理、建筑的装饰、色彩的运用等方面，手法比较含蓄，然而寓意深刻。一条南北中轴线将宫城分为东西阴阳二区，东为阳，五行中属木，色彩为绿，表示生长，因此东部的某些宫殿为太子居住和使用。西方为阴，五行中为金，属秋季，生化过程为收，所以部署了与"阴"有关的建筑内容，如皇太后居住的寿安宫、寿康宫、慈宁宫等。外朝与内廷来说，外朝为阳，内廷为阴，等等。这些都是中国古代建筑与文化融合的特色所在。

紫禁城所蕴含的中华传统文化在宫殿的匾额楹联上也可看出。外朝三大殿名称先后有几次变化。明北京紫禁城规划设计不仅以南京宫殿为蓝本，而且宫殿名称也都沿袭了南京的叫法。外朝三大殿，始建时按南京的名称，仍叫奉天殿、华盖殿、谨身殿，其名称虽有奉天承运的主旨，但也含有加强自身修养的意义。嘉靖四十一年（1562），遭雷击烧毁的三大殿修成，嘉靖皇帝更名为皇极殿、中极殿、建极殿，更突出了皇权的唯一性与至高无上。清顺治帝即位后，则把皇极殿易名为太和殿，中极殿易为中和殿，后来建极殿也改为保和殿。古代把"和"看作是一种理想的境界。三大殿是皇权神圣的象征，如此强调"和"，说明希望以"和"为准则，达到最理想的统治境界，这反映了作为少数民族的清朝统治者的心态，反映了他们的治国理念和政治意愿，顺治的年号应也体现了这种含义。1915年袁世凯称帝，拟改太和殿为承运殿，中和殿为体元殿，保和殿为建极殿，取"承天建极，传之万世"之意，也可见故宫匾额名称的政治文化内涵。

紫禁城的建筑艺术也体现了中国建筑的特点及中国传统的审美观念。例如，中国建筑有集群性特点，即建筑物往往是群体的组合，这在故宫反映尤为突出。故宫实际是个庞大的建筑群，它强调和追求的不是向空中的发展，而是在地面上的延伸。辽阔才是伟大，集群方显崇高，这种以平面延伸为壮美的观念体现了中国人的空间意识，同时群体的序列有助于渲染统治王朝的威严。但故宫的庞大群体不是散在的，如前所述，而是通过贯穿南北的中轴线，使这些群体呈现为极规则的分布。这种分布也是从尊卑、亲疏的区别出发，由近而远相对排开，使宫中大量的建筑组成一个轴线突出、主从分明、统一和谐的整体，形成一种中高边低、群星拱月的格局。从伦理层面上说，这种格局体现了儒家的等级观念，把君臣、父子、夫妇等封建伦常，通过建筑空间形象体现出来。从审美的层次上看，强调群体组合，强调有序化和对称性，追求平面伸展、主次对称，又是中华民族普遍的审美观的体现。同时，紫禁城中这些大小规模不同的院落和建筑外形的差异又造成多种多样的空间形式，使在总体的统一和谐中又富于变化，充分体现了中国古代建筑中院落式布局的特点和艺术表现力。

1987年故宫列入《世界遗产名录》，为故宫保护带来了新的视野，新的机遇。首先，可从世界文明发展历程看待作为中华文明重要载体的故宫遗产的独特价值，同时也更客观地认识不同文明的贡献与地位，并从全球化时代保持文化多元性、传续中华文脉的要求认识保护故宫的意义。其次，强化了遗产的共享意识以及全社会都必须承担管理和保护的理念，促使故宫博物院的管理和故宫保护更加开放。最后，作为世界文化遗产，故宫保护要坚持执行有关国际公约，坚持保护故宫的完整性与信息的真实性，处理好故宫保护与周边环境保护的关系。

第二节　沈阳故宫（盛京宫殿）[①]

沈阳故宫为清代努尔哈赤和皇太极两朝的宫殿，位于辽宁沈阳旧城的中心。努尔哈赤于1616年建后金国，定都建州（今辽宁省新宾满族自治县）。天命六年（1621）迁都辽阳（东京）。天命十年（1625）又自辽阳迁都沈阳（后改名盛京），一方面从东、南、西3个方面扩展旧城，一方面在沈阳城中心偏北处建造宫室，历史上称之为盛京皇宫。

---

① 孙大章主编：《中国古代建筑史·第五卷·清代建筑》（第二版），第三章第二节"盛京宫殿"，中国建筑工业出版社，2009年。文运亭、王佩环、井晓光主编：《中国建筑艺术全集·3·宫殿建筑（三）（沈阳）》，中国建筑工业出版社，1999年。武斌主编：《清沈阳故宫研究》，辽宁大学出版社，2006年。

崇德元年（1636）改国号为清。清兵入关定都北京后，盛京改为留都，称留都宫殿。康熙初在沈阳设奉天府，故又有奉天宫殿之称，今俗称沈阳故宫。

盛京宫殿是清代入关以前的施政中心，是肇业重地，基本规模形成于清代初期。在清顺治元年至乾隆十年（1644—1745）的100年中，盛京故宫基本是作为"国初旧迹"予以保护，并未有明显的改变。乾隆时期进行了多次改建和增建，使其建筑规模、使用功能都发生了重要变化。最早是乾隆十年至十三年（1745—1748），增建东巡驻跸行宫，新建尊藏实录、玉牒等宫廷文献的楼阁等。乾隆初年对沈阳故宫不仅进行增修和改建，还从北京调拨大批宫廷文物至此收藏，使旧宫成为清代著名的皇家文物收藏所，也使其原有"先皇旧阙"的性质发生新的变化，扩大了使用功能，促进了建筑的保护。自乾隆皇帝首次东巡起，皇帝在东巡驻跸期间的礼仪活动也进一步规范化，在清宁宫举行萨满祭典、在崇政殿举行谒陵礼成庆贺典礼、在大政殿举行盛大筵宴的3项仪式都载入清代《会典》和《大清通礼》中。沈阳故宫最后一批增扩建在乾隆四十六年至四十八年（1781—1783），主要是文溯阁等西路宫殿的兴建。在原有宫殿之西建起160余间大小房屋，形成与原"大内宫阙"部分既有联系，又相对独立的西路建筑群，也使盛京宫殿平面分布由两个区域扩展为3个区域，终清之世保留了这一基本格局。

盛京宫殿建筑占地12.96万平方米，内含1.68万平方米、114座古建筑和各类宫廷遗存。宫殿的总体布局分为东、中、西3路。中路和东路代表了清朝入关前宫殿建筑的形制。中路最长最宽，前有东西向大街，街上设文德、武功两牌坊。大清门内中轴线上依次为崇政殿、凤凰楼和清宁宫，与配楼、配阁、配斋、配宫等组成3组院落，是整个建筑群的中心；此外，中路左右各有一跨院，称东、西所。中路建筑是太宗皇太极时代的宫廷中心，采用前朝后寝的布局形式。前朝主体为听政、理事的崇政殿，后寝主体建筑是供帝后居住的寝殿清宁宫。清宁宫内檐完全是按满族习俗布置的，该宫5间11檩，入口不居中，而开在东次间。入门至西山墙为一统间,为萨满教祭祀时的神堂,围南西北三面设炕,称万字炕。北炕东端有两口大铁锅,南炕东端有案台,用以杀猪、煮祭肉。每当举行祭神仪式完毕以后,君臣围坐万字炕共食祭肉。清宁宫前的木杆称为"索伦杆",顶端有锡斗置肉祭天。清宁宫这种寝宫制度,在入关以后传入北京紫禁城,并据此式改建了坤宁宫。中路主要建筑如大清门、崇政殿、清宁宫以及两坊两亭等建成于天聪至崇德初年,凤凰楼建于康熙年间,其他飞龙、翔凤二阁,日华、霞绮二楼,师善、协中二斋都是乾隆年间增建的。中路左右各有一跨院,称东宫、西宫。东宫内有颐和殿、介祉宫和敬典阁等,西宫内有迪光殿、保极宫、继思斋和崇谟阁等,都是乾隆十一年(1746)增建的。大清门之东的太庙,是乾隆四十三年(1778)从他处移来再建的。

东路建筑为早期皇帝临朝举行大典之处,其建筑群由大政殿和十王亭所组成。大政殿居北正中,殿前两侧的十王亭呈"八"字形左右排列,最北两座为左、右翼王亭,其余8座按八旗方位依次排列,是八旗制度在宫殿建筑中的具体表现。东路以大政殿为主,是努尔哈赤时期将东京城的八角殿(亭)移来再建的,重檐八角攒尖亭式,黄琉璃瓦绿剪边的屋面。以八角为主殿的宫殿历史实例尚未出现过。大政殿正面前檐柱有两根木雕涂金蟠龙围绕,更增殿堂的雄伟。大殿的彩画、藻井皆以龙为题材,以强调君临天下的帝王气概。

西路是乾隆时期增建的文溯阁、嘉荫堂和仰熙斋。文溯阁是存放《四库全书》和《古今图书集成》的藏书阁,而嘉荫堂和仰熙斋则分别是皇帝看戏和读书的地方。文溯阁建于乾隆四十六年(1781),建筑仿宁波天一阁形制,六开间,两层,硬山黑琉璃瓦顶,绿色调彩画,以寓以水制火、灭灾护书的意义。

2003年,沈阳故宫作为明清故宫的另一个组成部分被列入《世界遗产名录》。沈阳故宫的突出普遍价值在于:"沈阳故宫在承袭中国古代皇宫建筑传统的基础上,汲取了丰富的地域文化和民族文化,保留着满族民间传统住宅的典型特色,在建筑造型和装饰艺术方面,形成集汉、满、蒙古族建筑艺术为一体的生动而独特的风格；特别是其以满族独特的社会组织'八旗'制度为依据排列的建筑布局，在世界宫殿建筑中独树一帜。清宁宫内皇帝的祭祀场所见证了满族传承了数百年的萨满教传统。"[1]

第三节　其他重要的明清宫廷建筑

宫廷建筑的类型很多，依据明代历朝实录修纂凡例，既包括宫殿、园囿、行宫、都城、天地宗庙社稷及一应神祇坛场、山陵，也包括国家和皇家衙署、学校、王府、公主府、王坟、公主坟，还包括敕建和使用国家钱粮及内帑营造的寺观及其他建筑等，它们大部分为"官式建筑"。我们这里着重介绍坛庙、陵寝、园囿、行宫及一些与紫禁城关系密切的宫廷建筑。

一、坛庙[2]

北京的坛庙在历史上曾是封建帝都的重要标志。明代嘉靖时期奠定了北京坛庙的格局，现存坛庙多数为明代所建。清代坛庙建筑沿袭于明朝。虽然其地理位置和形制未有大的变动，但是清朝实施的改建工程，无论从建筑特色还是从文化内涵上，都赋予了它们更为深刻的礼制精神。

（一）天坛

祭天是皇帝的特权。皇帝是"天子"，登极必告天地，表示"受

---

[1] 第 36 届世界遗产委员会会议文件 WHC-12/36.COM/8E。

[2] 潘谷西主编：《中国古代建筑史·第四卷·元明建筑》（第二版），第三章"坛庙建筑"，中国建筑工业出版社，2009 年。北京市地方志编纂委员会编：《北京志·园林绿化志》，北京出版社，2006 年。北京市文物局编：《北京古代建筑精粹》上卷"坛庙建筑"，北京美术摄影出版社，2007 年。

命于天"，承天意而治国。祭天是坛庙祭典中最重要的活动。从东汉开始，历代祭天之所都在都城的南郊，皇帝例于每年冬至赴坛祭天。明清皇帝在祭祀之前，要斋戒告庙，并省视献神的牺牲和乐器。祭前一日，皇帝出宿于南郊斋宫，可见这一仪式的崇隆。清入关前，在盛京（今沈阳故宫）就建有圜丘、方泽坛，祭告天地。顺治元年（1644）清军入关后便立即遣使臣祭告北京的天坛。

天坛为明清皇帝祭天和祈祷丰年的场所，在北京永定门内。始建于明永乐十八年（1420），原称天地坛，为天地合祀，主体为矩形大祀殿，前有门和两庑。嘉靖九年（1530）改分祀天地，在大祀殿南面建祭天的圆坛，即现在的圜丘。嘉靖十九年（1540）又在原大祀殿处建行祈谷礼的大享殿，即现在的祈年殿。清乾隆年间，又改圜丘的蓝琉璃栏杆、地面砖为石制，改皇穹宇的二层檐为单层檐，改祈年殿三层檐分用蓝、黄、绿琉璃瓦为纯用蓝琉璃瓦。明代所建祈年殿于光绪十五年（1889）毁于雷火。现殿是光绪十六年（1890）按原样式重建的。

天坛总面积273万平方米，现存的地面建筑虽然大部分为清代所建，但其布局仍为明嘉靖改制后所建，其中祈年门、斋宫等建筑则是明代原物。天坛有内外两重围墙。外墙的南面二角都是方角，北面二角都是圆角，以附会"天圆地方"之说。坛内主要建筑圜丘和祈年殿，布置在稍偏东的南北轴线的两端，中间连接的砖砌高甬道通称"丹陛桥"，还有一些附属建筑，最大的是内坛的斋宫和外坛的神乐署。圜丘是每年冬至日祭天处，为汉白玉砌的3层露天圆坛，祈年殿为皇帝每年正月上辛日举行祈谷礼的处所。

整个天坛坛域广阔，只疏朗地布置少量建筑，其余空间满植翠柏。柏树林起着远隔尘氛、造成静谧环境的作用。圜丘、丹陛桥和祈年殿都高出地面，越过矮墙，可以看到树梢，衬托出建筑高出林表之上与天相接的效果。天坛从选位、规划、建筑设计到祭祀礼仪和祭祀乐舞都有深刻的文化内涵，反映了古人对"天"的认识、"天人关系"以及对上苍的愿望、祈盼，使建筑本身处处体现了中国古代的哲学观和宇宙观。[①]

天坛是保存下来的封建王朝祭祀建筑中最完整、最重要的一组建筑，也是现存艺术水平最高、最具特色的优秀古建筑群之一。1961 年公布为全国重点文物保护单位。1998 年列入《世界遗产名录》。天坛的突出普遍价值在于："天坛的选址、规划、建筑设计以及祭拜礼仪和祭祀乐舞，均基于充满内涵的数字和空间组织，以皇帝作为'天子'这一媒介，阐释了关于'天''天人关系'的信仰。虽然其他各代王朝均修建了祭天的祭坛，但北京天坛是古代中国文化的杰作，也是中国大量祭祀建筑中最具代表性的作品。"[②]

（二）社稷坛

社、稷代表土地和农业，"社稷"一词，历来作为国家的代称。在向来以农立国的中国，社稷之祭是非常重要而隆重的典礼，历代皇帝均进行祭祀。

社稷坛位于紫禁城前西侧，明永乐十八年（1420）建成。清因明制，为社、稷合祀一坛之制。社稷坛平面为不规则长方形，占地约 24 万平方米。其主要建筑有社稷坛、拜殿、戟门等，还有一些附属建筑，如宰牲亭、神库和神厨等。社稷坛为祭祀土神谷神的场所，为汉白玉石砌成的 3 层（文献记为 2 层）方台，总高为 1 米，四面正中各设台阶 4 级，坛周边不设栏杆，坛顶铺以五色土，即按东、南、西、北、中的位置取全国五方之土，依青、红、白、黑、黄的对应颜色铺在坛面，象征普天之下，莫非王土。坛四周墙墙按东、南、西、北方位分别覆以青、红、白、黑四色琉璃瓦。坛所在院内没有绿化，只占全部区域 1/4，院外却是浓荫蔽天的古柏，形成深密和开朗的强烈对比。

民国三年（1914），社稷坛辟为中央公园。民国十七年（1928）为纪念孙中山，改称中山公园。自辟为公园以后，陆续改建、添建和

---

① 北京市地方志编纂委员会编：《北京志·天坛志》，北京出版社，2006 年。

② 第 36 届世界遗产委员会会议文件 WHC–12/36.COM/8E。

迁建一些其他建筑。民国五年（1916），戟门改造为图书馆。1917年，从圆明园遗址移来"兰亭八柱"和"兰亭碑"。1919年，将位于东单路口的"克林德坊"迁建于外坛墙南门内，改名"公理战胜坊"，中华人民共和国成立后更名为"保卫和平坊"。拜殿为皇帝祭礼时行礼之处所，1925年孙中山在北京逝世后，曾在拜殿停灵，故1928年更名为"中山堂"。1988年社稷坛被公布为全国重点文物保护单位。

（三）先农坛

先农坛位于北京永定门内大街，与天坛隔街东西呼应，又名山川坛，是明清两朝皇帝祭祀先农、天神地祇、太岁诸神及举行耕籍典礼的场所。每年阴历二月或三月吉亥日，皇帝率文武官员，祭先农坛，然后行"耕籍礼"，表示朝廷重农务耕，以为天下之表率。

先农坛始建于明永乐十八年（1420），由内外两重坛墙环绕，围墙平面北圆南方，总面积130万平方米。外坛墙已于民国初年被拆除，现存古建筑群有太岁殿、神仓、庆成宫、神厨库、先农坛神坛、宰牲亭、拜殿、具服殿、观耕台等，是明清皇家祭祀建筑中保留较为完整的一处。先农坛原址现为中国古建筑博物馆。2001年被公布为全国重点文物保护单位。

（四）太庙

太庙为皇家祭祀已故帝后之宗庙，按"左祖右社"的古制建在紫禁城前东侧，与西侧的社稷坛东西对称布局。始建于明永乐十八年（1420），为明初皇帝合祀祖先的场所，主体为正殿、寝殿两重。嘉靖二十四年（1545）重建，恢复"同堂异室"的合祀制度，保存至今。清顺治元年（1644）将清太祖、太宗神主供奉于太庙，将原明代历朝神主牌位移奉历代帝王庙。乾隆年间修缮、添建、改建较多。清帝逊位后，太庙仍归清室保管。民国十三年（1924），太庙由北洋政府接管，改为和平公园。民国十七年（1928），改归国民政府内务部所有。民国二十年（1931），由故宫博物院接管作为分院。1950年，太庙划归北京市总工会，改为劳动人民文化宫，太庙里珍藏的神牌、玉宝则由故宫博物院收藏。1988年，太庙被公布为全国重点文物保护单位。

占地面积近14万平方米的太庙呈长方形，具有完整对称的中轴线，3层琉璃瓦砖门、3层大殿、戟门、石桥南北排列在中轴线上，再加上封闭的围墙、浓密的古柏，形成庄严的气氛。太庙的建筑规格相当高。明清皇家建筑最高屋顶形式是重檐庑殿顶。紫禁城三大殿仅太和殿是庑殿顶，而太庙三大殿全是庑殿顶。太庙前殿为这组建筑物的中心，面阔60.01米，是我国现存古建筑中面阔最大的，其殿高也是全国最高的。大殿梁柱外面包以沉香木，其余构件用金丝楠木制成，是全国古代建筑中最大的楠木殿。殿下承以3层须弥座台基，殿前有宽敞的月台。前殿是裕祭的祭祀场所，殿内分昭穆设历代帝、后神座，神座前置笾豆案，案上摆放祭器和礼器。祭祀时，奏中和韶乐，演出佾舞。前殿之后为九开间的中殿，后殿以一道红墙与前面二殿相隔，是祭祀远祖之处，又称祧庙。大殿前面是五开间的戟门，门内原有120把铁戟，光绪二十六年（1900），八国联军入侵时全部被盗走。明清北京太庙是秦汉以来2000余年中国封建王朝保存下来的重要的宗庙实物，布局完整，历史价值极高。

（五）孔庙

孔庙即先师庙，在北京安定门内国子监街，与国子监相邻，是元、明、清3代皇帝祭祀孔子的场所。

孔庙始建于元代大德六年（1302），在今址正式建庙，后4年建成。大德十一年（1307）特诏命孔子加谥为"大成至圣文宣王"，这块"加号诏书"石碑，现仍耸立在大成门前。元至顺二年（1331），皇帝下诏恩准孔庙配享宫城规制，许孔庙四隅建角楼。元末，孔庙荒废。明永乐九年（1411）依旧地重建。嘉靖九年（1530）改大成殿为先师庙，大成门为庙门。万历二十八年（1600）改为琉璃瓦。清顺治八年（1651）重修，乾隆二年（1737）皇帝亲谕孔庙使用最高贵的黄琉璃瓦顶，只有崇圣祠仍用绿琉璃瓦顶。光绪三十二年（1906）祭孔的礼节升为大祀，孔庙也大规模地修缮。工程尚未完工，清朝被推翻，但修缮仍继续进行，到了民国五年（1916）才最后竣工。

孔庙占地 2.2 万平方米。院内以大成殿为中心，南北成一条中轴线，三进院落，左右建筑对称配列。轴线上建有嵌琉璃花砖一字影壁、先师门、大成门、大成殿等主要建筑。此外，在大成门外东面设碑亭、宰牲亭、井亭、神厨，西面有碑亭、致斋所、神库，元明清各科进士题名碑分列左右，势如碑林。最后一进是独立小院——崇圣祠。

北京孔庙是仅次于曲阜孔庙的全国第二大孔庙。1988 年被公布为全国重点文物保护单位。

（六）历代帝王庙

历代帝王庙位于北京阜成门内大街，是明清时期祭祀三皇五帝和历代帝王、功臣名将的皇家庙宇，也是我国现存唯一的专门祭祀历代帝王的庙宇。

历代帝王庙今址原为保安寺，始建于明嘉靖九年（1530），仿南京庙制改建。清雍正七年（1729）重修并建碑亭、立御碑。乾隆二十七年（1762）再次修葺，并将景德崇圣殿殿顶的绿琉璃筒瓦易为黄琉璃筒瓦，提高了庙的等级。

历代帝王庙坐北朝南，占地面积 2.15 万平方米，建筑面积近 6000 平方米。建筑主体布局分为中、东、西 3 路，中轴线由南向北依次为琉璃影壁、木牌坊（已拆）、庙门、钟楼、景德门、景德崇圣殿等建筑，中轴线两侧建有配殿。景德崇圣殿是历代帝王庙的主体建筑，大殿东西两侧分别为清雍正、乾隆二帝所建碑亭及御碑。除中路外，东路尚保留有神厨、神库、宰牲亭、井亭等建筑，西路主要为承祭官置斋所配房。庙正殿 5 室，设历代皇帝牌位，东西庑设从祀功臣牌位。明嘉靖时首祀历代帝王中创业之君 15 位；清康熙六十一年（1722）增至 160 余位；乾隆四十九年（1784）又增东晋、北魏、前后五代、唐代、金代 25 帝，祭祀皇帝总数达 188 位。民国改元，祀典遂废，历代帝王庙改由中华教育促进会及幼稚女子师范学校等单位使用。该庙已于 2004 年对外开放。1996 年被公布为全国重点文物保护单位。

此外,坛庙建筑至今尚存的还有地坛、日坛、月坛、时应宫、宣仁庙、昭显庙等。

二、陵寝

明清皇家陵寝以其特有的价值被列入《世界遗产名录》。作为世界文化遗产的明清皇家陵寝,其价值与特征主要是: "它是大型建筑群与自然环境有机融合的创造性杰作,是 14—20 世纪中国历史上最后两个古代王朝(明、清王朝)文化和建筑传统的独特见证。明清皇家陵寝是集汉满民族建筑艺术于一体的中国古代建筑的精美杰作,从选址到规划设计都体现了基于风水原则的'天人合一'的哲学思想和礼制秩序,阐释了中国古代社会后期一直延续着的世界观与权力观。"[①]

(一)明代皇陵[②]

明代共有 16 位皇帝,现存皇陵共 18 处,即安徽凤阳朱元璋父母的皇陵、江苏盱眙朱元璋三代祖考的祖陵、南京朱元璋的孝陵,以及北京昌平的明十三陵,还有北京西山的景泰皇帝陵与湖北钟祥嘉靖皇帝的父陵——显陵。

明代陵制,一方面继承和恢复了一系列的古代礼仪制度,另一方面又改革了某些旧的制度。如沿袭了"因山为陵"、帝后同陵、前后各代陵墓集中在同一兆域,并以祖陵为起点,后代陵墓按照昭穆的顺序分列左右依次排列等;变化之处,最主要的是将唐宋时期的陵园和寝园分为上、下二宫的形式合二为一,改变了陵体居中、四向开门的方形布局,确立了以裬恩殿(享殿)为中心的长方形陵形布局,并且形成了方城明楼——宝城宝顶(即以方形的明楼和圆形的陵体)为特

---

① 第 37 届世界遗产委员会会议文件 WHC–13/37.COM/8E。

② 潘谷西主编:《中国古代建筑史·第四卷·元明建筑》(第二版),第四章"陵墓建筑",中国建筑工业出版社,2009 年。明十三陵特区办事处主编:《中国建筑艺术全集·7·明代陵墓建筑》,中国建筑工业出版社,2000 年。胡汉生:《明代帝王陵》,北京燕山出版社,2001 年。

色的陵墓建筑群。

明代帝陵布局的基本模式为前后两个区域，即以祾恩殿为主体建筑的祭祀区在前，以方城明楼为标志的地宫区居后。祭祀区以墙垣围绕成长方形，分为3个院落：第一院落是从陵门至祾恩门，两旁设有神厨、神库、宰牲亭等建筑；第二院落即祾恩门内，有祾恩殿和两旁的配殿；第三院落为从祾恩殿后进内红门，设有二柱门、五供台等。地宫区以方城明楼为入口，方城之后是圆形大坟，称为宝顶，周围砌有砖壁，上砌女墙称为宝城。园中的殿宇是方的，地宫和封土是圆的，即所谓"前方后圆"之制，前面的门阙、享殿、明楼等建筑与后面的宝城宝顶全部安置在一条直线上，显出一种纵深幽远的气势。明陵变化发端于明皇陵与祖陵，成形于明孝陵，定制于明长陵。

明皇陵是明太祖朱元璋父母的陵墓。皇陵建筑毁于明末，现仅存陵体、石像生及部分石碑和墙垣遗址。从现存有关资料看，陵寝内外三道方垣，其中外面的土城和中间的砖城均四面设门，是轴对称布局方式，这种布局有着明显的唐宋帝陵制度遗意，但也有一些变革影响到以后明陵建筑规制，如中轴线上设五门，陵体与祭祀区前后各成一区，明楼之制等。祖陵是朱元璋三代祖考的陵寝，建筑规制仿自皇陵，大同小异，局部仍有所变化。明开国皇帝朱元璋的孝陵在南京钟山之阳，陵区以内外两道围墙圈护，自外围墙正门（大金门）开始，轴线上的建筑配置依次为碑亭、石桥、石像生（12 对）、棂星门、石桥、陵门、祾恩门、祾恩殿、内陵门、石桥、方城明楼及宝城宝顶。自碑亭以北，陵区轴线即向西折，绕小丘（今称梅花山）而至外金水桥，再折而依轴线向北入陵门，形成了一种不规则的帝陵神道布置方式。明孝陵开创了有明一代陵寝建筑布局的新规制，明成祖长陵以后的历代明陵均以孝陵格局为基本模式，只在局部有所变动。

明成祖迁都北京后，明代共有 14 帝，除景帝朱祁钰因故别葬北京西郊玉泉山北麓金山口外，其他皇帝都葬在北京昌平天寿山下，后人统称十三陵。十三陵以成祖永乐长陵为中心，坐北面南，以昭穆为序，诸陵依势布置在天寿山南麓，以一条公共神道作为进入陵区的总入口，入口处依次建有石牌坊、大红门、碑亭、华表、神道柱、石像生及棂星门，这条公共神道为各陵所共用。在大约 80 平方公里的范围内，每座陵各占据一片山坡，自成陵区，规模大小不一，但规制都模仿孝陵。

十三陵地表建筑，基本是紫禁城建筑的变例，主导思想仍在宣传皇权至上，其等级、用材均与紫禁城宫殿一样。陵园大红门前有石牌坊和下马碑。牌坊为五间六柱，庑殿顶，东西宽 33.6 米，高 10.5 米，是国内最大的石牌坊。其中明长陵建筑规模最大。其祾恩殿面阔九间，进深五间，重檐庑殿顶，台基有 3 层汉白玉护栏环绕，殿内有 32 根直径在 1 米以上的本色楠木巨柱，殿面积 1956 平方米，雄伟雅洁，为国内所仅见。20 世纪 50 年代，十三陵的定陵曾进行考古发掘，对陵制有了进一步的考察认识，并出土了各类殉葬品 3000 余件，不少是珍贵文物，后特辟专室陈列，地宫对外开放。

明孝陵与明十三陵 1961 年公布为全国重点文物保护单位，2004 年被列入《世界遗产名录》；明显陵 2000 年列入《世界遗产名录》。北京金山口的朱祁钰景泰陵，2001 年也被公布为全国重点文物保护单位。

（二）清代皇陵 [①]

清代皇陵共有 5 处，其中关外三陵即"盛京三陵"，为永陵（在辽宁省新宾满族自治县）与福陵、昭陵（均在辽宁沈阳市）；关内有二陵，即河北遵化清东陵与易县清西陵。

关外的永陵原称兴京陵，为努尔哈赤远祖的陵墓，顺治十五年（1658）又将努尔哈赤的祖父、父亲的灵柩迁于此，遂改名永陵。永陵为早期建造，制度不全，保存了满族入关前的朴素风格，三进院落，

---

① 孙大章主编：《中国古代建筑史·第五卷·清代建筑》（第二版），第六章"陵墓"，中国建筑工业出版社，2009 年。王其亨主编：《中国建筑艺术全集·8·清代陵墓建筑》，中国建筑工业出版社，2003 年。宋大川、夏连保：《清代园寝制度研究》（上、下），文物出版社，2007 年。

单檐歇山顶，积土为封，规模较小，但选址环境极佳。福陵是清太祖努尔哈赤的陵寝，水萦山拱，松柏林立，大殿凌云，把女真族的传统山城建筑与中国传统的帝王陵墓建筑巧妙地结合在一起，构成独具风格的帝王山陵。昭陵是清太宗皇太极和孝端皇后博尔济吉特氏的陵墓，在关外诸陵中规模最大且保存最为完整。清初关外诸陵，后来虽均参照明代帝陵规制加以增建，而出于康熙帝"凝思大业艰"的取向，仍然保留了其原有的格局与做法，可以看到其独特的建筑布局和具有浓郁地方色彩的建筑艺术，如陵园有高大城墙四周回护，且四角还有高耸的角楼，气势雄伟，为历代所无。清昭陵于 1982 年、清永陵和清福陵于 1988 年先后被国务院公布为全国重点文物保护单位，2004 年列入《世界遗产名录》。

清入关后的陵寝制度，基本继承了明陵的规制，而有少量创意，使陵寝体系更为完整，所以明清两个陵寝为同一规制，也因此作为同一项目列入《世界遗产名录》。清东陵和西陵，陵墓从规划建制到建筑造型均仿照明朝，采用集中陵区的手法，安排总入口，从正红门开端，经统一的神道、石像生、碑亭及华表，然后分达各陵区。清陵与明陵比较，仍有一些变化。按清代礼制，帝王死后葬入地宫，墓门封闭后不可再启，因此凡皇帝入葬后仍然在世的皇后都要在帝陵左右另建陵寝，突破了明代没有后陵的成宪，规制虽减帝陵一等，但也十分辉煌壮美，这也造成清代陵区建筑布局较密的现象，为前所未有。

清东陵为清入关后所建的第一座皇陵，位于河北遵化市昌瑞山南麓，清顺治十八年（1661）起在此建陵。有帝陵 5 座，为世祖顺治孝陵、圣祖康熙景陵、高宗乾隆裕陵、文宗咸丰定陵、穆宗同治惠陵，另有慈禧定东陵等后陵 4 座，以及妃园寝和王爷、皇太子、公主园寝等。陵区占地 2500 平方公里，以孝陵为中心，帝、后、妃按顺序排列两旁。各帝、后陵园形制基本相同，但又各具特色。慈禧太后的陵寝建筑中大量使用花梨木、汉白玉、片金和玺彩画、贴金砖雕等装饰材料，建筑外观豪华富丽，仅黄金即用 4000 余两，随葬珍宝更是不计其数。

清代帝、后陵寝均以地宫为核心，外部建有防护性和礼仪性的建筑。裕陵地宫尤为精美绝伦，它由 3 座石拱券式殿堂组成，称为明堂、穿堂、金堂，中间以墓道相连，共设 4 道石门，全长 54 米。在金堂石棺床上，停放乾隆皇帝及 2 个皇后、3 个贵妃的棺椁，全部地宫的石壁、石门、券顶等处皆布满雕刻。各石券底部精雕成仰覆莲须弥座，墙面、券顶及门扇周边均雕饰卷草纹样，以及到处满布的藏传佛教的各式佛像、吉祥图文及藏、梵文经咒，整个地宫仿佛是个庄严精致的佛教圣境。1928 年，军阀孙殿英武装盗墓，将裕陵和慈禧陵地宫洗劫一空，是为"东陵盗宝案"，至 1945 年其他各陵也被盗掘。1961 年国务院公布为全国重点文物保护单位，2000 年列入《世界遗产名录》。

位于河北省易县城西永宁山下的清西陵，是清入关后所建的第二座皇陵，始建于雍正八年（1730）。有帝陵 4 座，为世宗雍正泰陵、仁宗嘉庆昌陵、宣宗道光慕陵、德宗光绪崇陵，另有后陵 2 座，后妃合葬墓 1 座，以及妃园寝和王爷、公主园寝等。此外，清末帝溥仪的骨灰后来也移葬于西陵中。清西陵陵区面积 225 平方公里，以并列的泰陵和昌陵为中心，西有慕陵，东有崇陵，形成一个带状的陵墓群，整体气势不如东陵。西陵陵园建筑面积有 5 万多平方米，共有 402 座古建筑（包括千余间殿宇和百余座石雕建筑），现在大部分保存完好。1938 年，崇陵和崇妃园寝被盗。1961 年国务院公布为全国重点文物保护单位，2000 年列入《世界遗产名录》。

三、园囿 [①]

在北京，皇家园囿也很有历史，辽有瑶屿行宫、金有大宁宫、元有太液池，到了明代，皇家园囿进一步发展，除紫禁城的御花园等处

① 周维权、楼庆西主编：《中国建筑艺术全集·皇家园林》，中国建筑工业出版社，1999 年。孙大章主编：《中国古代建筑史·第五卷·清代建筑》（第二版），第四章"园林"，中国建筑工业出版社，2009 年。北京市文物局编：《北京古代建筑精粹》上卷"园林"，北京美术摄影出版社，2007 年。

以外，主要有皇城北部中轴上的万岁山（清初改称景山）、紫禁城西侧的西苑、西苑之西的兔园及皇城东南部的东苑。清初兴起皇家建园的高潮，起于康熙，完成于乾隆。从乾隆三年到三十九年（1738—1774）的30多年间，皇家的园囿建设工程几乎没有间断过，新建、扩建的大小园囿面积总计1500万至1600万平方米之多，行宫御苑和离宫御苑则是其中的重点，其规模、数量都是宋以来所未有的，广泛地分布在北京近郊、远郊以及畿辅、塞外等地，其中尤以"三山五园"、西苑三海及承德最为精华荟萃，避暑山庄、圆明园、颐和园堪称清代皇家园囿的代表作。在建筑艺术上，这些园囿都有宏大壮观的总体规划，注重与大自然的密切关系，汲取江南园林意趣并突出建筑形象的造景作用，而寺、观、祠庙的大量建置及宫殿区的兴建，表明这些园囿不只是帝王游娱之处，也是长期居住、处理政务之所，兼具"宫"与"苑"的双重功能，曾是重要的政治舞台。

西苑为紫禁城西侧的皇家园囿，辽时已开始经营，后经金、元、明各代的增扩，至清代更臻完善。明清皆称西苑，中海、北海称太液池，加上南海，称三海。"三山五园"为香山静宜园、玉泉山静明园、万寿山清漪园（颐和园）、圆明园、畅春园，是康、雍、乾三代帝王前后130年经营而形成的。承德避暑山庄与外八庙一起，为清代最大的离宫园囿。

（一）北海

北海是有800年历史的皇家园林，金代在此建离宫，改岛名琼华岛，在山顶建广寒殿。清顺治八年（1651）拆广寒殿建为白塔。乾隆时除在琼华岛四面建亭榭楼台外，又在北岸修建了先蚕坛、阐福寺、西天梵境、万佛楼、小西天、澄观堂、镜清斋（今静心斋）等，在东岸修建濠濮间、画舫斋等，具备了今天北海的规模。

北海总面积70万平方米，其中水面约占2/3。主要建筑分布在琼华岛上和北海的北岸及东岸。琼华岛的建筑依山而建，可分东、西、南、北4个部分，岛上耸立着通高40米的藏式白塔。永安寺倚山面南而建，拾级而上，有钟鼓楼、法轮殿、牌坊、正觉殿等。白塔山西部山腰有悦心殿、庆霄楼一组建筑，为清帝"理事引见"及入冬后观"冰嬉"、赏雪景的地方，阅古楼内墙壁间嵌《三希堂法帖》石刻共 495 方。白塔山东侧山腰有智珠殿，山脚立有乾隆皇帝御题"琼岛春阴"碑，为"燕京八景"之一。北侧山下有傍湖环岛而建的长廊，还有仿镇江金山寺的漪澜堂等一大片建筑。

位于北海南岸的团城，占地约 4500 平方米，城高约 5 米，是一座砖砌城台。城台上古树森然，建筑错落有致。承光殿位于城台正中，北侧有敬跻堂，南有玉瓮亭（乾隆年间添建），构成城台上建筑的中轴线。承光殿殿内供奉一尊高 1.5 米的玉佛。全身系一块整玉制成，洁白无瑕，光泽清润，头顶及衣褶嵌以红绿宝石。玉佛左臂有明显刀伤一处，系八国联军侵入北京时所为。玉瓮亭内玉瓮系元代遗物，直径约 1.5 米，高 0.65 米，系整块墨玉琢磨而成。

民国四年（1915），北海辟为公园，民国十一年（1922）正式对外开放。1961 年，北海及团城被公布为第一批全国重点文物保护单位。

（二）中南海

中南海是中海和南海的合称。明代此处即为禁苑，并展拓了南海水域。清沿明制。乾隆年间，大兴土木达 30 年，形成今天所见的园林格局。清后期又进行过全面维修和扩展。

中南海总占地面积约为 100 万平方米，其中水面约为 47 万平方米。现存建筑绝大部分为清代遗构。南海主要有宝月楼、瀛台；中海主要有紫光阁、蕉园和孤立水中的水云榭。紫光阁位于中海西北岸，原名平台，是明武宗观看操练射击之地，台高数丈，其后改为紫光阁。清仍其旧，并在阁内悬挂得胜功臣像。每年正月十九日，清帝在此设功臣宴款待群臣。瀛台，又称南台，三面临水，是南海的水中岛屿。岛上建筑精巧，古木参天，四周碧波如画，宛若蓬莱仙境，故名瀛台。勤政殿位于瀛台北端，与瀛台隔池相望。光绪时，皇帝与太后多居西苑，以此为听政之所。又有翔鸾阁、涵元殿等。戊戌变法后，光绪帝被囚在瀛台中达 10 年之久。民国初年，大总统黎元洪曾在此居住。涵元殿南有蓬莱阁。蓬莱阁南有长春书屋与补桐书屋，屋后有石笋，上刻乾隆帝所题"插笋"二字。勤政殿以西为丰泽园，原为皇帝行演耕礼的地方。园西有荷风惠露亭，毛泽东主席的居所就在园内的菊香书屋。怀仁堂，位于中海西岸，原名仪銮殿，此处仪銮殿为 1900 年被焚毁的慈禧寝宫移建而来，民国以后改名怀仁堂，中华人民共和国成立后又加以改建。原仪銮殿旧址上兴建了一座模仿圆明园西洋楼的建筑——海晏堂，后改称居仁堂，1964 年拆除。

中南海于民国十八年（1929）辟为公园。1945 年抗日战争胜利后，南海为北平行辕办公址。中华人民共和国成立后，中南海成为党中央和国务院所在地。2006 年被公布为全国重点文物保护单位。

（三）景山

景山位于紫禁城以北，在北京南北中轴线的中心点，封建时代也是北京城的最高点。元代这里是皇帝的御苑。明永乐时，将挖掘紫禁城护城河和太液池南海的泥土以及拆毁元朝宫殿的渣土在此堆积成山，山之东北修建以寿皇殿为主的殿亭楼阁。其山取名万岁山，传说山下储煤，故俗称煤山。清顺治十二年（1655），将万岁山改名景山。乾隆十六年（1751），在景山五峰上各建一亭。

景山总占地面积约 23 万平方米，山高 43 米，周长 1015 米，围墙东、南、西三面辟门。位于景山门内正北面山脚下的绮望楼，是供奉孔子牌位的地方。景山上五亭，五亭内原供佛像，俗称五方佛。清光绪二十六年（1900）八国联军入侵北京，除万春亭的毗卢遮那佛外，其余四尊佛像均被劫走。景山东麓山腰，传为明崇祯皇帝自缢处。景山以北有寿皇殿，主体建筑由寿皇殿、观德殿、永思殿以及牌楼、碑亭、神厨、神库等组成。寿皇殿始建于明代，清乾隆十四年（1749）重新仿太庙建造，并移于景山后中轴线上，规模宏伟。寿皇殿清代为供奉历朝皇帝御容（画像）之所，后为北京市少年宫，已于 2014 年完成腾退。寿皇殿东有永思殿、观德殿，为清代帝后停灵之处。

景山曾由故宫博物院管理，1954 年移交北京市园林处，2001 年被公布为全国重点文物保护单位。

（四）圆明园

圆明园遗址在北京西北郊。一般所说的圆明园，还包括它的两个附园长春园和绮春园（万春园）在内，合称"圆明三园"。圆明园始建于清康熙四十八年（1709），是在康熙皇帝赐给皇四子胤禛的一座明代私园的旧址上建成的。胤禛登位为雍正皇帝后，扩建为皇帝长期居住的离宫。乾隆时期再度扩建，乾隆九年（1744）竣工。后又在园的东侧辟建长春园，在园的东南辟建绮春园附园。乾隆三十七年（1772）全部完成，构成三位一体的园群格局。

圆明三园总面积约 350 万平方米，人工开凿的水面占全园的一半以上，全园之景都以水为主题，因水而成趣。造园匠师运用中国古典园林造山和理水的各种手法，创造出一个完整的山水地貌作为造景的骨架。园中大中小水面相结合，大的如福海，宽 600 多米；中等的如后湖，宽 200 米左右；众多的小型水面，宽 40 至 50 米。回环萦绕的河道，又把这些大小水面串成一个完整的河湖水系，构成全园的脉络和纽带。与河湖相结合，有叠石而成的假山，聚土而成的冈阜、岛、屿、洲、堤等，分布于园内，与水系相结合，把全园划分为山重水复的百余处景观。

圆明园集中国古典园林平地造园的筑山理水手法之大成，它在继承北方园林传统的基础上，又广泛地汲取江南园林的精华，全面而精练地再现了江南水乡烟水迷离的风貌。圆明园内有大小建筑群 120 余处，约 15 万平方米。虽然都呈院落的格局，但处在那些多样的山水地貌和树木花卉之中，就形成 150 多处格调各异的大小景区。主要的如"圆明园四十景"、"绮春园三十六景"及长春园 10 余景等，都由皇帝命名题署。圆明园作为皇帝长期居住的地方，在紧接正门的地方建置了一个相对独立的宫廷区，包括帝、后的寝宫，皇帝上朝的殿堂，大臣的朝房和政府各部门的值房，是北京紫禁城的缩影。除宫殿和住宅、庙宇、店肆、戏院、藏书楼、陈列馆、船埠以及辅助用房等具有特定使用功能的建筑外，大量的则是供游憩宴饮的园林建筑。建筑物个体尺度较外间同类型建筑要小一些，绝大多数的形象小巧玲珑。除极少数的殿堂、庙宇之外，一般外观比较朴素雅致、少施彩绘，与园林的自然风貌谐调，但室内的装饰、装修、陈设富丽，以适应帝王宫廷生活的趣味。

长春园北部有一个俗称"西洋楼"的特殊景区，包括 6 幢建筑物、3 组大型喷泉、若干小喷泉以及园林小品，建筑物有远瀛观、海晏堂、方外观、观水法、线法山、谐奇趣等，是由当时以画师身份供职内廷的欧洲籍天主教传教士郎世宁等设计监造的一组欧式宫苑，也是在中国宫廷里首次成片建造的外国建筑和庭园。6 幢主要建筑物为巴洛克风格，但在细部装饰方面也运用许多中国建筑手法。3 组大型喷泉、若干小喷泉和绿地、小品则采取勒诺特尔式的庭园布局。

圆明园不仅在当时的中国是一座最出色的行宫别苑，乾隆皇帝誉之为"天宝地灵之区，帝王游豫之地，无以逾此"，并且还通过传教士的介绍而蜚声欧洲，对当时盛行于欧洲的完全几何式构图的法国路易十四式园林及完全因袭自然风景的英国式园林产生了冲击。咸丰十年（1860），圆明园这座被清廷经营 150 年之久的"万园之园"竟遭英法联军的抢掠和焚毁。同治十二年（1873），以奉养两宫太后为借口，由同治帝特谕，择要兴修圆明园，次年九月因经费困难而停工。光绪年间曾对一些殿宇不断粘补修理。八国联军入侵北京，圆明园又一次受到驻守北京的八国兵丁的大肆洗劫。辛亥革命后，圆明园尚属皇室私产，园中残存建筑遗物陆续被盗拆或变卖，有的被移置他处。"文革"中圆明园遗址又受到严重破坏。圆明园遗址现由管理处进行保护。1988 年圆明园遗址被公布为全国重点文物保护单位。[1]

（五）颐和园

颐和园原名清漪园,始建于清乾隆十五年(1750),历时 15 年竣工,

---

[1] 张恩荫：《圆明大观话盛衰》，紫禁城出版社，1998 年。

是"三山五园"中最后建成的一座。咸丰十年（1860）被英法侵略军焚毁。光绪十二年（1886）慈禧太后挪用海军经费和其他银两开始重建，光绪十四年（1888）改名颐和园，光绪二十一年（1895）工程结束。光绪二十六年（1900）遭八国联军破坏，光绪二十八年（1902）修复。1961年被公布为全国重点文物保护单位。1998年被列入《世界遗产名录》，颐和园突出的普遍价值在于："颐和园是中国'天人合一'的景观园林艺术的经典范例，是中国园林设计思想与实践的集大成之作，在东方世界园林发展中占有重要地位，作为中国皇家园林的代表作，也是世界主要文明之一的强有力的象征。"①

颐和园划分为宫廷区和苑林区两部分。宫廷区以东宫门内的仁寿殿为中心，是当时"垂帘听政"的慈禧太后处理朝政的场所。由殿堂、朝房、值房等组成多进院落，占地不大，相对独立于其后的面积广阔的苑林区。以万寿山、昆明湖为主体的苑林区是全园的精华。万寿山东西长约1000米、高60米，昆明湖水面占全园面积的78%，形成山环水抱的形势。颐和园的总体规划是以杭州的西湖作为蓝本。昆明湖中有一道长堤——西堤，自北逶迤向南，西堤及其支堤把湖面划分为3个大小不等的水域，每个水域各有一个湖心岛，三岛鼎足峙列，是表现皇家园圃"一池三山"的传统模式。西堤以及堤上的6座桥有意识地模仿了杭州西湖的苏堤和"苏堤六桥"。西堤一带碧波垂柳，景色开阔，园外数里的玉泉山和山顶的玉峰塔影扑面而来。从昆明湖上沿湖滨西望，园外之景与园内湖山浑然一体，这是中国园林中运用借景手法的杰作。

万寿山的南坡（即前山）濒昆明湖，湖、山、岛、堤及其上的建筑，配合着园外的借景，构成一个极其开朗的自然环境，是颐和园的主景区。从湖岸直到山顶，三大组殿堂台阁将山坡覆盖住，构成贯穿于前山上下的纵向中轴线。排云殿是前山最为宏伟的一组建筑，专为慈禧太后

---

① 第37届世界遗产委员会会议文件 WHC-13/37.COM/8E。

做寿而建。约 40 米高的佛香阁雄踞于高台之上，成为整个前山和昆明湖的总揽全局的构图中心。横贯山麓、沿湖北岸东西逶迤的"长廊"，共 273 间，全长 728 米，这是中国园林中最长的游廊。

后山后湖景区占全园用地的 12%。后湖的河道蜿蜒于万寿山北坡即后山的山麓，环境局促，河湖狭窄，其布局为适应地形特点，以北向为主。后山的景观突出了自然环境的山林野趣，除中央藏传佛寺"须弥灵境"外，建筑物大都集中为若干处自成一体，与周围环境组成精致的小园林。其中的谐趣园原名惠山园，是模仿无锡寄畅园而建成的园中园，具有浓重的江南园林特色。谐趣园西北有玉琴峡，峡口巨石嶙峋，翠柏青藤，绿竹红蓼，从后湖引来的活水，经玉琴峡沿山石跌落而下，潺潺淙淙，犹如琴声，更增加这座小园林的诗情画意。[①]

此外，尚有静明园（即玉泉山）、静宜园（即香山）、南苑（即南海子）、静寄山庄（又称盘山行宫，在天津蓟州区）等皇家园囿。

四、避暑山庄及外八庙

位于河北承德的避暑山庄又称热河行宫、承德离宫，是中国现存占地最大的古代离宫别苑。承德地处长城内外交通要冲。清朝开国后，为了讲武演兵、保持国族骑射的传统，皇帝每年都到木兰围场行围狩猎。为满足这一需要，康熙四十二年（1703）始建避暑山庄，康熙四十七年（1708）初具规模。扩建从乾隆十六年（1751）一直持续到乾隆五十五年（1790）。康熙、乾隆等多位皇帝每年夏、秋两季在这里处理军政要务，接见国内各民族政教首领和外国使节，并由此北上木兰围场进行秋狝围猎训练军队；发生于此的诸多清代重要历史事件、重要遗迹和重要文物，见证了中国多民族统一国家巩固、发展的历史。

避暑山庄占地 564 公顷，地形变化复杂。其总体布局按"前宫后苑"的规制，宫殿区位于山庄南端，北面即为广大的苑林区。山庄根据自

---

① 颐和园管理处编：《颐和园志》，中国林业出版社，2006 年。

然条件可分为宫殿区、湖区、平原区和山区，创造了山、水、建筑浑然一体而又富于变化的园林景观。山庄内有康熙用4字题名的三十六景和乾隆用3字题名的三十六景。宫殿区由正宫、松鹤斋、东宫和万壑松风4组建筑组成。正宫是清帝理政和宴居所在，按"前朝后寝"的形制，依中轴线对称原则，由9进院落组成，布局严整，装修淡雅。前朝以澹泊敬诚殿为主体，此殿又称楠木殿；后寝以烟波致爽殿为主殿，咸丰末期慈禧太后阴谋篡权活动即发生于此地。松鹤斋为奉养太后的居地，由7进院落组成。万壑松风为松鹤斋最后一进院落，是乾隆帝幼时读书处。整个宫殿区建筑格局是严整的宫廷式体制，但外观朴素，尺寸亲切，院内散植古松，极富"山庄"情调。

位于宫殿区之北的湖区是山庄风景的重点。湖水主要由热河泉汇聚而成，用长堤、小桥、曲径纵横相连，洲岛错落，水天一色，是山庄造园的点睛之笔。建筑采用分散布局的手法，园中有园，每组建筑都形成独立的小天地。金山亭为这个景区总缉全局的重点，如意洲为景区的建筑中心。湖泊区许多景点都具有江南园林特征，但建筑本身又是北方形式，叠石也以北方青石为主，这些都与浑厚的自然景色和谐统一。整个湖区为远山近岭所环抱，隔武烈河与山庄相望。承德外八庙中的普宁寺、普乐寺、安远庙隐现于群峰之中，通过借景，使湖区景观更为丰富多彩。湖北为辽阔的平原区，过去古木参天，碧草如茵。万树园原为蒙古牧马场，乾隆时在此搭建蒙古包，宴请少数民族首领和外国使节。平原西侧山脚下坐落着文津阁，曾珍藏《四库全书》和《古今图书集成》各一部。山庄西北部是山峦区，这里谷深壑幽，峰峦叠嶂，原有很多园林建筑和大小寺院，均已损毁。

避暑山庄周围有"外八庙"，为反映中国不同民族建筑风格的皇家寺庙群，环列在山庄外的东部和北部山麓，占地47.2公顷，建筑面积6万多平方米，以众星拱月之势，拱卫着避暑山庄。所谓"外八庙"，其实有12座庙宇，因12座寺庙分8处管理，这8处在北京都有下处（办事处），向理藩院直接领取银饷，故称这8处京师之外的庙宇为

"外八庙"。这些藏传寺庙陆续修建于康熙五十二年至乾隆四十五年（1713—1780）的 60 余年间，凝聚了汉、蒙古、藏等民族的建筑艺术精华，是风格各异、规模庞大的皇家寺庙群，记载着一段民族历史，也见证了康乾时颇有卓见的民族政策。外八庙为：

溥仁寺。康熙五十二年（1713），蒙古诸王为庆祝皇帝 60 圣寿而建。

溥善寺。与溥仁寺同时兴建，规模大同小异，今已不存。

普宁寺。乾隆二十年（1755）初，初定准噶尔叛乱后，仿西藏桑耶寺而建。此寺大乘阁中所立的木制千手千眼观音站像，高达 24.24 米（不算地下部分），左右宽达 15 米，是全世界最大的木制佛像。

安远庙。又称伊犁庙，为纪念平准噶尔叛乱并供迁居承德的厄鲁特蒙古达什达瓦部族众宗教朝拜，乾隆二十九年（1764）仿新疆伊犁之固尔扎庙修建。

普佑寺。乾隆二十五年（1760）敕建，佛像全仿西藏式，为诸寺中最幽静之名刹。

普乐寺。乾隆三十一年（1766），为新归附之都尔伯特、左右哈萨克、东西布鲁特等而建。主体建筑旭光阁，重檐圆顶，内供胜乐金刚。

普陀宗乘之庙。为庆祝乾隆 60 寿辰及其母 80 寿辰，以及纪念土尔扈特部返回祖国，于乾隆三十二年（1767）下令仿西藏拉萨布达拉宫建造，历时 4 年建成，又称布达拉庙，与须弥福寿之庙并为达赖、班禅觐见时专用。规模宏大，清廷规定驻庙喇嘛 312 名。

须弥福寿之庙。乾隆四十五年（1780）建，是年乾隆帝寿 70，六世班禅额尔德尼贝丹意希自后藏来贺，为其入觐所建，仿日喀则之扎什伦布寺。除上述 8 座寺庙外，尚有广安寺等寺庙，泛称外八庙时，也包括它们。[①] 承德避暑山庄 1961 年公布为全国重点文物保护单位。避暑山庄及其周围寺庙于 1994 年被列入《世界遗产名录》，它有着多

---

① 孙大章主编：《中国古代建筑史·第五卷·清代建筑》（第二版），第四章第四节"避暑山庄"，中国建筑工业出版社，2009 年。杜江：《清帝承德离宫》，紫禁城出版社，1998 年。

方面的突出普遍价值："承德避暑山庄及其周围寺庙是中国宫殿建筑、园林、宗教建筑的经典杰作。避暑山庄结合自然山水构建景观，继承发扬了皇家园林的传统，是中国自然山水宫苑的杰出代表；周围寺庙的建筑形式融汇了汉、蒙古、藏等多民族建筑艺术和文化，包括藏式、汉式、汉藏结合等多种建筑形式，代表了中国建筑发展过程中多民族文化交流与融合的成就。""承德避暑山庄及周围寺庙的人文景观与承德独特的丹霞地貌等自然环境完美结合，其自然和谐的规划布局是中国传统'风水'学说的成功实践作为中国古典园林的代表，承德避暑山庄及周围寺庙的造园艺术曾经影响欧洲，在 18 世纪世界景观设计史上占据重要的地位。"[①]

五、故宫外围其他重要建筑

故宫外围绕以皇城，南北长 5350 米，东西宽 2500 米，呈不规则方形。四面各开一门。清名南曰天安门，北曰地安门，东曰东安门，西曰西安门。天安门前还有中华门，明代称大明门，清代称大清门，民国初年改名中华门，1958 年被拆除。

皇城中心偏南为宫城，即紫禁城。紫禁城以南，端门两侧，东为太庙，西为社稷坛。紫禁城北为明初堆起的万岁山，清顺治十二年（1655）改名景山。景山西侧，南为大高玄殿，北为稽查内务府御史衙门，再西则为北海。紫禁城以西，有南海、中海、北海，并称三海，又称西苑。紫禁城东南明代有东苑，内有小南城，明英宗曾被禁锢于此，后圮废，附近现存建筑有皇史宬。皇城内还有众多的寺庙和官署、仓库。民国以后，皇城陆续拆除，现存天安门两侧东西各一段为当年旧物。

围绕紫禁城的这些建筑有些已拆除，太庙、社稷坛、景山、西苑三海等前面已做过介绍，下面再介绍其他几处重要建筑。

---

① 第 37 届世界遗产委员会会议文件 WHC-13/37.COM/8E。

天安门。明永乐十八年（1420）建成，命名承天之门，寓意承受天命来治理国家之意。天顺年间毁于火，成化时重建。城楼面阔五间，进深三间。顺治八年（1651）改建为面阔9间，进深5间，改称天安门。康熙二十七年（1688）又有重修。光绪二十六年（1900），天安门遭八国联军炮击。中华人民共和国成立后，天安门经过多次修葺。1970年重修后的天安门，比原来的天安门高了83厘米，通高34.7米。天安门由城楼和城台2部分组成，开有5座洞门。城楼为重檐歇山顶，覆黄色琉璃瓦，基本保持顺治年间改建后的形制。天安门前后各有华表一对，门前外金水河上架石桥7座，金水桥两侧各设石狮一对。明代承天门为皇城中门，清代乾隆朝以后改成皇城正门。明清两代，天安门是皇帝祭祀、出征、出巡等活动的必经之门。凡皇帝登极、册立皇后等盛大庆典，要在天安门举行"颁诏"仪式。所颁诏书在紫禁城太和殿钤上皇帝玉玺，放到午门外龙亭内，抬到天安门上宣读后，卷起衔在金凤口中用彩绳从城台正中系下，礼部官员手捧云盘承接，放入龙亭送至礼部，颁告全国。此即所谓"金凤颁诏"。1949年在天安门举行了隆重的中华人民共和国开国大典。1961年天安门因为具有革命纪念建筑物的价值被公布为全国重点文物保护单位。

端门。位于天安门以北，形制与天安门相同，城台与城楼通高34.7米，是自天安门进入紫禁城的必经之门。端门外两侧，东为太庙，西为社稷坛。东庑中开有太庙街门和太庙右门，为进出太庙的通道。西庑中开有社稷街门和社稷左门，为进出社稷坛的通道。端门内两庑为连檐通脊的长房，系都察所属六科公署和六部九卿等朝房。

大高玄殿。位于景山西侧，是我国唯一专供明清两代皇家御用的道观。建于明嘉靖二十一年（1542），嘉靖二十六年（1547）毁于火，万历二十八年（1600）重修。清雍正八年（1730）、乾隆十一年（1746）、嘉庆二十三年（1818）曾有修缮。大高玄殿四周围以高垣，南墙辟琉璃券洞门3座，护以石栏。门外原有牌坊3座、习礼亭2座。习礼亭重檐多脊、四面显山，与紫禁城城垣角楼形似。南侧牌坊因糟朽于民国初年拆除，其余两座牌坊及两座习礼亭于20世纪50年代因道路展宽而拆除。大高玄殿面阔七间，黄琉璃瓦重檐庑殿顶，前有月台，东西配殿各5间。大高玄殿后面为九天应元雷坛。九天应元雷坛后面是一座上圆下方的两层楼阁，以象征天圆地方。上名乾元阁，圆攒尖顶，覆蓝色琉璃瓦；下名坤贞宇，檐宇覆黄色琉璃瓦。为明内宫官婢、习道者演唱科仪之所。1996年被公布为全国重点文物保护单位。

皇史宬。位于紫禁城东华门外南池子大街，建于明嘉靖十三年（1534），隆庆二年（1568）重修。清嘉庆十二年（1807）又修，并添建碑亭。皇史宬一组建筑有南北中轴线，二重院落，前院是狭长的通道，院内中央北面为正门，门内正中即正殿皇史宬。皇史宬建在高约2米的台基上，殿前月台开阔，周围绕以石栏。皇史宬面阔九间，黄琉璃瓦单檐庑殿顶，为砖石结构，称为"无梁殿"。室内设有高1.2米的石制须弥座，须弥座上放置有152个镏金雕龙铜皮樟木巨柜，即古之所谓"金匮石室"。明清两代皇室的大量重要档案，如明代的实录、宝训，清代的实录、玉牒、圣训等，都珍藏于此。《永乐大典》副本，《大清会典》《朔汉方略》内阁副本等珍贵史料，也存于此地。1982年被公布为全国重点文物保护单位。

雍和宫。北京保存了不少皇家敕建的寺院道观，除紫禁城内外的雨花阁、梵华楼、钦安殿、大高玄殿等外，雍和宫就是等级最高、保存最完好的藏传佛教寺院。雍和宫位于北京市东城区北新桥，创建于清康熙三十三年（1694），初为清世宗即位前的王府，雍正三年（1725）改名雍和宫，将其中一半改为黄教上院，一半作为皇帝行宫。乾隆九年（1744）雍和宫改为喇嘛庙，成为清政府管理全国喇嘛教事务的中心。

雍和宫坐北朝南，占地约6.6万平方米，分为中、东、西3路，中路为主体建筑所在。雍和门之前，有铜狮一对，系乾隆年间制造。东西各有八角碑亭一座，内贮乾隆九年冬十月碑。东亭之碑镌汉满合璧文，西亭之碑镌蒙藏合璧文。雍和宫之前，有乾隆帝御制《喇嘛说》

碑一座，为乾隆五十七年（1792）孟冬月御笔，用汉满蒙藏四体合璧文，护以四角碑亭。碑文着重叙述和考证了"喇嘛"一词的来源以及藏传佛教的渊源，是研究清代藏传佛教的重要资料。雍和宫整个建筑布局完整，巍峨壮观，具有汉、满、蒙古、藏民族特色，其中颇具特色的建筑有法轮殿、班禅楼和戒台楼。各殿内供奉的众多佛像，造型优美，形象生动，特别是金银铜铁锡制作的五百罗汉山、金丝楠木的木雕佛龛及万福阁中总高 26 米（露地 18 米）的檀木雕弥勒像，被称为该寺三绝。藏传佛教格鲁派创始人宗喀巴的铜像也颇为珍贵。雍和宫 1961 年被公布为全国重点文物保护单位。

第六章

清宫文物的来源、存藏与散佚

第一节　清宫文物的来源及其厄运

一、清宫文物的来源

（一）承袭明代皇室的旧藏

崇祯十七年（1644）李自成进出北京期间，宫室遭到毁坏，但总的看，大量明皇室收藏品还是保存了下来。清军入关进驻北京，并未进行激战，也接收了明皇室的文物收藏，包括各种3代铜器、瓷器、书画、玉石器、典籍等。《御制南薰殿奉藏图像记》载："内府藏列代帝后图像，传自胜国，典在有司。"① 文渊阁及阁中收藏的珍贵古籍付之一炬，剩余之书移入内阁大库，至编辑《内阁大库书档旧目》时，收书总数只有6000册，但还有皇史宬、经厂及其他宫殿等处的藏书；明内府刻书有100多种，还有《洪武大藏》《永乐北藏》《正统道藏》和编纂精写的《永乐大典》，以及明内府遗存的书版，如北京国子监本《二十一史》《十三经注疏》等都成为清宫的收藏。② 明宫藏瓷也多成为清宫的藏品。就已经公布的数据看，台北故宫博物院收藏的能确定与明代宫廷相关的明代瓷器总数至少在8473件以上，

① ［清］鄂尔泰、张廷玉纂：《国朝宫史》卷十一，北京古籍出版社，1987年，第199页。
② 朱家溍编：《两朝御览图书》，紫禁城出版社，1992年，第14页。

北京故宫博物院共收藏明代瓷器 8743 件，其中为清宫旧藏者 5403
件。明代宫廷藏有以汝、官、哥、均、定等窑瓷器为代表的前代瓷器，
有人通过对清宫瓷器档案的查阅统计，认为清宫旧藏的前代瓷器，
也应该主要来自明宫。[①] 这些都说明，明宫收藏成为清宫收藏的一个
重要基础。

（二）清宫制作

为了满足皇帝对宫廷日用器皿及各种工艺品的需要，从康熙初年
起，清宫内务府就创立了造办处。康乾时期是清代社会发展的盛世，
康熙、雍正、乾隆三帝尤其是乾隆皇帝对各类艺术的酷爱，亲自参与
瓷器、玉器、玻璃器等的制作，推动了当时工艺的发展，工艺技术达
到了前所未有的高度，独创了一些艺术门类，造就了一批艺术大家，
新奇制品层出不穷。内务府造办处经营的作坊甚多，原有 42 作，至
乾隆四十八年（1783）调整为 16 个单位，即如意馆、金玉作、匣裱
作、油木作、铸炉处、造钟处、炮枪处、鞍甲作、弓作、珐琅作、玻
璃厂、铜镀作、灯裁作、盔头作、舆图房和花爆作。内务府造办处各
单位的工匠共有 61 种，其名称如下：（1）如意馆：有雕玉匠、牙
匠、画匠、托裱匠、帖匠和轴匠；（2）金玉作：有镀金匠、螺丝匠、
磨玉匠、琢玉匠、錾花匠、镶嵌匠、摆锡匠和砚匠；（3）匣裱作：
有旋匠、匣匠、裱匠、彩画匠和广木匠；（4）油木作：有木匠、漆
匠、雕匠和刻字匠；（5）铸炉处：有铸匠和锉匠；（6）造钟处：有
钟匠；（7）炮枪处：有铁匠；（8）鞍甲作：有鞍匠、皮匠和甲匠；
（9）弓作：有箭匠、弦匠和弓匠；（10）珐琅作：有珐琅匠；（11）
玻璃厂：有吹玻璃匠、烧匠和碾匠；（12）铜镀作：有镀匠、铜匠、
凿匠、风枪（即气枪）匠、眼镜匠和刀匠；（13）灯裁作：有灯匠、
穿珠匠、裁匠、花匠、绦匠、染皮匠和彩绣匠；（14）盔头作：有盔
头匠和切末匠；（15）舆图房：有画线匠和绘图匠；（16）花爆作：

---

① 王光尧：《明代宫廷陶瓷史》，紫禁城出版社，2010 年，第 29、52—53 页。

有花爆匠、南盒子匠、北盒子匠、洋花匠、洋盒子匠、软灯匠和起花匠。上列 61 种匠役，除临时招募者以外，共有食饷匠 419 人。[①] 在造办处担任制作的人员都是当时从各地选拔推荐来的各行业的名手，包括传教士画家等。这是一个规模很大的综合性的手工业工场，常年按照御旨制作具有清代皇家风范的艺术品、工艺品和各种精美的日用品。造办处各作的地点，有宫中造办处一带厂房，有画画人在启祥宫、慈宁宫作画，在景山、圆明园尚有许多制作地点，还有些器物由造办处设计画样，或拨蜡样，或做木样交苏州、扬州、南京、浙江、江西、广东等处，由当地最优秀的匠人制作，应该说造办处的制作网是全国性的。[②] 遗留至今的很多精美绝伦的工艺品，如玉器、珐琅器、钟表、文玩等，都是当年造办处制造的。造办处的档案保存至今，故宫博物院所藏清代工艺美术品，有许多仍可以在档册中找到作者是何人，是某年月日开始设计画样、做模型，某日完成，以及陈设地点等。

（三）国内外贡物

中国国内的进贡制度历史悠久，到清代又有了新的特点，即科类繁多，同时采取按价征收的办法。清代有行省土贡、藩部土贡、东北地区贡物，以及作为官员例贡的端阳贡、万寿贡、年贡等几类常贡，还有祥瑞、迎銮、外国传教士等非常态性的进贡。中国第一历史档案馆整理出了康熙至宣统的《宫中·杂项·进物单》《宫中·进单》《贡档》共万余件册，记载了各地官员向内廷进贡的时间、品种、数量及其沿革变迁。故宫博物院曾办过《清代广东贡品》展，选了故宫藏品中的 92 件（套）广东贡品，包括洋货贡、土贡、陈设贡三大类，其中陈设贡主要是硬木家具、珐琅器、玻璃器、钟表、盆景等，特别是各类珐琅器蔚为大观，足证广东是清代珐琅器工艺的中心，也可见当

---

① 转引自祝慈寿：《中国古代工业史》，学林出版社，1988 年，第 794 页。

② 朱家溍选编：《养心殿造办处史料辑览·第一辑·雍正朝》前言，紫禁城出版社，2003 年，第 2 页。

时地方进贡之一斑。① 东北的东珠、新疆的和田玉、西藏的铜佛等，都源源不断地进入皇宫。乾隆朝是清朝进贡的顶峰时期。乾隆四十五年（1780）为乾隆帝七旬万寿，这年七月，各地进贡达到高潮。据当时的朝鲜人亲睹，贡车多达 3 万辆，人担、驮负、轿驾者更是不计其数，车辆争道催促，"篝火相望，铃铎动地，鞭声震野"②。臣工的进贡也早已突破了传统意义上的"任土作贡"，内外官员都可以进贡，贡品不再限于茶果、吃食等方物，而是种类繁多，金、银、玉器、古玩、字画、瓷器、铜器、绸缎织物、皮张、洋货等等。逢年过节、万寿大典或外出南巡，臣工往往多有贡献，其中又以进书画、文玩较为讨喜。康熙帝 6 次南巡，5 次都赶上他的生日（即万寿节），又都赶在苏州，《圣驾五幸江南恭录》一书记载了他在苏州过万寿节的盛况及所收的贡品。康熙四十四年（1705）第五次南巡驻金山时，"将军马进古董等物，上收古书四部。上云：'朕一路来所收甚多，俱不及你眼力好。'"③ 乾隆皇帝在《石渠宝笈续编·序文》上说："自乙丑至今癸丑，凡四十八年之间，每遇慈宫大庆、朝廷盛典，臣工所献古今书画之类及几暇涉笔者又不知其凡几。"《石渠宝笈三编》嘉庆皇帝的上谕中也说："朕自丙辰受玺以来，几暇怡情，唯以翰墨为事，阅时既久……至内外臣工，祝嘏抒诚，所献古今书画亦复不少。"

藩属国贡品及外国礼品，故宫博物院至今尚藏有朝鲜的高丽纸、高丽布，琉球的织物、泥金折扇、漆器、武备，廓尔喀的武器、珊瑚串，缅甸的刀具，西方国家的天文仪器、千里镜、鼻烟、药膏，马戛尔尼使团进贡的自来火枪以及西洋传教士进献的大量钟表及科学仪器等。

---

① 故宫博物院、香港中文大学文物馆编：《清代广东贡品》，香港中文大学文物馆，1987 年。

② ［朝］朴趾源：《燕岩集》卷一四《万国进贡记》，转引自《清代全史》第四卷，辽宁人民出版社，1991 年，第 187 页。

③ 转引自万依、王树卿、刘潞：《清代宫廷史》，辽宁人民出版社，1990 年，第 316 页。

（四）查抄没收物品

抄家是中国封建社会长期以来就存在的刑罚，清代抄家案件在中国古代历朝中尤为突出。有人认为，"这与满族上层统治者相互兼并部属财产的习惯有关"，同时"又是与中国历代王朝皇权无限的传统结合在一起的"。[①] 查抄没收物品也是宫廷收藏的一个来源。清代特别是乾隆时期，许多犯案的官员被查抄，财产没收入官。乾隆在位 60 年间因案被抄家的不下 200 人，其中不乏总督、巡抚、藩臬二司等地方大员在内，大半都是贪赃所致。[②] 他们的珍玩都成了内府的收藏。明珠为康熙时的权相，喜收藏，"好书画，凡其居处，无不锦卷牙签，充满庭宇，时人有比以邺架者，亦一时之盛也"[③]。乾隆五十五年（1790），明珠的后嗣、驻伊犁领队大臣承安因罪革职，乾隆帝即命将其家产严密查抄。时乾隆皇帝正在巡幸山东返回的路上，便传旨索看查抄承安家产中之珍稀字画："昨据绵恩等奏称，查出承安什物内所有字画册页已交懋勤殿认看，书籍请交武英殿查检，分别呈览等语。书籍卷帙浩繁，即有宋元旧版之书，只可小心存贮，俟回銮后进呈。惟字画一项，伊系世家，必有唐宋名人真迹可供鉴赏之物，著彭元瑞、金简择其佳者数件，附本报之便，先行寄至行在，以备途中遣兴。其单内所开西洋器皿，想自非钟表，或另有制作精巧足供玩赏者，著金简挑出几种，一并随报附寄呈鉴。"[④] 明珠藏书数万卷，宋元版及名贵抄本尤多，其藏书处所为"谦牧堂"。嘉庆二年（1797）重辑《天禄琳琅书目续编》时，原"谦牧堂"书便是入选的重要对象。又如高士奇、毕沅，都身居高位又精鉴赏，家藏书画古帖甚富，后也均被抄没入内府。

---

① 韦庆远：《清代的抄家档案与抄家案件》，载《学术研究》1982 年第 5 期。

② 参阅中国第一历史档案馆编：《乾隆朝惩治贪污档案选编》，中华书局，1994 年。

③ ［清］昭梿：《啸亭杂录》卷十，中华书局，1980 年，第 325 页。

④ 中国第一历史档案馆编：《乾隆朝上谕档》第 15 册，广西师范大学出版社，2008 年，第 540—541 页。魏美月：《清乾隆时期查抄案件研究》，文史哲出版社印行，1996 年。

（五）访书与刻书、抄书

明代宫廷藏书已远胜前代，清代又是宫廷藏书的集大成时期。清朝从顺治元年（1644）定鼎北京始，清朝诸帝在采取高度封建集权统治的同时，即致力于皇家的藏书建设。除接收明宫遗书外，还多次下令广搜博采天下遗书，设立众多的大小书库，组织文人整理古籍、编纂新书、开设印刷机构、研讨学术、出版发行。这些文化活动既继承了前代优秀的传统，又有创新和发展，使宫廷藏书成为我国封建社会末期最为完备而又最具特色的文化宝藏。其藏书量之大，藏书地之多，内容之博，校勘之精，书品之佳，利用之广，均超越以前各代。

康熙二十五年（1686）四月，圣祖谕礼部、翰林院："自古帝王致治隆文，典籍具备，犹必博采遗书，用充秘府。盖以广见闻而资掌故，甚盛事也。"① 从顺治初年为纂修《明史》即下令搜采明朝史志，康熙、乾隆二帝又广搜博采天下遗书。为纂修《四库全书》，乾隆帝数次下诏求书，并采取奖励政策，凡进献百种至百种以上者，分别赏给内府初印本《佩文韵府》等书一部；或于精醇之本，高宗亲为评咏题识简端，优先发还；或将藏书家姓名载入《四库全书总目提要》之末等，后来共采访得书 13781 种。清前期，清内务府主持编纂、刊刻和抄写了许多大部头的图书。这些图书不仅在中国图书史上占有极为重要的位置，同时也成为清宫藏书的重要来源。康熙时把武英殿作为清代内府专门的修书、刻书机构。康熙一朝内府刻书不少，从内容上看，门类齐全。特别是中国第一部带有经纬度的全国地图——《皇舆全览图》，虽于乾隆二十五年（1760）才由内府用铜版印刷，但其编绘仍在康熙一朝。雍正年刊印的《御制数理精蕴》和中国现存最大的一部类书《古今图书集成》，其编纂亦在康熙年间。雍正帝在位时间较短，也编刊了几十种书。乾隆朝内府大约刻了 150 多种大小不等的书，不算《清文翻译全藏经》，仍镌有 18000 余卷。清内府在编刊图籍的同时，由于康

---

① 《清圣祖御制文集第二集》卷三。

乾二帝崇尚书法，内府抄写书籍亦极为盛行，其抄写之精、装帧之美、数量之大，均可与内府刊本书相媲美。乾隆年间编纂的《四库全书》最为有名，同时产生的《四库全书荟要》和《武英殿聚珍版丛书》也颇有影响。这些内府刊本与抄本，都成为尔后故宫博物院的文物藏品。

（六）明清档案

档案是指人们在各项社会活动中直接形成的各种形式的具有保存价值的原始记录。明清王朝都建有比较完整的文书档案制度以便进行封建统治和提高施政效率。明清档案就是清宫留下来的珍贵文献。明朝的档案在明末清初战乱中已化为灰烬，现存为数甚少的明档，是清代修《明史》时为补文献之不足而下诏征集的，后交内阁保存，成为清内阁大库档案中的一部分。在封建时代，皇权至上，国家庶政，事无巨细，均由皇帝直接处理。所以围绕着皇帝的活动所形成的档案，就构成了国家档案的核心。现在收藏在中国第一历史档案馆的1000余万件明清档案，绝大多数是当年存藏于紫禁城内的清朝中央国家机关档案，大致可分为3个部分：一是臣工奏报与皇帝命令类文书，是在皇帝和官员们实行统治的过程中所形成的，是封建国家处理政务的主要的文书形式，也是当时沟通上下的重要手段，主要有题本与奏本、奏折、谕、旨等；二是与皇帝活动有关的档案性资料，有的是直接记录皇帝的言行并结合有关档案记载而编纂的，更多的是档案文件的汇编和选编，保存了大量的史实，主要有起居注、实录、圣训和本纪、方略和纪略等；三是有关皇室与皇族事务的档案，主要有玉牒、皇册及皇宫内府的各种档案，这部分档案主要集中在内务府、宗人府和宫中全宗中。其内容极为丰富，包括政治、军事、经济、外交、民族、宗教、文化、艺术、科技、礼仪、典章制度、天文、地理、气象等等，而且全部是原始的记录，是任何其他资料所不能比拟的，因而具有特殊的价值与意义。

（七）宫廷历史文物

宫廷历史文物即用于宫廷礼仪活动及文化娱乐、衣食住行的物品。

这些物品过去都是实用之物，如卤簿仪仗、乐器舞具、宫廷冠服、八旗盔甲、武备器具、戏衣道具、药材药具、家具、地毯等等，品类繁多，是宫廷历史文化的见证和载体，同样也是具有相当价值的文物。

此外，购买也是清宫文物特别是书画的来源之一，最早记载见于康熙时。如，康熙二十一年（1682）八月十九日："奉旨：著购买。钦此。报国寺买得王振鹏之画手卷一，此项银十二两；赵子昂之字画一，此项银五两；正镜一，此项银三两；旧铜镜一，此项银一两。总计用过银二十一两。"① 康熙三十四年（1695）六月十三日："总管太监顾太监奉旨：著购买。钦此。在报国寺买得董其昌之册页一，此项银一两；又玻璃璎珞（译音）十六块，此项银三两八钱，总共带去银四两八钱。"② 至乾隆时仍有通过购买获得者，如"与韩幹《照夜白》等图，同时购得"的王羲之《袁生帖》③、"近于收藏家杂卷中购得之"宋米友仁《潇湘图》④、"概以二千金留之"元黄公望《富春山居图》⑤ 等。但在清宫收藏中由购买方式获得者并不多见。

清宫旧藏由内务府总管。藏品主要收藏在紫禁城，此外热河行宫（承德避暑山庄）、盛京故宫、颐和园、圆明园、西苑、景山也都有收藏。

---

① 大连市图书馆文献研究室、辽宁社会科学院历史研究所编：《清代内阁大库散佚满文档案选编（职司铨选、奖惩、宫廷用度、宫苑、进贡）》，天津古籍出版社，1992 年，第 182 页。

② 大连市图书馆文献研究室、辽宁社会科学院历史研究所编：《清代内阁大库散佚满文档案选编（职司铨选、奖惩、宫廷用度、宫苑、进贡）》，天津古籍出版社，1992 年，第 217 页。

③《石渠宝笈续编》宁寿宫藏，《秘殿珠林石渠宝笈汇编》第 6 册，北京出版社，2004 年，第 2601 页。

④《石渠宝笈》卷四十二·贮画禅室，《秘殿珠林石渠宝笈汇编》第 2 册，北京出版社，2004 年，第 1237 页。

⑤《石渠宝笈》卷四十二·贮画禅室，《秘殿珠林石渠宝笈汇编》第 2 册，北京出版社，2004 年，第 1243 页。

其中以紫禁城的乾清宫、重华宫、养心殿、御书房为古书画收藏最集中的殿阁。在故宫、北海、颐和园等地还有皇帝为收藏喜爱的藏品而专门辟出或修建的一些殿阁，如养心殿三希堂、五经萃室、文渊阁、快雪堂、淳化轩、阅古楼、墨云室、玉瓮亭等。除收藏外，皇室藏品还大量陈设于养心殿、圆明园、颐和园内的多处殿阁，藏品在殿阁里陈设的基本情况在内务府宫殿陈设档都有记载，据《养心殿寝宫陈设档》记载，养心殿后殿陈设品达 724 件之多。

二、清宫收藏的衰落与文物的厄难

清自乾隆以后，宫廷收藏日渐衰落，主要有两个原因：一是康乾盛世表象下的危机的爆发，内忧外患不断，清朝走向了不可遏止的下坡路，已没有歌舞升平、赏玩游乐的社会环境了。二是继位的嘉庆皇帝对进贡制度带来的官场腐败有深刻认识，宣谕严禁贡物。臣工的进贡是清宫收藏的重要来源，特别在乾隆朝进贡达到了顶峰。嘉庆帝亲政后，在宣布拿办和珅的同时，即宣谕严禁贡物，并免除年节王公大臣向皇帝呈进如意之例。嘉庆帝在上谕中申明严禁贡物的原因时说："试思外省备办玉、铜、瓷、书画、插屏、挂屏等件，岂皆出自己资？必下而取之州县，而州县又必取之百姓。稍不足数，敲扑随之。以闾阎有限之脂膏，供官吏无穷之朘削，民何以堪？况此等古玩，饥不可食，寒不可衣，真粪土之不若。……朕之所宝者，唯在时和年丰，民物康阜，得贤才以分理庶政，方为国家至宝耳。……所有如意、玉、铜、瓷、书画、挂屏、插屏等物，嗣后概不许呈进。……在京王公大臣，……亦不许呈进贡物。""再年节王公大臣督抚等所进如意，取兆吉祥，殊觉无谓。诸臣以为如意，而朕观之，转不如意也，亦著一并禁止，经朕此次严谕之后，诸臣等有将所禁之物呈进者，即以违制论，决不稍贷。"[1] 在

---

① 《清仁宗实录》卷三七，《清实录》第二八册，中华书局，1986 年，第 29525—29526 页。

上谕颁发后，当嘉庆帝得知，由新疆叶尔羌为进贡而采集的大块玉石，在运送进京时非常困难，嘉庆立即下令，将"所解玉石，行至何处，即行抛弃，不必前解"①。对于违禁事件，则坚决查处，严申呈进贡物之禁。由于嘉庆帝坚决反对和田玉石的进呈，使得乾隆朝价格不菲的和田玉在嘉庆朝身价大跌。昭梿在《啸亭杂录》中记载了有关的情况："今上亲政时，首罢贡献之诏，除盐政、关差外，不许呈进玩物，违者以抗旨论。……时和田贡玉，辇至陕、甘间，上即命弃诸途中，不许解入。故一时珠玉之价，骤减十之七八云。"②以瓷器为例，康乾时是宫廷瓷器烧造的黄金时代，但到嘉庆皇帝时，不仅先后变卖了库存的康雍乾及本朝的瓷器44万余件，而且烧造瓷器的用银一再减少，直至最后10年，连盘碗盅碟等圆器也不再烧造了。这些举措对宫廷收藏产生了重大的影响。

近代以来，清宫文物旧藏多次遭到劫掠或毁损，大的厄难有3次，略述于下。

（一）第二次鸦片战争中英法联军对圆明园的劫掠和焚毁

圆明园不仅以园林著称，而且收藏有许多稀世文物。《石渠宝笈》记载的历代书画收藏于圆明园的有200多件，同时珍藏有《四库全书》《古今图书集成》《四库全书荟要》《淳化阁帖》等珍贵图书文献与清代文书档案，还有大量的鼎彝礼器及各种珍贵工艺品。咸丰十年（1860），在英法联军发动的第二次鸦片战争中，侵略者占领圆明园，开始了肆无忌惮的大洗劫。他们把那些最珍贵的物品保管起来，由联军双方平分。法国侵略者把大部分作为礼品送给拿破仑三世皇后欧仁妮，因为是她支持了这次中国"远征"。英国侵略者将其所得，部分进献给维多利亚女王，其余则按英军传统进行拍卖。这些"战利

---

① 《清仁宗实录》卷三八，《清实录》第二八册，中华书局，1986年，第29533—29534页。

② ［清］昭梿：《啸亭杂录》卷一，中华书局，1980年，第27—28页。

品"摆放在英军司令部驻扎的西黄寺的正殿里，有玉器、瓷器、铜器、雕塑品以及金银雕像，大批优质皮货等。拍卖会进行了两天。据估计，拍卖收入可达 12.3 万美元。[①] 这个清廷经营了 150 多年的东方艺术之宫，被英法联军洗劫一空之后，在英国首相巴麦尊的批准下，又被放火烧毁。大火焚烧了 3 天，号称"万园之园"的圆明园化成了一堆堆败瓦颓垣。不仅是圆明园，当时的"三山五园"也都受到侵略者的洗劫。"三山五园"损失陈设之物，仅有据可查的就有 124568 件。英法联军撤出北京时，勒迫北京地方政府备办大批车辆，装载抢掠的珍宝，仅法军就装满了 300 多辆。[②]

（二）1900 年八国联军对皇室财宝的抢劫与破坏

1900 年，八国联军攻占了北京，不仅大肆杀戮义和团民，还大掠 3 日，更继以私人抢劫。特别是各国占领区迅速确立之后，被用于驻兵宿舍的宫殿、行宫、坛庙、公署和有名的寺院等，都成了掠夺的对象。日本在顺天府、英国在天坛、美国在先农坛、法国在西什库、俄国在南海、德国在社稷坛等驻扎，这些驻兵进行着长期不断的抢夺。颐和园、三海等地遭到抢劫。颐和园为清宫避暑游乐之地，陈列着大量的历代珍贵文物、图书字画和金银珍宝，尤以碧玺、翡翠等宝石居多，大多是各地进呈给慈禧太后的寿礼，都被掠走。

紫禁城是皇宫，自然是各国侵略者抢劫的重点目标。但侵略军总部怕各国在抢劫中产生矛盾和冲突，另外他们还准备继续承认清政府，于是决定不占领紫禁城。但事实上各国侵略者都曾利用各种机会进入皇宫进行抢劫，部分档案对此有所记载，如八月初四日，《洋人拿去乾清宫等物品清单》中记载有玉器 163 件、玛瑙 44 件、瓷器 3 件、笔 16 支、核桃珊瑚 20 件、扇子 5 把、扳指 6 个、竹木器 7 件、玩器

① ［法］伯纳·布立赛著，高发明、丽泉、李鸿飞等译：《1860：圆明园大劫难》，浙江古籍出版社，2005 年，第 225—226 页。

② 北京市地方志编纂委员会编：《北京志·园林绿化志》，北京出版社，2006 年，第 37 页。

35 件、册页 14 册、手卷 4 轴、挂轴 2 件、铜器 8 件和石器墨纸 4 件，以上共 331 件。乾清宫内的青玉古稀天子之宝 1 方、青玉八征耄念之宝 1 方、铜镀金佛 2 尊、碧玉双喜花觚 1 件和碧玉英雄合卺觥 1 件等珍贵物品，也被洋人相继抢去。另外，八月初六日、十二日、二十七日、九月初一日、十月初三日、初七日和初十等日的档案中，也有洋人抢劫东西的类似记载。[①]

光绪年间，中海西岸修建了慈禧太后的寝宫和归政后的颐养之所，称为仪鸾殿。据《仪鸾殿陈设账》记载，其内陈设着近千件珍宝，有玉器、瓷器、玻璃器皿，还有各式各样的钟表和宝石。八国联军总司令瓦德西挟名妓赛金花住仪鸾殿达半年之久。一天深夜，仪鸾殿突然起火，瓦德西狼狈逃出，联军参谋长则烧死殿内，殿内珍宝化为灰烬。文献和典籍的损失也很严重。本来已残缺很多的《永乐大典》又失去了 307 册。《宫中失去秘籍》中有《历代帝王后妃图像》120 轴、《玉牒》草稿 76 册、《穆宗实录》74 册、《今上（光绪帝）起居注》45 册等，以及宋元明的珍籍，"皆人间未见之本"[②]。侵略军在天坛大肆搜掠存放的珍贵物品，搜掠的东西装了 200 多箱，同时毁坏了大量瓷器、石雕、书画、木器等。"英军驻军……撤离后仅存镈钟、特磬、编磬，其余全部遗失。"[③] 与 1860 年英法联军的侵略所不同的是，那次只是"2 个列强"，占领北京仅 2 个月，这次是"8 个列强"占领北京长达一年，皇家的文物珍品受到空前的劫掠和破坏。正如时人所言，经过这场浩劫，"中国自元明以来之积蓄，上自典章文物，下至国家奇珍，扫地遂尽"[④]。

---

① 万依、王树卿、刘潞：《清代宫廷史》，辽宁人民出版社，1990 年，第 542 页。

② 章乃炜、王霭人编著：《清宫述闻》初续编合编本，紫禁城出版社，1990 年，第 516 页。

③ 内政部北平坛庙管理所编印：《天坛纪略附祭器乐器说明》，1932 年 10 月。1994 年，印度陆军参谋长乔希上将来华访问，向我国交还了 1 枚由英军少校道格拉斯于 1901 年从天坛掠走的"明代鎏金铜编钟"。这套编钟共 16 枚，天坛目前仅存此 1 枚。参阅《北京青年报》2015 年 11 月 15 日。

④ 柴萼：《庚辛纪事》，《义和团》第 1 册，上海书店出版社，2000 年，第 316 页。

（三）逊帝溥仪在内廷 13 年中清宫文物的损失

辛亥革命后，逊帝溥仪"暂居宫禁"时，大量清宫珍藏以各种方式流出并散失在国内外。

为了满足庞大的开支，维持小朝廷的局面，他们便大量拍卖宫中的金银、珍宝、古玩等。民国十一年（1922）1 月，内务府在一份公开出售珍宝古物的招商广告上写道："兹因经费拮据异常，现将库存古瓷、玉器、古铜约五百余件，招商出售，借资补助。凡属殷实商号，有愿承购此项物件者，由一月七日起至十一日止，赴景山西门内务府筹备处检阅详章，交纳保证金一万元，应以本京殷实银行现银圆存单为适用，发给估价物类单一份，听候定期看物估价。"[1] 拍卖珍宝仍满足不了所需，还经常拿出一些金银珍宝抵押和变价，每年都有好几宗。1924 年 5 月 31 日，经溥仪岳父荣源之手，向北京盐业银行抵押金钟、金册、金宝和其他金器，抵押款数 80 万元，期限 1 年，月息 1 分。"合同内规定，四十万元由十六个金钟（共重十一万一千四百三十九两）作押品，另四十万元的押品则是：包括八个皇太后在内的金宝十个，金册十三个，以及金宝箱、金印池、金宝塔、金盘、金壶等，计重一万零九百六十九两七钱九分六厘；不足十成的金器三十六件，计重八百八十三两八钱，嵌镶珍珠一千九百五十二颗，宝石一百八十四块。另外还有玛瑙碗等珍品四十五件。只这后一笔的四十万元抵押来说，就等于是把金宝金册等十成金的物件当作荒金折卖，其余的则完全白送。"[2]

当时紫禁城偷盗成风。最大的监守自盗者是溥仪。时值内务府大臣和师傅们清点字画，溥仪就从他们选出的最上品中挑最好的拿，以赏赐溥杰为名，运出宫，存到天津英租界的房子里。溥杰每天下学回家，

---

① 见中国第一历史档案馆藏溥仪全宗档案一二一六号，转引自叶秀云：《逊清皇室抵押、拍卖宫中财宝述略》，《故宫博物院院刊》1983 年第 1 期。

② 溥仪：《我的前半生（全本）》，群众出版社，2007 年，第 111 页。

必带走一个大包袱，这样的盗运活动，历时 5 个月。运出去的字画古董，有王羲之、王献之父子的《曹娥碑》《二谢帖》等，有钟繇、僧怀素、欧阳询、宋高宗赵构、米芾、董其昌、赵孟頫等人的真迹，司马光的《资治通鉴》原稿，有唐王维的人物画、宋马远和夏珪以及马麟等画的《长江万里图》、张择端的《清明上河图》，还有阎立本、宋徽宗等人的作品。古版书籍，是把全部宋版明版书的珍本运走了。运出总数大约有 1000 多件字画、乾清宫西昭仁殿的 200 余种宋元明版书。[①] 宫中偷盗已成为一种公开的秘密。在地安门大街上，新开了一家又一家的古玩店，它们都是太监或者内务府的官员们开的。店内卖的古玩，许多都是货真价实的内府珍品。

建福宫是乾隆时期建造的一处自成体系的大型宫殿花园式的院落。宫室内收藏着十分丰富的文物珍宝，有皇帝行乐图、帝王御容写真、名人字画、佛经、书籍、金佛、金塔、金银法器以及珍贵铜器、稀有瓷器等，收藏较为全面和系统。溥仪大婚时用的物品和全部礼品，也都存放在这里。1923 年溥仪决定整顿内务府，清点库房。建福宫的清点刚开始，6 月 27 日深夜，一场大火将建福宫花园及其附近的宫殿建筑化为焦土，大量文物珍宝付之一炬。据内务府所说，烧毁金佛 2665 尊，字画 1157 件，古玩 435 件，古书几万册。究竟烧了多少东西，至今还是一个谜。[②]

逊帝溥仪经常拿一些名贵的字画珍籍赏人，主要是他身边的"师傅们"。此外，溥仪对于北京城里掌握实权的人物，遇到他们的生日或新年，都免不了送古玩字画等作为贺礼，以为巴结、笼络。如 1923 年曹锟当了大总统后，溥仪送给他一份丰厚的生日礼物：哥窑天盘口大瓶 2 件、嘉靖青花果盘 2 件、玉雕云龙大洗 1 件、白玉双管甲扁瓶 1 件、白玉诗意山子 1 件、碧玉仙人山子 1 件、古铜三足朝天耳炉 1 件、

---

① 溥仪：《我的前半生（全本）》，群众出版社，2007 年，第 104 页。
② 溥仪：《我的前半生（全本）》，群众出版社，2007 年，第 108 页。

古铜鼎 1 件、古铜镏金双鹿耳尊 1 件、古铜提梁卣 1 对、珐琅葫瓶 1 对、珐琅宫薰 1 对、红雕漆格 1 对、红雕漆双耳尊 1 对。吴佩孚、徐世昌、张作霖等人的生日或新正度岁，溥仪都曾以古玩充作贺礼。1923 年 9 月，日本东京发生大地震，溥仪也选了一批约价值美金 30 万元的古物、字画、珍宝，送交日本驻华公使芳泽谦吉，以代现金作为赈灾之用，向日本示好。①

溥仪被逐出故宫后，在天津住了 7 年，偷运出宫的这批书籍、字画，存放在天津英租界戈登路的一栋楼房里。在天津期间，这批文物被卖了几十件，也拿了一些送人。后溥仪到长春的伪满洲国当"皇帝"，他偷运出宫的这批古物就存放在伪皇宫东院图书楼楼下东间，即所谓"小白楼"。1945 年 8 月 10 日，日本关东军司令小田乙三宣布伪满洲国迁都通化，溥仪出行时除随身携带的珍宝外，其一行还带着最珍贵的 57 箱文物，后溥仪在沈阳机场被苏军所俘，其他留在大栗子沟的人所携带的珍宝、古文物及手卷，绝大部分交给了前来接收的东北民主联军的代表，但也有个别人没有全交。②贮放古籍及书画的小白楼，在溥仪一行匆匆出逃长春之后，遭到了守护伪皇宫"国兵"的哄抢，大批书画被偷运，为了争夺国宝，有的大打出手，有的为了争夺一卷而撕成几段。例如米芾的《苕溪帖》，包首锦一段不知去向，引首是明代李东阳 70 岁高龄的绝笔手书篆文"米南宫诗翰"5 字，被人撕去，帖心、前隔水、后隔水，被揉成一团，完全变形，书心被撕毁了一大块，残缺 10 字。溥仪盗运出宫的这批国宝，成为有名的"东北货"。这些书画流散出来，大部分流往关内，一部分再经香港等地流往国外。

清宫文物流散民间，也还有一些其他原因，例如皇帝的赏赐以及宫廷物品的变卖处理。乾隆时期，宫廷存贮的本朝以及前朝遗留的物

---

① 溥仪：《我的前半生（全本）》，群众出版社，2007 年，第 119 页。

② 参阅爱新觉罗·毓嶦：《伪满洲时代的溥仪》，载《溥仪离开紫禁城以后》，文史资料出版社，1985 年。

件越来越多，乾隆帝就先后变卖了一大批。乾隆二十一年（1756）变价"汉砚一方、黑漆有屉春盛一件、红玛瑙镶嵌一块"，这是乾隆朝宫廷变卖文玩器物的第一次记载。变卖玉器，最初是残破、质次的，且数量有限，而后则逐年上升，乾隆五十年（1785）有一次谕令变价的各种玉器达 1600 多件。[①] 乾隆时期变卖皇宫库储瓷器超过 25 万件。嘉庆时期，共变卖康熙、雍正、乾隆、嘉庆 4 朝的瓷器多达 44 万余件。[②]

第二节　清宫文物的存藏状况

清宫文物虽受到不少劫掠与损毁，但其主要的基本的部分仍然保留了下来。1924 年 11 月 5 日，逊清皇帝溥仪被逐出紫禁城。1924 年 11 月 20 日，"清室善后委员会"正式成立，宣布紫禁城完全收归民国政府，并着手对清宫文物进行系统查点。直至 1930 年 3 月，清宫物品点查方告结束，登记造册，出版了《清宫物品点查报告》6 编 28 册，共计文物 117 万余件，包括三代鼎彝、远古玉器、唐宋元明各代的书法名画、宋元陶瓷、珐琅、漆器、金银器、竹木牙角匏器、金铜宗教造像以及大量的帝后妃嫔服饰、衣料和家具等。除此之外，还有大量图书典籍、文献档案等。这些文物就成为 1925 年成立的故宫博物院的藏品。当然，清宫旧藏的数量远不止这些，当时有些殿堂尚未清点，清点过的一些物品，因计算方法的问题，与实际数量亦有不少出入。例如故宫的一些档案，原来是按包扎，以一包为一件的，实际上一包之中所含的物件等，多者竟达一二百件。运台的档案文献，按原来统计办法是 26920 件，后重新按件整理，则变成了 393167 件，是原来的 10 多倍。

---

① 李宏为：《乾隆与玉》，华文出版社，2013 年，第 431—433 页。

② 李国荣：《清代官窑瓷器为何大量留存民间》，《中国档案报》2013 年 3 月 21 日。

　　清宫文物现主要存藏在北京故宫博物院与台北故宫博物院，沈阳故宫博物院、承德避暑山庄、颐和园、天坛等明清皇家建筑都存有相当多的文物。承袭原中央博物院筹备处的南京博物院，有着令人瞩目的清宫文物收藏。北京中国第一历史档案馆是清宫档案最主要的存储所，中国台湾"中央研究院"史语所、辽宁省档案馆等也集中庋藏了大量明清档案。北京中国国家图书馆也是清宫典籍的重要收藏单位。

一、北京故宫博物院的文物藏品

　　北京故宫博物院从 2004 年至 2010 年，进行了为期 7 年的文物大清理，截至 2010 年 12 月 15 日，珍贵文物、一般文物和标本共计 1807558 件。在这 180 多万件文物藏品中，约 155 万件是清宫旧藏和遗存，占藏品总数的 86%，其余约 25 万件为建院以来的新收藏，占藏品总数的 14%。截至 2014 年 12 月 31 日，北京故宫博物院的文物总数达到 1812779 件，分类数据统计表见下页表一。

表一：故宫博物院藏品分类数据统计表（截至 2014 年 12 月 31 日）

序号	类别	新字号	故字号	珍贵文物总计（前二项合计）	一般文物总计	标本	合计
1	绘画	31788	15357	47145	6221		53366
2	法书	51526	11338	62864	1781		64645
3	碑帖	22871	5871	28742	972		29714
4	铜器	18099	141071	159170	566		159736
5	金银器	172	9572	9744	1906		11650
6	漆器	898	16809	17707	1206		18913
7	珐琅器	409	5746	6155	462		6617
8	玉石器	6299	23513	29812	1984		31796
9	雕塑	9267	563	9830	404		10234
10	陶瓷	29648	322398	352046	11395	11650	375091

续表

序号	类别	新字号	故字号	珍贵文物总计（前二项合计）	一般文物总计	标本	合计
11	织绣	4482	156691	161173	19637		180810
12	雕刻工艺	2165	7983	10148	1275		11423
13	其他工艺	1454	10927	12381	1218		13599
14	文具	13871	51184	65055	3067		68122
15	生活用具	611	28542	29153	10707		39860
16	钟表仪器	152	2509	2661	176		2837
17	珍宝	280	841	1121	13		1134
18	宗教文物	142	40183	40325	8587		48912
19	武备仪仗	76	19517	19593	13128		32721
20	帝后玺册	65	4875	4940	127		5067
21	铭刻	30436	1829	32265	1018		33283
22	外国文物	520	1247	1767	42		1809
23	其他文物	3360	0	3360	14		3374
24	古籍文献	11015	552870	563885	38348		602233
25	古建藏器	2	1040	1042	4609		5651
26	其他	179	3	182	0		182
	总计	239787	1432479	1672266	128863	11650	1812779

　　根据档案资料，1958 年大部分南迁文物北返后，南京库房仍存故宫博物院 2176 箱 104735 件文物，其中约 10 万件是瓷器。

关于北京故宫博物院文物登记"故字号"与"新字号"的说明：

"故字号"：1949年以前，故宫旧藏文物登记号一直沿用清室善后委员会《故宫物品点查报告》所使用的"千字文"字头老号。1962年，为了便利院藏文物的查账核对，将"凡院藏文物的旧藏部分和1949年以前新收部分，一律并编'故'字"，包括原古物陈列所文物，北返颐和园文物，北返国子监文物，以及抗战胜利后入藏的文物，有没收溥仪存天津文物，接收郭宝昌捐献文物、外侨福开森遗存古物、德侨杨宁史的文物等。1962年各库组按类别分别建立"故字号分类账"，以各库组完成建立"故字号分类账"的先后为序，由保管部总保管组（现文物管理处）发放"故字号"。原使用的"千字文号"在"故字号账"中登记在"参考号"栏。当时，保管部金石组的雕塑库首先完成建账，所以"故00000001"，就是"'石叟'款铜嵌银丝观音菩萨立像"。

"新字号"：启用于1954年8月，当时新收国内外礼品太多，所以启用新的编号，决定凡"中华人民共和国成立以后的新收部分一律并编'新'字"。"新"字号不分类别，以入院先后为序，自1954年8月之后新收文物从新00000001开始编号。其中，将"新00140001—新00149999"号段限用于1949年至1954年8月征集的文物。"新字号"文物中有大量原清宫文物。这些清宫文物多在故宫博物院成立之前即已散佚，中华人民共和国成立后，在政府和各界人士的支持下，通过各种途径由故宫博物院陆续收回，如溥仪小朝廷时期（1912—1924）典当给银行的物品，赏赐给"诸位大人"及溥杰夹带出宫的古籍书画（多载于《故宫已佚书籍书画目录四种》，总数约370件，其中元以前的约有200件），著名的如王献之《中秋帖》、王珣《伯远帖》、张择端《清明上河图》、韩滉《五牛图》、顾闳中《韩熙载夜宴图》、乾隆皇帝所用"三联田黄石闲章"等。同时，南京国民政府于1947年拨巨款收购的一些原清宫书籍字画等也编为新字号。此为特例。

北京故宫博物院文物藏品有 3 个特点：

第一，明清档案的统一管理与整体划出。

中华人民共和国成立后，十分重视明清历史档案，宣布档案为国家财富，陆续将散失在社会上的近 400 万件册明清档案收集起来，由故宫博物院集中统一管理。1951 年 5 月，故宫博物院将文献馆改称档案馆，并将文献馆原来收藏的图像、冠服、乐器、仪仗、钱币等项历史文物移交本院保管部，使档案馆成为专门管理明清档案的机构。1955 年，故宫博物院档案馆及其 580 余万件明清档案整体移交国家档案局，更名为第一历史档案馆，后于 1958 年改名为明清档案馆。1959 年，明清档案馆并入中央档案馆，改称明清档案保管部。1969 年，明清档案保管部及 820 余万件册档案整体回归故宫博物院，称明清档案部。1980 年 4 月，故宫博物院明清档案部全体职员以及 820 万件的明清档案连同 10 万册（函）图书资料再一次划归国家档案局，改称中国第一历史档案馆。目前，故宫博物院仅有少量清宫档案。

第二，文物藏品种类极为丰富。

故宫博物院的文物藏品品类丰富，体系完备，依据不同质地、形式和管理的需要，分为陶瓷、绘画、法书、碑帖、青铜、玉石、珍宝、漆器、珐琅、雕塑、碑帖、铭刻、家具、古籍善本、文房用具、帝后玺册、钟表仪器、武备仪仗、宗教文物等，共 25 大类，又可分为 243 个细类，反映了宫廷文物遗存的丰富多彩。具体类别如下：

（一）绘画类（共 15 细类）

1. 画卷	2. 画轴	3. 画扇	4. 画册	5. 油画
6. 版画	7. 壁画	8. 贴落	9. 唐卡	10. 成扇
11. 屏条	12. 单页	13. 挂镜	14. 水陆画	15. 其他

（二）法书类（共 9 细类）

1. 字卷　　2. 字轴　　3. 书扇　　4. 字册　　5. 尺牍

6. 对联　　7. 贴落　　8. 匾额　　9. 其他

（三）碑帖类（共 10 细类）

1. 碑　　2. 帖　　3. 造像　　4. 画像石砖　　5. 墓志

6. 金石瓦当　7. 佛经　　8. 帝后刻帖　9. 刻石　　10. 其他

（四）铜器类（共 6 细类）

1. 铜镜　　2. 古金属　　3. 仿古彝　　4. 货币　　5. 青铜

6. 其他

（五）金银器类（共 3 细类）

1. 金器　　2. 银器　　3. 其他

（六）漆器类（共 2 细类）

1. 漆器　　2. 其他

（七）珐琅器类（共 2 细类）

1. 珐琅器　　2. 其他

（八）玉石器类（共 3 细类）

1. 玉器　　2. 石器　　3. 其他

（九）雕塑类（共 7 细类）

1. 金属雕　　2. 木雕　　3. 砖石雕　　4. 陶塑　　5. 瓷塑

6. 泥塑　　7. 其他

（十）陶瓷类（共48细类）

1. 颜色釉　　2. 青花　　　3. 釉里红　　4. 彩瓷　　　5. 青瓷

6. 白瓷　　　7. 青白瓷　　8. 黑瓷　　　9. 花瓷　　　10. 斗彩

11. 五彩　　　12. 粉彩　　　13. 珐琅彩　　14. 三彩　　　15. 原始瓷

16. 彩陶　　　17. 红陶　　　18. 黑陶　　　19. 白陶　　　20. 灰陶

21. 紫砂　　　22. 钧釉　　　23. 汝窑　　　24. 定窑　　　25. 哥窑

26. 钧窑　　　27. 磁州窑　　28. 耀州窑　　29. 吉州窑　　30. 长沙窑

31. 龙泉窑　　32. 景德镇　　33. 建窑　　　34. 广窑　　　35. 越窑

36. 厂窑　　　37. 邛窑　　　38. 德化窑　　39. 临汝窑　　40. 辽窑

41. 岳州窑　　42. 永和窑　　43. 枢府釉　　44. 珐花　　　45. 漳州窑

46. 宜兴窑　　47. 其他窑　　48. 其他

（十一）织绣类（共17细类）

1. 材料　　　2 绦带　　　　3. 成衣　　　4. 卷幅　　　5. 铺垫帷幔

6. 佩饰　　　7. 靴鞋袜　　8. 冠杂　　　9. 冠帽　　　10. 佛衣

11. 民族织绣　12. 活计　　　13. 戏衣　　　14. 盔头　　　15. 地毯

16. 杂项　　　17. 其他

（十二）雕刻工艺类（共6细类）

1. 竹木牙角　2. 竹雕　　　　3. 木雕　　　4. 牙骨　　　5. 匏器

6. 其他

（十三）其他工艺类（共7细类）

1. 玻璃料器　2. 盆景　　　　3. 成扇　　　4. 新铜器　　5. 锡器

6. 编织品　　7. 其他

（十四）文具类（共7细类）

1. 笔　　　　2. 墨　　　　3. 纸　　　　4. 砚　　　　5. 文杂

6. 图章　　　7. 其他

（十五）生活用具类（共32细类）

1. 卧具　　　　2. 坐具　　　　3. 起居用具　　4. 存储用具　　5. 屏蔽用具

6. 照明用具　　7. 贴落　　　　9. 药具药材　　8. 火　　　　　10. 铁具杂项

11. 鞘刀　　　 12. 花蜡　　　 13. 如意　　　 14. 梳具　　　 15. 道具

16. 茶叶　　　 17. 玩具　　　 18. 文具　　　 19. 铁工具　　 20. 杂项

21. 头花　　　 22. 鼻烟　　　 23. 烟餐具　　 24. 香　　　　 25. 铜器

26. 规矩盒　　 27. 唱片　　　 28. 金银线　　 29. 锡器　　　 30. 食品

31. 灯具　　　 32. 其他

（十六）钟表仪器类（共4细类）

1. 钟表　　　　2. 仪器　　　　3. 度量衡　　　4. 其他

（十七）珍宝类（共3细类）

1. 珍宝　　　　2. 金珠宝　　　3. 其他

（十八）宗教文物类（共5细类）

1. 祭法器　　　2. 唐卡　　　　3. 原状陈设　　4. 铜佛　　　　5. 其他

（十九）武备仪仗类（共4细类）

1. 卤簿仪仗　　2. 武备　　　　3. 乐器　　　　4. 其他

（二十）帝后玺册类（共2细类）

1. 帝后玺册　　2. 其他

（二十一）铭刻类（共 10 细类）

1. 印押　　　2. 封泥　　　3. 甲骨　　　4. 瓦当　　　5. 陶片

6. 砖　　　　7. 墓志高昌　8. 法帖刻石　9. 其他石刻　10. 其他

（二十二）外国文物类（共 2 细类）

1. 外国文物　2. 其他

（二十三）其他文物类（共 3 细类）

1. 国际礼品　2. 国内礼品　3. 其他

（二十四）古籍文献类（共 20 细类）

1. 原状陈设　2. 殿本　　　3. 御制文　　4. 图档　　　5. 陈设档

6. 过火经　　7. 宗教典籍　8. 书版　　　9. 地方志　　10. 民族古籍

11. 抄本　　12. 内府戏本　13. 复本　　　14. 残本　　　15. 版画

16. 刻本　　17. 舆图　　　18. 佛经　　　19. 其他　　　20. 普通古籍

（二十五）古建藏品类（共 16 细类）

1. 铜件　　　2. 宝匣　　　3. 木雕　　　4. 瓦件　　　5. 玻璃

6. 砖　　　　7. 烫样　　　8. 木装修　　9. 琉璃　　　10. 杂项

11. 匾联　　12. 金砖　　　13. 室外陈设　14. 原状陈设　15. 帘子坠

16. 其他

　　第三，许多文物仍在原来宫殿的位置。

　　例如养心殿，里面的贴落、书画、各种摆设，琳琅满目。其中的三希堂、随安室、东西暖阁及养心殿明间、后殿，共有文物 1031 件；不足几个平方米的三希堂，即有家具、书画、瓷器、玉器、文房四宝、织绣及其他文物多达 111 件。保留文物最多的是十几座清宫佛堂，保持原状未动过。例如作为清宫"六品佛楼"的典型和成熟代表的梵华楼，账上文物 1058 件，重要文物有一层的 6 座形态各异、高达 2.5 米左右、"大清乾隆甲午年造"（1774）的掐丝珐琅塔；二层的 54 尊大型铜佛、732 尊小型铜佛，每尊佛都有佛名，是庞大而直观的藏传佛教神系。这些原状文物，保留了更多的历史信息，具有特殊的重要价值。

二、台北故宫博物院的文物藏品

台北故宫博物院截至 2014 年 12 月底，典藏文物共计 696344 件册。[①] 台北故宫文物可分为基本文物典藏与到台后新增加的文物两大部分。基本文物典藏主要由以下 5 个方面构成[②]：

第一，原属国立北平故宫博物院的运台文物 597556 件（现分存器物处 44770 件、书画处 6807 件、图书文献处 545979 件）。

第二，原属国立中央博物院筹备处藏品 11865 件（现分存器物处 11350 件、书画处 477 件、图书文献处 38 件）。

第三，日本政府归还文物 1275 件（现分存器物处 761 件、书画处 12 件、图书文献处 502 件）。抗战期间，日本人劫去我国不少文物，胜利后曾先后归还一些，例如张三畲堂被劫缂丝、古董，交由故宫博物院接收保管，汪精卫献赠日皇之翡翠屏风，交由中央博物院接收保管，都是日本归还文物。国民党政权到台湾后，日本于 1950、1951 年归还中国文物物资，全部运到了中国台湾，先后分 6 批共 105 箱，但有价值的甚少。其中属于文物的，交由当时故宫博物院、"中央博物院筹备处"等组成的"联管处"接收。[③]

第四，台湾地区司法行政部门移交日伪司法机关印章，共有 73 件，现均由器物处典藏。

---

① 黄昱甡，林诗庭编辑：《"国立"故宫博物院年报·2014 年》，2015 年。网址：http://www.npm.gov.tw。

② 参阅台北故宫博物院 2008—2012 年藏品盘点实录，2012 年 8 月 30 日。网址：http://www.npm.gov.tw。

③ 杭立武：《中华文物播迁记》，台湾商务印书馆发行，1980 年，第 69—72 页。

第五，原属国立北平图书馆（今北京中国国家图书馆）旧藏，包括善本旧籍 102 箱与古舆图 18 箱两部分，总计 21602 件文物，现均由图书文献处典藏。其中"善本旧籍"是民国时期国立北平图书馆的甲库善本，为宋元明早期善本专藏，以清学部图书馆所收内阁大库旧藏为基础，益以江南旧家藏书、敦煌经卷以及清末民国几代学人潜心搜罗的成果，多宋椠元刊、秘抄精校、珍贵稿本以及名家批校题跋之本。该批善本旧籍抗战中移存美国国会图书馆，于 1965 年底由美国运到中国台湾，连同原存"国立中央博物院图书馆联合管理处"保管之"古舆图"，全数寄存台北故宫博物院，并在 1985 年由"教育部"移交该院典藏。

以上 5 方面文物藏品共计 631831 件册，其中故宫博物院、中央博物院筹备处与国立北平图书馆运台文物即有 631023 件册。前已讲过，中央博物院筹备处运台文物多是古物陈列所藏品，而古物陈列所的也属于宫廷文物，国立北平图书馆的甲库善本亦以清学部图书馆所收内阁大库旧藏为基础，加上故宫博物院，这 3 方面文物即占台北故宫博物院现有文物总数 696344 件册的 90%，说明台北故宫博物院的基本典藏主要是从大陆运去的文物，且绝大多数是清宫旧藏。

其中故宫博物院运台文物 597556 件，数量尤巨，约占台北故宫博物院现有文物总数的 86%，并且无比珍贵，使台北故宫博物院成为清宫旧藏的另一个重要庋藏地。具体来说，有铜器 2631 件、瓷器 18391 件、玉器 9768 件、文具 1664 件、漆器 561 件、珐琅 1030 件、雕刻 309 件、杂器 10056 件、丝绣 232 件、折扇 1599 件、名画 3888 件、法书 1139 件、碑帖 307 件、善本书籍 147909 件册、清宫档案文献 386573 件（其中宫中档案奏折 155809 件、军机处档折件 190889 件、档册 39875 件）、满蒙藏文献书籍 11499 件册。

台北故宫对于充实院藏很重视，1967 年开始接受各界捐赠。台北故宫博物院早期并无固定的文物征集预算，凡必须搜购的珍稀文物，悉以专案方式报请拨款。自 1984 年开始，文物收购经费始成年度预算之一门，以便适时征购，补充缺遗，但收藏对象必须为院藏中所缺少者、属"国宝级"者，或清宫旧藏流失于外者。数十年来，颇有所获，在本书第八章第六节"两岸故宫博物院珍藏的非清宫文物"中有大概介绍。近几年来，台北故宫博物院南院也接受捐赠或收购了一批文物藏品。

三、其他存藏清宫文物较多的单位

与清宫有关的许多宫廷建筑，一般都有过丰富的文物收藏，后来由于多种原因，或兵燹人祸，或用途及管理体制的改变，使文物藏品损失很大。现在存贮宫廷文物较多的主要有沈阳故宫、承德避暑山庄、颐和园和天坛四处。这四处有几个共同特点：其一，都是世界文化遗产，都是属于"大故宫"范围；其二，其所藏文物都曾由内务府统一管理，是宫廷文物的重要组成部分，在 20 世纪前期和中期，其文物与故宫博物院文物有过复杂的调拨交换等关系；其三，这些文物与古建筑也有着密切关系，现在仍多在古建筑中陈列展览。此外，承袭原中央博物院筹备处的南京博物院也有大量存藏。

（一）沈阳故宫博物院文物藏品[①]

清定都北京后，盛京故宫（亦称奉天故宫，即现沈阳故宫）藏有清入关前的一些宫廷文物，乾隆年间又从北京移送了大量珍贵的文物及用品，主要有清帝及后妃祭祀、庆典活动所用的各类物品，帝后玺册、典章文物和皇家档案，历代艺术珍品和新造的各类皇家御用器物等，以此来提高盛京故宫的尊贵地位。当时不断地由北京向盛京运送宫廷珍品，例如乾隆四十四年（1779），就拨送康熙、雍正、乾隆年款各色瓷器 10 万件。为了贮存这些宝物，乾隆时还曾大规模增建、扩建盛京故宫内的建筑，例如修文溯阁以贮存《四库全书》。盛京故宫的文物都载在清末道光年间所编的《翔凤阁存贮器物清册》《西七间楼恭贮书籍墨刻器物清册》等中。民国初期，金梁曾据翔凤阁所藏部分书画精品编成《盛京故宫书画录》和《盛京故宫书画记》。

---

① 参阅武斌主编：《清沈阳故宫研究》，辽宁大学出版社，2006 年，第 200—227 页。

民国初年，盛京故宫作为皇室产业，名义上仍属溥仪小朝廷所有，并沿袭清末旧制，设盛京内务府办事处进行管理。后政府决定成立古物陈列所，遂将盛京故宫所藏大批宫廷物品运至北京，以敷陈列之用。共运送包括瓷器、古铜、字画、珠玉文玩、书籍等文物 1201 箱，约 114600 余件。翌年，盛京故宫文溯阁所藏《四库全书》和《钦定古今图书集成》亦运至北京，置于保和殿等处，仍归古物陈列所。文溯阁《四库全书》以后回到沈阳故宫。1966 年 10 月，鉴于当时备战形势需要，这部《四库全书》被拨运甘肃省图书馆收藏。

当年沈阳故宫文物运北京后，所余文物大宗者有敬典阁、崇谟阁二楼内的《玉牒》《实录》《圣训》等物，还有清宁宫内的萨满祭器，銮驾库内卤簿、仪仗、乐器，太庙的玉宝、玉册，以及日华楼、师善斋所储门神、对联，西七间楼的数百面信牌、印牌，以及内府写本、刻本、档案等。20 世纪 50 年代至 80 年代，通过政府调拨、自身征集、社会捐献等多种途径，沈阳故宫的藏品逐渐丰富。1954 年至 1980 年，故宫博物院 17 次拨给沈阳故宫清代宫廷文物 7546 件，包括书画、瓷器、雕刻、玉器、漆器、织绣品、钟表、家具、陈设、杂项、武备等。

沈阳故宫博物院现存藏文物共 33 类、21810 件套。其中，以清宫原藏宫廷遗物和历史文化珍品为主，兼及沈阳地区历史文物及具有特殊意义的近现代文物。不仅数量巨大、类别繁多，而且具有极高的历史和艺术价值。其中，清入关前历史文物、清代帝后御用文物、明清及近现代书法绘画、清代家具、清代服饰等都很珍贵。如清入关前使用的满蒙文信牌、印牌，努尔哈赤的宝剑，皇太极的腰刀、弓、箭、鹿角椅以及御用常服袍，清宁宫萨满祭祀用具，康熙、乾隆时期用于宫廷典礼的乐器以及清历朝帝后谥宝、谥册等，都是清史、满族史、清宫史研究极为重要的实物佐证。清代书画，从清初的"四王吴恽""四僧""金陵诸家"到清中期的扬州画派、宫廷绘画，再到清后期的海派以及近现代等诸多流派代表人物的作品均有收藏。清代康、雍、乾盛世的官窑瓷器，清宫帝后服饰、首饰配饰等，显示了清代皇家生活的风范。均是院藏文物精品。

（二）承德避暑山庄与外八庙文物藏品^①

清帝北巡塞外避暑、理政，届时举行木兰秋狝，这是有清一代极
为隆重的礼仪典制。避暑山庄与其结为一体的外八庙经过康、雍、乾
三朝的尽力营构，成为重要的政治舞台，谱写了政治智慧和民族统一
的篇章。至乾隆时期，山庄及寺庙的文物陈设相当丰富。道光时，国
势日渐衰微，内忧外患丛生，再无力举行巡典，绵延一个多世纪的北
巡不得不告停止。道光五年（1825），开始大规模清理、归并热河宫
廷及皇家寺庙陈设器物，部分陈设开始解送北京。至清朝覆亡时，避
暑山庄内贮陈设仍然数量巨大，品类贵重多样，尤以康熙、乾隆盛世
精品官窑瓷器、精木家具、古铜器物、名人字画、文房四宝为珍贵，
其中有古北口以外诸行宫的大批陈设和帝后生活用物。

民国初年，承德避暑山庄的1949箱约119500余件文物运到北京，
成为古物陈列所的藏品。主要有玉器、瓷器、大臣书画、围屏、珠宝器、
书籍、古铜、珐琅、佛供、扇子、字画、盆景、文玩、钟表、竹木漆器、
戏衣、如意、插挂屏、铺垫等。1921年，又由山庄运来一批文物，有
经典、佛像、盔甲。由避暑山庄运京的文津阁《四库全书》，后移交
京师图书馆即今国家图书馆。

从清末至民国时期外八庙发生多起陈设被盗案。1914年，热河都
统姜桂题盗走溥善寺、普乐寺、殊像寺200多件文物，拆掉了溥仁寺
后配殿及廊房共32间。1928年，军阀汤玉麟在避暑山庄内大肆攫取
文物，拆毁古建筑，砍伐树木。1933年3月4日，侵华日军3万余人
占领承德。避暑山庄德汇门前竖起两座炮台和碉堡，德汇门内成为日
军盘踞的大本营，日军司令部设在东宫。日军拆毁、烧毁了一批古建筑，
抢劫普宁寺用金字写成的珍珠装饰的《甘珠经》《丹珠经》；将殊像

---

① 韩利撰：《北巡礼仪废弃后的热河文物》《避暑山庄三百年大事记》《避暑山庄及
周围寺庙文物现状》，均为未刊稿。

寺会乘殿内由乾隆皇帝主持完成的《清文翻译全藏经》劫掠一空；从外庙抢劫各式镀金、银佛像 143 尊，以及殿内陈设文物 200 余件。"文化大革命"初期，避暑山庄与外八庙文物也受到一定损毁。

中华人民共和国成立后，避暑山庄在加强对古建筑维修的同时，积极做好文物的清理、展览工作。1955 年夏，由南京运回南迁原热河文物 7707 件，其中瓷器 4649 件，珐琅 1659 件，挂屏 169 件，盆景 90 件，钟表 46 件，垫褥 568 件，戏衣 338 件，毡毯 65 件，杂项 123 件，并于 8 月份开始展览。从 1959 年至 1981 年，北京故宫博物院先后 18 次调拨给承德市相关单位文物 7723 件。

现在，避暑山庄及周围寺庙都有可观的文物藏品。避暑山庄博物馆坐落在避暑山庄宫殿区内，是以收藏清代宫禁陈设御用器物、帝后生活用品、御笔书画、名人字画和其他清宫遗存为主的清代史迹专题博物馆。馆藏文物总量 24994 件，其中珍贵文物 10041 件。主要品类包括玉石金银、瓷器珐琅、御笔字画、钟表挂屏、家具陈设、文房用具、帝后生活用品、佛造像、供法器等。大多由清宫内务府造办处承做，造型、工艺精美绝伦。

外八庙于 1962 年初步建起了各个寺庙的档案。登记了须弥福寿之庙、普陀宗乘之庙、殊像寺、溥仁寺、安远庙、普佑寺、普乐寺 7 座寺庙内的文物，共计 7961 件，其中佛像 6548 件，供器 1028 件，画像 15 件，法器 131 件，其他 239 件，并以庙为单位分类造册。外八庙管理处有各种文物 7250 件，珍贵文物 4000 余件，一级品 41 件。主要品类为佛像、佛龛、佛塔、佛经、佛画、供器、法器及陈设品。以器物质地区分，有金属类、瓷器类、玉石类、琉璃类、漆木类及丝织品。从制作艺术风格上，具有汉、藏、印度艺术特征，尤以藏式风格为突出。有些宗教文物与清代重大历史事件、历史人物相关联，见证了国家统一、民族团结的历史进程，如六世班禅来承德朝觐乾隆帝时进献的明代铜质金刚铃杵、曾在五世达赖前供奉的嘎巴拉鼓等，盒内都有藏、满、蒙古、汉 4 种文字书写的标签，是西藏地方与清中央政府密切联系的实物见证。

（三）颐和园文物藏品 [①]

晚清时颐和园不仅是帝王们散志澄怀的游娱场所，也成为与紫禁城紧密相连的政治中心，特别是慈禧太后将其当作自己的离宫御苑，颐和园存放陈设了丰富的文物及各种用品。1900年，八国联军侵占颐和园，使文物受到重大损失。光绪二十七年（1901）清查颐和园陈设，形成了3本清册：《颐和园现存古铜瓷玉陈设清册》，内载仁寿殿等存古铜器、瓷器、玉器863号，1677件；《颐和园现存桌张、围屏插屏、景泰蓝、铜器清册》，内载现存硬木家具436号，1199件等；《颐和园现存残缺瓷铜木器书籍座钟清册》，记载了这些残缺物品的数量。光绪二十八年（1902）又在园内新收集、安置了一批陈设，并立《颐和园天字号陈设册》，内载各殿宇铜器、玉器、瓷器、钟表等项陈设870号，1907件。1916年，清室内务府对颐和园陈设进行过一次清点，除原有在册的陈设外，又新立了《颐和园现存新瓷玻璃器灯只清册》，同时对清册列出名单但查无实物的文物，设立《颐和园浮存陈设清册》。1921年11月，溥仪命内务府大臣绍英查核颐和园陈设，此为清室最后一次清查陈设。

1928年7月1日，民国政府内政部接收颐和园，8月13日，颐和园由内务部移交北平市政府。1929年对陈设物品进行全面清理，编有《颐和园书画古玩等物品清册》4本，共编号3954个，新办陈列馆、图书馆，共陈列铜器266件，瓷器440件，玉器272件，珐琅雕漆插屏等364件，图书243部。1933年，为使陈设免受战乱破坏，颐和园的古文物前后分3批南运，共编650号，计有640箱、2个夹板、1个油布卷及7个麻袋包。1951年1月南迁文物北返。颐和园原运古物640箱，北返时仅余267箱。经北京故宫博物院与颐和园会议商定：有关清代艺术品，如慈禧太后生活有关之器物，尽量分配颐和园；有

---

① 颐和园管理处编：《颐和园志》，中国林业出版社，2006年，第195—281页。

关历史考古器物，可分配故宫方面，补充有系统的陈列品。

1970 年颐和园对园藏文物进行清查，计查得铜器 515 号、瓷器 704 号、玉石 481 号、珐琅 132 号、钟表 110 号、书 269 号、画 405 号、杂项 352 号，共计 3505 号。这次清查、鉴定，有许多意外收获。如颐和园保存的虢宣公子白鼎，以前认为是明代仿品，这次鉴别发现是被列为西周无价之宝的真品。故宫专家曾寻找多年，以为已被运到中国台湾。汉朝编钟一套共 4 件，故宫博物院存有 3 件，这次发现另一件在颐和园。战国年代狩猎纹豆，豆身在故宫博物院，这次发现豆盖在颐和园。颐和园现存贮陈展的文物，按其质地划分，主要有青铜器、瓷器、漆器、景泰蓝、玉雕、牙雕和竹木雕刻品、织锦、钟表、善本图书、佛像、家具以及其他艺术品等。

颐和园共有瓷器 9539 件，经鉴定入级的有 6948 件，多出自专烧皇家用瓷的官窑厂，不乏世间孤品，如元代的蓝釉白龙纹梅瓶，是现今世界上仅存的 3 件中的 1 件。乐寿堂所陈康熙朝青花大果盘，直径 1 米，极其圆正，可以堆放几百只水果。排云殿中的一对鱼缸，通体泛着淡青色，从釉下隐现出一对二龙戏珠的图案。百鹿尊是在一个 30 多厘米高的瓷瓶上绘制出 100 只不同形态的鹿。晶莹翠艳的青花鹿头尊，是康熙时官窑烧造出的精品。直径足有 1 米的"储秀宫"款蓝地黄龙大盘，是为曾经住过储秀宫的慈禧太后专门烧制的。

（四）天坛文物藏品 [①]

天坛作为皇帝祭祀皇天上帝的场所，其文物存藏主要为用于祭祀活动的礼器、乐器，数量逾 10000 件。清乾隆十三年（1748），乾隆皇帝在历朝祭祀规定的基础上，依据《周礼》，对祭典、祭器进行了重修，重新定制祭器，以后诸朝皇帝沿用，未再更改。这些礼器、乐器大多为乾隆、光绪年间所造，少量为明代所造。光绪二十六年（1900）八国联军侵华时，劫掠了天坛，文物损失严重，导致祭天器物不敷使用，

---

① 天坛公园管理处编：《北京志·天坛志》，北京出版社，2006 年，第 191—226 页。

为此清室补造了一批礼器，并保存至今。在祭天典礼中还大量使用各式木器、灯具、棕荐、软片等，其品种繁多、样式各异，形成了天坛文物的又一大特色。它们作为皇帝行礼、举止的必需品，同祭天陈设中使用的礼器、乐器一样，为人们了解当年盛大的祭天典礼提供了丰富的实物资料。

祭祀礼器，从类别上可分为瓷器、金银器、铜器、玉器、木器及软片等，另外还有部分石雕、石碑等。天坛祭祀礼器中以瓷器为多，明清时制造。清代祭祀瓷器多为光绪朝所制，是乾隆改制后的规制。种类上主要有豆、簋、簠、镫、铏、爵、尊、馔盘及盏等。铜器多为清代制造，也有少部分明代遗物，主要有鼎、尊、簋、簠、爵、铏、镫、酒提等，如明代永乐年间太和钟、乾隆年造款大铜钟、乾隆款铜铏、清中期鎏金象首足提熏炉、清铜三足鼎炉，以及传为明代的铜人。竹器、木器、玉器，种类、数量较少，多为清制。

中国乐器有"八音"，即金、石、丝、竹、土、木、匏、革 8 类材料制作成的乐器。祭祀乐为国家大乐，要求"八音齐备"，所以祭祀音乐要 8 种材质的乐器演奏。清康熙五十四年（1715）改造明朝乐器，重订乐制，定名中和韶乐。乾隆二十六年（1761）山东临沂出土周代镈钟，清高宗以为瑞兆，即命参考仿制，同时副以特磬，大乐条理乃备，于当年冬至大祀首次使用，以后历朝尚用，遂为永制。现在天坛所保存的大部分中和韶乐乐器，为"庚子事变"幸存物品及其后补制的。1933 年，天坛部分乐器装箱南迁，至今下落不明。1990 年，天坛公园管理处将祈年殿东配殿辟为"祭天乐舞馆"，将天坛仅存的一套中和韶乐乐器陈列于"祭天乐舞馆"展出。

除以上各类文物外，天坛还存有祭祀用的木器、灯具以及棕荐、软片、祭服等。

（五）南京博物院的清宫文物藏品

当年古物陈列所文物南迁，后来其中的 848 箱 11562 件运往中国台湾，其余的 4562 箱约 93700 件留在了南京，其中不少文物成为后来南京博物院的重要存藏。这些宫廷文物种类多，精品也多，如宋钧窑三足瓷洗、明洪武官窑釉里红寿石花卉纹瓷盘、明永乐青花云龙纹扁瓶、清康熙青花万寿纹尊、清雍正《钦定古今图书集成》、清艾启蒙的《八骏图》、明景泰蓝云龙纹瑞兽火炉、清乾隆铜镀金垂恩香筒、英国造铜镀金鸟笼钟、清乾隆铜佛像、清嘉庆"和硕智亲王宝"金印、清穆宗毅皇帝金发塔、清金坛城、清高宗纪绩嘉诚青玉册、清乾隆玉根龙云洗、清紫檀边铜珐琅渔樵耕读挂屏、清雕漆描金宝座等等，都是稀有的珍品。[①]

第三节 清宫文物的散佚

宏富无比的清宫旧藏因多种原因，大量流失，许多国家和地区以及国内不少的博物馆、图书馆、有关研究机构以及私人等，都存藏有清宫流失出去的物品，其流散数量之大、流散国家地区之广、有关收藏单位之多，都是举世罕见的。

清宫旧藏流散的一个重要原因是侵略者的抢夺。如前所述，主要是 19 世纪中后期，英法联军对圆明园的劫掠和焚毁、八国联军对皇室财宝的抢劫与破坏，成为中华文化史上令人痛心的一页。侵略者把抢夺的各种文物藏品运回本国。英、法等国一些博物馆、图书馆现收藏有大量从圆明园劫掠去的珍贵文物。英国伦敦大英博物馆收藏有 3 万多件中国文物，包括书画、古籍、玉器、瓷器、青铜器、雕刻品等，其中直接从圆明园掠夺的文物就达 2 万多件，包括唐人所摹晋代著名画家顾恺之的《女史箴图》。法国收藏圆明园文物最为著名的是枫丹白露宫的中国馆，达到 3 万多件，多是珍贵无比的中华民族历史文化的精华。在伦敦，从 1861 年 4 月起，就有来自圆明园的大批物品，

---

① 南京博物院编：《南京博物院八十年院史》，内部印行，2013 年，第 20 页。

包括玉器、珐琅、瓷器、丝绸和钟表，被一次次拍卖。首次拍卖是在菲利浦拍卖行进行的，物品有"精美的东方瓷器"。5 月份，克里斯蒂 – 麦森 – 伍兹拍卖行拍卖了罗·亨利带回的东西。7 月份，另一位军官带回来的各种物品被拍卖。12 月，原属于中国皇帝的宫中服装以及一枚御玺被拍卖。美国历史学家詹姆斯·海维亚统计，1861 年至 1866 年间，伦敦进行了大约 15 次包含从北京掠夺物品的拍卖。雷吉纳·蒂里埃统计，1861 年至 1863 年间，在德鲁欧拍卖行就进行了 20 来次拍卖。[①] 直到今天，在巴黎、伦敦、纽约、香港等地，仍有从圆明园流出的东西在拍卖。据估计，流失在海内外的圆明园文物约 100 万件。圆明园西洋楼海晏堂的十二生肖铜首全部流失海外，北京保利集团从海外拍卖公司购回 3 件，澳门何鸿燊先生购得两件赠给保利，法国皮诺家族 2013 年 9 月无偿捐赠中方 2 件，1 件在中国台湾，尚有 4 件下落不明。2010 年，圆明园在罹难 150 周年之际向全球发出抵制圆明园流失文物拍卖的倡议书。

1900 年八国联军占领北京没多久，市场就开放了，拍卖随之开始。拍卖与市场销售，成了侵略者用掠夺品换钱的常规手法。从北新桥到东四牌楼的 1 千米左右大街上，拥挤着出卖掠夺品的露天商铺。与法国占领区交界的虎坊桥西至骡马市大街，出现了几千个露天店，一大早就出售珍宝、古玩、旧衣服等，多半是掠夺品。英国在公使馆设了拍卖会场，不久天坛占领区内也出现了拍卖会，观者达上千人。拍卖在各国军队中也广泛地进行着。买主不只西洋人，也夹杂着中国人，闻风而来的列强商人把在北京购买的东西一部分在北京转卖，大部分送回了本国。从北京各处掠夺来的各种物品，通过各种方式，或被运到列强各国，或残留于国内。所有文物，其中包括宫中珍藏，就这样

---

① ［法］伯纳·布立赛著，高发明、丽泉、李鸿飞等译：《1860：圆明园大劫难》，浙江古籍出版社，2005 年，第 340—341 页。

流到了国外，或散佚在了国内。① 在国外，除欧美的许多国家存藏有大量清宫的旧藏外，在亚洲的日本，也是通过掠夺与其他手段收藏清宫旧藏最多的国家之一，《中国甲午以后流入日本之文物目录》中，就有不少是清宫的珍品。② 此书是根据日本的出版物摘抄的，尚有大量流失日本文物未被录入。

流散的另一个原因是辛亥革命至 1924 年逊帝溥仪退出故宫的十几年间，大量清宫珍藏以各种方式流出并散失在国内外。

目前，有相当数量的清宫文物在国内外私人收藏家手中。清皇室珍品经常在海内外一些拍卖会引起轰动，创下纪录。有的拍卖公司还举办清宫文物的专场拍卖会，如香港苏富比近年来就举办过"玉承天令——乾隆宫廷艺术品"（2007 年 4 月）、"清宫遗珍"（2007 年秋季）、"皇威万代"（2008 年 10 月）、"玲珑八宝——欧洲私人清宫御瓷收藏"（2009 年春季）、"瑰辞神笔——重要私人清宫御制工艺珍藏"（2010 年秋季）等。

与以上两种情况的流失不同，清宫旧藏现在之所以散存于国内许多档案馆、博物馆、图书馆及其他机构，则是故宫博物院在国家文物主管部门协调下，向这些单位及机构调拨的。

20 世纪 50 年代以后，除明清档案整体划出外，故宫博物院还将大量清宫典籍给了现国家图书馆，包括《天禄琳琅》209 部 2347 册，以及一批其他宫廷珍本，存放在柏林寺的完整的 18 世纪《龙藏经》经版，计 100 架 78289 块等（这批经版后又移交北京市文物局，现由云居寺收藏）。还将一批满、蒙古文图书及其他宫廷藏书划拨给一些大学或省市图书馆等。

故宫博物院还把 8 万多件文物调拨给了许多单位。查阅故宫博物

---

① [日]富田升著，赵秀敏译：《近代日本的中国艺术品流转与鉴赏》，上海古籍出版社，2005 年，第 30—33 页。

② 徐森玉主编：《中国甲午以后流入日本之文物目录》，中西书局，2012 年。

院文物调出档案，首次调拨文物是 1954 年。从 1954 年至 1990 年的 37 年中，除 1967 年至 1970 年及 1988 年、1989 年没有拨出外，其余 31 年每年都有向外调拨的文物。最后的记载是 1990 年。调出文物最多的一年是 1959 年，达 23955 件，1974 年也多达 11382 件；最少的是 1987 年，给苏州丝绸博物馆调拨清代苏州造织绣材料 4 件。一些属于借出的清宫文物，以后则改为调拨。截至 1990 年，故宫博物院调拨出的文物共 84000 件另 87 斤 1 两，其中约有 2400 多件不属清宫旧藏（其中 1336 件为国际礼品）。

故宫博物院文物外拨的单位[①]，包括国内外博物馆、事业单位、企业、人民团体、科研机构、寺院、学校、国家机关、电影厂等。根据档案记载，其中拨往文物最多的单位是由中国革命博物馆和中国历史博物馆合并的现国家博物馆，多达 7970 件。1959 年中国历史博物馆成立，故宫博物院曾把包括虢季子白盘、《乾隆南巡图》等在内的 3881 件珍贵文物拨了过去。故宫博物院拨出文物涉及 10 个国家及国内 27 个省、自治区、直辖市和部队单位。其中，国内 82999 件另 87 斤 1 两，拨往国外文物 1001 件。拨给文物数量超过 2000 件的单位有以下 11 个：国家博物馆（7970 件）、沈阳故宫（7546 件）、承德外八庙（5968 件）、民族宫（5519 件）、湖北省博物馆（3367 件）、洛阳市文化局（3361 件）、东陵管理所（保管所）（2966 件）、北京电影制片厂（2510 件）、中国工艺美术学院（2356 件）、国庆工程各单位（2534 件）、中国佛教协会（2015 件）；超过 1000 件的机关单位有：外交部（1962 件）、黑龙江省博物馆（1812 件）、广东省博物馆（1647 件）、轻工业部美术工艺管理局（1614 件）、承德避暑山庄（包括承德离宫、承德离宫办事处、承德离宫管理处，1551 件）、景德镇陶瓷馆（包括景德镇陶瓷研究所，1217 件）、文化部（1213 件）、外贸首饰公司（1173 件）、解放军八一电影制片厂（1130 件）、湖

---

① 以下所列故宫博物院文物调往的机构、单位名称，为当时档案的记载。

南省博物馆（1088 件）、长春电影制片厂（1000 件）。拨给国外的有 1001 件：保加利亚（35 件）、德意志民主共和国（251 件）、哥斯达黎加（6 件）、捷克斯洛伐克（65 件）、毛里求斯（2 件）、瑞士（46 件）、苏联（573 件）、新西兰（21 件）、伊朗（1 件）、日本（1 件）。

故宫博物院外拨藏品的类别有：陶瓷、铜器、玉石器、漆器、珐琅器、织绣、绘画、法书、铭刻、雕塑、雕刻工艺、其他工艺、文具、生活用具、钟表仪器、宗教文物、武备仪仗、古籍文献、外国文物、其他文物等。[①]

故宫博物院外拨的文物，有些是在特殊历史条件下形成的。1973 年，故宫大佛堂的 2900 余件佛教文物迁运河南洛阳，佛像被安置于某寺院，其余文物如两座九级木塔等则为其他文物部门分别占用。大佛堂是故宫西路慈宁宫后殿，明嘉靖十五年（1536）建成，为后妃礼佛之所。该殿面阔七间，进深三间，殿宇宏敞，直至 1973 年佛堂被拆之前，仍完整地保持着明清皇宫内佛堂的历史原貌。佛堂中有目前国内仅存的整堂元代干漆夹苎十八罗汉像、三世佛像、天王像、韦驮像等 23 尊，均属一级文物。干漆夹苎像是佛教造像中最珍稀的品类，它靠多层麻布、彩漆成型，重量较轻，造型精美，但因不易保存，存世极少，堪称国宝。根据故宫整体维修的规划，恢复大佛堂是其中的重点项目，而且于明清宫廷藏传佛教研究以及故宫的完整保护，都具有极为重要的意义。多年以来，为实现故宫文物藏品的完整性，故宫博物院与文博界为其归还故宫在不懈地努力。[②]

这里需要说明的是，国内许多博物馆的清宫旧藏，还有属于博物馆自行征集的。中华人民共和国成立后，博物馆事业迅速发展，迫切需要

---

① 郑欣淼：《天府永藏——两岸故宫博物院文物藏品概述》，紫禁城出版社，2008 年，第 96—107 页。

② 1984 年 8 月 4 日，谢辰生先生致信曾任国家文物管理局副局长齐光，谈了这批文物当年迁运洛阳的来龙去脉及文物界多年来争取归还故宫的努力。参阅李经国编撰：《谢辰生先生往来书札》上册，国家图书馆出版社，2010 年，第 44 页。

大量文物做支撑，在各地博物馆的征集工作中，一批流落民间的清宫文物被地方博物馆收藏，其中有一部分由国家文物局直接上调回到故宫，而更多的则继续收藏于各地博物馆。目前，国内通过征集收藏了清宫散佚文物的博物馆主要有中国国家博物馆、中国国家图书馆、中国美术馆、首都博物馆、北京艺术博物馆、天津博物馆、辽宁省博物馆、沈阳故宫博物院、旅顺博物馆、丹东市博物馆、吉林省博物院、黑龙江省博物馆、上海博物馆、南京博物院、无锡博物院、广东省博物馆、广西壮族自治区博物馆等，其中辽宁省博物馆、吉林省博物院、上海博物馆是收藏数量较多的。

第四节　清宫散佚文物的征集

一、民国时期清宫散佚文物的征集

对清宫散佚文物的关注与征集，是在故宫博物院成立以后。1925年7月31日，清室善后委员会在点查养心殿时，发现了一束赏溥杰单和一束溥杰手书的收到单。故宫博物院后来将此密件及此前发现的"诸位大人借去书籍字画玩物等糙账"编辑成书，取名《故宫已佚书籍书画目录四种》，向社会公开发行。弁言中称，被溥仪兄弟盗运出的书籍字画，"皆属琳琅秘籍，缥缃精品，《天禄》书目所载，《宝笈》三编所收，择其精华，大都移运宫外。国宝散失，至堪痛惜！兹将三种目录印行，用告海内关心国粹文化者"[①]。抗战胜利后，故宫博物院北平本院接管和收购了一批散失在外的故宫旧有文物和物品。主要有以下几批：

一是收回被日军劫走的铜灯亭、铜炮。日军1944年6月22日从故宫劫走铜灯亭91座，铜炮1尊，作为其推广"献铜运动"的成

---

① 清室善后委员会：《故宫已佚书籍书画目录四种》，1926年6月。

果。这批物品运到天津，还未来得及运往日本，日军就投降了。故宫博物院于 1946 年从天津运回铜灯亭、铜炮，有的已残破、毁坏，共重 4460 公斤，较劫走当时少 971 公斤。

二是接收溥仪天津旧宅留存的文物和溥修宅中留存的溥仪物品。溥仪宅中文物计 1085 件，分藏于 19 个小铁匣和 2 个皮匣中，多为玉器及小件什物，书画 5 件，其中有见于《故宫已佚书籍书画目录四种》中的作品。小件什物上大多有黄色号签，与故宫博物院所存同类物品的号签完全相同。在溥修宅中发现的溥仪物品共 222 件。这两批文物与物品于 1946 年 7 月由故宫博物院接收。溥仪这些文物，其中珍品古玉达数百件之多，如商代鹰攫人头玉佩即为无上精品；宋元人手卷 4 件，宋马和之《赤壁赋图》卷、元邓文原《章草》卷、元赵孟頫设色《秋郊饮马图》卷及《老子像道德经书》卷；此外有古月轩珐琅烟壶、痕都斯坦嵌宝石玉碗、嵌珠宝珐琅怀表等；至于黄杨绿翡翠扳指等，更是价值连城。[①]

三是接收清宗人府余存玉牒等。北平孔德学校于 1947 年 3 月 6 日，将清宗人府原存满汉文玉牒 74 册、清代八旗户口册 690 册、档簿 70 册，共 834 册，交给故宫博物院。

四是对于"故宫已佚书籍书画"的收集。1945 年 8 月 10 日，溥仪一行带着精选的珠宝书画等逃到了通化临江县的大栗子沟，后溥仪逃走，东北民主联军派代表缴收了其随行人员所带的文物，交东北人民银行保管。这批文物，有 100 余卷书法名画，包括晋、唐、五代、宋时的名家佳作，大多数是《石渠宝笈》所著录的乾隆皇帝鉴赏的名品，其余珠宝玉翠之类，也都是宫中的上乘珍玩。1948 年，东北银行将这批文物移交东北行政委员会的东北文物保管委员会。[②] 溥仪一行逃出长春后，小白楼贮放的古籍及书画即遭到守护伪皇宫"国兵"的哄抢，大批国宝秘籍书画流散，政府方面和关心国宝命运的有识之士，

---

① 参阅王世襄撰：《锦灰不成堆》，生活·读书·新知三联书店，2007 年，第 71 页。
② 王修：《东北文物保管委员会成立前后》，《中国文物报》2008 年 4 月 23 日。

一直采取积极措施，千方百计进行征集和收购。根据 1946 年 10 月 21 日故宫博物院第六届第二次理事会做出的"溥仪赏溥杰书籍书画如有发现，即由马衡院长商请在平理事决定后设法收购"的决议，从 1947 年 1 月至 8 月，总计 6 次收购书画书籍 14 种，用掉收购专款 26770 万元。重要的有宋版《资治通鉴》1 部（共 100 册，另目录 16 册）、米芾《尺牍》1 卷、唐国诠写《善见律》1 卷、宋高宗书《毛诗闵予小子之什》（马和之绘图）1 卷、《明初人书画合璧》1 卷、宋版《四明志》1 册、元人《老子授经图书画合璧》、龙麟装王仁煦书《刊谬补缺切韵》1 卷及雍正、乾隆等《朱批奏折》41 本等。这批书籍书画都是从东北流入北平的清宫藏品，合浦珠还，回归故宫。相对于古书画，贮藏在长春小白楼的古籍基本上保存完好，损失不大。1948 年 4 月 13 日，故宫博物院接收了由沈阳故宫博物院转交的这批珍籍 82 种 1241 册，又接收了文管会和北平图书馆送来的《天禄琳琅》旧本《经典释文》23 册。[①]

二、中华人民共和国成立以来清宫散佚文物的征集

中华人民共和国成立后，十分重视清宫散佚文物的征集。文化部于 1952 年向全国发出收回故宫文物的通知，通知要求："为了保存这些古代最优秀的文化遗产，经报请政务院文教委员会批准，凡在各地'三反''五反'运动中发现的故宫古物，其已判决没收和已由当地政府收回的，均应及时送缴中央，拨还故宫博物院集中保管。"[②] 故宫博物院清宫文物征集的途径，主要是国家拨交、文物收购、接受捐赠等 3 个方面。

一是国家拨交。由国家有关部门拨交给故宫博物院的文物中，有许多是原清宫旧藏后来流失出去的，如当年溥仪抵押给盐业银行的玉器、瓷器、珐琅器、金印、金编钟等，就是由国家文物局于 1953 年拨交给故宫，并由故宫博物院工作人员到储藏地点收运回故宫的。1965

---

① 《故宫博物院公函》（1948 年 4 月 15 日），故宫博物院档案室藏。

② 转引自《中华人民共和国文物博物馆事业纪事》（上），文物出版社，2002 年，第 44—45 页。

年，故宫博物院从溥仪等人交出的 1194 件物品中，挑选接收了 245 件溥仪的物品，包括古文物、稀有珍宝、宫廷用品及价值很高的艺术品等，绝大部分是溥仪留居紫禁城内廷时期，在 1924 年以前以赏赐名义携出宫，并由溥仪在服刑期间随身所带，后向政府主动交代的。其中贵重的有：康熙皇帝用过的金镶猫儿眼宝石坠；乾隆皇帝搜集的六朝小玉璧、周青玉子、黄玉子、汉玉饰、清朝白玉龙纹佩等，特别是乾隆皇帝用的三联田黄石闲章。慈禧太后的贵重装饰品有白金镶钻石戒指、白金镶蓝宝石戒指、祖母绿宝石白金嵌钻石戒指，碧玺十八子手串、珊瑚十八子手串、金镶翠袖扣、金镶祖母绿宝石领针等。还有隆裕太后用过的宫廷用品 6 件。另接收了伪满洲国张景惠等 9 名战犯的 14 件文物珍宝。20 世纪 50 年代，国家文物局把五代黄荃《写生珍禽图》卷及北宋张择端《清明上河图》卷、李公麟《临韦偃牧放图》卷、赵伯驹《江山秋色图》卷等 4 件绘画作品由辽宁省博物馆拨交故宫博物院。

二是文物收购。从 20 世纪 50 年代以来，故宫博物院确定了以清宫流失出去的珍贵文物为主、兼及中国历代艺术珍品的文物收购方针，国家在资金上给予支持，购回了大量珍贵文物。收购的途径主要有文物商店、古玩铺、文物收藏者和拍卖公司等。20 世纪 50 年代初，国家花了大量外汇，从香港购回"三希堂"中的二希——王献之《中秋帖》和王珣《伯远帖》以及唐代韩滉《五牛图》、五代南唐顾闳中《韩熙载夜宴图》、五代南唐董源《潇湘图》、宋徽宗赵佶《祥龙石图》、南宋李唐《采薇图》、南宋马远《踏歌图》、元王蒙《西郊草堂图》及倪瓒《竹枝图》等一批名珍巨品。20 世纪 50 年代至 60 年代初，是故宫博物院购藏文物的高峰期。为此专门设立了"文物征集组"，并引进文物鉴定方面的专门人才。当时社会上流散文物多，琉璃厂一带的古董店得到一件珍贵文物后，首先是送故宫博物院，这就为故宫博物院创造了一个大量购进珍贵文物的极好机会。截至 2005 年 12 月底，共购得 53971 件，其中一级文物 1764 件。特别是书画珍品，如隋人书《出师颂》，唐周昉《地官出游图》卷，唐颜真卿《竹山堂连句》册，宋王诜《渔村小雪图》卷，宋刘松年《卢仝烹茶图》卷，宋马和之《鹿鸣之什图》卷，宋夏圭《雪堂客话图》，宋马远《石壁看云》，张先《十咏图》卷，宋欧阳修《灼艾帖》卷，苏轼《三马图赞》卷，米芾《兰亭序题跋》卷、《苕溪诗》卷以及元明清书画精品，其中一些为清宫旧藏。①

三是接受捐赠。截至 2007 年底，故宫博物院共接受捐赠文物、文物资料及图书约 33900 件套，其中有一些清宫流失出去的珍贵文物。特别是张伯驹先生捐献的西晋陆机《平复帖》、隋展子虔《游春图》以及唐李白《上阳台帖》、唐杜牧《张好好诗》卷、宋黄庭坚《诸上座帖》、宋蔡襄《自书诗》册、宋范仲淹书《道服赞》卷、元赵孟頫草书《千字文》卷等书画巨品，极其珍贵。而 1947 年故宫博物院就拟购买范仲淹书《道服赞》卷，在北平的故宫理事会理事讨论时，做出了"价过高，暂不收购"的决定。②

故宫博物院在清宫散佚文物的征集上，也遇到新的情况与困难。例如，20 世纪 50 至 60 年代，捐赠清宫文物的人多珍品也多，现在由于文物存世量的减少以及市场化影响等多种原因，捐赠珍贵文物的人少之又少了。从 1980 年至 2015 年底的 35 年间，向故宫博物院捐赠清宫旧藏及与宫廷有关的文物仅有 6 次。③现在文物拍卖，都是市场化

---

① 参阅梁金生：《藏品的来源和组成》，载《故宫博物院八十年》，紫禁城出版社，2005 年，第 241—242 页。

②《国立北平故宫博物院第六届理事会在平理事第一次谈话会记录(1947 年 1 月 4 日)》，故宫博物院档案室藏。

③ 1980 年，接收美国赛克勒博士送还的清代透雕云龙紫檀宝座 1 件；1983 年周觉民、李倩玉夫妇捐赠的宋祁序《江山牧放图》卷；1988 年，香港收藏家杨永德夫妇捐献明青花炉南明永历年款褐釉炉等文物；1991 年李莲英之侄孙李祥浩、马士潜夫妇捐献清光绪粉彩云蝠纹直口瓶等 6 件文物；2006 年中国台湾李敖先生捐《乾隆皇帝题〈王著书千字文〉》；2013 年中国嘉德国际拍卖有限公司和收藏家陆牧滔先生共同捐赠隋人《出师颂》元代张达善的跋尾，使故宫购藏的《出师颂》实现了合璧。其中周觉民、李倩玉夫妇捐赠的宋祁序《江山牧放图》卷，著录于《石渠宝笈初编》，被溥仪携带出宫，存放在长春小白楼内，后入"国兵"周觉民之手。"文革"中抄入故宫，落实政策拟退还，由周觉民(已故)夫人李倩玉以夫妻两人名义捐赠故宫博物院。

行为，清宫旧藏往往要价太高，国家出钱购买审批程序多，有时错过时机，也常因价高而放弃。例如，1997 年，北京翰海拍卖有限公司春季拍卖会上拍五通宋人书札，当时著名书画鉴定家徐邦达先生曾致函上级主管部门建议收购，经履行论证程序后，故宫博物院遂与拍卖公司接洽，但是征购文物经费必须向上级部门申请，由于未获批复，此项收购未能实现，至今引以为憾。

三、战争时期被掠夺到国外的清宫文物的追索

清宫散佚文物征集的重点是追索战争时期被掠夺到国外的文物。目前文物追回的形式主要是回购、捐赠和讨还。回购与捐赠已有一些成功的事例，但是相对于庞大的外流文物而言，毕竟是不可同日而语，而且其中情况比较复杂。追索讨还则是目前最难以成行的回流方式。讨还国外流失文物的法律依据主要是国际公约。涉及文化财产保护的国际公约虽有好多个，但都很不完善，整个规则体系只是由国际道义来维系，缺乏有效的约束机制。几个公约对文物追索的规定都无溯及力，虽然中国在 1996 年签署《国际统一私法协会关于被盗或者非法出口文物的公约》时声明保留追索权，可遗憾的是，拥有众多中国文物的英美等国家却不在此约中，而公约仅对缔约国有约束力。因此，在国际法律框架下追索文物仍是困难重重。圆明园文物的追索，就遇到了这些障碍。我国政府一贯坚持追索历史上流失文物的严正立场，这也是我国人民的共同心愿。有专家建议，我国应联合主要文物出口国共同行动，外交与法律手段并用，政府部门与民间组织相互配合，坚持努力，实现文物回归的梦想。这是一个长期的艰巨的任务。

第七章
故宫与博物院

第一节　古物陈列所 [1]

　　1913 年，中华民国内务部总长朱启钤呈明大总统袁世凯，拟将奉天（沈阳）故宫、热河（承德）行宫两处所藏各种文物集中到北京故宫，筹办古物陈列所。该议获准后，热河都统治格受派兼筹备古物陈列所事。1913 年 10 月，内务部派员会同清室内务府人员赴热河清理避暑山庄各处陈设物品。从 1913 年 11 月到 1914 年 10 月，前后运送 7 次，计 1949 箱，约 117700 余件册。起运奉天故宫文物，从 1914 年 1 月 23 日开始，到 3 月 24 日结束，前后运送 6 次，计 1201 箱，约 114600 余件册。1913 年 12 月 29 日，内务部正式下令筹办古物陈列所，决定武英殿西配殿的北二间作为古物陈列所的筹备处。1914 年 2 月 4 日，古物陈列所成立，热河都统治格兼任古物陈列所所长。

　　随后内务部进一步安排展出事宜。下令将武英殿正殿及后殿敬思殿改造为陈列室，在两殿之间加盖走廊，呈"工"字殿形式，以便通行。要求展室陈列柜采用最新形式。武英殿陈列室改建完成后，立即布陈展览，10 月 10 日民国国庆日，古物陈列所宣告正式开幕。后来又把文华殿改建成陈列室。1915 年在已毁的咸安宫的旧基上建成文物库房宝蕴

---

① 参阅《古物陈列所廿周年纪念专刊》，北平古物陈列所编辑兼发行，1934 年 12 月。

楼。这 3 项工程款 20 万元，是从美国退还的庚子赔款中支付的。

　　古物陈列所下设 3 个科。第一科主管文书、人员考核、警务工作、携带物品出门填发携物证和不属其他科的事项。第二科掌管古物库房管理和展品陈列、陈列室管理。第三科管理参观票券发放、回收票款和古物影印图片、图册的印制、发售事宜。

　　古物陈列所的展室设置，有太和殿、中和殿、保和殿、文华殿、武英殿、传心殿等处，1930 年又增辟了洪宪馆、武器馆、毡毯陈列室、戏衣陈列室、石刻陈列室等专馆，这些专馆大都在年节纪念日开放。太和殿展室，初期仅选择少数重大物品略事点缀，到 1925 年又精选明清刺绣、缂丝、雕漆、珐琅等类围屏、插挂屏、宝座、鹿角椅、品级山，以及大轴名人字画等。中和殿陈列有明清时期大件珐琅器物、紫檀雕花柜、清世祖禁止中官干政铁牌及各项佛供、乐器等。保和殿陈列有御用金漆床几、绘画、钿翠、御笔行草各种围屏和历代名人大画轴。武英殿包括后殿敬思殿、东西配殿、焕章殿等处，主要陈列青铜器、瓷器、珐琅、唐琴、宋元明版书籍、名人写经等，其中以青铜器最为系统。展出的有商周秦汉各代铜器。其次为瓷器，展出的有宋代诸名窑瓷器，以及清珐琅、瓷器等。文华殿包括后殿主敬殿，东西庑本仁殿、集义殿，主要陈列唐宋元明清各代书画、缂丝、刺绣围屏、玉石挂屏及大件珐琅器具、牙雕、钟表等。传心殿陈列室，原做客厅使用，1928 年改成仿内廷生活原状陈列。陈设物品有御书房、寝宫各种御用文具、书籍、字画、床柜、宝座等。该陈列室仅于令节开放。洪宪馆展出的是袁世凯僭帝时所准备的洪宪海陆军旗、国旗及各国旗帜、古铜品级山、庆成灯、嘉禾牌、朝帘、宝座、龙案和承运殿全图等。在太和门内迤西南朝房展出。武器馆是用库房改建，陈列有各种宝刀、枪支、海螺等古代军用品，都是来自廓尔喀、东瀛和高丽等地。还有清穆宗大婚时皇帝更衣室模型及详图，此外还有铁盔锁子甲、肩舆、马鞍等件。毡毯陈列室，陈列明清两代泰西和各回部贡品各色毡毯。此外还陈列有缂丝、刺绣、织绒、织锦等制作的墙、桌、床毯。戏衣陈列室悬挂清乾隆时各色戏衣，如男女蟒袍、圆领箭袖袍、排穗褂、门神铠、氅衣、女衫等。石刻陈列室陈列碑版。

古物陈列所成立之后，还陆续接收了南薰殿收藏的历代帝王贤哲图像、雍和宫经书文物、柏林寺藏经版等，藏品达 20 余万，文物的编目登记也提上了议事日程。1917 年，该所根据内务部指示，拟定 7 条办法，报部批准后，随即增聘通家多人从事编辑。依古铜、瓷器、画轴手卷、珠石，以及玉器、笔墨砚章、雕漆之属，分别审商先后，剖析疑难，从事藏品目录纪要之排比编订，制作《古物汇总目录》。到 1919 年 8 月，书画一门目录先成，其他书籍、玉器、瓷器各门也陆续编缮成书，但都不著品题，不录字句，纯为目录之体。

1926 年秋，曾任临时参政院参政的书画家周肇祥接任古物陈列所所长后，对古物整理、鉴定极为关注。呈准内务部，在该所附设鉴定委员会，延聘当代鉴赏专家，对所藏古物分别进行鉴定。委员会设委员长 1 人，委员 20 人，分书画、金石、陶瓷、杂品 4 组。鉴定工作进行一年有余，已将书画、铜器各类鉴定完毕；到 1928 年 2 月，周肇祥所长去职，尚有少量工作未能完成。

古物陈列所重视展览工作。为了吸引观众，规定各殿陈列物品每周都进行更换，稀世珍品随时更易，不做长时间陈展，以便慎重保护。普通展品"或旬月一换，或逢令节纪念等日减价期间，分别选择更易"。另外，还在东、西华门外置一大公告木牌，书写陈列物品门类，以期观众预为知晓。据不完全统计，从 1928 年 7 月中旬到 1934 年，6 年间该所共接待观众 422000 人次，最多一月（1932 年 10 月）观众达 17457人次。

古物陈列所为了扩大文物藏品的宣传，选择文物中珍品，如钟鼎彝器、杯皿盘匜、觚瓶色觥、盅盘炉盒，以及名人碑帖字画图像等类，以照相影印形式出版发行，后来又自建照相室，逐渐配备所有照相设备，出版了《内务部古物陈列所书画目录》《宝蕴楼彝器图录》《武英殿彝器图录》《历代名人书画（唐至清）》《元明人书画集册》等书籍以及《西清续鉴乙编》《宝历月刊》《历代帝王像》等专书期刊。

1937 年 2 月，经钱桐所长呈请内务部批准，创办"古物陈列所附设国画研究室"，为专门学校艺术毕业及同等学力人员深造而设，不收学费。

古物陈列所成立后，因囿于规制狭隘，不足以资进展而彰文化，乃于 1924 年 8 月由内务部呈准筹设国立博古院，又因国立博古院"规制壮阔，自不宜因陋就简，而另行建筑，非唯无适宜地点，亦且需款甚巨，尤非刻下财力所能举办"[①]；于是建议以太和、中和、保和三殿，及左右亭阁屋宇，文华、武英各殿，统为博古院地址。内务部并任命古物陈列所所长杨乃赓为筹备处主任，副所长李光荣、会办沈学范为筹备委员，于宝蕴楼后方设筹备事务所。此项工作因为经费所限，未能如拟举办，无形中停止。是年 11 月 5 日，溥仪被逐出皇宫，故宫博物院筹备成立并于 1925 年正式对外开放，此事遂寝。

民国十九年（1930），国立北平故宫博物院理事会以理事蒋中正领衔，12 位理事签名，向行政院呈报了一份"完整故宫保管"的呈文，请求将古物陈列所保管权移交 1925 年成立的故宫博物院，并附具办法两条：一是将中华门以内直至保和殿所有一切庙廷向归内政部保管者，由故宫博物院接收，合并内宫一同保管；二是故宫博物院接收外廷后，古物陈列所的文物，来自沈阳故宫的仍移归沈阳故宫，非沈阳的部分将来移送首都另设博物院，可暂借外廷原处陈列。10 月 21 日，行政院第 91 次会议议决："故宫博物院门额不必悬中华门，余照通过，由行政院备案。"[②]10 月 25 日，行政院指令，同意将设在紫禁城外朝的古物陈列所与故宫博物院合并。11 月 3 日接收及点验委员钱桐、廉泉（古物陈列所）、俞同奎、吴瀛（故宫博物院）、于学忠、鲍毓麟（张

---

① 《古物陈列所廿周年纪念专刊》，北平古物陈列所编辑兼发行，1934 年 12 月，第 10—11 页。
② 以上有关"完整故宫保管"文件资料藏于故宫博物院档案室。

学良指派）会同办理古物陈列所归并故宫博物院之事宜。11 月 15 日，院方会同内政部及卫戍司令部、公安局各机关办理接收古物陈列所手续完毕。[①] 后因多种原因，以及"九一八"事变发生，3 方面接管方案至此搁浅。

1933 年 2 月侵占东北的日军入侵热河，平津形势危急，古物陈列所保管的文物，也奉命装箱随同故宫博物院第二批南迁文物装运火车南迁。先后南迁的文物共 4 批，计有铜器、瓷器、书画、玉器、珐琅、雕漆、珠宝、钟表等共 10 余类，111549 件。这批文物一直随同故宫南迁文物保存，抗战胜利后东归南京。

民国三十五年（1946）12 月 3 日，行政院决议：故宫博物院改隶行政院，古物陈列所归并故宫博物院，古物陈列所留存北平文物（88202件）及所辖房屋馆舍，拨交故宫博物院。古物所南迁文物，全部拨交中央博物院保管。民国三十七年（1948）3 月 1 日，存在了 34 年的古物陈列所正式并入故宫博物院，9 月 1 日开始点收古物陈列所文物，11 月 22 日结束。故宫院区从此实现完整保管。

第二节　故宫博物院的成立及早期院史

辛亥革命后，末代皇帝溥仪于民国元年（1912）2 月 12 日宣布退位。根据《关于大清皇帝辞位之后优待之条件》第三款："大清皇帝辞位之后，暂居宫禁，日后移居颐和园。"[②] 因此清室继续占据紫禁城后廷达 13 年。民国十三年（1924）9 月第二次直奉战争爆发，冯玉祥发动"北京政变"，摄政内阁通过修正清室优待条件，并于 11 月 5 日驱逐

---

① 故宫博物院编：《故宫博物院八十年》，紫禁城出版社，2005 年，第 44—45 页。

② 中国第二历史档案馆编《中华民国史档案资料汇编·第一、二辑》，江苏古籍出版社，1991 年，第 74 页。

溥仪出宫。溥仪出宫后3天，摄政内阁令国务院组织"善后委员会"，与清室近支人员协同清理公产私产，"俟全部结束，即将宫禁一律开放，备充国立图书馆、博物馆等项之用，藉彰文化，而垂永远"①。清室善后委员会由政府与清室双方人士组成，政府方面聘任委员多为国民党人士和倾向民主的北洋政府官员，参加清点的一部分人员为北京大学教师与学生。在查点清宫物品的过程中，善后委员会与清室及段祺瑞临时执政府的反对、抵制、阻挠等活动进行了坚决的斗争，坚持开展工作并为成立博物院做了充分准备。特别是1925年7月在养心殿发现清室密谋复辟的罪证，认为事关国家共和政体的安危，当即抄录致函京师地方检察厅（后转向京师高等检察厅），请其对有关人员分别提出公诉，在段祺瑞执政府包庇下，最后不了了之。清室善后委员会鉴于情势之孤危，非急急成立博物院，使速成公开之局，无以杜觊觎之心，遂于1925年10月10日，即中华民国的国庆双十节，正式宣告了故宫博物院的成立。

故宫博物院成立的意义主要体现在3个方面：

其一，它是体现建立在自由、平等、民主基础上的文化共享与文化参与。西方博物馆的诞生以文艺复兴、启蒙运动提供的精神养料为其思想前提。故宫变为博物院，使皇室珍藏社会化，其深层意义是继辛亥革命从政治体制上打倒皇权，进一步通过改造文化事业，以冲击、打破由"家天下"政治形态所模塑的各种传统观念，反映着新型的"国家"意识，以及与之相伴生的市民意识，也为宫廷藏品赋予了维系中华民族文化、传续中华文明血脉的新内涵。

其二，故宫博物院成立于"五四"高潮之后，北京大学积极参与，在建院上起了重要作用，其研究所国学门学术研究新的方法和风气，对博物院也产生了积极影响。皇宫变为博物院不只是重大历史变革，

---

① 《大总统发布清室宫禁充作博物馆令》（1924年11月7日），中国第二历史档案馆编：《中华民国史档案资料汇编·第三辑·文化》，江苏古籍出版社，1991年，第293页。

又具有用新文化的思想审视、研究传统文化的意义。

其三，故宫博物院的成立是中国博物馆事业发展中划时代的大事。建院时制定"临时组织大纲""临时董事会章程""临时理事会章程"。直接借鉴西方博物馆管理的经验，运用董事会与理事会的形式，说明中国博物馆自起步就与国际通行做法接轨。南京国民政府颁布的《故宫博物院组织法》是中国历史上第一部有关博物馆的法律，接着又颁布《故宫博物院理事会条例》，这两个文件，标志着博物院由草创趋向成熟。故宫博物院的成立，标志着中国博物馆事业进入一个新阶段，同时促进了中国博物馆学科的形成。

故宫博物院成立后，由于北洋军阀政府的内战及对博物院的干扰，加上经费的困难，故宫博物院举步维艰。1926年3月19日段祺瑞临时政府忽然以共产党的"罪名"，通缉筹建故宫博物院的组织者李煜瀛、易培基，二人匿居东交民巷，故宫博物院顿失首领，从此至1928年6月间的两年多时间，处于异常艰难困苦的时期，经过了"维持员时期""保管委员会""维持会""管理委员会"4次改组。在南京国民政府北伐胜利、接收了故宫博物院后，国府委员经亨颐提出了"废除故宫博物院，分别拍卖或移置故宫一切物品"的荒唐议案，后经多方力争，才否决了经的议案，于1928年10月先后公布了《故宫博物院组织法》与《故宫博物院理事会条例》，明确故宫博物院"直隶于国民政府，掌理故宫及所属各处之建筑古物图书档案之保管开放及传布事宜"；确定了院内各部门的业务职责，基本上适应了博物馆的性质与工作规律。第一届理事会37位理事中27位由政府任命，另外又增加了10位理事，包括了当时全国政界、军界、财界、宗教界、文化界的众多著名人士，如蒋介石、汪精卫、张学良、阎锡山、于右任、宋子文、班禅九世、蔡元培、李煜瀛、易培基、马衡、陈垣、沈兼士等。至此，故宫博物院有了理论依据以及法律的保障，加上一个在特殊历史条件下产生的强大的理事会，又有一大批优秀学者为骨干，很快迎来了发展的黄金时代，在陈列展览与开放参观、文物整理保护与传拓刊印以及古建筑管理维修与道路工程方面，都取得了重大成果。

1931 年"九一八"事变，日本侵略者的铁蹄蹂躏我东北三省，平津震动，华北告急。为了保护中华民族的珍贵文化遗产，故宫博物院将院藏文物精品装箱南迁。古物集中装箱的以书画、铜器、瓷器、玉器为主，象牙雕刻等工艺类文物也不少；图书方面，可以说宫中所存值得运走的全部装了箱；文献方面，主要有档案、册宝、舆图、图像、乐器、服饰等。数十万件文物，装了 13427 箱又 64 包。同时，还附运了古物陈列所、颐和园、国子监的文物珍品 6065 箱又 8 包 8 件，合计达 19492 箱 72 包 8 件（见表二、三）。南迁文物先存上海，后转运至新建成的南京朝天宫新库房储放。抗日战争全面爆发后，这批文物又先后分 3 批避敌西迁，水陆辗转，最后存放在四川的巴县、乐山、峨眉。西迁文物从 1937 年 11 月开始西迁入川储存，到 1947 年 6 月全部东归南京，在后方整整过了 10 年。在这 10 年间的分散保存时期，文物没有大的损失，创造了第二次世界大战中中国人民保护人类文化遗产的奇迹。

在文物南迁、西迁中，利用存藏的文物，故宫博物院在国内外举办过多次文物展览，收到了良好的效果。1935 年 12 月到 1936 年 3 月，故宫的 735 件精美文物赴英国伦敦参加"中国艺术国际展览会"，1940 年故宫 100 件文物又赴莫斯科、列宁格勒展出。在国内，故宫文物曾先后在南京、重庆、贵阳、成都举办过展览，产生了重大影响。

表二：五批运出的故宫一处三馆文物 [1]

批数	秘书处	古物馆	图书馆	文献馆	总数
第一批		452 箱	602 箱	1064 箱	2118 箱
第二批	426 箱	384 箱	44 箱	436 箱	1290 箱
第三批	1013 箱 62 包	242 箱	477 箱	1240 箱	2972 箱 62 包
第四批	2635 箱 2 包	829 箱	138 箱	1033 箱	4635 箱 2 包
第五批	1534 箱	724 箱	154 箱		2412 箱

[1] 《各处附运箱数表》，1933 年，故宫博物院档案室藏。

续表

批数	秘书处	古物馆	图书馆	文献馆	总数
总计	5608 箱 64 包	2631 箱	1415 箱	3773 箱	13427 箱 64 包

表三：附随故宫文物南迁的各单位文物①

	古物陈列所	中央研究院	颐和园	内政部	国子监	先农坛
第二批	200 箱	37 箱				
第三批	814 箱		74 箱	档案 4 箱		
第四批	1400 箱		224 箱		石鼓 10 件 碑 1 件	
第五批	3000 箱		343 箱 又 8 件			88 箱

抗日战争是中华民族走向复兴的伟大转折，促进了中华民族的觉醒，极大地改变了中华民族的精神面貌。故宫文物是源远流长且从未中断的中华文明的载体与见证，是中华民族重要的文化根脉。故宫文物的保护过程，对于抗战精神的形成、民族认同感的增强起到了积极的作用。同样的，伟大壮烈的抗日战争也为这些珍贵的皇家收藏赋予了不同寻常的意义。

北平本院在北平沦陷期间，留守人员虽遭受到种种压迫与困难，但仍然贯彻行政院"令于可能范围内尽力维护"的指示，度过了处境极为艰难的 8 年。在这 8 年中，前 5 年完全由留守人员苦心孤诣地妥为应付。后 3 年，伪政府虽派有主持的人，实际上仍由留守人员保管，不幸有一部分铜缸、铜灯柱被敌伪劫掠而去，其余文物幸得安全。在此期间，院务工作并未停顿，各处馆工作仍于可能范围内继续推进，在文物点收、保管、古建维修、陈列展览、开放参观、文物整理及审查、

---

① 《各处附运箱数表》，1933 年，故宫博物院档案室藏。

文物之编印流传等方面都有所进展。①

　　1945 年 8 月，日本接受同盟国《波茨坦宣言》，宣布无条件投降。
抗战胜利后，故宫博物院奉命复员。当时的复员工作，分为南京分院、
北平本院和西迁文物东归 3 个方面先后完成。北平本院的复员工作，
时在重庆筹备西迁文物东归的马衡院长委托文献馆馆长、教育部平津
区特派员沈兼士，会同留守北平的故宫博物院总务处处长张庭济负责
办理交接事宜，日伪时期聘任的院长、科长及临时理事、监事等同时
解职，废止"整理院务临时办法"，抗战前的职员十之八九全部留任，
复员工作于 1945 年 10 月完成。南京方面，由京沪区特派员蒋复璁接
收整理朝天宫分院库房，并将日军移存北极阁中央研究院之文物运回，
原分院库房使用的空调机等机器和印刷设备，则大部分下落不明，无
从追索。西迁文物东归工作，任务相当艰巨，先将储存在乐山、峨眉、
巴县之处库房的文物箱件集中到重庆，然后再分批起运东归。这项工
作于 1945 年冬开始准备，至 1947 年 6 月全部运归南京。

　　抗战胜利故宫博物院复员后，根据上级的安排，陆续接管了几批散
失在外的清宫旧有文物与物品，接受了一些个人收藏家捐献的物品，收
购了一些流散的文物。接管的文物，有天津的两批，一批是 1944 年 6
月以后，日伪政权从故宫劫走的 91 个铜灯柱和 1 个铜炮；另一批是天
津溥仪旧宅留存的文物和溥修宅中留存的物品。接收北平的 4 批，有陈
仲恕收存的汉印，法兰克福中国学院友谊会的古物、图书，存素堂的文物，
清宗人府余存的玉牒、册簿等。接受个人收藏家捐献文物，主要有杨宁
史的铜器和郭葆昌的瓷器。在此期间，还收购了从东北流入北平的文物，
多数属于《故宫已佚书籍书画目录四种》中曾经著录的书画。

　　1948 年 9 月以后，国内政治军事形势变化很快。中国人民解放军
发动的辽沈战役行将解放东北全境，平津战役与淮海战役正在准备进

---

　　①《国立北平故宫博物院北平本院八年工作报告（二十六年七月至三十四年九月）》，
故宫博物院档案室藏，该报告又以《沦陷期间北平故宫博物院工作概况史料》为题，刊登
于北京市档案局编：《北京档案史料》2002 年第 1 辑，新华出版社，2002 年。

行之中。平津被围，徐蚌紧急，南京岌岌可危，南京国民政府准备逃往台湾。11 月 10 日，故宫博物院理事长翁文灏（兼行政院长）邀集常务理事朱家骅、王世杰、傅斯年、李济及故宫博物院徐森玉等，以谈话会的方式密议，商定选择故宫精品，以 600 箱为范围先运台湾，而以参加伦敦艺展的 80 箱为主。在会上，朱家骅以教育部部长身份提出国立中央图书馆的善本书、傅斯年以中央研究院历史语言研究所所长身份提出该所收藏的考古文物亦应随同迁台。迁运的筹划工作由理事会秘书杭立武（时任教育部政务次长）负责。后中央博物院筹备处亦决定选择精品 120 箱，会同故宫文物运台。接着，故宫博物院与中央博物院筹备处理事会合议决定，第一批文物运台之后，应尽交通工具之可能，将两院其余藏品一并运往台湾。但因形势的急转直下，只运了 3 批。

第一批文物由海军部调派"中鼎"号载运。载运故宫博物院文物 320 箱、中央博物院筹备处 212 箱、中央研究院历史语言研究所 120 箱、中央图书馆 60 箱，以及外交部重要档案 60 箱，共计 772 箱。1948 年 12 月 22 日"中鼎"号起航，26 日抵达台湾基隆港。

第二批运送文物的船只，为招商局的"海沪"号，因无其他乘客与货物，装载文物数量大，共计 3502 箱，其中故宫博物院 1680 箱，中央博物院筹备处 486 箱，中央研究院历史语言研究所 856 箱，中央图书馆 462 箱，北平图书馆寄存在金陵大学的明清内府舆图 18 箱也由教育部委托中博附带了出来。该轮于 1949 年 1 月 6 日开行，3 天后到达基隆。

第三批运台文物，原计划共 2000 箱，其中故宫博物院 1700 箱，中央博物院筹备处及中央图书馆各 150 箱。但因无法觅得商船，便由海军部派的"昆仑"号运输舰载运，由于舱位有限以及军舰停留时间短等原因，实际上只运走 1244 箱，其中故宫博物院运走 972 箱、中央博物院筹备处 150 箱、中央图书馆 122 箱。故宫博物院 728 箱、中央图书馆 28 箱没有运走。"昆仑"号于 1949 年 1 月 29 日起航，因军舰有任务，不时停靠，故行驶缓慢，2 月 22 日始抵基隆。

故宫部分南迁文物 3 次运台情况见"表四"。

表四：故宫博物院南迁部分文物运台分类统计表①

箱别	第一批 "中鼎"号 1948年12月22日			第二批 "海沪"号 1949年1月6日					第三批 "昆仑"号 1949年1月29日						总计
	院	沪	小计	上	上特	展	沪	小计	寓	上	沪	公	备	小计	
瓷器	38箱	111箱	149箱				397箱	397箱			347箱	14箱		361箱	907箱
玉器	2箱		2箱				10箱	10箱			80箱	6箱		86箱	98箱
铜器	4箱	55箱	59箱				1箱	1箱				1箱		1箱	61箱
雕漆											35箱	1箱		36箱	36箱
珐琅							21箱	21箱			32箱	13箱		45箱	66箱
书画	10箱	74箱	84箱			1箱	2箱	3箱			1箱	1箱	2箱	4箱	91箱
图书	18箱		18箱	1182箱	2箱			1184箱		132箱				132箱	1334箱
服饰												20箱		20箱	20箱
档案	7箱		7箱						197箱					197箱	204箱
杂项	1箱		1箱			1箱	63箱	64箱			76箱	14箱		90箱	155箱
总计	80箱	240箱	320箱	1182箱	2箱	2箱	494箱	1680箱	197箱	132箱	571箱	70箱	2箱	972箱	2972箱

① 《故宫博物院南迁部分文物运台分类统计表》，1949年，故宫博物院档案室藏。

当时南京政府行政院曾函电马衡院长启程赴京，又嘱选择留平文物精华装箱，分批空运南京，以便运台。马衡院长旋将珍品文物编目造册上报，但以身患心脏动脉紧缩症，婉拒南下。对于文物装箱一事，则一拖再拖，直至北平和平解放，始终未运出一箱。

第三节　北京故宫博物院

1949 年 1 月 31 日，北平和平解放。2 月 7 日，国立北平故宫博物院重新开放。3 月 6 日军管会正式接管故宫，马衡留任院长，全体工作人员均留原工作岗位不变。1949 年 6 月北平结束军管，国立北平故宫博物院划归华北人民政府高等教育委员会领导，中华人民共和国成立后则划归文化部领导。1950 年 2 月，北平市改为北京市，国立北平故宫博物院更名为国立北京故宫博物院，1951 年 6 月又改称故宫博物院。1958 年 7 月，故宫博物院下放北京市，归北京市文化局领导，1962 年又收归中央管理，由文化部直接领导。国家文物局成立后，故宫博物院则由其管理。2002 年 8 月，划归文化部领导，成为文化部的直属事业单位。

南迁文物的北返。南迁文物中的 2972 箱运台后，故宫博物院南京分院尚存 11178 箱。这批文物的绝大部分分 3 次运回北京故宫博物院。第一次，1950 年。这次北运由华东工作团主持，运输委员会统筹北运。1949 年底即开始筹划，于 1950 年 1 月 23 日在南京装车启运，26 日下午 1 时抵京。运回 1500 箱，其中文物 1283 箱，器材 217 箱。运回的这批文物，包括国子监的 10 面石鼓，存放在故宫。颐和园的文物 271 箱，由颐和园和故宫博物院派人共同清点、鉴定并确定：有关清代艺术品，如慈禧生活有关之器物，尽量分配颐和园；有关历史考古器物，分配故宫方面，补充有系统的陈列品。第二次，1953 年。挑选文物分两次由火车运回，6 月 8 日运出 261 箱，6 月 18 日运出 455 箱，两次合计 716 箱。第三次，1958 年。这年 9 月，由南京分院运回北京故宫文物 4037 箱件。根据档案资料，1958年部分文物北返后，南京库房原存2422箱，1959年处理花盆246箱，现仍存2176箱104735件。

故宫博物院内部机构也进行了重大调整。1951年3月，文化部文物局制定改革方案，认为院组织机构保持以前形式不适应业务发展的需要，应予调整。决定撤销古物馆，文献馆改称档案馆。5月18日，文化部文物局批准故宫博物院改组，新确定的组织机构是三部两馆一处，即：保管部、陈列部、群众工作部、档案馆、图书馆、办公处。1952年7月起到1966年4月的14年间，共经过13次大小范围的调整变动，部处机构最后为：院长办公室、政治部、业务工作部、群众工作部、古建管理部、行政处。"文化大革命"初期的1966年，国务院下令"故宫除泥塑收租院展览外停止开放，封锁库房"。翌年4月，北京卫戍区对故宫实行军事保护。1971年7月15日，故宫博物院恢复开放。

20世纪70年代末，故宫博物院各项工作进入调整恢复阶段，80年代进入发展阶段。1987年，故宫列入《世界遗产名录》，对故宫的保护也进入一个新的阶段。[1]1979年，《故宫博物院院刊》复刊。1980年6月，《紫禁城》杂志创刊。1983年紫禁城出版社成立。

1998年，故宫博物院在行政管理、工程管理和业务管理3个部门进行改革，撤销保管部、陈列部和群工部，新建宫廷部、古器物部、古书画部、展览宣教部和资料信息中心。

2002年8月，故宫博物院由国家文物局所属划归文化部领导，成为文化部的直属事业单位。根据事业发展需要，逐渐增加了一些内设机构并进行了适当调整，现有机构30余个，除院办公室、人事处、计划财务处、外事处、法律处、审计室、文物管理处、科研处、故宫学研究所、研究室以及保卫处、开放管理处、工程管理处、基建处、行政服务中心等外，主要业务部门有书画部、器物部、宫廷部、图书馆、

---

① 以上纪事均引自国家文物局编：《中华人民共和国文物博物馆事业纪事1949—1999》上册，文物出版社，2002年。

古建部、文保科技部、展览部、宣传教育部、资料信息部、修缮技艺部；另有所属的文化服务中心、故宫出版社等。

故宫博物院承担着故宫与故宫文物藏品保护的重任。故宫有专门研究与维修古建筑的古建部和修缮队伍，以及文物科技保护机构，持续地进行着故宫的维护。从 2002 年，又开始了百年来规模最大的维修工程。从"完整故宫"保护出发，故宫博物院陆续收回了大高玄殿、端门、御史衙门等古建筑。为了加强故宫文物藏品的管理，故宫博物院制定了一系列严格的规章制度。

故宫博物院还不断发掘、认识故宫的内涵，重视对故宫非物质文化遗产的保护。在故宫保护中，一些传统手工技艺——传统文物修复复制技术具有重要作用，也是故宫遗产的重要内容。现列入国家级非物质文化遗产的有"故宫官式古建筑营造技艺""古字画装裱修复技艺""青铜器修复及复制技艺""古书画临摹复制技艺""古代钟表修复技艺"5 项。这些传统工艺技术都有着清晰的传承脉络。例如，故宫钟表的制作修复技术成形于 18 世纪后半叶，已延续了 300 多年。这项技术源于清宫造办处做钟处，当时的做钟处是承做御制钟的地方，也兼修宫廷钟表，主要技术集广钟制造、西洋钟表修复、清宫钟表技术于一身，以宫廷钟表为主要修理对象，传承有绪。直到清末清宫造办处做钟处仍负责宫廷钟表的制作维修与保养。辛亥革命后，原做钟处的工匠仍然留在紫禁城中从事清宫钟表的修复与维护。1925 年故宫博物院成立，原做钟处的工匠又被留在了故宫博物院，为故宫修复钟表文物。中华人民共和国成立后，这些工匠继续在故宫博物院从事古代钟表修复工作，同时传承技艺，培养了一批技术精湛的钟表修复专家。故宫博物院正在整理上报的非物质文化遗产项目还有"金石传拓技艺""古代木器家具修复技艺""文物囊匣制作技艺""漆器修复及复制技艺""镶嵌修复技艺"等。故宫珍视这些工艺技术，对其进行着有效保护，并重视传统工艺与现代技术的结合，有些项目正在确定传承人，同时拍摄一套《故宫绝活》的电视纪录片。

在国家的支持下，故宫从 2012 年实施"平安故宫"工程，其中一个重大项目是故宫博物院北院区的建设。故宫博物院在海淀区西玉河原有 80 亩的基地，并建有 8000 平方米的培训中心。2013 年 5 月，有关方面已同意在原西玉河基地周围，为故宫博物院北院建设规划出一块 16 公顷的项目用地，用于故宫文物藏品修复、故宫文物展示、数字故宫文化传播、故宫文化产品研发、文物博物馆专业人员培训、宫廷园艺研究展示和社区公众服务等多项文化功能。建筑面积约 12.5 万平方米。这个项目的建设，将使故宫保护与故宫博物院发展迈入一个新阶段。

故宫博物院 2004 年至 2010 年开展了藏品清理工作。经过几代故宫人对藏品稳步开展的分类、建库、整理、鉴别等工作，故宫博物院的藏品基本上做到了管理制度健全，账物相符，鉴定准确，档案完善，备案及时，保管妥善，查用方便。但是，由于宫廷文物及遗存数量巨大、种类繁多、存储分散，过去对文物认识的局限性以及故宫博物院成立以来历经多次社会动荡等原因，故宫博物院的藏品总数一直没有一个确切的数字。本次藏品清理，已是故宫博物院历史上的第五次，也是最为彻底和全面的一次。经过 7 年努力，故宫博物院首次彻底摸清了家底，截至 2011 年底，共有藏品 1807558 件套。故宫博物院决定，从 2014 年开始"院藏品三年普查清理工作"，计划用 3 年时间，对院藏甲骨、乾隆御稿、明清尺牍、清代瓷片和窑址标本、旧存瓷器文物、石碑、文物箱柜架、旧有铺垫类、清宫老照片、清宫老照片玻璃底片、古建文物资料、石刻构件、文保科技部原存材料、古建筑附属物品、部分不符合故宫博物院收藏范围的藏品等 15 类深入清理。

故宫博物院的陈列展览分为宫廷史迹陈列展览、古代艺术品展览和特别展览三大类。宫廷史迹陈列展览，是将宫廷历史文物，乃至艺术珍品、图书典籍与宫廷史迹有机结合，力图反映某一史迹（殿堂）的历史原貌，或某一史迹在历史上某一特定时期状貌的一种长期陈列。目前宫廷史迹原状陈列主要有三大殿、后三宫、西路殿堂等 16 处，另有宫廷历史常设陈列，如宁寿宫区的珍宝馆，奉先殿的钟表馆，畅音阁、阅是楼的戏曲馆等；还有清宫历史常设的专题陈列，如清宫卤簿仪仗展、皇朝礼乐展、清帝大婚庆典展、天府永藏展、宫阙述往展等。古代艺术品专题陈列是地点、门类固定的院内长期陈列，主要有武英殿的书画馆、文华殿的陶瓷馆、承乾宫的青铜器馆、钟粹宫的玉器馆、景阳宫的金银器馆、皇极殿东庑的石鼓馆、景仁宫的捐献馆等。特别展览是特别策划的重要展览，包括引进的外国展览，主要在经过改造的午门、神武门城楼展出。如"天朝衣冠——故宫博物院藏清代宫廷服饰精品展"（2008）、"明永乐宣德文物特展"（2010）、"兰亭特展"（2011）等；引进的国外展览，有巴西"亚马孙——原生传统展"（2004）、"'太阳王'路易十四——法国凡尔赛宫珍品特展"（2005）、"克里姆林宫珍品展"（2006）、大英博物馆的"英国与世界——1714—1830"展（2007）、"中国·比利时绘画500年"展（2007）、"西班牙骑士文化与艺术——马德里皇家博物馆珍品展"（2007）、"卢浮宫·拿破仑一世"展（2008）、"白鹰之光——萨克森－波兰宫廷文物精品展"（2009）、"卡地亚珍宝艺术展"（2009）、"山川菁英——中国与墨西哥古代玉石文明展"（2012）等。

为进一步满足观众增长的文化需求，故宫博物院决定2015年开放慈宁宫雕塑馆、寿康宫原状陈列及专题展览、东华门古建筑馆、慈宁花园、端门数字博物馆，并决定逐步提升养心殿、丽景轩、皇极殿等原状陈列，改陈书画馆、陶瓷馆、钟表馆、珍宝馆、石鼓馆、天府永藏展等常设展览。

故宫博物院是海内外认识中国历史文化的重要窗口，观众数量不断增加，2009年已经超过1000万人次，2012年为1534万人次。作为文化传播与交流的重要场所，故宫十分注重对公众的宣传和服务。截至2008年，已向观众提供40种语言的自动讲解器。针对故宫院内开放范围广大，参观时间长的状况，故宫重视给观众提供必要的服务。经统一规划，合理分布着购物、餐饮、洗手间、广播室、邮电所、派出所等服务设施。近年来，还努力为身有残疾的观众提供特殊服务。2008年，中轴线区实现了无障碍参观，在午门城楼设置了升降器，许多台阶添加了轮椅坡道，另还有爬楼车可以借用。

从 1998 年以来，故宫博物院着力打造"数字故宫"，现已基本建立起面向内部的管理信息平台和面向公众的文化传播、展示平台。2001 年故宫博物院网站（www.dpm.org.cn）开通，使世界各地的人们从此有了随时随地"参观故宫"的可能。从 2003 年起，故宫博物院与日本凸版印刷公司共同建立了故宫文化资产数字化应用研究所，先后推出了《天子的宫殿》《角楼》《养心殿》等虚拟现实作品和视频。通过与美国国际商业机器公司（IBM）合作，开发了"超越时空的紫禁城"项目，该项目以故宫古建筑群 3D 数字模型为基础，运行在国际互联网上的网络虚拟游览项目，兼有虚拟展示、网络游戏和网络社区的特点。此外，故宫博物院还在各相关参观路线、展厅内设立了电子导览和数字化文化展示设施。数字文化推广项目逐渐得到发展，2014 年组织完成"建筑的秘密""寻找紫禁城里的祥瑞"App 推广活动及"皇帝的一天"App 亲子体验等各种活动共 16 场，逐步摸索出一套适合故宫博物院数字文化发展的宣传推广活动模式。

近 30 年来，随着国家的改革开放，故宫博物院的对外交流活动也越来越活跃。从 20 世纪 80 年代开始的主要为单向"走出去"的出境、出国展览，到 90 年代以来立足故宫，频频举办各种国际学术讨论会，再到近年来的"请进来"，引进境外展览、境外人才、境外技术和资金，以及在保持并深化与发达国家博物馆交流合作关系的同时，逐步拓展与发展中国家博物馆的合作关系等，故宫博物院的对外交流活动已达到了一个较高的层面。

从 1980 年首赴新加坡举办"故宫珍宝展"以来，故宫博物院赴港、澳、台三地及亚、欧、美洲等其他国家的境外展览，截至 2014 年底，据不完全统计已达 250 多次。其中有些展览还在国家的外事交往中承担重要角色。例如 2004 年在法国凡尔赛宫博物馆举办的"康熙时期艺术展"，是作为法国"中法文化年"三大主题之一"古老的中国"中的重头戏推出的。又如 2005 年 11 月至 2006 年 4 月在英国皇家艺术学院举办的"盛世华章展"，正在英国访问的国家主席胡锦涛和英国女王一起出席开幕式，并观看了该展览。2007 年赴莫斯科的"故宫博物院藏珍宝展"，是俄罗斯"中国年"的重要文化活动之一。2009 年 10 月，汇集两岸故宫博物院雍正文物精华的"雍正——清世宗文物大展"在台北故宫博物院开幕，这是两岸故宫 60 年来首度合作举办故宫文物展。2011 年，赴日本举办"国宝观澜——故宫博物院文物精华展"，这是中日双方为纪念中日邦交正常化 40 周年和"中日国民交流友好年"而举办的首场大型文化活动，国宝《清明上河图》首次走出国门，在日引起轰动。

故宫博物院有着良好的学术传统。中华人民共和国成立后，唐兰、罗福颐、沈士远、孙瀛洲、陈万里、冯先铭、单士元、刘九庵、朱家溍、于倬云、徐邦达、耿宝昌等都是故宫博物院第一代各门类、学科的领军人物。20 世纪八九十年代以来，故宫博物院迎来了学术研究的春天。从 80 年代初到 90 年代，一些依托故宫，或以故宫专家学者为主的研究会、学会先后成立，如中国紫禁城学会、中国博物馆学会、中国文物保护技术学会、中国史学会清代宫史研究会等。进入 21 世纪，随着故宫学的提出，院内 5 个研究中心的成立，学术研究的氛围更加浓厚，重视加强与院外、国外专家学者、学术研究机构的交流，推动了故宫博物院各门类、多方面的学术研究和业务工作，涌现出一批有分量的科研成果，也促使故宫新一代学术群体的生成。故宫研究院的成立，一系列研究所的建立，为故宫学发展提供了很好的契机，打造了难得的平台。故宫博物院近年来又被确立为古陶瓷保护研究国家文物局重点科研基地与明清官式建筑保护研究国家文物局重点科研基地，还被成功批准注册为国家自然科学基金依托单位，这些都标志着博物院的科学技术基础研究进入了一个新的阶段。

故宫出版社成立 30 年来，逐步发展壮大。近年来，本着"个性化出版，品牌化经营、市场化运作"的原则，依托故宫资源，形成宫廷文化、文物艺术、明清历史三大板块，出版《故宫博物院藏品大系》《故宫经典》《紫禁书系》等多个系列书籍及《紫禁城》期刊，兼及故宫文化产品的开发，致力于推动文博事业发展，弘扬民族优秀传统文化。"明代宫廷史研究丛书""钦定武英殿聚珍版丛书"《故宫博物院藏清宫陈设档案》《养心殿造办处史料辑览》（乾隆朝）、《苏轼书法全集》《蔡襄书法全集》《黄庭坚书法全集》《赵孟𫖯书画全集》等 12 种图书选题被列入"十二五"国家重点图书出版规划项目。《故宫博物院藏内府珍本》（第一辑）、《清宫武英殿修书处档案》《故宫博物院藏钦定天禄琳琅书目初编后编》获得 2014 年度国家古籍出版整理规划项目资助。

第四节　台北故宫博物院

3 批南迁文物运台后，开始贮存在台中糖厂，并于 1949 年 7 月把故宫博物院、中央博物院筹备处、中央图书馆及中华教育电影制片厂等 4 机关暂时合并组织"国立中央博物图书院馆联合管理处"，成立委员会，由杭立武兼任主任委员，隶属"教育部"。随着中央图书馆与中华教育电影制片厂文物的撤出，同年 11 月又公布改组为"国立故宫中央博物院联合管理处"。1950 年，在台中县雾峰乡北沟觅地修建库房，并搬运文物入库。1957 年北沟陈列室开放。1965 年于台北近郊的外双溪作为台北故宫博物院新址，由"行政院"、台湾"省政府"、美国援助三方分担经费建成，新馆为一座 4 层的楼房建筑，总面积 7204 平方米。

台北故宫博物院外双溪新馆从建成以来，已进行了 5 次扩建：第一次扩建为 1966 年 12 月至 1967 年 8 月，共增加面积 2610 平方米，主要扩充正馆左右两翼。第二次扩建为 1969 年 4 月至 1970 年 3 月，主要是将第一次之扩建左右两翼再向外延伸，计增办公室面积 2000 平方米，展览室 3700 平方米。第三次扩建为 1982 年 9 月至 1984 年，工程分为两大部分，一是在院厦左侧小山修建一座 5 层的行政大楼，二是更新安全维护设施，1984 年新建行政大楼正式启用，陈列室整修、安全维护系统建置等工程接续展开。第四次扩建为 1992 年 5 月至 1995 年 9 月，主要是新建图书文献大楼，面积 13100 平方米。第五次扩建 2000 年开始规划，2004 年动工，2006 年完成，增建馆舍面积 40482 平方米及调整院区建筑群体的相互关系。

2001 年，台北故宫博物院决定在嘉义兴建南院，2004 年，经中国台湾地方行政机构核定，定位为"亚洲文化艺术博物馆"，但此后波折不断，完工日期一再变化。2011 年 10 月，台湾地方行政机构负责人宣布，南院工程从本月中旬陆续动工，2015 年全面开放运营，未来将主要推广亚洲艺术。2011 年 10 月，中国台湾当局宣布"大故宫计划"启动，台北故宫博物院现有展馆面积为 9500 平方米，扩建后将变成 64900 平方米，增加近 6 倍，包括扩建新馆、正馆整建、典藏大楼重建和行政大楼新建。此外，另拨 4.8 公顷土地建设文化创意园区，园区内将设立汉字博物馆、文创产业发展中心、地下艺术街及文创精品店等。整个工程共耗资近 300 亿元新台币（约 62.7 亿元人民币）。

现在台北故宫博物院的文物藏品，还包括原中央博物院筹备处迁台文物。中央博物院筹备处于 1933 年 4 月在南京成立，筹备处主任先后由傅斯年、李济担任。这是一所大型综合性博物馆。其宗旨为：提倡科学研究，辅助民众教育；其任务为：系统地调查、采集、保管、陈列，并说明一切自然科学、人文科学及现代工艺之材料与标本。[①] 按照既定计划，该院分为自然、人文、工艺三馆。南京国民政府教育部所拟《中央博物院设立意见书》有关分设三馆工作计划提出："自然馆中，求能系统的扼要的表示自然知识之进展，并求其利用中国材料。人文馆中，求能系统的表示世界文化之演进，中国民族之演进。工艺馆中，表示物质文化之精要，尤其是关于实业及国防者，用以激励国人。"三馆分别由翁文灏、李济、周仁负责筹备工作。择定南京中山门内土

---

① 《国立中央博物院筹备处暂行规则》，转引自谭旦同：《中央博物院二十五年之经过》，（台湾）中华书局，1960 年，第 2 页。

地 159 亩为院址，并由英国退还庚款项下拨补建设费 150 万元。1936 年 4 月 15 日成立理事会，推蔡元培为理事长，决定院务方针，力谋与研究机关合作。6 月，按建筑师徐敬直设计的建筑图案，第一期工程兴工，开始建造人文馆及大厅与各办公室。1937 年 8 月，因日本军队的进攻被迫停工，第一期工程仅完成 75%。抗战期间，中央博物院筹备处及其收藏西迁重庆、昆明，后到四川李庄。

1965 年 8 月，中国台湾"行政院"公布《"国立"故宫博物院管理委员会临时组织规程》，以"整理、保管、展出故宫博物院及中央博物院筹备处所藏之历代古物及艺术品，并加强对中国古代文化艺术之研究"为其设置宗旨。临时组织规程规定："'国立'故宫博物院管理委员会隶属'行政院'"；"原隶属教育部之'国立'中央博物院筹备处在台人员，暂列入本会编制，俟大陆'光复'时，应连同所保管该筹备处之古物一并归还原建制"。博物院内部的组织，是由院长 1 人总理政务，副院长 1 至 2 人，襄助院长处理院务。设有古物组、书画组、总务处、出版室、秘书室、安全室、会计室、人事室等 8 个单位。规程还强调："博物院得聘请专家五至七人为研究员，三至五人为副研究员。并得设研究发展委员会。"《"国立"故宫博物院管理委员会临时组织规程》后又经多次修订。1987 年 1 月，《"国立"故宫博物院组织条例》颁布，台北故宫博物院自此正式隶属于"行政院"，其设置宗旨：以"整理、保管、展出原国立北平故宫博物院及国立中央博物院筹备处所藏之历代古文物及艺术品，并加强对古代中国文物艺术品之征集、研究、阐扬，以扩大社教功能"。新制与以前变化并不大，只是使台北故宫博物院由"临时机构"的地位常态化。其下分设器物、书画、图书文献 3 处，展览、出版、登记 3 组，秘书、科技、管制、总务、会计、人事以及政风室、资讯中心等 14 个单位。1987 年 2 月，台北故宫博物院院长职由"聘任"改为"特任"。1991 年，"行政院"组织"'国立'故宫博物院指导委员会"，取代原有之"管理委员会"，对院务发展重要事项予以咨议指导。

台北故宫博物院在文物的保护上下了很大功夫。"防微杜渐，预防胜于治疗"是台北故宫博物院维护典藏的重要准则。对陈列展出的文物，按照其不同特点进行具体的维护。对库房文物，既重视保存环境，更制定有严格的人员管制与安全措施。近年来，该院更积极开发即时温湿度监测系统，文物展存环境的温湿度借由网络传输，得以即时监测与及时应变。台北故宫博物院又引进科学技术，协助文物的鉴定与保存维护工作。台北故宫博物院已进行过数次文物清点，弄清文物保管现状，并加强与改进文物管理工作。

台北故宫博物院的陈列展览在不断发展之中。1965年对外开放之初，仅有16间陈列室和8处画廊，展出的文物1573件，现在经过几次扩建，陈列室已增加34间，展出的文物达4000余件。目前展览大楼的各项展出，3个楼面的常设展陈列室共16间，展览的类别则包括：一楼的商周青铜礼器、历代佛像雕塑艺术；二楼的汉至五代陶器、宋元明清瓷器；三楼的中国历代玉器、明清雕刻、珍玩多宝槅等。书画在二、三楼的8间书画陈列室展出。另外，还有不定期推出的各项特展，以进入21世纪以来为例，如"千禧年宋代文物大展"（2000）、"大汗的世纪：蒙元时代的多元文化与艺术"（2001）、"乾隆皇帝的文化大业"（2002）、"大观：北宋书画、汝窑、宋版图书特展"（2006）、"雍正：清世宗文物大展"（2009）、"文艺绍兴：南宋艺术与文化特展"（2010）、"山水合璧：黄公望与《富春山居图》特展"（2011）、"康熙大帝与太阳王路易十四特展"（2011）、"十全乾隆——清高宗的艺术品位"（2013）等。台北故宫博物院1999年从大陆引进"三星堆传奇——华夏古文明的探索"展览，此后又举办了"天可汗的世界——唐代文物大展"（陕西文物，2001）、"汉代文物大展"（主要为马王堆汉墓与南越王墓的文物）、"赫赫宗周——西周文化特展"（陕西文物，2012）"商王武丁与后妇好——殷商盛世文化艺术特展"（部分文物来自中国社会科学院考古研究所与河南省博物院，2012）等展览。台北故宫博物院多年来又引进了一系列西方的绘画与雕塑等展览。在此期间，台北故宫博物院藏文物也多次到国外展出，1961 年到 1962 年赴美国巡回展览，1996 年赴美四大城市巡展，1998 年赴巴黎大皇宫博物馆展出，1999 年赴中美洲展览，2003 年赴德国展出，等。

台北故宫博物院重视学术研究及与其他机构进行合作交流。如 20世纪 60 年代起，协助中国台湾大学历史研究所增设中国艺术史组，这是台大艺术史研究所的前身。该组培育出许多艺术史研究人才，部分在台北故宫博物院任职。1978 年，又与"国史馆"合作校注《清史稿》，后由"国史馆"整理增订出版为《清史稿校注》。台北故宫博物院也展开编辑和研究的工作，先后出版了多种期刊、专书、目录，以及画轴、手卷等。此外，还积极选派人员出国培训、考察，参与国际性学术活动，并结合一些特展、大展，多次主办国际性的学术讨论会。

台北故宫博物院在教育推广与艺文体验方面做了很多努力。为了让观众了解陈列室中的展览，特设有"专人导览"与"语音导览"两类。为了提升观众对该院文物的认识，经常举办专题讲座与研习营，增进各类观众对藏品及特展文物的认识。《国宝齐动员》《历史典藏的新生命》《经过故宫》等反映故宫文物与历史的影片深受欢迎。近年来，台北故宫博物院新媒体艺术展屡创佳绩，在国际上获得好评。同时也针对儿童、亲子、青少年、教师、特定团体等不同对象，定期规划各种主题的研习活动，包括演讲、示范说明、动手实帮、播放教学媒体、介绍学习网站资源以及参观展览等方式，以增进民众的多元性学习。

台北故宫博物院在数字化与资讯科技方面取得了重要成果。自 20世纪 90 年代起即参与数字化典藏、数字化博物馆及数字化学习，与 U化故宫等数字化计划，逐步深化各重要典藏资料库的建置，架设内容丰富的 10 种语言版网站，完成宽频与无线网络系统，发行 19 万份电子报，进行数字化学习、线上展览，以及将各种电子媒材应用于博物馆展示教育中。台北故宫博物院网站迄今完成了繁、简体中文，以及英、日、韩、法、德、西、俄及阿拉伯等 10 多种语言网站，促进文化交流与观光宣传的重要功能，内容有文物主题网页、虚拟实景、观光资讯、展览资讯、电子报等。从 2009 年起，又精心规划"提供科技与人文跨域文创环境计划"。2012 年底，台北故宫博物院还推出了一款有中英文应用程式"带着故宫走（discover NPM）"的智能手机，已正式上线，内含院藏菁华百品，以及 20 项互动与 80 项说明界面，方便使用者透过智能手机感应功能，尽揽故宫文物特色。另专为"带着故宫走"应用程序拍摄制作之首部微电影《古今穿梭游》，亦同步上线，供观众连线欣赏。①

近年来，台北故宫博物院根据"形塑典藏新活力，创造故宫新价值"的方针，目前正朝专业化、年轻化、科技化、产业化四个方向全面推进。专业化，是回归博物馆的专业；年轻化，是配合年轻人的喜好，推出"当 Young People 遇上故宫：故宫周末夜"，吸引年轻人参与博物院各项活动；科技化，是引进各种科技媒材，与展览、教育结合；产业化，是加强文化创意产业发展，创设"文化创意园区"，文化创意产业带动产业链，业绩显著。

第五节　两岸故宫博物院的交流合作

故宫只有一个，故宫博物院却有 3 个。海峡两岸北京和台北两个故宫博物院在国际上都享有盛名，但它们之间却如同陌路，长期没有正式的来往。2009 年初春，暌违一个甲子的两个故宫博物院终于打破坚冰，正式迈开交流合作的步伐。开端始于台北故宫博物院举办清雍正时期文物大展向北京故宫博物院借展。紧接着两岸故宫博物院院长互相访问，达成 8 项合作交流协议：

一、落实双方合作机制。

采取机动方式随时进行视频会谈。定于每年 7 月至 9 月中旬，

① 参阅冯明珠主编：《故宫胜概新编》，台北故宫博物院，2009 年，第 227—233 页。

建立互访机制。每年互访时，制定未来合作议题。建立检查机制。

二、使用文物影像互惠机制。

《龙藏经》合作出版，以《龙藏经》2套交换北京故宫博物院影像。未来双方相关单位继续协商具体办法，以最大优惠条件互相提供影像。

三、建立展览交流机制。

2009年台北故宫博物院举办雍正特展，以借展方式向北京故宫博物院借展件27组件（共37件）。有关借展之第三机构，尽速决定以后展览由两院共同研究协商决定。

四、建立两院人员互访机制。

2010年开始每年互派1至2人，进行2至3个月之研究访问，人选与具体实施办法进一步研究商定。

五、出版品互赠机制。

确认两院交换图书目录。自2009年3月1日起，两院互赠新出版图书及期刊。北京故宫博物院加赠《故宫博物院藏文物珍品全集》60卷。

六、信息与教育推广交流机制。

排除相互浏览网页的技术问题。加强两院数字展示与研究技术的业务交流。于双方网页介绍双方各项展览与活动讯息。

七、学术研讨会交流机制。

2009年11月5日、6日，于台北召开两岸故宫博物院第一届学术研讨会："为君难——雍正帝其人、其事及其时代"。之后，各届学术研讨会由两院共同研究协商议题。

八、文化创意产品交流机制。

两院人员购买双方出版物及文化产品，参照彼此员工相同优惠价格购买。两院互设商品柜台，由两院相关部门负责后续协商事宜。

两岸故宫博物院合作交流最终形成的8项共识，是可喜的成果，但亦非易事。首先双方都是真心实意，有一个务实的态度，并发挥了大家的智慧，克服着困难，提出一个个具体可行的措施，从而达到互利双赢的目的。共识的特点，多是从个案入手，形成在某个方面合作交流的意向，并建立有利于实行的机制。这样，由"雍正展"发展为建立展览交流机制，由《龙藏经》出版发展为建立使用文物影像互惠机制，由"雍正展"学术研讨会发展为建立学术研讨会交流机制，此外还有落实双方合作机制、建立两院人员互访机制以及出版品互赠机制等。

许多历史似乎都是由偶然性构成的，其实必然性才是巨大的推动力。两岸故宫博物院的交流就是如此。一个故宫，两个博物院，从文物到人员到精神，他们之间是割不断的。

两个故宫博物院的藏品都主要来自清宫旧藏，收藏的都是中华民族文化遗产，又都在弘扬着中华文化。台北故宫博物院的清宫文物占86%，北京故宫的180万件文物，来自清宫的达到85%。两岸故宫藏品有着很强的互补性，既各有千秋，又不可能孤立存在，许多互有关联的书画、器物、图书分藏于两岸故宫。甚至台北故宫博物院有些文物，如唐代怀素的《自叙帖》等精美的原包装盒则留在北京故宫，珠椟相分，令人感慨。因两个博物院拥有从1925年至1948年这一长达24年的共同院史，而在这24年中，又有16年是文物南迁时期的院史。这24年的不平凡岁月，培育了热爱故宫、珍护国宝、严谨认真、无私奉献的故宫精神，并在严格管理、学术公开、社会参与等方面有着很好的做法和传统，是故宫重要的精神遗产。这些精神遗产在两岸故宫博物院的事业发展中得到了继承和弘扬。两个博物院的一批元老级人物，都曾是国宝南迁中相濡以沫的同事和战友，都曾有过深厚的情谊。在天翻地覆的历史转折关头，个人的作用总是微弱的，故宫同人在去与留的抉择中，道路不同，信念却依然相同，那就是"和文物在一起"。这是两岸故宫博物院交往的重要动力。

两岸故宫博物院是专门收藏中华历代艺术品最为丰富的两个博物院，都充分反映了中华文明5000年灿烂辉煌的历史，而且在世界上都很有影响力。这是国外任何一个博物馆所不具备的。世界四大古老

239

文明中，与古埃及、古印度、古巴比伦等相比，中华文明的起源不能算是最早的，但中华文明是唯一的未曾中断过的文明，今天生活在这片土地上的人就是那些创造古老文明的先民的后裔，在这片土地上是同一种文明按照自己的逻辑演进、发展，并一直延续下来。其他的古老文明数千年前就相继干涸了，这些国家的博物馆和收藏这些国家文物的一些西方博物馆所展现的文明历史是中断了的，不是延续的。而中华民族绵延不断的历史文化在故宫的各类文物藏品里均得到充分的印证。两岸故宫博物院这种割不断的联系，更深入地看，其实质是中华文化精神的联系，是两岸同胞的普遍心声。两岸故宫的交流，就是中华文化血脉的交融。

两个故宫博物院的形成，与当年抗日战争时期的文物南迁有关。故宫文物南迁是故宫博物院早期院史中的一件大事，也是中华民族在伟大的抗日战争中的一个壮举。这些承载着中华文化血脉、倾注着中华民族感情的故宫文物，在民族危难时刻，与中国人民共同经历了血与火的洗礼，也被赋予了特殊的意义。两个故宫博物院秉承故宫的精神，都在继续弘扬着中华文化。2010 年 6 月，北京故宫博物院的 16 位人员和台北故宫博物院 10 位人员参加，进行了长达半个月的"温故知新：两岸故宫重走文物南迁路"考察活动，先后考察了 4 省 8 市，探寻了 37 个重要的故宫文物存放地点，寻找了当年部分运输路线，串联起一条忆旧思今的携手重走之路。早期故宫博物院院史是两岸故宫的根，是共同走过的路，也是共同的财富，对故宫博物院今后的发展有着重要意义。两岸故宫博物院都感到需要认真研究早期院史，还互相交换有关档案资料，并且做出研究的规划。

两个故宫博物院的交流有着重要的意义，这个意义可从 3 个层面来认识。

首先，从两个博物院来说，加强交流合作是双方事业发展的需要。由于两个博物院有一种天然的联系，历史形成的阻隔只能是暂时的。例如，两个故宫的研究人员，要研究本院的陶瓷、书法、绘画、铜器、宫廷文物等，如果不了解对方的同类藏品，如果不与故宫古建筑结合起来、不与宫廷历史文化结合起来，那就很难深入，很难做好。这次两院所达成的合作意向，包括最大优惠相互提供影像资料用于科研、出版，建立学术人员互访的长期机制，通过互联网实现资源共享，等，以及条件成熟时合作举办展览、合开研讨会等，都是从两院的实际出发的，随着这些合作意向的逐步实现，两院的事业无疑会有更大的发展，故宫学研究也会有深入的推进。

其次，两个故宫博物院的交流与合作，是两岸同胞的福祉。国宝长久分隔，故宫的完整性受到影响，又由于长期以来两岸的对立，人们难以全面了解故宫的珍藏。两个故宫博物院的交流与合作，可以向两岸同胞共同展示故宫的全貌，使人们充分认识中华文明的光辉灿烂、一脉相承与源远流长。这也是民众的文化权利。特别是故宫及其文物藏品，已成为中华民族文化的重要象征，正如有的论者所说，此次故宫博物院对故宫博物院的交流，非为清代皇家私藏的圆满团聚，而是海峡两岸民众以故宫为起点去拥抱共同的文化、共同的历史。两个故宫博物院的交流与合作，是两岸文化交流中的标志性事件，对于弘扬传统文化，增进同胞情感有着重要的作用。因此，两岸故宫博物院的交流，是中华民族的幸事。

再次，两个故宫博物院的交流与合作，对于在世界上弘扬中华文明亦有积极意义。作为世界文化遗产，故宫及其藏品的价值不仅属于中国人民，也属于世界人民。世界各地越来越多的人，不断地从伟大的紫禁城建筑中，从两院珍贵丰富的藏品中，从来自故宫的所有信息中，受到历史的启迪，汲取创造新生活的智慧和力量。现在两岸故宫博物院的携手合作，不仅可使世界人民更深入、更全面地认识中华文明的丰富博大，而且这种交流、合作体现了中华文化中那种刚健、坚韧、包容、和合等精神内涵，显示着中华文化的旺盛生命力。

两岸故宫博物院从2009年初开始交流以来，稳步进行并不断发展。笔者、单霁翔院长与周功鑫、冯明珠院长都先后做着积极的推动工作，合作办展览，合作召开学术研讨会，并且努力拓宽合作交流的内容与形式，以及多方面人员的交流等，已经形成了一些制度。这不仅有力地促进了两岸故宫博物院的工作，而且在两岸民众中获得了广泛好评。

下编

第八章
故宫古代艺术珍品及其研究

第一节　故宫法书绘画

中国书法是中国传统艺术中最集中而又充分地体现中华民族审美意识的样式之一。中国传统绘画自成一套完整的绘画美学体系。中国书法与中国绘画关系紧密，所谓"书画同源"，二者的产生与发展相辅相成。大一统的中国古代社会历史的基本特征，决定了包括书画在内的各种艺术珍品的收藏，历来都以皇室为中心。由于乾隆皇帝的艺术偏好，更使清宫成为存藏中国古代书画的最为丰富、珍贵的宝库，而流传至今的清宫法书绘画，也成为中华民族文化艺术的重要组成部分。

一、清宫书画的散佚与存藏

清内府所藏 1 万件以上书画珍品，其中除过当朝皇帝、大臣作品外，唐宋元的书法名画近 2000 件，明代作品亦存 2000 件左右，可见清以前的传世书画占了相当的比重。如前所述，近代以来清宫所藏书画因各种原因散佚甚多，部分已损毁，部分散佚海内外。例如，乾隆皇帝十分钟爱的"四美"图，现分藏于中、美、英、日四国博物馆。①

---

① 《九歌图》现藏中国国家博物馆（调拨自北京故宫博物院），《蜀川胜概图》现藏美国史密森尼博物研究院亚洲艺术馆（即弗利尔美术馆与赛克勒艺术馆），《女史箴图》现藏英国大英博物馆，《潇湘卧游图》现藏日本东京国立博物馆。

一些散佚的清宫书画，多年来不知下落。世人以为已不存于世，实则密藏在私人之手。近年来，在海外多种拍卖会上，不时有惊人藏品出现。据统计，嘉德拍卖公司在 1993 至 2013 年这 20 年中拍卖成交古代精品书画 500 余件，部分为清宫旧藏书画，其中《石渠宝笈》上著录者 47 件，包括王羲之、米芾、宋徽宗、宋高宗、赵孟頫、文徵明、仇英、董其昌等人的名作。此外，康熙、雍正、乾隆、道光等皇帝的书画作品计达 20 余幅，其中，乾隆皇帝所画《金盏花》（水墨纸本）在 2010 年嘉德拍卖上以 1008 万成交 [1]；2014 年北京保利拍卖公司在秋季古代书画夜场上，乾隆皇帝御笔书法《白塔山记》竟拍出 1.1615 亿元的价格，创造了新纪录。

清宫珍藏书画虽然有所散佚与损毁，但仍留下了相当重要的部分并比较集中地保存在北京与台北两座故宫博物院中，比较完整地反映了中国书法史、绘画史的发展历程，从中也可见清宫书画收藏的基本风貌。

两岸故宫博物院所藏的绘画作品以明清宫廷收藏的中国古代绘画为主，创作时间上起西晋下迄清末，跨越 17 个世纪。质地以纸绢本水墨、设色画为大宗，其他尚有壁画、油画、版画、玻璃画和唐卡等品种。绘画装裱的形式主要有手卷、立轴、屏条、横披、镜片、贴落、屏风、册页、成扇、扇面、扇页等。较贵重的画作多以绫绢、织锦、缂丝作为裱工材料，再装以硬木、陶瓷、象牙、犀角乃至金玉质的轴头、别子，裹以丝织画套、包袱，袭以杉木、楠木、花梨、紫檀的册页封面或画盒。古画的创作题材十分丰富和齐全，计有山水、人物、风俗、花卉、翎毛、走兽、楼台（界画）等画科，较为系统地覆盖了众多风格流派。

两岸故宫博物院收藏的法书，其创作时间上起西晋下迄当代。书体则篆、隶、真、行、今草、章草毕具。除一般意义上的书法艺术作品之外，尚有尺牍、写经、稿本、抄本、奏折、公文、题跋等手写文献。装裱形式丰富多样，有立轴、屏条、横披、斗方、贴落、匾额、楹联，

---

[1] 《嘉德二十年极品录（1993—2013）·古代书画卷》，故宫出版社，2014 年。

也有手卷、册页、成扇、扇面、扇页、扇册等等；质地有纸本、笺本、绢本、绫本之分；墨色有墨笔、朱笔、泥金、泥银之别。

两岸故宫博物院的书画藏品互补性强、对应点多、联系面广，既各有千秋，又不可孤立存在。如台北故宫博物院王羲之的《快雪时晴帖》与北京故宫博物院王献之的《中秋帖》、王珣的《伯远帖》合为乾隆皇帝的"三希"；特别是许多互有关联的书画分藏两岸故宫博物院，例如郎世宁的《十骏图》，5 幅藏于北京故宫博物院，5 幅藏于台北故宫博物院。再如，台北故宫博物院所藏唐代怀素的《自叙帖》，其原来的精美囊匣尚留于北京故宫博物院。

两岸故宫博物院多年来还努力征求中国古代书画珍品，弥补了清宫收藏的缺项。由于两岸故宫博物院主要接收的是清宫旧藏历代书画，而清代宫廷在乾隆皇帝去世后，收藏日趋衰落，因此，18、19 世纪的"扬州八怪""京江画派""改派""费派""海派"等许多画派的绘画和书法为清宫所缺。清初属于非正统画派的"金陵八家""四僧""黄山派"等，也是乾隆朝不屑于收藏的艺术品，如今已是艺术珍品了。北京故宫博物院身处大陆，有着广阔的收藏机遇，在 20 世纪五六十年代，已经将上述几个时期的书画收藏齐备。此外，通过购买、调拨、接受捐赠等方式，两岸故宫博物院还不断增加着古代早期的珍贵书画藏品。北京故宫博物院通过持续征集，已经成为海内外宋画收藏最多的博物馆。据浙江大学编印的《宋画全集》，其中北京故宫博物院卷收录 254 件、台北"故宫博物院"卷收录 224 件。这些对于更好地认识清宫书画藏品，更为全面系统地研究中国美术史，有着重要的意义。

北京故宫博物院现在共有绘画、壁画、版画、书法、尺牍、碑帖 14.77 万件。这个收藏量约占世界公立博物馆所藏中国古代书画的 1/4，其中约 1/3 具有很高的艺术价值和史料价值。其中，绘画 5.3 万余件，清宫旧藏 1.5 万余件；书法 6.4 万余件，清宫旧藏 2.2 万余件；碑帖 2.9 万余件，清宫旧藏 5800 余件。北京故宫博物院所藏清宫书画包括碑帖合计 4.28 万余件。其中，绘画珍品主要有：

东晋：顾恺之《洛神赋图》（宋摹本）、《列女图》（宋摹本）。

隋代：展子虔《游春图》。

唐五代：唐阎立本《步辇图》（宋摹本）、传为周昉《挥扇仕女图》、韩滉《五牛图》、传为五代黄筌《写生珍禽图》、传为胡瓌《卓歇图》、阮郜《阆苑女仙图》、顾闳中《韩熙载夜宴图》、卫贤《高士图》、周文矩《重屏会棋图》、董源《潇湘图》等。

北宋：郭熙《窠石平远图》、巨然《秋山问道图》、崔白《寒雀图》、赵昌《写生蛱蝶图》、李公麟《临韦偃牧放图》、王诜《渔村小雪图》、宋徽宗赵佶《雪江归棹图》和赵佶所署押的《芙蓉锦鸡图》《听琴图》等，以及王希孟的青绿巨作《千里江山图》、张择端所绘《清明上河图》等。

南宋：赵伯驹《江山秋色图》、赵伯骕《万松金阙图》、马和之《后赤壁赋图》、米友仁《潇湘奇观图》、杨无咎《四梅图》、赵孟坚《墨兰图》等精品。

元代：黄公望《天池石壁图》、吴镇《渔父图》、倪瓒《古木幽篁图》、王蒙《夏日山居图》等。

北京故宫博物院藏明清绘画数量大、精品多，具有广泛影响的大画派，诸如明代的"院体"与"浙派"、"吴门画派"、"松江派"、"武林派"、"嘉兴派"以及"青藤白阳"、"南陈北崔"；清代的"金陵画派"、"新安画派"、"四王吴恽"、"四僧"、"扬州八怪"以及"海派"等等，均有大批代表作品入藏。还有不少地方画派的中、小名头和冷名头，对于全面系统地研究中国画史也具有十分重要的价值。

北京故宫博物院藏绘画还有一个颇具优势的品类是清代宫廷绘画，这些绘画作品的作者包括清代帝后、清廷词臣（如蒋廷锡、张宗苍、董邦达、钱维城、董诰等）、外国传教士（如郎世宁、王致诚、艾启蒙、贺清泰、安德义等）以及内廷供奉和"如意馆"画师（如冷枚、金廷标、丁观鹏、姚文瀚、方琮、杨大章等）。北京故宫博物院绘画藏品的种类较全面，除卷轴画以外，还藏有版画、年画、清宫油画、玻璃画、屏风画、贴落等，这些是其他收藏机构所缺乏和不足的。明清大幅宫廷书画也是北京故宫特有的庋藏。这些藏品篇幅很大，如明代商喜的《关羽擒将图》大轴和清代西洋传教士画家们的一些皇皇巨制。抗战时期，这些藏品因具有一定的运输难度而未南迁，目前这些藏品成为海外举办清宫文物展的重点挑选对象。

北京故宫博物院法书收藏涵盖了一批晋唐宋元大家名作，例如现存最早的名家法书陆机《平复帖》、王羲之《兰亭序》3 种最佳唐摹本、王氏家族唯一的传世真迹王珣《伯远帖》、唐代欧阳询行楷《卜商读书帖》和《张翰帖》（唐钩填本）、李白《上阳台帖》、杜牧《张好好诗》，以及五代杨凝式，北宋李建中、范仲淹、文彦博、欧阳修诸人墨迹。整体而言，明清法书较为系统全面，清代宫廷书法收藏独占优势。

此外，清代帝后书画是北京故宫博物院颇具特色的一项收藏。据统计，清代帝后书画原有 21371 件，20 世纪 70 年代初拨交承德避暑山庄和沈阳故宫等博物馆 433 件，现存 20938 件。这些清代帝后书画为清宫旧藏，多数是从故宫各个殿堂中收集的，也有从颐和园、承德避暑山庄等行宫墙上揭下来的，分不同时期运抵故宫博物院，一直庋藏在祭神库的黑漆描金龙的长箱内。自顺治皇帝到宣统皇帝，清朝 10 位皇帝的书法完整保存，其中仅乾隆皇帝的书画作品即达 11600 余件。此外，还有慈禧太后等后妃的作品。这批书画有卷、轴、册、横额等各种装裱形式，最多的则是故宫特有的"贴落"。在故宫庞大的建筑群中，有很多书法一直张贴在宫殿建筑内，并依旧保持着原初状态下的陈设格局。

在北京故宫博物院收藏的 2.9 万余件碑帖拓本当中，清宫收藏只占一小部分，其中宋、明拓本数量较少，但有善本，一些曾收入《石渠宝笈》；清内府御制与大臣敬献的当朝拓本，是 20 世纪 70 年代以后逐渐整理出来的，有些在社会上鲜有流传。现藏碑帖绝大部分是 1949 年以后陆续收藏的。其中大批碑拓是存世稀少、传拓时代极早、拓工精良的原石拓本，如《西岳华山庙碑》（华阴本），宋拓《鲁峻碑》《九成宫醴泉铭》《李思训碑》《天发神谶碑》《皇甫诞碑》《书谱叙帖》等，明拓《石鼓文》《史晨碑》《张迁碑》《孔庙碑》《崔敦礼碑》《卫景武公李靖碑》等都是赫赫有名的珍本。北京故宫博物院所藏法帖，著名的有《淳化秘阁法帖》《大观帖》《绛帖》等。

关于北京故宫博物院书画藏品的出版物，主要有人民美术出版社1978年开始出版的《故宫博物院藏画集》8册和1985年开始出版的《故宫博物院明清扇面书画集》5册，上海人民美术出版社1993年出版的《故宫博物院藏画》，香港商务印书馆出版的《故宫博物院藏文物珍品全集》60卷中的绘画17卷、法书5卷、碑帖4卷等。此外，文物出版社曾以珂罗版精印《故宫博物院藏历代法书选集》2函40种。1993年荣宝斋出版《故宫藏明清名人书札墨迹选》（明代）2册。从2008年开始，北京故宫博物院出版《故宫博物院藏品大系》，其中"绘画编"已出12册，"法书编"已出13册，"尺牍编"也在编辑出版之中。

台北故宫博物院现藏书画总计1万余件。据介绍，运台的故宫书画共5760件，除去墨拓、缂丝及成扇外，总数为4650件。经审查，精品1471件，其中法书237件、名画1234件。[1]"国宝"与"重要文物"者，逾2000件。[2]另据一份资料，品级列入台北故宫博物院的藏画珍品琳琅，其代表性作品有：

唐五代：李思训《江帆楼阁图》、李昭道《春山行旅图》、无名氏《宫乐图》、韩幹《牧马图》、关仝《关山行旅图》、荆浩《匡庐图》、赵幹《江行初雪图》、董源《龙宿郊民图》等。

宋代：北宋范宽《溪山行旅图》、李唐《万壑松风图》、崔白《双喜图》、郭熙《早春图》、文同《墨竹图》、宋徽宗《腊梅山禽图》、黄居寀《山鹧棘雀图》；南宋贾师古《岩关古寺图》、萧照《山腰楼观图》、夏珪《溪山清远图》等，李嵩《市担婴戏图》、梁楷《泼墨仙人图》、马和之《清泉鸣鹤图》等。

金代：武元直《赤壁图》。

---

① 台北故宫博物院编：《故宫七十星霜》，台湾商务印书馆，1995年，第184—185页。
② 石守谦：《导读故宫》，台北故宫博物院，2005年，第21页。

元代：王冕《南枝春早图》、王振鹏《龙池竞渡图》、赵孟頫《鹊华秋色图》、高克恭《云横秀岭图》、柯九思《晚香高节图》、黄公望《富春山居图》、吴镇《渔父图》、倪瓒《容膝斋图》、朱德润《松涧横琴图》等。

明代：林良《秋鹰图》、吕纪《秋鹭芙蓉图》、吴伟《寒山积雪图》、戴进《春游晚归图》、唐寅《山路松声图》、文徵明《古木寒泉图》、仇英《汉宫春晓图》、陈洪绶《隐居十六观图》等。

清代：王翚《溪山红树图》、龚贤《溪山疏树图》、恽寿平和王翚《花卉山水合册》、石涛《自写种松图小照》、郎世宁《百骏图》等。

清代紫禁城中的南薰殿，原庋藏以宋、元、明三代的帝后像为主的图像画，民国初年由古物陈列所保管，后移交中央博物院，现由台北故宫博物院收藏。这些图像画共计 152 幅，尤以两宋各朝帝后像画得好，有的画人情味表现真切，十分传神。元代 3 位皇帝的图像画也很出色。这些画对于历史研究，特别是服饰史研究具有重要作用。清代帝后的图像画，则完全由北京故宫博物院收藏。

台北故宫博物院的法书珍藏代表作品有：

晋代：王羲之《快雪时晴帖》《平安》《何如》《奉橘》《远宦帖》等。

唐代：褚遂良《倪宽传赞》、陆柬之《文赋》、孙过庭《书谱序》、唐玄宗《鹡鸰颂》、颜真卿《祭侄文稿》《刘中使帖》、怀素《自叙帖》等。

宋代：宋四家所遗名迹，如蔡襄《尺牍》、苏轼《黄州寒食诗帖》《归去来兮辞》《前后赤壁赋》、黄庭坚《自书松风阁诗卷》《诸上座帖》、米芾《蜀素帖》等，以及薛绍彭《杂书》、宋徽宗《诗帖》、宋高宗《赐岳飞手敕》、张即之《李衎墓志》、吴琚《七言绝句》、林逋《手札二帖》、朱熹《尺牍》等。

元代：赵孟頫《赤壁二赋帖》和《闲居赋》、鲜于枢《透光古镜歌》、张雨《七言律诗》等。

明代：初期有宋克《刘祯〈公宴诗〉》、沈度《不自弃说》及《归去来辞》、沈粲《古诗》，中期有祝允明《临黄庭经》和《饭苓赋》、王宠《韩愈送李愿归盘谷序》、陈淳《秋兴诗》，晚期有邢侗《草书古诗》、张瑞图《后赤壁赋》及董其昌的众多作品。

清代：存藏多属乾嘉以前供奉内廷宰臣所书，如沈荃、张照、王澍、永瑆等人，其中以张照手迹最多。

尺牍方面，多收入《元明书翰》及《明人尺牍书翰》册中。《元明书翰》原为80册，运台76册，共593开。《明人尺牍书翰》共15册，计294开。书翰尺牍合计有887开之多，此中除著名书家之外，尽属名贤硕儒手迹。

台北故宫博物院现存藏碑帖490件，其中南迁的清宫藏品347件。到中国台湾后征集拓片约900件。碑有宋拓《云麾将军碑》《岳麓寺碑》《圣教序碑》《周孝侯庙碑》《多宝塔碑》《夫子庙堂碑》，以及汉《史晨碑》《颜氏家庙碑》等数种。法帖较多，如《定武兰亭》《越州石氏晋唐小楷》《澄清堂帖》《淳化阁帖》《大观帖》《临江帖》《绛帖》《武冈帖》，以及清内府重刻《淳化阁帖》《三希堂法帖》等，其中若干法帖为宋代拓本。

关于台北故宫博物院书画藏品的出版物，主要有1956年出版的《故宫书画录》上下册，为故宫博物院与中央博物院筹备处全部运台法书名画的总目录，1965年出版增订本；1959年以珂罗版精印《故宫名画三百种》2函6册；1963年出版《故宫法书》集刊；1968年出版《故宫藏画集解》；1973年出版《故宫历代法书全集》30卷；1989年开始出版《故宫书画图录》，已出26册；1993年出版《故宫藏画大系》16册。

清宫书画除基本收藏于两岸两个故宫博物院外，一些博物馆也有多少不等的存藏，有些藏品还十分珍稀，例如辽宁省博物馆、吉林省博物院、上海博物馆、中国国家博物馆等处收藏的清宫书画。此外，沈阳故宫博物院、天津艺术博物馆、中国国家图书馆、南京博物院、黑龙江省博物馆、无锡博物院、首都博物馆、中国美术馆、广西壮族自治区博物馆、广东省博物馆、荣宝斋、天津市历史博物馆、贵州省博物馆、重庆博物馆（重庆中国三峡博物馆）、丹东博物馆等，都或多或少有所收藏。在中国内地及香港、台湾地区，一些收藏家也藏有清宫书画。

关于包括清宫旧藏在内的中国古代绘画在海外的存藏，从日本学者铃木敬编的《海外所存中国绘画目录》中，可以大致看到其基本状况。[①] 浙江大学出版社的《宋画全集》《元画全集》，则反映了存世宋元书画的总体风貌。[②]20 世纪以来，特别是第二次世界大战以后，美国逐渐成为国外中国艺术藏品最丰富的地区。这些艺术品主要集中在各大博物馆和大学美术馆，有波士顿艺术博物馆、弗利尔美术馆和阿瑟·M.赛克勒美术馆、大都会艺术博物馆、纳尔逊·阿特金斯艺术博物馆、克利夫兰艺术博物馆、普林斯顿大学博物馆等。[③] 其中的中国古代书画收藏，有一批是清宫散佚出去的，不少收录在《故宫已佚书籍书画目录四种》（以下简称《佚目》）中。据杨仁恺先生研究，约有 50 至 60 件之多。[④] 在欧洲及日本，也还有散佚的清宫书画。

二、故宫博物院的书画整理与研究

1911 年之前，清宫旧藏书画一直是皇家的私人收藏，从未进入学术界的视野。只有在推翻封建帝制之后，清宫旧藏才能成为公共财富，共和了的知识分子才有可能对故宫书画进行科学、公开和民主的鉴定研究。1914 年古物陈列所建立、1925 年故宫博物院成立，分批展出清室旧藏书画，向艺术史教科书提供了基本可靠的素材和画例、书例，首次引起了学界的高度重视。研究者认为清室旧藏有许多赝品，需要甄别，由此拉开了研究序幕。由于清宫旧藏中元以前的书画占世上收藏的一半以上，其鉴定的意义已经远远不止于鉴定本身。只有系统地、

① 铃木敬：《海外所存中国绘画目录》，东京大学东洋文化研究所附属东洋学文献中心丛刊别辑 3，1981 年。

②《宋画全集》，浙江大学出版社，2008 年；《元画全集》，浙江大学出版社，2013 年。

③ 参阅徐敏：《北美中国艺术史研究文献资源概述》。张海惠主编：《北美中国学——研究概述与文献资源》，中华书局，2010 年。

④ 杨仁恺：《国宝沉浮录》第四章第四节《国外公私庋藏〈佚目〉书画概况》，上海古籍出版社，2007 年，第 138—147 页。

大量地、科学地鉴定研究结果，才会使学界编写艺术史教科书成为可能。

民国时期，古物陈列所和故宫博物院在清宫旧藏书画的整理鉴定上做了大量初步的也是相当重要的基础工作。1917 年，古物陈列所进行了一场大规模的藏品整理编目工作，1925 年出版《内务部古物陈列所书画目录》，该书以时代为序，记录了宋至清时期的历代画家作品，所录书画条目包括作者、名称、尺寸、质地、内容、款识、题跋、印鉴、收藏印记等项。故宫博物院虽于 1925 年成立，但博物院各项工作走上正轨并全面开展则始自 1929 年。1929 年 4 月，故宫博物院成立了以学术活动为主旨的专门委员会，古物馆有书画审查委员会，审查鉴定清宫书画藏品。

专门委员会对清宫书画的审查与鉴定工作大致可分为两个时期：

一是易培基院长时期。这一时期专门委员审查鉴定清宫书画的经过情形及研究成果未见详细报告或记载，但从留存至今的零星的档案记载和回忆文字中，我们仍能大致了解当时专门委员的构成、鉴定情形以及审查成果。尽管当时故宫博物院多方网罗专门人才入院审查鉴定文物，但有能力鉴别明代以前文物并提出真知灼见的专家并不多。但无论如何，专门委员会的审查鉴别工作是严谨认真的，其成绩也是值得肯定的。据统计，截至 1930 年底，故宫的书画审查了956 件。[①]

二是马衡院长时期。这一时期主要是对存沪故宫书画的审查和鉴定，包括黄宾虹为"易培基盗宝案"对故宫书画的审查鉴定和驻沪办事处奉命点收存沪故宫书画两方面。20 世纪 30 年代，故宫博物院发生了震惊中外的所谓"易培基盗宝案"。自 1935 年 12 月起，黄宾虹受聘为故宫博物院古物鉴定委员，审查鉴定故宫书画。根据黄宾虹所

---

① 那志良：《典守故宫国宝七十年》，紫禁城出版社，2004 年，第 57 页。庄严：《前生造定故宫缘》，紫禁城出版社，2006 年，第 98—99 页。《民国十九年本院全年工作报告》，故宫博物院档案室藏。

作《故宫审画录》记载，此项工作分 5 期在京、沪、宁三地进行，共历时 348 天，鉴定书画 4636 件，并按真、摹、伪、劣等标准加以鉴定。首都地方法院以"帝王家收藏不得有赝品"为依据，将未审定为"真"的书画作品认定为易培基所盗换。"易培基盗宝案"发生的背景及牵涉的人事十分复杂，尚需详细的研究，在此不详述。但还需提及马衡的《关于书画鉴别的问题》一文，此文是 1936 年马衡为庆贺张菊生（张元济，长期主持商务印书馆，致力于文化事业）七十寿辰时所写。该文旁征博引，列举了历史上许多书画名家和风雅帝王关于书画鉴定方面的理论，指出"书画之真赝问题早已成为不易解决之问题。虽一代鉴家董文敏（即董其昌）也认为'谈何容易'。其中问题复杂得很，不是简单的几句话所能解决的"。"现在故宫所藏书画，有许多品质虽劣，名头则甚不小……凡是名气越大的，件数必愈多。大约臣工进献之时，不管内容如何，贡品单子上不能不写得好看。好在是送礼的性质，无关政事，也谈不到欺君之罪。于是往往'有可观览'之外，尽有许多不可观览的。"对有些虽为赝本，但流传有绪，本身价值并无动摇的书画，马衡也发表了自己的见解。总之，此文通过大量实例，论证了中国书画之赝本自古有之。帝王之家所藏书画，大多来自民间，自然不乏赝品。书画的真赝鉴定"谈何容易"，而首都地方法院以"帝王家收藏不得有赝品，有则必为易培基盗换无疑"，实在是没有道理的。[①] 这篇文章虽不长，但其所给出的意见却十分重要。从清宫书画研究角度来看，这是民国时期故宫学者所给出的一份关于清宫书画的概要性鉴定书。

1934 年 4 月，马衡主持院务工作后，设立 9 个委员会。其中第一个就是书画审定委员会，聘任朱文钧、郭葆昌、福开森、沈尹默、邓以蛰、吴湖帆、叶恭绰、张珩、庞莱臣、张大千等书画鉴定专家为专门委员，承担了存沪文物的书画审查工作。此项工作历时多年，成果亦十分可观，

---

① 马衡：《关于书画鉴别的问题》。蔡元培、胡适、王云五编辑：《张菊生先生七十生日论文集》，商务印书馆，1937 年。

1935 年即举行审查会议 51 次，共审查书画 2254 件。[①]

从 20 世纪五六十年代直至 80 年代，故宫博物院所藏古书画先后经过徐邦达、张珩、启功、谢稚柳、刘九庵、杨仁恺、傅熹年等先生的鉴定，对这些书画的作者、流派、时代、内容等方面给予了客观的基本定位，是集体性的学术成果。这项工作具有深刻的历史意义，它是中国历史上第一次由学术界主持，对皇家收藏的历代书画进行的全面鉴定与科学研究，推翻了皇帝个人的独断。由于故宫博物院研究人员掌握了大量的具有鉴定标尺作用的书画，并对古代书画有着较为广泛的涉猎，因此在书画鉴定方面受到国内外的相当重视，故宫博物院研究人员也形成了重文献考据及鉴定的特色，其科研成果不断补充着艺术史的实际内容。古书画领域里的第一代专家学者有徐邦达、马子云、刘九庵、王以坤、朱家溍等，主要著作有徐邦达的《古书画过眼要录》《改订历代流传绘画编年表》《古书画鉴定概论》等，刘九庵的《宋元明清书画家传世作品年表》《刘九庵书画鉴定集》等，王以坤的《书画装潢沿革考》《古书画鉴定法》等，马子云的《碑帖鉴定》（与人合作）、《金石传拓技法》等，杨新、单国强、聂崇正、肖燕翼、王连起、施安昌等第二代已为世人所知，余辉等第三代也正在成长。其中，徐邦达很有代表性。他既继承了传统的鉴定方法，又汲取了辩证唯物主义的方法论和现代考古学严谨的科学手段，将文献考据与图像解说有机地结合起来，系统地建立了古书画的鉴定标尺，真实地还原了中国书画史的发展脉络，将原先只可意会的感性认识发展成为可以传授的研究方法和学术思想。[②]

此外，故宫博物院从 20 世纪 50 年代就辟有专门的书画馆，现在的书画馆在武英殿，从 2008 年开始，选择中国美术史上的经典之作，

---

① 欧阳道达：《故宫文物避寇记》，紫禁城出版社，2010 年，第 35—36 页。

② 余辉：《徐邦达在学术史上的意义——从顾颉刚"古史辨派"谈起》，《故宫博物院院刊》2010 年第 6 期。

以中国美术史为脉络，每 3 年分 9 期，共展出 500 余件名迹巨品。2005 年的《清明上河图》展与 2011 年的《兰亭》大展，结合召开的国际学术研讨会，都引起强烈反响。2005 年故宫博物院成立了中国古代书画研究中心，其研究对象主要为故宫所藏的历代中国书法、绘画、碑帖和流散在外的清宫旧藏书画，研究范围包括鉴定文物的时代和作者、考释其内容和形式及诸多深层次、多视角的科学研究，并研究书画类文物的科学化管理和修复、复制技术，聘请到 34 位国内外知名专家学者作为研究中心的客座研究员和研究员。研究中心取得了一系列成果。2015 年，研究中心改为书画研究所。

自 1949 年故宫部分文物运台后，其中的清宫书画亦经历了多次整理与审查。1955 年，由王世杰、罗家伦、蒋毅孙主持，对运去的清宫旧藏书画（包括中央博物院筹备处运台书画）进行了审查，并由庄尚严、吴玉璋与那志良三人编辑，出版了《故宫书画录》（1956 年）。该书出版后书画审查仍在进行，对列入正目、简目的书画的品名及说明，都做了较多的改正，遂修订该书，于 1965 年出版了增订本。[①]

台北故宫博物院重视院藏书画的整理研究，其成果体现在展览、出版以及学术会议之中，不仅丰富了中国美术史的理论体系，也不断强化了该院中国艺术研究重镇的地位。通过举办海外展览，激起中外学者对中国及清宫书画的研究兴趣。台北故宫博物院以书画为主要内容的对外展览收到极大反响，突出的是 1961 年以"中华文物"赴美国五大城市博物馆展出 253 天，及 1996 年以"中华瑰宝"在美国四大城市巡回展出。特别是 1961 年的展览，激起了北美研究中国绘画史的热潮，促成了美国在 20 世纪 60 年代后成为中国艺术史研究的重镇。通过举办学术研讨会，加强与中外学者的交流。1970 年举办"中国古画讨论会"，有 14 国的 129 位专家学者与会，会议论文结集为《中国古画讨论会论文集》，以英文出版。1991 年又召开了"中国艺

---

① 那志良：《我在故宫五十年》，黄山书社，2008 年，第 185—189 页。

术文物讨论会"，其中书画为重要内容，出版了论文集。台北故宫博物院书画处 20 世纪 70 年代就有张光宾《元四大家》、江兆申《吴派画九十年展》、胡赛兰《晚明变形主义画家作品展》等成果。

此外，台北故宫博物院十分注重与其他学术研究机构的合作，以培养研究人才。例如，自 1971 年起，台北故宫博物院协助中国台湾大学历史研究所增设中国艺术史组，后发展为艺术史研究所，培养出许多艺术史研究人才。再如，派遣人员到海外留学深造，扩大研究视角，提升研究水平，逐步在相关领域获得话语权。自从美国普林斯顿大学于 1959 年设立"中国艺术考古学"博士课程，台北故宫博物院就有计划地派出人员赴美学习。傅申、石守谦、陈葆真、朱惠良先后在此攻读博士学位，并于博士毕业后回台北故宫博物院或台湾大学任职，在中国古书画研究方面都有出色成绩。林柏亭、王耀庭、何传馨等研究人员，不仅在培训美国到台北故宫博物院实习的研究生方面有所贡献，而且透过不同的机会，作为访问学者到美国交流学习[1]，他们的研究成果也为世所重。这些研究人员的一个重要特点，就是重视中西艺术史研究方法的结合。这其中又以傅申先生为代表。傅申曾在耶鲁大学与台湾大学任教，同时亦于美国弗利尔美术馆与台北故宫博物院工作，除得见台北故宫博物院所藏书画名迹，又长期接触美国及世界各地收藏，故其治学既以书画实物为本，又结合中西理论，取其所长，坚持数十年，书画鉴定与书画史研究成果丰硕，主要论著有《海外书迹研究》、《元代皇室书画收藏史略》、《中国画鉴别研究》、《书史与书迹》（一、二）及《书法鉴定·兼怀素〈自叙帖〉临床诊断》等。

三、中外学者的故宫书画研究

故宫古代书画研究的着重点，主要有两个方面：一是艺术史的角度，二是宫廷历史文化的视野。两岸故宫博物院加上散佚国内外的清宫藏

---

[1] 参阅方闻：《感念台湾"国立"故宫博物院》，《故宫文物月刊》2005 年第 10 期。

古代书画的特殊地位是所有中国书画研究者所关注的对象。众多的中国美术史以及中国绘画史、中国书法史著作，关于书画名家、书画作品以及书画流派的研究，一般都离不开故宫的藏品。虽然许多经典性的、有代表性的书画作品藏在故宫，但仍有一些重要作品未曾进入宫廷，因此对于中国美术史的研究，往往是把故宫博物院藏品与未被清宫收藏的作品结合起来研究。而两岸故宫博物院以及一些有清宫书画收藏的博物馆等，由于具有藏品的优势，其研究成果往往会引起同行的关注。艺术史学者与两个故宫博物院的合作，也促进着对中国古代书画研究的不断深入。适应这种需要，对于故宫古代书画与其他传世中国古代书画，已有一些学者在目录梳理和整体性研究上取得不少成果。

故宫古代书画研究的另一着重点是在清宫历史文化的视域中去深入探讨，这突出反映在对清代宫廷绘画的研究上。对于清宫绘画，长时期以来总体评价是不高的。随着两岸故宫博物院藏品陆续整理、发表以及有关清宫文物展览的不断举办，关于清代宫廷绘画的图像资料日渐丰富，加上清宫内务府造办处档案的公布出版，使得原本只有少数专家才能接触到的清宫绘画活动情况，逐渐被更多学者所了解，学界对清宫绘画的整体评价也有所提升。近年来清宫绘画研究逐渐成为学界的一个热点。

故宫博物院于2003年10月举办了"中国古代宫廷绘画国际学术研讨会"，台湾大学艺术史研究所于2011年12月主办了"宫廷与地方——乾隆时期之视觉文化国际研讨会"，北京大学艺术学院于2012年10月主办了"相遇清代：中国与西方的艺术交流国际研讨会"，这些国际性学术研讨会表明清代宫廷绘画近年来越来越受到学界的关注。从所发表的论文观察，研究者已经不再局限于单纯的艺术风格的研究，而是尝试从画家身份、帝王审美、画院机制、宫廷收藏及纪实创作等多个角度切入对宫廷绘画的研究，试图在更广阔的历史背景下复原创作的原初状态和思想情感。这样的研究应该是"新史学"的一部分，也是"故宫学"的一部分。[①]

宫廷书画收藏在清乾隆时期达到巅峰，对前世历代收藏具有总结性和集大成的意义，并对后世乃至今天仍有深远的影响，因此研究清代特别是乾隆内府书画收藏就具有重要意义。近年来，这种研究又与《秘殿珠林》《石渠宝笈》的研究结合在一起，出现了一些硕博士学位论文。[②]与《石渠宝笈》的研究相比较，《秘殿珠林》长期未引起重视，以上情况说明已有了进展。在以《秘殿珠林》做具体鉴定依据的应用价值方面，近年也有一些研究成果。例如，罗文华《故宫藏明内府金藏经》（《紫禁城》2003 年第 3 期）对照《秘殿珠林》卷之四"宇一""宙一""洪一""荒一"号所著录的《明人书内府金藏经》四册和实物，分析了故宫博物院今存的 3 种《明内府金藏经》抄本的大致年代、抄经品种及装潢、插图风格。又如，许忠陵《〈维摩演教图〉及其相关问题讨论》（《故宫博物院院刊》2004 年第 4 期）利用《秘殿珠林》卷之九"宙四"号所著录的《李公麟画维摩不二图》一卷，分析传世的《维摩演教图》可能是它的一个临本。

此外，对于清宫散佚书画（特别是溥仪当年以赏赐其弟溥杰名义偷运出宫的 1000 多幅珍贵书画）的研究，以杨仁恺的《国宝沉浮录——故宫散佚书画见闻考略》（上海人民美术出版社 1991 年初版，辽海出版社 1999 年增订本）最具代表性，是一部以故宫散佚书画为研究对象，集纪实、研究、鉴定、赏析于一体的重要著作。宫廷收藏既是供帝王鉴赏把玩的艺术品，同时也是天命所归的象征。对于清宫藏品的研究，除过艺术分析与真伪考辨等外，还有一些从艺术与社会、

---

① 张露《后记》，故宫博物院编：《中国宫廷绘画研究》，故宫出版社，2015 年。

② 如刘迪《清乾隆朝内府书画收藏——以〈秘殿珠林〉〈石渠宝笈〉为基本史料之研究》（南开大学，2010 年博士）、王峰《从〈石渠宝笈〉初编看乾隆朝前期宫廷书画收藏》（首都师范大学，2007 年硕士）、熊隽《〈秘殿珠林〉文献价值研究》（华中师范大学，2007 年硕士）、孙晓松《清中期书画收藏热潮研究》（辽宁师范大学，2010 年硕士）、张多强《〈三希堂法帖〉研究》（吉林大学，2011 年博士）、赵淡哲《清乾隆朝仿古绘画研究》（中央美术学院，2013 年博士）等。

艺术与政治的关系去考察的成果。

西方对于以中国书画为重要对象的中国美术史的研究，发端于西方各大公私博物馆及个人中国美术品的收藏和鉴赏，这些鉴藏奠定了西方中国美术史研究的基础。一些博物馆和大学重视中国书画的整理、鉴定和研究，有的还举办有关展览和专题学术研讨会。20 世纪 50 年代后，在公私收藏机构的努力下，中国美术史的研究逐步进入了西方各大学、科研机构等学术群体中，它借鉴了西方艺术史的研究成果和方法，并成为西方学术体系中一门独立的人文学科。洪再辛选编的《海外中国画研究文选（1950—1987）》（上海人民美术出版社，1991 年）收录了美、英、德、法、日等国研究中国绘画的著名专家学者谢柏柯、罗樾、方闻、高居翰、苏立文、雷德侯、铃木敬等人的文章，可见西方的整体研究状况。

现在已过去了 20 年，研究当然也在不断发展。上述诸人在中国绘画史研究上都取得了重要成果。曾长期执教于美国普林斯顿大学的方闻与加州伯克利大学的高居翰就很有代表性。以方闻为代表的"东部学派"和以高居翰为代表的"西部学派"，俨然已成当今西方中国艺术史学界两大旗鼓相当的史学流派。方闻关注实物材料本身的视觉证据，强调运用本土视觉语汇诠释艺术作品。高居翰同样重视风格鉴定对传统艺术史学科规范的作用，但他同时强调以"方法的多样性"保证"不同艺术史的多元性"。有研究者认为，在长达半个多世纪的学术历程中，方闻和高居翰不仅主导并见证了 20 世纪西方中国艺术史学科的脉动和演变，也共同致力于使中国艺术为西方学界和一般公众获知与接受，并以各自的方式塑造了西方中国艺术史研究的格局与面貌。[1]

---

① 陈云海：《西方语境中的中国艺术史研究——以方闻和高居翰为例》，南京师范大学博士学位论文，2010 年。

第二节　故宫青铜器

一、清宫青铜器的散佚与存藏

中国古代青铜器在原始社会后期即开始萌芽,夏代得到初步发展,商周呈现鼎盛之态。商周时代的青铜古称金或吉金。多样的青铜文化、发达的青铜工业和奇异的青铜艺术,在中国文明史和世界文明史上占据了重要的地位。礼制是中国古代传统文化的核心内容,在商周时代用以维系贵族间的等级,并作为规范以制约人们的行为。由于礼制的加强,一些用于祭祀和宴饮的器物被赋予了特殊的意义,成为礼制的体现,称为"礼器",此为礼的物化,亦即"藏礼于器"。中国历代王朝都十分重视收集保存祖先这一光辉遗迹。

清代乾隆年间,仿宋代《宣和博古图》样式,编纂宫廷收藏的青铜器为《西清古鉴》40卷,后又编有《宁寿鉴古》及《西清续鉴甲编》、《西清续鉴乙编》,"西清四鉴"共收录铜器4074件(另附录31件)。

到了清末,宫中铜器大量流失,珍藏的商周铜器及汉器,已为数不多。故宫博物院成立后,由古物馆从各宫殿所集中的,只有700余件,另外有汉及唐、宋铜镜500多件,汉及汉以后铜印1600多件。民国初年政府在故宫前朝部分开办古物陈列所,运来沈阳故宫及热河行宫的文物,其中沈阳故宫铜器788件,热河行宫铜器851件。故宫还有一批旧藏铜器后来得到了彻底清理。这些青铜器,现主要存藏在台北故宫博物院与北京故宫博物院。

台北故宫博物院所藏铜器现有6192件,包括历代官私铜印1600多件、镀金铜器700余件,先秦有铭文的约440件,除其中抵台后陆续收购的816件外,其余5376件基本上都是清宫旧物。

台北故宫博物院的青铜器,由故宫博物院南迁文物中的铜器及中央博物院筹备处运台铜器组成。当年抗战南迁时，共装精品铜器 50 箱，计 572 件；铜镜 5 箱，计 517 件；铜印 2 箱，1646 件。抗战结束后，除部分铜镜没有带去外，余皆转运中国台湾。容庚先生曾从古物陈列所的沈阳故宫铜器中选集 92 件，编著为《宝蕴楼彝器图录》，又从热河行宫铜器中选集 100 件，编著为《武英殿彝器图录》，这些入录的铜器，都在 1946 年拨归中央博物院，亦运到了中国台湾。同时运台的还有中央博物院所收购的刘体智"善斋"108 件铜器，皆为《善斋吉金录》入目之件；收购的容庚 32 件铜器，也是其《颂斋吉金录》入目之件。因此，台北故宫博物院藏青铜器，入录清晰有序。除嘉庆以后入宫铜器未有收录（如散氏盘）以及来自热河行宫的藏器未入清宫著录外，皆见于乾隆所敕编的《西清古鉴》、《宁寿鉴古》和《西清续鉴甲编》《西清续鉴乙编》。甚至在热河行宫旧器中，有一件商代父癸鼎，与宋《宣和博古图》卷一第 26 页所载之器形制相符，铭文亦合，可以断定是其入目之件，为宋元以来的宫廷旧藏。宋《宣和博古图》所载之器，流传至今仅此 1 件，弥足珍贵。[①]

台北故宫博物院所藏铜器种类非常丰富，主要有食器、酒器、量器、乐器、兵器以及杂器。中央博物院所藏战国镜 6 件，多系收购者。其汉以后各朝之件，亦有收购者，大部为《西清续鉴乙编》之物。故宫博物院存台之镜，则为《西清续鉴甲编》57 件，《宁寿鉴古》100 件。

台北故宫博物院铜器中有一批重器，为世所瞩目，如毛公鼎是西周晚期宣王时（公元前 828—前 782 年）的一件重器，在西周青铜器中占有重要地位。毛公鼎器形作大口，半球状深腹，圆底，下附三兽蹄形足，口沿上竖立形制高大的双耳，整个造型规正洗练，浑厚而凝重，鼎表面装饰也十分简洁。鼎腹内铸有铭文 32 行，计 500 字，为现存铭文最长的一件青铜器。铭文为毛公所作，记载周王对其册命以及赏赐的器，前半叙述周王对被册命的毛公的训语，文辞典雅，前人

---

① 谭旦冏：《故宫博物院珍藏的商周铜器》，《故宫季刊》第 4 卷第 1 期。

称其可抵《尚书》中一篇《周书》文字。毛公鼎不仅以铸造精良、铭文具有重要史料价值著称，而且铭文气势宏伟，结体庄重，笔法端严，线条的质感饱满丰腴，圆而厚，是一篇金文书法的典范。该鼎自清道光末年在陕西岐山出土后，历经周折，抗日战争胜利后，收藏者陈泳仁将此献了出来。散氏盘也是以长篇铭文和精美的书法见称于世。铭文350字，记矢国侵占散国土地，散国求诸邻近大国主持正义，矢国割地了事。铭文前半记载了履勘土地的实况，文后有参与履勘的人名，并有矢人誓词。散氏盘铭文的线条雄强苍劲，结构跌宕多姿，同一字写法变幻多端而均极精致，在我国书法艺术史上占有重要地位。

水陆攻战纹鉴是1935年在河南汲县山彪镇考古发掘所出土，形似大盆。其器腹部刻画镶嵌一圈精美的人物作战内容的装饰纹样，共分上中下3层，有图像40组，刻画人物292人，表现出格斗、射杀、划船、击鼓、犒赏、送行等种种姿态，情节丰富，人物生动，技艺精湛。另外，可以印证史实的宗周钟，家族器的颂鼎、颂壶、史颂簋和战国标准器的陈侯午簋、陈侯午敦以及新莽嘉量等，也十分有名。近年来台北故宫博物院陆续增加了一些藏品，如从大陆流失过去的具有重要史实价值的子犯编钟等。但总体上看，这一部分在台北故宫博物院青铜器中不占主要地位。

北京故宫博物院的藏品也是以清宫旧藏为主，辅以历年收购、私人捐献及考古发掘之器。计藏历代铜器15000余件，其中先秦铜器约10000件，有铭文的1600余件，这3个数量均占中外传世与出土数量总和的1/10以上，是国内外收藏中国青铜器数量最多的博物馆。另有清以前的历代货币10000余枚、铜镜4000余面、印押10000余件，还有一些仿古彝和古金属，以及清宫原存从康熙至光绪各朝未曾流通的钱币13万余枚。总体数量恢宏庞大，品类具备。

故宫博物院的青铜藏品，在古物转运至中国台湾之后，之所以仍能以清宫旧藏为主，在于当时故宫文物清理尚不彻底。且南运装箱前，限于当时的认知水平，经审查委员会审查而筛掉的器物中，仍不乏精美重要之器，例如商代后期的兽面纹大甗、西周早期的伯盂、西周中期的追簋、战国时期的龟鱼纹方盘等都是清宫旧藏，皆被尊为重器，而今也是世人所知的名器。其中商代后期的兽面纹大甗，通高 80.9 厘米，重 40 千克，在 1989 年江西新干大洋洲商代鹿耳四足大甗（高 105 厘米）出土之前，此器物曾是世界上最大的青铜甗；战国时期的龟鱼纹方盘，宫廷旧藏，通体布满了华丽、精细的纹饰，盘外底有四虎足，盘外壁上浮雕怪兽，兽身上有细密的羽毛，盘内壁和内底上浮雕有蛙、龟、鱼和水波纹。也是一件独有的青铜器。1923 年河南新郑李家楼出土了一对莲鹤方壶，一件藏在故宫博物院，另一件藏在河南博物院。壶整体为方形，通高 118 厘米，重 64 千克，器身装饰蟠螭纹，颈两侧各有一镂空、回首龙耳，腹部四角各伏一兽，圈足下有二伏虎，虎乍舌，背驮着壶，盖顶上立有一鹤，做展翅欲飞状，周围有双层莲瓣。这件壶一改商周时期庄严神秘的风格，变为华丽轻巧、自由活泼的形式，为前所未有，充满寓动于静的艺术魅力。这对莲鹤方壶被誉为"青铜时代绝唱"。在故宫博物院的青铜藏品中，私人捐献、考古发掘及收购也占有一定比例。它们或于铜器本身透露出重要的古代信息，或以造型艺术和工艺角度耀人眼目，另外在时代排列上对旧藏彝器也有补充作用。例如，商代后期的三羊尊，是目前所知世界上最大的青铜尊；西周中期的师趛鬲，是目前所知青铜鬲中最大的一件；商代晚期毓祖丁卣，盖、器对铭各 4 行 25 字，商代青铜器中少见长篇铭文，此件是研究商代祭祀和称谓制度的重要资料；有铭文 150 字的西周晚期颂簋，对研究当时的策命典礼制度有很重要的价值；西周晚期师酉簋，盖、器分别铸有铭文 107 字和 106 字，其内容是研究西周世官世禄的重要资料。

故宫博物院青铜藏品的最大特色是器类齐全和时代序列完整。器物种类包括食器、酒器、水器、乐器、兵器、农具、工具、生活用具、车马器、货币、度量衡等，概括了中国古代青铜器发展演变的脉络。这些藏品多数为传世品，但借助于近代考古学对发掘品研究的经验，故宫先秦青铜器已可分出商代前期、后期，西周早、中、晚期，春秋前期、后期，战国前期、后期等，秦以后铜器可分出秦、汉、魏晋南北朝、唐宋、元明清等。

数量众多的有铭文青铜器也是故宫博物院青铜器藏品的又一特点。中国各博物馆现藏先秦有铭文的青铜器，迄今为止共计6900件左右（包括近十余年大陆各地出土和各博物馆收集的1000余件，以及台北故宫博物院所藏440余件），其中故宫博物院已达1600件。这些青铜器的铭文大多已收入《殷周金文集成》一书，但器形的大部分尚未公布。铭文较重要的如：

3件邲其卣，是商代铭文最长的几件器，它记述了帝辛时期的赏赐、祭祀等内容。此外，像小臣𦥑鼎、逦簋、处山卣等也是重要的商代铜器。

成周铃是西周早期难得一见的带铭文的乐器，鲁侯爵则是记录周公后裔活动的重要铜器。此期的荣簋、耳尊、作册魃卣，记载了王与侯对荣、耳、魃的赏赐；西周中期的师旂鼎记录了一次对违犯军法人员处置的法律程序，同簋、太师虘簋、豆闭簋记录了王对贵族的册命，格伯簋记录了当时的土地交换；西周晚期的扬簋、谏簋、小克鼎、眉敖簋盖、师酉簋、颂鼎、大鼎、师克盨、𤼈比盨、裘盘、虢叔旅钟、士父钟等多记录王对贵族的赏赐册命仪典，有重要的史料价值。

其中太师虘簋、大鼎、颂鼎、𤼈比盨、裘盘等5件器的记时词语中有年、月、月相、干支日4项内容，是全部金文仅有的三十几例四要素俱全器中的5例，这是研究西周金文历谱和王年的珍贵资料。

者瀊钟、余赎逐儿钟、徐王子旃钟、其次句鑃等，则是这一时期著名的青铜乐器。春秋战国时期的少虡剑、梁伯戈、秦子戈、大良造鞅镦等也都是有明确时代特征的传世著名兵器。[①]

故宫博物院收藏的秦汉青铜生活用品和唐宋以来的仿先秦青铜礼器，都有一定规模。收藏的铜镜也很有特色。4000余面铜镜，上至战

---

① 刘雨、丁孟：《故宫青铜器》前言，紫禁城出版社，1999年，第11—12页。

国，下到清代，包括各个历史时期。大量明清时期铜镜，多为宫廷内府所造，具有宫廷特色，社会上流传很少。宫廷内府造镜，铜质非常精细，铸造技术水平很高，其中又以清乾隆时期铸造的铜镜最多最好。既有仿古镜，也有宫廷特色浓重的铜镜。仿古镜主要有乾隆款博局纹镜、乾隆款舞凤狻猊纹镜和乾隆款瑞兽葡萄纹镜等。此外，宫中造办处还铸造了一批采用新工艺的铜镜，这些铜镜无论形制、纹饰还是制作工艺都别具一格，如掐丝珐琅缠枝纹镜、乾隆款八卦纹镜等，都是有宫廷特色的作品。

"西清四鉴"所著录铜器，到清末流失严重，现仅 195 器可知下落，其中台北故宫博物院 148 件，北京故宫博物院 17 件，北京 1 件，天津市艺术博物馆 1 件，上海博物馆 7 件，广州市博物馆 1 件，美国 12 件，瑞典斯德哥尔摩 1 件，丹麦哥本哈根 1 件，日本 6 件。[①]

未为"西清四鉴"著录的铜器，沈阳故宫博物院、南京博物院、颐和园、天坛等都有一些收藏，有的甚至还很重要。

二、故宫青铜器研究

故宫博物院成立后，十分重视青铜器的陈列展览与整理研究。例如，《西清古鉴》著录的新莽嘉量，是西汉时期著名铜器，为公元 9 年王莽立号为"新"时制造的标准量器，在中国度量衡史上占有重要地位。故宫博物院成立后此器被发现，引起学术界极大关注，当时著名学者王国维、马衡、刘复、励乃骥等对它做了详细的校量考证，写出了《新莽嘉量跋》《新莽量考释》《新莽量之校量及推算》《新莽量五量铭释》《释庣》等论文，高度评价了它在科学技术、数学、计量等方面所起的历史作用。

金石学是一门传统学科，其学术研究已有 1000 余年的历史积淀，积累了相当丰富的学术成果。两岸故宫博物院有着优良的学术研究传

---

① 刘雨编纂：《乾隆四鉴综理表》，中华书局，1989 年，第 35—36 页。

统，其青铜器研究也是一脉相承。作为两岸故宫博物院青铜器研究泰斗的容庚先生，其特殊地位是独一无二的。在我国，青铜器作为一个综合研究的学科，是由郭沫若、容庚奠定基础的。容庚的《商周彝器通考》在当时条件下把青铜器的彝器部分做了尽可能的综合考察，进行了缜密的论证，构成了比较完整的研究体系。[1] 故宫博物院成立后，容庚参加彝器陈列工作，后任专门委员，又被聘为古物陈列所古物鉴定委员。在此期间，他参与数千件青铜器的鉴定工作，有机会接触原物，辨伪经验日进，写成《西清金文真伪存佚表》一文，取"西清四鉴"中有文字之器1290件，除镜鉴114件，得1176器，分"真、疑、伪"三类，表列出之，计真者657器，疑者190器，伪者329器，可见乾隆以前铜器作伪之一斑。这是西清藏器据著录而做的一次大清理，对于故宫所藏彝器的辨伪是大有裨益的。[2] 先生又整理编纂了古物陈列所的铜器图录。1929年编的《宝蕴楼彝器图录》二册，每器有图形和铭文拓本，并记大小重量、色泽及有关说明。1934年所编的《武英殿彝器图录》二册，以摹拓花纹与铭文并重，开著录铜器花纹之先河。1940年又将颐和园所藏彝器选取20器编为《西清彝器拾遗》一册。以上3种5册图录，提供了研究古铜器和金文的原始材料，也使世人得睹清宫内府藏器的真面目。

台北故宫博物院自20世纪50年代以来，学者在传承传统治学方法之基础上，借鉴西方学术研究方法，利用地下发掘的考古资料，结合大量的传世器，对中国古代金石学学科进行了现代科学意义上的研究，取得了丰硕的成果，促进了古代金石学的全面发展。代表人物如前副院长谭旦冏先生、研究员张光远先生等。台北故宫博物院所藏青铜器，经过这些学者的选择、整理和加工，其人文内涵得以提升和凸现，已不再是史料的简单汇集，奠定了台北故宫博物院古彝器研究的学术

---

① 马承源主编：《中国青铜器》，上海古籍出版社，1988年，第6页。

② 曾宪通：《容庚与中国青铜器学》，载《中山大学学报》2008年第3期。

底蕴。台北故宫博物院出版青铜器类著作主要有：《故宫铜器选萃》，台北故宫博物院编，台北故宫博物院，1971 年 3 月；《铜器概述》，谭旦冏著，台北故宫博物院，1981 年 9 月；《商周青铜粢盛器特展图录》，台北故宫博物院编辑委员会编辑，台北故宫博物院，1985 年 3 月；《海外遗珍》，台北故宫博物院编辑委员会编辑，台北故宫博物院，1985 年 9 月；《商周青铜酒器》，台北故宫博物院编辑委员会编辑，台北故宫博物院，1989 年 2 月；《故宫青铜兵器图录》，陈芳妹著，明涓英译，台北故宫博物院，1995 年 1 月；《商代金文图录》，张光远著，台北故宫博物院，1995 年 2 月；《故宫商代青铜礼器图录》，陈芳妹著，台北故宫博物院编辑委员会编辑，台北故宫博物院，1998 年 10 月；《故宫西周金文录》，游国庆文字撰述，台北故宫博物院编辑委员会编辑，台北故宫博物院，2001 年 7 月。

北京故宫博物院的青铜器研究同样取得了重要成果，其中有两个颇具代表性的人物，一个是唐兰先生，另一个是罗福颐先生。

唐兰先生是著名文字学家、青铜器专家，他在 1935 年发表的《古文字学导论》和 1949 年出版的《中国文字学》两书，是我国现代意义上最早的、最完整的古文字学理论著作。他于 20 世纪 30 年代与容庚同时被聘为故宫博物院专门委员，1952 年正式调至故宫博物院，曾任学术委员会主任、副院长等职。1935 年伦敦中国艺术国际博览会，中国政府决定选择"足以代表中国艺术文化"的文物参加展览，唐兰、容庚二人为遴选商周彝器的专门委员。周王䟸钟旧作宗周钟，著录于《西清古鉴》，对其时代众说纷纭，唐兰 1936 年写了《周王䟸钟考》，考证宗周钟的作器者"䟸"，就是"周厉王胡"。当时的学者多认为宗周钟是西周早期器，对他的意见并不以为然，可是 1978 年和 1981 年陕西扶风县相继出土了簋和五祀䟸钟，器物形制是西周晚期的，证实了 40 多年前先生的意见是非常有预见性的。1962 年先生发表了《西周铜器断代中的"康宫"问题》长文。他发现的"康宫断代原则"不断被后来经考古发掘出土的铜器所肯定，现已为学术界普遍接受。这是继郭沫若发现"标准器断代法"之后，金文断代法的又一重大发现。先生重视用金文资料系统地研究古史，1986 年由他的后人整理发表的《西周青铜器铭文分代史徵》是一部总结他一生金文研究的力作（惜仅存未完稿），共引用西周金文资料 350 件，计划以此为基础重写西周史。他的这一研究代表了这一学科 20 世纪后期的最高水平。先生生前还十分重视金文研究的普及工作，写了多篇金文的"白话翻译"，让艰深的青铜器铭文所记载的 3000 年前的历史故事，能为一般来故宫的观众看懂。1999 年故宫博物院重新改陈的青铜器馆，以及同时编写的《故宫青铜器》一书，就是追随唐先生的学术思想而设计的。其中铜器的断代，贯彻了先生的康宫原则，铭文的释文和白话翻译等，都继承和发扬了先生的学术成果。

古文字学家罗福颐先生 1957 年调入故宫博物院工作。研究范围涉及青铜器、古玺印、战国至汉代竹木简、汉魏石经、墓志乃至尺牍、量器、镜鉴及银锭等。先生长于古文献与文物的综合研究，曾对故宫博物院好多种类的文物进行过整理鉴定。著有《古玺汉印文字征》（1930 年）、《印谱考》（1933 年）、《印章概述》（合作，1961 年）、《汉印文字征》（1978 年）、《古玺文编》（1981 年）、《西夏官印汇考》（李范文释文，1982 年）、《古玺汇编》（1981 年）、《秦汉南北朝官印征存》（1987 年）、《古玺印绲制图录》等专著。在古籍整理、铜器铭文、拓本的摹写及著录、考释方面，著有《贞松堂集古遗文》（与其侄合作，正编 1930 年、补遗 1931 年、续编 1933 年）、《三代吉金文存》（1936 年）、《三代秦汉金文著录表》（8 卷）及《补遗》（1 卷）（1933 年）、《内府藏器著录表》（2 卷）及《附录》（1 卷）（1933 年）、《三代吉金文存释文》、《〈国朝金文著录表〉校记》（1933 年）等。

故宫博物院出版青铜器类主要著作：《虢季子白盘》，故宫博物院编，故宫博物院，1955 年；《唐兰先生金文论集》，故宫博物院主编，紫禁城出版社，1995 年；《乾隆四鉴综理表》，刘雨编纂，中华书局，1989 年；《故宫青铜器》，故宫博物院编，紫禁城出版社，1999 年；《故宫博物院藏文物珍品全集·青铜器》，杜迺松主编，香港商务印书馆，2006 年；《吉金文字与青铜文化论集》，杜迺松著，紫禁城出版社，2003 年。

两岸故宫博物院也都能注意用考古学研究成果重新检讨原藏的大量传世品，得以细化了原有的断代标识。用 X 射线显像技术研究院藏青铜器，开辟了一个新的研究领域，北京故宫博物院 3 件邔其卣过去曾有著名学者怀疑其中二祀、四祀卣为伪器，经 1999 年使用 X 射线检测，肯定了它们的真实性和史料价值。台北故宫博物院的春秋晚期庚壶早在乾隆年间就已著录于《西清续鉴甲编》，但因锈蚀严重，读出不到百字，铭文内容始终未得贯通释读，经使用 X 射线显像技术检测，可识出 172 字，其铭文的大意已可以读通。

对于"西清四鉴"（以下简称"四鉴"），容庚先生在 20 世纪二三十年代就做了很深入的研究，写出了《西清金文真伪存佚表》（1929 年），后又发表了《清代吉金书籍述评》（《学术研究》1962 年第 2 期），全面细致地整理了 4 书中的铜器和铭文。随着考古工作的进展和认识的逐步深入，容庚先生拟重修《存佚表》，但未能实现。先生的学生刘雨，在其师研究的基础上，对"四鉴"再次做了通盘的分析和整理，出版了《乾隆四鉴综理表》。该书给1000 多件有铭之器一一编号，并列出现定器名、原有器名、字数、时代、著录、释义、备注等项，进行了全面的梳理，在备注栏中，对曾由容庚断定的真伪之器做出了说明，注明了现存状况。"四鉴"虽然在辨伪、断代、释文、考证等方面尚未达到宋代人的水平，但该书通过一系列事例，肯定了它的学术价值，认为它不仅在当时推动了金石学的发展，其中保存的珍贵资料，时至今日仍是十分难得、无可替代的。

相较于先秦上古时期，宋、元、明、清时期制作的青铜器，被学界称之为"晚期青铜器"。这些时期被制作出来的青铜器，普遍具有模仿三代青铜器造型，部分纹饰参考传统，部分加以改造融入当时元素的特征。过去学界一般都将其认定是伪作仿品而予以忽略。明清宫廷内收有许多此种铜器，甚至将其编入内廷制作的青铜器著录书如《西

清古鉴》《宁寿鉴古》《西清续鉴甲编》《西清续鉴乙编》中。容庚
先生曾评《西清古鉴》有铭文伪器约占十分之二三，无铭文伪器更多，
这些传统上被诟病为"伪器"的晚期青铜器，国外博物馆亦见许多收藏。

20世纪80年代开始，海外学者首先关注晚期青铜器，并对其展
开一系列深入的研究。20世纪90年代大陆学者注意到宋元明清时期
铜器，然多为鉴定或概述性文章。2000年后，台湾学术界开始关注宋
代器物学中的"仿古""复古"问题，并展开系列研究。台北故宫博
物院在2003年举办"古色——十六至十八世纪艺术的仿古风"展览和
研讨会，即试图将古物的复古从原始功能、古董主义和仿古主义中归
纳总结出较为清楚的脉络。在大陆，20世纪90年代故宫博物院杜廼
松研究员注意到宋元明清时期铜器鉴定问题，首先撰写文章。[①] 近年大
陆学术界亦开始关注"复古"思潮，陆续发表相关文章。2013年湖南
省博物馆举办"复兴的铜器艺术——湖南晚期铜器展"，虽然是以地
方性的铜器收藏为主，但对宋元明清时期铜器制作情况、艺术价值、
文化脉络等都提供了系统介绍和崭新思维。尤其澄清宋元明清时期的
铜器应属于中国铜器发展的新时期、新高峰，而非大多数学者认为的
属于仿制、伪造时期，更不是铜器的残存与延续阶段。[②]

故宫博物院藏晚期青铜器近800件，如何认识这批铜器的价值，挖
掘它的文化内涵，以上研究思路及成果提供了新的视觉，也开辟了新的天地。

两岸故宫博物院青铜器因系出一源，故时代序列完整和器类齐全
且多传世品是其收藏的共同特色，有不少成组的器物分藏于两岸故宫，
如清代晚期山东益都县苏埠屯出土的亚醜组器，台北故宫博物院收藏
鼎6件、簋2件、尊5件、角1件、觚2件、觯1件、卣2件、方彝
1件，北京故宫博物院则收藏鼎3件、簋1件、尊1件、觚1件、斝1件、
卣1件、罍1件。成周铃是一对仅存的西周早期有铭文的青铜乐器，

---

① 杜廼松：《宋元明清铜器鉴定概论》，《故宫博物院院刊》1990年第4期。
② 陈建明主编：《复兴的铜器艺术——湖南晚期铜器展》，中华书局，2013年。

传世仅 2 件,一件阳文的藏于北京故宫博物院,另一件阴文的藏于台北故宫博物院。西周中期的追簋两岸合藏其三,西周晚期的长铭颂组器,北京故宫博物院藏颂鼎一、颂簋一、史颂簋一,台北故宫博物院藏颂鼎一、颂壶一、史颂簋一。春秋晚期的能原镈存世 2 件,两岸故宫博物院各藏其一,这是一组用越国文字记事的青铜乐器。越国文字多将越王名等短铭记于兵器上,释读十分困难,是目前金文研究中尚未彻底解决的课题之一。这两件镈铭中台北故宫博物院的一枚存 60 字,北京故宫博物院的存 48 字,由于长铭便于从上下文推知文意,故两铭等于为我们提供了可能解读全部越国文字的钥匙。宋徽宗倡新乐,制作大晟编钟,流传至今者成为研究音乐史考察宋代雅乐的珍贵标本,该编钟北京故宫博物院现藏 6 枚,台北故宫博物院藏 2 枚。

两岸故宫博物院藏品中都有大量记录族名的青铜器,其中有几件族名器被考证为记录重要古国名的铭文,如北京故宫博物院有记录孤竹国和无终国国名的铜器等,台北故宫博物院也存有许多族名铜器。族名金文的释读和研究,是一个十分困难的课题,迄今尚未得到很好的解决,两岸故宫博物院这批资料的充分利用,无疑会促进这一课题的研究。

第三节　故宫古陶瓷器

一、清宫陶瓷器的收藏与流散

清宫有过丰富的瓷器收藏。由清宫传承下来的瓷器,大致有 4 个部分:一为明代或清代宫廷烧造的御用器,即学术界所说的明清御用瓷器,也有称之为明清官窑瓷器的。二是同时代的民窑产品。通过对故宫博物院院内西河沿考古发掘[①]和对南三所门外东西侧的考古发

---

① 北京市文物研究所编:《北京皇家建筑遗址发掘报告》,科学出版社,2009 年。

掘 [1] 以及对出土文物的研究表明，无论是明代宫廷还是清代宫廷都曾大量使用民窑瓷。对这些出土于明清宫廷内的民窑瓷的认知，对研究明清宫廷用瓷以及明清宫廷陶瓷史均具有重要的意义。三是对明清来说已经是古董的汉、唐、宋、元名窑陶瓷器。四是数量不多，在明清两代输入到宫廷的外国瓷器。

清宫遗留下来的明代宫廷瓷器，绝大部分收藏在北京故宫博物院和台北故宫博物院，海内外许多博物馆和私家收藏的明代宫廷瓷器数量也不少，但至今没有一个明确的统计数。同明代一样，清代宫廷藏瓷器也是以景德镇御窑厂的产品为主，除散佚无法统计外，确知的这类清代御用瓷器总数应在 40 万件以上。至于宋元明瓷器，到乾隆时期宫中瓷器库已收藏多达数十架，品种包括汝窑、官窑、哥窑、钧窑、定窑、元青花、枢府釉、釉里红等宋元瓷器以及大量的明代御窑瓷器。不过，明代以前的瓷器作为清宫藏品，并非全是经宋元明宫廷历代递传下来，其中一部分是乾隆时期通过各级官员进贡的方式从民间搜集来的。

清代景德镇御窑厂烧造的瓷器是皇家专用的，按理说，所有官窑瓷器都要送到皇宫。可是，一直以来，民间确实留存着大量的官窑瓷器，有人通过对《清宫瓷器档案全集》的研究，提出民间的官窑瓷器大约有这样几种来源：[2]

一是御窑厂次色瓷器的处理。次色瓷器变价是清代御窑厂特有的一种瓷器处理办法。官窑中的次色瓷器，在雍正六年（1728）之前是散贮在御窑厂的库房里，雍正七年至乾隆七年（1729—1742）这段时间是解送京城。到了乾隆七年以后，就奉旨将次色瓷器在景德镇就地变价了。道光以前的黄釉瓷和祭祀用瓷，即便是次色，也是不能变价的。

---

① 故宫南三所门外东西侧的考古发掘由故宫博物院考古研究所主持。

② 李国荣：《清宫瓷器档案的历史隐秘》。清代宫廷史研究会、文化部恭王府管理中心编：《清宫史研究第十一辑》，文化艺术出版社，2013 年。

道光以后，所有次色瓷器都在景德镇变价处理了。所以，在民间见到的有些瑕疵但却印有清代皇家落款的官窑瓷器，大多应该是景德镇御窑厂变价处理的次色瓷器。

二是皇宫库储瓷器的变卖。在乾隆早期，曾将库储康、雍、乾三朝有款瓷器中破损的或釉水不全的 14 万余件变卖。乾隆中期，又将康、雍、乾三朝无款瓷器 8000 余件变卖。乾隆皇帝还将存量过多并无用项，或釉水浅薄，或花纹不全，或式样平常的 11 万余件瓷器也拿出皇宫变卖。嘉庆皇帝倡行节俭，除了必须留用的，其余久贮库内并无用项以及用少存多者全部变卖。在嘉庆时期，共变卖康熙、雍正、乾隆、嘉庆四朝的瓷器多达 44 万余件。

三是皇帝赏赐出去的瓷器。官窑瓷器是皇帝常常用来赏赐的物件，赏赐的对象既有王公大臣、封疆大吏，也有皇子公主、贵族命妇和身边的侍卫，此外还有蒙古王公和西藏喇嘛等。每次赏赐瓷器的数量多寡不一，少则一两件，多的达数千件。

四是侵略者抢掠走的皇家瓷器。1860 年英法联军火烧圆明园与 1900 年八国联军劫掠皇室财宝，皇家瓷器自然在劫难逃。以圆明园为例，根据景德镇官窑的进贡清单，乾隆时期督陶官进贡陈设在圆明园的瓷器 1746 件，嘉庆时期 2015 件，道光时期 2452 件，咸丰时期 152 件，以上共计 6365 件。这些瓷器都随着英法联军火烧圆明园一并遭劫，或被砸碎，或被劫掠而流散到世界各地。

五是从皇宫盗出的瓷器。尤其是清朝晚期，宫里偷盗之事屡有发生，作为存放瓷器的广储司瓷库也不安全，档案中屡有记载。如光绪二十一年（1895），广储司瓷库的西墙被挖一大洞，盗走盘、碗、盅、碟及小瓶多达 1000 余件。

辛亥革命后逊帝溥仪"暂居宫禁"时，为了满足庞大的开支，维持小朝廷的局面，不惜拍卖或典押包括瓷器在内的大量宫廷珍贵文物。1927 年北京盐业银行出售溥仪 1924 年抵押在那里的清室珍宝，英国人玻西瓦尔·大维德（Percival David，1892—1964）购买了其中

40多件。这40多件大部分为宋代名窑瓷器，又以官窑、哥窑瓷器居多，近20件，很多上面有乾隆御题诗。据郭葆昌辑《清高宗御制咏瓷诗录》，清宫旧藏中有乾隆御题的瓷器有199件。在大维德的收藏中，有乾隆御题的瓷器20件左右，大部分御题藏品出自这批盐业银行出售的清宫旧藏。宋代其他名窑瓷器也为数不少，还有少量明、清官窑精品。这批藏品不仅构成了大维德的收藏中最精彩、最有代表性的部分，也使他后来的收藏带上了浓厚的"皇家情结"，注重以中国宫廷特别是乾隆皇帝的欣赏趣味和眼光来建立他的个人收藏。大维德收藏的中国瓷器达到1400多件，绝大多数为历代官窑中的精品和带重要款识的资料性标准器，所藏汝窑、官窑和珐琅彩瓷器均甲于海外藏家，名重天下的元青花标准器——至正型青花瓶更被陶瓷界命名为大维德瓶。[①]

20世纪50至80年代，北京故宫博物院曾把8万多件清宫旧藏品调拨给不少博物馆及其他一些单位，其中陶瓷是大宗，约2万件，占总数的1/4。

二、两岸故宫博物院古陶瓷收藏概况

清宫所藏瓷器，现主要收藏在北京故宫博物院与台北故宫博物院。在北京故宫博物院1807558件的文物藏品中，陶瓷器占375091件，是以质地分类所占比例最多的文物。如果再加上暂存南京博物院的10万件清代御窑瓷器，北京故宫博物院的藏瓷总数超过47万件。台北故宫博物院收藏瓷器25422件。两个故宫合计藏瓷近50万件，是世界公私收藏单位中存藏中国古代瓷器最大的个体。

就藏品的来源看，北京故宫博物院的藏瓷可以分为以下几类：第一类，以清宫旧藏构成的主体；第二类，故宫博物院建院以来在全国各地窑址调查所得标本；第三类，1949年以后中央政府从各地博物馆、考古单位调拨的瓷器；第四类，接收的捐赠，最著名的如孙瀛洲先生

① 胡健：《大维德与他收藏的中国文物》，《东方收藏》2011年第11期。

捐赠的宋代名窑瓷器和明代御窑瓷器；第五类，收购品，包括国家文物局收购后交故宫博物院的，也有故宫博物院自己收购的。而台北故宫博物院的藏瓷中，除了近年接收的捐赠和购藏外，有 23780 件为故宫博物院及原属中央博物院接收的古物陈列所的瓷器，主体来自清宫旧藏。两个故宫博物院瓷器的最显著特点都是对清代皇宫旧藏的继承。

两岸故宫博物院的藏瓷又各具特色。台北故宫博物院在宋代五大名窑瓷器、明代官窑瓷器以及清代康、雍、乾官窑瓷器，尤其是珐琅彩瓷器收藏方面，均占有一定优势。例如，堪称珍稀的宋代汝窑瓷器，北京故宫博物院收藏 19 件，台北故宫博物院则收藏 21 件。著名的成化斗彩鸡缸杯，台北故宫博物院收藏 9 件，北京故宫博物院收藏仅 2 件。总的来说，台北故宫博物院在明代官窑瓷器收藏方面，不仅精美，而且数量较大。至于著名的清代康、雍、乾三朝珐琅彩瓷器，原清宫旧藏 418 件，现北京故宫博物院仅收藏 58 件，另外 300 余件绝大多数都收藏在台北故宫博物院。可以这样说：宋代五大名窑（汝、官、哥、定、钧），明初官窑以及清康、雍、乾三朝的珐琅彩瓷器，台北故宫博物院的收藏在质量上均占有明显的优势。出于对清代宫廷文物与文化的认识，清代御用画师绘制的一些关于清宫内陈设、记录瓷器的图像资料也在南迁与迁台的文物之列，如《埏埴流光》《珍陶萃美》《精陶韫古》等，由于这些图册都是奉乾隆皇帝的诏命所作，且多能与传世的清宫旧藏文物一一对应，故而成为研究清代宫廷陈设和以乾隆皇帝为代表的清代宫廷知识分子群对瓷器认知水平的第一手资料。又据最新公布的资料和研究成果[1]，在台北故宫博物院收藏有一件泰国阿瑜陀耶（Ayudhya）地区窑场生产于 15 至 17 世纪的灰陶长颈壶残器，其口部刻有乾隆皇帝的御制诗文，作为在 18 世纪以前已进入清代宫廷的外国陶器，足以证明古籍记述明清两代泰国、安南、天方等国向中

---

[1] 余佩瑾编：《得佳趣：乾隆皇帝的陶瓷品味》，图 90，台北故宫博物院，2012 年，第 193 页。

国皇帝进贡瓷器的事件是存在的。

但 1949 年迁台的瓷器和其他各门类、各种质地的文物一样，主要是以当时学术界的研究和认知水平为依据，挑选北京故宫博物院藏品中有特色及精美者。受所在时代、历史和学术发展水平等多种因素限制，对瓷器的挑选基本没能超出古玩收藏的认识，所以对陶瓷器文物自身所表述的发展史料的重要性关注不够，正如那志良先生所说"（台北故宫博物院瓷器）总数有 2 万余件，不为不多；历代官窑毕备，不为不博。但有瓷而无陶，有官窑而乏民窑，至于清瓷，则嘉道以后，概付阙如"①，就整个陶瓷史而言，台北故宫博物院的收藏显然有其局限性。

与台北故宫博物院相比较，北京故宫博物院的陶瓷收藏，也有自己的特点和优势，主要表现为以下 6 点：

第一，北京故宫博物院收藏陶瓷器的数量位居世界第一，达 37 万件之多，其中明清历代官窑瓷器超过 30 万件，明以前的陶瓷器与明清民窑约 5 万件。北京故宫博物院的陶瓷收藏不仅数量上占有绝对优势，藏品所囊括的文化内涵更为广博而宏大，从新石器的彩陶、黑陶、红陶，到商周的白陶、印纹硬陶、原始青瓷，汉魏六朝的青瓷、黑瓷，唐代南青北白的代表，宋代的各大名窑瓷器，元代的枢府釉和青花、釉里红器，明清两代的御窑瓷器，直到民国时期景德镇烧造的"居仁堂"款的瓷器和湖南醴陵生产的瓷器，举凡代表并贯穿中国古代陶瓷发展历史的各时期、各地区、各窑场的实物，北京故宫博物院几乎都有收藏。时间跨度长达 6000 多年，其产地涉及 20 多个省、市、自治区，足以具体、系统地反映中国古陶瓷数千年的发展历史。

第二，仅就明清两代的瓷器而言，北京故宫博物院的某些收藏，是台北故宫博物院所缺少甚或是空白。例如，明清官窑中的大器，台北故宫博物院几乎没有一件，而北京故宫博物院则藏有 400 余件，例如最大的清代粉彩大瓶高达 150 多厘米，在完全依靠手工拉坯的年代，

---

① 那志良：《故宫四十年》，台湾商务印书馆，1966 年，第 173 页。

制作这样的陶瓷大器不是一件容易的事，往往"十不得一"，因此北京故宫博物院的这批收藏就极为珍贵。北京故宫博物院收藏的乾隆御窑各色釉彩大瓷瓶和"大清乾隆辛巳年制"各色釉汉式密檐佛塔，都是在一件器物上包括了当时御窑厂能烧造的所有釉彩品种，属高温烧成后又多次低温烘彩而成，对研究当时御窑厂乃至整个景德镇的生产工艺具有不可替代的作用。康熙以后的宫廷紫砂器，台北故宫博物院一件也没有，北京故宫博物院有100多件。明代洪武官窑青花、釉里红瓷器台北故宫博物院一件也没有，北京故宫博物院收藏81件，属于清宫旧藏的有62件。由于南迁文物中没有包括嘉庆以后的瓷器，所以清代中晚期的官窑瓷器台北故宫博物院几乎没有收藏，但北京故宫博物院现存嘉庆至宣统晚清官窑超过14万件。这无疑是研究乾隆以后御窑生产历史的唯一的第一手资料。外销瓷方面，台北故宫博物院也几乎是空白，北京故宫博物院除收藏有韩槐准先生的捐赠外，还有1982年在荷兰阿姆斯特丹购买的由英国人麦克·哈彻在南中国海明代沉船上打捞的瓷器，共计400多件。

第三，收藏有大量反映清宫生活原状的瓷质礼祭器、供器和宗教造像。这些成套的带有浓厚宗教色彩和宫廷仪规的瓷器，真实地反映了清宫生活的历史原状，是体现清代宫廷文化完整性的重要组成部分，对研究宫廷史有重要的作用。如乾隆十四年（1749）烧造的仿青铜礼器造型的瓷簠、簋、笾、豆、镫、铏、爵等礼器，器型仿三代青铜器，釉色有红、黄、月白、青多种，图像又见于《皇朝礼器图式》，反映了雍正、乾隆之时宫廷祭礼器由铜器转化为瓷器的变化历史。这是北京故宫博物院以外的公私收藏中都极难见到的内容。而瓷质的七珍、八宝、法轮、五供、佛造像、汉藏式佛塔等现今仍陈设在原状佛堂内，除其自身的文物价值外，在揭示清代佛堂的陈设理念和宗教信仰方面均极具价值。像大雅斋款瓷器、体和殿款瓷器一样，可以和陈设档一一对应的瓷器，对研究当时的宫廷生活、室内陈设、帝后美术观都具有较高的档案性价值。而专门为同治、光绪二帝大婚烧造的大婚用瓷、庆祝慈禧皇太后生日庆典的万寿用瓷，又可以从实物出发体现这些历史大事。

第四，收藏有能反映清代御窑生产过程和窑厂变迁、改革历史的图像学资料和瓷器实物。如雍正时期的制瓷图册页、雍正七年（1729）仿烧的宋官窑大瓶原物以及仿烧的"大清雍正年制"款仿官窑瓶、100多张道光以后彩绘瓷器官样等，都极为珍贵。光绪二十八年（1902）御窑厂改为官商合办的江西瓷业公司，这是清代御窑性质的转变和御窑生产历史上的大事。文献记载江西巡抚柯逢时曾于光绪二十九年（1903）向清宫进呈机器制成的瓷器样品，北京故宫博物院收藏有"臣林世祺进呈"铭记的机器制白釉墨彩松竹纹杯样品。这既是研究清代末年景德镇瓷器生产中引进先进技术的实物证据，也说明清代御窑厂在由官营实体转变为官股商营的经济体后，其生产仍处在皇室的制约下，对研究清代晚期的官营经济极具参考意义。

第五，拥有大量的民窑瓷器，这不仅是北京故宫博物院收藏的特色之一，而且是研究中国古代陶瓷史所不容忽略的部分。在多件民窑制品中，有典型的顺治、康熙青花、五彩2500余件，还有大量景德镇以外的地方窑出品，如德化窑、宜兴窑、漳州窑、潮州窑、石湾窑等的陶瓷器。从20世纪50年代以来，北京故宫博物院到全国一些省市区的古窑址进行调查并参与考古发掘，收集了大量资料，现在这一工作仍在继续进行。现共收藏约200来个古窑址的36000余件标本。北京故宫博物院于2005年在延禧宫建立了明清传世官民窑瓷片与古代窑址资料两个标本室，供教学、观摩、学习，让这些标本和资料充分为社会服务。

第六，收藏了1949年以后部分省市的考古发掘品。为了弥补北京故宫博物院陶瓷收藏中的不足，在中央政府的大力支持下，先后从全国调拨不同时期、不同质地的考古发掘品充实故宫博物院，如河北景县封氏墓地出土的北魏青瓷莲花尊、河南濮阳李云墓出土的北齐武平八年（577）的白釉绿彩四系罐、河北石家庄元代青花窖藏出土的青花釉里红开光镂花大盖罐、明洪武四年（1371）汪兴祖墓出土的哥窑盘等，这些资料在陶瓷史研究上均具有重要的地位。

三、故宫古陶瓷研究

故宫博物院从建院以来，十分重视古代陶瓷器的陈列展示与审查鉴定。瓷器陈列是故宫博物院的常规展览。1925 年 10 月故宫博物院举办开院典礼时，设在坤宁宫北侧诸室的古物书画陈列室，第三馆就陈列着瓷器。1930 年故宫博物院又设立大规模专门陈列室两处，其中一处就是承乾宫清瓷陈列室。在故宫博物院建院初期，研究的重点和目标主要集中在器物的登记、认知方面。20 世纪 20 年代末成立专门委员会，古物馆有瓷器审查委员会，由郭葆昌先生[①]主持，他是当时首屈一指的瓷器专家。截至 1930 年底，专门委员会审查古物馆所藏瓷器326 件。[②]瓷器的审查工作一直进行到文物南迁。从 1934 年至 1937年以前，北平故宫博物院本院已审定瓷器 69 件，后因北平沦陷而停止。1943 年曾成立专门委员会，赴延禧宫审查库存预备陈列的瓷器 157 件，先后共审查 226 件。[③]

在早期故宫博物院的瓷器陈列展览上，英国人大维德爵士起过积极的作用。大维德不仅中国瓷器收藏精美，也是西方公认的研究中国官窑瓷器的权威。他是西方最早研究汝窑的学者，曾将明初曹昭《格古要论》3 卷和王佐《新增格古要论》13 卷全部翻译成英文，取名为《中国鉴赏学：格古要论》，成为西方学者和收藏家广泛应用的工具书。他在伦敦大学亚非学院设立英国乃至西方第一个中国艺术大学学位课程，并将其收藏的全部瓷器与中国艺术相关的中外书籍，包括很多古籍珍品捐给亚非学院，成立大维德中国艺术基金会，使之成为西方研

---

① 郭葆昌（1867—1942），字世五，号觯斋，河北定兴人，雅嗜文物，锐意收藏，著名古瓷鉴赏家，1946 年郭氏后人遵从其遗愿，将瓷器捐给故宫博物院。当时"郭瓷"与"杨铜"（天津杨宁史所藏的青铜器）为故宫博物院新入藏的重要文物。

② 《民国十九年本院全年工作报告》，故宫博物院档案室藏。

③ 《国立北平故宫博物院北平本院八年工作总结》（二十六年七月至三十四年九月），故宫博物院档案室藏。

究中国陶瓷的重镇。据故宫博物院档案记载，大维德与故宫的关系始于1929年，他捐款修缮景阳宫后院御书房及购置宋、元、明瓷器陈列馆的陈列柜，故宫博物院也聘请他为顾问。位于景阳宫御书房的宋、元、明陶瓷陈列馆从展品遴选、展览设计甚至到说明标签的撰写都基本上是在大维德的指导下进行的。1935年春，大维德发起和策划伦敦国际中国艺术展览会，并作为理事会总干事来中国遴选展品。他亲自参与了故宫博物院早期的文物登录和展览工作，是较早将西方博物馆理念以及先进的展览方式带给故宫并且使之实施的人。1934年，英国权威陶瓷专家霍蒲孙对大维德收藏的陶瓷进行了系统分类和整理，从中遴选了180件最重要器物，编著了《大维德所藏中国陶瓷图录》，时任故宫博物院院长的马衡为该书题写了中文书名。①

从20世纪50年代初期开始至80年代初，北京故宫博物院与台北故宫博物院由于古陶瓷藏品特点与工作基础的差异，工作重点与研究方向有了很大的不同；20世纪80年代中期以后，两岸故宫博物院的学术交流日多，陶瓷研究也更加深入细化；进入21世纪，面对学科的发展和信息大爆炸，两岸故宫在古陶瓷研究领域都有了重大的进步。长期以来，两岸故宫博物院的陶瓷研究从总体上代表着中国古代陶瓷研究的水平，也引领着中国古代陶瓷研究的方向。

北京故宫博物院从20世纪50年代以来，在陶瓷研究方面呈现出了显著的特点，即着眼于中国陶瓷史的大背景，重视官窑与民窑、瓷与陶、故宫博物院藏品与全国各地博物馆藏品的联系，在研究方法上注重文献与调查考古的结合，学术成果丰厚，也涌现出了几代薪火相传的陶瓷专家，有的是享誉国内外的大家。

基于藏品的丰富性与复杂性，对院藏瓷器的整理、研究、认知，一直是北京故宫博物院关注的重点。20世纪50至70年代对故宫博物院所藏瓷器的整理、编目与鉴定，以及藏品等级的划分等，是一个浩

---

① 胡健：《大维德与故宫博物院文物展览的因缘》，《故宫博物院院刊》2010年第3期。

大而艰巨的大工程，孙瀛洲、冯先铭、耿宝昌等先生主持参与，亲自编目制卡，扎扎实实做基础工作，其本身也是重要的学术研究。近20余年来，故宫博物院的研究者陆续出版了大量展示故宫院藏瓷器精品的图录，特别是《故宫博物院藏文物珍品全集》（陶瓷部分11册，其中香港商务印书馆9册，1996年起出版；上海科学技术出版社又增加了《紫砂》与《杂彩》两册，2008年出版），更是首次大规模向社会展示故宫博物院收藏瓷器的内容和相关的研究水准。近年来在摸清瓷器家底的基础上，《故宫博物院藏品大系·陶瓷卷》正在陆续编辑出版。

已坚持了60余年的古代窑址调查是陈万里先生开创的一项事业，形成了故宫博物院古陶瓷研究的一项特长。陈万里1946年撰著的《瓷器与浙江》，开古代窑址调查之先河。1950年他带领故宫博物院人员遍访我国南北各地调查窑址，特别是对北方瓷窑最为集中的河南、河北两省进行了调查，发表了多篇调查报告与重要论文。此举既收集了大量的实物材料，其中有部分窑址由于人为和自然的破坏今已不存，所以故宫博物院以往调查所得的材料更见珍贵；也培养了人才，冯先铭、叶喆民、李辉柄、李知宴等先生就是从这系列的调查工作中逐步成长并成为著名学者的。和传统的金石学者以及收藏家相比，陈万里通过窑址调查所得与传世品对比，既可以准确地判断传世瓷器的生产窑口，也把王国维先生倡导的二重证据法引进到对古代瓷器的研究之中，指导并长期影响着后来考古和博物馆学界的研究工作。窑址调查工作已持续至今，并整理出版了《故宫藏传世瓷器真赝对比历代古窑址标本图录》（1998年）、《故宫博物院藏中国古代窑址标本：河南》（2006年）、《故宫博物院藏中国古代窑址标本：河北》（2006年）、《故宫博物院藏中国古代窑址标本：北京、山东、陕西、宁夏、辽宁》（2013年）、《故宫博物院藏中国古代窑址标本：山西、甘肃、内蒙古》（2013年）等，已成为研究者认知古代各地窑址产品特征的重要参考文献。

为了追赶学术发展潮流并保持故宫博物院在古陶瓷研究中的学术地位，故宫博物院近几年加大了参与瓷窑址考古发掘的力度，先后参与了江西景德镇丽阳乡元明瓷窑址和浙江省德清县火烧山原始青瓷窑址的考古发掘工作，其成果反映在《江西景德镇丽阳碓臼山元代窑址发掘简报》《江西景德镇丽阳瓷器山明代窑址发掘简报》（《文物》2007年第3期）等简报及《德清火烧山原始青瓷窑址发掘报告》（文物出版社，2008年）一书中。有专家认为，参与考古发掘与所取得的成果不仅标志着故宫博物院古陶瓷研究再次走向学术发展的前沿，由器物的研究走向史的研究，更标志着故宫博物院走出昔日皇宫加入现代科学研究的行列。王光尧等人还参加了景德镇明清御窑遗址、河南新安金元钧窑址、肯尼亚拉姆群岛及滨海遗址的考古发掘与研究，参与印度喀拉拉邦奎隆港口遗址和柯钦帕特南遗址的考古发掘，进行中国古代输出瓷器的考古发掘与研究。

为了整合研究力量，强化现代科学技术在古陶瓷研究领域的作用，在重大课题研究上有所突破，2005年10月故宫博物院成立了古陶瓷研究中心，中心下设古陶瓷检测研究实验室、古陶瓷资料观摩室及古陶瓷专题陈列室等。古陶瓷中心的研究对象主要是世界各地收藏的中国古代陶瓷，研究内容包括对古陶瓷年代、窑口、真伪等的科学研究；对不同时期、不同产地、不同类型古陶瓷的制作原料、工艺、结构及相关性质的科学研究；对古陶瓷保管、修复和复制技术等的科学研究，以及更多深层次、多视角的科学研究。中心进行古陶瓷实物资料的整理、古代窑址调查、举办有关学术研讨会等。从2009年以来，在耿宝昌先生指导下，由吕成龙主持，中心对目前学术界最为关心的宋代汝、官、哥、钧窑瓷器研究中存在的窑址、年代等问题，作为大型课题开展研究，已取得了一系列成果。古陶瓷检测研究实验室在苗建民等研究人员的努力下，已发展为"古陶瓷保护研究国家文物局重点科研基地"。2015年，古陶瓷研究中心改为陶瓷研究所。

故宫博物院的专家在陶瓷整理和研究中积累了丰富的鉴定经验，为了在社会上普及陶瓷知识和培养鉴定人才，他们认真总结探索，努力把经验上升到理论层面。从20世纪60年代孙瀛洲在香港《大公报》

连续发表《元代瓷器鉴定》开始，到耿宝昌的《明清瓷器鉴定》（中国文物总店，上册明代部分 1983 年出版，下册清代部分 1985 年出版；紫禁城出版社，1993 年）一书，以及李辉柄的《中国瓷器鉴定基础》（紫禁城出版社，2001 年），故宫博物院几代专家的论著一直代表着中国古代瓷器传统鉴定的最高水平。

关于中国古代陶瓷史的研究，冯先铭主编的《中国陶瓷史》（文物出版社，1982 年）、《中国古陶瓷图典》（文物出版社，1998 年）等，是代表一个时代研究水平的、具有教材性的图书。王光尧的《中国古代官窑制度》（紫禁城出版社，2004 年）一书，梳理了中国数千年窑业制度的发展脉络；《明代宫廷陶瓷史》（故宫出版社 2010 年），是第一本以明代宫廷瓷器历史为研究对象的专著。

台北故宫博物院建院后，由于基础工作较好，很快完成了文物清点、复查任务，并开始展览与出版工作。《故宫藏瓷》（1961 年，共 29 册）系列图书的出版，体现了该时期关于中国古代瓷器研究的总体水平。稍后台北故宫博物院的瓷器进入了以古代名窑为主题的展览与研究。在对北宋汝窑、南宋修内司官窑和郊坛下官窑进行考古发掘以前，台北故宫博物院不仅以收藏的宋代名窑瓷器富甲天下，而且长期在该研究领域具有世界领先地位，20 世纪 80 年代以前该院先后推出的以宋、明瓷器为主题的展览，更是让世人大开眼界，同时为学界同人广泛而深入地了解宋代各大名窑和明代御窑瓷器创造了条件。台北故宫博物院先后出版的多卷本《故宫宋瓷录》（汝窑、官窑、钧窑卷，定窑、定窑型卷，南宋官窑卷，龙泉窑、哥窑及其他各窑卷）、《故宫藏瓷》、《故宫瓷器录》、《故宫清瓷图录》、《"国立"故宫博物院藏瓷》、《大观：北宋汝窑特展》、《定窑白瓷特展图录》、《明代宣德官窑菁华特展图录》、《清康雍乾名瓷特展》等专题珍品集成图录和特展图录，尤其是对宋代瓷器的集中出版，均成为该领域研究的阶段性总结。随着考古新发现，大陆的学者虽然在关于汝窑、南宋修内司官窑、郊坛下官窑、钧窑和明代御窑厂及御窑瓷器的研究上因出土资料的优势而取得了新的成果,但台北故宫博物院的学者也依旧拥有相当的话语权。至于对清代珐琅彩瓷器的研究,正如其出版的《清宫珐琅彩瓷特展》《清代画珐琅特展目录》所展示的精品一样,迄今为止台北故宫博物院的学者对珐琅彩器物本身的认识、研究仍然居于一流地位。

20 世纪 80 年代中期以后,台北故宫博物院除沿袭早期以展览课题带动研究走向深入的方法外,关注中国古代陶瓷史的个案研究增多,谢明良、蔡玫芬等人都有文章问世。谢明良在此时期发表的部分文章后来收入其《陶瓷手记》一书中。蔡玫芬通过对传世定窑瓷和考古发掘品的对比研究,认为文献所说北宋晚期宫廷"以定瓷有芒不堪用,遂命汝州造青窑器",只能作宫廷开始使用汝州青瓷的开始而不能视作停用定窑白瓷的证据,在宋代陶瓷研究中极具创新意义。以瓷器为载体研究清代宫廷文化史成为台北故宫学人的主攻方向之一。余佩瑾主持的《故宫藏瓷:钧瓷部》展览与出版的图录,指出陈设类钧窑瓷器的生产时代可能在元晚期到明早期,是该院以旧藏为主,在梳理文献、对比考古新成果的基础上,对数百年来宫廷传承下来的关于钧窑瓷器知识之发展,这在故宫学史上具有开创意义。

近年来,台北故宫博物院学者更为重视以瓷器等文物为载体的宫廷文化史研究,尤其是对清宫旧藏宋元瓷器所产生的文化影响、瓷器和其他质地的艺术品间的关系、瓷器在皇宫收藏中的地位以及乾隆皇帝等人的收藏观方面都做了有益的探讨。廖宝秀的《华丽洋彩》、施静菲的《日月光华:清宫画珐琅》、余佩瑾的《得佳趣:乾隆皇帝的陶瓷品味》等展览与研究著作,都成为此一学术方向的代表。同时,近年其研究方向也开始涉及广泛的陶瓷史课题,基本上和内地陶瓷考古的发展方向保持着同步的势态。如施静菲《蒙元宫廷中瓷器使用初探》(《美术史研究集刊》第 15 期,2003 年 9 月)一文,就是利用近年出土的元代瓷器并结合文献对元代宫廷用瓷进行的有益探讨。

第四节　故宫其他艺术珍品（上）

清宫收藏，以铜、瓷、书画为大宗，此外尚有其他众多的艺术品珍藏，可以说包括了中国古代文化艺术的各个主要门类，而且有的是宫中所特有。这些艺术品虽然也有很多流散，但其主要的部分仍然留存在北京故宫博物院以及台北故宫博物院。以下按照材质和使用功能，分为玉器、珐琅器、漆器、竹木牙角匏器、金银器、玻璃器、石鼓与石器、织绣书画、清宫照片以及文房用具、鼻烟壶、珠宝盆景、成扇等两类 13 种，下面着重介绍两个故宫博物院的藏品及有关出版物，藏品资料主要来自这些出版物，一般不再注引说明。

一、玉器

所谓玉，即石之美者。古代玉器是伴随着石器产生的。广义的玉器，除透闪石（狭义的玉器）外，也包括其他如翡翠、玛瑙、琥珀等彩石（故宫前辈将闪玉之外的玉石称彩石）。中国古代玉器经过漫长岁月的发展，形成了独立的用玉体系和传统。玉器除过为人们所使用、所欣赏外，又具有为宗教、礼仪和道德服务的功能。明代晚期，随着商品经济的发展，玉器业空前发展，玉器的使用与收藏已相当普遍。清代以后，尤其是乾隆时期，经济文化的发展，皇帝的崇尚，加上乾隆二十四年（1759）平定了大小和卓之乱，西域天山南路重新纳入中国版图，和田玉料得以大量进入宫廷，解决了长期阻碍玉器发展的原料问题，宫廷玉器生产出现繁荣局面。乾隆时期宫廷也更重视古玉的收集。这一趋势，一直持续到嘉庆时期。故宫藏玉有其特点，如旧玉是经过"盘过"的，即出土古玉，先经打磨去锈，重复光泽后再充贡物，这是明清时的风尚，用现代的眼光看故宫旧玉，就误以为故宫无旧玉；新玉琢工细致，被称之为乾隆玉；有些玉器上琢御题诗；仿古玉器多，或仿古器物的形制，或仿古玉的色泽；有大批"痕都斯坦玉"，亦即"印度玉"。[1]清代乾隆时期工艺水平登峰造极，创造了中国玉器文化的又一顶峰。

故宫博物院现藏玉器3万余件（不包括许多因附于其他器物而作为附件收藏的玉器）。这些玉器来源于清宫遗存及建院后的征集，其中清宫遗存数量最大，占到80%。清宫遗存宋元及宋元以前各代玉器，为明清两代皇家数百年间的搜集，数量巨大，品种繁多，工艺精湛。红山文化玉器有宫廷遗藏的玉兽头玦、玉鹰，表明红山文化玉器在清代已被发现、收藏。良渚文化玉器有大小玉琮数十件，还有玉璜、锥形器、兽面嵌饰、珠管等，多数都是宫廷收藏，一些作品带有乾隆题诗。收藏的鹰攫人首佩、飞女佩、兽面纹圭，与台北故宫博物院收藏的人面圭、鹰纹圭都是学术界研究关注的重要玉器。用上等白玉制成的战国玉灯为存世孤品。宽14.2厘米、璧径11.5厘米的玉螭凤纹璧，新疆和田白玉制，是目前已知战国玉璧中最为精致的作品之一。汉代玉酒樽为清宫所存，玉色鲜活，通体文饰，毫无伤残，目前这类作品传世仅少量几件，此即其一。汉魏动物形玉雕，已知存世作品不过30件，北京故宫博物院藏有汉代玉马、玉羊、玉鸠及3件玉辟邪，多为清宫遗物。所藏的唐代玉杯及玉梳、玉飞天等佩玉，皆为唐代珍品。宋代玉器精品有双鹤衔草玉饰件、玉云纹兽吞耳簋式炉等。北京故宫博物院所藏明代玉器近5000件，多属清宫所存明代宫廷遗物，应是现存明代玉器最重要的组成部分。

故宫博物院是清代宫廷玉器的主要收藏地。清代帝后玺印除个别流失，整体上仍藏于故宫博物院。故宫博物院藏有玉册数百函，是现存清宫玉册的主体。特别是清代宫廷的大型用玉，主要藏于故宫博物院。有大玉山、玉组磬、大玉瓮、大玉瓶、玉屏风等。有些大型玉器是世所罕见的。大禹治水玉山，立体圆雕，依玉料之形琢制成气势雄

---

① 那志良：《故宫博物院珍藏之玉器》，《故宫季刊》第4卷第2期。

伟高大的玉山。据清宫档案记载，此山玉料原重10700斤，是于冬季在道路上泼水结冰，用数百匹马拉、近千人推，经3年时间才从新疆密勒塔山运到北京。画匠设计了正面、两侧3张画样，先做蜡形，因怕熔化又改做木样，一并经水路运往扬州琢制。成器后，又经水路运回紫禁城。造办处玉匠朱永泰等镌字后，置于乐寿堂，前后共用10年时间。这是迄今世界上最大的玉雕艺术品，它凝聚了数千人的血汗和智慧，是一件不朽的杰作。还有南山积翠玉山，也是制成后即安放于外东路乐寿堂内，至今未移动过；另外还有会昌九老、秋山行旅两件玉山，重量亦为数千斤。以上4件大玉山，皆为乾隆时期制造。清宫档案多有制造大玉瓮的记载，少量散失，故宫博物院尚藏有多个玉瓮，最大者为乐寿堂所摆放云龙瓮。故宫博物院又陆续入藏了龙山、三星堆、二里头、凌家滩等文化和殷墟、战国墓等的出土玉器，弥补了院藏早期玉之不足。

故宫博物院出版了《故宫藏玉》（紫禁城出版社，1996年）、《故宫博物院藏文物珍品全集·玉器》（上中下三册，上、中为周南泉主编，下为张广文主编，香港商务印书馆，1995年）、《故宫博物院藏品大系·玉器编》（10卷，故宫博物院编，安徽美术出版社、紫禁城出版社，2011年）。

台北故宫博物院现有玉器13453件，其中属于南迁文物中的玉器为10412件，占到77%，其余23%是到台湾后征集的。多年来，台北故宫博物院重视玉器的征集，特别是充实了一批新石器时代的作品。总的看来，种类比较丰富，各时代也都有一些精品，有的极为珍贵，如红山文化的玉勾云形佩、玉猪龙，良渚文化的玉琮，龙山文化的玉人面纹圭等；夏朝的牙璋，商朝的龙冠凤纹玉饰，由163件玉石串成的西周带璜组玉佩和缝缀着26片玉饰的丧葬面罩覆面玉石饰件，汉朝的单柄似a字形、用来承接露水调和玉屑服食的单把杯及玉龙纹角杯、玉辟邪等；唐玄宗开元十三年（725）和宋真宗大中祥符元年（1008）举行封禅典礼祭地各自使用的祝祷文《禅地祇玉册》和《禅地玉册》，辽代的玉龙纹盘、元代的玉莲瓣大盘、明代的三连环以及清代的翠玉白菜、乾隆时期的玉鸠杖首等。还有汪精卫 1941 年 6 月访问日本时，献给大正天皇的碧玉屏风和贞明皇后的一对翡翠雕花鸟瓶。来自南亚、中亚和西亚的 290 余件伊斯兰玉器收藏，多是 17 世纪至 19 世纪初的贡品。

明代有褐黄斑的青玉质三连环是一件极富深意的玉器：三环平叠时，形成一件圆璧，内圈雕象征天空的太阳、云彩、星斗，外圈雕象征大地的山岭与海水，中圈则以龙纹代表人间君主。3 个圆环也可像浑天仪般地作立体交叉状。这是对天、地、人所谓"三才"者为一体的观念的具象化。

清乾隆年的玉鸠杖首，分为 3 层，底层为一羊首，中层为一中空之 C 形，类似《西清古鉴》所载之"舞戚"，上层为一鸠鸟，口中含珠，鸟羽琢碾细腻，纤毫不苟，因此为乾隆皇帝所喜爱。在其"舞戚"部分及所附木座底，均细刻乾隆三十九年（1774）为之吟咏的御制诗。

翠玉白菜是 19 世纪用被称为云南绿玉的玉料所制，工匠利用玉料原来的色泽分布设计成形。菜叶上一只较大的螽斯与一只较小的蝗虫，都是繁殖力旺盛的昆虫。整体设计蕴含了"清"、"白"、多子多孙的内涵。

莫卧儿帝国玉瓜瓣杯，器身雕作半个弧瓜形，从柄端向器底伸出茎、叶，浮雕一朵盛开的六瓣花，花瓣外缘自然卷起，围绕着花形器底，在腹壁上浮雕良苕（Acanthus）叶纹一周。玉工巧妙地融合了中国、中亚、印度、欧洲等多元的艺术元素于一体。此件作品乾隆三十八年（1773）贡入宫中，乾隆皇帝不但为这件精美的"痕都斯坦玉"加刻了御制诗，还配了华丽的丝穗。[①]

台北故宫博物院先后出版《故宫古玉选萃》（台北故宫博物院编纂委员会编纂，台北故宫博物院，1969 年）、《故宫古玉选萃续编》（台北故宫博物院编纂委员会编纂，台北故宫博物院，1973 年）、《故

---

① 蔡玫芬主编：《精彩一百国宝总动员》，台北故宫博物院，2011 年，第 162 页。

宫所藏痕都斯坦玉器特展图录》（台北故宫博物院编纂委员会编纂，台北故宫博物院，1973 年）、《故宫古玉图录》（1982 年）、《"国立"故宫博物院藏新石器时代玉器图录》（邓淑苹著，台北故宫博物院，1992 年）、《故宫环形玉器特展图录》（1995 年）、《宫廷之雅——清代仿古及画意玉器特展图录》（张丽端著，台北故宫博物院，1997 年）、《国色天香——伊斯兰玉器》（邓淑苹主编，台北故宫博物院，2007 年）。

二、珐琅器

珐琅器是以矿物质为釉（习称珐琅釉），涂饰于金、银、铜等金属表面，经焙烧、打磨或镀金等工艺制作而成的珐琅制品。按制作工艺的不同，可分为掐丝珐琅（即景泰蓝）、錾胎珐琅、画珐琅、透明珐琅等。珐琅工艺是中外文化交流的产物，虽出现的年代较晚，却很快成为具有中国民族风格的工艺品。由于金属胎珐琅器工艺复杂，生产成本高，开始很长时期主要在宫廷制作，供皇帝及皇室享用，民间很少流传。

故宫博物院所藏珐琅器分别由器物部和宫廷部管理。器物部管理的珐琅器共计 6155 件，其中清宫旧藏 5746 件，1949 年以后收购、上级拨交和捐赠 409 件。宫廷部管理的珐琅器 800 余件，主要是祭法器和原状陈设品，仍保持在历史上的原有方位，作为宫廷原状陈列品进行保管。故宫博物院所藏珐琅器的年代上起元代，下迄民国。

故宫博物院有掐丝珐琅器 3000 余件，其中以官造为主，还有一定数量的地方贡品和民间作品。其中元代掐丝珐琅器的代表性作品有兽耳三环尊、缠枝莲纹象耳炉、三足炉等，工艺极为精湛。明代珐琅一般分为早、晚两个重要阶段，代表作有宣德朝的七狮戏球图长方盘、缠枝莲纹尊，万历朝的双龙戏珠纹花口盘、万寿如意纹三足炉等，都是标准器物，是断代的依据。清代是掐丝珐琅工艺蓬勃发展的时期，尤以乾隆朝为最。故宫博物院所藏精品以陈设观赏器为主，造型多仿自商周鼎彝，使具有宝石镶嵌效果的掐丝珐琅器古意盎然。典型的作品有乾隆朝的锦纹扁壶、兽面纹甗、勾云纹牺尊等。最著名的是宝相花纹金佛喇嘛塔。塔通高231厘米，覆钵式，塔身在黄色珐琅地上，饰彩釉的宝相花纹和梵文。塔前设一佛龛，内置金佛。塔刹十三级，顶设华盖、天地盘，上托日、月、宝珠。须弥座上饰狮子流云和十字金刚杵纹。座上横眉做长方框，内蓝地阳文"大清乾隆甲午年造"楷书款。该塔造于乾隆甲午年，即1774年，一批共造6座，尺寸相当，唯塔形、釉色、花纹各有不同，富于变化。完工后陈设于宫中供佛之所梵华楼内，气势宏伟壮观，至今保存完好。8年后，于乾隆壬寅年，即1782年，按6塔规格样式，再次烧造6座，陈设另一处佛堂宝相楼内，也同样保存完好。两批珐琅塔的烧造，充分显示了乾隆时期掐丝珐琅工艺所具有的高超技艺与辉煌成就。

画珐琅俗称"洋彩"，大约17世纪初由欧洲传入。故宫博物院有画珐琅器近2000件，代表作有康熙朝桃蝠纹小瓶、莲花式碗、团花纹花口盘、雍正朝花蝶纹冠架、杂宝纹筒式炉、乾隆朝菊花纹执壶、母婴图提梁卣、团花纹六方瓶、牡丹花纹花篮等。

故宫博物院编印有《故宫博物院藏文物珍品全集·金属胎珐琅器》（李久芳主编，香港商务印书馆，2003年）、《故宫博物院藏品大系·珐琅器编》（5册，张丽、李永兴主编，安徽美术出版社、紫禁城出版社，2011年）。

台北故宫博物院藏珐琅器共2500余件，除瓷胎、玻璃胎画珐琅外，金属胎900余件。两岸故宫的珐琅文物基本相同，只是器形和纹饰略有变化。与北京故宫博物院藏品相比，台北故宫博物院藏品有3个特点：第一，元明珐琅器数量较少，藏品中年款最早的为有"大明宣德年制"款的宣德掐丝珐琅螭耳洗，但所藏的明景泰掐丝珐琅番莲纹盒是现存少数明早期珐琅的珍品，被认为是可为景泰珐琅的历史面貌提供足资验证的具体例证；第二，康熙、雍正时期画珐琅器的数量、质量均超过北京故宫博物院，代表性作品如康熙款的画珐琅花卉方盘、玉堂富贵瓶、花卉八瓣盒、凤纹盘，雍正款的画珐琅牡丹纹蟠龙瓶、黄地花蝶纹盘、粉橘地福寿杯托、蓝地四季花卉渣斗等；第三，部分藏品具有重要的研究价值，如康熙款掐丝珐琅冰梅纹五供、雍正款金胎掐丝珐琅豆、乾隆款掐丝珐琅嵌画珐琅多穆壶、乾隆款掐丝珐琅嵌画珐琅仕女图鼻烟壶等。

台北故宫博物院出版有《故宫珐琅器选萃》（台北故宫博物院编纂，台北故宫博物院，1971 年）、《清宫画珐琅彩特展图录》（1979 年）、《清宫珐琅彩瓷选萃》（1992 年）、《明清珐琅器展览图录》（1999 年）、《日月光华——清宫画珐琅》（2012 年）。

三、漆器

漆器是中华民族的发明创造之一，早在 8000 年前的浙江萧山跨湖桥遗址中出土的漆弓，标志着漆器的诞生。在历史长河中，中国漆工艺不断发展，到明代隆庆年间已有 14 大类 101 个品种，达到了相当高的水平。其主要工艺类别有雕漆、填漆、罩漆、戗金、描金、嵌螺钿、脱胎朱漆、犀皮、百宝嵌等，每一种工艺都有其独特的技法。根据档案和现存实物，康熙时期宫中仅有戗金彩漆和螺钿漆作品，署有"大清康熙年制"款。雍正皇帝偏好洋漆，宫中洋漆制作比较兴盛。洋漆是指黑地描金漆，日本莳绘风格的漆器。清代漆器制作的盛期是乾隆时期。清宫雕漆制作始于乾隆初年，往往发样至苏州、扬州制作，一方面模仿明代制品，另一方面又令江南的织造承做大量创新风格的漆器。

两岸故宫博物院收藏的漆器均以明清皇宫旧藏为主。

北京故宫博物院所藏漆器 18900 多件，其中清宫遗存 16000 余件，尤多清宫各种实用品，如各色盘、盒、碗、壶、小柜、提匣、笔筒、手炉等，或小巧精美，或富丽奢华。年代上起战国，下至近代。所藏战国、汉代漆器 60 余件，其中多为 20 世纪 50 年代购入。元代漆器有 17 件，其中具有张成款的剔红栀子花圆盘、不具张成款但为张成造的剔犀云纹圆盘、杨茂款的剔红花卉纹尊和剔红观瀑图八方盘，都异常精美。有明早期作品近百件、明晚期官造作品300件左右，其中有一批珍贵而重要的传世佳作。清代官造漆器逾10000件，数量大，品种齐全，表现了清代漆工艺的异彩纷呈。雕漆代表作有乾隆剔红海兽纹圆盒、剔彩百子晬盘等；戗金漆有康熙戗金彩漆云龙纹葵瓣式盘、乾隆戗金彩漆八仙长盒、寿春图束腰盘等；描金漆有雍正红地描彩漆云龙纹双圆式盘、乾隆黑漆描金方胜式盘、黑漆描金团龙纹圆盒等。故宫博物院曾编印《故宫博物院藏雕漆》（李久芳主编，文物出版社，1985年）、《故宫博物院藏文物珍品全集·元明漆器》（夏更起主编，香港商务印书馆，2006年）、《故宫博物院藏文物珍品全集·清代漆器》（李久芳主编，香港商务印书馆，2006年）。

台北故宫博物院所藏漆器约700件，以雕漆为最多，400余件，其中剔红、剔彩为大宗，除了数件元代作品，大多为明清两代所造，尤其集中在清代。这些漆器约一半为古物陈列所的南迁文物，来自于沈阳故宫与承德避暑山庄；另一半则来自故宫，从"原始典藏编号"可知，其中一部分原存放在养心殿、寿安宫、景仁宫和永寿宫等处，还有一部分原存放在如意馆。[①] 其中明永乐剔红漆花卉瓶、明宣德红雕漆双凤牡丹八瓣盘、明宣德双狮戏球盒、明嘉靖剔彩九龙圆盘、明隆庆雕漆云龙圆盘等均是具有代表性的作品，也是北京故宫博物院藏品中之空缺。

台北故宫博物院出版的漆器类图册有《故宫雕漆器选萃》（1971年）、《故宫漆器特展图录》（1981年）、《清宫蒔绘：院藏日本漆器特展》（2002年）、《和光剔彩——故宫藏漆》（2008年）。

四、竹木牙角匏器

竹木牙角匏器在中国工艺美术史上源远流长，并在长期的生产实践中不断改进和创新制造工艺，逐渐形成多姿多彩且富有民族传统风

---

① 陈慧霞纂述：《和光剔彩——故宫藏漆》第一章导论，台北故宫博物院，2008年。

格的艺术门类。明清两代，竹木牙角匏器雕刻艺术相互影响、借鉴，在继承历史传统的基础上又有所飞跃，而且出现了众多文人、书画家参与制作的新局面，涌现出一大批著名的雕刻家，形成了不同的风格和流派。

故宫博物院庋藏着 11500 多件竹木牙角匏器雕刻品，80% 为清宫遗存。竹刻艺术的发展主要在明代中期以后。故宫博物院藏各式竹雕工艺品数千件，主要为明清时期名家或无款的优秀作品，品种包括竹茎雕和竹根雕等，雕刻技法有圆雕、镂雕、深浅浮雕、阴刻，还有木胎竹黄包镶等，带有浓厚的宫廷工艺风格。藏品以文具居多，陈设、日用品次之。其代表性作品有朱三松款竹雕白菜笔筒、朱三松款竹雕仕女笔筒、濮仲谦款竹雕松树小壶、竹雕对弈图笔筒、竹雕白菜笔筒、竹根雕带练执壶、文竹蕉石纹长方盒、文竹双莲蓬盒、文竹镂空两层海棠式盒等。当乾隆年间清宫所藏青铜器编成《西清古鉴》《宁寿鉴古》后，造办处创仿青铜器竹雕，毕肖古铜器形状和纹饰，所藏竹雕提梁卣，即见其巧思。

故宫博物院的木雕藏品，既有包括隔扇、箱柜等用来陈设、储藏的大型木雕用具，也有文房用品、生活用品、雕刻艺术品等小型木雕制品（由器物部工艺组管理的这类小型制品就有 5000 余件）。代表作品有吴之璠款黄杨木雕东山报捷笔筒、黄杨木雕葫芦、黄杨木雕卧牛、紫檀木百宝嵌花果长方盒、沉香木雕山水笔筒等。木雕制品在故宫博物院收藏的数量很多，虽然有一部分是作为外包装而制作的，但依然不乏做工十分精美的作品，如宫廷造办处制作的镶嵌盒具，很多都不惜工本，仅材料往往就价值连城。

故宫博物院所藏象牙制品，仅器物部工艺组收藏的就有 2000 件（宫廷部生活科还有象牙生活用具），绝大部分是明清时期的传世作品，主要为清代宫廷所遗留，有广东地区（包括造办处的广东籍工匠）制作的象牙镂雕群仙祝寿塔、象牙镂雕群仙祝寿龙船、象牙丝编织花鸟扇、象牙丝编织席，多层浮雕花卉镜奁、粉盒等，有江浙一带特别是苏州地区工匠制作的浅浮雕各种图案的笔筒、插屏等，还有相当一部分是宫廷造办处的作品。象牙雕《月曼清游》册就是造办处牙雕的代表作。该作品以乾隆年间宫廷画家陈枚的工笔画《月曼清游》图册为蓝本，由造办处牙匠陈祖璋等5人共同合作完成。全套分为对开12册，一边按月描绘贵族仕女的日常游乐，一边则为乾隆帝题诗，以象牙表现书、画的韵味，艺术成就颇高。制造象牙席是明清时期广州的传统工艺。目前象牙劈丝技术已失传200余年，流传下来的作品极少。据清宫造办处活计档记载，象牙席前后共制有5张，至今只留下3张：故宫原有1张，保管人员1977年在清理文物时，在杂堆着的台湾草席中又发现了1张，还有1张在山东烟台博物馆。象牙席流传至今仍洁白、柔润，席面上的象牙劈丝细薄无比，令人惊叹。象牙席由于费工费料，耗资巨大，制作程序复杂，成了宫廷生活精致用具的代表，但其靡费则令雍正皇帝也宣谕不得继续进献。故宫博物院至今还保存着43根完整的象牙，应是当时清宫造办处制造牙雕的原料。

故宫博物院藏有清宫遗留的犀角雕刻工艺品近百件，又接受香港收藏家叶义先生捐献的81件，加上购买等，共200余件，大都为明清时期的精品。有史可查的著名匠人尤通制作的犀角槎杯，及带有鲍天成款识的螭纹执壶、带有尤侃款识的芙蓉鸳鸯杯等作品，都是弥足珍贵的遗存。

故宫博物院还收藏了一批明清宫廷中的百宝嵌。百宝嵌工艺是以金、银、宝石、翡翠、玛瑙、玉石、青金、松石、珊瑚、蜜蜡、象牙、玳瑁、沉香、螺钿等材料制成各种景物，再将其镶嵌于紫檀、黄花梨、漆器之上，使之构成山水、花鸟、异兽和人物故事等完整图案。作品大者如屏风、书柜，小者如笔筒、盒、匣之类，色彩富丽，做工精妙。这种百宝嵌制品，用料繁多，加工也十分复杂，需多种工艺技巧相互配合。

匏器即葫芦器，是一种人工与天然相结合的工艺品，该工艺由明末宫廷太监梁九公首创。清代在康熙皇帝督促下，遂成为别具一格的工艺新品种。故宫博物院收藏的 500 余件匏器，大部分是清代皇宫遗留，多有款识，数量以康熙与乾隆朝为多，质量也以这两朝所制为精。匏器的种类则以范制为主，还有轧花、刻花、勒扎、本长等，形式新颖，纹饰丰富。器形有壶、碗、瓶、杯、罐、笔筒、盒、鼻烟壶、蓄虫葫芦等。每一类别又有所不同。匏器珍品如康熙款匏制蒜头瓶，细颈，鼓腹，器形规整饱满，口部膨起如蒜头式，并镶染色牙口，器身分成六瓣，均饰阳文如意云头纹、联弧纹及卷草垂肩，腹部饰独窠莲花纹并卷草袅娜向上，底为六瓣葵花形圈足，内有阳文楷书"康熙赏玩"，是在西苑太液池瀛台西北丰泽园中所制。又如匏制缠枝莲纹槌壶，为书斋几案上的工艺陈设品，圆口、短颈、硕腹瓶形，壶饰回纹口沿，肩饰蝉纹，足饰灵芝云纹，硕腹通体模印西蕃缠枝莲纹。此壶为乾隆皇帝所赏识，并在壶颈之上题写七律一首。

故宫博物院曾编印《故宫雕刻珍萃》(紫禁城出版社，2002 年)、《故宫博物院藏文物珍品全集·竹木牙角雕》(李久芳主编，香港商务印书馆，2003 年)。由朱家溍、王世襄主编的《中国美术全集·工艺美术编·竹木牙角器》(文物出版社，1988 年)，共选收包括日本正仓院所藏唐代人物花鸟纹雕竹尺八在内的中国竹、木、牙、角器珍品 130 件，其中收故宫博物院的 92 件。另有《清代宫廷包装艺术》(紫禁城出版社，2001 年)，更能使人领略清代皇家雕刻工艺的精美。

台北故宫博物院所藏雕刻品为 650 余件，除"多宝槅"中之外，其单独贮存者，100 余件。其中象牙雕刻，大者有雕牙提盒、雕牙九层塔，小者如雕牙小舟、小盒等，均为精品。竹雕亦有明代朱三松制品。雕木以黄杨木为多。珍品主要有明三松款雕竹荷叶水盛、清吴之璠雕竹牧马图笔筒、清木雕搔背罗汉、明雕犀角山水人物杯、清乾隆封岐雕象牙山水人物小景等。清象牙透雕提食盒，高 45.4 厘米、横长 30.4 厘米、纵长 21.6 厘米，以象牙薄片镶嵌成 3 层提盒，每片各雕刻山水、楼阁、人物、鸟兽，图案底纹镂空为丝缕般细线，使全器仿佛罩着纤薄的花纱，为玲珑巧雕之作。

明清之际，我国大型雕塑艺术无大发展，小件雕塑品和工艺品的装饰却生气勃勃，富于创造性，橄榄核雕是其中一个颇有特色的品种。有清一代，橄榄核雕艺术长兴不衰。台北故宫博物院收藏的微雕赤壁夜游橄榄核舟即为其中的上乘之作。此舟呈稍深的橘红色，高1.6厘米、长3.4厘米，舟上设备齐全，舱中备有桌椅，并摆着杯盘菜肴，小窗镂空，可开可合。舟上8人，异趣纷呈，为苏东坡泛舟夜游赤壁故事。舟底镌刻着细字《后赤壁赋》全文，下有"乾隆丁巳五月臣陈祖章制"款。此舟为清代雕刻家陈祖章的力作，雕刻技艺精致、细腻，着意创造出一种诗的意境，但在具体人物、物体上又力求写实、准确，且楷体镌文俊朗挺秀，堪称书法佳作，为不可多得的珍品。

台北故宫博物院还收藏有一批清宫的多宝槅。这是一种精心设计的盒匣，里面分成多个格子、夹层、抽屉，以装盛多种文物，供携带赏玩。这样的盒匣，是从古代的笔匣、文具匣及梳具匣、备具匣等演变而来。这些多宝槅或为内务府造办处的工匠承旨之作，或由内务府发交地方制作。除了清宫内外制作者外，当时也曾选取前朝遗物改制成多宝槅，例如一件明嘉靖款剔红云龙福禄康宁小柜，本是明代嘉靖年间（1522—1566）制作以贮放药材的十屉柜，清朝内廷工匠在这些大小不同的抽屉内加装隔层与夹层，收纳当时制作的玉器与瓷器，以及文臣的山水册页，此外尚有西洋铜胎画珐琅人物方盒，共有108件珍玩。除有国人自制的多宝槅，内廷亦曾在日本金漆盒内加装屉格与夹层，收贮中国历代文物。

这些多宝槅，虽然体积不大，却内贮多种珍玩，别具一格，例如吉范流辉多宝箱，高34厘米，长43.7厘米，宽25.8厘米，盒分两层，盒盖浮饰博古图，两层隔层中各分隔出5小格，共收纳10件小铜器。这些铜器皆经编目，著录尺寸、纹饰等，并为之断代，再配合清朝内廷如意馆画师所绘制的彩色图样，装裱成10开册页，名曰"吉范流辉"，收纳于上层隔层之上的浅屉中。每件铜器各配制精美木座，底座皆阴刻填金"乾隆御鉴甲"款与该器器名和编号，有西周的觯、东周的盘、汉代的灯具，以及后代的仿古铜器。由于台北故宫博物院依循清宫往例保存文物，这些多宝槅中的珍玩仍然原样地收纳在原屉格中。

台北故宫出版《故宫珍玩选萃》（1971 年）、《明清竹刻艺术》（1999 年）、《匠心与仙工》（2009 年）。

五、金银器

中国的金银器至少已有 3000 多年的历史，其制作和使用一直长盛不衰。清帝王尚金，加以汉民族传统工艺与蒙古、藏、苗、维吾尔等少数民族金银手工艺的融合，使得清代特别是乾隆时期的金银器制作工艺发展到了顶峰。

故宫博物院藏清代金器约 2400 件，主要为清宫遗存。分为礼器、祭器、册、宝、生活用具、金币、首饰、宗教用品等，数量多，品种全，是清代金器作品的主要集合地。这些金器，包含了清代制金的各种工艺，主要有铸造、錾花、锤揲、累丝、透空等制作工艺，还有以金为胎，外包珐琅图案的金胎器皿。

礼乐用器，著名的有乾隆"奉天之宝"金印，重 6100 克；乾隆五十五年（1790）所制金编钟，共 16 枚，耗金一万一千四百五十九两（清制单位）。

宫廷宗教所用金器主要有金佛像、金七珍、金八宝、金塔，金佛龛、坛城等。存藏金塔 20 多座，形式多样，其中有不少大金塔和嵌宝石金塔。例如乾隆皇帝为了供奉母亲崇庆皇太后生前脱落的头发，特下诏铸造金发塔。当时，广储司所存黄金不敷用，临时熔化了宫中及圆明园等处的金盆、金匙、金箸、金珐琅鼻烟壶等一些金器，共耗金三千四百四十两（清制单位），通高 147 厘米，是现存金塔中最高、最重、做工最精细的一件。八宝又称八吉祥，一套 8 件，分别为鱼、罐、花、肠、伞、盖、螺、轮，故宫博物院藏金八宝约 10 套；七珍是以象、马、轮、男、女、臣、珠宝组成的成组供器，为少见的金器品种。故宫博物院收藏的金累丝錾花嵌松石坛城，高 35 厘米，重 18000 克，做工精美，殊为罕见，是清代金累丝、錾花工艺的代表作品。

陈设用器主要有金用端、香亭、炉、金鹤、金天球仪。用端、香亭是用于宝座两旁的陈设,香亭内可以放香料,用端为道光时期制造,高50厘米,重6009克,香亭高112厘米;金炉是室内陈设;金天球仪造型复杂,加工精致,嵌珠点翠,不可多得。

祭器有金盆、金爵杯,数量较多,是用于家庙供奉、皇帝陵墓和祭祀活动的。金盆有嘉庆款、光绪款、无款作品,金爵杯有嘉庆款、道光款、咸丰款、同治款、光绪款、宣统款作品,形成序列。除北京故宫,这种清代序列金器很难见到。

故宫博物院收藏了大量的清代金酒具、金餐具,有各式的金酒壶。金龙纹执壶仿中亚地区酒壶风格,高腹、细颈、长流,壶身满饰清代宫廷色彩的龙纹。金贲巴壶则为蒙古草原器具风格。金瓯永固杯和万寿无疆杯是皇帝御用的极品。金瓯永固杯杯形如鼎,满嵌宝石,杯口錾"金瓯永固";万寿无疆杯的两耳分别透雕"万寿""无疆"篆字,杯下有金盘,盘上錾花、嵌珍珠。

故宫博物院的银器分为工艺和生活用具两个部分。工艺部分的银器共有898件,其中清宫遗存819件,占到91%。年代上起元代,下至清末,绝大部分为清代作品,兼有少量的元、明器物以及少数民族和外国的文物。元代作品数量不多,但十分重要。最著名的是朱碧山银槎杯,该杯是一件富有传统绘画与雕塑特点的工艺品,不仅体现出朱碧山的艺术修养,也标志着元代铸银的高度技艺水平,是工艺美术史上的一件重要作品。清代官造作品的数量比较大,多用于观赏和陈设。故宫博物院所藏的代表作品有錾刻镏金勾莲纹执壶、贲巴壶、龙柄奶茶壶等;累丝的勾莲纹束颈瓶、云龙纹葵瓣式盒、缠枝花卉纹花篮等。银器中,少数带有年款,以乾隆的居多,兼有光绪和宣统的,雍正的只有1件,是扁圆形螭纹提梁壶,它通体光素,只在提梁处有刻纹,器形圆润,表面光洁,简约精致,官造之气十足,目前看来是清代官造银器中年代最早的。

台北故宫博物院除藏有少量金佛像外,尚未看到其他金器的发表。

也珍藏着一件朱碧山的作品，与北京故宫博物院所藏相仿佛，同样珍贵。

六、玻璃器

据考古发现，中国在西周时期已能烧造玻璃，西方玻璃也从战国时期传入中国。清康熙三十五年（1696），清宫玻璃厂在德国传教士纪里安的指导下建成，从此开始了清代官造玻璃器的制作，并延续至清末宣统时期，成就非凡；乾隆时期的套色玻璃更是享有盛誉，被称为"乾隆玻璃"。

故宫博物院藏有玻璃器4010件，其中清宫遗存3400多件，绝大部分是清宫玻璃厂烧造，同时还兼有少量民间作品及外国玻璃器。康熙朝虽是初创阶段，但玻璃工艺已达到相当高的水平，只是传世作品凤毛麟角。目前已知具有康熙款识的传世作品7件，故宫博物院珍藏的透明玻璃刻面纹水丞即为其中之一。雍正朝的玻璃制造又有发展，烧炼的颜色达30种之多。故宫博物院藏有21件作品，每一件都质地晶莹，色泽纯正。透明玻璃八棱形瓶、鸡油黄色玻璃菊瓣式渣斗、葡萄紫色马蹄形瓶等，都是具有代表性的作品。乾隆时期是玻璃工艺全面发展阶段，烧造有单色玻璃、套玻璃、搅玻璃、金星玻璃、玻璃胎画珐琅等8个品种的玻璃器。套玻璃是乾隆时期创造的优秀品种，器物造型以各式瓶、缸、盒为主；装饰花纹以写实的、图案化的花卉纹为多；色彩搭配以白套红、白套蓝、黄套红为盛，可谓丰富多彩。故宫博物院所藏代表作品有白套红云龙纹大瓶、白套红桃蝠纹瓶、黄套红荷花纹缸、豇豆红套蓝花蝶纹八棱瓶、白套蓝花卉纹碗、白套绿花卉纹瓶等。它们色彩搭配和谐、雕刻精湛，均为工艺极品。金星玻璃是造办处在外国技师指导下烧造的珍贵品种，制作量不是很大。其中的三羊开泰山子和天鸡式水丞，造型生动，惟妙惟肖，艺术性很高，也是存世孤品。玻璃胎画珐琅是玻璃工艺中最为珍贵的品种，由于其制作工艺难度大，不易成功，历史上制作得很少，因此流传下来的就更少。故宫博物院拥有开光花卉纹瓶、通景花鸟纹瓶、花蝶纹瓶以及鼻烟壶等 40 余件作品，其器胎体莹润，珐琅釉料质纯色优，描绘细腻，具有绘画艺术的表现力，堪称杰作。

紫禁城出版社出版了《光凝秋水——清宫造办处玻璃器》（张荣主编，2005 年）。

根据台北故宫博物院已发表的作品，该院收藏的玻璃器有玻璃胎画珐琅器和玻璃鼻烟壶两类，其中的玻璃胎画珐琅西洋人物图渣斗、玻璃胎画珐琅婴戏图葫芦瓶和玻璃胎画珐琅福寿方瓶，都是乾隆朝玻璃画珐琅的代表作。

七、石鼓与石器

石鼓是人所共知的国宝。乾隆皇帝钦定的《日下旧闻考》共 160 卷，其中有关石鼓的考证附录就占了 3 卷。石鼓为 10 块圆柱形巨石，形状若鼓，故名。每石各刻诗一首，诗的内容记叙贵族游猎，所以也称"猎碣"。对其制作年代历来说法不一，近代马衡、郭沫若认为是战国时秦国物。石鼓铭文布局讲究，书体圆融浑劲，整肃端庄，不仅有着史料价值，在书法史上尤占有极为重要地位。它的发现与保存历经曲折。唐代发现于今陕西凤翔，其名初不甚著，自韦应物、韩愈作《石鼓歌》以称颂，尔后大显于世。经五代战乱，10 面石鼓失散，到宋皇祐四年（1052）才又收齐，后移到当时京都开封，金人破宋，辇归燕京（今北京），元代移到文庙戟门内，明清两朝相继把石鼓陈列于国子监、文庙大成门内。抗日战争中，这些石鼓也随故宫文物南迁，颠沛流离。现故宫博物院专设"石鼓馆"对外陈列展出。2014 年故宫博物院编印了《故宫石鼓馆》一书。

北京故宫博物院现藏石器 1395 件，其时代从新石器时代直至清代末期。其中清代宫廷石器十分丰富，大多数为清宫旧藏，种类亦很多，有寿山石、田黄石、大理石、牛油石、英石、云石、灵璧石、木变石、菊花石、昌化石、硝石、钟乳石、青田石、岫岩石、化石及许多叫不上名字的蓝石、紫石、花石等等，粗略统计有 51 种之多。其中陈设用品、实用器皿以及赏玩性质的作品多种多样。一批寿山石伏虎罗汉和寿山石东方朔等作品，不仅雕琢得精细，人物的毛发、眉眼、衣纹及神态亦逼真、传神。另有田黄石雕的寿星（其上有周彬款）、田黄石雕伏虎罗汉（其上有玉璇款），不仅田黄石质上佳，雕琢得亦极为精致，此两件为国家一级文物，具有很高的价值。还有一批岫岩石爵杯，包括清代中期乾隆、嘉庆到清代晚期光绪、宣统各个时代的制品，底足均刻有款识。

八、织绣书画

织绣书画，是指织绣与书画结合，用织绣的材料和方法再现书画形象的作品，它是织绣工艺品中独特的一类。织绣书画既可归入织绣类，也可归入书画类，清宫的书画著录书《秘殿珠林》和《石渠宝笈》中，即收入织绣书画，视其为书画艺术的一个分科。按照织绣品的制作技法，可分为刺绣书画、缂丝书画和织锦书画三大类。像宋代的缂丝画，明代的顾绣画，清代的双面绣、缂丝加绣、仿真绣、漳绒画等技艺、品类，和宋代朱克柔、沈子蕃，明代韩希孟、金淑芳，清代沈寿等名家，以及顾绣、苏绣、湘绣、粤（广）绣等流派，都在织绣书画乃至织绣史上占有重要地位。

故宫博物院藏织绣书画 1600 余件，绝大部分是清代藏品，另有少量宋至明代藏品。所藏明代《顾绣宋元名迹册》是顾绣的代表作，亦堪称中国古代刺绣艺术的巅峰之作。沈子蕃的《缂丝梅鹊图轴》与《缂丝青碧山水图轴》、元代《缂丝东方朔偷桃图轴》《缂丝赵佶花鸟方轴》、明代《缂丝花卉图册》等，都是缂丝书画的精品。康熙时的《彩织极乐世界图轴》，纵 498 厘米、横 197 厘米，用 19 种不同颜色的彩色纬丝同时织制，为存世最大幅的织锦画。故宫博物院曾举办"明清织绣书画展览"（1990 年），出版了《故宫博物院文物珍品全集·织绣书画》（单国强主编，香港商务印书馆，2005 年）、《经纶无尽——故宫藏织绣书画》（紫禁城出版社，2006 年）。

台北故宫博物院织绣收藏，为刺绣与缂丝两种。刺绣作品共 179 件，其中时代最早者为五代绣《三星图》，又有宋代 34 件、元代 1 件；缂丝 175 件，其中宋代 70 件。质量精美，尤其是缂丝，几乎件件是精品。著名的有宋代沈子蕃《缂丝山水》与《缂丝秋山诗意》、朱克柔《缂丝鹡鸰红蓼》，元代有《缂丝崔白杏林春燕》，明代有吴圻《缂丝沈周蟠桃图》等。许多缂丝作品都经过《石渠宝笈》著录。台北故宫博物院出版了《清宫织绣选萃》（1971 年）、《缂丝特展图录》（1989 年）、《刺绣特展图录》（1992 年）。

九、清宫照片

清代后期，西洋摄影技术传入中国，后传入宫中，因得到慈禧太后的认同，一度宫中盛行拍摄照片。这些照片，自溥仪出宫后由故宫博物院收藏至今。故宫博物院现收藏宫中遗存照片 18000 余张（另有玻璃底片 20000 多张），其中主要是人物照，1000 多张，另外还有建筑、场景、动物、风景、书影照等题材。拍摄于 1903 年的慈禧太后系列照片，总量在 700 张以上；包括紫禁城、西苑三海、西郊园林在内的大量宫殿园林照片，在很大程度上指导着今日对现存古建筑的保护与利用；19 世纪 80 年代，清廷曾拍摄过一批参与筹建北洋海军的官弁人员组照，众多影响中国近代史的人物影像得以保存；还有反映溥仪退位后"小朝廷"生活的历史照片及其日后寓居天津的生活掠影，以及民国时期在政治、文化、实业、教育、军事、外交等方面的知名人士等等，这些均是故宫博物院在影像收藏方面的特色种类。1995 年，紫禁城出版社出版了《帝京旧影》（朱家溍主编）、《故宫珍藏人物照片荟萃》（刘北汜、徐启宪主编），披露了大量清宫照片，并开启了日后"老照片热"的先河。2007 年，故宫博物院完成了国家清史编纂委员会委托的"故宫博物院图书馆藏清代图像整理"项目，对馆藏图像资料，包括清宫旧藏照片、古籍插图、善本书影、清代图样以及西文和日文图书插图等进行扫描、分类，共 15000 幅，编目著录数据 15000 条。

2015 年故宫博物院举办了"光影百年——故宫老照片特展",并出版了《光影百年——故宫博物院九十华诞典藏老照片特辑》(故宫博物院编,故宫出版社,2015 年),另有《故宫藏影——西洋镜里的皇家建筑》(单霁翔主编,故宫出版社,2014 年),对故宫博物院藏宫廷建筑类老照片进行了介绍。

第五节　故宫其他艺术珍品(下)

十、文房用具

笔、墨、纸、砚是中国人民创造的传统的书写工具,在长期的发展过程中,形制与功用性能逐步得到完善,成为具有特定属性的工艺产品。

故宫博物院收藏的各类古代文具多达 6.8 万余件,包括笔、墨、纸、砚、图章料、文杂 6 类。除一小部分是通过征集和收藏家捐献的方式入藏外,最主要的还是明清宫廷的遗存。其中 4000 余支毛笔,基本是清宫为使用而储备的遗存,少量为清宫收藏的明代作品。一批描金彩漆管或描金漆管的毛笔,分别带有"大明宣德年制""大明嘉靖年制""大明万历年制"等制作年款,显得更为珍贵。清代毛笔中,康熙青玉雕龙管珐琅斗提笔、乾隆黑漆描金寿字管缠枝莲纹斗提笔、乾隆青花云纹矾红龙纹提笔等,属于工艺材料管毛笔的代表作品。竹木毛笔大多在管上题写铭文作为装饰,见于笔管的铭辞近百种,表现了清代宫廷毛笔独特的艺术风格。

墨是中国独有的文房四宝之一,在其发展中良工辈出,日趋精美,古墨既是书写用品,亦是极为珍贵的文物。故宫博物院藏墨多达 50000 余件,年代上起明宣德下至民国,以清代墨品为主。汇集了程君房、方于鲁、曹素功、汪节庵、汪近圣、胡开文等明清著名制墨家的作品。现藏明墨约为 700 件,主要是嘉靖、万历及以后的作品,早中期的仅有供宫廷使用的"龙香御墨",署有制墨家名款,也是明代嘉靖以前所没有的。明代墨多出自名家之手，一些作品见载于不同时期编著的古墨图谱中，为流传有绪的明墨精品。清代墨的收藏超过49000 件，包括了各种题材及装饰风格，蔚为大观。特别是当代著名四大收藏家（尹润生、叶恭绰、张子高、张絅伯）所有藏墨的入藏，丰富了故宫墨的收藏。

故宫博物院纸绢收藏数量有 10000 余件，除宋代藏经纸、明代蜡印故事笺、明代竹纸等外，主要为清代制作的宫廷纸绢。有粉笺、蜡笺、粉蜡笺，有明花与暗纹之分，分别以人物故事、云龙花鸟、博古图等为装饰纹样。清康熙时曹寅恭进各色粉笺、清乾隆仿明仁殿画金如意纹粉蜡笺、清梅花玉版笺、清乾隆淳化轩刻画宣纸等均系经典作品，代表了清代各类艺术加工纸制作的最高水平。此外，故宫博物院文物保护科技部还有清乾隆高丽纸 6755 张、明白鹿纸 2900 张，原为文物修复材料，现已保护起来。

故宫博物院砚的收藏数量约 4000 方。最为著名的歙、端砚数量较大，还有部分澄泥、洮河、松花江、菊花石、陶瓷、金属砚。其中，驼基石砚属砚中稀见品类，仅故宫存 1 方；松花江砚因产自清朝发祥地，故在清康熙年间擢为清宫御用砚材。所收藏砚的年代在汉代至民国之间。汉唐之砚，陶质居多，涵括了三足砚、风字砚、箕形砚、圈足辟雍砚等具有典型时代特征的各式造型。明清砚的砚材名贵、制作精良，代表了当时制砚工艺的最高水平。除有相当数量的御用、御题砚以外，著名琢砚工匠顾二娘的作品、清代宫廷工艺美术家刘源设计制作的砚以及著名文人的题铭砚，故宫博物院均有收藏。

成套文具清代较盛行，具有完整的组合形式，其中不仅有文房实用器，也常储存其他物品，因组合形式、内容、件数的不同，变化多端。如北京故宫的紫檀木旅行文具箱，长 74 厘米，宽 29 厘米，高 14 厘米，打开可成四足小桌，箱内两个多宝槅中，盛放笔、墨、烛台、绘图仪器、双陆棋、鼻烟壶、微型书画手卷等 64 件，涵纳了珐琅、漆器、玉器各类艺术精品，为清宫遗存的唯一便于旅行携带的文具箱，也充分地表现了成套文具在使用功能外的赏玩特性。

故宫博物院图章料收藏数量约为 1000 件，制作年代在六朝至明清之间，以明清时期的作品为主。章料质地有玉石、象牙、瓷、玻璃、铜、砗磲、蜜蜡多种，砗磲、蜜蜡等是章料中稀有之材。石材类中有珍贵的鸡血石、田黄石章料。同时藏有数方清杨玉璇、周尚均款图章，雕刻生动传神，技艺甚为精湛，体现了清代图章雕刻的工艺水平。

故宫博物院编印有《故宫博物院藏文物珍品全集·文房四宝·纸砚》（张淑芬主编，香港商务印书馆，2005 年）、《故宫博物院藏文物珍品全集·文房四宝·笔墨》（张淑芬、杨玲主编，香港商务印书馆，2005 年）、《故宫博物院藏文物珍品全集·文玩》（郑珉中主编，香港商务印书馆，2005 年）。

台北故宫博物院所藏文具约 2400 件，其中笔、墨为明清两代遗物，珍品如两支明嘉靖彩漆云龙管笔、明万历窑青花河图洛书斗笔管、明程君房、方于鲁、叶玄卿、吴元养等名家的制墨及清乾隆御咏名华诗十色墨、清嘉庆御题万春集庆五色墨等。藏砚 400 余方，其中收录在《西清砚谱》里的砚尤为珍贵。《西清砚谱》是在乾隆四十三年（1778）清高宗命大学士于敏中将内府诸多藏砚，精选 200 方，加以说明及图绘，编纂完成于乾隆四十六年（1781）。《西清砚谱》古砚现存于台北故宫博物院者共有 95 方，以材质划分，有铜雀瓦砚 6 方、砖砚 7 方、澄泥砚 18 方、端石砚 38 方、歙砚 3 方、蓂村石 3 方、松花石 5 方、红丝石 2 方，其他哥窑瓷砚、玛瑙砚、乌玉砚各 1 方，另有石质不能确认者 3 方；在附录中，有存宁寿宫仿古 6 砚，以及在仿古澄泥砚 6 砚中之 1 方。著名的有米芾、苏轼、文天祥、赵孟頫等题名的砚以及清宫制作的松花砚等。这些入藏的名砚，多数装盛于雕饰文雅的盒匣内，盒面通常刊刻御制题名诗句或廷臣应制唱和的诗文，再附识以黄笺条说，显示着清廷重视古砚如金石宝器的态度。台北故宫博物院另有笔洗、笔格、书镇、砚滴、印盒及乾隆掐丝珐琅成套文具等。

台北故宫博物院出版的文具类目录及图册有《故宫文具选萃》（吴

玉璋、吴凤培编辑，台北故宫博物院，1971 年）、《故宫古砚选萃》（吴凤培编辑，台北故宫博物院，1974 年）、《文房聚英》（1992 年）、《品埒端歙——松花石砚特展图录》（1993 年）、《西清砚谱古砚特展》（台北故宫博物院编辑，1997 年）。

十一、鼻烟壶

鼻烟壶是随着满族人吸闻鼻烟的习俗应运而生的，是宫廷生活用品，也是玩赏品。清代宫廷造办处制作了大量质地各异、造型奇特的鼻烟壶。鼻烟壶按其质地的不同可分为玻璃、金属胎珐琅、玉石、瓷、有机材质 5 类。北京故宫博物院收藏有各种质地的鼻烟壶 2000 余件，台北故宫博物院收藏有 1000 余件。

玻璃鼻烟壶在清代鼻烟壶中具有制作时间最早、延续时间最长、数量最多、工艺品种最为丰富等特点。故宫博物院藏玻璃鼻烟壶 900余件，其中套玻璃、画珐琅玻璃鼻烟壶很多都是珍品杰作，如玻璃胎画珐琅仕女图鼻烟壶、西洋女子图鼻烟壶、螭纹八方鼻烟壶等。台北故宫博物院有一件重要的玻璃鼻烟壶，即雍正款玻璃胎画珐琅竹节式鼻烟壶，此为目前所知最早的也是唯一留存的玻璃胎画珐琅鼻烟壶，并在清宫造办处档案中有明确的记载。

金属胎珐琅鼻烟壶主要有画珐琅和掐丝珐琅两大类。故宫博物院收藏有两件康熙款铜胎画珐琅鼻烟壶，一件为梅花图，一件为嵌匏片。台北故宫博物院已发表的有一件嵌漆片的鼻烟壶、一件双蝶图鼻烟壶。台北故宫博物院藏有一件掐丝珐琅嵌画珐琅仕女图鼻烟壶，是两种工艺结合之典范，也是鼻烟壶中之孤品。

玉石鼻烟壶是鼻烟壶中的重要品种之一。故宫博物院保存十分丰富，仅其造型就有玉兰花式、桃式、石榴式、柿子式、茄子式、葡萄式、癞瓜式等瓜果形，以及龟式、鱼式、蝉式、蝙蝠式、老虎式等动物造型，而且采用多种玉石材料，质优色美。台北故宫博物院收藏的玉石类鼻烟壶成套的较多，并保留了鼻烟壶的原包装。

　　清宫所需瓷鼻烟壶，由景德镇官窑烧造。乾隆年间，命御窑厂每年为皇宫烧造 50 件鼻烟壶。乾隆朝的御制瓷鼻烟壶，尤其是粉彩鼻烟壶最为精美，故宫博物院就收藏有粉彩安居乐业鼻烟壶、粉彩玉堂富贵鼻烟壶、粉彩梅花诗句鼻烟壶等一批具有典型的宫廷风格的作品。台北故宫博物院所藏的黄釉镂空鼻烟壶和黄釉玉米式鼻烟壶也是别具特色的藏品。

　　有清一代，使用有机类材料制成的鼻烟壶也颇为丰富，如竹、木、象牙、葫芦、玳瑁、犀角、虬角、琥珀、珊瑚、漆器、核桃等，以其变化无穷的质地、丰富的色彩、精美的加工在鼻烟壶家族中独树一帜。故宫博物院收藏这类鼻烟壶也很多，例如制作于乾隆十八年（1753）的象牙雕鱼鹰鼻烟壶和象牙雕仙鹤鼻烟壶等，以其独特的设计、优美的造型、精细的雕刻惹人喜爱。台北故宫博物院所藏金珀佛手式鼻烟壶、蚌壳寿星鼻烟壶也是这类鼻烟壶中的精品。

　　故宫博物院编印有《故宫鼻烟壶选萃》（夏更起、张荣主编，紫禁城出版社，1995 年）、《故宫博物院藏文物珍品全集·鼻烟壶》（李久芳主编，香港商务印书馆，2003 年）。

　　台北故宫博物院出版有《故宫鼻烟壶选萃》（1971 年）、《故宫鼻烟壶》（张临生主编，1991 年）、《通嚊轻扬》（侯怡利主编，2012 年）。

十二、珠宝盆景

　　故宫博物院珍藏有 1400 余件各式珠宝盆景，都是传世作品，大多使用玉石、翡翠、玛瑙、珍珠、象牙、蜜蜡等多种珍贵的材质，仿制出生动自然惟妙惟肖的各种花卉、果实、景观等，再配以珐琅、玉石、陶瓷、漆器等制成的花盆式容器，就构成了雍容华美带有吉祥含义的宫廷陈设。它们被放置在各宫室内，有着如天然盆景一般的生机与春意，却永不凋谢，突出反映了宫廷生活追求富丽而高雅的趣味与审美取向，亦代表了当时的高超工艺水平。这些盆景，有的是地方按照宫廷要求进贡的，有的是王公、大臣买后进献的，也有的是宫廷婚庆、寿诞庆典，由清宫造办处定制的。因制作的地方不同，故也有着不同的地方风格和特点，但珍奇名贵却是其共同特点，往往一盆一景就价值连城。有代表性的如孔雀石嵌珠宝蓬莱仙境盆景，共用珍珠 1136 颗、红宝石 679 块、蓝宝石 183 块、碧玺 332 颗、珊瑚 6 枝，用料珍贵，制作考究。又如青玉洗式盆水仙盆景，盆长方形，菊瓣纹，四角雕成双叶菊花形，每花均以 12 块红宝石为瓣，绿料为芯；盆下腹的叶纹间以 10 根绿料为脉，8 块红宝石为蕾；盆中以青金石制成湖石，周围植有 5 株水仙，象牙为根，染牙为叶，白玉为花，黄玉为蕊。北京故宫的珠宝盆景，在《故宫博物院藏文物珍品全集·宫廷珍宝》（徐启宪主编，香港商务印书馆，2004 年）中有所介绍。

十三、成扇

成扇是各地根据宫廷需要，按年节进贡的地方物产。清宫成扇以折扇和团扇为主，亦有少量竹扇、羽扇、象牙扇以及芭蕉扇等。扇子作为书画艺术的载体之一，以其独特的艺术形式而受到人们喜爱。清代乾隆、嘉庆时期宫廷书画扇极其丰富，可分为历代名家书画扇、御笔书画扇、宫廷书画家所作书画扇及侍从文臣所作书画扇等几大类，共同成就了清代独具特色的宫廷书画成扇艺术。

故宫博物院现收藏有成扇类文物万余件，其中绝大部分属于清宫旧藏。团扇的股架有紫檀木、黄杨木、红木、鸡翅木、象牙股、黑红漆股、嵌螺钿股、棕竹骨等，扇面质料有绢、绸、纱、竹丝和各种纸面，扇面工艺有绣花、缂丝、纳纱、编织、堆贴和镶嵌等。折扇股有竹股、木股、牙股、漆股等，折扇面有素面、绘山水花鸟面、写诗赋面，还有绣花面等，其中绣花扇又分苏绣、粤绣、湘绣、京绣等。绘画团扇多是由地方进贡各种股的素面扇，或由如意馆的画师进行绘制，或由皇后、嫔妃自己绘画。折扇也是如此，北京故宫现尚有一批素面扇，当是供绘制用的。羽扇是用雕翎或鹅羽制作的，有黑、白、灰 3 种颜色，衬上绿色的孔雀羽翎，美观艳丽。故宫博物院有团扇、折扇等 6964 件，由古书画部管理的有 1816 件，都是挑选出的艺术水平高的书画作品，其中列为二级文物的即多达 688 件，由古器物部工艺组管理的成扇，其中二级文物多达 4209 件。故宫出版社 2013 年出版了《清风徐来——故宫博物院藏清代宫廷成扇》。

台北故宫博物院收藏折扇 1880 件，其中清宫旧藏 1599 件，扇面都是书画作品，由书画部门管理。两个故宫博物院的成扇都是清宫旧藏，为明清两代遗存，没有多大差别，只是故宫博物院的收藏数量更多，种类也更丰富一些。

另外，两岸故宫博物院还有历代玺印与如意的收藏。

除过明清帝后玺印，故宫博物院还收藏自战国至民国各个时代的多种质地与形制的官、私玺印 2 万余件套，其中清宫旧藏的历代印章 500 余件，其余是从社会的征集以及收藏家的捐献。故宫博物院的玺印，文物出版社曾出版《故宫博物院藏古玺印选》（罗福颐主编，1982 年），香港商务印书馆出版《故宫博物院藏文物珍品全集·玺印》（郑珉中主编，2008 年）。台北故宫博物院所藏历代官私铜印 1600 多件，主要是《金薤留珍》所收的一批古铜印。清宫藏古铜印一匣，内贮古印 1290 余方，乾隆时将之排比分类，并钤拓成谱，名为《金薤留珍》。1926 年，故宫博物院曾钤拓此印谱 24 部，限量发行。1998 年，台北故宫博物院出版《故宫历代铜印特展图录》。2007 年，台北故宫博物院举办"印象深刻——院藏玺印展"，亦出版了图录。

如意是中国传统工艺中最富特色的品类之一，据说来源于今天仍在使用的"痒痒挠"，最晚在东周时已出现，后逐渐演变成一种吉祥物，且寓意日渐丰富，制作愈发精工。到了清代，由于得到当时的统治者如乾隆皇帝等的喜爱和大力推广，如意被广泛地应用于宫廷生活的多个方面，在日常陈设、赏玩以及进献、赏赐等礼仪中都占有重要的地位。乾隆朝时，如意作为礼物，由皇帝馈赠外国使节。同治皇帝大婚时，如意成为典仪中的瑞器。故宫博物院如意收藏总数在 2500 柄以上，以其丰富的造型、繁复的装饰及精湛的工艺，成为一件件精美绝伦的工艺品。各种质地皆备，如金、银、铜、铁、瓷、玉石、珐琅、竹木、珊瑚等，不一而足。形制多样，某些特异的作品突破了常见的结构，如双头、四头如意等。9 柄成组如意最具宫廷特色，故宫博物院藏有多套，而乾隆帝六十万寿（1770）时制作的一套 60 柄金累丝如意，也完好地保存了下来。台北故宫博物院收藏的 120 余柄如意，与故宫博物院同源，在性质上亦接近，很多作品甚至完全相同。台北故宫博物院 1971 年出版《故宫如意选萃》。

第六节　两岸故宫博物院珍藏的非清宫文物

两岸故宫博物院虽以清宫旧藏为主，但仍有相当一部分非清宫旧藏的文物，有的还相当珍贵，例如以上介绍的两个故宫博物院的书画藏品，就有一些是各自从多方面所征集的；又如台北故宫博物院著名的毛公鼎、唐玄宗禅地祇玉册与宋真宗禅地玉册、杨守敬观海堂藏书以及一些宗教文物等，也都不是清宫旧藏。

清宫旧藏虽然无比丰富，仍有其不足，有其局限性。一是自乾隆皇帝后，宫廷收藏日趋衰落；二是帝王的审美观念及政治意识，影响着宫廷收藏的视野；三是收藏历来有官、私收藏（即皇家内府与民间私人收藏）两个方面，在明清时代，民间私人收藏十分活跃，民间仍然有着无数的文物珍品，不是所有的好东西都进了皇宫。两岸故宫收藏中的不足，还与文物南迁有关。台北故宫博物院的藏品，主要是故宫南迁中的文物。故宫文物的南迁，囿于当时对文物价值认识的水平以及运输的条件限制，在文物选择上就不可能把好的东西都南迁；溃退时的国民政府虽然决定把所有南迁文物运台，并要把北平本院的精美文物运走，事实上都不可能做到；南迁文物只运了 1/4，加上清宫旧藏本身的局限性，这就使得台北故宫收藏有许多阙遗。昌彼得先生在《故宫七十星霜》一书中对此有过论述："故宫迁台中华文物，其品质精美，诚足独步世界，但自收藏的体系而言，阙遗仍多。在古器物方面，如新石器时代的黑灰陶器、汉魏六朝之石刻、造像、碑志、封泥，晋唐五代的越窑、邢窑瓷器、三彩人、马明器，宋代迄清的民窑瓷器以及铜造佛像、银镂器皿，下至泉币、衣冠、宣德铜炉等等；在书画碑帖方面，如明末四僧、清乾隆以后的书画名迹，汉魏六朝碑碣拓本，等等，皆付阙如。究其因由，或不为历代帝王之所重视，或为近世始行出土，或昔在北平有之，而失于迁运，以致故宫并未入藏。因为藏品未臻完备，展示即不能成为民族文物完整之体系，研究因之亦不能深入。"① 同样，同根同源的两岸故宫文物藏品，一部分文物精品运台，台北故宫博物院藏品的某些优势，也往往是北京故宫博物院的不足。

长期以来，两岸故宫博物院都制定了文物征集的方针，征集对象为清宫旧藏流失于外者，或是反映中华文化艺术的珍贵文物，经过数十年来的努力，也都取得了丰硕的成果。那么，这种征集是否有必要？答案是肯定的，征集是必要的。因为清宫旧藏包括了传统的中国文化艺术的各主要门类，今天征集到的古代艺术品，一般不会超出清宫旧藏的范围，它们的入藏，弥补了清宫收藏的缺项，使故宫各类艺术品更加丰富和系统，有利于对清宫旧藏的研究和认识。有些新征集的文物，似乎与清宫旧藏没有关系，例如故宫博物院的甲骨、敦煌吐鲁番文物文献等。但事实并非如此。甲骨文是商朝（约前 17 世纪—前 11 世纪）的文化产物。商代统治者迷信鬼神，其行事以前往往用龟甲兽骨占卜吉凶，以后又在甲骨上刻记所占事项及事后应验的卜辞或有关记事，其文字称甲骨文。自清末在河南安阳殷墟发现有文字之甲骨，已 100余年了，目前出土的大多为盘庚迁殷至纣亡王室遗物。因此，这些甲骨就是研究商代宫廷史最重要的第一手资料。甲骨文又是中国现存最古老的文字，是已知汉语文献的最早形态。清宫的书法藏品，从钟鼎文、石鼓文直至晋朝开始形成书法艺术，此后，历朝各代的名家流派，几

---

① 台北故宫博物院编：《故宫七十星霜》，台北商务印书馆，1995 年，第 260 页。

乎一应俱全。但是过去没有甲骨文,从中国书法史来说,就是不完善的。现在有了甲骨文,就全面地涵盖了从契刻到书写进而发展成为一门独立的书法艺术的历程,即完整地记录了此类文物从萌生、发展到辉煌的文化链。这对于全面系统地研究和展现清宫书法以及中国书法史有着重要的意义。当然甲骨的价值不仅在此,它在历史学、文字学、考古学等方面都具有极其重要的意义。从全面深入地挖掘故宫历史文化内涵的需要以及把故宫进一步发展为中华文化艺术大宝库的目标来说,故宫征集的非清宫文物与清宫旧藏就有着密切的关系。

台北故宫博物院多年来对于充实院藏很重视。不仅接受各界捐赠,还积极搜购。接受捐赠的文物,以数量来说,整批的居多,如曾任台北故宫博物院管理委员会委员的罗家伦、张群、王世杰、叶公超、黄君璧、张大千等,都曾以其所藏的珍品捐赠。蒋鼎文捐赠的西周铜器、徐庭瑶捐赠的元明两代古籍版本等,也都很珍贵。台北故宫博物院还出版了林忠毅、马寿华、王新衡、李石曾、蔡辰男、黄君璧、黄杰、曹容等人士的捐赠文物目录,以及沈氏研易楼、何应钦、张大千、吉星福伉俪、谭伯羽与谭季甫、台静农、饭塚一、彭楷栋等人士的捐赠文物特展目录。台北故宫博物院数十年来,收购了近万件文物,其中不乏重要的国宝级或具有重要历史价值的文物,以及该院所缺乏的旧石器时代以降的陶铜玉器以及近世的名家书画等,虽不能于所短缺者悉为备足,然大体略备,以使展出文物日渐具有历史发展体系。例如,购藏前清恭亲王府紫檀家具一套,计33件,为前清内务府造办处制作;1994年,购入大陆流失出去的春秋晋国子犯编钟1组12件,各有铭文12至22字不等;曾宝荪及曾约农捐赠的清曾文正公(曾国藩)手写日记、曾惠敏公(曾纪泽)手写日记、清湘乡曾氏文献等24册,以及曾国藩文献36包;家住德国的日裔教授饭塚一捐赠33幅欧洲人绘制的古地图及康熙画像与南京观象台两张古书插图,其中《中华帝国》是第一幅欧洲人绘制的"中国地图",出现在奥特利乌斯1584年版的《世界概观》一书中。奥氏是根据葡萄牙籍耶稣会士巴布达《中国新图》

手稿中所绘的地图绘制出版。本图首次将中国长城呈现在欧洲人面前。

北京故宫博物院经过 60 余年的征集、社会各界的捐献以及政府的调拨，极大地充实与丰富了庋藏，而且有些种类因其数量的巨大或相对集中以及价值的珍贵等，在中国文化艺术史上占有一定的甚至重要的地位，以下特列举 10 种：

一、甲骨

世界现存殷墟甲骨据调查统计共有 13 万片。其中，故宫博物院所藏甲骨总数，20 世纪 60 年代调查粗估有 22463 片，占世界现存殷墟甲骨总数的 18%，仅次于中国国家图书馆（34512 片）和台湾"中央研究院"历史语言研究所（25836 片），属于世界第三大甲骨收藏单位。故宫博物院所藏甲骨来源主要可分为国家转拨、私人捐赠和院方收购三方面。转拨有加拿大人明义士旧藏甲骨，捐赠有马衡、李绍白、薛贵生等旧藏甲骨，收购有上海谢白殳旧藏甲骨。其中，明义士原藏于华语学校的 2 万多片甲骨，构成故宫博物院主要收藏。但这些甲骨，《甲骨文合集》仅著录 1440 片，绝大部分没有整理出版。从已整理的看，许多铭文内容十分重要。从殷商世系讲，包括了武丁、武乙、文丁、帝乙、帝辛各期；从占卜内容讲，保留了殷王社会活动和日常生活的诸多方面的史实。例如：殷王武丁贞卜妇妹患疾刻辞龟甲，器形、内容皆很完整；而武丁占问攻战刻辞卜骨，反映了准备 5000 人征战的大规模用兵；殷王武乙、文丁、帝乙连贯世系的占问祭祀先公先王卜骨，反映了重要的世系内容；殷王帝辛（即纣王）刻辞卜骨，则反映了殷商末期刻辞的形式与最后存在的商代占卜行为。《故宫博物院藏殷墟甲骨文整理与研究》已于 2014 年 11 月获批为国家社科基金重大项目。

二、敦煌吐鲁番文献文物

北京故宫博物院所藏敦煌吐鲁番文献文物来源主要是收购、捐献和国家调拨。可分古籍、文书、写经、墓砖、绘画、雕塑、织物 7 类，约有 240 件，除 1 件属于 1949 年以前的旧藏外，其余全部都是 1949 年以后的新藏。古籍不多，除了一件唐代佚名"道教类书"。还有一件在《妙法莲华经》背面写的《黄巢起义记事》，过去也被定为古籍。文书也不多，最著名的是一件归义军时期的酒账。此外，还有残书信、斋愿文、社司转帖、财产分配账等。写经较多，大约有 100 件。时间最早为北凉（397—401 或 439）安弘嵩供养《大智度论》，其次为北魏延昌二年（513）敦煌镇经生曹法寿写《华严经》，再次为北周建德二年（574）大都督吐知勤明供养《大般若涅槃经》，此外大致均属唐代。受到关注的有麴氏王国延寿十六年（639）巩达子写《佛说甚深大回向经》、唐天宝十二载（753）白鹤观为皇帝敬写《慈善孝子报恩成道经》、唐咸通十年（869）毛永坚写《贤劫千佛名》等。这 3 类珍贵的文献，从未进行过系统的整理，外界也知道不多。2006 年，故宫博物院王素、任昉、孟嗣徽 3 位研究员对这 3 类文献进行了系统的整理、定名，2007 年发表《故宫博物院藏敦煌吐鲁番文献提要（写经、文书类）》（《故宫学刊》总第 3 辑）一文，使其来源、性质及价值得以清晰地展现。墓砖均为著名考古学家黄文弼于 1930 年参加中国瑞典合作科学考察时在新疆吐鲁番地区发掘所得。原有 124 方，中国国家博物馆藏有 2 方，故宫博物院藏有 122 方。时代均属高昌国时期和唐西州时期，习惯上统称为高昌墓砖。高昌墓砖内容简约，多为墨书和朱书，也有刻字或刻字后填色的。由于该地区特殊的地理和气候，文字至今仍清晰可辨。高昌墓砖不仅是高昌历史研究的重要内容，同时也是珍贵的书法遗存。《故宫博物院藏历代墓志汇编》（紫禁城出版社，2010 年出版）一书，其中即包括了这批高昌墓砖。绘画有敦煌佛画大约 10 件，吐鲁番伏羲女娲图 2 件。雕塑专指敦煌雕塑，3 件，为菩萨、天王、罗汉泥塑头像。织物专指吐鲁番出土的纺织品，约有 9 件，包括鹿纹锦、鸳鸯纹锦、小团花锦、骑士纹锦、猪头纹锦、几何瑞花锦、联珠套环团花绮等。

三、汉地佛教造像

北京故宫所藏各类汉地佛教造像约3500件。从质地上划分为石、铜、铁、陶、瓷、琉璃、木等，时间上起自佛教艺术初传华夏的2至3世纪，止于清末。题材丰富，时代齐备。金铜佛像中时代最早的是一尊带有犍陀罗风格的持净瓶菩萨立像，被定为公元2至3世纪制作，是一件国内难得的较早的佛教造像。另外一件陈万里先生捐献的青瓷禅定佛坐像，制作年代大约在西晋时期，也是目前能够见到的较早佛造像。最为著名的还是河北曲阳县白石佛造像与广东韶关南华寺木雕罗汉像。曲阳白石造像20世纪50年代在其县城西南修德寺旧址埋葬坑内出土，较完整者在600件以上，其中有明确纪年者271件，始自北魏晚期，止于盛唐天宝年间。曲阳白石佛像数量多，持续时间长，纪年发愿文排列有序，题材丰富，材质温润洁白，雕刻精美。排列有序的纪年造像为造像研究提供了断代依据；丰富的内容，为研究造像题材发展演变规律，提供了可能；高超的技艺，特别是镂空雕刻的广泛使用，在中国佛造像中占有重要地位。这批造像精品现都由故宫博物院收藏。韶关南华寺木雕罗汉像的历史内涵尤为丰富。罗汉像最初为500尊，现存360尊，故宫博物院收藏50尊。它雕造于北宋庆历五年至八年（1045—1048），所用木材多数为柏木，少数为楠木、樟木、檀香木。像座有束腰须弥座、长方形透雕镂空花石形空心座、半圆形透雕空心座等多种。像身以现实人物为参照对象，形态各异。所刻发愿文内容丰富，是研究世俗信仰的重要资料。南华寺是慧能传法之地，禅宗从始祖达摩直至六祖慧能，佛教才完成了真正意义上的中国化，木雕罗汉像则是形象上对此理论进行的诠释。紫禁城出版社2005年出版了冯贺军的《曲阳白石造像研究》。《故宫博物院藏品大系·雕塑编·7·河北曲阳修德寺遗址出土佛教造像》（胡国强主编，紫禁城出版社，2011年）公布了这批精美的造像。

四、石刻墓志及其他刻石类文物

故宫博物院收藏石刻墓志 234 方，这些墓志出土于清代与民国年间，见诸著录。墓志中既有端方陶斋旧物，也有周季木、徐森玉、马衡等一批民国时期著名收藏家的藏品，其中许多都曾经名动一时。这些墓志在时代上从三国至清代，是研究当时职官、地理、历史事件最直接的材料，为文献研究的重要补充与第一手资料。其中 1919 年河南洛阳城北马坡村出土的西晋永嘉二年（308）"晋尚书征虏将军幽州刺史城阳简侯石尠墓志"与"处士石定墓志"同刊同出，殊属难得，为国家一级文物。1919 年河南洛阳城北出土的"魏征东大将军大宗正卿洛州刺史乐安王元绪墓志铭"、"魏故卫尉少卿谥镇远将军梁州刺史元演墓志铭"及北魏孝昌二年（526）"魏武卫将军征虏将军怀荒镇大将恒州大中正于景墓志铭"等，书法价值颇高，内容亦为史籍之重要补充。2010 年紫禁城出版社出版了《故宫博物院藏历代墓志》，公布了这批藏品。

故宫博物院还藏有其他刻石类文物 553 件套，包括我国历史上各时期的碑刻、石经（幢）、塔铭、造像（座）、黄肠石、石棺、井栏、墓镇等石刻题记。有重要价值的刻石不少，其中有些被列为国家一级文物，例如清末陕西西安出土的东汉"朝侯小子碑"隶书体碑文，为存世汉碑中的精品。此外如 1934 年出土于山东省东阿县西南铁头山的东汉"芗他君石柱"、清道光间被发现的东汉隶书体碑刻"汉池阳令张君碑"、道光二十三年（1843）出土于陕西西安南门外的三国时期魏国的"曹真碑"、旧传河南洛阳出土的西晋时期碑刻"当利里社碑"等，都十分珍贵。故宫博物院还藏有三国时期魏国遗刻"三体石经"的残部，铭文为《尚书·周书·君奭》内容。三体石经遗存的文字书体，至今仍是研究文字与书法的珍贵实物资料。《故宫博物院藏文物珍品全集·铭刻与雕塑》（郑珉中、胡国强主编，香港商务印书馆，2008 年），公布了这批刻石类文物。

五、凌家滩玉器

1987 年安徽省含山县发现的凌家滩是一处新石器时代遗址，其所反映的文化内涵晚于同一地域的河姆渡文化而早于良渚文化，被命名为"含山文化"。据发掘报告称，其遗存有上下两层：下层发现的玉器有玉斧、玉镯、玉璧、玉玦、玉璜、玉管、玉菌形器、玉扣形器、玉刻纹饰、玉半圆形饰、玉勺、玉长方形片、玉三角形片、玉龟背与腹甲、玉笄等；上层发现的有玉人、玉璜、玉玦、玉纽扣形饰、玉环和玉璧等。含山文化地处长江中下游，含山文化玉器的出土为这一地域的玉器产生及演变提供了重要的研究资料。

凌家滩遗址出土了 197 件陶、玉、石器，故宫博物院收藏了 104件玉、石器。即出土物的绝大部分与重要文物都进入了故宫。其中的环套合璧、多孔玉璧、双虎首玉璜、最早制成的玉器皿——勺，有着神秘纹饰的玉板，世不多见的玉龟甲和玉整体直立人等，都引起考古界的高度重视，也反映了含山文化玉器的特性。特别是出土的玉板，为片状，中部微隆起，边缘呈阶状凹下，表面饰有阴线琢出的圆环图案及向四面放射形的箭头状图案。由于玉片纹饰神秘，出土时又夹于玉制的龟背甲及腹甲之间，因此很受重视，以为和河图洛书、八卦等有关。2000 年，文物出版社出版了由安徽省文物考古研究所撰写的《凌家滩玉器》一书。《故宫博物院文物珍品全集·玉器上》（周南泉主编，香港商务印书馆，1995 年）对凌家滩玉器做了择要介绍，《故宫博物院藏品大系·玉器编》第 1 册，收录了凌家滩约 90 件文物。

六、凡将斋与欧斋的碑帖拓本 [①]

故宫博物院有碑帖拓本近 3 万件，其中 25000 件为捐献与收购的。

---

① 尹一梅：《故宫博物院的碑帖拓本收藏》，上海博物馆编《中国碑帖》，北京大学出版社，2015 年。

捐献者中最有名的是马衡与朱翼盦。马衡先生曾任故宫博物院院长 18
年，是金石学大家，著作有《汉石经集存》《凡将斋金石丛稿》等，
所搜集的 12000 余件石刻和铜器拓本，几乎涵盖了碑帖涉及的所有类
别，其中数量最多的是墓志和造像记。1955 年家人遵照他的遗愿，将
其毕生所藏捐赠故宫博物院。2005 年故宫博物院举办"马衡先生捐献
文物展"并出版图录。朱翼盦先生曾任职民国财政部，一生殚精经史，
以 30 年精力，搜集汉唐碑版 700 余种，1000 余件，多罕见之品。曾
以重金获今所能见的欧阳询《九成宫醴泉铭》最先拓本，因自号欧斋。
先生曾任故宫博物院专门委员会委员。因故宫碑帖方面收藏是弱项，
而朱先生所藏为公认的一份系统完整、拓工最古的拓本，当年马衡先
生任故宫博物院院长时，拟用 10 万银圆收购，朱先生则表示将来要捐
赠故宫。朱翼盦先生于 1937 年去世。1952 年，由其夫人张宪祗率领
4 个儿子（朱家济、朱家濂、朱家源、朱家潽）将欧斋碑帖 706 种全
部无偿捐赠故宫博物院，成为故宫碑帖藏品中的重要组成部分。欧斋
藏碑有 3 个特点：一是名碑名帖多，如两汉碑刻近 70 种，当时所能
见到的几乎全部收入，唐代碑版数量最多，虞世南、欧阳询、褚遂良、
欧阳通、王知敬、李邕、史惟则、苏灵芝、李阳冰、张从申、颜真卿、
徐浩、柳公权等名家存世碑拓皆囊括其中；二是善本精拓多，宋拓 20
余种，元拓 4 种，明拓 40 余种，含英咀华，孙承泽难以比肩；三是
有鉴家、学者题识为多，如元拓石鼓文，孙克弘故物，附周伯温临石
鼓文墨迹，翁方纲、吴云、张祖翼、杨守敬等题识。[①] 2006 年，朱翼
盦先生的《欧斋石墨题跋》由紫禁城出版社出版。2014 年，《欧斋
墨缘——故宫藏萧山朱氏碑帖特集》展览与图录同时面世。在国务院
2008 年公布的首批入选《国家珍贵古籍名录》的碑帖部分中，全国
共 76 种，其中故宫博物院就达 30 种。

---

① 朱翼盦：《欧斋石墨题跋》施安昌《前言》，紫禁城出版社，2007 年。

七、明清尺牍

从 1949 年以来，故宫博物院收进大量尺牍，共 43210 件，除个别明以前和部分近代尺牍外，其中明代尺牍 1 万余件，清代尺牍 3 万余件。许多尺牍为名人收藏，如张珩收藏的《明代名人墨迹》有 60 册 1180 件，童绍曾收藏的清代《国朝名人书简册》有 14 册 410 件和《前明名人手简册》25 册 348 件，以及陈时利收藏的《秋醒楼集前人尺牍》52 册 2516 件等。专题收藏较多也是这批尺牍的特点：有以名人分类收藏的，如《董其昌尺牍册》《吴昌绶尺牍册》等；有以时代分类收藏的，如《乾嘉名人尺牍》《明贤墨迹册》等；有以专业或职业分类收藏的，如《清金石书画家尺牍册》《明书画名家尺牍册》等；有以地区学者分类收藏的，如《常州先哲书翰册》《明姑苏名人尺牍册》《清代北方学者翰札册》等；有以品德分类收藏的，如《忠烈手札册》《明末二臣尺牍册》等；还有一些国外名人的尺牍，如《朝鲜名人尺牍册》等。这些尺牍从装裱形式上看，绝大多数都装裱成册，有蝴蝶装，有经折装，还有裱成手卷形式的。从文字内容上看，涉及政治、军事、经济、文化，更多的则是社会生活方面的，这些尺牍具有文献及书艺的双重价值。

八、古玺印与封泥

除过明清帝后玺印，故宫博物院还收藏古玺印与封泥文物总计 21436 件套。这些玺印主要是向社会的征集以及收藏家的热情捐献。捐献者凡 22 人。著名收藏家陈汉第，旧藏古印曾收录于《伏庐藏印》《伏庐藏印续集》，其中 500 方于 1945 年进入故宫博物院收藏。晚清陈介祺金石文物收藏被海内推为第一，其战国、秦汉玺印，规模空前绝后，自称藏室为"万印楼"，有著名的古印玺巨著《十钟山房印举》传世。陈氏藏印后多转入故宫博物院，总计达数千方之巨。还有吴式芬的"双虞壶斋"藏印、陈宝琛的"徵秋馆"藏印以及徐茂斋、黄浚等人的收藏，经国家文物局收购名家藏印入藏故宫博物院者也不下数千件之多。

遂使故宫博物院成为全国古印的渊薮。故宫博物院收藏古代玺印数量众多，品类亦较全，官印和私印两大门类均成系列。

　　故宫博物院藏封泥类文物345件，其中300件属官印，其余属私印。时代为两汉、魏晋、南北朝时期。在玺印学分期断代方面，这正是一个相对独立的时期。这些文物涉及这一时期的王国、侯国等封爵内容，中央多个机构职官，地方行政州、郡、县、乡职官，将军名号与武职属官，国家特设官与颁赐少数民族职官，姓名私印和宗教印等。其中尤以较多的地方行政职官内容为特点，地望涉及国家的广大政区。我国汉代官印收藏，郡太守和州刺史的实物印章传世并不多，故宫博物院收藏的这批郡太守封泥约有30余方，是当时郡太守官印的真实遗存，品相比较完好。我国早期玺印以其多个方面作为文物而存在，尤以实物文献、文字体现其珍贵内容，而当实物在历史上遗佚后，封泥就成为极重要的遗蜕实物。故宫博物院所藏封泥的原印，多已不存于世，因而这批封泥就相当珍贵。故宫博物院藏封泥的来源，一是国家拨交，二是本院陆续收购，三是个人捐献。1898年吴式芬、陈介祺的《封泥考略》（1904年出版）、1931年吴熊辑《封泥汇编》、1934年北京大学研究院文史部辑《封泥存真》中提及的封泥，其中有相当多现藏故宫博物院。

九、画像石与画像砖

　　故宫博物院所藏画像石与画像砖共335件。画像石是一种雕刻有图像的石质建筑材料，通常用来砌筑墓室，有画像的石材多集中在墓门、横梁等处。画像石依照出土地点与雕刻风格的不同而划分为山东、徐州、南阳、四川—重庆、陕北与晋西南五大区域。画像砖也是墓室建筑的一部分，它以陶土为原料，在制好的模型上压印出图像与图案。河南、四川、重庆等地出土数量最多。故宫博物院所藏画像石、画像砖，涵盖了上述各主要出土地点，特别是陕北与晋西南出土者不仅数量较多，内涵也相当丰富，郭季妃墓与郭仲理墓等，都有明确的墓主人记载。山东出土的二桃杀三士画像石与周公辅成王画像石，历史故事引人入胜，并带有浓郁的地区特色。隋唐时期的人物与动物砖雕，出自湖北武汉等地的科学考古发掘，是当时丧葬习俗的真实反映。宋代的二十四孝砖雕，表明当时更重视孝道在意识形态与社会生活中所起的作用。

十、陶俑

故宫博物院所藏陶俑 4000 余件，主要通过国家文物局拨交、私人收藏家捐献、兄弟博物馆考古发掘品交流等方式聚合而成。始自战国，历经秦、汉、魏晋南北朝、隋、唐、五代、宋、元、明、清，逾 2000 余年而未间断，构成一部完整的古代陶俑发展史。其中汉与唐所占比例较重。众多的考古发掘品价值最引人关注。1951 年河南辉县百泉发掘的东汉动物俑、具有典型四川陶俑特征的听琴俑以及有明确出土地点或考古发掘地的隋唐五代陶俑等，都有鲜明的特点。陶俑传世品精品也不少。郑振铎捐献的一组乐舞群俑，共 8 件，2 件为舞俑，6 件为乐俑，各具神态，栩栩如生。其捐献的另一件昆仑奴俑，特意烧制成黑色，以表示黑人皮肤。唐墓中出土的昆仑奴俑，数量不多，且多穿敢曼（用羊皮或布等围系成的短裤）。此俑却穿右衽衣，右衽衣是华夏传统服饰，这表明其已经接受了唐人的生活方式。这种造型的昆仑奴俑，传世仅存此 1 件，是唐朝对外文化交流的历史见证。故宫博物院编印有《雕饰如生——故宫藏隋唐陶俑》（紫禁城出版社，2007 年）、《捐献大家——郑振铎》（胡国强、冯贺军主编，紫禁城出版社，2005 年）。《故宫博物院藏品大系·雕塑编》（胡国强主编，紫禁城出版社，2011 年）的第 1 至 4 册，全面介绍了院藏的战国至南北朝俑、隋唐俑与宋元明俑以及明器模型。

第九章

故宫宫廷历史文物及其研究

第一节　故宫典制文物

典章制度是国之大法，也是皇权的表征。宫廷礼乐是国家确立政权、划分等级的重要标志，因此也是典章制度的核心。《大清会典》中的"典礼"，记叙了历代相习沿用的"五礼"，涵盖了国家的礼制、宫廷的仪规。典章文物中很重要的一类，就是典礼中使用过的文物。这类文物，基本保存在故宫博物院。

一、卤簿仪仗

卤簿仪仗是封建社会体现皇权尊威无比的最外在的体现和象征。卤簿制度最早见于汉代典籍记载，以后历代各有增损，到清代根据不同的场合，有4种不同的规格的名称：祈谷等大祭祀中使用的大驾卤簿，共有旌旗伞盖等713件；朝会中使用的法驾卤簿，共有553件；行幸皇城中使用的銮驾卤簿，共有104件；巡幸外地时使用的骑驾卤簿，共有162件。同时对后妃也规定了不同等级：皇后、皇太后的称为仪驾，皇贵妃、贵妃的称为仪仗，妃、嫔的称为彩仗。故宫博物院现存卤簿仪仗文物1900余件，有陈于太和殿檐下的完整成套的金八件（金提炉二、金盂一、金水瓶二、金香盒二、金盥盆一）；有设于太和殿前御道两侧，用于整肃大典秩序的静鞭等；有从太和殿丹陛上下一直排列到午门以外的各种伞、盖、扇、旗、节、旄、鼓等等，组合非常繁复，以表现盛大仪式的场面和肃穆庄严的景象。沈阳故宫銮驾库的卤簿仪仗、乐器等也有一些存藏了下来。

二、典制乐器

典礼中使用的另一类重要文物是中和韶乐、丹陛大乐的乐器。中和韶乐是古代宫廷雅乐，朝会、祭祀时所用，丹陛大乐是朝会中群臣行礼时专用的音乐。故宫博物院的清代宫廷乐器遗存有2300余件，其中以坛庙祭祀和殿陛朝会使用的典制乐器规格最高、数量最大，代表了先秦以来中国历代王朝宫廷雅乐所用乐器的种类和形制。第一章已有介绍，另外还有一些民族特色的乐器，如萨满教祭祀用的"嚓啦器"、"太平鼓"、腰鼓及柳条编簸箕形节等满族特色乐器，匏制三弦、胡琴、马头琴等蒙古族乐器，乾隆时期安南国进贡的"铜万象钲""铜万象镯"等。清代宫廷乐器，有年款的早自顺治元年（1644），下至宣统二年（1910），绝大部分是康熙、乾隆两朝所制，其中康熙时期的金编钟、乾隆时期的金镈钟和全套的和田碧玉描金云龙纹特磬，无不弥足珍贵。此外，还有一批晚清时期的军乐器，如大小铜鼓、长号、黑管等，为反映中国近代音乐史上西方音乐传播的重要实物。此外，天坛存有一套中和韶乐乐器，沈阳故宫也藏有中和韶乐、丹陛大乐、卤簿乐等所用的乐器。[①]

故宫博物院还藏有清代宫廷以及故宫博物院建立以来搜集、珍藏的前代乐器珍品。其中明代以前的乐器多达328件，有150余件先秦"钟磬之乐"时代的青铜钟、铜铙、玉磬等，还有已成为传世孤品的唐代大忽雷、小忽雷、北宋宫廷典制重器——徽宗时所制的大晟编钟6枚、明代宫廷的嘉靖款云龙纹玉编磬一套12枚等。故宫博物院珍藏的古琴多达40多张，其中30多张为清宫遗存，自唐代以迄清代，传承

① 武斌主编：《沈阳故宫与世界文化遗产》，辽宁大学出版社，2007年，第132页。

有绪，形制齐全，更有一些举世闻名的瑰宝，如可视为唐琴标准器的"大圣遗音"，唐琴还有"九霄环佩"琴、"飞泉"琴、"玉玲珑"琴，数量为世界博物馆之最；此外宋琴有"万壑松"琴、"玲珑玉"琴、"玉壶冰"琴、"海月清辉"琴等，元琴有"朱致远制"琴等，明琴有"奔雷"琴、"蕉林听雨"琴、"天风环佩"琴等，时代最晚的是谭嗣同的"残雷"琴。另外还有供观赏用的铁琴、铜琴、石琴，以及康熙时期精致的制琴模型。台北故宫博物院藏有宋徽宗时的大晟编钟 2 枚，文物南迁时的宫廷古琴 3 张，加上近年征集的 1 张，古琴收藏应不少于 4 张。

关于清代礼乐制度研究的成果不少。陈万鼐以《清史稿·乐志》等为依据，对宫廷音律、乐制、郊祀乐、乐器、乐舞等进行了全面研究，其成果反映在《清史乐志之研究》（台北故宫博物院，1979 年）中，该书是以现代视角审视古代乐学问题的一部重要的学术专著。万依、黄海涛的《清代宫廷音乐》（紫禁城出版社、中华书局香港分局，1985 年）以故宫博物院珍藏的文献、档案等资料以及乐器等实物资料为依据，将清宫音乐分为由乐部管理的外朝音乐和由内务府管理的内朝音乐，对清宫乐制、律制、歌词的形成做了较为深入的探讨，把古乐谱的一大部分译成了五线谱，有的还附上了歌词。爱新觉罗·瀛生的《清宫庆隆舞初探》（天津古籍出版社，1988 年）整理清康熙《御制律吕正义》及故宫博物院藏清嘉庆年泥金精写本清代宫廷满族乐舞乐章并参照诸书，对清宫燕乐之一的庆隆舞（满洲舞）进行了探讨。余少华《蒙古乐与满洲舞在清代的文化功能》[《第二届国际满学研讨会论文集》（下），1999 年]对清代宫廷燕乐中的满洲舞（庆隆舞）和蒙古乐等少数民族音乐进行了系统研究，探究了其所具有的政治文化意义。罗明辉《清代宫廷燕乐研究》（《中央音乐学院学报》1994 年第 1 期）从清代宫廷雅、燕乐入手，简要探讨了宫廷音乐在清朝政治文化中的作用。刘桂腾的《清代乾隆朝宫廷礼乐探微》（《中国音乐学》2001 年第 3 期）将乾隆朝宫廷礼乐作为有清以来的典范，稽考礼乐形成的历史渊源、梳理礼乐的种类、总结乐器组合的基本类型及其音乐含义，并将清代宫廷礼乐置于其形成和发展的特殊政治中来探讨它的音乐文化意义。邱源媛《清前期宫廷礼乐研究》（社会科学文献出版社，2012年）着力于宫廷雅乐，以礼制为线索，反映清前期（努尔哈赤—乾隆）君臣对礼制文化的诠释和利用。该书对清帝国意识形态和仪式表演之间的关联性，展示了一个新的视角。

三、帝后玺印

印章是用以凭信和行使权力的产物。帝后玺印是皇权的象征。今存世的帝后玺印有宝玺、皇帝私印、后妃印三大类。宝玺即代表王朝皇权的印章，凡是皇帝发布诏书或其他文告时所用的印章称为宝玺，或国宝、御宝；皇帝制作和使用的为自己所独有的表示收藏、玩赏性质的玺印则是皇帝的私章，亦称闲章；后妃指太皇太后、皇太后、皇后及诸妃嫔等，后妃印即为册封时朝廷所颁发的宝印或为其所有的其他闲章。帝后宝玺从秦以来，历朝因之，宝玺数目多少不一，但存世者寥寥，唯明清两朝的帝后玺印有较多遗存，特别是清代帝后宝玺，比较完整地保存下来。

明代国宝共计二十四方，现已不存。北京故宫现藏有"皇帝之宝""制诰之宝""皇帝尊亲之宝""广运之宝""钦文之宝""御前之宝"等宝玺，尽管不是明代二十四国宝的原印，但其印文却与二十四国宝中的相关宝玺相同，其用途尚待进一步探讨。现存的明代帝王闲章有宫殿名玺、御名玺、吉祥词句玺、花押玺以及西域密教佛像、道教教印等。所藏崇祯帝玉押，为崇祯帝御用，印文朱文，由崇祯帝名讳"由检"二字花写而成，遗存至今的崇祯帝御笔上有此押，可互为凭证。明朝的御宝今荡然无存，此押印作为崇祯帝御用宝玺之一，至今留存，实属珍贵。

故宫博物院藏有明清帝后玺印 5000 余件，占已知全部帝后玺印庋藏量的 90% 以上。其中典制玺册约占 1/10。清代典制玺册包括国宝、官印、册封宝册、徽号宝册、谥号宝册五类。^① 清代最重要的是代表皇权的清帝"二十五宝"，是乾隆皇帝于乾隆十一年（1746）确立的。重新排定后的二十五宝，每一方御宝的用途都有明确规定："大清受命之宝"，以章皇序；"皇帝奉天之宝"，以章奉若；"大清嗣天子宝"，以章继绳；"皇帝之宝"（满文），以布诏赦；"皇帝之宝"（旃檀木），以肃法驾；"天子之宝"，以祀百神；"皇帝尊亲之宝"，以荐徽号，"皇帝亲亲之宝"，以展宗盟；"皇帝行宝"，以颁锡赉；"皇帝信宝"，以征戎伍；"天子行宝"，以册外蛮；"天子信宝"，以命殊方；"敬天勤民之宝"，以饬觐吏；"制诰之宝"，以谕臣僚；"敕命之宝"，以钤诰敕；"垂训之宝"，以扬国宪；"命德之宝"，以奖忠良；"钦文之玺"，以重文教；"表章经史之宝"，以崇古训；"巡狩天下之宝"，以从省方；"讨罪安民之宝"，以张征伐；"制驭六师之宝"，以整戎行；"敕正万邦之宝"，以诰外国；"敕正万民之宝"，以诰四方；"广运之宝"，以谨封识。二十五宝各有所用，集合起来，便代表和囊括了皇帝行使国家最高权力的各个方面。清代皇帝依靠这些御宝，得以发布各种文告，指令王朝的各个机构有效地运转，维系封建国家的延续。

乾隆十一年厘定二十五宝后，余下的 14 颗御宝因"于义未当"应别贮者分别收贮外，其中 10 颗赉送盛京，尊藏凤凰楼上。光绪二十六年（1900）俄国出兵东北，盛京告急。"十宝"连同其他藏品被送至热河避暑山庄收藏。民国初，北京成立古物陈列所，"十宝"亦随热河文物送至北平。现在"十宝"仍存于故宫博物院，为清代国宝之重要组成部分。

光绪末年至宣统年间，新政与立宪成为国家政局的大事，清政府国家机构围绕着君主立宪体制进行了一系列制度的转化，这其中也包括国宝制度的改革。在故宫藏品中，有八方檀香木交龙纽宝玺，宝文

---

① 郭福祥：《明清帝后玺印》VII，国际文化出版公司，2003 年。恽丽梅：《清代典制玺册综论》，载朱诚如、徐凯主编：《明清论丛》第十四辑，故宫出版社，2014 年。

分别为："大清帝国之宝""大清皇帝之宝""大清帝国皇帝之宝""大清国宝""大清国玺""大清皇帝之玺""大清帝国皇帝之玺"（2方）。此八宝均为汉文，其制作当在光绪末宣统初年，似应钤于新政或立宪后中外交往的文书上。宝玺无使用痕迹，迄今亦未发现钤用其宝的文件。但不论其是否曾经钤用，亦应列为清代国宝。

故宫博物院还收藏有皇帝册封后妃时颁发的象征后妃身份等级的"册宝"（如皇后之宝、贵妃之宝）、皇帝尊崇先帝所遗的太后妃嫔所上的"徽宝"（如道光八年进恭慈康豫安成皇太后徽号册宝、同治十一年进慈安端裕皇太后徽号册宝）、嗣皇帝为先帝与后妃所上的"谥宝"（如顺治五年上肇祖原皇帝谥号册宝、乾隆元年上太祖高皇帝谥号册宝、宣统元年上德宗景皇帝谥号册宝）等，具有极高的历史价值与艺术价值。

此外故宫博物院收藏清代官印 100 多方。官印为官吏职掌或政府机构行使权力的凭证。如白金龟纽"监国摄政王宝"、金"圣旨步军统领衙门"牌、银扁柱纽"总管内务府印"、银柱纽"袭封衍圣公印"、铜柱纽"太医院印"等。

在皇帝宝玺中，除代表帝后权力的宝玺外，大量的乃是清代皇帝平时钤诸御笔、鉴赏书画、刻印图书及收藏玩赏的各式各样的宝玺，亦可统称之为皇帝闲章。这些闲章按其内容和用途可分为年号玺、宫殿玺、收藏玺、鉴赏玺、铭言吉语玺、诗词玺以及花押等。它们都是皇帝和后妃的御用之物，制作时多由皇帝下旨，由内府各作御用工匠完成，选料严格，制作精细。印材料主要是贵重的玉石、翡翠、寿山石、青田石、昌化石、檀香木、象牙等；印纽雕镂精致，印文摹刻工整，极具皇家雍容华贵特色。

故宫博物院珍藏的这类玺印，极为精美的有康熙帝的"宣文之宝"，雍正帝的"雍正尊亲之宝""雍正亲贤之宝""雍正敕命之宝""朝乾夕惕""亲贤爱民"等；收藏的乾隆帝的 1000 余方闲章，多有创新之作，"养心殿铭"玺就别出心裁。该玺文为乾隆帝所撰《养心殿铭》，其下有乾隆帝署款，并钤阳文"会心不远"与阴文"德充符"印，整个印面共计 136 字。这种以整篇文章入印，且在印面再制以印章，钤印后犹如金石拓片的效果，实属印章中的罕见之作。其印体硕大，且通体金星闪烁，品质亦十分珍贵。皇帝的闲章，往往反映着个人的志趣。雍正帝即位元年就曾御书"为君难"匾额于其养心殿内，又刻制多方"为君难"印玺，钤于书画起首处，作为警惕自勉。2010 年台北故宫博物院举办雍正文物大展，曾向故宫博物院借展一批文物，特别提出"为君难"印玺，因为这 3 个字是雍正帝登基之初的内心写照，两岸故宫博物院合作举办的雍正大展的学术研讨会，主题就定为"为君难"。帝王的闲章，在不同角度、场合也可以起到某种征信作用。故宫博物院保存的"御赏""同道堂"两方咸丰皇帝的闲章，就是一例。1860 年英法联军攻进北京，咸丰皇帝携皇后钮祜禄氏和贵妃叶赫那拉氏以及皇子载淳等，避往热河避暑山庄。在病危中，咸丰皇帝将"御赏"赠皇后，"同道堂"赐予皇子载淳，由叶赫那拉氏保管，以备不虞。咸丰帝卒后，载淳登极，肃顺等八大臣辅政，与叶赫那拉氏争权。1861 年叶赫那拉氏慈禧发动了"辛酉政变"，与皇后钮祜禄氏及恭亲王奕䜣等掌握了清廷大权，实行"垂帘听政"，下懿旨，改"祺祥"年号为"同治"，以后凡同治皇帝的上谕明旨，上用"御赏"章，下用"同道堂"章，凡上谕明旨无两太后的"御赏""同道堂"章，均无效，直至同治皇帝亲政为止。从此，"御赏""同道堂"两闲章，便成了同治时期两太后垂帘听政的主要标志，成为见证晚清一段历史的重要实物资料。[①]

清代帝后玺印台北故宫博物院约有二十来方，其中乾隆"鸳锦云章"循连环田黄石印 9 方，为乾隆皇帝于晚年嘱治的玩赏印，9 方方印体量甚巨，均经精雕细琢，印组雕工尤为精巧，第七方方印上子母狮组的母狮眼内嵌有微小米珠，精细程度令人惊叹。9 方田黄印分别以玉筋篆、奇字、古文、诅楚文、小篆、钟鼎篆、尚方大篆、秦玺篆、汉印篆等汉字古篆 9 种，精刻御制三言三句九字回文诗"循连环、环

---

① 徐启宪：《"御赏""同道堂"章与慈禧篡权》，载《故宫博物院院刊》1979 年第 3 期。

循连、连环循"。其中白文 4 方,朱文 5 方。每一方印以不同字起首,"循连环"三字反复出现,却又各不相同。①

清代帝后印玺因战乱等原因有一部分散失海内外。1900 年八国联军侵华,联军攻入北京,清朝典藏先皇御容像和玺印等的寿皇殿成为法军的司令部,大量珍贵文物被劫掠到了法国。法国敕规咮博物院所藏清宫玉玺甚多,当年康有为游览时就见到了陈列的"太上皇归政""太上皇帝归政仍训政""得遂初心""乾隆御笔""八徵耄念之宝""保合太和""听平视察""自强不息""犹日孜孜""圆明春山""烟火长春"等乾隆玉玺及光绪帝的"懋勤殿"碧玉玺。② 国际艺术品市场上的清帝御玺,如康熙的"戒之在得"、"七旬清健"及"佩文斋"十二组玺、乾隆的"太上皇帝之宝"等,都与法国弗雷家族有关。弗雷当年为侵华法军最高将领,劫掠了不少玺印和油画。

对明清帝后宝玺的研究经过了一个逐步深入的过程。皇帝宝玺过去一直深藏于皇宫大内,世人难以目睹,历史文献的记载也较简略。清宫虽将清历代皇帝宝玺编辑成《宝薮》,但仅见印谱而无印形,为系统研究带来许多困难。1934 年出版的《故宫周刊》上连载了《清乾隆印玺志》一文,是根据故宫博物院藏《宝薮》所载的宝玺整理而成,计 1092 方,包括宝玺质地的统计数字、玺文的具体内容等。前面介绍过的徐启宪的《"御赏""同道堂"章与慈禧篡权》一文,利用档案及其他文献对两方印章的来龙去脉、使用状况及慈禧利用同治帝年幼代为掌管"同道堂"玺之便达到干预朝政的史实进行了详尽考证,开启了一条文物和文献结合进而考证历史的帝后宝玺研究的新路径。1985 年 12 月,香港三联书店出版了《故宫博物院藏宝录》,叶其峰撰写的"帝后印章"一节,包括概说、清皇帝之宝、珍妃之印三部分,

---

① 蔡玫芬主编:《精彩一百国宝总动员》,台北故宫博物院,2011 年,第 160 页。

② 康有为:《欧洲十一国游记二种》,《走向世界丛书》,岳麓书社,2008 年,第 215—219 页,。

对宫中所藏的帝后印章状况进行了介绍，并详细考订了"皇帝之宝""珍妃之印"二玺。为了开拓帝后宝玺制度的研究，故宫博物院从馆藏的数千方帝后宝玺中遴选出数百方具有代表性的宝玺，编辑成《明清帝后宝玺》大型图录，1996 年由紫禁城出版社出版。朱家溍任顾问，徐启宪和李文善任主编。全书分明、清两个单元，每一个单元又分国宝、御书钤用诸玺、后妃宝玺、皇帝升附庙号谥号册宝及附录诸部分，每一部分都有相关的研究文章，第一次对明清帝后宝玺制度进行了全面考辨。此书将明清帝后宝玺的研究向前推进了一大步，受到海内外的重视。参与《明清帝后宝玺》编写的郭福祥又继续查阅清宫档案，在获得大量相关资料基础上，以典型作品为重点，以每个皇帝为段限，对玺印制作、使用及有关背景、文化内涵等进行分析探讨，其成果集中在《明清帝后玺印》（国际文化出版公司，2003 年）一书中。

四、"遗念"收藏

清宫中还有一类特殊的收藏，即先皇的遗物和赐物。先皇的遗物又称为"遗念"。满族向有收藏"遗念"的古俗，收藏这些纪念品，表达对逝者的感情怀念，用以教育后代，具有重要的意义。[1] 清宫武备中就多有皇帝个人使用的武装器械、狩猎装备及与战争有关的军备器物。例如乾隆皇帝的马鞍就有珍珠鞍、宝石鞍、雕漆鞍、镀金鞍、镶嵌牙骨鞍、珐琅鞍以及装有日晷钟表的马鞍，几乎囊括了当时所有的先进工艺技术和装饰材料。沈阳故宫博物院所收藏"清太祖高皇帝御用护剑"，为至今保存的清太祖努尔哈赤遗留下来的唯一珍品。故宫博物院收藏服饰类"遗念"很多，如皇太极的明黄绸棉袍，曾作为战袍使用过，此袍是衬在铠甲里穿的，袍面上血痕甚多。后来赏给大臣玉麟的祖宗，很可能是因功受赏。玉麟又上交入库为清室所收藏。还有康熙皇帝的雨服、乾隆皇帝的戳纱绣夏朝服及咸丰皇帝的东珠朝珠、

---

① 故宫博物院编：《清宫收藏与鉴赏》，紫禁城出版社，2012 年，第 261 页。

孝贤纯皇后亲手为乾隆缝制的火镰荷包等。沈阳故宫所藏清初衣物较多，如皇太极龙袍，领、袖、襟石青地织金云龙纹，月白绸里，黄织锦缎暗万字地小团龙云纹面，大襟裾四开，黄织锦云龙纹，圆领铜扣，十分珍贵。清帝曾把打猎所获鹿角制成鹿角椅，表示遵守祖宗之制，又用以教育后代。沈阳故宫博物院藏有皇太极御用鹿角椅一件，造型完美，威严华贵，体现了满族的尚武精神。故宫博物院也收藏一件康熙帝亲猎之鹿制成的鹿角椅。

五、其他典制文物

故宫博物院还收藏大批有关典制的其他文物。清朝在太和殿举行典礼时，为文武官员站列有序，于乾隆二十四年（1759）始设站位标志红漆木牌，乾隆五十四年（1789）改制为品级山（由铜铸成，内腔空，因像山形而名），一直延续至清末。品级山自正、从一品至正、从九品，总共72座，故宫博物院成套保存完整。故宫博物院收藏有千余件红、绿头签。官员觐见皇帝，必须呈递写有官员姓名、官衔、籍贯、入仕年岁等情况的红、绿头签。宗室、王公用红头签，其他大臣用绿头签。皇帝通过觐见来考查官员的才学品性、操守政绩等。选秀女头签是清代皇帝选秀女制度的遗存，故宫博物院尚存有千件。腰牌是宫廷警卫制度的直接体现，故宫博物院存有9000件之多。当时凡是来宫内服役的人员，均由内务府颁发木制的腰牌，作为出入宫禁的凭证，以加强宫廷的禁卫。朝廷政务也留下了大量的文物，如皇帝的朝服、宝座、宝座前的黄案，黄案前给官员跪拜奏事备用的垫子，大臣奏事的题本、奏折，军机处草拟、呈览钦准后下发的皇帝谕旨"廷寄"，殿试的试卷、外国使臣进献的钟表、望远镜等等。题本、奏折、廷寄等档案今存中国第一历史档案馆和台北故宫博物院。

第二节　故宫生活文物

　　紫禁城内廷之部，以后三宫为中心，是皇帝处理日常政务、生活起居和皇室生活居住的主要场所，留下了他们衣、食、住、行等大量的各种各样的生活用品，如今成为了解宫廷和诠释历史的珍贵文物。此外，颐和园、承德避暑山庄、沈阳故宫等，也都有一些生活文物的存留。故宫博物院收藏的生活文物大概可分为 3 个方面：

一、家具与毯类文物

　　明式家具是中国家具发展史上的高峰，一直以其简洁流畅而备受推崇和赞誉。故宫博物院所藏明代家具最为丰富。故宫博物院藏传世明代硬木家具精品，大多是明晚期的作品。明代家具产地主要有苏州、北京、山西等地，其中最著名的是苏州，称为"苏作"，京作（北京）家具多出自皇家御用监。除生产硬木器外，还有相当数量的漆家具。晋作主要为大漆螺钿家具，故宫博物院现存的明代大漆螺钿家具多从山西得来。清康熙年间（1662—1722），家具制作出现一些新的工艺、造型和装饰，在雍正、乾隆两朝奠定，这些新式样的家具被称为"清式家具"。其风格可以概括为"精巧华丽"4 个字。[1]明清宫廷家具来自民间又高于民间。除过北京和宫廷御用作坊制作的精美家具外，各地也争相把材质优良、做工精细的高档家具进献皇宫。因此宫廷家具代表了中国传统家具的最高水平，也是明清家具的精华。

　　故宫博物院现共藏明清家具 6400 余件，以清代为主，年代最早为明代宣德年间（1426—1435），最晚为清末民国时期。其风格特点

---

　　① 朱家溍：《集中国传统家具大成的明代家具》导言，《故宫博物院藏文物精品全集·明清家具上》，香港商务印书馆，2002 年。朱家溍：《清代新风格家具的形成》，《故宫博物院藏文物精品全集·明清家具下》导言，香港商务印书馆，2002 年。

可分为明式家具、清式家具和清末民国家具。明式家具以黄花梨为主，其次为紫檀、榉木和楠木，还有相当数量的雕漆、彩漆和大漆螺钿家具。清式家具以紫檀木为主，其次为黄花梨、花梨木、酸枝木等，漆饰家具也占相当数量。此外，还有部分外国家具，主要是日本家具。[①]

故宫博物院收藏明清家具种类丰富，数量巨大，主要有 6 类：

其一是床榻类，包括相当数量的宝座，计约 150 件。清宫中宝座数量较多，一般在皇帝和后妃寝宫的正殿明间都陈设一组宝座，宝座周围常有屏风、宫扇、香筒、用端、香几和太平有象等配合，是宫中一种特殊的陈设形式，象征皇权至高无上。宝座都是单独陈设，而且要放在室内最显要位置。故宫太和殿中的金漆龙纹宝座，是最典型的代表。清代床、宝座中髹漆工艺有黑漆描金、紫漆描金、罩金漆和黑素漆嵌瓷 4 种，都是家具中的上乘精品。

其二是椅、凳、墩类，约1100件。按中国传统等级观念划分，有宝座、交椅、圈椅、四出头官帽椅、南官帽椅、靠背椅、杌凳、墩子等品种。

其三是桌、案、几类，约1600件。案子、几子、桌子品类中又有方桌、长桌、圆桌、炕桌、炕几和香几。

其四是橱、柜、箱类。此类泛指各种存贮用具，分橱、橱柜、柜、柜格、书格、箱子等，约 450 件。收藏的柜子大小不一，大者有坤宁宫和宁寿宫炕上陈设的两对大立柜，形体宽大，且有 3 层顶柜，最高层紧贴天花板，总高度达 5.185 米。其次是太和殿陈设的一对大立柜，柜身高 3.7 米。故宫博物院藏有许多世不经见的箱子，紫檀银包角双龙戏珠纹箱，雕刻花纹精美生动，箱子四角及箱座四角均包镶银质镀金包角；黑漆识文描金九龙纹长套箱，系雍正元年（1723）为盛放孝陵所产蓍草而制，箱体分外、内箱两层，两箱通体黑漆地，全部用识文描金手法装饰云纹和龙纹。此箱在《养吉斋丛录》和《清高宗御制诗》均有记载。另有柏木制成的冰箱，系宫中夏季储冰消暑之物。

---

① 胡德生：《明清宫廷家具》前言，紫禁城出版社，2008 年。

其五是屏风类。约 1750 件，以清代为主，包括各式座屏、插屏、挂屏、围屏等，种类齐全，数量亦多，很能体现清式家具的风采。围屏在清宫中占很大比重，一般用于临时陈设，或作娱乐活动。例如有一套黑漆款彩围屏，共 24 扇，12 扇为一组，正面雕通景花鸟图，背面雕通景山水风景图，至今保存完好，仍绚丽多彩，是目前国内传世清式家具中极为罕见的品种。此外，木炕流行，也催生了炕屏，炕屏是典型的清式家具。

其六是其他类。包括镜台、衣架、盆架、灯架和护树围子等，均为清代作品。

故宫博物院收藏的明清家具中，一批有具体年款的家具有着重要的价值。这批家具的年代有明宣德款、万历款、崇祯款；清康熙款、乾隆款。质地有雕漆、填漆戗金、描金漆、罩金漆、推光漆，嵌螺钿、洒螺钿等。形式有桌、案、椅、榻、橱柜、书架、箱匣等，造型纹饰和制作均优美精致，这对于研究明清家具的造型、工艺及时代特征是不可多得的实物资料。这些家具的特殊价值，还在于其中大多数仍然存放在原来的殿堂及位置，反映了当年的陈设原状。故宫博物院除过藏有大量清代硬木家具和漆器家具精品外，也有小部分一般的漆家具和柴木家具。后者虽然不是家具中的精品，但从清代家具史的角度来看，却是用途最广的家具。不仅民间百姓普遍使用，就是在紫禁城中的乾清门外军机大臣值房、军机章京值房、九卿值房、散秩大臣值房、内务府大堂、太和门内外两庑各库及内阁大堂等许多地方也都使用这类家具，其中"榆木擦漆"的桌、案、椅、凳、柜、架、箱、橱等，是这类家具中最有代表性的品种。这类家具在清代家具中占有重要一席，也是研究清宫史不可或缺的实物资料。

朱家溍、王世襄对明清宫廷家具有着深入的研究，他们合作主编的《中国美术全集·工艺美术编·竹木牙角器》（文物出版社，1988 年）共介绍明清家具 82 件，其中 70 件选自故宫博物院。朱家溍担任主编并撰写导言的《故宫博物院藏文物精品全集·明清家具（上、下）》（香港商务印书馆，2002 年），对清宫明清家具的发展源流、艺术特点做了全面、系统的论述。他还发表过一些研究明清家具的文章。王世襄的《明式家具研究》（生活·读书·新知三联书店，2008 年）汇集了作者 40 余年研究积累，系统客观地展示了明式家具的成就，并从人文、历史、艺术、工艺、结构、鉴赏等角度完成了对明式家具的基础研究。上述《故宫博物院藏文物精品全集·明清家具（上、下）》所收录的467 件明清家具的说明文，由故宫博物院胡德生执笔，朱家溍审订。胡德生并著有《明清宫廷家具》（紫禁城出版社，2008 年），是作者30 年来在故宫博物院从事明清宫廷家具保管与研究的总结之作，着重介绍了宫廷家具的来源、特点、风格，家具的种类，家具与建筑的关系，特别是分析了宫廷家具的文化内涵。故宫博物院的家具专家，不仅重视对家具本身的研究，同时重视这些家具在具体殿堂的陈列组合及其所反映的意义。此外，田家青的《明清家具鉴赏与研究》（文物出版社，2003 年）、濮安国的《明清家具研究》（故宫出版社，2012 年）都涉及宫廷家具的研究。2014 年 12 月，故宫博物院主编的《故宫博物院藏明清家具全集》由故宫出版社推出，全书按照凳、墩、椅、宝座、床、榻、几、桌、案、橱、柜、格、箱、屏、架及其他等门类，分为 20 卷，共收精品家具 2000 余件，不仅有苏作、晋作、广作和京作四大名作家具，还有湖南、江西、广西及四川等地制作的家具，通过多角度、多细节将这些庋藏深宫鲜为人知的珍品家具展示出来。

中国制毯用毯历史悠久。明清两代皇宫曾有过"凡地必毯"的辉煌景象。故宫博物院保存着当时皇宫实际使用过的各种毛（丝）毯1000 余块。依其用途，分地毯、地平（宝座下面台面）毯、炕毯、壁毯、窗户毯、桌毯、宝座毯、靠背毯、脚踏毯、楼梯毯、戏台毯、轿毯、马鞍毯等，达 10 余种之多，至今仍有纤维粗、弹性好、光泽强、抗压力大的特点。其工艺有栽绒毛毯、栽绒丝毯、栽绒盘金银线丝毯、平纹毛毯、斜纹毛毯、缂毛毯、漳绒毯、毛毡毯等手工织造与西方传来的机织毯。这些毛毯的来源，既有宫廷内府机构直接织造，也有通过贸易在国外订购或西方访华使团进献的礼品及藩属国贡物，而最主要的则是北京、新疆、内蒙古、宁夏、甘肃、西藏等地的贡品。

现藏手工栽绒地毯，有 10 件左右当是明代中期的编织物，其余都是清代（直至清末）的地毯。这些地毯早的已有 500 余年历史，最晚的也有 100 余年。其中明中期的龙戏珠、双鸾凤纹以及锦纹大地毯，尽管有的残损，但作为中国皇家用毯，在世界地毯史上仍有其独特的地位和价值。故宫博物院还收藏了 50 余件大小西洋毯，绝大多数为 19 至 20 世纪的机织地毯。这些洋地毯带着异国的艺术风情，如五彩花环纹西洋毯，为法国流行一时的古典式样。

这批清代宫廷用毯，根据不同的使用功能，装饰有不同内涵的纹饰：祥龙瑞凤纹饰的，多铺设在典礼大殿中；名花蕙草与亭台楼阁等纹饰的，则铺设在具有宁静温馨格调的生活建筑之内。它们多随建筑内空间格局，依形成幅，铺设吻合，使得地面、墙面的绚丽毯面与天花浑然一体，营造出富丽堂皇的皇家气派。[1]

故宫博物院宫廷部从 2000 年以来，在对毯类文物加强科学保存的同时，重视研究工作，进行认真的分析、对比、测量，并到历史上盛产地毯，至今仍保留手工编织技术的西北地区学习考察，与国内外同行交流，基本弄清了这些藏品的类别、产地及编织特点，并掌握了宫廷毯的作用、功能及其工艺技术等。苑洪琪、刘宝建主编的《故宫藏毯图典》（紫禁城出版社，2010 年），反映了多年来宫廷部毯类文物研究的初步成果。

二、宫廷服饰

服饰制度是历代礼仪制度的重要组成内容之一，服装的色彩、纹样、款式、质地无不反映用者的身份等级和社会地位。清代服饰制度比中

---

① 苑洪琪、刘宝建：《清代宫廷用毯的历史与艺术》。苑洪琪、刘宝建主编：《故宫藏毯图典》，紫禁城出版社，2010 年。

国历史上任何一代都更为繁缛严格，而宫廷服饰又是其中等级制度最为复杂严密的。《大清会典》《皇朝礼器图式》都有明确规定。清代服饰等级的区分，首先是颜色，其次是纹样，再次是质地。清代宫廷服饰所用的衣料大多由江南三织造即江宁织造局、苏州织造局和杭州织造局生产，极少部分由京内织染局织造。故宫博物院藏清代宫廷服饰类文物 62000 余件，包括成衣 16000 余件、冠履近 3000 件、配饰 6000 件、活计 27000 余件；此外还有清代织绣材料类文物 60000 余件，包括匹料 30000 余件、衣料 10000 余件和绦带 20000 余件。其中一部分是从热河行宫和沈阳故宫运回的。

成衣中，绝大部分是清代皇帝和后妃穿用的服装，另有极少量官员穿用的服装。按清代服饰典制，帝后服装有礼服、吉服、行服、常服和雨服、戎服、便服。例如礼服，是清代帝后遇重大典礼及祭祀活动时穿用的配套服装。在清代冠服制度中，帝后礼服以分类庞杂、功用繁复著称。皇帝礼服有朝冠、朝袍、衮服、端罩、朝珠、斋戒牌、朝带、朝靴 8 类，分冬、夏式计 20 余种；其中用于祭祀的朝袍又分为蓝、明黄、红和月白 4 种颜色。通过明黄色朝袍衣袖的不同颜色，可清楚地分辨出朝服与祭服的区别所在。皇后礼服有朝冠、金约、领约、耳饰、彩帨、朝珠、朝袍、朝褂、朝裙、朝靴 10 类，分冬、夏式计 20 余种。故宫博物院成衣藏品涵盖了这几类典制类服装的全部，所属年代跨越整个清代。服装质料绫、罗、绸、缎、纱、缂丝、兽皮等一应俱全，式样丰富多彩，花纹装饰精美繁复，制作工艺高超精湛，为清代服饰制度的研究，提供了大量翔实的实物资料。

冠帽中，以清代皇帝和后妃的冠帽占绝大多数。皇帝的冠帽分为朝冠、吉服冠、常服冠、行服冠和雨冠 5 类，又有冬冠和夏冠之分，其形制、材质和装饰各不相同，故宫博物院藏品中较齐全地保存了这几类冠帽。另有少量官员的冠帽，主要是亲王和三品、五品、六品、七品等官员的吉服冠。

配饰中有头花、簪子、大拉翅、盖头、耳坠、领约、手镯、手串、戒指、扳指儿、指甲套、朝珠、念珠、彩帨、怀裆、腰带（包括朝服带、吉服带和行服带）等。质地有铜、银、金、玉、珊瑚、牛角、珍珠、香木、蜜蜡、玛瑙、水晶、玳瑁、琥珀、红蓝宝石、青金石和绿松石等。

活计中，清代成套的活计包括荷包、表套、扇套、靴掖、眼镜套、镜盒、镜子、粉盒、槟榔袋、扳指儿套、褡裢、明信片盒等，一般取其中的 4 至 8 件组成一套，但每套中一般都有荷包。

此外，故宫博物院又藏有 10 多万件明清织绣文物，即材料类的文物。明清时期的丝织品生产集古代织造技术之大成，品类丰富，质地优良，且明清两代各有所长，都代表着中国织造业的最高水平。故宫博物院藏明清织物主要有缂丝、起绒织物、双层织物、锦、缎、绫、罗、绸、纱等，藏品年代以清代中晚期占绝大多数，几乎全部来源于江南三处官营织造局。以上许多织物除北京故宫外很少有收藏，因此，故宫博物院这批藏品是研究明清织物最为丰富、完整、宝贵的实物资料。

台北故宫博物院有少量的清代帝后服装、冠帽和一些配饰，如冠带、袍服、簪笄、钗环、耳坠、手镯、扳指儿、带钩以及朝珠、香囊、荷包、烟嘴等，计 11000 多件。其中清高宗御用的皇帝大阅胄，为运台文物中之仅有者。台北故宫博物院个别文物如冠帽的顶子、腰带带板等藏品的数量较多，其中如清代皇帝朝冠顶、皇帝夏朝冠金佛、金累丝嵌东珠镂空云龙舍林和嫔朝冠顶等，均十分精美完整。

在清代服饰的研究上，王云英出版了两部著作：《清代满族服饰》（中华书局，1985 年）讲述了清代习俗与服饰的关系，清代的官服等方面的内容，考证了清代满族服饰的流源及其制度；《再添秀色——满族官民服饰》（辽海出版社，1997 年），对清代满族服饰的起源，服饰的款式、纹样、色彩及服饰制度等方面，做了较深层次的探析。两书都涉及清宫服饰。黄能馥、陈娟娟编著的《中国服装史》（中国旅游出版社，1995 年），系统地将历代服饰制度、形式、面料、纹样、首饰、配饰等一一展现出来。其他一些中国服饰史著作，也都对清宫服饰有所论述。

2005 年《故宫博物院藏文物珍品全集·清代宫廷服饰》出版，是北京故宫对收藏的清宫服饰首次系统地整理发表。主编张琼撰写了导言，反映了整理研究的初步成果。与服饰配套的冠帽与配饰精品，1992 年曾以《清代后妃首饰》出版（故宫博物院编，紫禁城出版社、柏高出版社），2004 年又被选入《故宫博物院藏文物珍品全集·宫廷珍宝》（徐启宪主编，香港商务印书馆，2004 年）。2007 年宗凤英的《清代宫廷服饰》（紫禁城出版社）出版，详细介绍了皇帝、后宫、百官不同场合的服饰要求，让人们更清楚地了解到清代宫廷服饰的演变。2008 年，故宫博物院举办了"天朝衣冠——故宫博物院藏清代宫廷服饰精品展"并出版了同名图录（紫禁城出版社），从院藏 10 余万件清代服饰类文物中遴选出清代皇帝与后妃的服装、衣料和配饰等文物 105件套。展览按皇帝与后妃在礼仪政务、庆典筵宴、骑射尚武、燕居生活等 4 个不同场合所穿的服饰展开。其中有清代皇帝举行国家祭祀大典时穿用的四色朝袍，康熙皇帝行围打猎的行服袍，乾隆皇帝珠绣衮服、缂金龙袍，道光皇后的金版嵌珠石朝褂，光绪皇帝大婚行合卺礼时皇后穿的龙凤同合袍褂，以及清末后妃异彩纷呈的各种便服等。其中很多是深藏宫中多年而首次面世的国家一级文物或院藏孤品、珍品，对于普及清宫服饰知识起了积极作用。

台北故宫博物院出版了《清代服饰展览图录》（1986 年）。

三、宫廷生活用品及医药药具

故宫博物院所藏清宫生活文物，主要是当时实际使用的日常物件，遗存到今天而成为文物，数量多达几万件，包括餐饮炊具、烟酒茶及其器具、沐浴盥洗化妆器具、取暖纳凉器具、照明器具等。餐饮炊具既有汉民族长期使用的器具形式，也有满族餐饮生活特殊的器具，比如喝奶茶用的奶茶壶，吃涮羊肉的火锅，等。当时帝后实际吸食的水烟、洋烟以及鼻烟等，都有大量遗存；尚有未开封的晚清皇帝举行大婚所用的成罐喜酒；当时全国各地进贡的名茶无所不具，现在尚存有

400 件左右，其茶具亦十分精美。沐浴盥洗化妆器具可谓类别、形制五花八门，仅梳妆用具即达 3000 余件，且还存有从国外进口的香水。取暖纳凉器具中，手炉、熏炉、火炉、炭盆等取暖用具存量丰富；纳凉除了传统的手扇外，还遗存有机械的风扇，通过特殊的家具构造而能隔热盛冰的"冰箱"。另有玩具近 700 件，火镰藏品 1500 余件，鞘刀约 2000 件，香约 200 件，蜡烛 1600 余件，等等。

清宫生活用品中有不少是金银器、铜器、锡器。故宫博物院收藏了大量的清代金酒具、金餐具。有各式的金酒壶。金龙纹执壶仿中亚地区酒壶风格，高腹、细颈、长流，壶身满饰清代宫廷色彩的龙纹。金贲巴壶则为蒙古草原器具风格。金瓯永固杯和万寿无疆杯是皇帝御用的极品。故宫博物院现有生活用具部分的银器 6427 件，均为清宫旧藏。每一种用品差不多都有大、中、小不同的尺寸，有相当一部分还带有年款，反映的是清宫日常生活的状况和面貌。属于生活用具类的铜器约 1000 余件，主要是陈设与日常用器物。有清宫大殿宝座前的陈设物、宫室内取暖用铜炭盆、清宫大宴摆放的铜镀金松蓬果罩、日常盛放小吃食的铜镀金食盒、佛堂上用的铜镀金五供，以及其他陈设用器物等等。

故宫博物院现存医药文物 3000 余件，可以分为医药和药具两大类。其中医药又包括药材、中成药、西洋药品几类。药具按材质划分主要有石质、银质、铜质、瓷质、木质、砂质、玻璃等；按用途划分，有制药用具、盛药用具、诊疗用具、教学用具等。例如，有当年御药房配制丸散膏丹的银质器皿和模具，有设计精巧、携带方便的药袋、药柜；有当年备用的牛宝、马宝、猴宝、狗宝、蜘蛛宝等罕见的名贵药材；还有西洋传教士进贡的西药和葡萄酒；太医院购置的西洋人体解剖模型、化验用的显微镜、消毒用的蒸汽发生器、比较准确的天平等等。

清宫日常生活用品类别多样，遗存丰富，在《清代宫廷生活》（万依、王树卿、陆燕贞主编，香港商务印书馆，1985 年）、《故宫博物院藏文物珍品全集·青铜生活器》（杜迺松主编，香港商务印书馆，2006 年）等都已经介绍了一部分。故宫博物院管理这些文物的同人已陆续发表了一批专业性文章，大多刊登在清宫史研究会所编的 10 多本论文集中。颐和园与沈阳故宫博物院也有关于宫廷生活文物的一些研究成果。

关于清宫医学的论著，过去看到的多是依据清宫档案而撰写，或是医方、医案的分析解读。故宫博物院宫廷部关雪玲的《清代宫廷医学与医学文物》（紫禁城出版社，2008 年）、恽丽梅的《清宫医药与医事研究》（文物出版社，2010 年）二书，广泛搜求多种档案文献，同时结合所藏实物，注重从宫廷史和文化史的视角来研究，都是作者多年管理与研究清宫医学文物的成果。

第三节　故宫宗教文物

故宫博物院收藏大量的宫廷宗教文物，主要有藏传佛教文物、道教文物与萨满教文物。清宫藏传佛教文物，在承德避暑山庄与外八庙也有大量遗存，颐和园、沈阳故宫博物院、台北故宫博物院也都有一定的收藏。萨满教文物则沈阳故宫较多。

一、藏传佛教佛堂与文物

故宫博物院至今仍完整地保留着一批清代藏传佛教殿堂，并且藏有大量极其珍贵的藏传佛教文物及与藏学有关的其他文物，这些建筑与文物是明清特别是清代民族政策、汉藏文化交流及东西交通等方面生动的见证。

乾隆时期，在宫中遍设佛堂，宫廷佛事也很频繁，每天都有喇嘛在皇宫御苑中念经做佛事。帝后们亦经常到佛堂拈香拜佛，聆听喇嘛诵经，观看法事。由于历史原因，这些众多的藏传佛教殿堂长期以来处于封存状态，许多殿堂现在仍然较好地保存着它的历史旧貌，我们现在称之为"原状佛堂"。这是故宫古建筑群中一个重要而又特殊的部分，是世界罕见的佛教文化遗存。对这类佛堂，第一章已有大致介绍。

　　故宫博物院收藏有关藏传佛教的文物5万多件,主要有造像、唐卡、法器、法衣、经籍等。这些文物原存于清宫多处藏传佛堂,大部分是清代蒙藏地区民族宗教领袖进献皇帝的珍贵礼物以及内地宫廷所造的佛教艺术精品,汇聚了蒙藏地区以及内地的藏传佛教文物珍品,并收藏了不少域外佛教艺术的精品。

　　（一）藏传佛教造像

　　故宫博物院收藏藏传佛教造像2万多尊,有金铜、石、木、泥等各种质地的佛雕像,而以金铜佛像时代最早,最有代表性,成为中国除西藏地区之外藏品最丰富的国家博物馆。这些藏品原为清宫旧藏,主要是西藏、蒙古等地的贡品和元、明、清三代的宫廷作品,可以说是汇聚了各地的藏传佛像精华,集中反映了藏传佛教造像的发展脉络,显示出不同时代、不同地区的造型特点与艺术成就,而且蕴涵了丰富的历史文化信息,在中国藏传佛教造像研究中具有无可替代的地位。

　　西藏是多种文化的交会地。西藏寺庙中保存有很多印度、尼泊尔古佛像,这些早期西藏佛造像艺术的范本是寺庙中最珍贵的财富,其中一些供进清宫。因此故宫佛像中既有大量西藏与内地作品,还有西藏周边印度、尼泊尔等地的古代佛像。不仅有常见的佛、菩萨等造像,还完整保存全堂的密宗四部佛像。这些佛像时空跨度大,产地众多,品类丰富,可分为三大地区类型:[①]

　　一是西藏周边地区类型。有斯瓦特地区7世纪至9世纪作品,克什米尔7世纪至11世纪作品,印度东北7世纪至12世纪作品,尼泊尔8世纪至18世纪作品,等等。这些外来的艺术形式对西藏佛教的艺术发展影响深远。由于国内尚未发现印度、尼泊尔等地的古佛像,因此故宫博物院的这批流传千载的古佛像就弥足珍贵。

　　二是西藏本地类型。这是故宫藏传佛教造像的主体,包括有10世

---

　　① 王家鹏:《故宫藏传佛教造像概论》导言,《故宫博物院藏文物珍品全集·藏传佛教造像》,香港商务印书馆,2003年。

纪至 19 世纪西藏不同地区的大量优秀作品。

三是中原地区类型。包括宫廷与民间作品，而以清代宫廷作品为主体。故宫博物院还藏有明代宫廷的佛像，这是当时赐给西藏宗教领袖的，到了清代，这些佛像又由藏地献回皇宫。大量制造佛像是在清乾隆年间（1736—1795），展现了明清以来藏汉佛教艺术交流的成就。故宫博物院这些藏品集中反映了藏传佛教造像的发展脉络，显示出不同的造型特点和艺术成就，而且蕴含了丰富的历史文化信息，在中国藏传佛教造像研究中具有不可替代的作用。故宫慈宁宫大佛堂，曾有佛龛、供案、佛塔、佛像、经卷、法物、供器等很多陈设，特别是元代三世佛、十八罗汉和二大天将佛像等 23 尊干漆夹苎佛像，尤为珍贵，20 世纪 70 年代被迁运到河南洛阳白马寺。

故宫藏传佛像的珍贵之处还在于保留了清代喇嘛高僧的鉴定记录。大量的黄条和佛龛题记，反映了清代藏传佛教高僧对佛像的认识与研究水平。其中贡献最大的，是乾隆时期著名的高僧三世章嘉若必多吉国师，他精于佛像的绘塑与鉴定，为藏传佛教图像学的系统化、规范化，做出了重要贡献。经他们确定的佛像名称与分类，至今仍具有重要的参考价值，为研究藏传佛像的历史原貌，了解当时佛像来源、分类、名称提供了可靠的标尺文物，可以从中找到古代藏传佛像产地、年代、质地等重要线索与依据。如"扎什琍玛"佛像为历世班禅敬献，可以断定是后藏日喀则地区扎什伦布寺系统造像工匠所制，"噶克达穆琍玛"是原噶当派寺院工匠所制，"巴勒布琍玛"是尼泊尔工匠所制，这就使得原来只是古代藏文文献中提到的佛像分类名称，得到实物证实。

故宫博物院的藏传佛教除有黄条、佛龛题记外，还在内务府的《奏销档》《活计档》等皇家档案中记录了收藏、制作过程。这在西藏雕塑艺术史研究，乃至中国雕塑艺术史研究中都有特殊的意义。

（二）唐卡

唐卡是藏语的译音，用来代表各种质地的卷轴画，色泽亮丽，流光溢彩，具有鲜明的藏族艺术特点，是西藏绘画艺术中重要的部分。故宫博物院珍藏着 2000 余幅唐卡，全部是清代皇家的藏品。汇聚了 18 世纪西藏与内地艺术家创作的一大批珍贵画作，是 18 世纪唐卡艺术的精华。

故宫博物院藏唐卡按其质地，主要分绘画唐卡与织绣唐卡两大类。绘画唐卡，是唐卡的主体。清代宫廷唐卡装裱，皇家气派鲜明，采用各种名贵的锦缎，按宫廷的固定形式装裱，轴头用银镶宝石、象牙、紫檀等材质，制作考究。西藏进贡的唐卡也大多由宫廷重新装裱，豪华精美。织绣唐卡，则采用中国传统的刺绣、缂丝、织锦工艺制图画，是唐卡中的贵重作品。织绣类唐卡中，还有用各色的绸缎按画稿剪贴，用针线连缀牢固，局部刺绣而成作品，称为"堆绣、堆绫"唐卡。

故宫唐卡来源于两部分，一是贡品唐卡，是历世达赖、班禅及西藏、甘肃、青海、蒙古等地的民族宗教上层的贡献，多为西藏画家的作品，清宫廷称为"番画""藏画"。西藏进贡的唐卡有单幅画和成堂的组画，尤以组画最为精彩，组画的系统性与完整性，对研究唐卡艺术风格与图像学有着重要的意义。二是清宫廷绘制唐卡，主要由皇宫内中正殿念经处画佛喇嘛绘制，但有些作品则是由宫廷画师，甚至西洋画师，共同参与分工合作完成的，清宫廷称为"京画"。在构图、色彩、人物、背景的处理上形成了清宫独特的唐卡艺术风格，集中代表了 18 世纪西藏唐卡艺术在内地传播发展的面貌。这些唐卡艺术精品在宗教、艺术而外所承载与传达的历史信息，更弥足珍贵。

故宫唐卡绘画内容丰富，包含了藏传佛教的各类图像，神灵众多且等级分明，此外还有各种坛城唐卡，这些唐卡大部分收藏在箱柜中，至今大多品相完好，色泽如新。长期挂在佛堂中的唐卡，至今仍保持着原初的状态，对了解清代宫廷藏传佛堂内佛像的组合配置，是难得的实物资料。例如，六品佛楼宝相楼是故宫中一处重要藏传佛教殿堂，楼上 6 室供奉六品佛主尊铜像，以及 54 位主尊唐卡像；楼下 6 室供奉6 部护法神像，每室北东南 3 壁挂通壁大唐卡 3 幅，每幅绘 3 神，一室 9 神，共计 54 位护法神唐卡。这 108 幅主尊与护法神唐卡，严格遵循了西藏佛教的传统与佛典教义，按照诸神在西藏佛教万神殿中的神格、地位，主次分明条例有序的排列组合，完整严密，是18世纪藏传佛教在内地的重要的文化遗存，具有深厚的宗教文化内涵。藏传佛教有一套独特的绘画与造型语言，以象征的手法，表现诸神的神格神性，集中体现在其图像学中。宝相楼唐卡，纪年准确，形象鲜明，对于藏传佛教的图像学研究、艺术史研究有重要的参考价值。

唐卡是宗教绘画艺术，画师极少将自己的名字、绘制的时间写在作品上。所以唐卡的文字题记极为可贵。而故宫唐卡基本上每幅背后都缝有一方白绫，上书汉、满、蒙古、藏4种文字的题记，说明唐卡进宫的时间、来源、名称、鉴定人、挂供方位。鉴定加持唐卡的是乾隆时期常驻北京的大喇嘛章嘉胡土克图、阿旺班珠尔胡土克图、阿嘉胡土克图等，他们大都是精通五明的佛教大师。清宫唐卡经这些大师鉴定加持，非但在当时就具有宗教与图像学两方面的权威性，也为我们今天的研究提供了可靠的依据与线索。大量带题记的唐卡不仅是研究故宫唐卡的基础，也对17、18世纪的西藏绘画史研究有着重要意义。[①]

（三）供器与法器

故宫博物院所藏供器与法器、法衣计7000多件，品类相当丰富，不仅有藏传佛教寺庙中常用的各种器物，许多在一般寺庙中难以见到的珍贵法器，也深藏在宫廷佛堂中。供器有五供、七珍、八宝、海灯、巴令供盘、满达、佛钵、佛塔等。法器有金刚铃、金刚杵、金刚橛、喀章噶、噶巴拉碗、噶巴拉鼓、镶翅海螺、骨笛、钺刀、大号、鼓等，这些器具有来自西藏地方进献皇帝的礼物，多为历代达赖、班禅进贡。大部分法器为清宫廷制作，有纯金银制品，也采用铜镏金、掐丝珐琅等各种工艺技法，用料考究，工艺精湛，如雨花阁内三大珐琅坛城，梵华楼、宝相楼内6座珐琅大塔，都是清代的珐琅工艺珍品。法衣有佛衣、佛僧帽、佛冠、佛玉带、佛玉圭等。佛衣是清代藏传佛教大喇

① 王家鹏：《故宫唐卡艺术概述》。王家鹏主编：《故宫博物院藏文物珍品全集·藏传佛教唐卡》，香港商务印书馆，2003年。

嘛举行重大法事活动时穿用的法服，由发冠、五佛冠、云肩、两袖和下裳5部分组成，制作十分精美繁复，衣上满缀骨料、角料、砗磲或象牙等材料制成的璎珞，式样独具特色。这批佛衣对研究清代藏传佛教及清廷与西藏的关系提供了宝贵的实物资料。

故宫博物院现存有一些历世达赖、班禅进献的文物。如明永乐款铜铃杵，为明初宫廷制造，上镌款"大明永乐年施"，所附黄签写："达赖喇嘛恭进大利益铜铃杵"，原为明朝皇帝赐赠给西藏高僧，后达赖喇嘛又进献给清朝皇帝；红漆描金佛舍利盒，乾隆三十八年（1773）和四十年（1775），八世达赖喇嘛进献的两颗"燃灯佛"舍利和两颗"迦叶佛"舍利就存放在此盒内。乾隆四十五年（1780），六世班禅参加乾隆皇帝七旬万寿庆典，敬献了大量寿礼，相当部分仍保存在故宫博物院。如金刚铃、金刚杵、右旋白螺等。其中的右旋白螺，据云渡江海者讲若将其供于船头，便会风平浪静。此物从乾隆五十三年（1788）起供奉福建督署，每年有官员轮值前往台湾琉球，即被供奉于船舱。

承德避暑山庄与外八庙所藏藏传佛教文物十分丰富，第五章已做了介绍。

最早对故宫藏传佛教引起关注的是20世纪二三十年代在北京大学任教的前沙俄教授钢和泰（1877—1937）。1929年故宫博物院聘请钢和泰担任专门委员。1930年11月，钢和泰在北京大学研究所国学门重新恢复月讲中担任第一讲，题为《故宫咸若馆宝相楼佛像之考证》。1931年11月29日，故宫博物院致函钢和泰教授，请他就一件多心宝幢影片上的文字进行辨释。[1]他曾拍摄了宝相楼的766尊佛像，又搜集了一套有360幅佛教人物画像的《诸佛菩萨圣像赞》，后哈佛大学克拉克教授对其整理出版，书名《两种喇嘛教神系》。书中对这些佛

---

[1] 来函全文为："敬启者，兹奉上多心宝幢影片一件，其中文字是否梵文或其他文字，特请辨释全文并请见文为荷。此致钢委员和泰。附影片壹件。故宫博物院古物馆二十年十一月二十九日。"转引自王启龙编著：《钢和泰学术年谱简编》，中华书局，2008年，第160—161页。

像的梵、藏汉名称做了较为完整的索引。人们认为如果没有钢和泰的前期努力和后期指导，克拉克是很难完成的。这部书在藏传佛教图像学方面属于里程碑式的作品，对于后来的藏传佛教艺术领域，尤其是藏传佛教人物图像学方面的学者来说，是必读的经典著作。

《文物》杂志 1959 年第 7 期刊登了朱家溍的《故宫所藏明清两代有关西藏的文物》，论述了多件从不为外界所知的重要文物。20 世纪 80 年代以来，故宫藏传佛教研究取得重大进展。先后举办了一系列藏传佛教文物展，如"清宫藏传佛教艺术展"（1992 年）、与西藏文管会合办"西藏文物精粹展"（1992 年）、"故宫藏传佛教文物特展"（2001 年）、"妙谛心传——故宫藏传佛教艺术展"（2003 年，澳门）、"清宫罗汉展"（2006 年）等。有关出版物陆续问世，如《清宫藏传佛教文物》（紫禁城出版社，1992 年第一版、1996 年第二版）、《图像与风格：清宫藏传佛教造像》（紫禁城出版社，2001 年）、《藏传佛教众神：乾隆版满文大藏经绘画》（紫禁城出版社，2002 年）、《故宫博物院藏文物珍品全集·藏传佛教造像》（王家鹏主编，香港商务印书馆，2003 年）、《藏传佛教唐卡》（王家鹏主编，香港商务印书馆，2003 年）、《龙袍与袈裟：清宫藏传佛教文化考察》（罗文华，紫禁城出版社，2005 年）等。《梵华楼》（紫禁城出版社，2009 年）为集建筑与文物为一体，借鉴考古学方法完成的一部考察报告，是故宫藏传佛教研究的重要成果，也是故宫博物院首次出版的原状佛堂专题报告。10 余年来，故宫博物院的业务人员着力于宫廷宗教的研究，尤其是在藏传佛教艺术史和宫廷佛教史方面已经取得了一批科研成果，形成了一个相对稳定的科研队伍，以王家鹏、罗文华、王子林、徐斌等研究员为代表，构成了故宫藏传佛教研究的中坚力量。在文物整理和研究的基础上，出版的图录、论文、专著以及推出的国内外相关展览，使更多的人了解了宫廷藏传佛教的历史面貌，在学术界产生了较大的反响。

故宫博物院认识到，要把故宫藏传佛教文物研究深入下去，不能就宫廷研究宫廷，而要放在更为宽广的范围和背景中去考察，例如藏传佛教的发展源流，黄教与其他教派的关系，清代与明代的关系，宫廷与地方的关系，藏传佛教在不同地区的传播状况，等等。正是基于这一认识，多年以来，故宫博物院积极与国内外大学、研究所、考古所等机构合作，进行田野考察、考古发掘、文物保护、资料整理等，拓展了学术视野，扩大了研究领域，取得了明显的成绩，如参与布达拉宫、罗布林卡等西藏重点文化遗产的维修保护工程；与美国基金会合作共同维修西藏名寺夏鲁寺，同时与多部门合作，共同开展对该寺壁画的研究；与首都师范大学美术学院共同建设汉藏佛教美术研究中心等。特别是与四川省文物考古研究院长达10年的合作，对四川甘孜、阿坝藏族地区进行考古和民族学调查，先后出版了《穿越横断山脉——康巴山区民族考古综合考察》（天地出版社，2008年）、《木雅地区明代藏传佛教经堂碉壁画》（故宫出版社，2012年）、《2013年穿越横断山脉——阿坝藏羌文化走廊考古综合考察》（四川大学出版社，2014年）3本书，其中"四川石渠吐蕃时代石刻考古调查项目"为唐蕃古道走向或文成公主进藏路线的考证提供了新的论据，填补了青藏高原东部唐蕃古道走向重要环节的资料空白，对研究吐蕃历史、佛教史、佛教艺术、唐蕃关系史具有重要的意义，因此被评为"2013年度全国十大考古新发现"。

2009年，故宫博物院成立了藏传佛教文物研究中心，标志着故宫藏传佛教研究进入一个新的阶段。故宫博物院藏传佛教文物研究中心（Research Center for Tibetan Buddhist Heritage, the Palace Museum）是一个国际性的学术研究机构，以故宫藏传佛教文物为学术研究的中心和重点，同时扩大研究范围和视野，不断拓展研究思路和方向，力争中心的学术与国内和国际学术水平同步。多年来，该中心逐步形成了5个研究方向：1. 皇家佛堂的历史沿革、宗教职能和管理职能、内部陈设的变迁及其设计思想和宗教象征意义；2. 藏传佛教造像与绘画艺术风格、图像辨识、内容解读、传承源流等；3. 与宫廷藏传佛教发展史相关的宫廷藏传佛教经典的研究以及佛典装饰艺术风格；4. 与宫廷藏传佛教发展有关系的重要历史人物与历史事件；5. 宫廷与西藏在佛教艺术风格、技术的交流、经典传播、佛教建设等方面的合作。在此基础上，该中心以广阔的学术视野，积极介入相关的研究领域中，并开拓新的研究领域和方向，主要有两个方面成果：1. 开展对北京及其他汉文化地区藏传佛教寺庙、文物和史学的调查与研究；2. 以汉藏文化艺术交流为主线，积极与其他相关学术机构合作，在汉藏交通走廊地区积极开展广泛而深入的文物调查，如川藏线、青藏线、滇藏线和西藏本地等。未来，该中心将逐步加强与欧洲、美国和日本等国家及地区所属博物馆同图书馆的沟通联系，在藏传佛教藏品及文献资源方面开展互利合作，将更加重视与印度、尼泊尔、巴基斯坦、缅甸、蒙古等国家逐步合作开展田野调查。2015 年 7 月，故宫藏传佛教文物研究中心改名为藏传佛教文物研究所，由故宫研究院管理。

　　台北故宫博物院收藏的藏传佛教法器 200 余件，大部分原贮存于紫禁城中之慈宁宫花园，包括法衣、法器等。其中不论材质和金工均为上乘制作的金嵌珊瑚松石坛城，是顺治九年（1652）五世达赖喇嘛入京朝觐顺治皇帝时所献，清帝给达赖颁发了金册金印，封五世达赖为"西天大善自在佛所领天下释教普通瓦赤喇怛喇达赖喇嘛"，由此确立了达赖喇嘛的西藏佛教领袖地位。五世达赖朝觐，是清代西藏佛教领袖第一次到北京朝拜皇帝，得到朝廷的册封，标志黄教取得在西藏宗教中的统治地位。五世达赖此行为加强西藏地方与清中央政府的关系起到了积极作用，这件文物便成为见证这一历史事件的重要资料。台北故宫博物院也有一右旋白螺，根据汉文题记"大利益吉祥右旋白螺乾隆五十二年八月赐福康安带赴台湾剿平逆贼林爽文庄大田等往来渡海平安五十三年七月凯旋后交回供奉永资护佑普被吉祥"及有关档案，说明乾隆皇帝曾将此物赐福康安带赴台湾进剿林爽文，以祈渡海平安。

　　台北故宫博物院出版的法器及金铜佛图录有《故宫法器选萃》

（1971 年）、《金铜佛造像特展图录》（1987 年）、《历代金铜佛造像特展图录》（1996 年）、《皇权与佛法·藏传佛教法器特展图录》（1999 年）、《观音特展》（2000 年）。

这一时期，《六世班禅朝觐档案选编》（中国藏学出版社，1996 年）、《章嘉若必多吉传》（民族出版社，1988 年）、《清初五世达赖喇嘛档案史料选编》（中国藏学出版社，2000 年）等有关清宫档案及其他资料的出版以及藏传佛教研究整体的深入，对故宫藏传佛教研究起了积极的促进作用。

二、道教殿堂与文物

故宫道教殿堂有宫内的钦安殿、玄穹宝殿与景山西街的大高玄殿。

始建于明代的钦安殿，位于御花园正中，坐落在汉白玉石单层须弥座上，南向，面阔 5 间，进深 3 间，重檐盝顶，中置镏金宝顶，覆黄琉璃瓦。殿前院墙正中之门曰"天一门"。清朝每年元旦于天一门内设斗坛，皇帝在此拈香行礼。每遇年节，钦安殿设道场，道官设醮进表。钦安殿事务由太监道士管理。清宫在每年立春、立夏、立秋、立冬日，都要在钦安殿设道场，架起供案，皇帝亲自到神牌前拈香行礼，天祭日也要在此设醮进表，祀天保佑。

玄穹宝殿位于紫禁城内廷东路景阳宫之东，内库房之北。清代因避康熙皇帝讳，更名为天穹宝殿。此后各文献改玄为天，额匾未变。该殿坐北朝南，面阔五间，歇山顶，覆黄色琉璃瓦。清代此处为祭祀昊天上帝之殿堂，是宫中道教活动的场所，并与钦安殿、大高玄殿同为贮藏宫中道经之处。殿内原悬挂玉帝、吕祖、太乙、天尊等画像，每年于此举办天腊道场（正月初一）、天诞道场（正月初九）、万寿平安道场（皇帝生辰）等活动，平日由景阳宫太监负责洒扫。

大高玄殿在第五章第三节已做了介绍。

故宫博物院道教文物 500 多件，存于钦安殿、玄穹宝殿两处殿堂，包括供奉道教的神像、供器、法器、经书。钦安殿主供 3 尊高大的玄天上帝镏金铜像，8尊一人高的铜侍从神像，及明代铜钟、大鼓等，北墙则贴有绘道教诸神画，东西壁的南北两端还有四时值神图画。玄穹宝殿供铜镏金昊天至尊玉皇大帝、三官大帝、文昌帝君铜像，侍从神铜像，各种供器、神牌等。道教文物中有部分明代文物，大部分为清代文物，种类齐全，保存完好，是研究明清两代宫廷道教文化的重要实物。

对于明清两代宫廷与道教的关系，在有关道教史的著作中，一般都会有所论述。故宫道教研究，钦安殿是一个重点，由于没有对外公布资料，钦安殿几乎不为国外学者所知，在研究上更未引起关注。大高玄殿2010年收归故宫博物院管理后，即开始进行维修，对其全面研究尚未开展。进入21世纪以来，已有一些研究钦安殿的文章发表。如王子林《紫禁城里的钦安殿》（《紫禁城》2005年第2期）厘清了钦安殿的建筑年代、位置以及与玄极宝殿之间的关系，罗文华《清代高道娄近垣事迹考述》（载《贤者喜宴——王尧先生八秩华诞藏学论文集》，中国藏学出版社，2010年），对清代宫廷与道教的关系进行了考述。明永乐皇帝大肆宣扬和神化玄帝在"靖难之役"中的庇护功能，加封玄帝为北极镇天真武玄天上帝，在大修北京宫殿的同时，修建武当山宫观。在紫禁城建钦安殿供奉真武大帝铜像。2010年，由故宫博物院与武当山特区管委会主办的"故宫·武当山（明代）紫禁城文化研讨会"在武当山召开，60余位专家学者围绕明代北京宫殿与武当山宫观建筑进行探讨，促进了明代宫廷史、建筑史、道教史的研究。《故宫·武当山研讨会论文集》（故宫出版社，2012年）收录了会议的20余篇论文。

钦安殿是故宫现存最早的宫殿，殿内道教文物保存完好，为研究明清两代宫廷道教提供了丰富的资源。钦安殿独特的建筑和室内陈设，在宫廷建筑中甚至是独一无二的，而道教研究是故宫宗教文物研究中的薄弱环节。为了改变这种状况，由王子林负责、院内外10余位研究人员参与的《故宫博物院古建原状陈设大系之二：钦安殿原状考古报告》，已列入故宫博物院的重点课题，从 2012 年开始，预计 2015 年完成。该课题通过对钦安殿的全面研究，预期成果将达到：明确钦安殿的建筑年代和位置；明确所供铜像玄天上帝的制作年代；明确钦安殿与玄极宝殿的关系；厘清钦安殿与各帝王之间的关系；厘清玄极宝殿与嘉靖帝的关系；厘清钦安殿的建筑沿革与陈设变化；建立完整的钦安殿建筑测绘、壁画测绘、陈设文物测绘数据库；建立完整的钦安殿建筑及文物图片数据库；按照《梵华楼》出版模式，全部成果将以专著《故宫博物院古建原状陈设大系之二：钦安殿原状考古报告》的形式出版。总之，通过综合的研究，将力图从钦安殿的角度来审视明清宫廷道教的发展脉络，以及对宫廷生活、信仰、政治的影响。

三、坤宁宫与萨满教文物

　　萨满教是原始宗教的一种晚期形式，曾广泛流行于我国东北地区，"萨满"是对萨满教巫师的通称。萨满教祭祀活动从努尔哈赤建立"后金"政权起，就成为早期宫廷的重要仪式。清人入关后，萨满教也随之进入中原，成为清代统治者的祖传旧制而倍加崇祀。

　　坤宁宫为明代皇后的寝宫，清代将其大部分按盛京皇宫的清宁宫进行了改建，改为宫中祭神场所，亦为皇帝皇后举行大婚仪式的所在。改建后的坤宁宫按照满族旧俗，将正门开在偏东的一间。改菱花格窗为直条格窗。宫内最西边隔成一处存放神亭、神像及祭祀器皿的夹室。在神堂里，将北、西、南三面环成大炕形，炕上届时安放神像。神堂东北角隔出一小间屋子，里边设有 3 口大锅，为祭神煮肉用。坤宁宫在清代一直是宫廷祭祀最重要的所在，除每日有固定的朝祭、夕祭等内廷祭礼，遇有重要节日，皇帝还会率后妃、诸王贝勒等齐聚坤宁宫，举行隆重的萨满教大祭活动，所祭神像包括释迦牟尼、关云长、蒙古神等 15 至 16 个。终清一朝，均未改变。故宫博物院保存着坤宁宫使用过的大量萨满教祭祀用器，如各类乐器包括三弦、手鼓、拍板等；法器如神刀、腰铃、抓鼓等；祭祀实用器有祭神用的香案、幔帐、五供、灯盏、灯架，杀猪和煮肉用的各类铁器、木案、铁锅以及瓷坛、碗盘等；祭祀用的神偶、布偶、木偶及子孙绳等。

位居沈阳故宫中路最北端的清宁宫是清太宗皇太极与皇后博尔济吉特氏的寝宫，又是皇帝处理军政、接受谢恩、朝贺以及进宴、赐宴的地方。按照满族固有的家祭习俗，在清宁宫西墙正中设置神龛一，北墙西设神龛一，进行萨满祭祀活动。清宁宫庭院内立有"索伦杆"（或称"神杆"），在背灯祭的第二天用以祭天。沈阳故宫博物院现藏萨满祭祀遗物有：清初的铁制品20多件和锡、铜、铅、瓷制品多件，有铁钩、铁漏勺、铁铲、铁锅、铁穿、小铁勺、锡制油葫芦、铜流（溜）、铅桶等。清帝东巡盛京时的萨满祭祀文物也不少。现今清宁宫神堂和室外庭院神杆，基本保持着清初以来的原貌：神堂内西墙正中设有朝祭神龛、万字炕，东次间北有两口大锅，西墙神龛两侧有乾隆帝、嘉庆帝所题"万福之源""合撰延祺"匾，东间门上有道光帝题诗。神堂中的神龛架、神幔、炕上陈设的大炕桌、火盆、靠垫，神龛前的供桌、供器等，当是乾隆以来的遗物。庭院中的神杆、夹木、古石座、残破的锡斗，历经几百年风风雨雨，基本保持着清初乾隆以来的面貌。另有萨满腰铃、杆铃、萨满鼓、嚓啦器、萨满刀、萨满帽、子孙绳、青花瓷缸、红油糠灯等。①

萨满教研究是国际学界的一个热点。我国的萨满教研究从20世纪70年代以来发展较为迅速，研究领域不断扩展，至20世纪90年代大量学术论著涌现。满族萨满教一直是萨满教研究领域的重要课题，出现了富育光、孟慧英《满族萨满教研究》（北京大学出版社，1991年）等重要成果。清代宫廷萨满教研究也日益引起关注，研究逐步深入。朱家溍《坤宁宫原状陈列的布置》（《故宫博物院院刊》1960年总2期），万依《清代宫中坤宁宫祀神音乐》（《满学研究（第四辑）》，1998年），邹爱莲《清宫萨满祭祀的兴衰与演变》（《清代宫史丛谈》，

---

① 栾晔：《沈阳故宫与北京故宫的萨满祭祀遗物》，《紫禁城》2011年第8期。

1996 年）等文章，都从清代宫廷史的角度探讨萨满教祭祀的情况，并提供了很多珍贵的文物及档案史料。杜家骥《从清代的宫中祭祀和堂子祭祀看萨满教》（《满族研究》1990 年第 1 期），白洪希《清宫堂子祭探颐》（《满族研究》1995 年第 3 期）也从个别祭祀的角度考察了宫廷萨满教的内涵。清宫萨满教的内容，在《钦定满洲祭神祭天典礼》中记载得十分完备，是研究清宫萨满教极为重要的文献。刘厚生的《清代宫廷萨满祭祀》（吉林文史出版社，1993 年），对乾隆时期钦定的《满洲祭神祭天典礼》和道光朝刊行的《满洲跳神还愿典例》两部经典为基础合编一书整理和探析，全面介绍了清宫的萨满教信仰。姜相顺《神秘的清宫萨满祭祀》（辽宁人民出版社，1995 年）用 11 章专题阐明清宫萨满教祭祀的内容与形式特征，包括奇特的清宫萨满祭祀地点，祭祀种类和程序，幽冥的神灵探释，祭祀祝词解释，清宫萨满神职与非神职，祭神器物、供牲、歌舞，萨满祭祀历史演变，京都堂子祭及清宁宫、坤宁宫祭祀等。

第四节　故宫武备文物

武备，即武器装备。清朝以骑射立国，因而十分重视武备，皇帝经常操阅军队和举办骑射围猎活动，留下了大量的武备文物，当时专由清宫内务府管辖的武备院管理。故宫博物院现珍藏武备文物 15000 余件，大部分是清代皇帝御用品。清宫武备文物，在承德避暑山庄、清东陵西陵以及沈阳故宫也都有一些收藏。故宫博物院所藏的武备兵器大致可分为冷兵器和火器两大类。按《大清会典》则分为甲胄、弓箭、刀剑、马鞍、囊鞬、枪炮、旗纛、海螺、金鼓、藤牌、战舰及传统兵器等几类。[①]

---

① 徐启宪：《再现康乾盛世的清宫武备》，《故宫博物院藏文物珍品全集·清宫武备》导言，香港商务印书馆，2008 年。

　　故宫博物院所藏冷兵器主要包括以下几大类别：防护装具中有太祖努尔哈赤、太宗皇太极以及顺治、康熙、雍正、乾隆、咸丰等皇帝御用的成套盔甲和清代八旗盔甲 8000 多件；远射兵器中有弓、箭、櫜鞬（又称撒袋）等，清箭种类繁多，形制各异，清宫中贮有清代皇帝御用礼仪用箭、军事用箭、行围狩猎用箭等；护体兵器中有清代皇帝御用腰刀、宝剑和匕首等；杂兵器、格斗兵器中有玉嵌石柄花漆鞘刺、长剑、青龙偃月刀、镋、阿虎枪、片刀、戟、骁骑长枪、铜吞龙钺、矛、长枪、长柄斧、铁鞭、杵式铁鞭等；马装具中有清代皇帝御用马鞍与御用马鞭等。这些皇帝御用装备，其上或拴以皮签或以黄条记录，或镌刻有明确的款识。当然有的非实用器物，而是艺术品。如铜镀金镂缠枝莲马鞍，附有满文皮签："圣祖仁皇帝御用镀金丝线秋辔鞍一副，康熙二十一年恭贮。"有的记载着皇帝用此射杀多少只野兽猛禽，如高宗御用金桃皮弓，弓面刻有满、汉文"乾隆十六年上在木兰德尔吉围场射中一狼宝弓""乾隆十九年上在吉林围场御用宝弓射中一罴一熊"。

　　火器主要包括火铳、火炮和空心铁弹以及皇帝御用的各式火枪等。火铳、火炮既有明代遗存，也有清代皇帝命名的"神威将军炮""威远将军炮""神捷将军炮"等，在清代著名的战事中曾大显威力。外国枪支有荷兰改鞘枪、马戛尔尼进献自来火枪、火绳燧发双用枪、西洋气枪、双用气火枪、双筒火枪、四筒火枪、燧发枪、燧发手枪、扣刨击发枪、自来火手枪等。

　　清宫武备中有一批专为皇帝收藏制作的武备工艺品，其中最具代表性的是乾隆年间制作的"天、地、人"腰刀 90 把和宝剑 30 把，所耗费时间和财力都十分惊人，如腰刀前后历时 47 年，分为 4 批最终完成。工艺精细，装饰名贵，乾隆皇帝为之定下总名称，第一批为"湛锷韬精"，第二批为"云文韫宝"和"霜锷含清"，第三批为"宝冶凝涛"，第四批为"德耀祥金"和"功全利器"。"天、地、人"腰刀与宝剑故宫博物院仍存 58 把与 27 把。沈阳故宫存"天、地、人"腰刀 6 把。2006 年 4 月 10 日，一件乾隆年制白玉柄金桃皮鞘"天子十七号""宝腾"

腰刀，在香港举行的苏富比春季瓷器及工艺品拍卖会上，拍出了4604万元的天价。[1] 故宫博物院也有少数民族领袖进贡给皇帝的武备，如乾隆四十五年（1780）西藏六世班禅额尔德尼为乾隆皇帝70万寿盛典进献的铁镀金玲珑马鞍；乾隆三十六年（1771）从数千里之外的伏尔加河流域回归故土的蒙古土尔扈特部首领渥巴锡进献给乾隆皇帝的两把腰刀。

清宫中还有一些武备，虽然不是皇帝御用，但也和皇帝有密切关系，其中最重要的是八旗兵丁穿戴和使用的盔甲和弓箭。皇帝不论举行阅兵大典，还是围猎以及宫中御园的护卫，都要有数目众多的八旗兵丁参与，他们的盔甲均由杭州织造局制作，其形式、尺寸都有严格规定。八旗兵丁最初都是穿着铁叶甲参加各种军事活动的，负重大，行动不便，乾隆时改为绵甲之制。故宫博物院收藏的八旗盔甲都是绵甲，为皇帝大阅时八旗兵丁穿用，皆以绸为面，蓝布为里，内絮薄丝绵，面饰有等距离铜镀金圆钉。

故宫博物院许多武备文物，其上系有皮、纸、牙、木签[2]，十分珍贵。皮、纸、牙、木签是记录清代皇宫藏品的方式之一，通过记录进宫年月、何地制作、进献者名、恭贮数量、类型名称等，既利于宫廷保管和取用便捷，对于鉴定武备兵器文物的朝代亦不可或缺，且可以直接反映出帝王的御用活动情况，反映当时战争和重要人物情况，是研究清代武备兵器最直观和最重要的第一手资料，是以物证史、以史论物、史物结合研究的最好物证。

故宫博物院所藏清宫武备，体系完整，时代跨度长，是研究清代政治、军事、典章制度以及帝王宫廷生活的重要实物见证。1963年，故宫博物院还曾开设"兵器陈列馆"，展品368件。周伟的《中国兵器史稿》（生活·读书·新知三联书店，1957年）是我国第一部系统

---

[1] 刘茵：《乾隆御制金桃皮鞘"天子十七号""宝腾"腰刀》，《紫禁城》2007年第4期。

[2] 据毛宪民统计，清宫武备兵器上现存皮签96个、纸签101个、牙签5个、木签35个、缎签1个，共计238个。见毛宪民《清宫武备兵器研究》，文物出版社，2013年，第317页。

研究古代兵器史的拓荒之作，他又著有《亚洲古兵器图说》（上海古籍出版社，1993 年）一书。他在论述清代兵器时，涉及部分故宫博物院藏清宫兵器，并用了自己所拍摄的大量故宫兵器照片，对今天清宫兵器研究仍然具有指导意义。20 世纪 80 年代以来，曾在故宫博物院武备兵器库工作过的胡建中、王宝光、王子林等，发表了一批有关清宫武备的研究文章。在对院藏武备文物全面清理的基础上，2008 年，由徐启宪任主编，毛宪民、曹连明任副主编的《故宫博物院藏文物珍品全集·清宫武备》由香港商务印书馆出版。2013 年毛宪民的《清宫武备兵器研究》（文物出版社）出版，这是一部全面研究清宫武备的专著，特别是注重文物与档案史料的结合，对一些不易为人注重的细微之处进行挖掘，力求学术性与知识性的结合，为清宫武备兵器研究的新成果。

第五节　故宫戏曲文物

　　戏剧是我国传统文化的重要组成部分，清统治者入关后很快和戏曲艺术结下不解之缘。有清一代，戏曲演出在宫廷日常娱乐和节日庆典中必不可少，清代帝后（尤其是清中期的乾隆与后期的慈禧）曾大力提倡戏曲艺术，组建南府、景山等宫廷戏曲演出机构，遴选民间艺人进入宫廷戏班，令四大徽班进京，安排民间戏班进宫承应演出，等等。为此，内廷特意搭建戏台，制作戏曲服装、切末道具，创作了许多专为宫廷演出用的剧本。故宫博物院现仍庋藏清代宫廷所用的戏曲文物万余件，从种类上讲有行头和道具两大类，行头又可细分为戏衣和盔靴两类，其中戏衣数量最多，另有剧本、戏画、戏台等，此外还有少量的伴奏乐器。①

---

① 张淑贤：《清宫演戏情况与相关文物》，《故宫博物院藏文物珍品全集·清宫戏曲文物》导言，香港商务印书馆，2008 年。

一、戏衣、盔头和切末

故宫博物院现收藏戏衣类文物 8287 件，另有各类配件、饰件等资料 1300 余件，是为清宫戏曲文物的大宗。戏衣文物不仅数量庞大，而且种类繁多，衣类有蟒、开氅、褶子、帔、官衣、道姑衣、太监衣、法衣、富贵衣、英雄衣、卒衣、罪衣、罪裤、斗篷、裙、袈裟、僧衣等，除了汉族传统服装式样外，还有一些融合了满族服饰特点的戏衣，如箭衣、马褂、旗衣等，也被广泛应用于宫廷戏曲演出中。与此同时，宫廷戏班还根据角色需要，制作了一些专用服装，如八仙衣、十二月花神衣、牛郎衣、织女衣，福、禄、寿、喜、财五神衣等。此外，还有龙、狮、象、鹿等兽形衣；仙鹤、青鸟、鸾鸟、鹦鹉等飞禽衣；蟹、龟等水族衣等等。皆用料考究，工艺精美，为宫廷戏班所独有。靠类有男靠、女靠、霸王靠、猴靠、软靠、大铠、门神铠、牛形铠、马形铠等，可以满足戏台各类角色扮演的需求。质地有纱、绸、绫、缎、棉、呢、洋布、倭绒及云锦、妆花类、缂丝、漳绒等贵重织品，装饰技法有平金绣、彩绣、妆花、纳纱、彩绘等，颜色也丰富多彩。除仅存的 8 件明代戏衣外，基本为清朝制造，早至康熙，历各代至宣统，尤以乾隆、光绪两朝为多，为研究昆曲、弋剧的演出及京剧戏衣的渊源流变提供了极其难得的实物。

一些清宫戏衣都在衬里加盖印铭或墨书文字，如黄地纳纱绣花蝶纹男帔，衬里墨印"大戏记用""如意""同春""仁和""长春"等；拼各色缎菱形纹道姑衣的衬里钤楷体阳文墨印"同春""长春""仁合""南府内头学记"，并墨书"女豆沙水田衣"；织金地缂缠枝莲孔雀羽纹云肩斗篷外国衣，衬里有楷体朱印"大戏记用"一方，并墨书"雕啼国""安南国"等字。此外，亦有钤"外三学""外头学""南府外头学·同乐园""景教习""南府外头学·含淳堂""景中学""吉祥""内头学""升平署图记"等印文者，并有"目莲""昭代""钟斯衍庆"等墨书文字。这些印铭与墨书或为演出地点，或为戏曲名目，或为宫廷戏班名称，或为民间戏班名称，对研究清宫戏曲文化以及晚清戏曲名家在宫廷内的活动，有着非常重要的史料价值。

故宫博物院现藏盔头类文物 1228 件，另有资料和散件数百件。根据剧中角色扮相的需要而制作，主要有各类巾、帽、冠、盔类文物，如王帽、夫子盔、狮子盔、忠纱帽、相貂、额子、鸭尾巾、武生巾等，制作精美，用料讲究，一些硬质盔头多以铁纱、纸壳为胎框，外用沥粉方法勾画纹样，并贴以翠羽，钉缀玻璃珠花、绒球和各色丝穗。此外，还有少量各种头面，虾水形脸子、水兽头形、王八头水形等，和少量发式、头饰、髯口等。总体来说，盔靴类文物数量不大，且以软质巾类为大宗，大多保存状况不佳，甚或破损严重。

戏曲道具又称切末，故宫博物院现存道具类文物资料 4409 件。有舞台装置、生活用具、交通工具、刀枪把子、刑具等类，属于衣、靠、盔、杂四箱之"杂箱"。清宫所遗存切末种类齐全。刀枪把子类文物以各类武器为大宗，形制最齐全，颇具皇宫精美、奢华的特色。刀枪把子一般多用藤、木、竹，刃部外沥金、银粉以模拟金属质感，杆上彩绘云蝠纹等纹样，或者缠绕彩带。从体量上，刀枪把子可分成长兵器、短打兵器、暗器等 3 类。除兵器外，还有广泛反映社会各阶层人物和社会生活的各种道具。尤其值得提及的是 3 套台衣，各由六七百件各式条块组成，可完全把畅音阁大戏台包裹起来，以适合皇帝万寿等特定演戏场合的需要。清宫戏班所用的切末道具，当时除了在大内保存一份外，在圆明园、热河行宫、张三营行宫、盘山行宫、颐和园等处的升平署衙门亦保存一份，以备各行在演出之用。

二、宫廷剧本和唱片

故宫博物院现藏清宫戏本 11498 册 6467 部 3200 余种。过去只有极少数曾在陈列室展出和在刊物上发表，绝大部分没有和读者见过面。这些戏本，包括元明杂剧、明清传奇（即民间同样常演的戏）和清代乐部根据小说名著所编连台本戏以及乐部所编"月令承应戏""节令承应戏""承应宴戏""承应开场戏""承应寿戏""承应大戏""承应灯戏"等等，其抄写年代最早有顺治年间教坊司时期遗留下来的，绝大部分是康熙至道光南府时期及道光七年（1827）以后升平署时期抄写的。这些戏的演出形式是昆腔和弋腔。每出戏有 6 种用途的本子：1."安殿本"，恭楷精写，是为皇帝和皇太后看的；2."总本"，内容和安殿本相同，但非精写，是为执行排演的人员所用；3."单头本"，是一出戏中某个角色的单词；4."曲谱"，是一出戏每个角色的歌唱，唱词旁注有详细的音符和节奏；5."排场""串头"，是一出戏的表演，包括身段、武打的指示和舞台调度，其中一部分还附有图解；6."提纲"，是为一出戏正在演出时，张贴在后台墙上的一览表，开列着每一场某演员所扮的某角色出场入场的次序，是舞台监督人员所用。还另有虽然也名为提纲，但不是某一出戏的一览表，而是档册性质。例如有《穿戴提纲》，其中记载着当时经常上演的昆弋戏每个角色的穿戴扮相和道具器物，这是管戏箱的人员所用。还有类似演戏日志性质的，也叫作提纲。除上述昆弋戏本外，还有一部分乱弹戏本和梆子腔戏本。在南府时期和升平署初期，昆弋之外，偶尔演出乱弹。乱弹是泛指昆弋以外"时剧""吹腔""梆子腔""西皮二黄"等腔，又称为伶腔。升平署遗留的西皮二黄戏本和梆子戏本，都是光绪年间在陆续演出中建立的。西皮二黄戏在宫中上演场次日见增多，又经常传外班进内承应，所以必须按照以前昆腔、弋腔演出制度建立戏本。升平署内设写法处，有写字人，是专做抄写工作的。乱弹戏在此期间也具备了安殿本、总本、单头本、串头排场本、提纲等一系列的戏本。通过这些戏本，可以很清楚地明了清代近三百年民间和宫中戏曲舞台上陆续演过的戏，是一份比较全面系统的清代戏曲演出史料。①

此外，故宫博物院还收藏唱片文物 838 件，应为清末与逊帝溥仪

---

① 朱家溍：《故宫珍本丛刊序》，《故宫退食录》上册，紫禁城出版社，2009 年，第 269—270 页。

暂居内廷时所遗留，以胶木唱片为主。其中既有戏剧，又有曲艺。戏剧涉及多个剧种，如京剧、河北梆子、昆曲、晋剧、北路梆子、评剧、汉剧、粤剧、滑稽戏、苏滩；曲艺则有常州调、天津时调、扬州时调、京韵大鼓、山东大鼓、梅花大鼓、快板书、相声等。此外，还有器乐十不闲、三弦演奏。经文唱片在故宫也有收藏。故宫所藏唱片收录了当时众多戏剧、曲艺演员所演唱的剧目，其中京剧有名角孙菊仙、谭鑫培、金秀山、龚云甫、刘鸿声、杨小楼、王凤卿、朱素云等的名段，有京韵大鼓创始人刘宝全的作品，甚至有百代公司录制的首张相声唱片，万人迷、张麻子的对口相声《发卖对联》等，其史料价值弥足珍贵。

故宫博物院除过保存的宫廷剧本、唱片外，还有当时宫廷画师特意为上演剧目绘制的多幅戏剧人物画，均为绢本设色，有 160 幅分装两册，还有 15 幅及 50 幅各一册。这些画册为咸丰年间如意馆画师按照徽班演出剧目所绘。这些戏曲人物多为写实作品，可与遗存的各类剧本、戏衣、切末互为参照，是研究清代中后期宫廷戏曲曲目和人物服饰穿戴的宝贵图像资料。

三、宫廷戏台

清代宫廷戏台，遍布内廷和各处园囿，形式多样，结构精巧，装饰奢华，已成为宫殿建筑的重要组成部分。故宫现仍保存宁寿宫畅音阁大戏台，重华宫漱芳斋戏台，漱芳斋内风雅存小戏台以及宁寿宫倦勤斋小戏台 4 个戏台。宁寿宫后阅是楼院内畅音阁戏台，规模宏大，建有 3 层，上有天井，下有地井。舞台下层为"寿台"，天花板与地板都是活动的。中层为"禄台"，上层为"福台"，设有多座木梯可下到"寿台"。如演出《九九大庆》《地涌金莲》《罗汉渡海》等承应大戏时，扮演神仙、佛祖角色的演员，即可在此表演升仙、下凡、入地等情节，还可表演数百神仙同时在 3 层戏台现身的壮观场景。现在保存的还有颐和园内德和园大戏台、听鹂馆戏台、承德避暑山庄如意洲一片云戏台等。此外，在南长街南口的南府旧址（今北京长安中学校内），还保存一座南府戏台。这些戏台对于研究传统戏场戏曲演出的舞台空间结构、舞台背景与声响试验等，都是宝贵的实物。

清王朝覆灭，大批内廷文献档案从深宫内苑流出，宫廷戏曲开始进入戏曲史。朱希祖、周明泰、王芷章、傅惜华、周贻白等人对宫廷戏曲研究有披荆斩棘、筚路蓝缕之功。中华人民共和国成立后至20世纪80年代宫廷戏曲研究基本处于停滞状态。20世纪80年代至20世纪末，尤其是21世纪以来宫廷戏曲越来越受到重视。故宫博物院、中国社会科学院、中国艺术研究院、中国人民大学、北京师范大学、首都师范大学以及台湾等地都有一些学人专门研究宫廷戏曲。2011年，中华书局出版了《中国国家图书馆藏清宫升平署档案集成》，共108册。出现了系统研究清宫戏曲的专著。朱家溍1979年在《故宫博物院院刊》上连续发表了《清代内廷演戏情况杂谈》和《清代的戏曲服饰史料》两篇文章，前者全面介绍了清代宫廷戏曲演出的机构、规制、编演、剧本、戏台等情况，后者是他根据故宫博物院所藏《穿戴提纲》和《戏曲人物画》，从服饰方面对清宫演剧进行的考察。1999年，丁汝芹出版了《清代内廷演戏史话》（紫禁城出版社）；朱家溍、丁汝芹又合著《清代内廷演剧始末考》（中国书店，2007年）。王政尧《清代戏剧文化史论》（北京大学出版社，2005年）、幺书仪《晚清戏曲的改革》（人民文学出版社，2006年）也先后出版。深入到宫廷戏曲演出内部的专题性研究也多了起来，特别是对宫廷大戏的研究越来越受到重视。[1]取材于《杨家将演义》、全剧长达120本（原为240本，光绪年间升平署将其精简为120本）的《昭代箫韶》，由北京京剧院复原，于2013年5月在北京长安大戏院演出。[2]明代宫廷就重视戏剧演出，故宫博物院至今仍收藏8件明代戏衣。李真瑜的《明代宫廷戏剧史》（紫禁城出版社，2010年）对明代宫廷戏剧的发展历史、演剧体制、演出曲目、

---

① 李小红：《清代宫廷戏曲研究述要》，《云南艺术学院学报》2011年第1期。

② 《〈昭代箫韶〉长安大戏院首演》，载《北京晚报》2013年5月8日。

舞台艺术等进行了系统研究，并与民间戏剧和清代宫廷戏剧做了比较。

由于故宫戏曲文物丰富，1944 年，故宫博物院就在阅是楼举办戏剧陈列。现在阅是楼与畅音阁一起辟为文物与原状景观密切结合的陈列场馆"戏曲馆"。故宫博物院涌现出了以朱家溍为代表的清宫戏曲专家。2000 年，故宫博物院将所藏的涉及南府、升平署的档案曲本59 册，列入《故宫珍本丛刊》出版（海南出版社）。2008 年，《故宫博物院藏文物珍品全集·清宫戏曲文物》（张淑贤主编，香港商务印书馆）出版，这是故宫博物院首次对外系统公布所藏的戏曲文物。故宫学研究所 2013 年 5 月举办的"清代宫廷戏曲学术研讨会"（研讨会论文集《清风雅韵》2015 年由故宫出版社出版）及 2014 年 11月与中国人民大学文学院、美国哥伦比亚大学东亚系联合举办的"宫廷戏曲与清代社会学术研讨会"，两次会议 50 篇论文涉及清宫戏曲研究的诸多方面，使清宫戏曲研究在前人研究基础上有了新的进展。2015 年《故宫博物院藏清宫南府升平署戏本》（100 册，张荣主编，故宫出版社），收录了故宫所藏的 1 万余册戏本。

2014 年 10 月 15 日，在纪念朱家溍先生百年诞辰之际，故宫博物院成立了故宫研究院宫廷戏曲研究所。朱家溍先生抗战胜利后进入故宫服务，直到 2003 年逝世，为故宫以及中国文博事业做出了重大贡献。朱先生酷爱戏曲艺术，为京剧界泰斗杨小楼的得意门生，是极为难得的既有舞台实践，又长于学术研究的学问大家。具有戏曲文物收藏优势的故宫博物院与着力于传统戏剧和清史研究的中国人民大学，以及在对外文化传播领域颇为特长的北京外国语大学，三方又达成了共同开展宫廷戏曲文物整理研究与推广传播的合作意愿，并在联合培养宫廷戏曲史研究方向博士后人才方面积极合作，努力使故宫博物院未来成为宫廷戏曲史的全国研究中心之一。

第六节　古建筑文物

古建筑文物收藏在故宫博物院，藏品主要有 4 项：

一是"样式雷"建筑图档。"样式雷"为我国清代著名的建筑世家，祖籍江西。从第一代样式雷——雷发达在康熙年间由江宁来到北京，到第七代样式雷——雷廷昌在光绪末年逝世，雷氏有 7 代长达 200 多年为皇家的宫殿、园囿、陵寝以及衙署、庙宇等进行设计和修建。因为雷家几代都是清代样式房的掌案头目，遂被世人称为"样式雷"。从康熙至清末，雷氏一家完成了大量建筑设计，制作了大量画样、烫样及工程做法等图籍。故宫博物院现藏样式房和工部绘制的建筑图样总计 2435 号。编号中有一号多张者，若以图纸、折单、簿册件数计算则逾 4000 件。故宫博物院收藏较为独立，数量仅次于中国国家图书馆收藏，具有相当的规模。[①] 时间跨度近 180 年，其图样内容广泛，有宫殿、皇城、行宫、园囿、陵寝、衙署、王府、庙宇、营房、桥梁、河道、内外檐装修以及在庆典中临时支搭的楼阁戏台等工程项目。最多者为陵寝类（788 幅）及园林类（532 幅）。种类也很丰富，有为平面图的地盘样，有相当于立面、轴侧图或透视图的立样，有展示结构的大木立样等图样。按设计阶段分为糙样、糙底样、底样、细底样、进呈图样等。图样大小不一，大者盈丈，小者数寸。绘制色彩上有墨绘、朱墨绘、彩绘、描金彩绘。绘图纸张，除个别用绢，大部分用中国手工纸，也有少量为机制纸。集中反映了清代国家建筑工程设计程序及雷式画样的图学成就，同时也是清代皇宫建筑设计及营建活动的真实记录，极具文物及史料价值。

---

① 故宫博物院样式房课题组：《故宫博物院藏清代样式房图文档案述略》，《故宫博物院院刊》2001 年第 2 期。

　　二是"烫样"。样式房做出的建筑物模型，制作中需要熨烫，因此也叫"烫样"。古代建筑，凡是工匠能明白的、承做的，一般不再画图。而对于宫廷重要建筑，向皇帝呈报，需做出模型，这是设计过程中非常重要的环节。烫样是根据一定的比例，在空间表现设计意图。故宫博物院现珍藏的 80 余具烫样，建筑形式有单体的和群体的两种，包括紫禁城建筑，还有圆明园、长春园、万春园、颐和园、北海、天坛等处。主要是清代同治、光绪年间（1872—1896）重建圆明园、颐和园、西苑等地时所做，至今有 100 多年的历史。由于烫样是专为恭呈皇帝御览而做，钦准后才能据以绘制施工设计画样、编制"工程做法"即设计说明，以及核算工料钱粮。因此烫样制作是清代建筑设计的关键步骤。烫样上都贴有黄色标签，叫"贴黄"。标签上面记录了建筑的高度、面宽、进深等各方面的尺寸，以及重建或修缮的要求，记述简明清楚。这个标签是非常重要的，也是烫样所具有的珍贵的历史价值的体现。由于烫样完整地表现出了建筑的结构、体量、形式、色彩等，所以留有烫样的建筑，不管因为什么原因，当建筑实体不存在的时候，都能找到原始的例证。烫样作为建筑物实体的有规律的缩影，凝聚了古代建筑独特的艺术形式、建筑美感，也反映了封建帝王对建筑的需求以及审美情趣。同时其精巧的制作工艺，也显示出古代匠师的智慧和技艺，更是研究古代建筑设计思想、建筑准绳、建筑艺术发展的实物资料，是建筑艺术这个非物质文化遗产的组成部分。

　　三是金砖。故宫的宫殿建筑中，其室内地面用方砖铺墁。太和殿等地面所铺光润似墨玉、踏上去不滑不涩的方砖，称为"金砖"。此砖是专为皇宫烧制的细料方砖，颗粒细腻、质地密实，敲起来有金石之声，所以叫"金砖"。金砖为苏州窑烧造，过程极为复杂，从取土到烧成出窑需一年之久，且每烧制 10 块正砖，必须多备 3 块副砖以供挑选。金砖不仅是封建王朝时期的御用建筑材料，而且是精美卓绝的工艺品，更是古代劳动人民智慧的结晶。故宫博物院现收藏有自明代永乐至晚清宣统年间历代所产的刻有烧造年代、地点、窑户的金砖 621 块。

　　四是宝匣、匾联、玻璃画、琉璃构件等。宝匣是放置在古建筑正脊正中脊筒内盛放"镇物"的容器。制作宝匣的材料有铜、锡、木3种，重要建筑上的宝匣多为铜镀金，并刻有龙或凤纹图案。宝匣多为长方形。宝匣内放置所谓"镇物"。故宫博物院收藏宝匣30多个。清宫匾联大都是皇帝御笔和知名臣相所题，尤以乾隆时数量到质地上均达到一个新阶段。除过各殿堂悬挂的匾联外，故宫博物院还收藏其他各类匾联600余幅。收藏清乾隆年间一座建筑物上的玻璃画103块。当时玻璃是非常昂贵的物品，在玻璃上制画，更是当时少有的建筑上的工艺。这些玻璃画每片高31厘米、宽23.5厘米、厚0.3厘米，规格统一，镶嵌在楠木框中。均于透明的玻璃上绘制各种图案，取材广泛，形象生动，色彩艳丽。另收藏了明清两代有代表性的琉璃构件1000余件。

第七节　故宫外国文物

　　清宫存藏至今的外国文物，主要在北京故宫博物院，台北故宫博物院、沈阳故宫博物院、南京博物院、承德避暑山庄、颐和园、中国第一历史档案馆等也有一些。颐和园还有一些外国交通工具，如袁世凯向慈禧太后进贡的汽车；日本人赠送慈禧的2辆人力车与1艘被慈禧命名为"永和轮"的火轮船，为现存唯一的一艘蒸汽动力御舟。[①] 北京故宫博物院的外国文物还没有一个确切数字，有些还需要进一步研究确认，目前已知的在10000件左右，包括艺术品（陶瓷、书画、织绣等）、科学仪器、钟表、武备、书籍、生活用品及其他。

　　故宫博物院外国文物的来源，有西洋传教士的进献、藩属国的贡品、外交使团礼品、臣工进献、通过贸易渠道采办等多种方式。

---

① 颐和园管理处编：《颐和园志》，中国林业出版社，2006年，第278页。

一、西洋仪器

明末清初西方传教士来华，是基督教自唐代以来的第三次传入中国。中国的实力决定了传教士必须放弃武力传教的主张，即在不影响其教义完整性的前提下，尊重中国文化与习俗。而科学知识及文学、艺术、语言、绘画等都成了传教的手段，或者说，传教与输出科学技术已成为不可分割的两翼，集传教士和科技人员于一身，乃是当时的特点。清代宫廷作为当时中西方文化的交会之处，科技是其中一个相当重要的部分，因此故宫博物院得以珍藏了一大批反映西学东渐的科技文物。

这批西洋仪器中，广为人知的是钟表。清宫曾收藏陈列了大量中外钟表，耶稣会教士沙如玉在乾隆时期估计清廷已有自鸣钟 4000 具以上。后来损失流散不少，但仍有一大批保存了下来。故宫博物院现有中外钟表 1650 件，其中外国钟表 1500 件，占到 90% 以上，中国制造 150 件。此外，现在存藏清宫钟表的，颐和园有 100 多件，南京博物院 50 余件，承德避暑山庄 50 余件，沈阳故宫 30 余件。另有一些流散到海内外，例如日本东京根津美术馆 2008 年曾委托香港佳士得拍卖 15 件 18 世纪清宫制作的珍贵时钟藏品。

故宫博物院所藏外国钟表，包括了英国、法国、瑞士以及美国、日本等国所产，种类包括钟、怀表、唱机、八音盒、街头风琴、炮车模型、船舰模型、机械玩偶等，制作年代从 18 世纪至 20 世纪初，不仅反映了这 200 年间世界钟表发展的历史，也体现了当时钟表制造业的最高水平。其中英国钟表约 800 件，法国与瑞士各 300 件。英国钟表又以 18 世纪的产品为最多。18 世纪英国的科学技术处于世界领先地位，其钟表也以优美的造型、华丽的装饰、巧妙的机械传动装置成为当时世界上最先进的代表，同时又涌现出一大批著名的钟表大师，如詹姆斯·考克斯、威廉森等，他们的作品在清宫中都有不少收藏。来自法国的钟表多为 19 世纪末至 20 世纪初的产品，它们在技术与造型艺术上集中了当时科学技术的最新成果，构思奇妙，设计新颖，反映了法国匠师的创新精神，同时也是法国钟表制作水平的标志。瑞士的钟表做工讲究，精湛无比。西方各国制造的各式形体小巧的袖珍表，造型丰富，材质珍贵，也纷纷进入中国，受到帝后及显贵的喜爱。这些藏品，都是各国当时最有代表性的产品，尤为可贵的是，多数至今仍能正常使用。

西方钟表进入皇宫，促进了宫廷钟表制作的发展。宫廷造办处设有做钟处，在传教士的指导参与下制造与修理钟表，最盛时多达上百人。做钟处所造御制钟多以木结构为主体，给人以庄重肃穆之感。其所制作的大自鸣钟体量极大，最大的紫檀木雕花楼式自鸣钟，高达585厘米，底座260厘米。其所用木料主要有紫檀木，兼有高丽木、花梨木、杉木等。紫檀木上或雕花，或镶嵌铜条，或光素，此外，还有在黑漆地上描金的洋漆钟架。钟的造型为亭、台、楼、阁，有的钟外形简直就是宫殿建筑的具体而微，连栏杆、柱头，乃至屋脊上的吻兽也悉数做出。

故宫博物院收藏的一座座钟表，远不止是计时工具，而且都是一件件精美绝伦的工艺美术品。英、法、瑞士等国制造的钟表，采用了齿轮联动的机械构造，在钟的外表装饰了人、禽、兽及面具等，能够定时表演，出现耍杂技、演魔术、写字、转花、鸟鸣、水流等景观，动作复杂，形态逼真，配上悦耳的音乐，令人惊叹不已。又由于文艺复兴运动的沾溉和影响，这些钟表不可避免地反映了文艺复兴之后欧洲在造型艺术、装饰艺术等方面的特点。中国皇家制造的钟表，为了突出皇家的权威，多用紫檀木、红木为外壳，以亭台楼阁的传统建筑形式为造型，上嵌珐琅或描以金漆等，烘托出古朴与威严。这些钟表以乾隆时期制造的居多，如用5年时间制作的黑漆彩绘楼阁群仙祝寿钟，设计复杂，做工精细，把中国传统文化的多个方面巧妙地体现在一座钟表上，具有极高的艺术价值，每每令参观者流连驻足。尽管各自的文化背景决定了它们以不同造型出现，但装饰华贵、制作精美、功能复杂，均代表了当时钟表制造的最高水准，具有极高的机械科技价值、工艺美术价值和社会文化价值。[①]

除过钟表，故宫博物院收藏清宫遗存的天文、地学、算学及测量绘图仪器760件，其中一级品即达109件。这批文物收藏有3个特点：[②]

其一，数量巨大且种类齐全。这些仪器中，天文仪器有日月星晷、天体仪、浑仪、星盘等；地学仪器有地球仪、象限仪、测角器、铜版地图、指南针等；算学仪器有算尺、比例尺、分离尺、角尺、矩尺、比例规、算筹、手摇计算机、几何体模型等；测量仪器有象限仪、全圆仪、测角仪器；绘图仪器有套式绘图仪等；光学类仪器有折射望远镜、反射望远镜等。

其二，清宫遗存各类仪器之多之精，与当时的科技活动紧密相连，也与皇帝个人喜好有关。康熙初年，清钦天监内爆发了一场因奉行不同天文理论而产生的"历法之争"，康熙皇帝看到西洋科技准确的预测功能，遂起用比利时传教士南怀仁为钦天监监正。康熙皇帝倾心于自然科学，向南怀仁学习天文历法、星象学、地学等，特别是康熙四十七年至五十七年（1708—1718），历经10年进行了大地测量活动，测量后绘制出亚洲最先进的地图《皇舆全览图》。乾隆年间，又仿康熙朝之例，进行了第二次全国地理勘测，绘制了铜版地图《乾隆内府舆图》，这是中国实测经纬度地图完成的标志。

其三，在引进仪器的同时，在传教士的帮助下，宫廷造办处也进行改制研制。富有名望的传教士为朝廷设计制作具有一定水平的仪器，诸如德国汤若望制作的新法地平日晷、比利时南怀仁等制作的银镀金浑天仪、德国戴进贤等参与制作的铜镀金三辰仪等。有的仪器经过改进后增加了新的功能。如清初宫廷制造的手摇计算器，在借鉴西方相关制作理论上进行研制，机芯内设置的齿轮系统，使计算机具备了加

---

① 郭福祥：《时间的艺术交流的记忆——清宫钟表总说》。故宫博物院编：《故宫钟表》，紫禁城出版社，2004年。

② 刘潞：《清宫西洋科技仪器的命运》。刘潞主编：《故宫博物院藏文物珍品全集·清宫西洋仪器》导言，香港商务印书馆，1998年。

减乘除的使用功能，比之同期清宫内西方制造的滚筒式计算机，在设计与使用功能上，都略胜一筹。为方便皇帝外出应用，宫廷还特别设计了便于携带的袖珍成套仪器，或可折叠的小型仪器。其中银镀金简平地平合璧仪，整体似一小方盒，开启后正反面是不同用途的仪器，即用于测日月星的三辰晷、测方位角的罗盘仪、测水平角的象限仪、测星象求得时刻等功能的演示性的简平仪，以及时刻度分盘，将金光熠熠的 6 种使用功能的仪器集于一体，可谓精致之极。清宫所造仪器用料上乘，精于设计，做工精湛。如算学仪器中有象牙、虬角算筹、象牙尺、玉尺；浑仪中银镀金的环架，配以紫檀木或黄花梨木的支架，再施以镂雕技术精雕花纹，为仪器增加了艺术气息；有的则是通体镀金，金光灿烂而华美异常。

汇集于清宫的仪器，真实地反映了清代科技理论的变化与发展。清代，科技仪器制作一改传统度量单位，全面引用西法，如分圆周 360 度，分一日为 96 时刻的度量单位，从而拉近了中国与西洋历法、地理测量等学科的距离。清中期，西方制造的用于宣传哥白尼"日心说"的仪器，为 18 世纪先进的科技仪器，这对于中国摒弃落后的"地心说"起了积极的作用。清宫当年的各类科技仪器，在中国古代重理轻技的大学术环境下，不仅在宫廷史领域，而且在中国古代科技发展史上，亦具有重要意义。

对于故宫博物院西洋仪器的研究，钟表类的成果比较突出。从 20 世纪 30 年代以来一直在进行。钟表史研究一直纳入科技史范围，参与者多是科技史界学者，一般也多以文献研究为主，而对于中国钟表史的研究而言，由于工匠阶层地位低下，他们的事迹很少进入主流阶层的关注视野之内，有关他们的文献记录是相当有限的，因此在中国钟表史的研究中实物资料尤其是博物馆收藏就显得特别重要。①

---

① 郭福祥：《钟表历史视域中的南京博物院钟表收藏》，载《精准与华美——南京博物院藏钟表精品》，凤凰出版社，2013 年。

由于丰富的钟表收藏，故宫博物院及其他收藏机构的钟表研究就有着独特的意义，其成果也是对中国钟表史研究领域的重要贡献。这其中又以北京故宫博物院几代人的研究最具代表性。古物陈列所与早期故宫博物院都曾陈列展览宫廷钟表，并在《故宫周刊》上以图文形式介绍。尤其值得提及的是，故宫图书馆馆长袁同礼特别邀请英国专家西蒙·哈特·史密斯为当时陈列的故宫与古物所的钟表编写一本说明图册 *A Catalogue of Various Clocks, Watches, Automata, and Other Miscellaneous Objects of European Workmanship Dating from the XVIII th and the Early XIX th Centuries, in The Palace Museum and the Wu Ying Tien, Peiping*（《北平故宫博物院和武英殿藏18世纪至19世纪初各式西洋钟表目录》）。该书对115件（对）钟表进行了介绍，包括测量数据、制作的大致的时间及产地、钟表的外观描述、是否成对等信息，并配有钟表图片36张。此书以西文向全世界发行，成为西方钟表界了解清宫钟表收藏最主要的文献之一。20世纪50至60年代，故宫博物院在东板房开辟了钟表馆，80年代又改在奉先殿，50多年来钟表馆一直深受中外游客的欢迎。50年代，十几岁就进入清宫造办处从事钟表修复的徐文璘先生发表了《谈清代的钟表制造》（《文物》1959年第2期）等文章。从80年代以来，故宫博物院的商芝楠、刘月芳、关雪玲、郭福祥等先后发表了一系列文章，对清宫钟表以及钟表史的探讨不断深入。同时编印了《清宫钟表珍藏》（陆燕贞主编，香港麒麟书业有限公司、紫禁城出版社，1995年）、《钟表鉴赏与收藏》（陆燕贞编，吉林科学技术出版社，1996年）、《钟表的中国传奇》（法文版）（张普、郭福祥，五洲传播出版社，2005年）、《你应该知道的200件钟表》（关雪玲主编，紫禁城出版社，2007年）《日升月恒——故宫博物院藏清代钟表》（关雪玲，紫禁城出版社，2009年）、《时间的历史映像——中国钟表史论集》（郭福祥著，故宫出版社，2013年）以及钟表馆图录《故宫钟表》（故宫博物院编，紫禁城出版社，2004年）。近年来，故宫博物院加强了与国内外钟表收藏机构的交流与合作，在重视普及的同时，研究水平也在提升，出现了一批有分量的学术成果。特别是把古钟表修复技术作为国家级非物质文化遗产项目的申报，故宫博物院更加重视古钟表的技艺传承，也促进了相关的科学研究。南京博物院宋伯胤曾撰有《清代末南京、苏州造钟手工业调查》（《文物》1960 年第 1 期）。这是我国地方钟表史研究较早的成果之一。2013 年，南京博物院编印了《精准与华美——南京博物院藏钟表精品》（凤凰出版社）一书。颐和园开辟了钟表专馆。沈阳故宫博物院在多地举办"弦轮密运——沈阳故宫藏清宫钟表"展览。

二、藩属国贡品与外国礼品

（一）琉球贡物

历史上琉球（即今日本冲绳群岛）是中国的一个藩属岛国。据史籍记载，明太祖洪武五年（1372），当时的琉球王察度开始派遣使臣到中国朝贺、纳贡，双方正式确立了宗藩关系，明廷赐其国王家族姓"尚"，含有尊重之意。此后，琉球一直奉明清两代正朔，定期朝贡，并接受册封。一直持续到清光绪五年（1879）日本吞并琉球，设置冲绳县为止，时间长达 507 年。

清政府自顺治朝至光绪朝，在近 300 年内，共 8 次派遣赴琉球的册封使 16 人，先后册封 8 人为琉球国王。册封使分正使、副使，以文臣为主。他们在完成使命，离开琉球后，往往要以图画或文字的形式向皇帝汇报册封的经过，或介绍琉球的现状、民俗风情等。目前，所见册封使写下的书很多。如现藏故宫博物院的有汪楫《中山沿革志》一卷（康熙年抄进呈本）、徐葆光《中山传信录》六卷（康熙六十年二友斋刻本）、周煌《琉球国志略》（乾隆朝抄本）等。故宫博物院存有原清代皇宫旧藏的与琉球相关的绘画作品共 7 件，它们直接或者间接地反映了清朝政府与琉球国交往的历史。册封使留下的画作，故宫博物院尚存两册，即《册封琉球图》和《琉球全图》，都极其珍贵。《册封琉球图》描绘的是康熙五十六年（1717），康熙帝派遣以海宝为正使、徐葆光为副使的册封团，持诏敕文书册封 20 岁的世子尚敬为琉球王的史实。《琉球全图》则是本描绘琉球的民俗风情、语言文字、居室建筑、海洋物产等 11 个方面的图册。

染织品——"红型"。红型是冲绳地区流传至今的传统染织工艺品，在中国往往称为"印彩"或"彩印"。由于所用的纺织品主要是不透明的木棉布（还有绢、麻），加上印染图案细密繁杂，需要高超的印染技巧，而其中的"胧型"染织品，则需要多枚型纸反复印染，难度更大，代表着当时琉球国织染技术的最高水平。故宫博物院现收藏琉球王朝时期的"红型"，有 30 余种不同纹饰及不同颜色的藏品，具有不同技艺流派的表现及风格，反映了"红型"融纯朴及自然美为一体的艺术风格及别致的工艺特征。

漆器。一般认为，琉球的漆器及其技术，是从中国传入的。1612 年首里王府开设监督漆器制作的奉行所，制作专供朝贡的漆器，虽然起步较晚，但却别具特色。琉球制造的漆器有螺钿漆、堆锦、雕漆、戗金漆等品种，故宫博物院虽只有其中的螺钿漆和堆锦两个品种，但都十分精美，能够充分体现琉球漆器工艺的水平和艺术特色。

10 余年前，日本冲绳县教育委员会与故宫博物院合作，开展琉球文物研究，取得了重要成果。中琉关系一直是史学界关注的热点问题。有关中琉关系的档案、文献已经编印出版了很多，如中国第一历史档案馆的《清代中琉关系档案选编》已出 5 编，《国家图书馆藏琉球资料汇编》也出了 3 编，台湾大学 1972 年也出了琉球国古籍《历代宝案》影印本，鹭江出版社 2012 年出版了《传世汉文琉球文献辑稿》第 1 辑 30 册，黄山书社出版了《清代琉球国王表奏文书选录》（1997 年）；中琉历史关系国际学术研讨会从 1986 年召开第 1 届，至 2011 年已经分别在台北、那霸、福州等地开到第 13 届，出版了会议论文集；研究中琉关系的著作也很多，如谢必震《中国与琉球》（厦门大学出版社，1996 年）等。但是，利用故宫博物院的琉球文物研究中琉关系，长期以来未引起重视。2003 年至 2008 年，故宫博物院与日本冲绳县教育委员会合作，共同调查故宫博物院所藏琉球文物。通过互访、实地调查、文物拍照、查询信息资料等工作，确定院藏琉球时期相关文物110余种700余件。主要为"红型"、漆器、武备器具、绘画、书籍及泥金折扇等工艺品，为琉球王国时期进献的文物。冲绳县教育委员会印行了《北京故宫博物院冲绳关连文化财调查报告书》（冲绳县文化财调查报告书第147集）。2004年曾在日本冲绳县举办过展览，出版了《中国·北京故宫博物院藏琉球王朝的珍宝》展览图录。2008年11月在冲绳县新建博物馆举办了"古琉球王国辉煌风貌展"，故宫专家与冲绳专家就有关中琉交往历史以及漆器、织绣、兵器、书画等的研究论文，都收集在《中国·北京故宫博物院秘藏古琉球王国辉煌风貌》一书中。对这批珍贵文物的深入研究，无疑对中琉关系会有新的认识。

（二）廓尔喀贡物

廓尔喀即今尼泊尔，清代又称巴勒布，雍正年间，入贡清廷，后中断。廓尔喀曾于乾隆五十三年（1788）利用西藏宗教领袖内部矛盾，入侵西藏，清廷派兵入藏征讨，廓尔喀闻大军进藏，即与西藏地方讲和，不战而退，并在乾隆五十四年派出贡使团入京。五十六年（1791）廓尔喀再次侵藏，洗劫日喀则的扎什伦布寺。乾隆五十七年（1792），清政府命福康安等人率军入藏作战，败廓尔喀。廓尔喀与中国建立起"五年一贡"的朝贡关系。从乾隆五十四年（1789）开始，廓尔喀共向中国进贡8次，直至光绪三十二年（1906）。在廓尔喀的贡品中，刀剑很有名。廓尔喀在乾隆五十四年第一次贡刀，乾隆曾作《题巴勒布贡刀六韵》，其中有"军营奉表将臣奏，京国贡刀使者充。水断蛟龙薄析兕，光连星斗气如虹"之句。北京故宫博物院收藏有廓尔喀腰刀、左插刀、云头刀、手插刀等，台北故宫博物院收藏有乾隆五十七年廓尔喀所贡珊瑚串。

（三）马戛尔尼使华礼物

清乾隆五十八年（1793），由马戛尔尼任全权大使的使团带有英王庆贺乾隆帝83岁寿辰的信函和各种礼品。于9月14日在热河避暑山庄万树园觐见乾隆皇帝，这是中英两国政府间的第一次交往。其间，马戛尔尼提出中国割地设行、扩大贸易的 6 点书面要求，乾隆帝逐条加以驳斥，全部拒绝。10 月 7 日，使团一行乘船由运河南下杭州，然后改行陆路至广州离境，于 1794 年 9 月回到英国。

马戛尔尼带来的礼品共 19 宗，总计 590 余件。这些礼品均代表了 18 世纪英国工业生产的工艺水平与科技水平。乾隆帝十分珍视这些礼品，命令将其分别摆放于宫中、圆明园、热河等处，以便随时观览。经过 200 多年沧桑，英使的礼品大部分已经散失，有的甚至又返回了英国，还有一些仍然保存在故宫博物院等处，如数件火枪、望远镜架子等。在马戛尔尼带来的礼品中，第十件为《杂样印画图像》，据"贡件清单"："内有红毛英吉利国王全家人像，并有城池、炮台、长桥、堂室、花园及乡村之图、交战之图、异样洋船图。"这一大型图册由乔治三世亲自精心策划，由当时英国最具权威的专家编纂，经过精湛细腻的打造，历时一年多而完成。图册分为 16 册，各册大小开本不一，每册最多达 359 页，最少亦有 65 页，总计 2108 页，图、文约各占一半。小羊皮包裹书面，大幅烫金图案。内页全为铜版雕刻印刷，用墨讲究，质感一流。书侧则刷以贵重金粉。图册总重量达 136 公斤。2005 年，中国第一历史档案馆发现了这件礼品，仍然保存完好，于是联合厦门外文图书出版公司等对它进行了复制，命名为《钦藏英皇全景大典》，对外限量发行。2007 年 6 月 12 日，中国驻英大使傅莹在向女王递交国书时，把第一套复制画册赠送给了英国女王。

三、日本文物

中日两国文化交流可追溯到公元前 3 世纪——日本的绳纹文化时期。日本文化不断从中国文化中吸取养分，到 10 世纪形成具有民族特色的"和风文化"。北京故宫博物院藏有日本江户至明治时期（17—19 世纪）的绘画、书籍、瓷器、珐琅器、金属器、漆器、织绣、家具等。

日本素有"漆器之国"之称，故宫博物院藏日本文物中以"洋漆"

为多，达 2900 余件。清代由于皇帝的喜好，长期购买日本漆器，并在宫廷专设洋漆坊进行大量制作。日本漆器以桧木制作胎体，独有细密体轻、历久不变形的特点。依据其制作工艺的不同，可分为描金漆（日本称作莳绘）、彩绘漆、螺钿漆等。其中描金漆是日本漆工艺中成就最高的品种，享誉世界。描金漆多数以黑漆、少数用洒金漆或红漆为地，再用金，少数加银或彩漆来描绘千变万化的花纹。饰金方法有平描、凸起、晕染等，日本将它们分为平莳绘、高莳绘、研出莳绘、肉合莳绘、镨上高莳绘等。一器之上往往运用多种技法，使图案花纹富于变化，具有强烈的装饰效果。

清代宫廷藏书中，有一大批日版汉籍、日籍，内容涉及哲学、政治、医学、绘画、书目、建筑、风土等多方面，版本有木刻本、铜刻本、铜活字本、抄本、彩色套印本和铅印本等。成书、翻印的时间上至明，下迄清代早、中、晚各期。装帧、印刷亦十分精美。例如原藏于方略馆的日本《开国五十年史》，为大隈重信所撰，宣统元年（1909）由日本遣员送至北京，外务部代为进呈，盛于黄绫包面木盒，签题有"大清国大皇帝陛下"，卷首有大隈上奏文，摺首书"外臣伯爵大隈重信跪奏"，并有醇亲王、庆亲王及载振、鹿传霖、袁世凯、徐世昌等大臣题序数 10 篇。故宫还保存有两部完整的光绪十四年（1888）日本迈宋书馆铜印《西清古鉴》，此书为日本摹刻武英殿聚珍本，光绪十九年（1893）购回铜版进呈宫内，在宫内又利用此铜版重新印刷，现存有一部，装帧考究，明黄绫书衣，签题"钦定铜版西清古鉴"。

故宫博物院收藏日本七宝烧 133 件。七宝烧在中国称为珐琅器，是日本国一种以金属为胎，表面装饰以石英为主体原料配制的各种颜色料烧制而成的精美工艺品。"七宝"源于佛经梵语的译词，《法华经》以金、银、琉璃、玛瑙、珍珠、红宝石等为七宝。日本七宝烧制品，具有胎骨轻薄，器形规整，纹样线条纤细规整，珐琅均匀细腻，光泽闪烁，色调艳丽明快等特点，它与中国的掐丝珐琅器（景泰蓝）、画珐琅器一样，为世界工艺品中的奇葩。

故宫博物院藏日本陶瓷约 500 件，其中 19 世纪中晚期烧制于日本有田地区的伊万里烧，作为清宫殿堂陈设给宫廷增添了亮点。故宫博物院现存的日本家具种类繁多，有屏风、柜格、桌案、椅凳、箱盒等类，在功能和造型方面结合巧妙，既美观又实用。

2002 年，故宫博物院从院藏的大量日本文物中精选 154 件套，在日本举办"故宫藏日本文物展览"，展品多为日本江户至明治时期（17—19 世纪）的各类艺术品。其中，绘画包括了轴、册、扇等各种装裱形式，及山水、花鸟、人物、佛像等多种创作题材，且有日本江户时期以来画坛上的主要画家雪舟等杨、雪村周继、丰原国周等人的《山水》《鹰图》等优秀作品。并出版了《故宫藏日本文物展览图录》（紫禁城出版社，2002 年）。台北故宫博物院也藏有一些日本漆器、七宝烧等文物。

四、其他外国文物

武备，有高丽刀、马来西亚乌木鞘剑、欧洲产小型臼炮、五一鞘燧发枪、乾隆御用荷兰改鞘枪、西洋气枪等。

漆器，缅甸 150 余件，另有俄罗斯、泰国等产漆器。

瓷器，有泰国、朝鲜、越南、英国、法国等 100 多件。

地毯、挂毯 50 余件，主要来自欧洲。

医药，200 件左右。来自美国等地。种类包括各种香露、成药、日本医疗器械。

生活用具，1000 件左右。有玩具、银器、鼻烟壶、卷烟、咖啡具、灯具、灯泡、电话、自行车、洋蜡、香料、化妆品、香水、粉盒。能使用的 100 件左右。

唱片，300 件左右。为西洋纸唱片、铁唱片。

另有高丽纸、高丽布、缅甸布等等。

故宫博物院存藏的这些外国文物，有着重要的价值：

第一，这些外国文物种类丰富，相当一部分是艺术珍品，为明清不同时期的收藏，且涉及多个国家，是一个难得的外国文化艺术宝库。

第二，这些外国文物大多具有重要的历史价值，往往与一些重大历史事件相联系，是中国明清时期外交史、文化交流史和宫廷史的重要载体与见证。

第三，这些外国文物多与故宫博物院的同类文物存在着密切关系，反映了中外文化的交流，它们一起构成了完整的故宫收藏。

故宫博物院的外国文物种类丰富而复杂，地毯、刀剑、佛像、西洋书、医药药具，陶瓷则有日本、英国、法国、泰国等，漆器也有泰国、缅甸、俄罗斯等，生活类文物更是五花八门，每门都有学问，有的已有了成果，但多数尚待继续研究。

第十章

故宫图书典籍及其研究

第一节　清宫藏书之盛

中国古代皇家藏书历史悠久。清代皇家藏书以元明两朝皇室遗存为基础，囊括了自宋迄清4个朝代900余年间的传世典籍，其收藏之富超越以前各代。溯其源流，主要来自前代皇室遗存、搜采购求和编纂新书。清宫藏书之盛，第一章已有简介，以下对一些重点图书再分类略做介绍：

一、宋元明善本珍藏介绍

《天禄琳琅》藏书。清乾隆九年（1744），高宗敕命将内府所藏宋元明善本提出，集中庋藏于乾清宫昭仁殿，亲题匾联，匾曰"天禄琳琅"，悬于殿内。乾隆四十年（1775）敕命于敏中等编成《钦定天禄琳琅书目》10卷，即前编，并收入《四库全书》史部目录类。收善本古籍429部，其中宋版71部，影宋抄本20部，金版1部，元版85部，明版252部。嘉庆二年（1797），乾清宫大火，殃及昭仁殿，前编书尽毁。同年嘉庆帝即敕命重修昭仁殿，又令老臣彭元瑞再辑宫中珍藏，仿前目体例，再编书目20卷，是为《天禄琳琅书目续编》，收宋至明各代刻本、影宋本、明抄本共664部12258册。《天禄琳琅》藏书可谓珠玉荟萃。《天禄琳琅书目》在版本著录体例方面多有创见，如记载收藏家印记即为其中一大创举，于清代藏书家讲究版本鉴定、注重善本著录之风影响深远，为清代目录书中的典范。

《宛委别藏》为清代著名学者阮元所辑集。阮在浙江任巡抚时，留心搜访《四库全书》未收之书，又仿《四库全书总目》体例，为每种书各撰提要一篇，名《四库未收书目提要》，然后进呈内府，因分3次进呈，所以有正、续、三编之分，共165种。①除部分原书外，大部分为抄录本。这批书收藏于宫内养心殿，嘉庆皇帝赐名为"宛委别藏"。宛委，山名，传说夏禹登宛委山，得金简玉字之书，以之命名，以示极其珍贵。《宛委别藏》所收多珍稀秘籍，罕见于公私著录，可补《四库全书》之阙，或中土久佚，由东瀛访得；所录之书多据旧本精抄影写，具有较高的版本价值，且无四库本增删篡改之病。《宛委别藏》与《天禄琳琅》都是集善本古籍之精华，为清宫收藏善本秘籍的重要代表。内阁大库藏书，清朝承袭明文渊阁的遗书，由内阁掌管，同时清代修书各馆，于纂修竣事之后，亦依例将所有的书籍、档案，移交内阁收贮，都存放在内阁大库。大库位于故宫文华殿之南，分东西大库两座。历经200多年，内阁大库除储有大量明清档案外，还藏有为数不少的宋元明清旧刊图书，是清代存储档案册籍的处所，至清末已逾2万余册。

二、重点抄本书介绍

用毛笔抄写书籍在我国历史久长，唐以前习惯称为写本；唐以后的千余年间，在雕版印刷技术不断发展的同时，抄书活动并未停止，至明清两代宫廷抄书存藏尤盛。明内府抄录《永乐大典》、清内府编纂、抄校7部《四库全书》和2部《四库全书荟要》，都是巨大的文化工程。清宫存藏的抄本，其来源或承继前明内府的遗存，或为采进图书，或抄没获罪官员的家藏，或是清内府抄本书，或皇帝御笔和善书大臣奉

---

① 关于《宛委别藏》的种数，百余年间有几种不同的说法，其中的原因，参阅齐秀梅、杨玉良等：《清宫藏书》，紫禁城出版社，2005年，第140页。

敕精写释道经文等。清内府所藏抄本中珍稀罕见的善本、孤本极其宏富，这是清以前各代皇室藏书无法比拟的；其抄本传世精品多、种类全、卷帙浩繁，亦较完整系统，自清初至末年均有；这些抄本书于研究相关历史不但具有学术资料性，也具有历史文物价值。以呈览本和陈设本为代表的抄本书，多由精于楷书的翰林词臣精写，还有朱墨二色，或三色、五色之别，所用纸墨皆系上乘，书籍装帧异常考究，形式多样，充分表现了宫廷特色，极富艺术观赏价值。

《永乐大典》的修纂，开始于明成祖朱棣永乐元年（1403），敕命解缙等编，次年成书，名《文献大成》。成祖以为"所纂尚多未备"，内容过于简略，更于永乐四年（1406）敕姚广孝、解缙等重修，召集朝臣文士、四方宿学老儒2169人，分任编辑、校订、圈点、绘图等工作。永乐七年（1409）完成，改称今名。《大典》当时辑入的图书，包括宋元前经、史、子、集、释藏、道经、北剧、南戏、平话、工技、农艺、医学等达七八千种，并采取按韵与分类相结合的编纂方法，"用韵以统字""用字以系事"，将书中的资料整段、整篇甚至整部一字不易地全部录入，同时亦保存了古书的原来面目。就其体例而言，此部书实兼有字书、韵书、类书之综合功用。全书收罗宏富，元以前佚文秘籍多赖以保存，对辑佚或校勘古籍有重要价值。清修《四库全书》时即从中辑出近400种书。《永乐大典》在装帧上别具一格，用端正楷书抄成，绘图精丽工致。书面硬裱、黄绫面、包背装。《永乐大典》是中国古代最大的一部类书，它不仅是我国文化遗产中的珍品，在世界文化史上也享有崇高的地位。

《四库全书》在第一章已有介绍。

《四库全书》开馆后，乾隆帝认为将来书编成后，规模会相当大，不便翻阅，又于乾隆三十八年（1773）下旨，要求择其精华，编成《四库全书荟要》，篇章格式一如《四库全书》。《四库全书荟要》的编纂历经六载，抄成两部，分别贮于故宫御花园的摛藻堂与圆明园的味腴书室。《四库全书荟要》共收录图书463种（经部173种、史部70

种、子部 81 种、集部 139 种）20828 卷 11186 册。以种数言，占《四库全书》近 1/7；以册数论，则约占《四库全书》的 1/3。《荟要》与《全书》相比，选择标准更严，注重反映学术源流和各时期的代表性著作，其所录底本都比较精善，且有较高的版本价值，保存原文方面也优于《四库全书》。

三、重点刻本书介绍

清朝统治者重视编纂刊刻书籍。康熙十九年（1680）在武英殿设修书处，武英殿从此便成了有清一代内务府管辖之下专门修书刻书的机构，其所刻之书便称为内府刻本，又由于其在武英殿进行，故又称为"殿本"或"殿版"。一般说到内府刻本，也包括中央各部院衙署及其他奉敕设局承刻之书。内府刻书的内容广泛：校刻经史，如《十三经注疏》、"二十四史"等。定期编纂、续修有关本朝国史典则之类，如实录、圣训、本纪、起居注、《则例》、《律例》等；佛道经典，如《大藏经》；自然科技方面书籍，如《皇舆全览图》；文学艺术方面图书，如《全唐诗》；音韵字书，如《康熙字典》《佩文韵府》；类书付刻的突出代表是万卷《古今图书集成》，其次是 450 卷的《渊鉴类函》；丛书付刻的有《古香斋袖珍十种》与以木活字摆印的《武英殿聚珍版书》138 种，校刻精佳，久负盛名。此外，译刻少数民族文字的图书的数量也颇为显著。清内府刻本以呈览本和陈设本为代表，多是纸墨刷印精良，校勘审慎的初印本，反映了清内府印刷技术的成就及其特色。同时，在印刷技术上，清内府武英殿修书处全面承继了明以前的成就，并有新的提高和发展，尤以铜、木活字、多色套印和版画插图方面表现突出。

《古今图书集成》是由康熙、雍正年间著名学者陈梦雷提议并主持编纂的大型综合性类书。康熙五十五年（1716）进呈，康熙帝赐现名，于同年设馆继续增辑，参与纂辑者 80 人。雍正嗣位，命蒋廷锡重编，删去陈梦雷等人名字，雍正四年（1726）告成，共 1 万余卷，总目 40 卷，约 1.6 亿字。武英殿修书处以铜活字印 64 部，每部 5020 册，是中国现存规模最大、体例最完备的一部类书。该书综合了先秦至康熙前所能集到的古籍，将其中有关材料按类编排，分历象、方舆、明伦、博物、理学、经济 6 个汇编。汇编之下分典，共 32 典。典下再分部，原书计为 6109 部，今发现漏计 8 部，实为 6117 部。每部先列汇考，纪述大事，引证古书，详其源流。次列总论、图表、列传、艺文、选句、纪事、杂录、外编等内容。分类细致，体例完善，条理清晰，图文并茂，材料十分丰富，几乎囊括中国古代各科知识，是仅次于《永乐大典》的依资料汇集而成的大书，但所引古籍多录自其他类书，错漏较多。

由于《古今图书集成》的重要性，清政府多次以此书赠予外国。19 世纪末，清政府赠送美国耶鲁大学《古今图书集成》一部。美国哥伦比亚大学于 1901 年建立中文讲座教席后，委托美国驻华大使向清政府请求捐赠图书，李鸿章代表慈禧太后向该校赠送《钦定古今图书集成》一部，成为哥伦比亚大学中文典藏的开始。清光绪三十四年（1908），为了答谢美国退还庚子赔款，清政府派唐绍仪为特使到美国华盛顿，赠予国会图书馆《古今图书集成》一部。

四、满、蒙古、藏等少数民族文字重点图书介绍

内府泥金藏文《龙藏经》全名《太皇太后钦命修造镶嵌珠宝磁青笺泥金书西域字龙藏经》。太皇太后指的是康熙皇帝的祖母博尔济吉特氏，康熙八年（1669）偶巡视宫廷库藏，发现有明代藏文《甘珠尔》经一部，年久破损，乃命康熙皇帝派人仿照抄写，是为本藏修造的缘起。乾隆三十五年（1770），乾隆帝为庆祝其生母崇庆皇太后八旬万寿，特颁旨以康熙八年写本为祖本，又誊录了一部。本藏的内容即藏文大藏经《甘珠尔》，意为"佛陀教敕的译本"，相当于汉文大藏经中的"经藏"和"律藏"，共收佛典 1000 余部。本藏共 108 卷（夹），为梵夹装，外裹经衣，上下有朱漆描金木夹板，彩色经带。首叶经头版裱磁青纸，覆盖红、黄、蓝、绿、白 5 色经帘，中间凹下部分书梵藏对照金字，两边彩绘佛像两尊，四周镶饰珍珠、珊瑚、松石等各色珠宝，可称富

丽堂皇。

《清文翻译全藏经》全名《御制清文翻译全藏经》，俗称《满文大藏经》。"清文"即满文，满族建立清朝后，以本部族的文字"满文"为官方文字，称为"清文"。乾隆帝认为大藏经本只有藏文译本、汉文译本、蒙古文译本，今满文译本告竣，如是"四体大藏全备"，故名"全藏经"。该藏翻译始于乾隆三十六年底（1771），设"清字经馆"于西华门内，成立译场组织，乾隆五十五年（1790）全藏翻译完毕，五十九年（1794）印竣。该藏共收经、律699部2466卷，刊印、装潢12套，采梵夹装，108函，极为精美。

清代中期宫廷藏书，其数量超过以往任何一朝。清宫藏书的总数，尚未有确切的统计数字。清代前期并未设专门的藏书机构，清宫藏书地点有两类：一类是专门藏书地，如文渊阁《四库全书》以及皇史宬、内阁大库、南薰殿、舆图房、懋勤殿、武英殿、昭仁殿、摛藻堂等，各有收藏重点和特点；另一类是在皇帝、后妃、皇子生活的居所及其常临之处，陈设数量不等的书籍。如宫内的有乾清宫、重华宫、养心殿、寿皇殿、上书房、颐和轩、漱芳斋、御花园和慈宁花园等。宫外的有颐和园、圆明园、香山、玉泉山、盘山、热河等各处行宫、园囿都陈设不少重要图书和佛典，有的地方储书多达数百种、万余册，有的处所还备有书目和排架图。至今故宫博物院图书馆还保存《古董房书目》《毓庆宫书目》《长春宫书目》《养心殿陈设书目并排架图》等20余种。《乾清宫等处书目》就著录了乾清宫、坤宁宫附近的宫室26处。《热河都统恭呈前宫各殿陈设书目清册》则包括烟波致爽殿、四知书屋、东所等几处。这样算来，大小藏书处约有数百处。清朝后期，国事多端，战乱、火灾以及偷窃致使清宫藏书锐减。①

---

① 齐秀梅、杨玉良等：《清宫藏书》第4章第1节，紫禁城出版社，2005年。张升：《明清宫廷藏书研究》第3章，商务印书馆，2006年。

第二节　清宫图书典籍的存藏状况

　　1925 年故宫博物院成立，就致力于清点整理清宫的各处藏书。除文渊阁《四库全书》、《古今图书集成》和摛藻堂《四库全书荟要》保持原状不予更动外，散存各处的图书一并集中到寿安宫书库，依类编目庋藏。1929 年又收管了清史馆所藏《清史稿》及各种刻本、抄本书籍 92000 多册，大高玄殿所藏杨氏观海堂书 1667 部 15906 册，方略馆藏 377 部 15466 册，资政院藏书 747 部 4835 册。1930 年奉命拨交给中央图书馆满、汉文《清实录》（自太祖迄文宗）各一部，及《古今图书集成》一部，共计 11901 册。1931 年故宫图书馆又收到本院文献馆移交的善本、方志等书 136 部 3196 册。此时故宫博物院图书馆藏书多达 52 万多册，为故宫博物院藏存清宫秘籍最富时期。先后编印有《故宫方志目》《故宫所藏观海堂书目》《故宫所藏殿版书目》《国立北平图书馆故宫博物院图书馆满文书籍联合目录》《故宫殿本书库现存目》《故宫普通书目》《故宫善本书目》《内阁大库书档旧目补》《清内务府造办处舆图房图目初编》《故宫方志目续编》等。20 世纪 30 年代，故宫文物避寇南迁，其中包括 1415 箱 157000 余册善本书。中华人民共和国成立前夕，南迁图书中的 1334 箱 156000 余册运往中国台湾。

　　清代宫廷图书现主要收藏在北京故宫博物院、台北故宫博物院，北京中国国家图书馆也有大量存藏。台北故宫现藏图书类文物 214503 件，绝大多数为清宫旧藏，编有《"国立"故宫博物院普通旧籍目录》、《"国立"故宫博物院善本旧籍目录》（上、下册）、《"国立"故宫博物院所藏族谱简目》等馆藏目录，编纂了《"国立"故宫博物院宋本图录》、《故宫图书文献选萃》（《故宫文物选萃》系列之一）等善本图录。北京故宫博物院对清宫留存的善本旧籍进行认真清查、整理、编目，藏书已达 40 万册，清宫旧藏约占 4/5，另有书版 23 万多块。

2000 年前后，朱家溍主编的《故宫珍本丛刊》由海南出版社出版。该套书共 731 册，影印收录院藏善本书 1100 多种和 1700 多种清代南府与升平署戏本、档案。2014 年，20 卷《故宫博物院藏品大系·善本特藏编》已出版，包括元明刻本、清前期刻本、清后期刻本、武英殿刻本、孤稀方志、满文古籍、蒙古文古籍、明清抄本、清宫戏本、官式器物图档、官式服饰图档、样式房图档、御笔写经、臣工写经、内府雕版等的介绍，充分展示了故宫博物院清宫旧藏的丰富性。

一、几部巨帙的存藏

（一）《永乐大典》

《永乐大典》只抄正本一部，未刻印，抄成后藏于南京文渊阁。明嘉靖、隆庆年间又依永乐原本摹写副本一部。正本约毁于明亡之际，副本在清乾隆、咸丰时也渐散失。1900 年八国联军入侵北京时，所余卷帙大部被焚毁，未毁的几乎全被掠走。《永乐大典》的纂修、毁损、流散以及搜集，与国运兴衰相关联，有着曲折的经历。据统计，现存于中国与世界各地的《永乐大典》约 400 余册共 800 余卷，散存在 10 多个国家的 30 余个公私收藏家手中。中国国家图书馆现有 162 册，另有 60 册为京师图书馆草创之际，清廷从翰林院所拨交的，这 60 册抗战时寄存美国国会图书馆，后运至台北，现收藏于台北故宫博物院；另外上海图书馆、四川大学图书馆各 1 册，台北"中央"图书馆 7 册，台北"中研院"史语所 6 册。在国外，日本的东洋文库等 10 余个机构及个人共存藏 60 册，美国的国会图书馆等 4 个机构存藏 50 册，英国的牛津大学、国会图书馆等 6 个机构存藏 49 册，德国的 3 个机构存藏 7 册，越南 4 册，爱尔兰 3 册，韩国 1 册，此外不排除还有遗漏。[①]

---

① 张升：《〈永乐大典〉流传与辑佚研究》附录一《〈永乐大典〉现存卷目表统计》，北京师范大学出版社，2010 年。

（二）《古今图书集成》

《古今图书集成》初印 64 部铜活字原印本，保存至今 20 多部，北京故宫博物院 1 部（原存盘山静寄山庄行宫）、台北故宫博物院 3 部（原存紫禁城文渊阁、乾清宫、皇极殿 3 处）、中国国家图书馆 1 部（原存承德避暑山庄文津阁）、甘肃省图书馆 1 部（原存盛京文溯阁）、浙江图书馆 1 部（原文澜阁藏）、陕西图书馆 1 部（原乾隆帝赐军机大臣王杰），以及北京大学、清华大学、中国国家博物馆、中国科学院等 14 个单位各 1 部；此外，中国国家图书馆和中国国家博物馆还藏有 3 部初刻样本。国外已知有 3 部：英国伦敦、法国巴黎、德国柏林各 1 部。以上总计 25 部，另有该书插图 3 部。[①]

（三）《四库全书》

"四库七阁"之书，迄今存毁各半。文渊阁本随文物南迁，现存台北故宫博物院。文溯阁本现由甘肃图书馆保管。文源阁本在英法联军攻占圆明园时被焚毁，文津阁本现在中国国家图书馆。江南三阁，文宗阁、文汇阁本俱毁于太平天国战火。文澜阁本当年亦散失部分藏书，后经抄补缺失部分，得复旧观，今藏浙江图书馆。《四库全书荟要》当年抄成两部，分别贮于故宫御花园的摛藻堂与圆明园的味腴书室。味腴书室的藏本与文源阁《四库全书》均遭英法联军烧毁，摛藻堂的藏本今存台北故宫博物院。

（四）《天禄琳琅》

故宫博物院成立后，清宫遗存《天禄琳琅》藏书共 311 部，后随故宫文物南迁，现保存于台北故宫博物院。1959 年北京故宫博物院应北京图书馆（今中国国家图书馆）之请，将收回的溥仪当年盗出的《天禄琳琅》藏书，以及新购的多部《天禄琳琅》藏书，共 239 部 2868 册，全部交给了北京图书馆。[②]据调查，《天禄琳琅》藏书现存情况为：台北故宫博物

① 齐秀梅、杨玉良等：《清宫藏书》，紫禁城出版社，2005 年，第 94—95 页。

② 郑欣淼：《天府永藏——两岸故宫博物院文物藏品概述》，紫禁城出版社，2008 年，第 98—101 页。

院 317 部、中国国家图书馆 291 部 [①]、辽宁省图书馆 35 部；此外，其他零星分散于海内外数十个公私藏家之手，其中美国国会图书馆，日本宫内厅书陵部、御茶水图书馆、东北大学图书馆，瑞典斯德哥尔摩远东博物院等国外机构各藏有 1 部；北京藏书家韦力之"芷兰斋"有 12 部。[②]

（五）《宛委别藏》

随故宫文物南迁，现藏台北故宫博物院。

二、清内府刻本的存藏

清内府刻书多达千余种，目前主要存藏于中国大陆和台湾两地，外国也有少量存藏。中国台湾吴哲夫以《故宫殿本书库现存目》为基础，核以台北各大小图书馆所藏殿本情况，实得 595 种（经 115 种、史 234 种、子 107 种、集 135 种、丛书 4 种）[③]。故宫博物院图书馆与辽宁省图书馆共同合作编印了《清代内府刻书目录解题》（紫禁城出版社，1995 年），其中正文解题部分著录汉文刻本，铜、木活字，套印本书共 713 种（经 55 种、史 263 种、子 309 种、集 84 种、丛书 2 种），另附录补遗汉文刻本 155 种，以及满、蒙古、藏等少数民族文种刻本 114 种，共计 1311 种。为当时所收清内府刻书种数最多的目录书，反映了清代内府刻本书的基本情况。2009 年以来，故宫博物院图书馆、辽宁省图书馆、中国国家图书馆、中央民族大学图书馆、首都图书馆、中国第一历史档案馆等共同承担了《清代内府刻书目录解题》（增订本）的课题，除过补充本馆资料外，特别是对于原编未涉及的还藏有不少内府刻本的多家图书馆进行调研，增补清代内府刻书品种 100 余种，

---

① 此为笔者征询中国国家图书馆得到的数字，刘蔷《天禄琳琅研究》（北京大学出版社，2012 年）第 82 页提供的数字为 270 部。

② 刘蔷：《天禄琳琅研究》，北京大学出版社，2012 年，第 82—83 页。

③ 吴哲夫：《清代殿本图书》，《故宫文物月刊》第 3 卷第 4 期。

并增加了同一品种的相关版本。该书近期将公开出版。[①] 台北故宫博物院共有殿本书53221册，大都是初印精装的珍品。如铜活字摆印的《古今图书集成》，木活字摆印的《武英殿聚珍版书》《古香斋袖珍十种》等。故宫博物院曾先后拨出图书15万余册，分别给北京图书馆（今中国国家图书馆）、中国人民大学图书馆、河北省图书馆、内蒙古图书馆等16个单位，其中大多数是殿本书中的重复本。目前所藏的种类和数量仍位居国内之首，且大多是供皇帝阅览的呈览本和陈设本，纸墨装帧精美，清历朝所刻的重要典籍，皆有收藏。辽宁省图书馆存藏殿本数量约有568种，其中汉文刻本354种。这些书原属沈阳故宫的陈设书，其中不少是尚未裁切、装帧的毛订本，极具特色。如顺治七年（1650）内府刻本满文《金瓶梅》《三国演义》，聚珍版《吏部则例》等都是珍稀罕见之书。其他如中国国家图书馆、中国第一历史档案馆、北京古籍书店、台北"中央"图书馆等，也多有收藏，但数量不及上述3家。清内府书版，材质讲究，雕刻精美，具有重要的文献与文物价值。现故宫博物院尚保存237924块，清宫旧存为219743块，另有民国书版12182块，还有铜版5995块，石版4块。90%以上是康雍乾时所刻。最早的雕版是明嘉靖四十二年（1563）刻《佛说高王世观音经》。有汉文、满文、蒙古文、藏文书籍约数十部，主要有满文《大藏经》，藏文《甘珠尔》，汉文《钦定二十四史》《十三经注疏》《八旗通志》等。清内府刻书，素重插图，例如满文《大藏经》就有216块佛画经版。画版皆由供奉内廷的高手画师绘稿，每一幅画版，都是画家和木刻艺术家巧夺天工的杰作。[②] 原清宫所贮的汉文《大藏经》79051块经版，20世纪50年代由故宫博物院拨出，几经拨转，现存北京云居寺。另外，中国第一历史档案馆、中国国家博物馆等也有少量雕版收藏。

---

① 引自故宫博物院编：《〈清代内府刻书目录解题〉（增订本）课题结题报告》，2011年11月30日。

② 翁连溪：《雕版部分概述》，《故宫博物院藏品大系·善本特藏编·内府雕版》，故宫出版社，2014年。

三、清内府抄本的存藏

现在收藏原属清宫抄本图书较多的有台北故宫博物院、中国国家图书馆和北京故宫博物院。

台北故宫博物院存藏清宫抄本书，在数量和质量上均属首位。《天禄琳琅续编》现藏 317 种，内有抄本 11 种；其他宋元明各代善本 385 种，内有抄本 151 种；原内阁大库甲库所藏宋元明各代抄本 208 种；宋元明各代名人写经 53 种；文渊阁《四库全书》；摛藻堂《四库全书荟要》；清内府抄本书 162 种，清史馆志传等原稿本 3400 册；《宛委别藏》160 种，内有影抄本 148 种；观海堂藏书中的抄本数量也颇为可观，有 400 余种，多系日本抄本。

中国国家图书馆存藏也有相当数量，主要有：明嘉靖年内府抄本《永乐大典》162 册；文津阁《四库全书》一部；据《北京图书馆古籍善本书目》等有关书目所载，另有内府抄本千种以上，其中包括原内阁大库乙库旧藏，《天禄琳琅续编》所载遗书，翰林院藏《四库全书》底本，武英殿聚珍版书底本及原大内和行宫各殿座的陈设书等。

故宫博物院现藏清宫抄本书，以清内府抄本为最多，计有：清内府抄本书 870 余种；清内府抄本满蒙文图书 180 余种；清宫旧藏以及采进的抄本有 500 余种；晋唐以下各代名人写经数量不少；清内府各种写经 1490 余种（汉文写经 1045 种、满蒙藏文写经 450 余种）。[①]清康熙初年定制，每月朔望两日，皇帝要熏沐恭书《心经》一部。每遇皇帝、太后万寿节等，皇帝要御笔写经恭祝太后，臣工奉敕敬书《华严经》《宝积经》等进献。故宫博物院收藏各种写经颇多，仅御笔《心经》一种就有 1500 余部 1600 多册，从康熙以迄宣统 9 位皇帝所写。康熙帝白绫墨笔楷书写本《般若波罗蜜多心经》，配以精美的书匣，十分

---

① 向斯：《抄本部分概述》，《故宫博物院藏品大系·善本特藏编·抄本》，故宫出版社，2014 年。

珍贵。也有慈禧太后和瑾妃的写经，其中乾隆皇帝写经多达 600 余部。这些写经都选用上好的金粟山藏经纸、瓷青纸、黑漆蜡笺、洒金笺、菩提叶等，纸质坚厚光洁，并用上等泥金、徽墨精写，绘佛像、韦驮等。有不少是极为罕见的绝妙精品。另有修书各馆在编书过程中形成的稿本、修改本、清本、呈览本和付刻底本等，如《康熙字典》《渊鉴类函》《佩文韵府》《选择历书》等。还有清内外大臣编进、采集和清宫旧藏的各种抄本书。明抄本重要的有严嵩《钤山堂集》40 卷、钱正春《红豆村杂录》稿本等。清抄本重要的有康熙年间著名藏书家季振宜进献的抄本《全唐诗》710 卷。此书是季氏据钱谦益残稿补编而成。康熙四十五年（1706）编校的《钦定全唐诗》900 卷，即以此为底本。所藏唐人吴彩鸾写本《刊谬补缺切韵》，是一部自宋迄清流传有绪的稀世孤本，至今仍保留着宋朝内府龙麟装原貌，尚有宋宣和四印和清乾隆玺印，宋《宣和书谱》《中兴馆阁储藏书画录》和清《石渠宝笈》初编均有著录，是研究中国古代书籍装帧的宝贵实物资料。康有为编进的抄本书《日本变政考》《波兰分灭记》《列国政要比较表》等，皆是光绪皇帝了解外国政治、准备维新的重要读物。

故宫博物院收藏清内府刊录和采进的满文音韵字书及有关历史、言情小说亦很丰富，约近百种，并多是手抄孤本。例如清乾隆年抄本《会同四译馆译语》，是清帝敕纂而未经刊行的一部翻译词典。与现藏于国内外诸明清刻、抄本《华夷译语》比较，该书所收英、法、拉丁、意、葡、德及我国四川、云南、广西三省的少数民族语种最多，对于研究 300 年前的西欧、东南亚及我国西南地区民族语言文字及研究我国翻译学史，都是罕见的珍贵资料。清写本《满蒙藏嘉戎维语五体字书》是清代唯一的一部满、蒙古、藏、嘉戎、维吾尔语五体合璧词典，是一部"标音词典"，为清代满语、蒙古语、藏语、嘉戎语、维语等各少数民族语言的语音学研究提供了珍贵的语音资料。

四、其他图书的存藏

内阁大库藏书。宣统元年（1909）学部奏请筹建京师图书馆，获得清廷批准，将热河文津阁《四库全书》、避暑山庄各殿座书籍以及内阁宋元旧刻的大部分，一并送部交京师图书馆（国立北平图书馆之前身）储藏，成为筹建之初京师图书馆的基础藏书及其渊源。民国年间，国立北平图书馆将该馆所有图书分为甲乙两库庋藏，甲库所存于抗战期间运往美国，1965 年 11 月运返台北，藏于台北故宫博物院，共 3240 部（种）21602 件册。乙库各书仍庋藏于国立北平图书馆（现改为中国国家图书馆）。其中不仅有宋、元旧刊，如宋刊本《文苑英华》《说苑》《尔雅疏》、元刊本《宋史》、宋刊元明递修本《南齐书》、明抄本《永乐大典》等，同时还有数百部地方志，这些地方志大都是清代康熙至乾隆间修《大清一统志》时，下令各地"进呈"而来的。内阁大库剩余的一小部分图书，于 1933 年随故宫文物南迁后被运往台北，今庋藏于台北故宫博物院，包括宋、元、明、清刊本、抄本，共 208 种 2024 册，虽然为数不多，但亦有不少好书。

此外，不属清宫旧存的观海堂藏书，后由故宫博物院收藏，也十分珍贵。观海堂藏书的最初收藏人为杨守敬。杨为近代史地大家，他在清政府驻日使馆做随员时，正值日本明治维新运动，社会转向吸收西方文明，千百年来从中国所得旧藏纷纷廉价贱售，杨趁此搜访到数万册珍稀宝笈。1918 年政府购得杨氏藏书一部分。1926 年将储于集灵囿的 15000 多册观海堂书籍拨交故宫博物院保存。1932 年，故宫博物院曾编撰出版《故宫所藏观海堂书目》4 卷。这批书随文物南迁，现大部分在台北故宫博物院，小部分仍藏北京故宫博物院。观海堂藏书中有不少精绝好书，且多为稀世善本，如台北故宫博物院所藏观海堂书，其经、史、子、集四库皆备，其中的日本古抄本、卷子本及汉医名家精抄校订的医药书籍，更是不可多得的文物瑰宝，共计 1634 部

15491 册。[1]

方志。方志又称地方志，为综合记载某一地域范围内的自然和人文的历史与现状著作。代代相传编纂志书是中国的文化传统，明清两代则是中国方志发展的繁盛时期。清代视方志舆图为辅政之典，从中央到地方都十分重视志书的纂修，全国有《大清一统志》，各省有通志，府州县也各有志。所修志书不仅数量大，种类也繁多，边疆史志特别是西北边疆史志的纂修成就丰硕，整理辑佚古代地志成果也很显著。

故宫博物院成立后，曾编《故宫方志目》与《故宫方志目续编》，共载方志书 3270 部。这些书主要是康、雍、乾、嘉四朝纂修《大清一统志》期间，命全国各省府州县纂修呈进和采集来的，包括明正德迄清末的各种方志。清史馆等处所藏方志，随文物南迁者共 1595 种 14000 余册，现 1500 余种藏于台北故宫博物院。北京故宫博物院目前存藏古籍志书 1871 种 2144 部 20272 册，绝大多数是清国史馆和内阁大库的旧藏，尤以顺治、康熙、乾隆年间所修志书最多，占馆藏总数的 94% 以上。其中清刻本最多，清抄本、旧抄本和清内府抄本、稿本次之。这些方志几乎遍布全国 30 个省市以下府、州、县，尤以河北、山西、陕西、江苏、浙江、河南、广东、四川等省最突出。仅著录于《中国古籍善本目录》就有 340 余种。[2]

清宫剧本。有清一代，内廷盛行演剧。演剧既是文化活动，又被纳入内廷的礼仪活动之中。康熙年间成立了宫廷戏剧演出机构南府，道光七年（1827）改南府为升平署。现存清宫剧本主要是南府时期和升平署时期的抄本，另有少量刻本，刻本大多是连台本戏。根据有关资料，现存南府和升平署剧本主要分布在以下单位：北京故宫博物院所藏最多，其中有南府抄本近 400 种，升平署抄本 11000 种以上，还有乾隆年武英殿刻五色套印本等。台北故宫博物院现藏升平署昆弋剧

① 冯明珠主编：《故宫胜概新编》，台北故宫博物院，2009 年，第 207 页。
② 万依主编：《故宫志》，北京出版社，2005 年，第 612 页。

本 419 种，乱弹剧本 388 种，总计 807 种。中国国家图书馆藏升平署曲本约 379 种。首都图书馆藏清升平署抄本《东周列国传奇》《德政芳》等。中国艺术研究院戏曲研究所藏清内府抄本《太平祥瑞》等，200 种以上。其他公私藏家也有一些收藏，如上海图书馆藏有清南府和升平署中的一批抄本等，多是珍稀罕见之物。[①]

少数民族文字图书。故宫博物院成立后整理的满蒙书籍，至 1931 年已达 428 种 16100 余册，此数不含佛经和复本书。现在收藏较多的单位有北京故宫博物院、辽宁省图书馆、中国国家图书馆、中国第一历史档案馆和台北故宫博物院等。北京故宫博物院现藏满、蒙古、藏等文字图书 2900 余种 20000 余册（内有刻本 1900 多种万余册，抄本千余种 8900 多册）。其中以满文为主体的典籍最多，有 2200 余种 19000 多册；蒙古文有 230 余种；藏文书 300 余种。这些都是清宫的遗存，且多系清内府奉敕编译的刻本和抄本，也有臣工进献和采进的坊刻、家刻和抄本。台北故宫博物院存藏满、蒙古文书籍 11499 册，也是清宫的遗存。辽宁省图书馆藏有满、蒙古文图书 500 余部，源自沈阳故宫。中国国家图书馆所藏满、蒙古等少数民族文字图书为海内外之冠，其来源广博，但也有不少来自清内阁大库和翰林院、国史馆等。中国第一历史档案馆存藏满文档案文献多达 150 万件，也有一定数量的满、蒙古文图籍，来源于清宫旧藏。此外，国内一些公私藏家也有收藏，而国外日、俄、法、德、英、美等国也有不少存藏。这些散存各地的满文、蒙古文图书是我国少数民族文化遗产的重要组成部分，特别是清内府编译的满文典籍，比较系统地反映了清代满族文化高度发展的轨迹。是研究和了解清代历史、文化乃至翻译史不可或缺的重要史料。[②]

清宫旧藏佛道典籍主要存藏于北京故宫博物院、台北故宫博物院

---

① 齐秀梅、杨玉良等：《清宫藏书》，紫禁城出版社，2005 年，第 438—439 页。

② 齐秀梅、杨玉良等：《清宫藏书》，紫禁城出版社，2005 年，第 387—388 页。

与中国国家图书馆。北京故宫博物院现藏佛、道经籍计有2000余种6400余部54000余册，包括历代写本、刻本、墨拓、朱拓本。汉文之外，还有满文、藏文等文字的写经。宋以前写经近百件，纪年题记最早的是北魏永平四年（511），最晚的是北宋太平兴国十年（985）。历代书家写经数量也很突出，如唐人《临黄庭经》及宋张即之、元赵孟頫、鲜于枢等的写经。元、明、清三代写本、刻本数量最多，尤以清内府写、刻经卷最具特色。除了汉文，还有满文、藏文等文字选入《中国古籍善本目录》者计有160余种。另有《金藏》《永乐北藏》《嘉兴藏》《龙藏》等4部汉文大藏经，《嘉兴藏》是明万历至清雍正的刻本，是传世《嘉兴藏》中最为完整、续刻时间最长、内容最丰富的一部；藏有《正统道藏》《万历续道藏》一部，为唯一的足本传世的道家大藏博物院；乾隆泥金写藏文《龙藏经》108函，96函在北京故宫博物院，12函在台北故宫博物院；乾隆年译刻的《清文翻译全藏经》108函，72函在北京故宫博物院，36函在台北故宫博物院。[①]

台北故宫博物院藏佛教经典不含清刻满藏文大藏经有300余部，根据经典制作的方式有写本、缂绣和雕版3种，其中明以前的经卷达50余种，大都是清宫旧藏，著名的有宋代张即之、明代董其昌等的写本佛经。其中明代内府写经用金汁抄写，且有精美的彩绘插图，既是内廷供养的佛教法物，更是完美的工艺品，其内容以藏传佛教经典为主，而且有准确的抄写年代，是研究明代宫廷藏传佛教真实面貌的珍贵材料。台北故宫博物院另存藏康熙年间泥金写藏文《龙藏经》一部108函。[②]

中国国家图书馆也是存藏清宫佛、道典籍较多的单位，该馆所存道教典籍，除《道藏》《续道藏》之外，明内府刻本、写本道经也很突出，如明初写本《云笈七签》，嘉靖年内府抄本《御制金箓大斋章表》

[①] 齐秀梅、杨玉良等：《清宫藏书》，紫禁城出版社，2005年，第326—327页。章宏伟：《〈清文翻译全藏经〉书名、修书机构、翻译刊印时间考》，《故宫问学》，紫禁城出版社，2009年。

[②] 林曼丽主编：《物华天宝》，台北故宫博物院，2007年，第146—147页。

《金箓御典文集》，万历年内府抄本《太上三元赐福赦罪解厄清灾延生保命妙经》，明内府抄本《温帅血脉家传》《祈祷诸阶秘旨》，等等。中国国家图书馆还藏有相当数量的清内府译、刻和写本佛经，包括汉、满、蒙古、藏各体文本。[①]

此外，沈阳故宫博物院、辽宁省图书馆、辽宁省博物院、长春博物馆、中国第一历史档案馆及南京博物院，以及其他公私藏家，也收藏有一些原清宫旧藏的佛、道教典籍。

第三节　故宫图书典籍的整理研究

清宫图书，主要收藏在台北故宫博物院与北京故宫博物院，两个博物院都很重视藏书的整理、展览与研究。台北故宫博物院由于收藏多部巨帙名籍，对其整理、研究、传播着力尤多。台北故宫博物院把"古籍与密档——院藏图书文献珍品展"作为常设展，每3个月更换展品，同时也办过"宋元秘籍"之类的展览；2011年举办了"龙藏——院藏大藏经展"，展出了康熙八年（1669）清宫泥金写本藏文《龙藏经》，并辅以乾隆年间的泥金写本藏文《龙藏经》及朱印本《清文翻译全藏经》。1983年，台北故宫博物院与台湾商务印书馆合作，影印出版院藏文渊阁《四库全书》，时任台北故宫博物院副院长的昌彼得特撰《影印四库全书的意义》一文，明确标举出"四库学"一词。1985年又与台湾世界书局合作影印出版摛藻堂《四库全书荟要》。台北故宫博物院全面整理《四库全书》及《四库全书荟要》中失真失实文字，并据相关版本匡补阙失，于1989年出版《四库全书补正》。[②]台北故宫博物院研究人员发表了一系列有关清宫典籍特别是《四库全书》的论著。

---

① 齐秀梅、杨玉良等：《清宫藏书》，紫禁城出版社，2005年，第326页。
② 吴哲夫：《四库全书补正工作之回顾与前瞻》，《故宫学术季刊》第16卷第1期。

1998 年，台北故宫博物院与私立淡江大学合作，举办第一届"中国文献学研讨会"，以"两岸四库学研究"为主题，邀请海内外四库学、文献学学者 50 余位参加，发表论文 15 篇。2008 年举办"空间新思维：历史與图学国际学术研讨会"。台北故宫博物院又与东吴大学合作，研发院藏雍正朝铜活字初印本《古今图书集成》之全文及图像检索资料大系。2009 年影印出版康熙八年（1669）泥金写本藏文《龙藏经》。

北京故宫博物院对所存藏的清宫典籍进行了较长时期的清查整理，同时重视对其研究，朱家溍、杨玉良等贡献尤多。2005 年，作为故宫百年大修的武英殿试点工程竣工，在此举办了"盛世文治——清宫典籍文化展"。2007 年又举办了"天禄珍藏——清内府书籍精华展"，并召开了第一届清宫典籍国际学术研讨会，出版了《天禄珍藏——清宫内府本三百年》（紫禁城出版社，2007 年）一书。2013 年，举办了"宫廷典籍与东亚文化交流国际学术研讨会"，以明、清宫廷纂修、刊印、典藏的图书为研究对象，关注其文化背景以及在东亚文化交流中承载的学术意义和价值。与海南出版社合作出版的《故宫珍本丛刊》，与线装书局合作的《永乐北藏》，与民族出版社合作的《嘉兴藏》以及《钦定武英殿聚珍版丛书》等先后影印出版。武英殿书版也发挥了作用。紫禁城出版社于 2002 年用 4 万多块原版刷印《满文大藏经》20 部。2013 年，故宫出版社（原紫禁城出版社）又用 1860 块清乾隆御制藏满蒙汉四体合璧《大乘首楞严经》经版刷印 200 部。多年来，故宫博物院图书馆研究重点主要在清宫藏书及内府刻书两个方面。朱家溍主编的《两朝御览图书》（紫禁城出版社，1992 年）简要介绍了故宫博物院的藏书。故宫博物院图书馆与辽宁省图书馆合编了《清代内府刻书目录解题》（紫禁城出版社，1995 年）。齐秀梅、杨玉良等撰著的《清宫藏书》（紫禁城出版社，2005 年），是清宫藏书研究的一部力作。故宫博物院图书馆同人又在内府图书文献档案的梳理、藏书散佚的研究、现藏典籍的整理等方面做出了努力。

清宫图书与清代政治、经济、文化有着密切关系，反映了清朝统治者的政治理念、文化政策，影响了清代的学风，也见证了国家的兴衰；清宫图书的征求、编纂、刻印、存藏以及流散等，有着丰富的内容，都是中国图书史、中国出版史、中国印刷史、中国藏书史等以及版本学、目录学研究的重要内容。清宫图书研究是长盛不衰的课题，有众多的研究者，也有丰富的成果，在以《四库全书》为代表的重要典籍的研究上尤为显著。

《四库全书》从诞生以来，对其研究就不曾中断。民国初年，陈垣主持了对文津阁《四库全书》的清点工作，不仅详细统计了其架数、函数、册数和页数，而且简要梳理了《四库全书》编纂的过程，并对其中一些重要问题做了开创性的研究。此后，诸如杨家骆《四库大辞典》（附《四库全书概述》，1932年）、《四库全书学典》（1946年）、任松如《四库全书答问》（1933年）、郭伯恭《四库全书纂修考》（1937年）等论著相继出现，特别是余嘉锡的《四库提要辨证》，胡玉缙、王欣夫辑的《四库全书总目提要补正》，可纠正《四库全书总目》的纰缪疏漏。

1986年，随着台湾商务印书馆影印《文渊阁四库全书》全本的推出，海峡两岸迅即掀起了"四库热"。1987年，上海古籍出版社以台湾影印本为蓝本，再加缩印出版。2005年，吉林出版集团以世界书局影印的摛藻堂本《四库全书荟要》为底本重加影印。2005年，商务印书馆影印出版文津阁本《四库全书》。在此期间，诸如《四库全书存目丛书》（齐鲁书社、台湾庄严文化事业有限公司，1997年）、《四库全书存目丛书补编》（齐鲁书社，2001年）、《四库禁毁书丛刊》（北京出版社，2000年）、《四库禁毁书丛刊补编》（北京出版社，2005年）、《四库未收书辑刊》（北京出版社，2000年）、《续修四库全书》（上海古籍出版社，2002年）相继问世。《四库全书》电子版也有好几种。[1]出版了《纂修四库全书档案》（上海古籍出版社，1997年），出现了一批有影响的研究著作，如黄爱平《四库全书纂修研究》（中国人民

---

① 吴家驹：《古籍丛书发展史》，南京师范大学出版社，2011年，第230—231、286页。

大学出版社，1989 年）、吴哲夫《四库全书纂修之研究》（台北故宫博物院，1990 年）等，充分显示出"四库学"已成为一门显学。①

由于《永乐大典》的重要性及其不幸遭遇，清末以来学者们对其研究非常重视。代表著作有郭伯恭《永乐大典考》（商务印书馆，1938 年）、顾力仁《永乐大典及其辑佚书研究》（台湾东吴大学，1985 年）。郭书论述了《永乐大典》的编修、重抄、流传过程，《四库全书》开馆辑佚等方面的内容。顾书除了介绍《永乐大典》的编修及流传等情况外，还重点研究了有关《永乐大典》辑本的问题，较全面梳理了《永乐大典》研究资料。2002 年 4 月，国家图书馆召开"《永乐大典》编纂 600 周年国际研讨会"，来自海内外 50 多家图书馆和研究机构的近百位专家学者与会，编印了《〈永乐大典〉编辑 600 周年国际研讨会论文集》（北京图书馆出版社，2003 年），反映了《永乐大典》研究的最新成果。此外还有张升的《〈永乐大典〉流传与辑佚研究》（北京师范大学出版社，2010 年）、《〈永乐大典〉研究资料辑刊》（北京图书馆出版社，2005 年）等。近几年还出现了多篇以《永乐大典》为研究重点的博士论文。

对于《永乐大典》的辑佚，从清代到民国以至当代，都一直有人在做，辑出了大批文献资料。民国以后，公私影印《永乐大典》存佚本陆续而出。1959 年中华书局首先仿制《永乐大典》将乌字韵的一册用夹宣纸套印，大小规格、封面装帧一如原式，使今人始能见到该书原貌，一年后又影印出版《永乐大典》730 卷。20 年后又出版新发现的 67 卷的续印本。1986 年，中华书局把两次所印的 797 卷收在一起出版，并附印《永乐大典目录》。2003 年，上海辞书出版社出版了《海外新发现〈永乐大典〉十七卷》。中国台湾在中华书局 730 卷影印本基础上加配台北和西柏林所藏 12 卷加以影印出版。日本亦影印过天理图书馆

---

① 黄爱平：《推进"四库学"研究的重要举措——〈四库全书研究论文篇目索引〉序》，《图书与情报》2012 年第 3 期。吴家驹：《古籍丛书发展史》，南京师范大学出版社，2011 年，第 230—231、286 页。

所藏的 16 卷《永乐大典》。

关于《古今图书集成》的研究，与《四库全书》《永乐大典》的研究相比较，成果尚不甚丰。该书问世后，于清朝中晚期已蜚声海内外，自 20 世纪初期首先在国外已有汉学研究者进行索引与目录的编制。在文献学范畴的研究中，对于《古今图书集成》本身引文的舛误、校勘，有龙继栋《古今图书集成考证》24 卷，对文句错讹脱衍及引文有疑问题进行了全面繁复的考证。该成果附在光绪年间上海同文书局版《古今图书集成》书后。在利用《古今图书集成》所录专题资料发展各学科的专门研究也不少，如竺可桢 1925 年撰写《中国历史上气候之变迁》时曾大量引用《庶征典》的灾害资料以统计分析历代气候演变情况。英国李约瑟的《中国科学技术史》于 1954 年出版第 1 卷，该书大量征引《乾象典》《历法典》《庶征典》《山川典》《艺术典》等典部有关科学技术的文献或图表。对于《古今图书集成》本身编纂情况、内容特点进行的研究，1928 年万国鼎的《古今图书集成考略》（《图书馆学季刊》第 2 卷 2 期）为开端；故宫博物院杨玉良《〈古今图书集成〉考略》（《故宫博物院院刊》1985 年第 1 期）引用内务府档案解决了有关该书的一些问题；2001 年裴芹《古今图书集成研究》（北京图书馆出版社）以系列论文形式呈现。詹惠媛编有《〈古今图书集成〉研究论著目录（1911—2006）》（台北辅仁大学图书资讯学系硕士论文，2008 年）。《古今图书集成》至 20 世纪末，已有 1934 年的中华书局版，1964 年的台北文星版，1977 年的台北鼎文版，1985 年的中华书局、巴蜀书社联合版等版本流布。

对于天禄琳琅藏书的整理研究也一直进行。1932 年故宫博物院辑印"天禄琳琅丛书"第 1 编，收宋元本及明汲古阁影宋抄本 15 种。现藏于台湾的天禄琳琅宋元版书皆已编目，并有书影出版。2007 年 12 月 15 日至 2008 年 6 月 30 日，台北故宫举办"天禄琳琅·乾隆御览之宝"图书展，分"藏书由来""书中珍品""藏书赏析印记""明清之际因仿造宋、元旧籍而致儒臣失察误判"4 个展览专题，并出版展览专辑。

对于藏书中的赝品，民国时期，施廷镛编《天禄琳琅查存书目》、张允亮编《天禄琳琅现存书目》等已有辨正。20 世纪 50 年代至 80 年代，台湾发表了一批成果，出版了研究其藏书印记的专书[1]，特别是相继执掌台北"中央"图书馆、台北故宫博物院善本特藏之昌彼得、吴哲夫，发表了多篇与天禄琳琅藏书有关的论文。日本学者如阿部隆一、冈田武彦等也有文章涉及。80 年代以来，大陆的相关研究也活跃起来，或概述天禄琳琅所藏书目特点，指出其中谬误，或梳理藏书经过，或介绍一馆所藏天禄珍本，并有数篇硕士论文。2012 年刘蔷的《天禄琳琅研究》出版，是国内有关研究的新成果。

由于多数清代官修民族文字图书还未被整理和出版，因此对其进行全面而深入的研究存在一定困难，但也有一些图书引起学界的关注，例如对《御制五体清文鉴》的重视就是一例。此书是一部辑满、藏、蒙古、维吾尔和汉 5 种不同语言文字的对照分类辞书，36 卷，共收词目 18600 余条，内容极为丰富，不仅对当时这些民族间的文化交流起了积极的桥梁作用，而且对于今天的专业人员了解 200 年前这 5 种语言词汇面貌，提供了宝贵资料。此书编译告成未及刊行，只有清内府写本传世，故宫博物院与雍和宫各藏一部，英国大英博物馆也藏一部抄本。1957 年民族出版社据故宫博物院所藏抄本影印出版。日本、韩国及欧洲等国家，从 20 世纪开始对清代各体文鉴进行整理出版和研究。[2] 国内的江桥、李德启、黄明信、贺希格、金炳、塔伊尔江等都发表了一系列文章，或出版了研究专著。故宫博物院春花女士的《清代满蒙文词典研究》（辽宁民族出版社，2008 年）对清代产生的所有满蒙文词典进行了较全面的综合性研究。

---

[1] 赖福顺：《清代天禄琳琅印记研究》，中国文化大学出版部，1991 年。

[2] 乌兰其木格：《清代官修民族文字文献编纂研究》，辽宁民族出版社，2010 年。

第十一章

故宫明清档案及其整理研究

第一节　故宫明清档案散佚及存藏状况

一、内阁大库档案的外流

清宫档案为世人所知，始自清末内阁大库档案的流散。清初沿袭明制，以内阁统领政务，雍正设军机处之后，内阁地位虽有下降，但仍协助皇帝处理一些日常政务的文书、典礼事务及备顾问等。内阁大库位于故宫东华门内旧内阁衙门东，藏有清代为编纂明史而收集的明代档案及盛京旧档，主要庋藏清代历朝的诏令、题奏、殿试卷子、金榜等档案以及官修的实录、圣训、会典等典籍。

宣统元年（1909），清宫内阁大库严重渗漏，决定大修，于是将档案移存于文华殿两庑。大学士管学部事务的张之洞奏请以大库所藏书籍，设学部图书馆藏之，其余档案则奏请焚毁。当时学部参事罗振玉被派赴内阁接收书籍，见到奏准被焚之物都是宝贵的史料，于是请张之洞奏罢焚毁之举，将所有档案运归学部，藏于国子监南学和学部大堂后楼两处。民国初年，这部分档案由教育部历史博物馆筹备处管理，并移于端门门洞中存放。1921年，历史博物馆因经费困难，除拣出一部分较整齐的外，将其余档案装8000麻袋计15万斤，以4000元价钱卖给同懋增纸店，以做"还魂纸"的原料，幸被有识之士罗振玉所知，以三倍价钱将此购回。这就是有名的"八千麻袋事件"。罗氏后因无力保管，自己仅留一小部分，其余转售于前驻日公使李盛铎。以后李氏留下一部分，又把其中大部分档案卖给民国政府的中央研究院历史语言研究所，从此始购为公有。这些档案几经易手，时达六七年之久，损失了约 2 万斤。罗振玉自己留存的那部分档案，后运到旅顺，并成立大库旧档整理处进行整理，1936 年捐赠给奉天图书馆，后来其中一部分移交"满铁"图书馆，即今之大连图书馆所有的清档。

内阁大库档案原来深藏皇宫，秘不示人。其中一部分自 1922 年散出民间，轰动社会，被视为"大发现"。正如有的论者所说，其实所谓"发现"，不如说是流散。[1] 其流散的过程，与敦煌藏经洞之发现同样是历史的憾事之一。

流失出去的"大内档案"只是清宫明清档案的一小部分。清代宫廷的官方文书，还基本上存藏于紫禁城内。1924 年，冯玉祥将军将逊帝溥仪驱逐出宫后，成立了清室善后委员会，专门清点管理清宫物品，档案也是清点的一项。1925 年 10 月故宫博物院成立，设有图书馆，馆下又复分为图书、文献二部，文献部负责明清档案和历史物品的管理。1926 年，收回被北洋政府于 1914 年索去的军机处档案。1927 年文献部改为掌故部。1928 年又接收清史馆全部档案。至此有清一代朝廷公文书，尽回故宫。1933 年故宫文物南迁，其中档案文献有 3766 箱。1949 年初，南迁档案 204 箱约 40 万件册运到台湾，现由台北故宫博物院保存。

二、故宫明清档案的存藏状况

故宫博物院 1980 年已将明清档案部整体划归国家档案局，现仅藏清代《内务府陈设档》，是清宫内务府每年对其所辖各处殿堂陈设物品进行清点时所立的陈设清册。共含康熙三十三年（1694）至"宣统十四年"（1922）陈设档 682 册。陈设档的种类，就其形式而言，

---

① 黄爱平主编：《中国历史文献学》，中国人民大学出版社，2010 年，第 382 页。

有原始档、复核档和日记档之分。陈设档真实地反映了清代宫殿陈设的特点与变迁情况，对研究清代宫廷陈设规律、帝后生活以及恢复宫廷原状陈列等具有重要价值。故宫博物院另有舆图收藏326件，以康、乾时期绘制得最为精致。乾隆朝绘制的舆图较多，尤以《乾隆皇舆全图》之铜版初印本最为罕见。此图系在清康熙《皇舆全览图》基础上，经乾隆二十一年至二十五年（1756—1760）增测新疆西部地区后又吸收其他地区资料编绘而成，并由法国传教士制成铜版104块（内含乾隆御制诗一块）。地图范围较康熙《皇舆全览图》大一倍以上。这104块铜版仍然存藏在故宫博物院。[①] 故宫博物院又存藏清代中晚期的帝后服饰和器物小样。各类服饰图样有370余种3400余幅（件），系定制实物之前，由内府画师绘出纸样，局部施以彩色，以供内府按样制作。这些图样可供了解清代帝后及其家族穿戴服饰的生产过程和当时工匠们的高超技艺及纺织业的发展水平。

本文中的"故宫明清档案"，指的是清廷中枢国家机关档案，它们当年主要存藏于紫禁城内。明清档案现存于世的约2000万件，其中绝大部分是清代档案，清档中又以中央国家机关的官文书为主。明清中央国家机关档案主要保存在中国第一历史档案馆（以下简称"一史馆"），台北故宫博物院及台湾"中央研究院"历史语言研究所（以下简称"史语所"）也有一部分重要收藏。

一史馆（由故宫博物院文献馆发展而来）藏有明清档案1000多万件册，其中明朝档案3000多份，其余全是清朝档案。清档中满文档案又约占1/5，即200万件。这些明清档案按全宗划分，可分为74个全宗。其中明代档案绝大部分是清初修《明史》收集的，由内阁保存至今，后又收集了一些散存的明档，共3647件册。文件起于洪武四

---

① 此图铜版于1925年在北京故宫发现，1932年重印，名《乾隆内府舆图》。该图以纬差5度为一排，共分13排，故又名《乾隆十三排图》。

年（1371），迄于崇祯十七年（1644），主要为明朝内阁、兵部、礼部等机构的档案，文种有敕论、诰命、题行稿、题本、奏本、启本、手本、揭帖、塘报及票契、簿册等。这部分明朝档案的分类，基本上保持了原来的不同时代、不同单位整理档案的体系。一史馆与辽宁省档案馆所藏明代档案，已于2001年由广西师范大学出版社影印出版，名为《中国明朝档案总汇》，共101册。

一史馆所藏清代档案，尤以清内阁、军机处、宫中、宗人府、内务府5个系统的档案为最多，约占一史馆全部档案的78%。

（一）内阁档案

起于天聪三年（1629），止于宣统三年（1911），共2714851件册，反映了清朝由兴起到统一全国，直至灭亡的294年的历史。档案形式以折叠文档为主，也有不少记事的簿册和卷轴式的地图等多种样式。大致可分内阁承宣或进呈的文书、内阁日行公事档案及官修的史籍等3类。

（二）军机处档案

军机处档案共有825358件册，大致可分为3类：第一类是军机处录副存查的奏折，所谓"录副"，即奏折经过皇帝朱批后，由军机处抄录备查的副本，分满汉文二种，共72万件；第二类是军机处分类汇抄的关于国家庶政的档案，分满汉文二种，按其性质又分为目录、上谕、奏事、专案、电报、记事6类；第三类是军机处呈进文书和日行公事文书。军机处进呈的文书，有奏折、表章、舆图。表章主要是一些少数民族头目及廓尔喀等进贡的表文。舆图分舆地、江河湖渠、水陆路程、军务战争、行宫、寺庙、矿厂、建筑、陵墓、其他10类。其中以中国与四邻各国分界图，各省、府、州、县图，沿海口岸和河道堤工等图最为重要。

（三）宫中各处档案

故宫内的乾清宫是清帝处理政务主要场所之一，当时办理一些主要公文都存放在这里。1925年故宫文献部在清理这些档案时，认为这些档案"系统虽异，地点均在内廷"，故名"宫中各处档案"。宫中各处档案可分3类：第一类，是官员缴存的朱批奏折及谕旨等。奏折是清代高级官员向皇帝报告政务的一种文书，奏折经过皇帝用朱砂红笔批阅以后，叫"朱批奏折"。一史馆现存朱批奏折56.8万余件，其中汉文48万件，满文8万多件。朱批奏折由于是经皇帝亲自批阅的原件，所以价值十分珍贵，其内容也十分丰富。第二类是官员履历单、片及臣工进呈的诗文。第三类是奏事处的档案，如收发奏折和管理印信的登记簿册、记载奏事规则的《事宜便览》等。

（四）宗人府档案

宗人府掌管皇族事务，顺治九年（1652）设立。宗人府档案共有42万余件，自雍正朝迄宣统，各朝的文件都有，大致可以分为3类：第一类是宗人府编纂的谱牒；第二类是收各处为修玉牒而咨送的宗谱清册等档案；第三类是宗人府所属经历司、左司、右司、黄档房、银库等机构的档案。

（五）内务府档案

原有180多万件，再加上清帝退位，溥仪小朝廷时期（1912—1924）的内务府档39万多件，共计220多万件。[1]

台北故宫博物院所藏清代档案，绝大部分源自紫禁城。档案的种类大致可分为宫中档、军机处档、内阁部院档、国史馆及清史馆档案等，共约40万件册。

（一）宫中档

以原藏懋勤殿大臣缴回的朱批奏折为主，计约15万余件，含康熙、雍正、乾隆、嘉庆、道光、咸丰、同治、光绪、宣统等9朝的汉文折、满文折及满汉合璧折等，其中以汉文折为主。

---

[1] 中国第一历史档案馆编著：《中国第一历史档案馆馆藏档案概述》，档案出版社，1985年。秦国经：《明清档案学》，学苑出版社，2005年。邢永福主编：《明清档案通览》，中国档案出版社，2008年。

（二）军机处档

可分为"军机处奏折录副"与"军机处各类档册"。台北故宫博物院所藏军机处档折件共有 19 万余件。军机处档册指军机处所汇抄的档册，包括目录类、专案类、谕旨类、奏事类、记事类、电报类等，共 30 多种。目录类档册，如类似公文收发簿的《随手登记档》；专案类档册，如《安南档》抄录乾隆年间征讨安南的文书，《廓尔喀档》抄录乾隆年间驱逐廓尔喀（尼泊尔）入侵西藏的文书；奏事类档册，如《月折档》是抄录重要奏折；谕旨类档册，如《上谕档》是抄录皇帝谕旨的档册；等等。

（三）内阁部院档

台北故宫博物院所藏《满文原档》是清内阁最早的档案，共 40 册，其中太祖、太宗两朝各 20 册，记录了清朝开国初年自天命前九年（1607）至崇德元年（1636）的重要事务。该院所藏诏令文书并不多，重要的有《多尔衮母子撤出庙享诏》《道光皇帝遗诏》《咸丰皇帝遗诏》《同治亲政诏》《载湉入承大统诏》等。藏有安南、暹罗、缅甸等属国向清朝皇帝呈递的"表文"。鸦片战争后，清廷被迫接受国与国关系，逐渐出现平等国书。该院藏有光绪年间的《朝鲜国书》与《俄罗斯国书》等，也保存了两件《大清国致英国国书》与《大清国致法国国书》。该院所藏《起居注册》始于康熙朝，另有雍正、乾隆、嘉庆、道光、咸丰、同治、光绪等朝，共 3700 余册。

（四）史馆档

包括清国史馆纂修国史所形成的档册及民国清史馆为纂修《清史稿》所形成的史稿。清国史馆及民国清史馆纂修清史，都沿用"纪传体"，因此保存下来的稿册是以本纪、志书、年表、传记为主，其中清国史馆本，有修纂完好进呈皇帝御览的黄绫本和保存在内阁、史馆的定本及多种稿本；清史馆本则有纂修完成的《清史稿》原稿及各式稿本。[1]

---

[1] 冯明珠：《清宫档案丛谈》，台北故宫博物院，2011 年。《故宫胜概新编》，台北故宫博物院，2009 年。

（五）舆图

台北故宫博物院还藏有古舆图 817 件，为原国立北平图书馆旧藏。这批古地图大多是清内阁大库红本中拾出的明、清旧图，小部分为后来搜购，多属于官绘本或进呈本，因此品相甚佳。内容上，除一般行政区域图外，沿海、边防、水道、河工、城市、宫殿、道里、驿铺等专题地图亦多。

台北"中央研究院"史语所现藏明清档案约 31 万件，来自内阁大库，内容十分丰富，可分如下几类：

（一）内阁收贮的各项档案

如制、诏、诰、敕等诏令文书，题、奏、表、笺等臣工的奏疏。清代中央各部及地方各省官员向皇帝言事都用奏本、奏折与题本。这些题奏本章及其抄件在史语所档案中居最大宗。诏书与诰敕中，有顺治十八年（1661）罪己诏与康熙六十一年（1722）传位皇四子的遗诏，前者涉及清初朝廷当权派与保守派的权力斗争，而后者则与雍正是否夺嗣的论争有关。这些诏书大都经过裱褙，可以想见当时对这些文件的重视。

（二）内阁本身的各项档案

内阁下设典籍厅、满本房、汉本房、蒙古房、满票签处、汉票签处、诰敕房、稽察房、收发红本处、饭银库、副本库、批本处等 12 房处。史语所或多或少藏有这 12 房处的档案。

（三）修书各馆的档案

史语所所藏档案多为实录馆、起居注馆、会典馆、一统志馆、明纪纲目馆与明史馆等所修诸书。不过，完整的并不多，且以稿本居多。此外，尚有当年为修书而向各方征集而来的档案。

（四）科举档案

计有康熙、雍正、乾隆、嘉庆、道光、咸丰、同治、光绪等朝的文武乡、会试题名录、试题、试卷 300 多册，其中比较罕见的是一些未经誊录的会试、殿试卷原本。此外，史语所也藏有一些西番馆、回回馆、百夷馆、西天馆、暹罗馆、俄罗斯馆等译字生的试卷。试题都是相关外文字词的汉译。

（五）沈阳旧档

重要的有袁崇焕致金国汗书、金国汗答袁崇焕书、毛文龙致金国汗书等。[①]

台北"中央研究院"1955年筹备成立近代史研究所，1965年正式成立。被国民党带到台湾的清末总理衙门档案及民国北洋政府时期的外交档案、清代商部到国民政府经济部的档案等，先后移交近代史所保管整理。其中清季外交档案5500册约22700页约6800万字，另收发电亦达304册21900页，其内容涉及多方面的历史事实，如有关"西藏问题"的档案藏有近50万册，其中包括了1892年至1912年间的中英藏约、班禅赴印、川兵入藏、革除达赖封号、西藏练兵驻兵等多方面的资料，具有极高的史料价值。[②]

国内还有一些图书馆、档案馆藏有清宫明清档案，比较突出的是辽宁省档案馆和大连市图书馆。

辽宁省档案馆除1000余件明代档案外，清代档案达20万卷册，其中一批原存沈阳故宫崇谟阁，如顺治十八年（1661）至光绪三十四年（1908）的玉牒，共有1070册；《满文老档》重抄本及转抄本各一部，共360册；历朝的《实录》《圣训》，其中大红绫本《实录》7898册，大红绫本《圣训》1727册，还有《实录》《圣训》稿本23册。盛京内务府档、黑图档、东北各旗署档和八旗兵丁、地亩、户口册等。[③]

大连市图书馆所藏清代档案，有一部分原存于清宫，主要是清朝总管内务府的题本，2000余件，又有残件600余件。其中满文题本

---

① 刘铮云：《旧档案、新材料——"中研院"史语所藏内阁大库档案现况》，《新史学》九卷3期，1998年9月。

② 逸文：《台湾"中研院"近代史所档案馆藏档评介》，《民国档案》2002年第3期。

③ 赵彦昌、康晶晶：《东北地区明清档案述要》，《辽宁省博物馆馆刊》2009年第4期。

800 多件，满文残题本 500 余件；满汉合璧题本 1100 余件，满汉合璧残题本 100 余件。此外，还有相当数量的内务府各库的月折，以及少量的奏本、题稿、呈文、清册、族谱、殿试卷等，文件起于顺治，止于光绪，各朝的都有。顺治、康熙两朝的满文题本，尤为珍稀。其中关于曹雪芹家世的档案史料、皇庄和宫廷的史料以及 100 多件康熙朝外藩进贡的满文题本、《古今图书集成》装订呈送御览的文件等，都相当珍贵。[①]2010 年，《大连图书馆藏清代内务府档案》由国家图书馆出版社出版。

美国、英国、俄国、日本等国家的一些机构，都有明清档案包括满文档案的存藏，有一些曾是宫廷档案文献。[②]

第二节　民国时期故宫明清档案的整理研究

随着大内档案的发现以及新成立的故宫博物院对清宫档案的集中管理，民国时期明清档案的整理研究工作开始了，这是近代中国文化史、学术史上的一件大事。

所谓整理，既有形式上的整理，即区别名称、排比时代等，又包括内容的整理，即编辑与出版史料等。形式整理是内容整理的基础，内容整理是形式整理的目的之一。罗振玉从同懋增纸店赎回档案后，就招人检理，并编印了《史料丛刊初编》（1924 年）。而后罗将其大部转卖，自己留下的一部分则随后带到了旅顺，并成立了库籍整理处，聘请中外人士进行整理，出版了《大库史料目录》6 编（1934 年）、《明

---

① 王多闻、关嘉录：《大连市图书馆藏清代内阁大库档案的发掘和整理》，《故宫博物院院刊》1987 年第 1 期。

② 李宏为、刘兰青、陈宜耘：《境外中国明清档案文献目录一瞥》，《历史档案》1998 年第 3 期。赵彦昌、王红娟：《中国流失海外的满文档案文献及其追索研究》，《山西档案》2010 年第 6 期。

季史料零拾》2 册（1934 年）、《国朝史料零拾》2 册（1934 年）、
《史料丛编·初二集》12 册（1935 年）、《清太祖实录稿》3 种（1933
年）等，其子罗福颐（后为故宫博物院研究员）参与了编纂。凭借一
己之力完成这一浩大工作是不可能的，必须借助团体的力量。对明清
档案大规模的卓有成效的整理，主要是北京大学、故宫博物院、中研
院史语所 3 个重要的学术机构，其中尤以故宫文献馆成果最为重要，
影响也更深远。

　　北京大学是最早开始对明清档案进行整理的学术机构，为以后的
故宫博物院、史语所等机构的整理提供了许多经验。"八千麻袋事件"
发生后，北京大学的学者注意到了内阁大库档案的散落，于是请求教
育部把整理档案的任务交付北大。北京大学研究所国学门获取了存放
于历史博物馆的 62 木箱 1500 多麻袋档案后，便成立整理档案委员会，
商定整理方法，从 1922 年 7 月 4 日起开始整理。其间不断改进整理方法，
吸收北大师生参与，同时公开整理报告，举办档案展览，扩大了明清
档案的影响。截至 1924 年 9 月，整理工作告一段落，进入注重档案
内容以及整理出版阶段，并将档案整理会改名为明清史料整理会。共
整理档案 523000 多件又 600 余册。先后出版了《整理清代内阁档案
报告（要件）》《整理明清内阁档案史料要件报告》《清九朝京省报
销册目录》《嘉庆三年太上皇起居注》《顺治元年内外官署奏疏》等，
为学术研究提供了大量的史料。

　　中央研究院历史语言研究所的档案整理也成果显著。1928 年 10
月史语所成立，即着手购买李盛铎手中的内阁大库档案，购得后便成
立了"明清史料编刊会"，傅斯年、陈寅恪、朱希祖、陈垣、徐中舒
为委员，并招募人员，制定有关工作规则，采用 7 项程序对内阁大库
档案进行整理，同时着手编纂出版。1930 年 9 月《明清史料》甲编前
两本印刷出版，1936 年乙编、丙编问世，1948 年丁编编讫。但因时
局恶化，史语所将档案装箱南运，后档案随史语所迁台。迁台后史语
所继续编刊《明清史料》。"史学即史料学"，史语所将搜集史料、

整理史料视为史学研究的全部，将编纂整理视作学术研究的一部分。明清档案编纂整理工作，就是这种学术理念的生动体现。

1925 年 10 月故宫博物院成立，其图书馆下设文献部，沈兼士主持部务。文献部成立伊始，就开始了明清档案的集结工作。1926 年 1 月故宫博物院收回军机处档案后，立即中断了朱批奏折的整理，集中整理军机处档案。1928 年 10 月 5 日，故宫博物院设立专门的文献馆，明清档案整理便进入新的阶段。按军机处档案、宫中档案、内阁大库档案、内务府档案及其他档册书籍五大类进行整理，除了基本的整理外，同时还进行了库房陈列、提供查阅借抄、编纂出版等多项工作。故宫文物包括档案南迁后，文献馆对留院的档案继续整理，并确立了普遍整理和系统分类的原则，不断探讨分类方法的科学化，1936 年 6 月制定了《整理档案规则》，而后摸索出了适用的档案十进分类法，40 年代出台了《文献馆所藏档案分类简表》。北平沦陷后，文献馆的职员在艰难险恶环境下坚守岗位，继续进行整理，并编印了一批出版物。故宫文献馆的明清档案整理工作，是对档案管理的探索过程。沈兼士馆长对档案的整理制订了较为细密的计划，并开始对档案整理的原则和方法进行研究，先后撰写了多篇有关明清档案管理的论著，对一些珍贵史料亲自审订并撰写序文。文献馆的先辈们结合实际工作的一批论文，也是对中国现代档案科学起步并发展的记录，如《清代档案释名发凡》（单士元）、《清代制、诏、诰、敕、题、奏、表、笺说略》（单士魁）、《整理档案方法的初步研究》（方甦生）、《整理档案问题》（张德泽）等，还组织有关档案的学术讲座。我国近代档案学形成于 20 世纪 30 年代，明清档案整理既是档案学形成的直接推动力量，其实践与理论也是档案学创立时期的重要组成部分。

故宫博物院文献馆从保存与留传珍贵历史遗产的目的出发，在明清档案整理的同时，编纂印行了多种出版物，包括档案汇编、档案编译、档案编目、档案影印、研究论著等。据统计，1949 年之前，文献馆出版有关史料书籍刊物 50 余种 350 多册，约 1200 万字，其中档案文献的编纂又是编纂新书的重点。档案文献的编纂公布，扩大了档案史料价值的传播，也使档案在近代文化的发展中起了积极的作用。

档案文献编纂的具体成果，既有《掌故丛编》《文献丛编》《史料旬刊》等综合汇编，这是中国首次出现的为档案公开之用的期刊，具有非常重要的意义；更有大量专题汇编，主要有《清代文字狱档》《清三藩史料》《太平天国文书》《阿济格略明事件之满文木牌》《读书堂西征随笔》《苏州织造李煦奏折》《清季教案史料》《朝鲜国王来书》《故宫俄文史料》《康熙与罗马使节关系文书》《清外交史料（嘉庆朝）》《清外交史料（道光朝）》《清光绪朝中日交涉史料》《清宣统朝中日交涉史料》《清光绪朝中法交涉史料》等。

故宫博物院文献馆明清档案的整理编纂不仅在社会上引起很大反响，更在推动学术近代化方面起了重要作用，主要有两方面原因：

其一，适应了当时学术研究的需要。近代学术界受西方科学主义思潮的影响，重视直接史料，注重实证的研究，认识到档案的原始凭证价值。文献馆出版的各种史料大都首次公布于世，为学界提供了丰富的新鲜的第一手资料。"一时代之学术，必有其新材料与新问题，取用此材料以研究问题，则为此时代学术之新潮流。"[1] 明清档案与殷墟甲骨、敦煌文书等不仅为史学、语言文字学等学科提供了新材料，极大地推动了这些学科的发展，还开辟了学术研究的新领域。

其二，近代档案文献编纂的一个重要特点是以学术为中心，编纂本身的学术化发展，编纂工作主要由学者承担。上述 3 个机构的明清档案整理有着密切联系，参与者多是著名学者，有的人还先后或同时参与这几家的整理工作。北京大学国学门参与档案整理的有沈兼士、陈垣、朱希祖、马衡、单不庵、郑天挺等；故宫博物院文献馆负责人为沈兼士，文献馆 1929 年 6 月设立专门委员会，"延聘陈垣、朱希祖、

---

① 陈寅恪：《敦煌劫余录序》，《金明馆丛稿二编》，生活·读书·新知三联书店，2001 年，第 266 页。

徐炳昶、吴承仕、朱师辙、许宝蘅、陈寅恪、傅斯年、罗家伦、周明泰、齐如山、马廉、刘复、钢和泰诸先生为委员，指导职员分别整理各项档案，并同时整理乾清宫皇史宬内阁实录库等处实录圣训起居注及升平署剧本曲本戏衣切末等，复将宫中乐器集中一处鉴定音律"[①]；傅斯年为史语所购买内阁档案，李宗侗、马衡、沈兼士3位都曾给予大力协助，傅斯年、陈寅恪、徐中舒、陈垣、朱希祖又是史语所明清档案编刊会委员，赵万里担任过明清史料编印工作的特约编辑员。1947年故宫博物院文献馆、北京大学文科研究所、中央研究院史语所编辑出版的《清内阁旧藏汉文黄册联合目录》《清军机处档案目录》等书，后为清军机处档册总目，前为雍正、乾隆、嘉庆、道光、咸丰、同治、光绪、宣统各朝黄册目录，这两部档案编目是当时最有影响力的几个学术机构学术交流与合作的见证。

有人说，"故宫博物院整理档案，显然没有计划，零碎发表，同于拼凑，发表的史料片面性强，去完备标准有相当的距离"，而且认为"编辑者态度不够严肃，工作潦草"。反驳者认为，这是由于不深入考察文献馆时期史料编纂的具体历史背景，不了解当时期刊采取的特殊的编辑方法，不了解公布史料的急切心情的缘故。事实上，文献馆在编辑史料时并没有放弃在选材完整方面的努力，以《清代文字狱档》为例，既有军机处档、宫中档，另外还从《实录》《圣训》《东华录》等及其他史书中寻找材料，又在有缺档的案例下注明缺某件，并在第一辑编辑略例中明确表示："此项文件因散在各朝档案之中，一时搜集容未能备，以后倘续有发现，当再补刊。"由于明清档案分散保存于北京几个学术机关内，文献馆为了使同一题目的档案搜集完备，注重与其他机关合作编辑。《故宫俄文史料》《苏州织造李煦奏折》《清季教案史料（一）》《清季教案史料（二）》等皆是文献馆与北大文科研究所、中研院史语所合作编辑的。[②]

---

① 《北平故宫博物院文献馆一览》，国立北平故宫博物院，1932年。

② 梁继红：《中国档案文献编纂史》，国家图书馆出版社，2009年，第249—250页。

文献馆编纂的史料重视材料的考证和说明，主要表现在档案文献的序言、按语中。这一时期史料的序言大多成就于当时名家之手，如蔡元培为《清代汉文黄册联合目录》作序，陈垣为《康熙与罗马使节关系文书》作序，沈兼士为《清内阁库贮旧档辑刊》《故宫俄文史料》作序，余嘉锡为《碎金》作跋，翁文灏和朱希祖为清《乾隆内府舆图》作序，傅增湘为《掌故丛编》作序，许宝蘅为《掌故丛编》题词，等等。这些序言，往往探赜索隐，条理明辨，内容涵盖了有关档案名词考释、档案所涉及的史实考证、与他书记载详略互异情况及其补正价值、档案原件的载体形态和档案的来源，以及相关文书制度等等。①

20世纪20年代初大内档案的发现是当时文化教育界大事，有关文章不少，如王国维《库书楼记》（写于1922年7月，载《观堂集林》卷23）、金梁《内阁大库档案访求记》（《东方杂志》第20卷第4号，1923年2月）、鲁迅《谈所谓"大内档案"》（《语丝》第4卷第7期，1928年1月28日）等。罗振玉之子罗福颐的长篇论文《清内阁大库明清旧档之历史及其整理》（《岭南学报》1948年9卷1期）是目前能见到的最系统最详细研究这方面问题的著作。该文用11章阐述了大内档案的原委、厄运、变卖及几个机构的整理，特别是阐释了罗振玉和沈阳博物院对明清档案的整理，具有重要史料价值。

对于民国时期档案的整理，记述当时情况的文章和工作报告散存于多种刊物中。比较集中的有《文献丛编》《文献论丛》《文献特刊》《文献专刊》《中国近代经济史研究集刊》等刊物。单士魁《清代档案丛谈》、单士元《我在故宫七十年》等则汇集了他们当年所写的一些文章，反映了他们所做的工作以及取得的成绩。

故宫文物南迁时对于档案的保管，这在两岸故宫博物院编的院史类文章中都有所反映。北平沦陷时故宫博物院北平本院有关档案文献的整理审查、陈列展览及编印留传，在《国立北平故宫博物院北平本院八年工作报告》中有详细的阐述。

① 胡鸿杰主编：《档案文献编纂学》，中国人民大学出版社，2012年，第74页。

1949 年以来，对于民国时期明清档案的整理工作，一些介绍论述明清档案的书籍中，仅在个别地方略作阐述，缺乏系统研究。进入新时期以来，杂志上登载了一些相关的文章，如对单士元、单士魁和张德泽等当年参与者的访问，则较多地集中在对当时大内"八千麻袋事件"的叙述和讨论。梁继红的《故宫博物院文献馆史料编辑研究》（中国人民大学出版社，2000 年），对民国时期明清档案整理做了较为系统的研究。马晓雪的《史语所"明清史"研究述评》（云南师范大学硕士学位论文，2007 年）论述了史语所在明清史研究方面的成就，这个成就与内阁档案有关，作者又阐述了史语所人在明清档案史料的抢救、整理和刊布上的卓越贡献。2008 年，中国第二历史档案馆公布了《中央研究院历史语言研究所整理运送及接收保管的明清档案相关史料》（《民国档案》2008 年第 1 期）。张会超的《民国时期明清档案整理研究》（世界图书出版公司，2011 年），通过对这一持续多年的重大的文化工程史料的挖掘与梳理，对民国时期北京大学研究所国学门、故宫博物院文献馆、中央研究院历史语言研究所、清华大学历史系和禹贡学会等机构及其人士先后参与明清档案的保管和整理做了细致的探讨和阐述。作者认为，民国时期明清档案的整理，不仅是档案史上值得书写的重要内容，也为我们今天如何对待档案提供了借鉴。

第三节　1949 年以来故宫明清档案的整理研究

1949 年以后，故宫明清档案的管理机构有所变化。故宫博物院文献馆改为档案馆，后来又划归国家档案局，成立中国第一历史档案馆（以下简称"一史馆"）；在 30 年间隶属关系几经变易，但这批档案始终完整地保存在故宫内，也一直为同一批人所保管。故宫南迁档案中的 204 箱约 40 万件档案运到中国台湾后，由新成立的台北故宫博物院保管。"中研院"史语所带走了早已经挑拣好的 100 箱约 31 万件档案到台。北京大学整理的明清档案以及史语所留在大陆的大量档案，后来都统归一史馆管理。

　　一史馆是我国保存明清档案的中心，其对明清档案整理与研究的深入开展主要是在改革开放以后。1978 年《清代档案史料丛编》①与 1981 年《历史档案》创刊，标志着明清档案的刊布与对档案的研究进入一个新的阶段。1985 年、1995 年、2005 年一史馆为庆祝成立 60、70、80 周年，先后召开了 3 次"明清档案与历史研究学术研讨会"，国内外学者提供了大量论文，论文主要有两方面内容：一是对档案和档案工作的研究，主要是对明清档案文献价值的研究，对档案整理、保管、利用、编纂、修复、缩微以及数字化的研究；二是对明清历史的研究，凸显以档治史的特色。研讨会的成果反映在出版的 3 部论文集中：《明清档案与历史研究：中国第一历史档案馆六十周年纪念论文集》（中华书局，1988 年）、《明清档案与历史研究论文集：庆祝中国第一历史档案馆成立 70 周年》（中国友谊出版公司，2000 年）与《明清档案与历史研究论文集：庆祝中国第一历史档案馆成立 80 周年》（新华出版社，2008 年）。同时出版了 3 部学术论文集：《明清档案论文选编》（中国档案出版社，1985 年）、《明清档案与历史研究论文选 1985.10—1994.9》（国际文化出版公司，1995 年）、《明清档案与历史研究论文选 1994.10—2004.10》（新华出版社，2005 年）。以上 6 部书共 500 余篇文章 600 余万字，荟萃了丰富的研究成果。

　　一史馆在对这上千万件数量庞大的明清档案的精心管理中，重视对档案管理的标准化研究，探讨用统一的标准对其进行规范化的分类、立卷、编目整理，在吸收民国时期档案管理的经验基础上，又不断探索，1992 年制定了《清代档案主题词表》《清代档案分类表》《清代档案著录细则》《清代档案整理规则》等，使对明清档案的现代化、标准

---

　　①《清代档案史料丛编》，故宫博物院明清档案部编，中华书局出版，1978 年出版第 1 辑；1981 年后由中国第一历史档案馆编，至 1995 年第 14 辑后停刊。

化管理向前迈进了一大步。

　　一史馆一直是明清档案编纂出版的主要机构。自 20 世纪 50 年代开始，一史馆就注意与社会学术机构、高等院校、文博单位及出版界合作，共同编纂出版有关专题的档案史料；进入 80 年代以后，与社会各界的合作规模进一步扩大，合作方式也更灵活多样，且与港、澳、台地区及国外的文化研究机构也有越来越多的专题合作。不仅公布出版了一些明清王朝档案的汇编，而且编纂了一批专题研究性质的明清档案出版物。50 年代末先后编印出版了《中法战争》《辛亥革命》《义和团档案史料》《戊戌变法档案史料》《清代地震档案史料》《宋景诗档案史料》《洋务运动》等。"文革"时期出版几乎停滞。1975 至 1976 年故宫博物院明清档案部先后出版了《关于江宁织造曹家档案材料》《李煦奏折》两部汇编，被视为明清档案出版复苏的征兆。改革开放以来，全国明清档案刊布工作得到空前重视。1949 年至 2012 年，一史馆单独和联合出版的较有影响的明清档案汇编达 258 部。一史馆出书选题多元化，成果规模不断扩大，特别是这些档案本身的重要性，极大地拓宽了清史研究领域，为清史编纂奠定了重要基础。例如《澳门问题明清档案荟萃》《中葡关系档案史料汇编》《清代中琉关系档案》《清宫珍藏历世达赖喇嘛档案荟萃》《清宫珍藏历世班禅额尔德尼档案荟萃》《清宫内务府造办处档案总汇》《清代外务部中外关系档案史料丛刊》《明清宫藏台湾档案汇编》《清宫恭王府档案总汇》等，以及服务于国家清史编纂工程的《清宫热河档案》《清宫普宁寺档案》《庚子事变清宫档案汇编》《清代中南海档案》《清代军机处电报档汇编》等，都列为国家清史编纂委员会"档案丛刊"出版项目。

　　成立于 1985 年的全国图书文献缩微复制中心，已出版明清档案 60 余种，成为除一史馆外中国出版明清档案汇编成果最多的机构。该中心利用中国国家图书馆保存的孤本明清档案，出版了《国家图书馆藏清代孤本内阁六部档案》《国家图书馆藏清代孤本内阁六部档案续编》《国家图书馆藏清代孤本外交档案》《国家图书馆藏清代孤本外交档案续编》等，此外还出版了《日本史料汇编》《朝鲜史料汇编》《御倭史料汇编》《清陆军部档案资料汇编》《清内务府档案文献汇编》《圆明园档案史料丛编》《清季内阁档案全辑》《清同治朝政务档案》等。

台北故宫博物院 1965 年成立，于 1968 年设图书文献处，即着手对运台的档案开箱整理，分类编号，摘目建卡，逐步于故宫附属图书馆中开放借阅。所有的整理工作于 1982 年大体完成，档案共计 41 万册，是年出版《"国立"故宫博物院清代文献档案总目》，1986 年又出版《清代文献传包传稿人名索引》，将院藏清代人物传记资料进一步公布，至此读者可依据这两本目录提阅该院所藏任何一种清宫档案。目前该院所藏清宫档案目录，已全数开放网络检索。台北故宫博物院编纂明清档案出版物主要集中在 1978 年以前，《袁世凯奏折专辑》《年羹尧奏折》及清代皇帝的起居注 4 部（道光朝、咸丰朝、同治朝、光绪朝），宫中档奏 4 部（光绪朝、康熙朝、雍正朝、乾隆朝），满文档案汇编 5 部，等等。近些年来，中国台湾地方政府重视明清档案中台湾地区史料的编纂出版。

台北故宫博物院从 1978 年 10 月至 1985 年 10 月，与"国史馆"合作，共同订正《清史稿》，具体由台北故宫博物院负责，昌彼得、索予明、刘家驹、庄吉发、冯明珠等参与其事，择院藏清史馆存档原稿并清"国史馆"历朝国史传包等史料，采取"不动原文，以稿校稿，以卷校卷"办法，逐条考订现行《清史稿》，注其异同。凡校订得 6 万余条，校注全书 1200 余万字。这次校注，也是对清宫档案的深入研究。台北故宫博物院重视明清档案的陈列展览并召开有关学术研讨会，以加深对这些珍贵档案价值的认识。庄吉发的《故宫档案述要》（台北故宫博物院，1983 年）与冯明珠的《清宫档案丛谈》（台北故宫博物院，2010 年）等都是明清档案研究的重要成果。

"中研院"史语所的 31 万件册内阁档案到台湾后，继续编印《明清史料》戊、己、庚、辛、壬、癸 6 编，按原定计划出完 10 编，每编

10 册，共 100 册。该所以后仍利用这批档案出版、影印了不少刊物。傅斯年在史语所明清档案的购入、整理上做出了重大贡献。负责具体事务的李光涛参与了档案自清理、整理、编辑到研究的全过程，在档案整理方面切实地做出了一番事业，在清史史实的研究方面也有深刻的见地。除过编纂了众多史料外，他的研究成果集中在《明清史论集》（上、下册，台北商务印书馆，1971 年）和《明清档案论文集》（台北联经出版事业有限公司，1986 年）中。

台北"中央研究院"近代史所 20 世纪 60 年代开始，编纂出版了《中美关系史料（嘉庆、道光、咸丰、同治朝）》《清季中韩关系史料》《中法越南交涉档》《四国新档（俄、英、法、美）》等。

由于历史原因，明清档案主要分存两岸。如军机处录副奏折，台北故宫博物院存有 18 万多件，一史馆存 70 多万件；朱批奏折，台北故宫博物院存 15 万多件，一史馆有 46 万多件；内阁题本，台北"中央研究院"史语所存 20 余万件，一史馆存 100 多万件，等等。这种海峡两岸此存彼无相互交错的状况，给社会各界的查阅利用带来极大的不便。以往明清档案的编纂出版，北京和台北两地也都是各自运作，互不相通。随着两岸文化交流的推进，将两岸所存某一特定专题档案汇合刊布的呼声越来越高。经协调商洽，2009 年，一史馆和台北故宫博物院将各自所存康熙朝《清代起居注册》同期编纂，分别由中华书局和台湾联经出版事业有限公司影印出版，合作销售，嘉惠学林，是两岸文化交流的一大突破，是档案界、出版界乃至全社会的一件幸事。

对于明清档案的研究，除上述一史馆、台北故宫博物院等的研究成果外，海内外还有大量的研究论著及学位论文：属于综合研究的，如倪道善《明清档案概论》（四川大学出版社，1990 年）、邢永福《明清档案通览》（档案出版社，2000 年）、秦国经《明清档案学》（学苑出版社，2005 年）、曾斌《从明档到〈中国明朝档案总汇〉》（东北师范大学博士学位论文，2012 年）等。属于明清档案文书研究的，如宋慧曼《清初档案被动句研究》（四川大学博士学位论文，2004 年）、晏一立《雍正朝内阁三法司档案中的词汇研究》（四川大学博士学位论文，2006 年）、秦国经《清代文书档案制度》（中国档案出版社，2010 年）等。属于专题研究的，如栾成显《明代黄册研究》（中国社会科学出版社，1998 年）、宝音德力根等《明清档案与蒙古史研究》丛刊、王春梅《清代中琉关系档案研究》（福建师范大学博士论文，2007 年）等。《满文老档》自 1905 年为日本人内藤虎次郎在沈阳故宫崇谟阁发现，金梁组织人对《满文老档》率先进行汉译。百年来满文档案一直是清档研究的重点课题，海内外对其整理出版及研究的论著很多，赵彦昌编著的《满文档案研究》（世界图书出版公司，2012 年）对此做了全面系统的梳理。在《清代皇族人口行为和社会环境》（［美］李中清、郭松义主编，北京大学出版社，1994 年）论文集中，可以看到对清代皇族宗谱玉牒研究的一项成果。属于明清档案编纂方面的，如李国荣主编《档案编研论稿》（广西师范大学出版社，2000 年）、刘耿生《档案文献编纂学》（中国人民大学出版社，2007 年）、黄娜《满文档案编纂工作研究》（辽宁大学硕士学位论文，2012 年）、姚迪《建国后明清档案编纂研究》（辽宁大学硕士学位论文，2012 年）等。属于档案管理的，如王红娟《满文档案数字化及其开发利用研究》（山东大学博士学位论文，2012 年）等。

中国近代文化的四大发现，产生了甲骨学、敦煌学、简牍学，现在经过几代学人的努力，也形成了明清档案学。研究者对明清档案制度形成、发展、变革的探析，对明清档案内涵与价值的发掘、认识，对明清档案管理、保护、开发利用的理论与方法的探索，以及在明清档案整理中不断积淀与升华的档案思想等，逐渐形成了有关明清档案的专门学问。秦国经的《明清档案学》（学苑出版社，2005 年）就是其中一部有代表性的著作。该书全面研究了明清档案的价值，总结了明清档案工作的经验，探索了明清档案事业发展的规律，既吸收了明清档案界丰富的研究成果，也凝结着作者 40 年不断探求的心血。

第十二章

故宫与明清宫廷建筑的保护研究

第一节 故宫（紫禁城）研究概述

故宫作为中国古代宫殿建筑的集大成者与中国古代官式建筑的典范，从故宫博物院成立以来，一直是建筑学家、历史学家、美术史家等众多方面研究的对象，出现了大量的研究成果。故宫保护是永远的任务，也是常新的工作，故宫研究又与故宫保护结合在一起。

关于故宫（紫禁城），有很多相关的历史文献资料，如明清两代的官修《实录》《会典》《明史》《清史稿》，还有《酌中志》（明刘若愚撰）、《国朝宫史》（清鄂尔泰、张廷玉编纂）、《国朝宫史续编》（清庆桂等编纂）、《日下旧闻考》（清于敏中等编纂）、《清宫述闻》（章乃炜编），以及北京的一些史志等，是研究故宫的重要的基础性文献。中国第一历史档案馆藏《陈设档》、《奏销档》以及"样式雷"图档等都是故宫建筑研究的极为珍贵的档案史料。其中《太和殿纪事》一书值得重视。该书是记述清宫太和殿重建工程的专著，10 卷，清江藻撰。太和殿焚毁于康熙十八年（1679），重建于三十四年（1695），三十六年七月（1697 年 8 月）竣工，本书编纂于竣工后的次月，即三十六年八月。本书原为竣工后工程负责人根据原始资料、文件编撰的汇报性说明书，内容包括图样、准备工作、做法、各作用料、祭奠礼仪、竣工奖励等，是了解这一举世闻名的宏伟古建筑的重要资料。

本书叙述系统翔实，且太和殿保护完好，对于研究清代建筑和中国建筑史都是有价值的参考文献。当代故宫研究，特别是有关中国古代建筑通史类的著作，主要是着眼于故宫的规划理念、形制规模、布局与功能、建筑技艺、艺术风格等，多是宏观论述，突出历史沿革、时代特征，又与坛庙、陵寝、园囿等明清宫廷建筑结合论述。例如茹竞华、彭华亮主编《中国古代建筑大系·宫殿建筑》（中国建筑工业出版社、光复书局，1993年）、潘谷西主编《中国古代建筑史·第四卷——元明建筑》、孙大章主编《中国古代建筑史·第五卷——清代建筑》（中国建筑工业出版社，2003年）、傅熹年著《中国科学技术史·建筑卷》（科学出版社，2008年）与《中国古代城市规划建筑布局及建筑设计方法研究》（中国建筑工业出版社，2009年）、萧默主编《中国建筑艺术史》（文物出版社，1999年）、王朝闻总主编《中国美术史明代卷、清代卷》（齐鲁书社、明天出版社，2000年）等。地方史志有《北京城市发展史》（李宝臣著《明代卷》，吴建雍著《清代卷》，北京燕山出版社，2008年）等。香港出版过李允鉌《华夏意匠——中国古典建筑设计原理分析》（广角镜出版社，1982年）。中国台湾有谢敏聪《明清北京的城垣与宫阙之研究（1403—1911）》（增订本，花木兰文化出版社，2011年）等。知识类普及类的读物相当多，有的还有一定的资料价值，如万依、杨辛《故宫——东方建筑的瑰宝》（北京大学出版社，1991年）、刘畅《北京紫禁城》（清华大学出版社，2009年）等。故宫博物院王子林《紫禁城风水》（紫禁城出版社，2005年）与《正谊明道——紫禁城的精神灵魂》（故宫出版社，2014年）、周苏琴《紫禁城建筑》（紫禁城出版社，2006年）等，则更注意把紫禁城建筑与宫廷历史文化结合起来。

明初先后有凤阳中都、南京都城与北京都城的建设，3处宫殿之间有着重要联系，明清北京紫禁城形制布局又有同一性。明代紫禁城的肇建等就是一个研究的重点。这方面的论著很多。朱偰1947年撰有《明清两代宫苑建置沿革图考》（商务印书馆）。王剑英先生曾下放凤阳6年，认真考察遗址遗物，搜罗文献资料，写出了《明中都》（中国青年出版社，2005年）一书，对明中都历史沿革、都城的设计规划和建筑雕刻艺术、建筑的变迁等，做了认真的考证和论述，科学地复原出中都原貌，单士元在"序"中称此书为"巨著"。对于南京明故宫的研究，民国时期有朱偰的《金陵古迹图考》（商务印书馆，1936年）和葛定华的《金陵明故宫图录》（国立中央大学出版社，1933年）。1929年，南京古物保存所所长卫聚贤主持了明故宫地区的考古发掘工作，有关资料发表于1932年卫聚贤编著的《中国考古小史》"明故宫"一节中。据书前"附白"可知，卫还曾用中英文合编《南京明故宫发掘的报告》一书，已交付商务印书馆排印，惜因上海战事而痛失书稿。2007年，南京市文物局设立"南京明故宫遗址史料调查与考古发掘研究"课题，通过遗址考古与勘探以及文献资料的搜罗整理，撰写出版了《南京明故宫》（杨新华主编，南京出版社，2009年）一书，对南京明故宫进行了系统、全面的研究。对于元明之际北京营建的历史沿革，李燮平的《明代北京都城营建丛考》（紫禁城出版社，2006年）引起学界的关注。他多年来致力于考证明清历史文献中的官修书籍，通过明代历史、明代宫廷史、明代宫殿建筑史，结合史料学、版本学、图书目录学的研究方法，从中考析北京都城和宫廷建筑的历史沿革。孟凡人的《明代宫廷建筑史》（紫禁城出版社，2010年）对明代以紫禁城为中心的宫殿、坛庙、陵寝的营建做了全面考察与重点研究。

　　故宫保护是故宫研究的重要内容。20世纪30年代，中国营造学社在以故宫为重点的明清宫廷建筑的保护研究上做出了开创性的贡献。中国营造学社是朱启钤先生倡导、于1929年成立的中国研究古代建筑的专业学术团体。营造，指建筑工程及器械制作等事宜。清内务府就设有营造司，掌宫禁营缮。学社沿用了"营造"这一中国传统叫法，表明学社的宗旨是以现代科学方法与现代科学技术对我国博大精深的古代建筑进行整理和研究，其精神实质是保护与传承中华优秀的传统建筑文化。营造学社的成立与1918年发现的宋《营造法式》有很大关系，但要解读研究该书，却不能不从具有大量实物、工匠抄本、原始设计图及档案文献且距今时间最近的清代官式建筑特别是其中的宫廷建筑入手。学社最先开始做《工程做法则例》的注释补图工作，同时对清代宫廷建筑进行测绘与修葺工作，并且促进了建筑保护理念的形成。

营造学社 1931 年即参与清代官式建筑的修葺，至 1937 年学社对故宫角楼、故宫文渊阁、南海新华门、北海静心斋及河北易县清西陵进行了测绘，参与修葺了故宫南面角楼、文渊阁、南薰殿、景山五亭等建筑，开创中国古建筑以实地勘测为基础的优良传统，并成就了梁思成、刘敦桢、张镈等一代古建筑大师。1932 年，故宫博物院因文渊阁楼面凹陷，书架倾斜，委托营造学社代拟计划，经梁思成、刘敦桢及清华大学土木工程教授蔡方荫再四勘查，除将凹陷原因及修理计划函复故宫博物院，并在该社《汇刊》上发表了《故宫文渊阁楼面修理计划》《清故宫文渊阁实测图说》等文章。

朱启钤对于故宫的价值以及进行测绘的必要性有过深刻的论述："北平故宫天坛等伟大建筑，就其平面配置立体组织与庄严伟丽之气魄言，在在皆是建筑工程上及艺术上之大手笔。但如许胜迹，只有片断之文献记载，并无原始工程图案可稽；故现存实物仅能观摩外表，而不能洞悉底蕴，与现代先有设计图案而后产生建筑物之惯例，适成反调。为研讨各建筑之内部结构，以及保存各建筑物之正确记录，并发扬我国固有建筑艺术起见，各重要建筑均有及时详细测绘，整编集存之必要。"[1] 故宫的测量有两次。第一次由梁思成负责，从 1934 年至 1937 年，共测绘了天安门、端门、午门、太和门、太和殿、中和殿、保和殿、后右门、后右门北朝房、西北角库等共计 60 余处。后因战争爆发，故宫尚未测完，已测绘的图纸也没有全部整理绘制出来。[2] 这批图稿因在天津保存期间遭遇水患，曾经抢救而留存甚少，至今只在清

---

① 朱启钤：《北平文物建筑展览会之展览说明》，1948 年 11 月，中国文物研究所文物资料信息中心藏。

② 林洙：《叩开鲁班的大门——中国营造学社史略》，中国建筑工业出版社，1995 年，第 92—93 页。

华大学建筑学院信息中心发现 62 幅。第二次也是朱启钤策划、联系，委托基泰工程司建筑师张镈（此期在天津工商学院建筑系兼职）主持测绘，从 1941 年 6 月至 1945 年，历时 4 年绘制了北起钟鼓楼、南至永定门的中轴线主要建筑实测图，600 余幅。宫苑广场有总平面、总立面和总剖面；单体建筑都有平面、立面、剖面和大样图；所有图纸均按设计图的标准注有轴线、局部、外包 3 套尺寸；既有空间构成表达，也有总立面的渲染。图纸完整，数据精确，制图精美，堪称中国古建测绘图范。这是北京中轴线建筑最大规模的一次工程测绘，也是在中国传统文化视野下的关于建筑图学的整理与研究，远远超出一般性的资料整理汇编范畴，对于北京皇城核心轴线建筑群的保存、修缮、复原有着不可替代的指导意义。这批图纸已由故宫博物院和中国文化遗产研究院共同整理为《北京城中轴线古建筑实测图集》，于 2017 年出版问世。

营造学社在故宫等古代建筑修葺中还形成了完整的保护理念。早在 1932 年，营造学社从日本的保护经验中提炼出"以不失原状为第一要义"的原则。[①] 实现这个原则包括两个方案："保存外观"和"恢复原状"。1932 年制订修理故宫文渊阁计划时遵循的原则就是"按修理旧建筑物之原则，在美术方面，应以保存原有外观为第一要义"。[②] 以后又补充了凡新补的建筑构件，"所绘彩画花纹色彩俱应仿古，使其与旧有者一致"的要求。[③] 恢复原状的方案也于 1932 年提出："（保护）可分两大类，即修补（Repair）及复原（Restore）是也。破坏部分，须修补之，如瓦之翻盖及门窗之补制。有失原状者，须恢复之。二者之中，复原问题较为复杂，必须主其事者对于原物形制有绝对根据，方可施行。否则仍非原形，不如保存现有部分，以志建筑所受每时代影响之

---

① 刘敦桢：《对日本古代建筑物之保存的识语》，《中国营造学社汇刊》第 3 卷第 2 期。

② 蔡方荫、刘敦桢、梁思成：《故宫文渊阁楼面修理计划》，《中国营造学社汇刊》第 3 卷第 4 期。

③ 梁思成、刘敦桢：《修理故宫景山万春亭计划》，《中国营造学社汇刊》第 5 卷第 1 期。

为愈。"① 中国营造学社所开创的古建筑法式和文献研究、古建筑实地调查测绘和古建筑修缮保护的方法和原则，对今天故宫的保护修缮仍然有着深远的影响。

当年中国营造学社开展的一些研究工作，今天仍在继续，例如"样式雷"研究。"样式雷"是清代200多年间主持皇家建筑设计的雷姓世家的誉称，作为我国古代科技史上成就卓然的杰出代表，其建筑创作涵盖了都城、宫殿、园林、坛庙、陵寝、府邸、工厂、学堂等皇家建筑。迄今传世的样式雷图档近2万件，其中中国国家图书馆藏15000余件，故宫博物院藏4000余件（包括153件烫样），一史馆藏1000件左右，清华大学315件，另首都图书馆等单位亦有少量存藏，国外有日本东京大学东洋文化研究所藏53件，等等。② 这些图档涉及相关建筑选址、规划设计和施工等多方面的详情细节，对清史、古代科技史尤其是建筑史（包括图学史、建筑设计思想、理论和方法、施工技术和管理制度等），以及相关文物建筑保护和研究，均具有巨大价值与意义。2007年，"中国清代样式雷建筑图档"被联合国教科文组织列入《世界记忆名录》。

最早研究样式雷的文章是朱启钤写于1933年的《样式雷考》③，刘敦桢的《同治重修圆明园史料》④ 是有关样式雷图档的工程个案研究。20世纪60年代单士元发表了《宫廷建筑巧匠——"样式雷"》⑤，70年代王璞子发表了《清初太和殿重建工程——故宫建筑历史资料整理之一》与《梁九是太和殿重建工程技术总负责人》两文⑥，提出了一些重要观点。黄希明、田贵生的《谈谈"样式雷"烫样》⑦，综合考察

---

① 梁思成：《蓟县独乐寺观音阁山门考》，《中国营造学社汇刊》第3卷第2期。
② 何蓓洁：《清代建筑世家样式雷研究》，天津大学博士论文，2011年。
③ 《中国营造学社汇刊》第4卷第1期。
④ 连载于《中国营造学社汇刊》第4卷第2、3、4期。
⑤ 《建筑学报》1963年第2期。
⑥ 收载《梓业集》，紫禁城出版社，2007年。
⑦ 《故宫博物院院刊》1984年第4期。

了故宫收藏的样式雷烫样，首次较全面地论述了烫样的分类、制作工艺以及在建筑规划设计中的作用。从 80 年代初期开始，王其亨即着手整理样式雷图档，而后带领天津大学历史与理论研究所师生对样式雷及其建筑图档展开系统的综合研究，取得了重大进展。其中国家自然科学基金资助项目有《中国古代建筑工程图学发展史研究》《清代皇家园林综合研究》《清代样式雷建筑图档综合研究》《明清皇家陵寝综合研究》《清代建筑哲匠样式雷世家综合研究》等。这些研究成果澄清了中国建筑史学不少疑难或讹误，而夙呈研究空白的古代建筑设计理论和方法、遗址、测绘、设计、施工以至经费核放等程序和管理机制即工官制度，在大量经过鉴定分类的样式雷画样及文档中得到了揭示。① 近 20 年来，中国紫禁城学会在以故宫为重点的明清宫廷建筑研究中取得了丰硕的成果。中国紫禁城学会成立于 1995 年，每两年召开一次学术研讨会，会议有主题，每次正式出版一部论文集，至今已开了 8 次，出了 8 辑《中国紫禁城学会论文集》。学会成立时，其宗旨是加强对故宫的研究，建立紫禁城学。第一次学会研讨会，几乎都是有关故宫建筑的文章。后来随着入会的明清宫廷建筑单位的增多，对故宫与其他宫廷建筑关系认识的深入，研究思路的进一步开阔，研究范围也在扩大。2005 年的第 5 次学术研讨会，主题是中国明清宫廷建筑，这也是学会第一次召开的国际性学术会议。70 余篇论文，对明清宫廷建筑的演变和时代特征、设计思想与文化内涵、艺术成就和技术成果、装修陈设及所反映的宫廷史、民族史、宗教史、历史档案图样和整理研究与刊印、中外同时期同类建筑的比较等诸多方面，都有深入的研究和论述。到了 2011 年，学会宗旨增加了"故宫学研究"。明清宫廷建筑研究，近年出现了从文化的视角进行综合研究的新特点，其重要背景是由于中国文物保护的理念日益向"文化遗产保护"的理

① 中国国家图书馆、故宫博物院、中国第一历史档案馆、中国文物研究所、清华大学、天津大学合作主办的"清代样式雷建筑图档展"（国家自然科学基金资助，2004 年 8 月）展览前言。

念发展，以往的馆藏文物研究、不可移动文物研究和非物质文化遗产研究日渐相互渗透和整合，成为中华文化遗产全面保护工作的理论基础。2009 年 5 月，中国紫禁城学会和沈阳故宫博物院共同主办了"明清宫廷建筑文化"学术研讨会，围绕明清宫廷建筑的历史传承与发展、明清宫廷建筑在保护和维修过程中的技术与经验及同时期中外宫廷建筑比较研究等问题进行了广泛的交流与有益的探讨。

在与其他明清宫廷建筑的对比与联系中认识故宫，也是近年来故宫研究的一个新的特点。明成祖朱棣崇奉道教，后大肆宣扬武当山真武大帝在"靖难之役"中的庇护功能，在紫禁城中轴线北端修建了供奉真武大帝的钦安殿，同时在武当山修建了庞大的宫廷道教建筑群，形成"北建紫禁城，南修武当山"的局面。故宫与武当山又同为世界遗产。2010 年，中国紫禁城学会等单位在武当山召开了"故宫·武当山（明代）紫禁城文化研讨会"，加深对明代宫廷史、建筑史、道教史的研究，也对故宫与武当山的文化内涵有了新的发掘与认识。《故宫·武当山研讨会论文集》（故宫出版社，2012 年）是这次会议的成果。

第二节　故宫博物院的故宫保护与研究

故宫博物院是故宫建筑研究的重镇，这种研究又与故宫保护密切地结合在一起。90 年来，故宫博物院的一批专家学者在故宫以及明清宫廷建筑的研究与保护上做出了重要贡献，突出的是单士元、王璞子与于倬云 3 位先生。

单士元（1907—1998），参与当年清宫文物点查与故宫博物院的建立，他是清代历史档案研究的开拓者之一，又是中国古代建筑史研究，特别是紫禁城宫殿建筑历史研究的开创者之一。1933 年他在中国营造学社担任编纂，以搜集和整理文献史料为开端，注重古代建筑的历史沿革、工艺材料，兼顾造型艺术、结构功能。他与王璧文合作，1937

年出版了《明代建筑大事年表》，这是中国人写的第一部中国建筑历史断代工具书。在此期间，单士元还多方搜集史料，草成《清代建筑年表》书稿数十万字。1949年后，单士元以研究紫禁城宫殿建筑的深厚学术根基，开始了他参与并负责管理、保护这一重要文化遗产的使命。他提出了"着重保养，重点修缮，全面规划，逐步实施"的修缮方针，至今仍是故宫建筑维护的基本原则。他先后主持了三大殿保养油饰、角楼落架大修、高大建筑安装避雷针等重要工程。4卷12册的《单士元集》（紫禁城出版社，2009年）收录了他的《明北京宫苑图考》、《清代建筑年表》、《明代营造史料》以及包括《紫禁城七说》、《太和门和三大殿》、《故宫南三所考》、《天坛》在内的40余篇有关宫廷建筑的文章。

王璞子（1909—1988），著名古建专家，1933年至1937年在中国营造学社从事古建研究。1957年调入故宫博物院，担任工程队、古建部高级工程师，从事古建保护与研究。王璞子毕生从事古建保护与研究，是关于"元大都中轴线东移说"的代表，又对辽金及明清城市和宫室加以研究，形成了完整的研究理论体系。他的研究涉猎很广，涵盖关于古代建筑的诸多方面，其中又以元大都和古建筑法式的研究见长。王璞子早年即从事古建法式研究，其石桥、石闸、石涵洞做法的论文，至今仍是研究石作技术的重要文献。自20世纪50年代起，王璞子一直致力于清工部《工程做法》的研究。我国古代营造术书流传不多，最重要者首推《营造法式》与《工程做法》。清代《工程做法》是继宋《营造法式》之后又一部官方颁布刊行的建筑工程专书，是维护、修建乃至重建明清古代建筑的"文法课本"。王璞子的《工程做法注释》（中国建筑工业出版社，1995年）一书，不仅突出了理论性，而且还增加了实用性，为明清建筑的保护与研究奠定了基础性工作。他还著有《中国建筑》（华北科学社，1943年）、《梓业集——王璞子建筑论文集》（紫禁城出版社，2007年）。

于倬云（1918—2004），1941年毕业于北京大学工学院建筑系，

1954 年调入故宫博物院，负责故宫古建维修设计工作，他在半个多世纪中，设计和主持设计复原、重建、修缮、维护、抢险加固等工程近百项。他主编的《紫禁城宫殿》是故宫博物院出版的第一部全面系统介绍故宫建筑的图文并茂的大型图书，并相继出版了英文、日文版。他参加制定的《古建筑木结构维护与加固技术规范》是古代建筑保护的重大成就之一，获建设部 1996 年科学技术进步一等奖。他与楼庆西合作主编了《中国美术全集·宫殿建筑》。他与周苏琴合作主编了《中国建筑艺术全集·宫殿建筑（一）北京》。他撰写的《斗拱的运用是我国古代建筑技术的重要贡献》一文，不仅从构造原理与斗拱的功能上阐述其发展，而且从建筑材料的发展，通过力学原理计算，论证了出檐与斗拱的变化。他的文集《中国宫殿建筑论文集》收入了《紫禁城始建经略与明代建筑考》《故宫三大殿形制探源》等 23 篇论文，是他一生实践与理论的结晶。

故宫博物院重视对故宫建筑的研究，从 20 世纪 80 年代以来出版了一批研究成果。故宫博物院与文物保护科技研究所等单位合作编写的《中国古建筑修缮技术》（中国建筑工业出版社，1983 年；台北丹青图书有限公司，1984 年），着重总结老一代古建筑修缮工人的实际操作经验，包括六大作的修缮技术和传统做法，成为文物保护的重要文本。李全庆、刘建业编著的《中国古建筑琉璃技术》（中国建筑工业出版社，1987 年）以明、清两代官式建筑的做法为标准，对琉璃制作的工艺工程、琉璃构件的详细规格、使用部位施工和注意事项等做了系统介绍。白丽娟、王景福编著的《清代官式建筑构造》（北京工业大学出版社，2000 年）全面系统地介绍了中国古建筑特别是清式建筑的基本知识，并阐述了清代建筑各构件的尺寸权衡。他们二人的另一部著作《古建清代木构造》（中国建筑工业出版社，2007 年），收入"中国古建筑营造技术丛书"，其中有对《工程做法则例》的进一步研究。故宫博物院编著的《禁城营缮记》（紫禁城出版社，1992 年），既有规划、形制、沿革等的宏观考察，更多的是具体宫殿的重点研究，以及诸如地基基础、排水系统、内檐装修、油饰彩画、建筑档案等的多方面研究，有些研究又结合了实地勘察与测量等工作。这些研究往往融合着故宫保护的成果。故宫博物院编著的《紫禁城宫殿建筑研究与保护》（紫禁城出版社，1995 年）一书，集中了专家与专业人员的科研成果，对故宫博物院半个多世纪以来紫禁城宫殿建筑的科学研究、维修保养、保护与利用、专业技术队伍建设等诸多方面，做了全面、系统的回顾与总结，体现了理论与实际相结合的特点。

持续不断地维修是故宫保持基本完好的重要保证。半个多世纪以来，故宫维修工作的顺利进行得益于正确的维修原则和一个坚持官式古建营造技艺的维修队伍。

故宫维修原则深受中国营造学社影响，并随时代变化和文物保护理念提升而发展。这就是"不改变文物原状"，就是最少干预、尽最大可能保存原构件亦即尽可能多地保留原有建筑历史信息，保持文物的真实性和完整性，以达到"祛病延年"的目的；对故宫来说，不仅仅是古建筑本体，故宫的人文历史环境也应该得到保护，即它所具有的在全人类视域下突出普遍的价值要得到完整的保护。

在故宫保护中，古代官式建筑营造技艺的传承有着极为重要的意义。故宫建成至今近 600 年的时间里，故宫古建筑在建造、维修的过程中，在中国古建营造技术的基础上，形成了一套完整的、具有严格形制的宫殿建筑施工技艺，被称为"官式古建营造技艺"，其内容包括瓦、木、石、土、油漆、彩画、镶嵌、裱糊等各工种匠作，其主要特点为各部位做法、工序都有严格的定式，选料上乘，工艺严谨，做工精细。正是由于这种工艺技术的保证，以故宫为代表的中国宫殿建筑，数百年来始终保持着其华贵精美、壮丽辉煌的面貌，原汁原味地再现着其独有的魅力。同时，作为中国古建营造技术的精华，这种工艺也直接影响着整个中国古建营造技术的发展，在中国古建技术领域，特别是中国北方地区的古建技术发展中，发挥着重要的作用。20 世纪 50 年代初期，故宫博物院延聘社会上高师良匠，重新组建了古建修缮队伍，至今一直担负着故宫古建筑的主要维修工作，多年来师徒口传心授，始终延续着故宫这种传统的古建营造技艺。近年来，国家重视中国传统文化的发掘和弘扬，故宫官式古建营造技术的研究、整理也日益受到大家的重视，一些过去多年没有实践、濒临失传的传统做法，如室内装修裱糊等工艺，也得到发掘应用。2008年，"故宫官式古建营造技艺"被国务院公布为国家非物质文化遗产项目。2014年，故宫博物院又被确定为明清官式建筑保护研究国家文物局重点科研基地。

2001年11月，国务院召开了"关于研究故宫古建筑维修和文物保护有关问题"的会议，决定对故宫进行百年来规模最大的一次修缮，被国内外称为百年大修。为了落实国务院的决定，故宫博物院与有关方面合作制定了《故宫保护总体规划大纲》①。这个具有学术性与实践意义的《大纲》，对故宫和故宫博物院做了准确的定位；展示了故宫的价值；遵照文物保护工作方针和保护故宫真实性、完整性的理念，对故宫的保护和利用进行科学、合理的统筹规划。在工作层面上，《大纲》提出了"实现故宫完整保护，再现庄严、肃穆、辉煌的盛世风貌，充分展示历史文化价值与内涵"的规划目标；"兼顾维修与开放、保护与展示、地面建筑与基础设施配置，统筹安排，协调开展"的保护工程方针；提出了故宫保护工程的五大任务，并且把加强故宫博物院管理工作的多项内容与保护规划有机地联系起来。10多年来的故宫维修工程，坚持《大纲》要求，进展顺利，现在中轴线及部分地区已经修缮完成，开始进入以东、西六宫为主的内廷区域的修缮。修缮工程达到了预期效果，不仅使故宫恢复了庄严、肃穆、辉煌的历史面貌，而且是中国官式古建筑营造技艺的一次大力传承。故宫维修保护工程的意义体现在3个方面：一是进一步使故宫古建筑的保护进入良性循环的轨道；二是维修的思路、原则、要求、标准、方法不但对国内，

---

① 《故宫保护总体规划大纲》由故宫博物院和中国建筑设计研究院建筑历史研究所联合编制。故宫博物院方由副院长晋宏逵主持，历史所方由所长陈同滨主持。

而且也对国际文化遗产保护做出了贡献；三是对故宫"完整保护、整体维修"理念的实践，体现出对故宫保护的文化传承意义。

21 世纪初期，同时开始的北京故宫、天坛和颐和园 3 处世界遗产地的修复工程引起国际社会的关注，也引起一些疑虑。2007 年 5 月，中国国家文物局、国际文化财产保护与修复研究中心、国际古迹遗址理事会和联合国教科文组织世界遗产中心在北京联合举办了"东亚地区文物建筑保护理念与实践国际研讨会"。与会专家通过对故宫等 3 处世界遗产地维修工程的考察，进行了热烈的讨论，澄清了事实。会议做出的《关于北京世界遗产地保护与修复的评价与建议》即《北京文件》附件，不仅统一了国际社会对故宫等 3 处世界遗产维修状况的认识，而且在此基础上产生了更为重要的成果，即《北京文件——关于东亚地区文物建筑保护与修复》。这个文件所强调与阐述的原则与精神，不仅有助于故宫等世界遗产地的进一步保护，而且为地区合作奠定了基础，从而更好地制定针对东亚地区其他古迹遗址保护与管理的理论和实践指导原则。《北京文件》的形成，说明文化遗产保护理念是一个不断发展、不断丰富的过程，也反映了中国文化遗产保护事业的发展水平，标志着中国特色的文化遗产保护理念的日渐成熟。作为这次会议的继续和细化，2008 年在北京召开了东亚地区木结构彩画保护国际研讨会，原则通过了对东亚地区具有指导意义的《东亚地区关于彩画保护和修复的北京备忘录》。晋宏逵作为故宫维修工程的具体组织者，对于故宫维修的意义以及中国文物建筑保护维修的有关问题，从理论与实践的结合上进行了深入探讨，提出了一些新的认识。[①]

---

① 晋宏逵的文章主要有《故宫内装修保护规划的程序与方法》（《故宫博物院院刊》2005 年第 4 期）、《北京紫禁城的背景环境及其保护》（《故宫博物院院刊》2005 年第 5 期）、《故宫维修工程的几点启示》（《中国紫禁城学会论文集》第 5 辑）、《古建筑保护中的科技问题》（《中国文物报》2006 年 12 月 22 日）、《原则、目标与实践——学习"北京文件"的初步体会》（载《建筑文化遗产的保护与利用论文集》，天津大学出版社，2007 年）、《继续古代营造文献的发布和整理是故宫学的重要任务》（《紫禁城学会论文集》第 7 辑）等。

　　故宫古建筑的重要地位以及故宫的大规模维修实践，都为古代官式建筑营造技艺传承提供了一个难得的机遇。但是存在的问题也是严峻的。现在一些工艺已经难以达到古代的水平，一些常用的传统材料的生产工艺也没有全面继承，砖、瓦、石灰及外墙涂料等，都与古代有一定差距。如果建筑材料达不到要求，工程质量就很难保证。因此对故宫保护来说，传统工艺技术的传承是一件带有根本性质的大事，不仅是当前大修所必需，而且是以后长期保护的要求。这也要求故宫博物院提高传承传统工艺技术的自觉性，通过大修工程，挽救一些濒临灭绝的传统工艺，培养更多的能工巧匠，使各个传统的工种都有一些接班人，实现长远地保护故宫历史真实性的目标。

　　故宫博物院在大修中除认真抓好传统技艺继承外，还积极引入现代科技。《威尼斯宪章》第二条提出："古迹的保护与修复必须求助于对研究和保护考古遗产有利的一切科学技术。"第十条提出："当传统技术被证明为不适用时，可采用任何经科学数据和经验证明为有效的现代建筑及保护技术来加固古迹。"故宫博物院认识到，运用现代科技可以更全面、深入、确切地认知和记录文物建筑，可以运用新的认知成果更精密地保护文物，也可以解决一些传统工艺技术无能为力的保护问题。因此，需要积极采用和研究文物保护界的新材料与新技术，以解决传统技术难以解决的问题和材料的明显缺陷，并且开拓新的认知、研究和保护手段。

　　故宫博物院十分重视科研工作的重要作用。例如与中国林业科学研究院木材工业研究所合作对故宫古建筑木构材料进行全面勘查，针对糟朽范围深度探查，为保护维修方案提供依据。用现代木材分类法对故宫大木构件树种进行鉴定分类和物理力学性质测试分析，并进行了《故宫古建筑木构件树种配置模式及物理力学性质的变异性研究》，初步建立了故宫古建筑木构树种数据库。

　　从 2003 年以来，故宫博物院与美国世界建筑文物保护基金会合作，进行了倦勤斋保护工程。倦勤斋的研究保护项目是故宫博物院成立以来对内檐装修进行的首次大规模保护工程。鉴于清代，特别是乾隆年间，内装修具有空前绝后的复杂性，而倦勤斋内装修又代表当时的最高水准，所以这一项目既有开创性又有挑战性。参与该项目的中美双方专业技术人员团结合作，从前期历史、艺术、工艺、技术调研，病害记录分析，空气环境分析，采光分析，原状陈列复原研究，传统工艺材料的恢复研究，等等，直至全面实施保护，攻克一个又一个难题，做到研究与保护的密切结合，为以后故宫内檐装修保护进行了有益的探索和尝试，并且积累了理论与实践方面的宝贵经验。40 余万字的《倦勤斋研究与保护》（紫禁城出版社，2010 年）就是这些研究成果的反映。此后又继续将合作扩展到进行乾隆花园的整体维修，包括符望阁、竹香馆、玉粹轩、三友轩、延趣楼、萃赏楼等项目。随着工程的进展，将继续整理编纂内装修研究和保护的图书，《乾隆花园研究与保护——符望阁（上）》（故宫出版社，2014 年）已正式出版。

在故宫保护研究方面，《故宫古建筑保护工程实录》的出版具有标志性意义。根据故宫维修的整体安排，需要及时地整理、编写并出版维修工程报告，收录有关维修的信息资料和相关的档案文献，为故宫以后的维修保护以及研究工作留下完整的资料，故宫博物院决定编写"故宫古建筑保护工程实录"大型丛书，《武英殿（一）》（故宫出版社，2011 年）就是百年大修的第一份科学报告。该书系统地梳理了武英殿的历史，把文献、档案、历史照片等资料与现场勘察的发现结合起来，建立了武英殿建筑的信史；总括了保护工程的各机构所积累的工程档案、记录，综合反映了各机构、各专业活动的成果；把关于武英殿的重要历史信息、实测图用附录的形式公布于世，形成武英殿历史档案。工程报告的编写出版，标志着故宫保护揭开了新的一页。工程报告会进一步推进故宫古建筑保护工作的科学化和规范化，进一步促进故宫古建筑的保护研究工作，也为故宫学研究提供了第一手资料。2013 年《钦安殿》、2015 年《慈宁宫花园》也已陆续出版。太和殿、神武门、东华门、寿康宫彩画等工程实录正在继续编写中。"太和门东西庑工程竣工报告"及"慈宁宫工程竣工报告"的编写工作也正在进行中。

总结起来，故宫博物院的故宫保护研究有这么几个特点：一是营造学社的深刻影响。营造学社的王璞子、单士元在故宫古建筑中不仅坚持了学社的原则，而且继续着学社的研究工作，例如王璞子对《工程做法》的注释等。二是有一个由学者、工程师与工匠组成的团队，他们各有所长，互相配合，保证了故宫的保护工作，也促进了故宫研究的不断深入。三是重视与其他文化机构的合作，中国紫禁城学会的成立，使故宫研究与明清宫廷建筑的整体研究结合了起来，也吸引了更多的相关机构与专家学者的参与。特别是最近10多年来，与国外的合作明显增多，如与意大利文化遗产部合作进行的太和殿科技保护方案的制订工作，与美国世界建筑文物保护基金会、美国史密森学会合作至今的倦勤斋和乾隆花园的保护工作，以及与希腊雅典卫城遗址维护部、清华大学联合召开的"雅典卫城和北京故宫修复研讨会"等。

按照世界遗产地保护的要求，故宫博物院于 2011 年 12 月成立了故宫世界文化遗产监测中心，开始对故宫进行科学整体监测。针对游客逐年增加带来的巨大压力，故宫正在努力探索制定科学合理的旅游风险管理方案。

2013 年故宫研究院考古研究所成立以来在紫禁城内所进行的考古工作，[①] 为故宫研究与保护提供了新的资料，也开辟了新的途径。2014 年 6 月至 11 月，故宫博物院在基础设施改造过程中，经国家文物局批准，对故宫内南三所、南大库、慈宁花园等 3 处发现古代遗迹

---

① 在此之前，北京市文物研究所曾对故宫西河沿遗址进行过发掘，发现了明代"廊下家"遗址，就是当年正德皇帝扮商贾与宫人贸易游戏的地方。而揭露出的清代建筑遗址则探明了西河沿地带房屋建筑的布局、规格以及用途。遗址出土的瓷片和琉璃构件及戳印铭文的砖瓦对探讨明清宫廷用瓷制度、琉璃窑和砖瓦窑的生产组织等情况具有重要研究意义。见《故宫西河沿遗址》，载北京市文物研究所编《北京皇家建筑遗址发掘报告》，科学出版社，2009 年。

的施工区域，进行抢救性考古发掘，取得了一系列重要收获和对明清紫禁城的新认识：首次对故宫城墙的现代地面以下部分进行了考古解剖，认清了生土之上城墙基础、墙基、墙体乃至排水系统的完整结构；首次在多处宫殿建筑群范围内通过考古发掘揭露出年代明确、布局特殊的早期宫殿建筑遗址；首次在宫内库房区域科学发掘一处御窑瓷器的集中埋藏坑，填补了研究宫廷内残损御用瓷器管理制度的空白；首次将紫禁城视为一个整体，将城内各处考古发现的早期建筑基础进行精密测绘、科学记录，同时开展多学科的检测，为研究紫禁城建筑群的格局变化、工艺传承与制度沿革等提供了重要的第一手材料。[①]

第三节　明清宫廷建筑的保护研究

现存的明清宫廷建筑，多数已列入世界文化遗产，对其研究与保护也引起普遍重视，并收到明显效果。其共同特点为：一、重视在与紫禁城的关系中挖掘认识其历史文化内涵与独特地位；二、重视其作为世界文化遗产的普遍性突出价值；三、重视资料工作，多数已整理出版有关档案、史志；四、多数召开过国际学术研讨会，有的并提出新的学术概念，如"山庄学""陵寝学"等。

一、沈阳故宫研究

对于沈阳故宫的最早研究，应是金梁。他于民国初年组织一批满族学者，对沈阳故宫崇谟阁所藏清人入关前最重要的史料《满文老档》进行整理汉译，1918 年以《满洲老档秘录》为名出版。此后，另外一些译稿又以《汉译满文老档拾要》为题，在《故宫周刊》上连载。

---

① 李季、王光尧等执笔：《北京故宫明清建筑基址（2014 年十大考古新发现初评候选项目）》，载 2015 年 2 月 11 日中国文物信息网。

1913 年，金梁还将其对沈阳故宫翔凤阁所藏唐、五代、宋、元、明、清等历代书画的记录，整理成《盛京故宫书画录》和《盛京故宫书画记》公开出版。1929 年至 1931 年"九一八"事变前担任东三省博物馆（馆址在沈阳故宫内）委员长期间，主持编印出版了沈阳故宫所藏《清内府一统舆地全图》《圆明园东长春园图》等。

1924 年 7 月，任满铁工业专门学校助教授的日本人伊藤清造，率人对沈阳故宫进行了为期 3 周的考察并对部分建筑进行测绘，后编成《奉天宫殿建筑图集》（日本洪洋社发行）和《奉天宫殿之研究》（大连亚东印书协会发行），此为沈阳故宫建筑群的最早研究资料。20 世纪三四十年代，日本人村田治郎、园田一龟等先后撰写了《满洲的建筑》《清帝东巡之研究》，其中相关章节对沈阳故宫的建筑和历史进行了专门的论述，同时还有一些相关研究文章发表。有关沈阳故宫的研究也颇受中国文化界人士的关注。1947 年初，经国民政府教育部批准，设立国立沈阳博物院筹备委员会，沈阳故宫为其古物馆所在地。该筹委会延揽了一些文化水平较高、文史造诣较深的学者，其代表性成果有阎文儒《沈阳故宫建筑考》、金毓黻《文溯阁四库全书校勘记》、傅振伦和李鸿庆《沈阳故宫藏品概说》、郝瑶甫《沈阳故宫藏书记》、李文信《沈阳故宫卤簿仪仗小记》等，特别是《沈阳故宫建筑考》，有着重要的学术价值。从 20 世纪 70 年代后期起，对沈阳故宫的研究进入了一个新的阶段。沈阳故宫博物院陆续培养和引进一批从事历史、文物、满文等方面研究的专业人员，结合宣教工作和陈列展览工作的开展，开始对一些涉及宫殿历史和文物的课题进行更深层面的探讨。另一方面，此时所能利用的史料也较以往更为丰富。1984 年后出版《盛京皇宫》、《清帝东巡》、《神秘的清宫萨满祭祀》、《沈阳故宫博物院文物精品荟萃》、《清实录教育、科学、文化史料辑要》、《沈阳故宫博物院藏明清楹联选》、《沈阳故宫博物院藏明清绘画选辑》以及《沈阳故宫博物院学术论文集》（共 4 辑）等。这一时期，除了历史、文物等学科学者的研究外，许多从事古代建筑专业教学和科研的学者，从建筑技术和艺术等角度，对沈阳故宫进行更具有科学性的研究，形成了《中国建筑艺术全集·沈阳故宫卷》《特色鲜明的沈阳故宫建筑》等具代表性的科研成果。①

2003 年，《盛京皇宫和关外三陵档案》由辽宁民族出版社出版，这是有关沈阳故宫、永陵、福陵、昭陵的档案史料汇编，从不同角度记录了当时"一宫三陵"的状况，包括皇帝东巡、宫廷礼仪、三陵祭祀、建筑修缮、文物收藏等内容，大部分为首次公布，为研究历史、民族、宗教、文化、风俗、建筑、皇室经济等提供了重要的史料。武斌主编的"沈阳故宫文库"——《清沈阳故宫研究》《沈阳故宫与世界文化遗产》《清入关前都城研究》于 2007 年前后由辽宁大学出版社出版，反映了沈阳故宫研究的不断深入。《沈阳故宫博物院院刊》发表了大量有关沈阳故宫建筑、文物以及清人入关前后的研究文章。

二、承德避暑山庄研究

乾隆四十六年（1781）奉敕编撰的《钦定热河志》与光绪朝重订的《承德府志》都是重要的志书。2003 年，《清宫热河档案》出版（中国档案出版社），是清宫所藏关于热河档案的专题汇集。所辑档案始自康熙四十四年（1705），止于宣统三年（1911），收录清康熙以后 9 位皇帝执政期间有关热河事宜的主要档案 3616 件册。《清宫普宁寺档案》也同时出版。2013 年，《避暑山庄大辞典》由故宫出版社出版。

20 世纪 30 年代，瑞典考古学家斯文·赫定（1865—1952）曾想将承德普陀宗乘之庙中的万法归一殿拆卸并移往美国芝加哥，参加在那里举办的博览会，但为国民政府所拒绝，后斯文·赫定和其助手决定在芝加哥按照 1∶1 的比例复制这座金殿，梁思成先生亲自绘制图纸，并亲赴美国监督复制品的搭建还原工程。万法归一殿复制品在芝加哥博览会曾引起极大轰动。这些复制的部件，现仍存有 26000 余件，

---

① 武斌主编：《清沈阳故宫研究》，辽宁大学出版社，2006 年，第 3—5 页。

保存于斯文·赫定基金会仓库中。为了复制这一建筑，斯文·赫定于1930年6月底来到承德，住了10天，写下了《帝王之都——热河》一书，通过大量中外文献资料，将清朝帝王在避暑山庄的生活真实再现于人们面前，同时还通过精确的数据和翔实的细节描画记录了承德的多座寺庙建筑，书中还有80余幅珍贵的老照片及4张作者的手绘写生图，为今人研究了解承德建筑提供了珍贵资料。此书曾被翻译成多国语言，中文译本2011年由中央编译出版社出版。此外，《清帝承德离宫》（杜江著，紫禁城出版社，1998年）、《避暑山庄春秋》（王立平、张斌翀编著，河北教育出版社，2002年）等，也是介绍避暑山庄的知识类读物。

改革开放以来，避暑山庄研究有了重大进展。主要反映在3次学术研讨会。第一次是1983年召开的"纪念避暑山庄建园280年学术研讨会"，成立了避暑山庄研究会，戴逸先生在会上提出应该建立"避暑山庄学"，《避暑山庄论丛》（紫禁城出版社，1986年）就是这次会议成果的结集。第二次是1993年召开的"纪念山庄建园290周年学术讨论会"，出版论文集《山庄研究：纪念承德避暑山庄建园290周年》（紫禁城出版社，1994年）。第三次是在避暑山庄肇建300周年的2003年9月召开的"中国·承德清史国际学术研讨会"，规模最大，收到150余篇论文，结集为《清史研究与避暑山庄》（辽宁民族出版社，2005年），论文集围绕清史研究，从不同专业、不同角度对避暑山庄及周围寺庙的使用功能、园林建筑艺术、民族宗教、口外行宫、木兰围场等进行了广泛研讨。与此同时，还举办了"中国·承德世界文化遗产国际论坛"，来自法国、英国、斯里兰卡、荷兰、美国、澳大利亚、印度、俄罗斯等国家的专家与中国遗产保护专家及国内遗产地代表参加了这次盛会，与会人员就世界遗产的共性与个性、正确处理遗产地旅游开发与保护之间的关系、如何提高遗产地的公约意识、遗产地科学监测的重要意义等内容进行了充分的交流和讨论，《遗产保护与避暑山庄》（辽宁民族出版社，2005年）为这次会议的论文集。承德地区的文博工作者与有关科研人员也重视对避暑山庄与外八庙的研究，2006 年的《避暑山庄研究》（辽宁民族出版社）就收录了他们的 60 篇研究文章。

三、明清皇家陵寝研究

明清时期，关于明代帝王陵寝的文献资料，大都局限在礼制的讨论与舆地著录两个方面。民国以来，开始出现了科学调查报告以及维修勘察工作记录，主要有刘仁甫著《前明十三陵始末记》（铅印本，1915 年）、刘敦桢著《明长陵》（《中国营造学社汇刊》第 4 卷第 2 期，1933 年）、王焕镳著《明孝陵志》（南京中山书局，1934 年）、黄鹏霄等著《明陵、长城调查报告》（《古物保管委员会工作汇报》，1935 年刊印）、北平特别市政府工务局编纂《明长陵修缮工程纪要》（怀英制版局铅印本，1936 年）等。1951 年 8 月至 11 月，中国科学院考古研究所在北京西郊金山南麓董四墓村先后发掘了明熹宗三妃合葬墓和明神宗七嫔合葬墓，最早揭示出明朝皇室贵族陵墓的实例。1956 年至 1958 年发掘定陵，随即发表了发掘简报，1990 年文物出版社出版发掘报告《定陵》一书。最近 10 余年来，对北京十三陵的主神道，南京孝陵陵宫门和配殿、东陵的陵园等明代皇陵的地面建筑遗址进行过清理发掘，揭示出不少有重要价值的研究资料。[①]

20 世纪 80 年代以来，出版了一批有关明陵的图书，多是介绍性的著作，也多有一定的资料价值，如商传著《明十三陵》（北京出版社，1978 年）、定陵博物馆编《定陵——地下宫殿》（北京出版社，1978 年）、南京博物院编《明孝陵》（文物出版社，1981 年）、安·帕鲁登著《明代帝陵》（英文版，香港大学出版社，1981 年）、李登勤著《特殊的明帝陵——显陵》（湖北人民出版社，1988 年）、中山陵园管理处文物管理办公室编《朱元璋与明孝陵》（南京出版社，1996 年）、

---

① 刘毅：《明代帝王陵墓制度研究》第 1 章，人民出版社，2006 年。

明十三陵办事处主编《中国建筑艺术全集·明代陵寝建筑》（中国建筑工业出版社，2000年）等。胡汉生著《明十三陵》（中国青年出版社，1998年）、《明朝帝王陵》（北京燕山出版社，2001年）是有关北京昌平明十三陵的研究资料性的著作，胡汉生还有《明代帝陵风水说》（北京燕山出版社，2008年）一书。2006年，刘毅出版了《明代帝王陵墓制度研究》（人民出版社），该书把考古资料与历史文献相结合，通过回顾、梳理中国古代陵寝制度发展史和以往关于明代帝王陵墓制度的研究，展开对明代皇陵制度、王陵制度及其所涉及的关于明代帝王陵墓制度渊源问题、陵墓选址问题、埋葬与随葬品情况、祭祀制度等的探讨，提出了一些重要学术观点。

关于清代皇家陵寝，出版的书籍与发表的文章相当多，一些是研究性的，多数为知识性、介绍性的，如刘敦桢《易县清西陵》（《中国营造学社汇刊》第4卷第3期，1935年）、沈阳市文物管理办公室编《清初三陵》（文物出版社，1982年）、日本佐田宏治郎编《奉天昭陵图谱》（南满洲铁道株式会社，1926年）、于善浦编著《清东陵大观》（河北人民出版社，1984年）、中国第一历史档案馆编《清代帝王陵寝》（档案出版社，1982年）、《中国建筑艺术全集·清代陵墓建筑》（中国建筑工业出版社，2003年）、徐广源《解读清皇陵》（紫禁城出版社，2005年）等。1993年，清代宫廷史研究会在河北易县举办第三届清宫史研讨会，以皇宫与陵寝为主题，出版论文集《清代皇宫陵寝》（紫禁城出版社，1995年）。宋大川、夏连保《清代园寝制度研究》（文物出版社，2007年）为北京市社会科学"十五"规划重点课题之一。

天津大学重视对清代陵寝的研究。该校建筑系师生对清东陵、清西陵进行了系统测绘，王其亨于1984年完成了《清代陵寝地宫研究》的硕士论文，后又继续研究并撰有多篇论文。该校还有一批陵墓个案研究的成果，如李洁《清代慕陵个案研究——兼昌西陵、慕东陵个案研究》、曾辉《清代定陵建筑工程全案研究》、王蕾《清代定东陵建

筑工程全案研究》、汪江华《清代惠陵建筑工程全案研究》（以上俱
为 2005 年硕士学位论文），陈书砚《清代崇陵个案研究》（2007 年
硕士学位论文），等等。

　　明清皇家陵寝列入世界文化遗产，对其研究与保护也进入一个新
的阶段，出现了 3 个特点：一是对明清皇家陵寝的综合研究多了起来；
二是不仅遗产所在地之间加强了交流，遗产地也加强了与考古、文物
及大学等研究机构的合作；三是研究与保护结合了起来。2004 年 3 月，
在南京举办了"世界遗产论坛——中国明清皇家陵寝学术研讨会"，
陵寝单位与大学、社科机构、博物馆等，着重研讨明清皇家陵寝，出
版了《世界遗产论坛：明清皇家陵寝专辑》（科学出版社，2004 年）。
2006 年 6 月，明十三陵特区办事处主办了"世界文化遗产——明清皇
家陵寝保护与发展研讨会"，会上决定成立"明清皇家陵寝合作与研
究论坛"，并提出建立"陵寝学"，有《世界文化遗产——明清皇家
陵寝保护与发展研讨会论文集》出版（北京燕山出版社，2007 年）。
2009 年是明成祖朱棣的长陵建成 600 年，中国明史学会与十三陵特区
办事处联合召开了"明长陵营建 600 周年学术研讨会"，主题是对于
帝王陵寝文化的研究，把研究从单一的政治史扩大到军事史、经济史、
文化史、社会史，从单一历史人物和陵墓的研究扩大到陵寝文化、宫
廷文化等方面，是陵寝研究的新成果，出版了《明长陵营建 600 周年
学术研讨会论文集》（社会科学文献出版社，2010 年）。

四、天坛研究

　　天坛一直受到国内外史学界、建筑学界、园林学界、美学界及其
他各界人士的关注，在历史学、古建筑史、古园林史及环境科学等研
究领域中占据着重要的地位。1932 年，内政部北平坛庙管理所编印了
《天坛纪略》（附祭器乐器说明），这是最早的、专门而且比较全面
记载天坛情况并具有考证内容的文字汇编。20 世纪 50 年代，日本学
者石桥丑雄撰写了《天坛》一书，对天坛的历史沿革、功能、建筑形

制进行广泛考证、调查，并附有多幅珍贵的照片，具有一定的学术价值。①20世纪80年代中后期，有关方面先后提出了"天坛文化"的概念、建立"祭天博物馆"的设想以及"恢复古坛神韵"的呼吁，进一步注重对天坛历史文化的挖掘。

20世纪90年代初，天坛公园管理处邀请有关专家学者举办了多次历史文化研讨会。1993年12月召开"天坛历史文化与开发利用研讨会"，其后刊印了《天坛文化论丛》论文集。1995年12月，召开了"纪念天坛建成575周年暨第二届天坛文化研讨会"，会议围绕将天坛建成祭天文化博物馆性质的高层次文化游览胜地的主题展开。天坛公园的文物工作者撰写的文章登在北京科学技术出版社1996年出版的《京华园林丛考》《京华园林丛话》及1998年出版的《京华园林丛谈》等文集中。天坛还重视对园藏文物及公园生态的研究与保护。20世纪90年代初期，天坛研究人员经过10余年努力，编纂出版了60余万字的《天坛志》，记述了1994年以前天坛作为皇家祭坛的历史及作为公园的管理和保护情况，内容涵盖了天坛建筑、园林、文物、管理各个方面，是全面了解天坛的一部著作。

20世纪80年代中后期，天坛在斋宫举办了"祭天文物陈列"的展陈布置工作，并开放了寝殿。1988年，天坛又按《清太常寺则例》的有关记载，恢复了皇穹宇历史原貌的陈设。1990年，恢复祈年殿原状陈展并对外开放，同时将祈年殿东配殿辟为祭天乐舞馆。1990年4月，天坛公园与北京古乐研究会合作完成"中和韶乐"乐曲的录制工作，演奏录制天坛祭天乐舞乐曲35首，绝响百年的祭天音乐再度奏响在天坛上空。21世纪初，完成神乐署复原工程。2007年，天坛神乐署中和韶乐被列入北京市首批市级《非物质文化遗产名录》。

---

① 参阅《天坛志》，北京出版社，2006年，第257页。

五、圆明园研究

1980 年，正值圆明园罹难 120 周年，中国圆明园学会在这一年成立，由宋庆龄、沈雁冰等知名人士及建筑、园林、文物等各界人士 1583 人联名发出《保护、整修及利用圆明园遗址倡议书》。1991 年，中国第一历史档案馆与中国建筑科学研究院合作，整理有关圆明园的原始档案史料，出版《圆明园》（上海古籍出版社）。2000 年，《圆明园遗址公园规划》经北京市政府和国家文物局批复同意。2007 年，为纪念圆明园建园 300 年，由学会主办召开主题为"全球视野下的圆明园研究、保护、利用"的国际学术研讨会。《圆明园学刊》也于 2006 年恢复出版。

圆明园的劫掠焚毁是中国人心中永远的伤痛，对侵略者罪行的揭露是近年来出版界的一个热点。法国历史学家伯纳·布立赛在调查大量史料与 10 多次到中国实地考察基础上写成的《1860：圆明园大劫难》一书，首次从法国角度全面回顾和揭示第二次鸦片战争的起因、进程与后果。作者从历史陈迹之中，发掘、鉴别和取舍，以大量宝贵的史料、见证和旁证，以及史学家的评说，揭露了英法联军洗劫和焚毁中国皇家御苑圆明园的强盗行径，明确指出西方列强对华"远征"的侵略性、掠夺性和破坏性。这本书在法国学术界和民间产生了较大影响，中译本 2005 年由浙江古籍出版社出版。2010 年是圆明园罹难 150 周年，中西书局和圆明园管理处联合，以布立赛先生提供的极其珍贵的原始藏书资料作为翻译蓝本，精心挑选了包括当时法军统帅、法国全权大使、英军统帅、英国特使等英法联军关键人物的回忆录，出版了"圆明园劫难记忆译丛"共 14 部，其中英军 5 部、法军 8 部，外加《枫丹白露城堡：欧仁妮皇后的中国博物馆》图册，总篇幅 300 余万字，除 1 部作品外，其余 13 部均为中国首度翻译出版。译丛的出版，对于圆明园流失文物的追寻，对于圆明园学术研究的深入，都有着重要的作用。

对于圆明园的建园历史与价值地位，也是许多研究者所孜孜探讨的。例如《追寻失落的圆明园》（王荣祖著，江苏教育出版社，2005 年）、

《圆明园西洋楼景区的园林建筑与精致文化》（孙若怡著，商务印书馆，2009 年）、《圆明园园林艺术》（何重义、曾昭奋著，中国大百科全书出版社，2010 年）等都使人们从中认识到圆明园曾有的辉煌。

清华大学建筑学院在郭黛姮教授带领下组成了"圆明园研究"课题组，从 2000 年开始进行研究，参加这项研究的研究生已撰写多篇论文。利用已有研究成果，开始了"再现·圆明园"的数字化研究工作。《数字再现圆明园》（郭黛姮、贺艳主编，中西书局，2012 年）发布了这项研究工作的初步成果。郭黛姮等还对于清代样式房中现存的属于圆明园的 2000 多张图纸进行研究，出版了《圆明园的"记忆遗产"——样式房图档》（郭黛姮、贺艳著，浙江古籍出版社，2010 年），通过对这些遗存图纸的研究注释，力图将一个真实的圆明园呈现给读者。一个中法多学科小组曾对圆明园的保护和对其价值的重评进行探讨和研究，《圆明园遗址的保护和利用》（法国华夏建筑研究学会主编，中国林业出版社，2002 年）一书为此次考察思考与规划方针的记录，也是 1997 年在北京召开的"法中历史园林的保护及利用研讨会"论文集《法中历史园林的保护及利用》（中国林业出版社，2002 年）的续编。

圆明园遗址的保护和利用已列入北京历史文化名城保护规划，并在国家大遗址重点保护规划之中。按照积极抢救、妥善保护、科学整修、合理利用的原则，对长春园宫门和含经堂遗址进行了较大规模的考古发掘，出版了《圆明园长春园含经堂遗址发掘报告》（文物出版社，2006 年）和《圆明园长春园宫门区遗址发掘报告》（科学出版社，2009 年）；对圆明园宫门进行了考古勘探，完成了含经堂遗址保护工程。2009 年 9 月，长春园宫门正式开放，标志着《圆明园遗址公园规划》的实施及遗址保护整治工作取得了阶段性成果。

六、颐和园研究

颐和园作为中国著名的皇家园林，中国古代建筑史、中国园林史等类著作都有专门的论述，相关的档案文献也很多。民国以来的出版物多是适应旅游需要而编写的导游指南或知识性读物。清华大学建筑系 1953 年编制过《颐和园测绘图集》。2000 年，清华大学建筑学院编著的《颐和园》（中国建筑工业出版社）一书出版，该书详细介绍了颐和园的园史，总体规划，山、水、植物、建筑选景手法以及景点分析等，汇集了清华大学建筑学院多年来古建测绘主要成果。颐和园的科研工作与园内古建、古树名木、园藏文物以及周边环境等的保护结合在一起。从 20 世纪 80 年代开始，颐和园研究工作侧重点转为科技的引进和运用，科技项目开发常常采取与社会力量合作的方式，在园林生态管理与地被维护等技术方面取得了很大成绩。1991 年开始对昆明湖 3500 年历史的研究，在园林历史及生态环境研究方面取得重要成果。1994 年，颐和园管理处在北京市园林局立项"皇家园林建筑装饰纹样的研究"，促进了全园建筑纹样的普查、整理、存档工作。85 万字的《颐和园志》（中国林业出版社，2006 年）是对颐和园历史文化的一次系统梳理和审视，其中对造园的规划和风格，建筑的形制与布局，陈设的来源与摆放，重要档案文献的附录，使这部志书具有重要的资料价值。2011 年，颐和园学会成立。"颐和园寿膳制作技艺"（原称万寿无疆席）2009 年列入北京市非物质文化遗产项目。

第十三章

故宫与明清宫廷史研究

第一节　明清宫廷史及其联系与对比的研究

　　建立在以明清两代皇宫"原址保护"基础上的故宫博物院，兼容建筑、藏品与其中蕴含丰富的宫廷历史文化为一体，这一特点及优势，决定了它在整个明清史研究，特别是清史研究中有着独特的重要地位。随着对故宫价值的全面认识，故宫博物院又认识到明清宫廷史在明清史研究中的意义以及自身所应承担的学术使命。

　　因为明清史不等于明清宫廷史。以上所论述的故宫建筑与故宫文物（宫廷历史文物、古代艺术珍品、图书、档案）都是故宫学研究的内容，但是建筑与文物不是孤立的，而是曾与宫廷的人物和事件相联系；这种联系性，就使看似孤立的建筑与文物有了丰富的内涵，也从而展现了一幅幅生动的宫廷历史场景，这就是宫廷史。明清宫廷史是故宫学研究的一个重点。

　　宫廷，古时也称宫庭，是君主制的产物，原来指宫殿所在地，即帝王的居所，至清代又指与外朝相对的内廷或内庭，仍是皇帝、后妃起居的处所。现在所说的宫廷，既有地域的含义，更演变成一个政治性概念，即以皇帝的活动为主体，并包括皇室、亲近大臣以及为皇帝皇室服务的人员的活动。宫廷史不同于整个封建社会的历史，只是整个封建社会历史的一部分。但是，由于宫廷是朝廷的核心，它在当时的社会结构中居于顶端的位置，因此它虽然只是封建社会的一部分，却是不同寻常的部分，在历史长河中发挥过极为重要的作用。但是长期以来宫廷史研究未引起学界重视，其原因是多方面的，如受历代正史的影响而将宫廷史置于政治史中，又如对农民战争的偏重导致对宫廷历史的忽视，最主要的还是对宫廷的独立性和特殊性注重不够。

长达500余年的明清两代，是中国历史上两个重要的王朝，既处于我国封建社会行将灭亡的衰落时期，又处在中国封建专制主义发展的巅峰时期。从社会形态角度考察，其政治、经济、文化有诸多共同点和延续性，例如明清建筑、明清实学、明清启蒙思潮、明清绘画、明清小说、明清杂剧等都是两个时代并称，就是这种特性的反映。此外，清与明两代亦有特殊关系，清之发祥与明之开国约略同时，归附于明的清之本土所谓建州女真部族，在有明一代无时不与明相接触。[①]同样，明清宫廷生活也出现了不少相近的现象或特征，并显现出一定的承继性，因此一般也统称为明清宫廷史。明清宫廷史不同于整个明清史，在整个明清史中却有极为特殊的地位和作用。

明清宫廷史的研究对象和内容有狭义和广义之分。狭义的明清宫廷史是指以宫廷为依托和对象的时空范围内的历史，研究内容包括人（各种群体，如帝后的活动、皇子、妃子、宦官以及外廷官员与宫廷有关的活动等）、事（各种与宫廷斗争有关的事件以及与宫廷事务有关的规章制度及其变化等）和物（宫廷建筑群及其庋藏的各种文物等）。广义的明清宫廷史研究是指以宫廷为中心或围绕宫廷活动以及宫廷与国家历史之间的关系而展开的有关研究，如宫廷活动对国家政治决策所产生的影响和作用，宫廷与民间在风俗和文化方面的相互影响，以及宫廷与各国政治、经济和文化的交流与影响等方面。具体而言，宫廷的机构设置、宫禁制度、皇帝皇族、皇后嫔妃、喜庆丧忌、祭祀杂占、衣食器用、巡幸娱乐、颐养修炼和太监宫女等都是研讨的重点。

---

① 孟森：《明清史讲义》上册，商务印书馆，2011年，第4—5页。

对这些重点的综合研究，可以探讨明清宫廷史的诸多特点和发展趋势，进而探讨宫廷作为一种社会现象发展的历史及其内在的规律。

明清宫廷史研究的内容相当丰富，其中既有刀光剑影的残酷政治斗争，又有丰富的物质生活和精神生活，权力之争在不同的历史阶段其表现形式是多样的（具体的朝政等不属于宫史内容，但听政、受朝的方式却应该是宫史的内容），而宫廷各色人等的物质和精神生活，也随明清社会发展而呈现出多姿多彩的内容。如宫廷生活物质层面的内容侧重在服饰、宫殿园囿、饮膳、宝玺车辂以及丧葬等方面，而精神层面的重点则在祭祀（包括天地日月之祀、社稷、山川、先农、先蚕之祀、宗庙之祀）、典礼（朝会典礼、冠婚册命之礼、亲征与巡狩之礼）、教育（经筵与日讲、皇帝子孙的教育与训练、皇室成员的诸般才艺）、信仰（皇帝与皇后以及皇室成员的宗教信仰）、娱乐等内容。尽管可从物质文化和精神文化两个方面考察宫史的内容，但在同一事项之中它们却很难彼此分开，比如服饰，其质料、制作工艺等反映了手工业技术等物质文化的发展水平，而其形式、纹样等则反映了精神文化中的社会观念、风俗乃至信仰等方面的内容。换言之，皇室高级成员和常人一样，主要是生活在物质文化环境之中，但是对这些物质条件的使用方法和使用形式的不同，却是一种更深层次的精神文化。由于宫廷许多活动内容，其酝酿过程具有很大的诡秘性和不可预测性，错综复杂，许多事件或参与者的内容不见于记载，不为外间所知，而许多事件或活动与政治决策、各项制度的制定、实施和运转有着千丝万缕的联系，这一方面体现了宫史研究有别于其他研究的特殊之处，增加了研究的难度；另一方面，也反映出研究明清宫廷史的必要性和重要性。

明清宫廷史的时间界定，要涵盖明清两代（1368—1911）。明代应包括南明（1644—1662），清代要包括关外时期（1616—1644），也就是说两个朝代在时间上有将近50年的重叠，尽管重叠期的偏安朝廷在某些方面似乎无关紧要，但它们的生活方式却仍然分别是明清两朝宫廷生活的一部分。溥仪退位后在宫中依然过着"皇帝"的生活,因而 1912 年至 1924 年他被赶出宫以前的"小朝廷"生活仍然可以看作是清代宫廷生活的一种非正常延续,《我的前半生》等资料可以作为研究参考。[①]

明清宫廷史研究有着丰富的文献史料与实物:一是官修的典籍,包括实录、圣训、起居注、会典、则例等,大量的明清档案特别是清代内务府档案完整地保存了下来,是研究宫廷史极为重要的史料。二是实物史料。明清皇宫紫禁城以及一批明清宫廷建筑仍完整保存,皇室的文物珍藏及宫廷历史文物也基本保存了下来,是研究明清宫廷史的第一手实物资料。三是大量的私人文集、笔记、日记等,特别是笔记之体,至明清尤盛,如《万历野获编》(明沈德符著)、《长安客话》(明蒋一葵著)、《啸亭杂录》(清昭梿著)、《养吉斋丛录》(清吴振棫著)、《道咸以来朝野杂记》(民国崇彝撰)等,都有着一些关于宫廷史的珍贵史料。四是明清之际许多西方来华的传教士在华活动形成的文书,如给教会、友人、所属国政府的报告、书信和著作,记载了比较丰富的明清宫廷资料。例如,南明诸帝最后的皇帝朱由榔的宫廷中,有不少天主教徒,包括皇子慈煊,因此耶稣会文献中有不少关于永历朝廷的记载。耶稣会士瞿安德与卜弥格活动于永历朝廷,卜弥格并于永历四年(1650)到澳门,转印度,赴欧洲,代表王皇太后(天主教徒)与庞天寿(司礼太监,天主教徒)出使罗马,为南明抗清政权争取支援。这些事迹在早期天主教史研究中颇引人注目。[②] 耶稣会在康熙时期中国礼仪之争前后的文献,记载了康熙皇帝宫廷内部的一些珍贵资料,以及传教士白晋的《康熙帝传》(《清史资料》第一辑,中华书局,1980 年)、《张诚日记》(陈霞飞译,商务印书馆,1973 年)、《清廷十三年——马国贤回忆录》(李天纲译,上海古籍出版社,2006 年)

---

① 刘毅:《明清宫廷生活》,天津古籍出版社,2000 年,第 2—3 页。

② 方豪:《中国天主教史人物传》,宗教文化出版社,2007 年,第 206—217 页。

等也极为重要。五是朝鲜王朝的《李朝实录》、《同文汇考》以及来华使臣撰写的数量众多的《朝天录》《燕行录》，都有明清宫廷史料的记述。

对于明清宫廷史联系与比较的研究，过去宫廷建筑（包括宫殿、坛庙、园囿、陵寝等）与具体文物的研究较多，近年来研究逐渐涉及多个方面，前述张升《明清宫廷藏书研究》、秦国经《明清档案学》、胡德生《故宫明清家具大观》以及杨启樵《明清皇室与方术》（上海书店出版社，2010年）、高志忠《明清宫词与宫廷文化研究》（方志出版社，2014年）等都是这方面的研究成果。刘毅的《明清宫廷生活——六百年紫禁城写真》从物质文化、精神文化两个层面，系统地介绍了明清皇室的服饰、居住、饮膳、车辂仪仗、祭祀、典礼、教育与宗教信仰、娱乐生活、生老病死、丧葬等内容，并对那些已令今人费解的事项加以适当的评说。

故宫博物院为了进一步加强与国内外学术界在明清宫廷历史研究上的沟通与交流，于2009年10月成立了明清宫廷史研究中心。接着召开了以"宫廷历史学研究对象、范围与方法"为主要议题的"明清宫廷史研究中心第一届国际学术研讨会"。会议论文涉及明清宫廷史研究的理论与方法、宫廷史个案研究、宫廷原状恢复、中外宫廷对比等多方面的问题。明确宫廷史研究的对象、范围与方法，这对于未来明清宫廷史研究中心的学术发展至关重要。南开大学冯尔康提出宫廷史研究要走出帝王崇拜的阴影，关注宫廷史与中国社会走向的大题目，认识宫廷决策对中国社会政治经济文化与社会生活的影响作用，着眼于文化史更有意义。北京大学徐凯介绍了国外宫廷史的研究方法，提出我们国内的明清宫廷史研究不应仅凭借唯物主义方法，还应借鉴西方宫廷史学的研究经验探讨出其特有的研究方法。中国人民大学毛佩琦提出宫廷史不同于宫闱史，宫廷文化与宫廷物质生活等都是宫廷史研究的对象。尽管其腐朽的一面不可否认，但依然是中国文化的精华，是社会文化的引领。他还指出，宫廷事件不仅仅指在宫廷之内发生的事件，有时甚至波及社会底层和国家的边陲等。故宫博物院刘潞从学科建设的角度对清代宫廷史研究的对象进行了阐述，通过时空角度界定其研究对象，进而提出了清代宫廷史研究对象的 4 个层次：事实—沿革—规律—方法。本次会议也提出了很多富有建设性、开创性的议题，对于今后进一步深入开展明清宫廷史研究提供了很好的切入点与思路。如台北故宫博物院庄吉发的《台北故宫博物院现藏档案与清朝宫廷史研究》、台湾"中央研究院"近代史研究所赖惠敏的《清代宫廷史数据库的建立与运用》、台湾中国文化大学吴美凤的《上之所好，下必甚焉——从明熹宗坐像看晚明宫闱内外的交流》、北京故宫博物院任昉的《明代常熟医学与宫廷医学——以明代常熟医学训科李原墓志为线索》等。会议的 38 篇论文收录在《明清宫廷史学术研讨会论文集（第一辑）》（紫禁城出版社，2011 年）中。

故宫博物院明清宫廷史研究中心又于 2012 年 9 月召开了第二届学术研讨会，来自海内外的 50 余位专家学者，围绕"明清宫廷典章制度及其沿革"的主题，共提交论文 40 余篇，论文涉及宫廷冠服制度、祭祀制度、节庆制度、经筵制度、文书制度、禁卫制度、太监制度、陵寝制度等，对制度的探讨做到了溯源、引流，动态性地考察其因革损益，归结出定制，并且努力透过现象剖析本质。

在宫廷研究中，江南是一个避不开的话题，而江南有着悠久的历史文化积淀，苏州又是江南的核心，江南与宫廷是双向互动的。其中既有物质层面、制度层面，也涵括了精神层面、思想层面。2012 年 11 月，故宫博物院与苏州大学联合主办了"宫廷与江南"学术讨论会。来自境内外 20 多个高校、研究机构的近 60 名专家学者，围绕明清以来宫廷与江南研究及相关问题进行研讨。余同元《朝廷政治与宫廷生活中的"江南"——兼谈明清宫廷生活中的苏州因素》、吴卫国《乾隆第四次下江南乌拉那拉氏归程考》、李琳琦《明代皇宫营建中的官商异动——以万历乾清、坤宁两宫重建中的徽商请托案为中心》、吴仁安《明清时期中央朝廷与地方关系中的江南著姓望族》、苑洪琪《从清代宫廷档案管窥"苏州"技艺的特点与地位》等论文，探讨了国家政治与江南、宫廷文化与江南、宫廷与江南技艺、宫廷与江南人才等方面的关系，开阔了新视野，发掘了新资料，为宫廷史研究带来新的活力。《宫廷与江南学术研讨会论文集》2015年由故宫出版社出版。

对于明清宫廷史的对比研究，故宫博物院2013年4月召开了"明清宫廷史对比学术讨论会"。这次研讨会的最大特点，是与会者来自大学、社会科学研究机构与博物馆3个方面。[1]发挥不同研究机构的优势，合作交流，反映了故宫学研究的新视野。目前，学界关于明清宫廷的对比研究还不太多，许多学者对这一领域的研究方法以及研究重点提出了非常有价值的见解。中国明史学会万明指出，明清宫廷史对比研究颇具创新的意涵，标志着宫廷史一个新里程的开端，对宫廷史学术研究具有重要的意义。故宫是明清两代皇宫所在地，两朝宫廷有继承和发展，有连续也有断裂。通过明清宫廷史的对比研究，分析两朝的差异和特色，发现其中变化的规律，必将加深宫廷史乃至明清史的研究。中国社会科学院历史研究所杨珍指出，明清宫廷史对比研究的必要性，只有经过对比，有一个参照系，才能更好地看到明清宫廷史各自的特殊性；宫廷史对比研究需要有系统思维和整体观念，注意王朝发展的历程、宫廷制度演变与宫廷人物的行为三者之间的相互联系、相互作用；研究中既要有人文主义的关怀，也要有批判性的眼光，才可以使明清宫廷史的研究更加鲜活生动。本次研讨会共收到论文20余篇，内容涉及明清的宫廷政治、婚姻与后妃、工艺、刻书、音乐、戏曲、绘画、建筑、陵寝、宦官、服饰、司法等诸多专题的对比研究。[2]

故宫博物院故宫研究院与中国社会科学院历史研究所经协商，双

---

[1] 这次会议代表来自北京大学、中国人民大学、首都师范大学、中央民族大学、南开大学、南京大学、江西师范大学、黑龙江大学、东北师范大学、台湾中国文化大学和法国滨海大学等高校，中国社会科学院历史研究所、台湾"中央研究院"等科研院所，台北故宫博物院、沈阳故宫博物院、中国丝绸博物馆、天津博物馆以及北京故宫博物院等博物馆单位。

[2] 许冰彬整理：《明清宫廷史对比研讨会纪要》，《故宫学刊》总第11辑，2014年。

方就共同推进在明清历史研究与文博领域的学术合作，以及联合培养明清史、宫廷史方向的研究生（包括博士后人才）等达成了框架协议，2015 年 2 月 27 日双方签订了这一协议。中国社科院历史所的明史研究室、清史研究室和文化史研究室与故宫研究院是双方合作研究的主体。这一协议的细化与具体实施，不仅会使明清史、明清宫廷史研究取得更多新的重要成果，而且将培养大量宫廷史研究人才，对于故宫学的发展有着长远的意义。

中外宫廷史的对比研究也引起学界的重视。2006 年 9 月，由国家清史编纂委员会编译组等机构与中国人民大学清史研究所、承德市文物局联合召开的"王朝宫廷比较史国际学术研讨会"在承德避暑山庄举办，与会的有中国、德国、法国、英国、奥地利、荷兰等国的 20 余位学者。这次研讨会重点是中国清代与欧洲近代早期的宫廷史的比较探讨。中国学者发言涉及清初帝王的"历史书写"与宫廷政治文化，清廷的宗教政策与政策限度，独断、监控与沟通的清朝君臣关系，清代宫廷的空间规划和礼仪之间的关系，清代康、雍、乾时期的宠臣，清代的宫廷乳母等；欧洲学者重点论析了君权表征和宫廷礼仪、宫廷与宗教的关系、16 世纪至 17 世纪英格兰宫廷的空间布局问题、1624 年至 1789 年法国宫廷贵族的世袭制问题、1600 年至 1780 年法国王室兴衰和法军中的精英团队关系、神圣罗马帝国宫廷女官构成情况和潜在特点等。学者们注意到各国宫廷史存在的巨大差别，但认为其间又是有联系的，因此这种比较是需要的，同时提出在比较研究中要引入一些理论，依赖一定的抽象。[①]

2009 年 12 月，由中国社会科学院历史所、荷兰格罗宁根大学、德国弗莱堡大学共同主办的主题为"王朝权力的结构与遗产——帝制晚期的中国与近代早期的欧洲之比较"国际学术研讨会在北京召开。

---

① 唐博整理：《王朝宫廷比较史国际学术研讨会述要》，《清史译丛》第 7 辑，中国人民大学出版社，2008 年。

此次会议是名为"王朝统治的结构与遗产"的中欧社会科学合作研究项目的一部分。中国社会科学院历史所陈祖武指出，近30年中国的宫廷史研究有所前进，但此次中西方学者共同以一个新的视角推动宫廷史的研究，是一个很好的开始。中欧专家的共同研究将会有力地推动该领域的学术发展。德国弗莱堡大学达素彬认为，中国和欧洲的传统法律、管理和决策具有很大的差异。然而两者的文化在近代早期的王朝统治中都经历了特殊的繁荣期，围绕中央王族组织起来的近代早期的中国和欧洲政府呈现出惊人的相似和差异。无论在欧洲还是中国，引入一种对比方式重新评价亚欧古老的统治模式是重要的。中国社会科学院历史所林存阳认为，帝王和宫廷所涵盖的意义和具有的功能，并非是单向度的，而是具有多层面的。所以，将这些问题置于以中央王朝的社会制度框架下考察，重视政权的文化和象征方面的意义等，更显得尤为必要和重要。荷兰格罗宁根大学杜达姆认为，此次会议的主题对中欧专家都是比较有意义的选题，东、西方的宫廷模式既有共同点也有不同点，这些对比较史研究很有启发性。他认为宫廷有3个主要功能：一是王朝政治宫廷中最重要的功能是掌握军事资源、颁发赏赐、施行刑法，宫廷中的统治者的重要记录都是他如何分配权力以及他作为权力中心如何运作；二是宫廷还是礼仪中心，包括宫廷内部以及中央和更边远地区的礼仪互动；三是宫廷还是意识形态中心。此外，宫廷还是经济上消费和分配的中心。从前近代宫廷的历史可以看到，宫廷与外围世界保持了弹性的、松散的、有效的联系。这些都是我们作为历史比较的好的角度。中国社会科学院历史所杨珍认为，清代紫禁城的灵魂是人，与明代比较而言，清代紫禁城具有自身的特色，首先是满族习俗在清宫中的遗存，其次是多元文化的特色。因此考察紫禁城，彰显其灵魂应满汉文并用，将中国宫廷史纳入世界宫廷史研究中，使其成为世界宫廷史的一个组成部分。

明清宫廷史研究逐渐成为学界一个热点，值得关注的是，近年来中国出现了一大批明清宫廷史研究方面的博硕士学位论文，这些研究生是正在成长的新生力量，也预示着明清宫廷史研究不断发展的前景。

第二节　明宫史研究

　　说到明宫史研究，不能不提到明太监刘若愚的《酌中志》。刘在书中详细地记述了由明万历朝至崇祯初年的宫廷事迹，包括皇帝、后妃及内侍的日常生活，宫中规制，内臣执掌以及饮食、服饰等等，都是自己在宫内多年的耳闻目睹。这些内容十分珍贵，在正史中是不可能看到如此详细记载的。明末吕毖选录《酌中志》卷十六至卷二十，改订为五集，改书名为《明宫史》。此外，《辨定嘉靖大礼议》（清毛奇龄撰）、《思陵典礼记》（明孙承泽撰）、《明内廷规制考》（佚名著，清中期以前成书）、《明制女官考》（清黄百家撰）、《天顺日录》（明李贤撰）、《明武宗外记》（清毛奇龄撰）、《三案始末》（清包世臣撰）、《烈皇小识》（明文秉撰）、《宫廷睹记》（明憨融上人撰）等，其中都有关于明代宫廷历史的大量资料。与明宫廷史研究有关的论著，主要集中在明代帝王及宦官研究等方面，如吴晗、商传、卜键等关于明朝诸帝的传记（大传、全传）等，另有美籍华人黄仁宇《万历十五年》（中华书局，1982年），丁易《明代特务政治》（群众出版社，1982年），温功义《明代的宦官和宫廷》（重庆出版社，1983年），王春瑜、杜婉言《明代宦官》（紫禁城出版社，1989年），高志忠《明代宦官文学与宫廷文艺》（商务印书馆，2012年），胡吉勋《"大礼议"与明廷人事变局》（社会科学文献出版社，2007年），李绍先、吴进《明宫疑案》（四川人民出版社，2010年），李若晴《玉堂遗音——明初翰苑绘画的修辞策略》（中国美术学院出版社，2012年），等等。美籍华人黄仁宇《万历十五年》是以万历皇帝朱翊钧及其重要大臣等人的个人经历，来反映16世纪中国社会的历史背景和宫廷内外的政治形态。该书的突出特点，是把皇帝作为"人"来刻画，通过万历皇帝个人的日常生活，处理朝政及与臣僚的关系，不仅说明了皇位是一种"应社会需要而产生的机构"，更从"每个皇帝又是一个个人"的角度进行了新的阐释。书中对宫廷内部的生活和权力斗争也有出色的分析和叙述。全书立意新颖，引证充分，对于明史特别是明代宫廷史研究有重要的参考价值。鲁大维《文化、廷臣与竞争：明代宫廷（1368—1644）》（普林斯顿大学出版社，2008 年）一书，为 2003 年普林斯顿大学明代宫廷史文化研讨会的论文集。该书从成员组成、军事活动、宦官机构、君臣互动、皇子教育、音乐部门、宗教信仰、帝王御容、蒙元遗产 9 项主题入手，在不同于海峡两岸学者的思考上，提出兼具原创性的观点，呈现了汉学界在明代宫廷研究上的方向和成果。[①] 辽宁教育出版社和吉林文史出版社于 20 世纪 90 年代后期，先后出版了明帝传记丛书，也是涉及明代宫廷史内容的学术著作。

以往的明代宫廷史研究已有许多成果，但仍有不足之处。其研究内容，多集中于皇权运作、皇帝制度包括内阁制度、太子地位等方面以及宦官和后妃的个案研究，成为一个时期学术界关注的热点；典章制度方面则以祭祀、政治活动中的典礼为主，其中又以朱元璋对典制的制定和嘉靖时期对典制的改变为热点；明宫生活中的皇室教育如经筵、日讲活动及其作用，婚姻、宗教、风俗、娱乐等等，许多学者的论著中有所涉及；丧葬和陵寝制度及实施情况，是明宫史研究中的又一个热点，在明宫史论著中占有较大的比重。明宫史中的书画、器物（如陶瓷等）、工艺和宫廷建筑研究，则多是故宫博物院等文博、艺术研究单位的成果。从整个明史的研究状况来看，宫廷史是其中薄弱的环节；整个明宫史的研究缺乏相对独立性，宫廷史内容大多夹杂在政治史、文化史、社会史和制度史中，没有从宫廷史本身的角度去研究和探讨；研究力量和研究单位之间缺乏必要的分工合作，造成文物与文献研究、

---

① 萧意茹：《评价鲁大维〈文化、廷臣与竞争：明代宫廷（1368—1644）〉》，《故宫学刊》2010 年总第 6 辑。

明宫史不同领域的研究等未能有机地结合起来。[①]

始建于明永乐时期的紫禁城,虽在清代有不少改建、重建、新建等,但仍保留了初建时的格局,仍有明代的一些建筑物以及明宫的不少文物。因此,研究明清宫廷史是故宫博物院的优势和责任。但长期以来,故宫博物院在清宫史研究方面成果比较突出,明宫史研究则相对薄弱。鉴于此,并从故宫学的视角和要求来看,深入开展明宫史研究,不仅对于中国历史的研究,而且对于故宫丰富内涵的发掘,对于博物院事业的发展,都有着重要的意义。因此,从 2005 年以来,故宫博物院采取多种措施,加强明代宫廷史的研究。这种加强体现在成立故宫博物院明清宫廷史研究中心,具体工作主要有两个方面:一是重视举办明宫史研讨会,二是组织撰写出版"明代宫廷史研究丛书"。

从 2010 年以来,故宫博物院已先后召开了 4 次明宫史学术研讨会:

第一次是 2010 年 9 月的"明代宫廷史学术研讨会"。此次研讨会邀请了海峡两岸的十几位学者,就明代宫廷史的若干问题展开研讨,涉及的内容较为广泛,有关于某些史籍内容的考证,宫廷风气的前后变化尤其是消费观念的变化,科举、党争与出版问题,宫廷玉器的制作与使用,内阁在明代政治集团和宫廷教育中的不同作用,宫廷建筑特别是明清建筑的传承问题,个别皇帝继位时的遗诏问题,明后期几位帝王的内操及其作用,永乐年间的宦官外交,宫廷丝织品的设计风格及其演变,帝王宝座的图案问题,明代的宫廷教育及司法、娱乐问题,等等。总之,与会学者提供了较为丰富的水平较高的论文,使研讨会取得了预期效果。[②]

第二次是 2010 年 11 月的"两岸故宫博物院第二届学术研讨会——永宣时代艺术及其影响"国际学术研讨会。在中国数千年延绵不断的文明史上,历时仅 33 年的明代永乐、洪熙、宣德三朝(1403—

---

① 郑欣淼:《略评"明宫史丛书"》,《故宫学刊》2010 年总第 6 辑。

② 许冰彬:《明代宫廷史学术研讨会纪要》,《故宫学刊》2012 年总第 8 辑。

1435），虽是短暂一瞬，却博得后人高度评价。这一时期，众多门类的艺术创作都取得了非凡成就。其中，装饰简洁明快的瓷器、刻工圆润娴熟的雕漆、造型雍容典雅的佛教造像，以及婉丽飘逸的台阁体书法、笔墨工谨的"院体"绘画等，尤为世人称道。这些艺术作品反映了当时宫廷及上层社会的审美意识，凝聚了艺术家和匠师们的聪明才智，并对后来中国工艺美术和书画艺术的发展产生深远影响。为此，故宫博物院结合自身藏品并通过向兄弟单位租借展品方式，于 2010 年 9 月下旬选取 162 件套明永乐、宣德时期文物，举办"明永乐宣德文物特展"。2010 年 11 月又召开了"两岸故宫博物院第二届学术研讨会——永宣时代艺术及其影响"国际学术研讨会，出席本次学术研讨会的 50 余名代表，分别来自中国大陆、港澳台地区以及美国、英国、日本等国家的博物馆、研究院（所）、高等院校等。研讨会 42 篇论文涉及明代永乐至宣德时期的政治、艺术、文化、外交、经济、民族、宗教等诸多领域的热点问题，研讨会分为 5 个专场：1. 明史专场讨论，围绕明代永乐、宣德时期的政治、文化、宫廷礼仪变化的原因及其特点等阐述了各自的最新观点。2. 永宣瓷器专场讨论，围绕国外博物馆收藏中国瓷器的情况，永宣御窑瓷器的时代特点及艺术成就，永宣御窑瓷器与伊斯兰文化之间的相互影响，永宣御窑厂遗址考古发掘成果，永宣时期具体文物名称的定名、功用、造型渊源及对后世影响，等等，宣讲了各自的最新研究成果。3. 明代工艺美术史、工艺类器物专场讨论，既有对永宣时期各门类器物如漆器、珐琅器、"宣铜"等的综合论述，也有对某些具体类别的器物的详细探究。4. 明代书画史和书画类文物专场讨论，所涉及的内容主要包括明代永宣时期台阁体书法产生的原因及其在书法史上的地位、宫廷文化娱乐生活的特点、宫廷绘画风格的转变、吴门画派的渊源等。5. 明代民族关系史、宗教史类专场讨论，围绕永乐年间出版的佛教经典编排之旨趣、人物活动、佛教造像的艺术成就及分期等问题，发表了自己的见解。本次学术研讨会尤为引人瞩目的是博物馆界和明史界的专家学者们聚在一起讨论问题，这对于相互取长补短、深入研究探讨中国历史上某一时期宫廷文化艺术问题，具有重要意义，因而深受两方面学界代表的欢迎。《永宣时代艺术及其影响——两岸故宫博物院第二届学术研讨会论文集》（上、下册）（故宫出版社，2012 年）汇集了这次会议的成果。

第三次是 2012 年 8 月的"明代宫廷生活史学术研讨会"。来自国内外的 60 多位专家学者出席了研讨会，内容涉及多个方面：明代宫廷生活研究的理论方法问题，宫廷文学与文人价值评判的问题，从故宫所藏文物探讨正统到天顺朝宫廷文化相对沉寂的标志及原因，皇室贵戚与明代尚奢之风的关系，《正统道藏》的编辑过程与武当山道士任自垣的关系，以现代技术对宫廷服饰颜色与技术的考察，外国朝贡与明宫生活，明英宗在蒙地羁押期间的衣、食、住、行等活动，豹与明代宫廷的关系，《酌中志》的明宫史研究价值与此书的作者及版本情况，明代王府与宫廷的关系，明武宗的生母问题，嘉靖朝"二龙不相见"的形成问题，宦官麦福与嘉靖政局的关系，自然灾害与世宗的修省，等等。①

第四次是 2014 年 11 月的"明代宫廷史研讨会"。本次研讨会由《故宫学刊》编辑部主办。故宫博物院院长单霁翔在会上指出，宫廷史研究是故宫博物院的学术特色和主线，通过对明宫史的研究，有助于对故宫 500 年的宫廷文化历史进行更为全面完整的认识。40 余篇论文分别从方法视角、综合研究、文献和文物个案研究等多个角度，对明代宫廷历史的发展与演进进行有益的探讨，内容涉及政治制度、财政经济、社会文化、图像器物、宫廷外交、园林建筑等方面，较为全面地对各类议题进行了阐述和分析。与会专家认为，故宫博物院不仅是一所兼具收藏、保护和展示文物功能的文博单位，同时也是一所拥有充实资源、广泛影响力的科研学术单位。故宫博物院不仅依靠自身深厚的学术实力，为明代宫廷史研究搭建了宽阔的学术交流平台，也日渐成为明代宫廷史研究的学术重镇。并且能够充分结合自身的文物资源，开拓性地将文博

---

① 许冰彬：《明代宫廷生活史学术研讨会纪要》，《故宫学刊》2013 年总第 10 辑。

器物研究与史学文献研究进行有机结合，使原本分散的专门研究予以整合包容，形成了多学科、多资源的交融汇合，极大开阔了明代宫廷史的研究领域和研究深度，也对相关领域的研究提供了借鉴和示范作用。[①]

"明代宫廷史研究"是 2005 年确定的重点科研项目，以丛书的形式，对明代宫廷史中的重大方面进行探讨。"明代宫廷史研究丛书"的结构是将明宫史中凡是可以相对独立出来的专题单列一种书，共计20 种，分别为《明代宫廷戏剧史》《明代宫廷典制史》《明代宫廷绘画史》《明代宫廷生活史》《明代宫廷宗教史》《明代宫廷政治史》《明代宫廷外交史》《明代宫廷工艺史》《明代宫廷财政史》《明代宫廷园林史》《明代宫廷织绣史》《明代宫廷建筑史》《明代宫廷女性史》《明代宫廷宦官史》《明代宫廷图书史》《明代宫廷陶瓷史》《明代宫廷家具史》《明代宫廷文学史》《明代宫廷教育史》《明代宫廷司法史》等。这套丛书的作者队伍是故宫内外、海峡两岸学者的多方合作，40 多位作者中，故宫博物院内约有十几位，院外三十几位，其中几位是中国台湾学者。这套丛书的研究方法有一个显著特点，即注重文物与文献相结合、学术探索与实地考察相结合、局部研究与系统研究相结合，既发扬了故宫博物院以"物"研究见长的特色，又扩展了研究的深度与广度。

2009 年 9 月，紫禁城出版社出版了第一批"明代宫廷史研究丛书"4种，即《明代宫廷戏剧史》、《明代宫廷建筑史》、《明代宫廷典制史》（上、下册）、《明代宫廷陶瓷史》。

《明代宫廷戏剧史》，李真瑜著，40 万字。全书分上、下两编。上编述其初兴、发展和演变的 3 个时期，下编是对明代优伶与政治、演出场所及舞台艺术的专论以及宫廷戏剧与民间戏剧的异同与互动、明清两代宫廷戏剧的比较研究。明代宫廷戏剧的文化属性与功能体现在礼仪与娱乐两方面。但作者并没有把宫廷戏剧看作宫廷礼乐活动的附属品，也没有单纯地将其视为皇帝、妃子们的娱乐工具，而是以戏

[①] 许冰彬：《明代宫廷史研讨会纪要》，《故宫学刊》2015 年总第 14 辑。

剧为本位，将其放到明代整个戏剧文化的发展中进行考察和研究，使明代宫廷戏剧的历史过程与面貌清晰地呈现在读者面前。

《明代宫廷建筑史》，孟凡人著，55 万字。考察了明代与宫廷有关的建筑，包括中都、南京和北京的皇城与宫城的营建、形制与配置等问题。在重点研究了北京紫禁城的情况外，还对天、地坛等诸坛，明初三陵与十三陵等陵墓的构建、形制布局及其主要特点和艺术特色也进行了考察和研究。作者将史学、建筑学和美学结合在一起，用多种方法多角度来研究明代的宫廷建筑。

《明代宫廷典制史》（上、下册），82 万字。是集赵中男、高寿仙、王熹等十几位专家学者之力而成的一部力作。全书以传统的五礼——吉礼、凶礼、嘉礼、宾礼、军礼为参考，列登基、册立、祭祀、朝仪贺仪、婚礼、冠礼、修书仪制、教育仪制、巡守监国与军礼、丧葬陵寝、宴享、乐舞、仪卫、宫室、宝玺、符牌、服饰 17 个部分，开篇又述典制史之来龙去脉、发展概况和研究综述等，基本上囊括了明代宫廷典制史的大部分内容，比较系统、全面。[①]

《明代宫廷陶瓷史》，王光尧著，34.3 万字。本书综合考古发掘品、传世文物和文献资料，研究方法采考古学、文献考据学和文物学各家之长，以考古出土资料为基准，辅以文献，通过对明代宫廷用瓷器的内容、来源、生产与管理体制、瓷器在国家政治经济与外交中的地位等，探讨了瓷器与明代宫廷、政治、经济等的关系。尤其是通过对方志所载税收数量的对比，考察了景德镇窑场、磁州窑场和漳州窑场的生产规模；通过对明代输出瓷器的研究，探讨大航海时代瓷器输出对世界文明造成的影响，外向型瓷业经济对中国瓷器生产格局产生的影响；明代晚期景德镇御窑厂管理体制和清人对御窑生产改革成功的对比研究等，在研究方法和在学术论证与结论上，都颇有新意。

"明代宫廷史研究丛书"的撰写正在抓紧进行，第 2 批 7 种 2016

---

① 李成燕：《"明代宫廷史丛书"首四种出版》，《中国史研究动态》2011 年第 3 期。

年将陆续出版，包括《明代宫廷教育史》（上、下册）、《明代宫廷园林史》、《明代宫廷政治史》（上、下册）、《明代宫廷绘画史》、《明代宫廷女性史》、《明代宫廷家具史》和《明代宫廷织绣史》。但是明宫史研究目前仍处于起步阶段，研究水平有限，这套丛书也存在不足，如缺乏南京相关典制，未能充分吸收国外有关成果，宫廷史内容之间的关系研究不够等。

有学者以明宫史研究历程为例，肯定了故宫博物院在明清宫廷史研究中所做的努力。认为 20 世纪 50 年代以前，宫廷史尚未被纳入明史研究视野，唯孟森《明元清系通纪》（北京大学出版社，1934 年）研究从洪武四年（1371）到嘉靖三年（1524）明代女真的历史，涉及明代宫廷的内容；50 年代以后，一些通论性的明朝历史著作中涉及了明代宫廷的内容，但由于当时史学界有其主要研究对象，围绕明代宫廷的专门研究尚未成为主流，也未显出成体系的趋势；改革开放之后，以明代宫廷为核心的诸多历史问题，仍未成为研究的热点，在传统政治史研究视野下，一些通史和断代史专著虽然涉及了明代宫廷的部分内容，但尚未形成本诸学术自觉和基于问题意识的明代宫廷史研究潮流；1988 年出版的《剑桥中国明代史》（中译本，中国社会科学出版社，1992 年）所反映西方汉学界的明史研究状态也是如此。自 20 世纪 70 年代末《故宫博物院院刊》复刊，80 年代《紫禁城》出版发行，明清宫廷史研究有了集中的发表园地，相关研究成果逐渐出现，这两个刊物的重要性也日益明晰。直至 20 世纪 80 年代，明代宫廷史作为新兴的学术课题，虽前辈学者有所涉及，但尚未将之作为特定的研究对象集中地投入精力进行研究，其学科轮廓和规范也还处在尚待成熟的阶段。直至 2009 年故宫博物院成立"明清宫廷史研究中心"，宫廷史作为研究对象的价值才有了科学的表述，研究方法和手段也才有学者进行系统的整理和总结。①

---

① 解扬：《明代宫廷史研究回顾》，《中国史研究动态》2014 年第 4 期。

第三节　清宫史研究

在清宫史的文献资料中,《国朝宫史》与《国朝宫史续编》具有重要价值。乾隆皇帝吸取明代宫廷管理的弊端,命令制定《宫中现行则例》和编纂《国朝宫史》,加强对宫廷内部事务的管理,使各项典章制度更为完备。《钦定宫中现行则例》,包括乾隆及以前几代皇帝的有关内廷事务的"训谕"。《国朝宫史》是反映清宫廷制度和皇家家法的著作,收进了《宫中现行则例》的绝大部分内容,又增加了宫殿、书籍两大项,共分为训谕、典礼、宫殿、经费、官制、书籍等6门,每门下又分若干类,共36卷。这部书把康、雍、乾三朝有关宫廷史料汇集在一起,是清代中叶以前的宫廷史。后来嘉庆皇帝命令编纂《国朝宫史续编》,将乾隆二十七年(1762)以后的宫廷史料,仍按《宫史》的六大门,子目略有增加,书成凡100卷,篇幅增加了近一倍,堪称乾嘉时期清宫史料集大成之书。另有《日下旧闻考》、《万寿盛典》、《南巡盛典》、《八旗通志》以及《清代野史》(为一部汇集多人之作的清代史料专集)、《清帝外纪》(金梁撰)、《德宗遗事》(王照口述,王树枬笔录)、《我的前半生》(溥仪著)、《晚清帝王生活见闻》(溥杰等著)、《晚清宫廷生活见闻》(全国政协文史资料研究委员会编)、《紫禁城的黄昏》([英]庄士敦著)等都是有关清宫史研究的重要资料。

对于清宫史研究,20世纪30年代前后就有人进行,如孟森《清初三大疑案考实》、陈垣《语录与顺治宫廷生活》、郑天挺《清代皇室之氏族与血统》等,都是有关的研究成果。清宫史是清史的一个部分,不少清史论著都涉及清宫史的内容。近数十年来,清史研究十分活跃,清宫史研究的成果也很丰富。故宫(紫禁城)出版社出版了一大批有关清宫史的资料选辑和研究成果(如"清宫史丛书""晚清宫廷见闻录丛书"等),辽宁民族出版社出版的"满族(清代)历史文化研究文库"、辽宁人民出版社的"清史研究丛书"都有宫廷史的专著。戴逸、阎崇年、冯尔康等撰写的清朝诸帝的传记（评传、全传）以及庄吉发《清高宗十全武功研究》（台北故宫博物院，1982年）、杨启樵《雍正帝及其密折制度研究》（广东人民出版社，1983年）、美籍华人吴秀良《康熙朝储位斗争纪实》（中国社会科学出版社，1988年）、吴正格编著《满汉食俗与清宫御膳》（辽宁科技出版社，1988年）、宝成关《奕䜣慈禧政争记》（吉林文史出版社，1990年）、杜家骥《清朝满蒙联姻研究》（人民出版社，2003年）、美籍华人史景迁《中国皇帝康熙自画像》（上海远东出版社，2005年）等都是涉及清宫史的论著。

故宫博物院万依、王树卿、刘潞所著《清代宫廷史》（辽宁人民出版社，1990年），应是清宫史研究的第一部专著。本书的体例，系以清代宫廷通史为纲，有关典章制度等专题内容，分别在各章节中插叙。本书的一大特点，是不空发议论，较多地注意阐述史实，并引用了一些史料的原文，可以澄清一些有关清代宫史的无稽之谈。近年来美国匹兹堡大学教授罗友枝的《清代宫廷社会史》（中国人民大学出版社，2009年）引起学界的关注。清廷统治中国268年，成功原因究竟何在？该书试图从满洲统治者的视角出发，探讨清朝历史中的民族问题和历史问题，为人们提供了富有启发意义的诠释。近年来还有一些清宫专题史问世，如林永匡《清代宫廷文化通史》（上海文艺出版社，2014年）等。

最近20多年来，清代宫廷史研究会坚持开展学术研究活动，取得了重大成果，成为清宫史研究界的一支重要力量。清代宫廷史研究会是研究清代宫廷历史的学术性组织，创办于1989年。它的基本任务是联系和组织清代宫廷史研究者，遵照百家争鸣的原则，发扬学术民主，以科学的态度，结合实际，开展清代宫廷的政治、经济、文化、人物、事件等方面的学术研究，并加强国内外有关的学术交流。创始会员单位有6家——故宫博物院、中国第一历史档案馆、沈阳故宫博物院、承德市文物局、清东陵文物管理处、清西陵文物管理处，后来又增加了恭王府、颐和园、天坛、圆明园、北海公园、内蒙古呼和浩特恪靖公主府博物馆等皇家遗址文物单位。清代宫廷史研究会成立以来，基本坚持每两年举办一次研讨会，学术活动规范，至2013年共举办11届研讨会，已出版论文集10部，为《清代宫史探微》（紫禁城出版社，1991年）、《清代宫史求实》（紫禁城出版社，1992年）、《清代皇宫陵寝》（紫禁城出版社，1995年）、《清代宫史丛谈》（紫禁城出版社，1996年）、《清代宫史论丛》（紫禁城出版社，2001年）、《清代皇宫礼俗》（辽宁民族出版社，2003年）、《清代宫史探析》（紫禁城出版社，2007年）、《清代档案与清宫文化》（紫禁城出版社，2010年）、《多维视野下的清宫史研究》（现代出版社，2013年）、《清宫史研究第十一辑》（文化艺术出版社，2014年）。11届研讨会，参加会并提交论文的专家学者总计有300多人次，提交论文累计达600多篇，可谓成果丰硕。论文内容涉及皇家生活各个方面：人物方面，关涉皇帝、后妃、皇子、皇女、太监、宫女、臣工、洋人等；事件方面，关涉宫廷政变、清宫疑案、皇室活动等；器物方面，关涉御用品的制作、进贡、购买等；建筑方面，关涉宫殿、陵寝、园林、王府等；典制方面，关涉帝后的餐饮、穿戴、出行、大婚、大丧、医疗、祭祀等；宗教方面，关涉萨满教、佛教、道教、伊斯兰教、天主教等对宫廷生活影响等；文化方面，关涉宫廷的读书、教育、书法、绘画、印章、休闲、习俗等。

　　清代宫廷史研究会历经20余载，有两个鲜明特点：一是形成了比较稳定的研究队伍。各会员单位都有一批专家学者在清宫史研究中长期潜心于某些课题，已经成为某一领域的专家，在各自单位担当起学术带头人的作用，在学术界也颇具影响，成为清代宫廷史研究会的专家群体。而且，一批又一批的学术新人相继迈入清宫史研究的行列，给清宫史研究带来缕缕新风和发展后劲。二是形成了学术研究与业务工作密切结合的治学风气。清代宫廷史研究会的一个显著特点是，把学术研究与业务工作紧密结合起来。各会员单位专家学者都是结合自身所从事的宫殿、器物、园林、陵寝、档案等工作实践，把工作经验理论化、学术化，其研究成果反过来又促进业务工作，促进单位的业务建设，提升文化品位和学术含量。应该说，清宫史的科研论文和学术专著，都是业务探研的结晶，都是专家学者们业务实践的学术升华。研究成果既出自业务工作，又推动业务工作，这正是清代宫廷史研究会的活力所在，现实价值所在。[①] 清代宫廷史研究会举办的 11 次学术研讨会中，故宫博物院承办了 4 次。

　　清宫遗存丰富，文献资料众多，近年来的清宫史研究，除过人们普遍关注的课题外，也出现了一些利用新材料、新方法，不断拓宽研究领域的新成果。北京故宫博物院与德国马普学会下属的马普科学史研究所合作的"中国古代宫廷与地方交流史"科研课题，就是一个以跨学科、跨机构、跨国界方式而开展的具有学术前沿性的课题。它着眼于从当时各种艺术和工艺生产过程中的技术知识的循环，来探究大清帝国的权力和技术的基础构架。通过陶瓷、丝织品、玉器、珐琅、铜佛像制作及内檐装修等 6 个方面的个案与实例，力图从不同侧面展示清代在物质生产领域所采取的各种对技术知识进行有效传播的方法和手段。上述 6 个制造领域具有重要的政治、社会、礼仪和经济方面的作用。对这些领域的研究旨在揭示源于地方的知识在怎样的状况下进入宫廷并得以普。换言之，即皇家认知在地方性的实用知识领域中对建立统一的有效运作标准所起的作用。[②]《宫廷与地方：十七至十八世纪的技术交流》（紫禁城出版社，2010 年）就是此次合作研究的成果。可见，本课题已不再是传统意义上的技术史研究，也不是一般的宫廷史研究，而是将技术作为一种文化社会现象，将其纳入到宫廷史以及社会史、经济史、文化史、宗教史、民族史等多学科交叉中进行观察与研究，即技术文化史的研究，体现了新的视野与新的方法。

---

　　① 李国荣：《回顾与思考：清宫史研究二十年》，《历史档案》2012 年第 4 期。

　　② 薛凤：《追求技艺：清代技术知识之传播网络》，载《宫廷与地方：十七至十八世纪的技术交流》，紫禁城出版社，2010 年，第 11—12 页。

从博物馆工作需要和自身得天独厚的资源出发，故宫博物院一直重视清宫史研究。20 世纪 30 年代，故宫博物院文献馆章乃炜、王霭人合编的《清宫述闻》及章独编的《清宫述闻续编》（正续编合编本，紫禁城出版社，1990 年），依据大量的历史档案和有关宫廷典籍，爬罗剔抉，专述禁垣内宫殿旧制遗事，凡 80 余万字，是继《日下旧闻考》后的又一巨著。40 年代后期，故宫博物院文献馆吴相湘根据清宫档案，编著了《晚清宫廷实记》（台北正中书局，1952 年），以后又出版了《清宫秘谭》（台北远东图书公司，1960 年）、《晚清宫廷与人物》（台北传记文学出版社，1967 年）等。

清史、清宫史研究是北京故宫博物院与台北故宫博物院学术研究的重点。这种研究一般是着眼于文物或宫殿建筑，结合文献资料，由物及人及事，进行深入的探讨。陈列展览是发挥博物馆基本功能的经常的工作。两个故宫博物院以清宫旧藏为主的特点决定了其展览内容的共同点，即多是反映清代历史、清宫历史。例如，康、雍、乾三朝帝王曾创造了一个辉煌的时代，有关三位帝王的文物也特别多，北京故宫博物院与台北故宫博物院都曾不止一次分别举办过康熙皇帝、乾隆皇帝的文物大展，并合作举办了"雍正——清世宗文物大展"，这些展览都以宫廷历史文化为中心，同时召开了相应的学术研讨会，取得了重要的成果。

半个世纪以来，故宫博物院出现了朱家溍、万依等清宫史研究名家。朱家溍学识渊博，涉及学科既广且深，依据明清档案和历史文献等，逐步恢复太和殿、养心殿等部分重要宫殿内部陈设原状，先后主编了《两朝御览图书》（紫禁城出版社，1992 年）、《明清帝后宝玺》（紫禁城出版社，1996 年）等图书。《故宫退食录》（北京出版社，2000 年）中收录了他有关清宫史研究的 15 篇文章，另外《对〈我的前半生〉部分史实的订正》《德龄、容龄所著书中的史实错误》《为电影〈火烧圆明园〉〈垂帘听政〉答客问》《为电影〈谭嗣同〉答客问》等，都显示了他的宫廷史造诣。万依主编的《故宫辞典》（文汇出版社，

1997 年）、《故宫志》（北京出版社，2005 年），与人合作撰文并译谱的《清代宫廷音乐》（中华书局香港分局、紫禁城出版社，1985 年）、与人合编的《清代宫廷生活》大型画册（香港商务印书馆，1985 年）、与人合著的《清代宫廷史》（辽宁人民出版社，1990 年）等都产生过一定的影响，他的《宫廷史研究初探》（《故宫博物院院刊》1988 年第 3 期）、《宫廷史研究丛谈》（《故宫博物院院刊》1991 年第 3 期）是较早深入探索宫廷史研究的文章。故宫博物院宫廷部还有一批研究人员，在清宫史的不同领域中认真地耕耘着。

　　故宫建筑与宫廷文物、遗迹的存在，使故宫博物院首先是一个宫廷遗址和宫廷历史博物馆。作为遗址性博物馆，室内陈设是再现历史的最适当载体，也是文物得以恢复原生状态的契机。因此故宫博物院十分重视宫廷史迹原状陈列。所谓宫廷史迹原状陈列，就是将宫廷历史文物，乃至艺术珍品、图书典籍与宫廷史迹有机结合，力图反映某一史迹（殿堂）的历史原貌，或某一史迹在历史上某一特定时期状貌的一种长期陈列，能让人看到一个真实的帝王之家，起到感触启迪的作用。但历经沧桑的故宫，大多数宫殿的室内原状变化很大。为了恢复原状、再现历史，研究人员就需要查阅大量文献资料，整理、鉴别有关文物藏品，早年甚至还曾向一些当时还健在的原清宫的太监、宫女进行询问、调查，在此基础上，再进行细致、繁难的综合研究，才能确定陈设方案，最终布置完成。这是故宫精心推出的一种重点展览，形成于 20 世纪五六十年代，并随着研究的不断深入，愈加深化、成熟，陈列的区域也日益扩大。目前宫廷史迹原状陈列主要有：太和、中和、保和三大殿；乾清、交泰、坤宁后三宫；西路养心殿、太极殿、长春宫、翊坤宫、储秀宫、军机处，御花园内的钦安殿，宁寿宫区的皇极殿、乐寿堂、畅音阁、乾隆花园；外西路的寿康宫等。这些原状的恢复过程，就是清宫史的深入研究过程。对故宫室内陈设研究的开拓者是朱家溍先生，《明清室内陈设》（紫禁城出版社，2004 年）是他的有关研究成果。

　　以坤宁宫为例。坤宁宫是明代皇后的寝宫，清代改为皇帝大婚的洞房与萨满教祭祀处。1959 年，坤宁宫布置了原状陈列。这次布置的经过，是先研究资料，如 1925 年 3 月 15 日清室善后委员会刊行的《故宫物品点查报告》、内务府广储司所存的坤宁宫陈设档、乾隆年间纂修的《满洲祭天祭神礼》以及《大清会典事例》、《内务府办事则例》等清代官书和清室善后委员会时期拍摄的一部分现场照片，并特请北京市文史馆的衡亮先生到院参加讨论（衡先生曾当过清宫御前侍卫和都统等职，当年他每隔几天就在月华门值宿，在坤宁宫吃过肉）。结合这些资料，对坤宁宫以往的收藏物品进行了充分研究之后，才进行布置。材料记载一致，物品也都存在，比较好办，有时材料之间也不尽一致，就需要做反复的研究。①

　　此外，沈阳故宫、承德避暑山庄、颐和园等，都重视举办宫殿原状陈列展览，展示宫廷生活的一些特殊场景。

　　在清代帝后与其周围的各类宫廷人员活动的紫禁城及其相关的空间内，宫廷典章制度规范着其中的一切活动，是今人理解皇家活动的一把钥匙。清代宫廷典章制度在历代积淀的基础上，发展得更为完善、全面，对其研究的意义也更为重要。同时，对于在皇家遗址基础上建立的博物馆来说，宫廷典章制度的研究成果也具有实际的指导意义。2011 年，《清代宫廷典章制度研究》被故宫博物院正式立为院级科研

---

　　① 例如坤宁宫东暖阁的陈列："关于北墙的东一个炕，《故宫点查报告》和七册陈设档上的记载都不同，前者说是双座，后者说是'紫垣内正宝座'，但是我们认为原状陈列应当按照长时期陈设档上设正座的形式，所以虽然《故宫点查报告》上记载得很确切，还有溥仪占据宫内时拍摄的照片为证，可是为了符合比较长久的陈设情况，就仍设正座，并且在北墙上恢复了坤宁宫铭的挂屏和几部书以及陈设（根据历年陈设档，这里有《盛京舆图》《经史讲义》《敬胜斋法帖》等书帖和陈设。这显然是为皇帝准备的）。又有一部分物品是陈设档上所未载，而点查报告上所记载的物品和它的部位，都合乎历史情况的，例如炕沿鼻柱的大铜钉上挂着一份弓箭撒袋，虽则不是为了实用，但和坤宁宫的很多从生活实用品变成的象征性陈设品是协调统一的，因而还是摆上去。"朱家溍：《坤宁宫原状陈列的布置》，《故宫退食录》上册，紫禁城出版社，2009 年，第 310 页。

课题。该课题由任万平、朱诚如负责，参加者来自故宫博物院、国家清史编纂委员会、中国第一历史档案馆、清东陵管理处、中国社会科学院近代史研究所等单位。本课题将分期展开对有清一代所有宫廷典章制度的研究，第一期研究包括仪典制度、皇嗣制度、舆服制度、文书制度、宫苑制度、禁卫制度、陵寝制度、巡狩制度 8 个方面，研究成果以相关的 8 卷系列丛书反映出来。接着的第二期拟开展后宫制度、皇子公主制度、太监制度、筵宴制度、升平署与演戏制度、书籍编刻制度、皇家经济管理制度、皇家管理机构制度等的研究。本课题研究将把清代典章制度从政治史、通史研究中分离出来，切割出有清一代的时限，分类深入地阐述；采用文献、档案、实物、图像交互印证的研究方法，以及必要的数据库统计分析方法，使立论更加可靠。该课题研究正在抓紧进行。

第十四章

故宫博物院研究

第一节　民国时期故宫博物院研究

　　故宫博物院从 1925 年 10 月 10 日成立，到 1948 年底至 1949 年初部分南迁文物迁台，接着中华人民共和国成立，结束了其在民国时期的历史，迈入一个新的时代。民国时期的故宫博物院虽然只有 24 年，但在故宫博物院的发展史上具有重要意义。

　　长达 24 年的民国时期故宫博物院院史，现有可资研究的大量丰富的档案与文献资料。

　　档案方面，故宫博物院藏有从 1924 年 12 月开始点查清宫物品直到 1949 年的档案 1724 卷，古物陈列所档案 962 卷，包括人事、财务、来往公文、工作报告、文物保管、陈列展览、古建维修等方面。中国第二历史档案馆藏有与故宫博物院相关的档案资料 240 余卷，大部分内容为故宫博物院的组织条例、理事会的改组情形及工作报告，三四十年代的故宫理事会会议记录；其中有关故宫文物南迁及赴海外展览的相关档案 20 余宗，分散于行政院、财政部、教育部、内政部、交通部、公路总局、关务署等机构。台北故宫博物院藏有南迁时期的档案 200 余件。

　　《故宫周刊》为故宫博物院早期读者最多、最具影响力且发行时间最长的一份刊物，也是今天研究故宫博物院的重要文献。该刊既有文物藏品的刊布、古建筑的介绍，又有本院先后设施及工作的报告，每期4开4版，道林纸印刷，图文并茂，且自181期起，更增为每周2期，1936年4月25日停刊，共出版510期。

故宫博物院前辈学人都曾以自己的亲身经历，对院史做过回顾，既是珍贵的文献，也是重要的研究成果，集中展示了早期院史研究的成果。吴瀛的《故宫博物院前后五年经过记》(故宫博物院1932年印刷)，详细记述了故宫博物院成立前后的曲折反复，大量引录文告、函电、时评等，反映了故宫博物院成立的艰难曲折及其巨大意义，也具有重要的史料价值。李宗侗《玄武笔记》(载《故宫周刊》101至103期，1930年9月)、庄严《山堂清话》(台北故宫博物院，1966年)、那志良《故宫四十年》(台湾商务印书馆，1966年)、单士元《我在故宫七十年》(北京师范大学出版社，1997年)、傅振伦《蒲梢沧桑——九十忆往》(华东师范大学出版社，1997年)以及王世襄《锦灰不成堆》(生活·读书·新知三联书店，2007年)中对抗战胜利后从天津接收故宫文物的回忆等，都是很重要的著作。

保存至今的马衡手写日记，是研究故宫博物院1949年前后历史及马衡院长本人的极为珍贵的第一手材料。日记自1948年12月13日起到1955年3月24日即马衡去世前两天止，中间没有间断，分装8册。长期由故宫作为文献资料保存，不曾发表过。6年零3个月的日记大体可分3个阶段：1. 1948年12月到1949年6月。在此间经历了解放军围城到北平解放、军管会接收故宫、故宫关闭之后又重新开放、阻止故宫文物运往台湾等事件。2. 1949年下半年至1952年1月。这时故宫文物的分类归集，内、外的各种陈列展览，古建筑的修缮都在恢复与展开，"伯远帖""中秋帖"等一批国宝回归。在这两个时期中，马衡一直处于院长的地位。3. 1952年1月至日记终结。随着"三反"运动深入开展，故宫的留用人员全部集中到院外隔离审查，马衡也在其中。5个月后，当他返院不久即不再担任院长，而保留了北京市文物整理委员会主任职务，离开故宫，管理北京古建修缮工作。2005年，北京故宫博物院将马衡前两个阶段的日记（约 13 万字），并附上抗战期间诗作 119 首（原诗稿有沈尹默跋），以《马衡日记附诗钞——一九四九年前后的故宫》为名出版。

对于民国时期故宫博物院史进行系统梳理编撰的，则是两岸故宫博物院，主要有《故宫沧桑》（刘北汜著，南粤出版社、紫禁城出版社，1985 年）、《故宫博物院历程（1925—1995）》（王树卿、邓文林著，紫禁城出版社，1995 年）、《故宫博物院八十年》（故宫博物院编，紫禁城出版社，2005 年）、《故宫七十星霜》（台北故宫博物院编，台湾商务印书馆，1995 年）、《故宫跨世纪大事录要》（宋兆霖总编辑，台北故宫博物院，2000 年）等，这些著作，都是把民国故宫史与后来两院的历史联系起来论述。

关于民国时期故宫博物院研究与关注的重点、热点，大致有 4 个方面：

一是对于故宫博物院成立意义的探讨。

20 世纪 90 年代以来，中西方学者逐渐关注文物、展览、博物馆的文化表征意义及其与社会变迁和人文环境之间的关联性，中国内地的学者也在这一研究视角下对故宫博物院开院的文化表征意义进行了诠释。吴十洲的《紫禁城的黎明》（文物出版社，1998 年），以大量档案、资料论述了故宫博物院成立前后的历史，尤其是对清宫皇家收藏的特点、故宫博物院成立与古物陈列所及北京大学研究所国学门的关系、故宫与卢浮宫、艾尔米塔什博物馆开放之比较研究，视野比较开阔，给人以新的启发。笔者的《故宫博物院与辛亥革命》（《故宫博物院院刊》2011 年第 5 期）以辛亥革命为历史背景探讨了故宫博物院建院的政治意义和文化价值，认为故宫博物院的问世完成了辛亥革命的未竟之业，促使象征皇权的紫禁城向民众开放，这对于强化民主共和观念、促进民族文化认同、贯彻博物馆公共精神具有标志性意义。徐婉玲的《记忆与认同：故宫博物院 1925—1949》（中国艺术研究院博士论文，2011 年）以皇室文物开放之议、故宫博物院开院、故宫存废之争、故宫文物南迁、故宫文物赴英展览等典型历史事件入手，深入探讨背后的社会因素，阐述故宫、故宫文物及故宫博物院与政治、文化、民族和国家认同之间的联系。徐贲《全球化、博物馆和民族国家》（《文艺研究》2005 年第 5 期）指出博物馆在规范知识和构筑具有民族国家群体意义的集体身份的作用，认为故宫博物院的成立不仅是民族身份的构建，同时也是政治合法性的宣示。郭长虹《故宫图像：从紫禁城到公共遗产》（《国际博物馆》2008 年第 1 至 2 期）则指出政治革命导致故宫博物院的成立，这一政治语境中的文化立场抉择，使得故宫博物院一开始就带有符号性色彩。赵冠群的《故宫博物院中的皇家文化与博物馆文化》（中国艺术研究院博士论文，2014 年）认为皇宫紫禁城在转变成为博物馆的同时，也经历了一次文化上的转变，即从皇家文化向博物馆文化的转变。这种文化转变是在中国传统文化向现代文化转型的大背景下发生的。

二是关于故宫文物南迁的研究。

与中华民族命运联结在一起的故宫博物院文物南迁，其中的曲折、艰辛乃至种种秘辛，一直吸引着世人的关注及好奇，也是院史研究的热点。故宫博物院进一步搜集整理南迁史料，正在编印《故宫文物南迁史料长编》，内容选自两岸故宫博物院与中国第二历史档案馆所藏有关档案以及当时报刊重要评论等。作为南迁文物的管理人员，庄严的《山堂清话》、那志良的《典守故宫国宝七十年》、索予明《漆园外摭——故宫文物杂谈》（台北故宫博物院印行，2000 年）对于文物南迁的曲折、故宫人的认真负责，都有生动的记述。李济的《受管理中英庚款董事会委托调查抗战时期故宫古物搬运存放情形报告书》（1938 年 11 月 10 日）是一篇重要的文献。马衡《抗战期间故宫文物之保管》的演讲（1947 年 9 月 3 日），对抗战时期的文物南迁、西迁的经过及保管之艰难，做了全面而简要的阐述。杭立武的《中华文物播迁记》（台湾商务印书馆，1980 年）与欧阳道达的《故宫文物避寇记》（紫禁城出版社，2010 年），则是两部记述故宫文物南迁的重要作品。杭立武通过大量公文、信函等，重点记叙了"七七"事变后文物向西迁徙的决策及实施，于 3 批文物的运台，所述尤详。欧阳道达参与了文物南迁的全过程，既有大事件的粗线条勾勒，又提供了许多鲜为人知的细节，是相当重要的南迁史料。此稿于 1950 年 8 月完成，长期尘封于故宫博物院档案室，2010 年始对外刊布。

笔者的《故宫文物南迁及其意义》（《华中师范大学学报》2010年第 5 期）一文，将故宫文物南迁置于世界反法西斯战争、中国抗日战争、中国文化教育西迁及中国博物馆事业发展的广阔背景下，深入探讨其所具有的独特的历史与现实意义。2010 年 6 月，两岸故宫博物院联合开展了长达半个月的"温故知新：两岸故宫重走文物南迁路"考察活动，先后考察了 4 省 8 市，探寻了 37 个重要的故宫文物存放地点，寻找了当年部分运输路线，串联起一条忆旧思今的携手重走之路。这次活动，搜集到一批与南迁有关的历史档案与珍贵资料，两岸参加人员撰写考察报告或其他文章 40 多篇，2010 年 9 月，故宫博物院举办"故宫文物南迁史料展"，展出南迁文物 13 件，文物档案 132 件套，复制南迁史料照片 101 张。四川乐山安谷的一寺六祠，当年存放南迁文物 9331 箱，几占南迁文物总数一半，安谷民众对保护故宫文物做出了巨大贡献。抗战胜利后，故宫博物院呈请国民政府题颁"功侔鲁壁"匾额 7 份分赠安谷储存文物各寺庙祠堂，以表彰安谷民众。值得重视的是，近年来，安谷镇由民间人士投资筹划，搜集了不少与当年文物存贮有关的实物、资料，办起了"故宫文物南迁乐山史料陈列馆"，建了纪念碑，并出版《故宫文物南迁史学刊》（至 2012 年已出到第 5期），还编印了《功侔鲁壁——故宫文物南迁乐山史料图片集》，召开过"弘扬战时故宫精神研讨会"等。这说明故宫文物南迁已成为集体的记忆、民族的记忆。

近年来一批有关故宫文物南迁的专题史料陆续公布，对于文物南迁研究是一个有力的推动。例如《有关北平故宫博物院参加苏联艺术展览会经过情形史料一组》（《民国档案》2007 年第 4 期）和《北平故宫博物院参加伦敦中国艺术国际展览会史料选辑》（《民国档案》2010年第4期），刊录了南京中国第二历史档案馆所藏的有关1939年苏联中国艺术展览会和1935年至1936年伦敦中国艺术国际展览会的公文、函电及报告。《故宫博物院古物南迁各方来往函电一组》（《民国档案》2014年第8期），系1933年1月至3月间国民政府行政院、财政部、铁道部等与故宫博物院之间关于古物南迁运输及保护情形的来往函电。

三是古物陈列所研究。

古物陈列所的档案现由故宫博物院保存。古物陈列所刊印了许多出版物，有《内务部古物陈列所书画目录十八卷》（何煜、汤涤等编，京华印书局，1925年）、《参加伦敦中国艺术国际展览会展览品清册——内务部北平古物陈列所提取存沪文物》（古物陈列所编，故宫博物院铅印本，1935年）、《古物陈列所二十周年纪念专刊目录》以及大量的绘画图片、图册。对古物陈列所的地位作用，长期以来未引起足够重视，近些年来已引起关注。《中国博物馆学基础》（修订本）（王宏钧主编，上海古籍出版社，2001年）指出，"古物陈列所代表了我国20世纪20年代博物馆的水平，也受到观众欢迎"。段勇《古物陈列所的兴衰及其历史地位述评》（《故宫博物院院刊》2004年第5期）是一篇力作，对1905年至1948年间关于创设皇宫博物馆的构想、古物保存、古物陈列等方面的史料做了详细的梳理和分析，认为古物陈列所是紫禁城向博物馆转变的第一篇章，开创了中国近代博物馆发展史的新纪元，在中国近代政治、社会、文化史上也具有较深远的影响。台北故宫宋兆霖撰写的《中国宫廷博物院之权舆——古物陈列所》（台北故宫博物院，2010年）综合多方资料，对古物陈列所成立前的社会氛围以及始建、发展、式微等不同阶段，做了全面回顾。

20世纪三四十年代古物陈列所曾在故宫宝蕴楼附近屋宇内专辟国画研究室，聘请黄宾虹、张大千、于非闇等为导师，招收全国青年画家，入所临摹历代绘画。开办10年之久，招收5期研究员266人，培养了陆鸿年、田世光、俞致贞、郭味蕖、晏少翔、石谷风等画家和美术研究者，发挥了博物馆在辅助美术教育、艺术研究及人才培养方面的社会功能。这批档案及部分导师演讲记录基本完好地保存在故宫博物院院办档案室，大量临摹作品亦完好保存于院书画部的文物库房之中。对古物陈列所国画研究室史料的挖掘与意义的探讨，已有多篇论文问世，如杭春晓《绘画资源：由"秘藏"走向"开放"——古物陈列所的成立与民国初期中国画》（《艺术研究》2005 年第 2 期）、徐婉玲《古物陈列所国画研究馆开办始末》（《故宫博物院院刊》2014 年第 5 期）、王小青《古物陈列所国画研究馆考论》（中国艺术研究院硕士论文，2014 年）等。

故宫博物院于 2014 年 12 月举行了"古物陈列所百年纪念"学术研讨会。20 余名来自中国科学院、中国社科院、中国艺术研究院、上海大学、郑州大学、广东美术学院、中国第二历史档案馆、中国国家博物馆、故宫博物院以及日本等专家学者，提供了《1925 年前古物陈列所的属性与专职人员构成研究》（吴十洲）、《史料考证与故宫以及古物陈列所史》（［日］吉开将人）、《20 世纪初期中国博物馆志愿者及会员制度初探——以古物陈列所的相关制度为中心》（陈为）、《民国时期宝蕴楼修建、修缮及使用考》（赵凯飞）等论文。与会者从古物陈列所与近代博物馆管理、古物陈列所与民国美术研究、古物陈列所与民国社会教育等视角对古物陈列所的历史及其影响做了深入的阐述和探讨。

四是对于所谓的"易培基盗宝案"的研究。

易培基为故宫博物院创始人，成立初期的主要领导者，1929 年任院长。1932 年 8 月，易培基院长以处分延禧宫所藏金质残废器皿受到南京政府监察院弹劾，于 1933 年 6 月辞去院长职务，准备以平民身份提出反诉。他在提出申辩、要求澄清事实真相无效后，便避居上海。易培基此后又于 1934 年和 1937 年两次受到江宁地方法院的起诉。就在第二次起诉后不久，上海抗战失利，南京告急，司法部门也未再理此案，易也于 1937 年 9 月病死上海，时年 57 岁。1948 年 1 月 9 日，南京四开小报《南京小报》登出一条短小新闻，谓易培基死亡，"易培基案不予受理"。故宫博物院院长竟然"盗卖"故宫文物，当时舆论大哗，成为国内外瞩目事件。易培基含冤病死前，写过一份遗呈，请吴稚晖转呈国民政府主席及行政院院长，遗呈最后说："故宫一案，培基个人被诬事小，而所关于国内外之观听者匪细。仰恳特赐查明昭雪，则九幽衔感，曷有既极！垂死之言，伏乞鉴察。"（转引自刘北汜《故宫沧桑》，第107页，紫禁城出版社，2004年）。

"易培基盗宝案"旷日持久，影响甚远，但民国时期的故宫博物院几乎没有人提及此事。吴稚晖、李煜瀛等当年为易案鸣不平者，后来也讳莫如深。中国台湾历史学家吴相湘的《易培基与故宫盗宝案》长文，收入《民国百人传》第3册（台湾传记文学出版社，1979年1月再版），完全重复当年起诉书内容，认为易培基"永留污名"。近数十年来，两岸故宫都认为此案是冤案。那志良在《故宫博物院三十年之经过》一书中就对易案提出不同意见，认为故宫的"伪书画"与易无关。1983年吴瀛所著《故宫盗宝案真相》在大陆发行，引用了大量历史资料，说明了这一冤案的起因及形成过程。1988年，故宫博物院刘北汜所撰《故宫沧桑》出版，也全面记述了这一冤案的始末。1995年，王树卿、邓文林所著《故宫博物院历程（1925—1995）》，指出这是对易培基的"莫须有"罪名。1995年与2000年，台北故宫博物院编写的《故宫七十星霜》及《故宫跨世纪大事录要》都记述了这一冤案的过程。2005年，笔者的《关于故宫"盗宝案"》（载《鲁迅研究月刊》2007年第9期，原题为《由〈鲁迅全集〉的一条注释谈故宫"盗宝案"》）一文，对冤案的来龙去脉做了更为全面的厘清。可以说，易案为冤案，已成了人们的共识。

《马衡日记》1949年10月24日记载：吴瀛上书毛主席、董必武，要求为易案昭雪，"谓张继、崔振华之控诉易培基，为余所策动，殊可骇异"。遂在自己1936年为张元济先生庆贺70岁生日时所写的《关于书画鉴别的问题》一文加了"附识"，说帝王之家不乏赝品，书画真赝鉴定"谈何容易"，当年法院认为帝王收藏不得有赝品，有赝品则为易培基盗换，实在没有道理。马衡院长认为他在易案发生后即以学术论文方式为易鸣冤，今天又为自己辩解。后来吴瀛的遗作《故宫盗宝案真相》（此书原名《故宫二十五年魅影录》，吴祖光 1981 年作序，1983 年由文史资料出版社出版，署名吴景洲；2008 年改名为《故宫盗宝案真相》又由华艺出版社出版，署名吴瀛；2005 年吴欢对该书略加整理，以《故宫尘梦录》为名，由紫禁城出版社出版，署名吴瀛）、余盖的《故宫博物院盗宝案之谜》（《文史资料选辑》第 15 辑，余盖原为早期故宫博物院古物馆工作人员）公开出版发行，都提出在所谓"易培基盗宝案"中，马衡与张继同谋倒易。马衡的孙子马思猛的《金石梦故宫情——我心中的爷爷马衡》（国家图书馆出版社，2009 年）有专节《回眸"易案"是是非非》，对此进行了反驳，认为马、吴之争已影响到两家第二代马彦祥与吴祖光，并述说因吴瀛的告状影响，马衡在"三反"运动中被隔离 4 个月，最终离开了故宫。俞建伟、沈松平的《马衡传》（上海教育出版社，2009 年）力辩易培基案与马衡无关。2010 年 1 月 4 日和 6 日，《中国文化报》刊登了《民国故宫盗宝案最后疑点曝光》（上、下），披露了吴瀛当年致毛泽东主席申诉信的原文。

北京故宫博物院高度重视民国时期故宫院史的研究，认为这有助于了解故宫博物院的历史价值和意义，有助于传承故宫精神。近年来已举办了多次专题学术研讨会。

2011 年 9 月，为纪念辛亥革命 100 周年、故宫博物院建院 86 周年，故宫博物院召开了"辛亥革命与故宫博物院建院"学术研讨会。会议围绕"辛亥革命与故宫博物院建院"的主题，关注从皇宫紫禁城向故宫博物院转变这一具有重大历史意义的过程。来自北京大学、北京师范大学、中国社会科学院、香港大学、故宫博物院等 20 名代表参加会议，提交学术论文 14 篇。研讨会的内容主要涉及：对与故宫博物院建院相关的历史事件和重要人物的考实与评价；故宫博物院建院前后的管理机构设置、工作方法与实践；视博物馆为国家文化符号的象征意义，探究这一文化机构所承担的角色及其转换和意义。

2012 年 11 月，故宫学研究所举办了"民国时期故宫博物院史"学术研讨会，与会的海内外 40 余位学者对民国时期故宫博物院的机构沿革、古建保护、业务发展等展开了梳理，对民国时期知识分子与故宫博物院的渊源关系进行了探讨，对民国时期故宫博物院的社会性、政治性和公共性展开了诠释，进一步明确了院史的研究方向、研究内容，也丰富了研究视角，例如关于故宫建院的探讨，多篇文章以多种学科视角和多种研究方法对此展开了诠释和总结。吉林大学程丽红的《从紫禁城到故宫博物院——一种媒介文化角度的审视》从新闻学的研究视角将故宫博物院作为一种媒介文化，探讨故宫博物院建院前后所呈现的斑驳复杂的媒介文化征象，折射出由封建帝制向民主社会转型时期复杂的社会心态；郑州大学徐玲的《公权的胜利——故宫博物院的创建》从博物馆史的研究角度指出，清末民初时期中国知识分子大多将西方的博物馆作为变革社会的工具，因此故宫博物院的创建被赋予了更多公权民主的厚望，它在中国博物馆发展史上具有里程碑的意义；山东大学刘平的《紫禁城小朝廷研究——近代产权视角下的故宫文物流失》从产权关系的角度梳理了民初故宫文物产权关系发展演变的脉络，即民初对于故宫文物产权的模糊界定为小朝廷时期故宫文物流失埋下隐患，小朝廷时期故宫古物的大量流失引起社会关于其产权归属问题的争论，这场社会争论最终以故宫博物院建院而宣告了故宫文物国有产权属性的确立；中国社会科学院吴卫国的《1924 年前后日本势力对故宫的窥视》则从中日关系史的角度探讨了故宫博物院建院之前日本各方势力对故宫及其古物的觊觎以及他们在故宫古物保管问题上的干涉。这次会上有一批故宫前辈的后人，以其家族珍藏的私人史料或口述记录向与会者讲述了故宫博物院建院初期以及故宫文物南迁时期的种种历史秘辛。这些私人史料的公开与整理、历史片段的记录和回忆、历史细节的辨识和解读，为民国时期故宫博物院史研究提供了新鲜的研究资料。与会学者认为民国时期故宫博物院史研究应该关注口述、图像与历史之间的关系，一方面故宫前贤的后人们应该进一步收集、整理和研究，另一方面故宫学研究所应以课题研究项目的形式推动对这批学术资源的抢救性发掘。

北京故宫博物院已对民国时期故宫院史研究做了规划，确定了一批研究课题。《故宫博物院档案汇编·工作报告（1928—1949）》已于2015 年由故宫出版社出版。《故宫文物南迁史料长编》、《民国时期故宫博物院史文选》、《民国时期故宫学人学术文选》以及《两岸故宫学人回忆录选辑》等史料编纂工作已完成，将于 2017 年起陆续出版。

2012 年，徐婉玲主持的《博物馆与认同之建构——以民国时期故宫博物院为中心》课题列入国家社科基金艺术学项目。2013 年章宏伟承担了北京市哲学社会科学项目"民国时期故宫博物院史研究"。

第二节　1949 年以后两岸故宫博物院研究

北京故宫博物院重视研究中华人民共和国成立以来的院史，这种研究往往与 1949 年以前的院史结合起来，注意从一个更长的历史过程中总结经验。主要采取的是课题研究与召开学术研讨会的方式。

北京故宫博物院认为院史研究有着重要的学术价值和实践意义，重视制定规划，把院史分成若干专题进行比较深入系统的研究。近年来列入院级科研课题的有《故宫博物院院史》《故宫博物院文物入藏史》《故宫博物院藏传佛教学术发展史》《故宫博物院文化展示的发展》《故宫消防》《故宫博物院陈列设计史》《故宫博物院学术成果总目（1925—2005）》《故宫保卫》《故宫学论著索引》等。其中有的已经出版，例如《故宫消防》（紫禁城出版社，2005 年），该书以明清史料和民国以来故宫博物院相关档案为依据，第一次系统反映了故宫近 600 年间的防火历史，特别是 1949 年以来故宫消防安全工作的经验和教训。

故宫博物院也有计划地组织召开有关学术研讨会。这些研讨会多由故宫学研究所筹办，选择的是一些比较重要的议题，参会的一般包括海内外的博物馆、高等院校与其他社科研究机构3方面的有关专家学者。除过上述召开的专门的民国院史研讨会外，故宫学研究所还举办了"故宫博物院学术史""文化名人与故宫博物院"等多个学术研讨会。

2014年6月召开的"故宫博物院学术史研讨会"，共收到学术论文36篇。学者们对故宫博物院近90年的学术机构、学术源流、院史研究、故宫学人的生平与学术成就，以及文物迁台后，台北故宫博物院在文物研究上的一些方法与特点等方面进行了深入的探讨。如笔者以民国时期专门委员会为线索，对故宫博物院学术史进行考察，认为民国时期，专门委员会的组织建设及工作开展，促进了故宫博物院的建设，尤其在学术研究方面所取得的重要成果，在中国现代学术转型中起了积极作用；台北故宫博物院嵇若昕通过自己的研究经历认为：利用数据时代的新技术是故宫文物研究的新契机；南开大学刘运峰对台北故宫博物院所编《故宫书画图录》的资料来源、收录范围、分类与编排次序、书画名称的确定、著录格式以及相关研究，做了系统整理；北京大学徐怡涛考辨朱启钤所辑录《哲匠录》，指出其开系统梳理中国古代建筑人物传记之先河，树立文献史料按时序整理之垂范，对建筑史学研究产生了深远影响；北京故宫博物院刘雨与罗随祖分别对唐兰与罗福颐的学术成就与地位做了系统梳理。

在故宫博物院近90年的发展历程中，社会各界人士一直给予了极大的关注与支持。正是有了他们持续的关注与参与，故宫博物院的各项事业才得以不断发展进步。从学界的陈垣、沈兼士，到文化界的鲁迅、沈从文，再到国际汉学界的福开森、钢和泰等，这些文化名人通过各种方式，与故宫博物院结下了不解之缘，在促进故宫文博事业发展的同时，在某种程度上也丰富了他们的人生。挖掘这些文化名人与故宫博物院的关系，是现代学术史，也是故宫学研究的重要内容之一。基于这一认识，2014 年 10 月召开了"文化名人与故宫博物院学术研讨会"。来自北京大学、南开大学、中国人民大学、中国社会科学院研究生院等 10 余所高校、科研、文博机构，中国台湾地区及法国的 50 余名代表参会。《三马、三沈、三俞及四朱——浙江籍文化家族与故宫博物院渊源初探》（郑欣淼）、《梁思成先生与林徽因女士的故宫古建筑研究》（谢敏聪）、《故宫博物院早期领导人之一庄蕴宽先生》（庄严）等文，梳理了在故宫博物院建院初期至今的发展过程中，这些不同行业历史人物的主要成就和贡献，为研究故宫博物院发展史提供了宝贵材料。

北京故宫博物院从 40 年代末年至 80 年代末，有 3 任院长：马衡、吴仲超与张忠培，他们都为故宫的保护与博物院发展做出了贡献。故宫重视总结不同时期的工作，认真汲取经验，在此基础上不断前进。

马衡先生从 1925 年故宫博物院成立直至 1952 年调离，在故宫服务了 27 年，任院长 18 年。博物院创建之初，马衡与同人为捍卫和保存最初的博物院进行了不懈的努力；担任故宫博物院院长之后，他着重抓了文物的清点，14 年抗战中又组织南迁文物的西迁疏散，保护文物安全，立下了不朽功绩；抗日战争胜利后，他领导了故宫博物院的复员工作，并顺应历史潮流，使南京政府空运北平本院文物珍品去台湾的计划落空。马衡先生又是一位治学严谨的学者、金石学大师，是中国近代考古学和博物馆事业的开拓者。2005 年是马衡先生逝世 50 周年，笔者写了《厥功甚伟　其德永馨——纪念马衡先生逝世 50 周年》（《故宫博物院院刊》2005 年第 3 期）一文，总结了马衡院长的不朽业绩。

吴仲超先生是一位久经考验的革命家。他自 1928 年加入中国共产党，就投身于中国革命事业，经历了土地革命、抗日战争和解放战争的洗礼。吴仲超先生又是一位热爱文物博物馆事业的文化人。他从 1954 年至 1984 年担任故宫博物院院长 30 年，为故宫博物院在新时期的转型和发展披荆斩棘，无论是在社会主义建设初期，还是在进入改革开放的时期，均做出了重要的贡献。与之共同奋斗的一代"故宫人"

在开创故宫博物院事业新局面的同时，也创造和累积了丰富的精神财富，形成了兼具时代共性和故宫博物院特色的优良传统。他特别重视人才，既尊重和重用学者专家，又极其重视文物修复技术人才的引进与培养，为故宫博物院的长远发展奠定了基础。故宫博物院院长单霁翔的《借鉴历史经验　继承优良传统　稳步推进故宫博物院在新时期的发展——在纪念吴仲超先生诞辰 110 周年座谈会上的讲话》（《故宫博物院院刊》2012 年第 4 期），对吴院长的贡献进行了全面总结。

张忠培先生在 1987 年至 1989 年任故宫博物院院长期间，大力推进管理上的变革，将宫廷历史、宫殿建筑、古代艺术作为构成故宫博物院特色的 3 项重要内容，明确了博物院的发展方向。他重视人才的引进和培养，完善学术建设，编制中长期发展规划，为故宫博物院的全局性发展制定了文化战略。单霁翔院长在《胸怀全局一盘棋——记张忠培先生任上的故宫博物院》（《故宫博物院院刊》2014 年第 6 期）一文中对此做了高度评价。

故宫院史研究虽已取得一些成果，但仍然有不少薄弱之处，有的尚未涉足。北京故宫博物院故宫学研究所已把院史研究列入本所 5 年学术计划之中。2012 年 8 月，专门召开院史项目启动协调会，对院史研究项目的选题内容、研究步骤及可行性方案等展开讨论。在许多方面获得共识，如故宫院史研究应当从史料整理和史学研究两个层次展开，并重视将其置于中国历史文化的大背景中来研究；关注博物馆的公共性与社会性，将故宫博物院置于社会和公众的关系中来考量；故宫院史研究应在问题探讨、学术视野和研究方法上不断拓展，关注故宫博物院不同发展阶段的社会环境和历史背景；重视专题史研究，对于不同历史时期的文物展览史、文物保护史、对外交流史、古建维修史、学术研究史等进行细致的研究和探讨；特别是故宫文物门类繁多，对其专门领域的学术史进行系统整理，包括两个故宫博物院以及海内外相关研究成果，对于促进故宫学的深入发展有着重要意义。会议形成了近 5 年故宫院史研究项目的基本构想和规划：一是以课题立项带动学术研究,形成学术影响;二是以课题研究带动史料收集,推动人才培养;三是以系列丛书呈现课题成果,凝聚学术力量。

南迁文物迁台,形成一个故宫、两个博物院的局面。台北的故宫文物已离开了北京故宫,因此台湾学者对台北故宫博物院的研究,主要是着眼于故宫文物本身的价值,以及文物展览所体现出的意义。台湾政治大学朱静华教授在《故宫之为文化的再现:中国艺术展览与典律的形成》(载黄克武主编:《画中有话:近代中国的视觉表述与文化构图》,台北"中央研究院"近代史研究所,2003 年)一文,以"文化再现"(Cultural Representation)的概念探讨了民国时期故宫博物院及其文物的政治意义和民族精神、文物迁台后国民党和台湾当局对故宫文物的政治、文化内涵的阐释以及中国艺术典律的形成过程,认为"从中华民国成立至 1925 年故宫博物院开放,故宫博物院代表了政府执政的形象;20 世纪 30 年代至 1949 年,故宫文物的迁徙意味着一个正遭受侵略的国家的生存之念"。石守谦的《清室收藏的现代转化——兼论其与中国美术史研究发展之关系》(《故宫学术季刊》第 23 卷第 1 期)认为,故宫博物院的成立,既继承了皇家收藏的高度政治文化象征意涵,也由皇帝的天命所托变成共和政府存续与否之所系,以及国族文化之精华,后随着战争的威胁,它作为国族文化象征的性格也进一步被强化。中国文化大学周密《国立故宫博物院的建制与沿革》(硕士学位论文,1984 年)、林伯欣《"国宝"之旅:灾难记忆、帝国想象与故宫博物院》(《中外文学》第 30 卷第 9 期,2002 年)以故宫博物院的藏品——国宝为问题意识,论述了在中华民族建构过程中,清宫收藏被国家化、博物馆化为国宝的过程,以及如何将国宝的灾难记忆转化为帝国想象,并生产出神圣性的象征意涵。

故宫文物南迁中,曾于 1935 年至 1936 年赴英参加"英国伦敦中国艺术国际展览",产生积极影响。中国台湾学者对这一次海外展览比较重视,多从文物展览与文化外交、国族认同建构之间的关系着眼,认为故宫文物赴英展览的目的与国族形象的构建和文化外交的推广有密切关系。并且与台北故宫博物院 1960 年至 1961 年的"中国古代艺术品赴美展览"以及 1996 年至 1997 年"中华瑰宝：'国立'故宫博物院的珍藏"赴美展览相联系，认为这显示了在不同历史时期、不同的政治背景下，国民党寻求政治认同的 3 次重要展览。主要论文有朱静华《故宫与有关中国艺术的叙述》（载蔡玫芬主编：《八徵耄念："国立"故宫博物院八十年的点滴怀想》，台北故宫博物院，2006 年）、吴淑瑛《博物馆展览与国族、文化的想象——以"伦敦中国艺术国际展览会（1935—1936）"为例的观察》（《近代中国》1994 年第 157 期）与《展览、文物所有权与文化外交——以故宫 1961 年赴美展览的交涉为例》（《近代中国》2003 年第 155 期）等。

故宫博物院成立 70 周年时，台北故宫博物院撰写了《故宫七十星霜》一书，全面回顾了故宫的早期历史及在台湾的岁月。10 年后，又编印了《八徵耄念》以作纪念，收录了一批故宫人员对故宫经历的回顾，还有高居翰、李铸晋、方闻等对从故宫所获教益的怀念，娓娓道来，虽是点滴怀想，从中亦可见台北故宫博物院发展的历史。其中《略记故宫八十年来的重要海外展览活动》（宋兆霖）、《故宫文物的 ID》（嵇若昕）等具有一定的资料价值。台北故宫博物院包括了迁台的中央博物院筹备处的文物藏品，谭旦冏的《中央博物院廿五年之经过》（中华丛书编辑委员会，1960 年）是记述研究中央博物院历史的一部重要作品。

第三节　国外学者的故宫博物院研究

西方学者对故宫博物院的研究，大都与对故宫博物院民国史及此后两个故宫博物院院史的比较研究相联系。美国珍妮特·埃列奥特与沈大伟的《中国皇家收藏传奇》（当代中国出版社，2007 年）一个基本观点，是皇家艺术收藏是中国历代统治者确立其政权合法性的重要来源，并且追溯了中国历代特别是明清时期的皇家收藏，叙述了故宫博物院的成立及战争年代的故宫文物迁移，两个故宫博物院的发展。

认为故宫及其文物是"当时各类政治、社会事件的一个缩影","为研究同时代的中国开辟了一个全新的考察领域"。作者指出:"昔日的皇家珍品现在被分别收藏于中国大陆和台湾的两个故宫博物院中,一方面国宝的分割象征着国家的政治分裂,可与此同时,这种分割又证明同一个中华文化将在两地继续延续下去,文化的纽带始终在牵连着。"美国塔玛拉·韩里希在《全球文化、现代遗产:追忆中国皇家收藏》一文中指出,北京故宫博物院以中轴线为中心的参观路线、沿着中轴线布置的原状陈列以及中轴线两侧的专题陈列也是一种被构建的仪式空间,这个空间突出展示了中华文明的辉煌和成就;并指出从皇宫变成国家博物馆的过程中,共产党和国民党都对故宫及其文物所蕴含的政治正统的象征性展开了不同的阐释和构建。在《保护宫殿:20世纪中国博物馆和民族主义的产生》中,她认为,就历史和意识两方面而言,故宫博物院与国家一样,是伴随着全球范围内民族国家及其国家博物馆的诞生而形成的。美国人类学家鲁比·沃森对故宫和天安门广场具有浓厚研究兴趣,她对故宫、故宫文物、天安门及天安门广场的阐释集中于《国家社会主义下的记忆、历史和对立》一书,以及《皇宫、博物馆和广场:在中国创造国家空间》等文章中,沃森认为,故宫从帝国统治的象征成功转变为现代民族国家的象征这一过程,"应更为详细地研究"[1]。

日本《朝日新闻》野岛刚在2007年至2010年担任驻台北特派员,对台北故宫博物院做了深入采访,并关注两岸故宫博物院的交流,2011年在日本出版了《两个故宫的离合——历史翻弄下两岸故宫的命运》一书,2012年中文版由台北联经出版公司出版,2013年上海译文出版社出版简体字本。该书从政治、外交的角度梳理了两个故宫的"世纪纠缠",研究了政治权力运作下两个故宫博物院分合的复杂过程,认为故宫的魅力根源来自于数次奇迹似的历史转折,两岸故宫博物院不只是珍奇、瑰丽的宝库,更呈现出政治权力与文化深层结构的样貌。

---

[1] 徐婉玲:《民国故宫博物院史研究综述》,《故宫学刊》2014年总第12辑。

后　记

　　原拟在故宫学提出 10 周年即 2013 年时写出一部《故宫学概论》，但写作准备工作中的难度使我放弃了这一愿望，只能从实际出发，不能勉强。本书稿正式动笔是 2013 年初，2015 年 5 月完稿，用了两年多的时间。除对故宫学理论体系的梳理与全书章节安排颇为费心外，对故宫文物（物质的与非物质的，包括台北故宫博物院文物以及清宫文物的存佚状况）的全面了解与有关研究资料的收集整理，是写作过程中遇到的最大困难。

　　故宫学博大精深，涉及众多学科，而宏富珍贵的文物藏品以及国内外 90 年的研究状况，都是专门的学问，需要下功夫去了解掌握。我把写作过程当成学习的过程。在撰写这部书稿时，我曾以多种方式向院内外的专家学者求教，或专题请益，或观点商榷，或请提供有关资料，或请审看有关章节，有的还是辗转相托，获得了很大帮助。我曾就写作思路与提纲向李学勤先生求教。青铜器、书画、陶瓷器是清宫藏品大宗，至今也是两岸故宫博物院的重要收藏，对这 3 种文物的收藏史、佚存状况以及整理研究概况，自然是着力较多，刘雨、余辉、王光尧3 位故宫同人分别给予了大力协助。此外，秦国经先生审看了有关明清档案部分，宫廷部同人阅核了有关论述宫廷文物的部分，晋宏逵、李国荣、张荣、章宏伟、王跃工、曾君、丁孟、赵中男、齐秀梅等从各自的专业出发对相关内容提出了修改建议，张广文、李燮平、郭福祥、罗文华、王子林、许晓东、韦心滢、春花以及刘洋（国家文物局）、刘文涛（南京博物院）、韩莉（承德避暑山庄）等提供了有关资料，许凯同志不厌其烦地回答我对于文物数据的征询，陈秋速同志协助整理文稿，徐婉玲校订了部分章节，等等。这些院外专家学者和故宫同人，有的是前辈学者，有的是后学才俊，他们给我以指导、支持和鼓励，帮我克服了许多困难，也使我在学术探索之路上增添了信心与力量。另外需要说明的是，书中所用资料，一般止于 2014 年底，但由于后来多次修改，2016 年 10 月才最后定稿，因此书中也用了 2016 年 10 月底以前的一些资料。

在本书的撰写与编辑出版过程中，还有很多朋友给予其他的帮助，在此谨致衷心的谢意！

郑欣淼

2016 年 10 月于故宫御史衙门

《郑欣淼文集》书目